AF533100

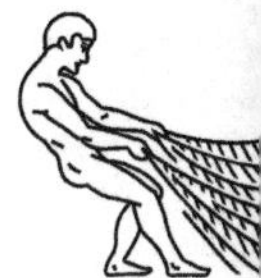

Hans Rudolf Vaget

»Wehvolles Erbe«

Richard Wagner in Deutschland

Hitler, Knappertsbusch, Mann

S. FISCHER

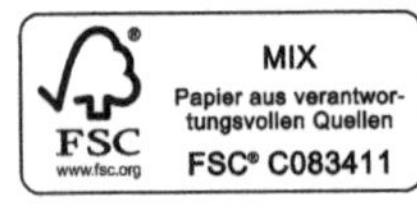

Erschienen bei S. FISCHER
2. Auflage Oktober 2018

© 2017 S. Fischer Verlag GmbH,
Hedderichstr. 114, D-60596 Frankfurt am Main

Satz: Dörlemann Satz, Lemförde
Druck und Bindung: CPI books GmbH, Leck
Printed in Germany
ISBN 978-3-10-397244-3

Den Freunden vom *wagnerspectrum*:
Udo Bermbach, Dieter Borchmeyer,
Hermann Danuser, Sven Friedrich,
Hans Joachim Hinrichsen, Arne
Stollberg, Nicholas Vazsonyi,
in dankbarer Erinnerung an zehn Jahre
gedeihlichen Miteinanders.

Das Ohr ist ein williges Organ, durch das Ohr lässt sich der Kopf
am leichtesten betrügen.
Carl von Ossietzky: *Richard Wagner* (1933)

Er [Wagner] erweist sich eben als eine ganz große Culturmacht darin,
daß man gar nicht sagen kann, *wo alles* noch sein Einfluß ausbrechen kann.
Nietzsche, aus den Vorarbeiten zu *Richard Wagner in Bayreuth* (1875)

It seems to me that any analysis of Nazism based only
on political, economic, and social interpretations will not suffice.
Saul Friedländer: *Reflections of Nazism* (1984)

Hier kann niemand mir folgen, der nicht die Nachbarschaft
von Ästhetizismus und Barbarei, den Ästhetizismus als Wegbereiter
der Barbarei in eigener Seele, wie ich, erlebt hat […].
Thomas Mann: *Doktor Faustus* (1947)

Hitler is explicable in principle,
but that does not mean that he *has* been explained.
Yehuda Bauer (1997)

Ein etwas unangenehmer und beschämender Bruder;
er geht einem auf die Nerven, es ist eine reichlich peinliche Verwandtschaft.
Ich will trotzdem die Augen nicht davor schließen […].
Thomas Mann: *Bruder Hitler* (1938)

Inhalt

Einleitung

Hitlers Wagner

Knappertsbusch – eine deutsche Karriere

Thomas Manns Wagner

Einleitung

Richard Wagner, »ein Teil unseres Selbst?«

Richard Wagner war schon zu seinen Lebzeiten ein heftig umstrittener Künstler. Die Diskussion über sein revolutionäres Werk drängte sogleich über den Bereich der Musik hinaus, auch über die Grenzen der deutschen Länder, und entfaltete sich zu einem europäischen Phänomen, das kulturgeschichtlich Epoche machte.[1] Die Diskussion über diese singuläre Erscheinung der europäischen Kultur hat längst globale Dimensionen erreicht – nicht etwa trotz, sondern in beträchtlichem Maße gerade aufgrund des schweren historischen Gepäcks, mit dem Wagner heute vor uns steht, und gerade aufgrund der Kontroversen, die sich mit seinem Namen verbinden. Kontroversen aber sind ein ziemlich verlässliches Indiz dafür, dass Wagner auf eine Art und Weise lebendig geblieben ist, die jeden Historiker, nach allem, was in und mit seinem Namen geschehen ist, eigentlich überraschen müsste.

Frederic Spotts, Verfasser einer verdienstvollen Geschichte der Bayreuther Festspiele, geht sogar so weit, Wagner als »the most controversial artistic figure of all time« zu bezeichnen.[2] Offensichtlich entziehen sich solche in den leeren Raum gestellten Behauptungen jeder Nachprüfung. Doch Meinungsäußerungen von Experten, zumal wenn sie von außerhalb der deutschen Szene kommen, besitzen eine gewisse für den kulturellen Status dieses Künstlers signalhafte Bedeutung. Dies gilt auch für die charakteristisch zwiespältige Beobachtung, mit der Laurence Dreyfus seine Studie über Wagner »and the erotic impulse« eröffnet: »All books about Richard Wagner are acts of love or hate, or often a strange mixture of the two.«[3]

Im Grunde genommen ist die Frage, ob Wagner der umstrittenste Künstler aller Zeiten ist, belanglos. Von erheblichem Interesse für Historiker ist jedoch eine modifizierte Fassung von Spotts' pauschaler Feststellung: Richard Wagner ist der umstrittenste Künstler, der aus Deutschland hervorgegangen ist. Mit dieser Fokussierung auf die deutsche Geschichte rückt die immer wieder untersuchte, doch immer noch unübersichtliche Wirkungsgeschichte Wagners ins Blickfeld, die übersichtlicher zu machen – damit auch zugänglicher und verständlicher – ein Hauptanliegen dieses Buches ist.

Die historische Bedeutung Wagners auf dem Feld der Musik und des Theaters ist enorm und unbestritten; seine musikalische und theatrale Wirkungsgeschichte ist schon lange Gegenstand der Forschung. Auch Wagners Rolle als eines »Großideologen«, der in gewissem Sinn das 19. Jahrhundert resümiert, ist gut ausgeleuchtet.[4] Zu Wagners ideologischer Wirkung im 20. Jahrhundert hat jüngst Udo Bermbach aus politologischer Sicht eine eindringliche Untersuchung vorgelegt.[5] Viel weniger geklärt ist hingegen Wagners Bedeutung für die deutsche Mentalitätsgeschichte und für das schwankende, von einer katastrophalen Geschichte beschwerte Selbstverständnis der Deutschen. Wenig Aufmerksamkeit hat bisher auch das identitäts- und gemeinschaftsbildende Potential von Wagners außerordentlich suggestiven Bühnenschöpfungen gefunden – ein Potential, ohne welches das eigenartige, doch geschichtlich bedeutsame Phänomen des Wagner-Kults unverständlich bliebe. Die Betrachtung gerade dieser Dimension von Wagners Wirkung ist insofern unverzichtbar, als in der Gestalt Adolf Hitlers der Wagner-Kult in der Tat Geschichte gemacht hat, was zu erhellen für den Historiker eine andauernde Herausforderung darstellt. Hitler ist der erklärungsbedürftigste aller Wagnerianer.

Ob begrüßt oder bedauert, ob bewusst oder unbewusst, Deutschland hat nun schon seit anderthalb Jahrhunderten mit Wagner gelebt. Das Land hat nicht umhinkönnen, mit ihm zu leben – so unerhört und gewaltig war die von ihm hinterlassene Spur von seinen Erdentagen. Ob sich »die Spur Richard Wagners im 21. Jahrhundert« verlieren wird, was der Historiker Sven Oliver Müller in seinem Buch zum zweihundertjährigen Jubiläum von Wagners Geburt offenbar befürchtet, darf jedoch vorderhand, angesichts des wachsenden kulturwissenschaftlichen Interesses an Wagners Werk, dahingestellt bleiben.[6] Der Chronist der jüngst erschienenen Geschichte der Bayreuther Festspiele, Oswald Georg Bauer, gibt sich in diesem Punkt weniger skeptisch, ja ausgesprochen zuversichtlich. Bauer, ein Theaterwissenschaftler, war während der Ära Wieland und Wolfgang Wagner selbst ein Rad in dem zu jener Zeit enorm erfolgreichen Festspielbetrieb Neu-Bayreuths. Er gehört zu den Insidern und glaubt, das Erfolgsrezept zu kennen; er entlässt die

Leser seiner fabelhaft anschaulichen zweibändigen Chronik mit einem bemerkenswert optimistischen Ausblick. Bauer ist um die »Aktualität« der Bayreuther Festspiele keineswegs bange, vorausgesetzt, sie bleiben dem Geist ihres Gründers treu, der ein Vordenker und Innovator war. Das Wagner-Theater müsse sich auf die ureigensten Tugenden des Theaters besinnen und sich der »Allgegenwart der Medienwelt« entgegenstellen. Und Bayreuth dürfe sich nicht zu gut dafür sein, sich im Sinne Friedrich Schillers als eine »moralische Anstalt gegen die Unmoral der Zeit« zu definieren. Es ist eine Unmoral, von der Wagner eine sehr bestimmte Ahnung gehabt habe – die Unmoral des »sich ausbreitenden ungebremsten Kapitalismus« und der »Sucht nach monetärer Weltherrschaft«.[7]

Durchaus denkbar ist, dass Paul Bekkers Einschätzung von Wagners Wirkung aus Anlass eines früheren Jubiläums sich als zutreffender erweisen wird als die dunkle Ahnung Sven Oliver Müllers. Bekker, von 1911 bis 1925 Musikrezensent der *Frankfurter Zeitung*, war einer der bedeutendsten Musikkritiker Deutschlands, befreundet mit Franz Schreker und einer Reihe von anderen zeitgenössischen Komponisten. Was Bekker unter den Musikschriftstellern seiner Epoche auszeichnet, war seine Aufgeschlossenheit für die Moderne, die ihn im Gegensatz zu der Wagner-Orthodoxie in den Stand setzte, Wagner aus der Perspektive der modernen Musik zu betrachten, anstatt ihn von dieser abzuschirmen.[8] Sein bemerkenswertes Sensorium für aktuelle Tendenzen und Probleme erwuchs einer *hands-on*-Erfahrung auf breiter Basis als Geiger der Berliner Philharmoniker, als Intendant der Preußischen Staatstheater in Wiesbaden und Kassel und als Opernregisseur. Sein Wagner-Buch von 1924 inspirierte sowohl Thomas Mann als auch Theodor W. Adorno.[9]

Was Bekker 1933 zum Thema »Wagner heute« in der avantgardistischen Zeitschrift *Anbruch* schrieb, gilt bis zu einem gewissen Grad immer noch, auch wenn es sich heute noch unzeitgemäßer anhört als damals, fünfzig Jahre nach dem Tod des Komponisten: »Wir können uns ohne Telephon und Zeitungen denken, aber nicht ohne Wagner, mögen wir ihn lieben oder hassen, bedingungslos verehren oder an ihm herumkritisieren. In jedem Falle ist er ein Teil unseres Selbst, so tief und innerlich verbunden, […] daß selbst theoretisch keine Operation vorstellbar ist, die ihn uns zu entziehen vermöchte. Wir wissen gar nicht mehr, wo überall er ist.«[10] Letztere Bemerkung berührt sich mit einem Gedanken, der schon Nietzsche beschäftigte, als er über das Los von Wagners Nachfahren spekulierte – »Wagner's Diadochen«. Von dem Schöpfer des *Ring des Nibelungen* und Initiator der Bayreuther Festspiele sagt Nietzsche, er erweise »sich eben als eine ganz große Culturmacht darin, daß man gar nicht sagen kann, *wo alles* noch sein Einfluß ausbrechen kann«.[11] Ob Nietzsche zu diesem Zeitpunkt auch die politische und gesellschaftliche Entwicklung Deutschlands als von Wagner betroffen im Sinn hatte, muss Spekulation bleiben.

Die Frage, ob Wagner wirklich ein Teil unseres Selbst ist oder war, wie Bekker meinte, betrifft gewiss nur eine, aufs Ganze gesehen, überschaubare Minderheit von Wagner-hörigen Kunstfreunden. Mit Sicherheit jedoch lässt sich Bekkers Beobachtung auf die deutsche Geschichte beziehen: Wagner ist ein Teil unserer Geschichte – ein nicht zu verleugnender und ein höchst aufschlussreicher –, zu dessen vollständiger Vermessung und Erhellung die folgenden Kapitel beitragen sollen.

Der fünfzigste Todestag des Komponisten, zugleich Beginn der Hitler-Herrschaft, war ein solcher historischer Moment, an dem, wie Nietzsche formulierte, Wagners »Einfluß« ausbrechen konnte und in der Tat auch ausbrach. Aus diesem Anlass meldete sich in der *Weltbühne* Carl von Ossietzky zu Wort und erinnerte seine Leser an die finsteren Konsequenzen der deutschen Wagner-Idolatrie: »Kein Künstler hat auf den geistig-seelischen Habitus des Volks verhängnisvolleren Einfluss genommen [...]. Er ist der genialste Verführer, den Deutschland gekannt hat.« Dem von einem Wagnerianer geführten Deutschland hat Carl von Ossietzky gleich zu Beginn des Dritten Reiches eine düstere, wiewohl hellsichtige Diagnose gestellt: »Zum zweiten Mal [nach 1914] soll aus Deutschland eine Wagner-Oper werden.« Wagner somit der Verführer zu Krieg und Heldentod. Wie und auf welchen Wegen aus Deutschland eine Wagner-Oper werden kann, lässt von Ossietzky offen; er belässt es bei der Andeutung einer kollektiven geistig-seelischen Prägung. Bemerkenswert ist jedoch seine Feststellung, dass Wagner, wie seine Wirkung gezeigt habe, mit der deutschen Geschichte auf eine fatale Weise verkettet ist. Für Wagners fortwährende Präsenz, selbst ein halbes Jahrhundert nach seinem Ableben, wählt von Ossietzky ein einprägsames Bild: »Richard Wagner ist nicht im Kranichflug über Deutschland gezogen. Er nistet noch mitten im Land.«[12]

Seit etwa vier Jahrzehnten – seit der Holocaust ins Zentrum unseres historischen Bewusstseins gerückt ist – entzündet sich die Diskussion über die politischen Konsequenzen der »Culturmacht« Wagner vornehmlich an dessen notorischer Judenfeindschaft. Diese Problematik wird heute als so gewichtig erachtet, dass sie auf eine schwer einzudämmende Weise auch das ästhetische Urteil trübt. Vor wenigen Jahren brachte die *New York Times* einen Artikel zum Thema: Wer sind die größten Komponisten aller Zeiten – die top ten of classical music? Anthony Tommasini, der Musikkritiker der führenden Tageszeitung Amerikas, setzte Johann Sebastian Bach an die erste Stelle; Wagner landete auf dem neunten Platz. Von Interesse und von symptomatischer Bedeutung an solchen unter Musikfreunden beliebten, die Tischgespräche belebenden Gedankenspielen ist allein die Begründung des Rankings. Tommasini sieht Wagner und Verdi künstlerisch auf gleicher Höhe und zieht deshalb die menschlichen Qualitäten der beiden Komponisten zu seinem abschließenden Urteil heran. Verdi sei ein hochanständiger Mensch gewesen, ein italienischer Patriot und der Begründer eines Altersheims für Sänger. Wagner hingegen sei ein »anti-Semitic, egomaniacal jerk« gewesen, auch wenn er in seiner Kunst über sich hinausgewachsen sei: »So Verdi is No. 8 and Wagner No. 9.«[13]

Dass Giuseppe Verdi eine menschlich anziehendere Gestalt sei als Richard Wagner, ist offenbar universell konsensfähig.[14] Auch Thomas Mann empfand Verdi als »eine herrliche Figur [...], unendlich nobler als sein formidabler Gegenspieler R. Wagner«.[15] Anders jedoch als für Thomas Mann sind für den amerikanischen Musikkritiker die menschlichen Qualitäten ausschlaggebend für die Bewertung Verdis und Wagners als Künstler. Es steht zu vermuten, dass von den zwei Aspekten, die der Musikkritiker der *New York Times* beanstandet, der Antisemitismus schwerer ins Gewicht fällt als Wagners Ich-Besessenheit.

Es manifestiert sich hier ein Denkzwang relativ neueren Datums – eine Assoziationsautomatik, die zur Erhellung der eigentlich virulenten Phase in Wagners Wirkungsgeschichte – der ersten Hälfte des 20. Jahrhunderts – im Grunde genommen schlecht taugt. Die Holocaust-zentrierte Perspektive auf die deutsche Geschichte verleitet allzu leicht dazu, die Akteure der Vergangenheit nach unserem heutigen Wissen zu beurteilen, so als hätten sie vorausahnen können oder vorausahnen sollen, was die Zukunft barg. Der amerikanische Historiker Michael A. Bernstein hat die Tendenz zum »backshadowing« – einer Art retroaktiver Vorausdeutung – als ein Merkmal der sogenannten apokalyptischen Historiographie herausgearbeitet und einer umfassenden Kritik unterzogen, die ohne Abstriche auch auf unsere Perspektive auf das Nachleben Richard Wagners zutrifft.[16]

Der Antisemitismus war ein bedeutender, nicht zu bagatellisierender Faktor in Wagners erstaunlicher Wirkung vor allem im deutschen Musikleben und in der deutschen Musikwissenschaft.[17] Doch Wagners Judenfeindschaft war nicht der zentrale Herd der unerhörten Ausstrahlung, die von seinem Werk ausging. Als entschieden wirkungsmächtiger erwiesen sich die Erhöhung Richard Wagners zu einer auratischen, kritikresistenten Kultfigur und, daraus erwachsend, die Etablierung eines Wagner-Kults, dessen stärkste Triebfeder der deutsche Genieglauben war. Betrachtet man die Sache mentalitätsgeschichtlich, so ist dem Wagner-Kult ein größeres Gewicht zuzuschreiben als Wagners giftiger Schrift *Das Judentum in der Musik*. Dieser locus classicus des deutschen Antisemitismus hätte nicht im entferntesten die toxische Wirkung entfalten können, wenn sein Autor nicht das kultische, auf so viele nicht-musikalische Bereiche abfärbende Ansehen genossen hätte, das ihm nach seinem Tod zugewachsen war.

Wagner-Kult und deutsche Geschichte

Der Wagner-Kult nahm zuerst 1876 konkrete Gestalt an und entfaltete sogleich eine eigene, unverwechselbare Phänomenologie, als die ersten Bayreuther Festspiele mit dem Nibelungen-Zyklus eröffnet wurden, und vollends 1882, als bei den zweiten Festspielen *Parsifal*, das Vermächtniswerk, zur Aufführung kam. Zu den Festspielen von 1876 und 1882 verfügen wir jetzt über eine denkbar dichte Beschreibung in Oswald Georg Bauers monumentaler *Geschichte der Bayreuther Festspiele*.[18] Bauers Rekonstruktion lässt erkennen, dass viele Ideologeme und Phantasien, die später historisch relevant wurden, bereits in den ersten Festspielen ausgeprägt waren.

Wagner selbst hatte dafür gesorgt, dass seinem Kult ein Tempel gebaut wurde: das 1872 begonnene und 1876 eröffnete Festspielhaus.

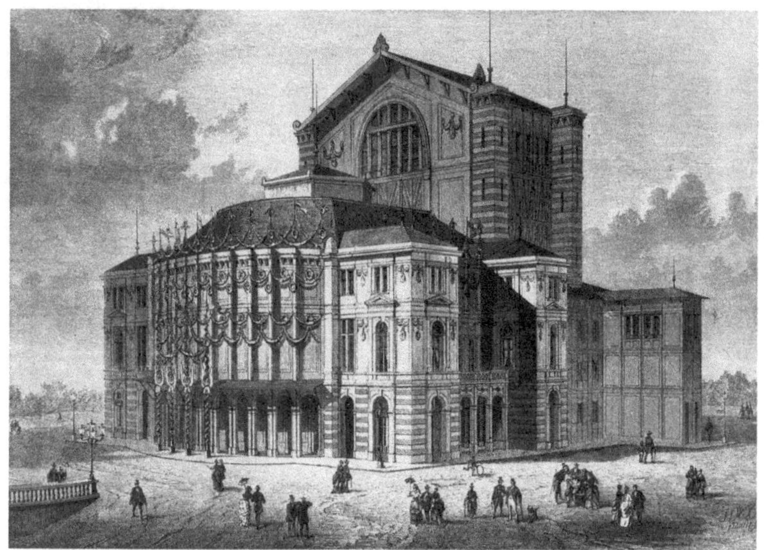

Abb. 1: Das Festspielhaus in seiner ursprünglichen Gestalt

Damit stand seinem Nachleben ein leistungsfähiges und in der Ruhmesverwaltung unüberbietbares Kraftwerk zur Verfügung: die Aufführung seiner Werke unter Festspielbedingungen und damit die Durchsetzung des »Kunstwerks der Zukunft« und der »heil'gen deutschen Kunst«, um die Erneuerung der deutschen Kultur und Deutschlands insgesamt über eine möglichst lange Zeitspanne zu gewährleisten.

Als die Blütezeit des Wagner-Kults sind die ersten drei Dekaden nach Wagners Tod anzusehen, als sich, getragen von einer mächtigen Welle der quasi religiösen Kunstverehrung, die über ganz Europa hinging und eine geistige Lebensform des Ästhetizismus kreierte, die Wahrnehmung Wagners ins Überdimensionale wandelte – vom Opernkomponisten zu einer eminent deutschen Heilsgestalt, die seiner Zeit voraus war. Dem Wagner-Kult kam eine deutsche Besonderheit des Ästhetizismus zugute: die Erhöhung der Musik über alle anderen Künste.[19] In jenen Jahren bildeten sich Zentren der Wagner-Pflege auch in anderen Ländern, insbesondere in Paris, London und New York.[20]

Eine charakteristische Blüte jener mächtigen Welle der Wagner-Wirkung um die Wende vom 19. zum 20. Jahrhundert war der »Wagnerisme« oder »Wagnerism« – eine vorwiegend literarische Mode, die sich in zwei kurzlebigen, doch aufsehenerregenden Zeitschriften niederschlug: *La Revue wagnérienne* (Paris 1885–1888) sowie *The Meister* (London 1888–1895). Im Vergleich dazu nimmt sich die deutsche Szene jener Dekaden merkwürdig karg und provinziell aus. Gewiss, es gab die noch zu Lebzeiten Wagners begründeten *Bayreuther Blätter* (1878–1938), doch dieses Periodikum, das sich anmaßte, das geistige Erbe Wagners zu kontrollieren und eine Form von Zensur auszuüben, war ein im Vergleich zu der französischen und der englischen Zeitschrift ein Organ von zönakelhafter Beschränktheit.[21] Es ist bezeichnend für die öde Bayreuth-Hörigkeit eines Großteils der deutschen Wagner-Literatur, dass es in einem Land, in dem literarische Größen und Komponisten selbst aus der zweiten Reihe ihr eigenes Jahrbuch oder sonstiges Periodikum haben, erst seit 2005 eine von Bayreuth und den Wagner-Verbänden unabhängige, wissenschaftliche Zeitschrift gibt, das *wagnerspectrum*.[22] Zwei Jahre später folgte in London, begründet von Barry Millington, *The Wagner Journal*; auch dieses Organ ist von Bayreuth und der Londoner Wagner Society unabhängig.

Der Wagnerismus hat in der Literatur der klassischen Moderne deutliche Spuren hinterlassen, etwa bei Stéphane Mallarmé und Marcel Proust, bei James Joyce und T.S. Eliot und vor allem bei Thomas Mann.[23] Bereits 1913 jedoch, zur Zeit der Zentenarfeier von Wagners Geburt, waren im Gefolge eines starken Modernitätsschubs in allen Künsten, nicht zuletzt in der Musik, Anzeichen des Überdrusses, des Apostatentums, ja der Feindschaft nicht länger zu übersehen. Paul Stefan brachte diese Gemütslage bezüglich Wagner auf die lapidare Formel: »Er war, er ist nicht unser.«[24] Wagners Reputationskurve zeigte bis 1933, dem fünfzigsten Todestag, weiterhin abwärts, um dann jedoch, mit dem Regierungsantritt Adolf Hitlers, eines glühenden Wagner-Verehrers, in ein neues, nicht mehr für möglich gehaltenes, doch von vielen erträumtes Stadium der Erfüllung einzutreten – ein Stadium, in dem der Schöpfer der *Meistersinger*, des *Tristan* und des *Ring des Nibelungen* zur zentralen, alles überstrahlenden Kulturikone des neuen, von dem Reichsgedanken beflügelten Deutschlands erhoben wurde. In den zwölf Jahren der Hitler-Herrschaft war der Wagner-Kult Staatssache. Die Bayreuther Festspiele waren, wie wir sehen werden, vom Führer persönlich finanziell abgesichert und erlebten im Dritten Reich sowohl in gesellschaftlicher wie in künstlerischer Hinsicht eine Blütezeit.

Diese offizielle Erhöhung Wagners gegen den Trend eines schleichenden und im Fluss der Zeit ganz natürlichen Relevanzschwunds sowie die von Hitler persönlich geförderten Glanztaten der Wagner-Pflege in Bayreuth dürfen und können nicht darüber hinwegtäuschen, dass der Wagner-Kult letztlich der ästhetischen Einkleidung einer verbrecherischen und barbarischen Politik diente. Der deutsche Wagner-Kult belegt auf geradezu exemplarische Art und Weise jene »Nachbarschaft von Ästhetizismus und Barbarei«, die als die historische Grunderfahrung Thomas Manns zu bezeichnen ist und die er in seinem großen Deutschland-Roman, *Doktor Faustus* (1947), thematisiert hat.[25] Im Folgenden soll jedoch nicht nur die Nachbarschaft von Kunstverehrung und Barbarei belegt werden; vielmehr soll gezeigt werden, wie und unter welchen historischen Voraussetzungen der Ästhetizismus in der Gestalt des Wagner-Kults – so die Fortsetzung des Zitats aus dem *Doktor Faustus* – als der »Wegbereiter der Barbarei« fungiert hat.

Nichts hat in höherem Maße dazu beigetragen, das Werk Wagners unter einen ideologischen Generalverdacht zu stellen, als diese seine offizielle Instrumentalisierung im Dritten Reich. Man möchte meinen, dass mit der Niederwerfung des nationalsozialistischen Deutschlands und dem Tod Hitlers auch die Tage des Wagner-Kults gezählt waren. Doch mit der Wiederaufnahme der Bayreuther Festspiele sechs Jahre nach Kriegsende begann eine neue Etappe in Wagners Nachleben, in der lange Zeit, mit dem kräftigen Wind einer kompromisslerischen, offiziellen Vergangenheitspolitik im Rücken, auf eine verwirrende Art revolutionäre und restaurative Bestrebungen Hand in Hand gingen. Das Emblem dieses gleichzeitigen Wirkens ist die Arbeitsgemeinschaft zweier sehr unterschiedlicher Persönlichkeiten: des Regisseurs und Festspielleiters Wieland Wagner und des Dirigenten Hans Knappertsbusch.

Heute, angesichts einer blühenden Wagner-Forschung und Wagner-Philologie und trotz des wachsenden historischen Abstands, geht von diesem Werk nach wie vor eine außerordentliche Faszination aus, ohne sich jedoch in kultischen Formen der Verehrung oder einer staatlichen Indienstnahme niederzuschlagen. Solche Auswüchse, die die Verehrung Richard Wagners in die Sphäre des Wahnhaften trieben – man stellt es mit Genugtuung fest –, sind heute nicht mehr möglich.

Eine abschließende Bemerkung zur Bedeutung des Wagner-Kults für das Verständnis der deutschen Geschichte. Im Eifer der Ursachenforschung zu dem Zivilisationsbruch in der deutschen Geschichte werden die Spuren von Wagners Nachwirken oft am falschen Ort gesucht, nämlich im nationalsozialistischen Deutschland, seinem Geist beziehungsweise Ungeist, und seiner menschenverachtenden, verbrecherischen Politik. Die zwölf Jahre, in denen ein hochgradiger Wagner-Verehrer die Geschicke des Landes lenkte und in eine Katastrophe von ungeahnten Ausmaßen führte, müssen, dieser verbreiteten Hypothese zufolge, irgendwie auch von Wagner geprägt sein.

Die Fragwürdigkeit dieses Ansatzes erhellt allein schon aus der Tatsache, dass der Wagner-Kult des Dritten Reichs weitestgehend von Hitler getragen und praktiziert wurde, während der Nationalsozialismus als solcher – allen voran sein verbissenster Ideologe, Alfred Rosenberg – den Wagner-Kult nur mit Vorbehalten mitmachte, zum Teil wohl lediglich dem Führer zuliebe. Rosenberg stand, wie seinem jüngst veröffentlichten Tagebuch zu entnehmen, dem Wagner-Kult distanziert gegenüber. Im Grunde hielt er ihn für unzeitgemäß und nicht so recht zu dem modernen Elan des Nationalsozialismus passend. Er hätte wohl insgeheim der bereits zitierten, epigrammatischen Formulierung des historischen Sachverhalts durch Paul Stefan zugestimmt: »Er war, er ist nicht unser.« Wie Goethe, Schiller und Schopenhauer habe auch Wagner Werke hinterlassen, die heute nicht mehr aktuell seien; in dieser Hinsicht mache Wagner »keine Ausnahme«.[26] Was beispielsweise *Tannhäuser* betrifft, greift Rosenberg zu äußerst distanzierenden Vokabeln und beschreibt diese romantische Oper als fremd, theatralisch, unwahr, schwül. Wenn man bedenkt, dass die exzeptionelle Genialität Wagners für Hitler der springende Punkt seiner Verehrung war, so kommt Rosenbergs Verneinung der Ausnahmeerscheinung Richard Wagners einer Absage an den Wagner-Kult Hitlers gleich. Rosenbergs privat artikulierte Skepsis in Sachen Wagner lässt ahnen, wie tief im Grunde die ästhetische Kluft zwischen Hitler und der Partei war.

Der Wagner-Kult des Dritten Reichs stellt ein Modell der Verehrung und eine Form patriotischer Solidaritätsbezeugung gegenüber einem der größten Söhne Deutschlands dar. Der Wagner-Kult prägte die öffentlichen Selbstdarstellungen des Hitler-Regimes. Hier ist vor allem an die endlose Kette von Gedenk- und Geburtstags- und Totenfeiern zu erinnern, die als politisches Gesamtkunstwerk aufgezogen wurden. Bei sol-

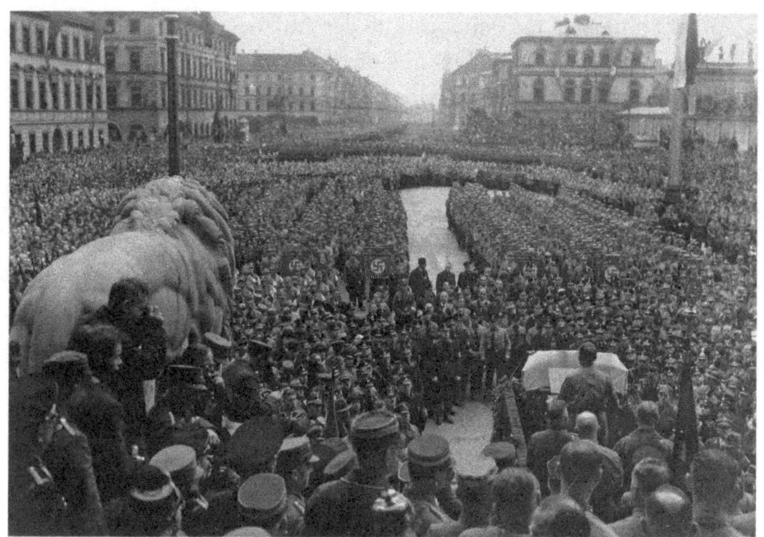

Abb. 2: Hitler bei der Feier im November 1934 zum Gedenken an die Gefallenen des Putschversuchs 1923

chen Veranstaltungen wurde mit Vorliebe, sei es im Rundfunk, sei es vor Ort, die in eine Verherrlichung des toten Helden mündende Trauermusik für Siegfried aus *Götterdämmerung* gespielt. Diese Summe der Wagner'schen Kunst der Motivverknüpfung stellt in nuce den Idealtypus der Totenverehrung im Nationalsozialismus dar. Die getragene und erhabene, Trauer und Verherrlichung miteinander verbindende Musik im Anschluss an Siegfrieds Tod wie auch die beinahe liturgischen Züge der Werke für die Bühne eigneten sich wie sonst nichts zur öffentlichen Selbstdarstellung einer Weltanschauung, die zu ihrer Durchsetzung auf Heldentum geradezu angewiesen war und folgerichtig, im Bewusstsein ihrer aggressiven Expansionsgelüste, den Heldenkult forcierte.[27]

Zur Erklärung des Nationalsozialismus als einer politischen Bewegung sowie der totalitären und aggressiven Politik Hitlers taugt der Wagner-Kult jedoch kaum. Die Zurschaustellung der Wagner-Affinität des Hitler-Staats war ein Oberflächenphänomen. Hitlers Wagner-Kult gehörte zur ästhetischen Ausstattung des Dritten Reichs, aber den ideologischen Kern des Nationalsozialismus bezeichnet er nur insofern, als Politik und Ästhetik durch den alles beherrschenden und fundierenden Rassenwahn miteinander verknüpft waren.

Anders hingegen die Anfänge und der Aufstieg des Diktators, denn hier ist die Rolle des Wagner-Kults nicht nur nicht zu übersehen, sondern auch wirklich erkenntnisfördernd. In der einschlägigen Literatur zu Hitler und dem Dritten Reich ist, wie noch zu zeigen, gerade in diesem Punkt ein auffallendes Reflexions- und Erklärungsdefizit zu konstatieren. Auszugehen ist von der biographisch und kulturgeschichtlich dicht dokumentierten Tatsache, dass der Wagner-Kult das geistige Biotop war, in dem Hitler bereits in Linz sich zu bewegen und entfalten lernte und durch das er sich, wie wir sehen werden, selbst definierte. Vor allem jedoch war der von Genieglaube, Heilserwartung und Kulturchauvinismus getragene Wagner-Kult das Medium, in dem die Kommunikation und die Interaktion mit der disparaten, doch gesellschaftlich bedeutenden Wagner-Gemeinde am reibungslosesten vonstattenging.

Aus diesem Grund muss jeder Erklärungsversuch des Hitler-Phänomens unvollständig und unbefriedigend bleiben, in dem diese Dimension seines Werdegangs nicht berücksichtigt oder nicht mit der hier geforderten Tiefenschärfe ausgeleuchtet ist. Dabei ist jedoch zu betonen, dass Hitlers Wagner-Kult nicht im Alleingang zum Erfolg führte. Seine Selbststilisierung zum Wagnerianer wäre als ein anachronistischer Spleen verpufft, hätte die weitestgehend bayreuthhörige Wagner-Gemeinde nicht einen überaus sonoren Resonanzboden bereitgehalten, so dass ihm aus dem Wagner-Kult beträchtliches politisches Kapital erwachsen konnte. Dieses ineinandergreifende Zusammenspiel Hitlers und der Wagner-Gemeinde erzeugte eine Synergie, die seinen Aufstieg ermöglichte und beschleunigte und die in entscheidendem Maße dazu beitrug, einen der Ihren zum Diktator zu befördern.

Am anderen Ende des historischen Kontinuums bietet sich ein gänzlich verändertes Bild. Für jene Synergie zwischen der Wagner-Gemeinde und der Hitler-Bewegung, die den Erfolg des deutschen Diktators herbeiwünschte, fehlen heute die Voraussetzungen. Der Wagner-Kult als signifikanter Faktor der deutschen Mentalitätsgeschichte und der politischen Geschichte Deutschlands hat ausgespielt. Die Entsorgung des politisch kontaminierten Wagner-Kults ist ein wesentlicher, wenn auch meist verkannter Aspekt der Neubegründung einer politischen Kultur im Nachkriegsdeutschland und der endlich »geglückten Demokratie«.[28]

Zur Phänomenologie des Wagner-Kults

Eine Phänomenologie des Wagner-Kults hat drei unterschiedliche, doch ineinander verstrickte Erscheinungsformen zu berücksichtigen: eine institutionelle, eine individuelle und eine weltanschauliche. Im Zentrum steht das von Wagner selbst konzipierte Festspielhaus, das sich über mehr als hundert Jahre als das feste Fundament des Wagner-Kults erwiesen hat – als sein Tempel und Wallfahrtsort. Bei den darin stattfindenden Festspielen handelt es sich um eine in mehrerer Hinsicht aufwendige und intellektuell ungewöhnlich anspruchsvolle Veranstaltung. Sie verlangt von den Besuchern aus Nah und Fern nichts Geringeres, als dass sie den normalen Rhythmus ihres Lebens suspendieren und eine beträchtliche Spanne kostbarer Zeit einer ästhetischen Erfahrung der besonderen Art sowie der Besinnung opfern.

Etwas von dem Festspielcharakter teilt sich aber auch den Aufführungen von Wagners Musikdramen außerhalb Bayreuths mit, wie der Leipziger Generalmusikdirektor Gustav Brecher bemerkte. In einem Beitrag zum Wagner-Jubiläum 1933 schrieb Brecher, ein der Moderne zugewandter Musiker: »Wagners Werke sind nun einmal keine Unterhaltungskunst, keine Repertoire-Opern für den Alltag, gar für den Alltag eines berufstätigen Menschen von heute.«[29] Sie verlangen vom Publikum eine außerordentliche »Aufnahmebereitschaft«, ja sogar »eine gewisse feiertägliche Einstellung«. Wagners Bühnenschöpfungen seien »Ausnahmeerscheinungen der Opernliteratur« und im Grunde »nach Format und Haltung Festspiele« auch im gewöhnlichen Repertoirebetrieb einer modernen Großstadt.

Die Wagner'schen Musikdramen, beginnend mit *Das Rheingold*, schlugen ein neues Kapitel der Operngeschichte auf. Dementsprechend deutete auch im Festspielhaus selbst alles auf einen programmatischen Kontrast zu der hergebrachten Ästhetik und Praxis der deutschen Hof- und Stadttheater.[30] Orchester und Dirigent sind den schweifenden Blicken des Publikums entzogen. Ohne sichtbare Quelle der Klangfluten scheint die Musik aus dem Drama selbst hervorzugehen. Die amphitheatralische Anordnung der Sitze garantiert, dass die Aufmerksamkeit auf das Bühnengeschehen konzentriert bleibt. In Bayreuth geht der Vorhang nicht einfach in die Höhe, sondern teilt und öffnet sich wie eine Blende, um den Blick auf eine Traumszenerie freizugeben.[31] Die

Sänger singen nicht ins Publikum, sondern richten ihre Mitteilungen an ihr jeweiliges Gegenüber auf der Bühne. Szenenapplaus ist verpönt und angesichts der ununterbrochenen Klangflut auch gar nicht vorgesehen. Das Hervorklatschen von Sängern ist untersagt; der Applaus gilt den ausführenden Künstlern insgesamt. Eine solche Abkehr von der Opernpraxis des 19. Jahrhunderts verlieh jeder Aufführung im Festspielhaus den Stempel des Authentischen, da alle diese Innovationen dem reformatorischen Kunstwillen des Meisters entsprangen. Die Festspielbesucher durften sich in der Gewissheit wiegen, an einem revolutionären, der Zukunft die Bahn brechenden, exklusiven Projekt teilzunehmen. Unter diesen Voraussetzungen war es praktisch unausbleiblich, dass das von Wagner selbst konzipierte Theater von allem Anfang an den Charakter einer Kultstätte annahm und dass die Festspielbesucher sich als Jünger und Proselyten einer neuen Kunst wähnen durften.

Entscheidend für die Erhöhung des Bayreuther Festspielhauses zu einer Kultstätte war die Idee der Exklusivität. Im Festspielhaus sollten ausschließlich Werke Wagners zur Aufführung kommen. Damit war, wie Paul Bekker monierte, dem »Kultus eines Einzelnen« Vorschub geleistet. Die Alternative wäre gewesen, ein wahrhaft nationales Festspielhaus zu schaffen, in dem Beispiele »der gesamten großen Kunst« zur Aufführung kämen.[32] *Parsifal*, das Vermächtniswerk, sollte überhaupt für Bayreuth reserviert bleiben – ein Privileg, das dreißig Jahre währte und das die Erben mit allen Mitteln zu perpetuieren versuchten – vergeblich.

Neben dem Gemeinschaft schaffenden Effekt, den die Festspiele lange Zeit hatten, namentlich aufgrund der Sonderstellung des hoch auratischen, dem religiösen Ritus nahe kommenden *Parsifal*, teilte sich den Teilnehmern ein Gefühl des Eingeweihtseins mit, ja der Teilhabe an einer verschlüsselten, doch für Gläubige leicht zu entschlüsselnden metapolitischen Mission. Der Nimbus der Festspiele in dem von Wagner selbst konzipierten und errichteten Theater ist selbst heute im Zeitalter der elektronischen Reproduzierbarkeit von Opernaufführungen immer noch so hoch, dass Wagner-Verehrer in aller Welt davon träumen, einmal in ihrem Leben im Festspielhaus in Bayreuth eine Aufführung zu erleben.

Es kommt jedoch eine andere, moderne Facette der Festspielidee hinzu. Aus heutiger Sicht ist es unmittelbar nachvollziehbar und einleuchtend, in der Einrichtung der Wagner-Festspiele die Kulmination und Krönung eines sehr bezeichnenden Wesenszugs des Wagner'schen Künstlertums zu erblicken. Es ist das seiner Zeit vorauseilende Talent für eine Form der Selbstdarstellung, die Nicholas Vazsonyi als »branding« gekennzeichnet hat.[33] In Wagners »branding« manifestiert sich der Drang, nicht nur Werbung in eigener Sache zu betreiben, sondern allen seinen Hervorbringungen den Stempel des Einzigartigen und Unverwechselbaren aufzudrücken. Dies ist Wagner mit selbst den Zweiflern imponierendem Erfolg gelungen, was andererseits die Bewunderer seiner Werke in ihrer kultischen Devotion nur bestärken konnte. Durch die Brille des »branding« betrachtet, geben sich zum Beispiel *Die Meistersinger von Nürnberg* als ein einziges, grandioses »infomercial« der Wagner'schen Kunstauffassung zu erkennen, ohne dass dadurch dem Ansehen dieses Werkes als »einer der vielleicht bedeutendsten Opern aller Zeiten« Abbruch geschieht.[34]

Wagners Festspiele entfalteten ihren kultischen Charakter von Anfang an. Man kam nach Bayreuth wie zu einem Wallfahrtsort: wundergläubig und der geistigen Tröstung beziehungsweise Wiederaufrichtung bedürftig. In richtiger Einschätzung dieser Erwartungshaltung verlegte die touristisch gänzlich unterentwickelte Stadt ihr Angebot auf den Devotionalienhandel – eine Praxis, die sich bis heute erhalten hat. Die Stadt hatte zur Zeit der ersten Festspiele 29 000 Einwohner, elf Brauereien, 76 Bierhäuser, doch bei weitem nicht genug Hotelbetten.[35] Dafür wurden in den Geschäften der Stadt Wagner-Bilder »in allen Formen der Nachbildung« feilgeboten, besonders als Büsten und auf Münzen. Der andere Renner war das Festspielhaus, das »auf tausend Utensilien des täglichen Lebens« nachgebildet war. Dazu »in den Buchläden jede Menge Wagner-Literatur«. Dies die Impressionen des Rigaer Wagnerianers und späteren Wagner-Biographen Carl F. Glasenapp.[36]

Kritische Beobachter der ersten Festspiele wie z. B. der Kritiker und Publizist Paul Lindau registrierten bereits sehr früh ein Phänomen, das im weiteren Verlauf der Festspielgeschichte eine gewichtige, wenn auch schwer zu quantifizierende Rolle von weitreichender politischer Bedeutung erlangen sollte: die »dienerhafte Unterwürfigkeit« gegenüber dem Genie des Festspielerfinders.[37] Andere Beobachter vermerkten einen »blinden Autoritätsglauben« oder gar die »Vergötterung Wagners«. Eduard Hanslick, der bedeutende Wiener Kritiker und Gegner Wagners, sprach unumwunden von der »Stiftung einer neuen, erlösenden Religion« und von Wagner selbst als einem »Messias, an dem zu zweifeln Frevel ist«.[38] Der Berliner Kritiker der *Nationalzeitung* Karl Frenzel ahnte, dass in der schon bei den ersten Festspielen zu bemerkenden Sektenbildung der Wagnerianer ein verdächtig anmutendes Syndrom am Werk war, das er in Ermangelung eines genaueren Begriffs die »Geniesucht« nannte.[39] Damit legte er den Finger auf ein Merkmal des Wagner-Kults, das die Wagnerianer, wie wir sehen werden, auch für die politischen Manifestationen des Genieglaubens in hohem Maße empfänglich machte.

Auf der individuellen Ebene des Wagner-Kults zeichnet sich vor allem in den Anfangsjahren ein Verhaltensmuster ab, das damals neu war und erst wieder in den medientechnisch aufwendigen Rock-Konzerten unserer Tage zu beobachten ist: ein für Ekstase empfängliches, ja darauf hinarbeitendes Publikum, das den Zustand des Außer-sich-Seins sucht und genießt. Hier wie dort wird die Musik wie eine Droge konsumiert, die einen momentanen Rausch gewährt, die aber gebieterisch die Wiederholung des Genusses verlangt und so eine Abhängigkeit erzeugt. Nietzsche, der die feinsten Antennen für die vielfältigen Reize der Wagner'schen Musik besaß und gewisse Beobachtungen des bedeutendsten französischen Wagner-Verehrers aufnahm, Charles Baudelaires, charakterisierte diese Musik als ein »Opiat«.[40] Die Wagnerianer, schrieb er 1888, verlangen nach Wagners Musik »als nach einem Opiat, – sie vergessen sich, sie werden sich einen Augenblick los ... Was sage ich! fünf bis sechs Stunden! –«.[41] An fortgeschrittenen Wagnerianern sind in der Tat Symptome der Abhängigkeit von dieser Musik zu beobachten, am greifbarsten in ihrer Unersättlichkeit – ihrem Nicht-genug-davon-haben-Können. Die Kehrseite solcher Abhängigkeit ist die bis zum Fanatismus gehende, monomanische Ergebenheit dem Idol gegenüber.

Wagnerianer wähnen sich verwöhnt und geben sich gern als unempfänglich für jede andere Musik – eine Einstellung, in der die Idee der Exklusivität fortschwelt. Sie erachten Wagner als den Gipfel der deutschen Kultur, ja mehr noch, als den schlagenden Beweis für die Überlegenheit der deutschen Kultur über jede andere. Dieser Glaubensartikel kennzeichnet den frühen Thomas Mann ebenso wie Adolf Hitler, ganz zu schweigen von Hans Knappertsbusch, dem Dirigenten mit dem in

Wagner-Kreisen höchsten Ansehen. Dieser verbreitete Superioritätswahn leistete einem quasi-religiösen Absolutheitsanspruch Vorschub nach dem Motto: Du sollst keine fremden Götter neben mir haben. Thomas Mann, in der Maienblüte seiner Wagner-Hörigkeit, bekannte 1904, dass die Werke Wagners so stimulierend auf seinen Kunsttrieb wirkten wie sonst nichts, und er stand nicht an, den Schöpfer des *Ring des Nibelungen* seinen »Meister und nordischen Gott« zu nennen.[42] Adolf Hitler seinerseits, der im Alter von zwölf Jahren seinen ersten *Lohengrin* erlebte, entwickelte sich durchaus zeittypisch zu einem jener verbreiteten Wagnerianer, die ihren Heros abgöttisch verehrten. Seine jugendliche Wagner-Erfahrung bildete, wie wir sehen werden, die Basis für die Rolle, die er als Diktator ausübte: die des Pontifex maximus des Wagner-Kults. Und Hans Knappertsbusch ließ mit der ihm eigenen knorrigen Souveränität wissen, dass, abgesehen vom Herrgott, Richard Wagner »derjenige« sei, »den ich anzubeten pflege«.[43] Der Stolz auf das Idol und seine Außerordentlichkeit bestärkte die Anhänger in dem erhebenden Gefühl der Superiorität der deutschen Kultur, die einen Richard Wagner hervorgebracht hat. Als Beweis der Superiorität galt der unbestreitbare, weltweite Erfolg der Wagner'schen Musik. Schon bald nach dem Tod des »Meisters« beherrschte diese Musik, wie Nietzsche kopfschüttelnd konstatierte, die Theater »von St. Petersburg bis Montevideo«.[44]

Was schließlich den weltanschaulichen Charakter des Wagner-Kults betrifft, so tritt der Nationalismus als der alle anderen Auswüchse grundierende Zug hervor. *Der Ring des Nibelungen* wurde als ein »nationales Kunstwerk« ausgerufen, die Festspiele selbst als die »Geburtsstätte einer neuen Kunst [...], einer nationalen Kunst«.[45] Die erfolgreiche Inauguration der Bayreuther Festspiele in Gegenwart Kaiser Wilhelms des I. generierte einen nationalen Überschwang, einen patriotischen Stolz auf die schiere Kulturleistung dieser Unternehmung, die Assoziationen mit der »Entscheidungsschlacht bei Sedan« im preußisch-französischen Krieg 1870 aufkommen ließ.[46] Ein Wiener Kritiker artikulierte, was vermutlich zahlreiche andere Bayreuth-Besucher gleichfalls denken mochten, nämlich dass Wagner seinen Festspielplan nicht hätte siegreich verwirklichen können »ohne den mächtigen Impuls, den das nationale Leben durch diesen Krieg erhalten« habe.[47] Es war zum großen Teil Wunschdenken, denn Wagners Konzeption der Festspiele für die Darbietung des *Ring des Nibelungen* verdankte der Aszendenz Preußens unter Bismarck keine nennenswerten Impulse. Doch wie in der Blütezeit des Wagner-Kults waren schon hier Wunschdenken und Phantasien mächtiger als biographische oder historische Fakten.

So schwer es heute fällt, diesen von den Festspielen ausgelösten nationalen Überschwang nachzuvollziehen, so unkompliziert, ja selbstverständlich war den Zeitgenossen der frühe, relativ unbelastete Nationalismus. Der Geschichtsschreibung der großen Nationen im 19. und 20. Jahrhundert und somit auch ihrem Selbstverständnis ist in der Regel eine kräftige Dosis Nationalstolz beigemischt, der gerade auf dem Feld der Kultur die Neigung hatte, in einen Chauvinismus und einen impliziten, wenn auch meist verdrängten »Kulturimperialismus« auszuarten. Zwar verbanden sich damit keine offen missionarischen Ziele, doch enthüllt jede Rede von der Unübertrefflichkeit der deutschen Kultur das implizite Weltmachtstreben.[48] Getrieben von einem Minderwertigkeitskomplex und Aufholbedürfnis gegenüber den älteren Nationen, breitete sich der Kulturimperialismus beziehungsweise »Kulturchauvinismus« im Wilhelminischen Deutschland geradezu flächendeckend und erstaunlich nachhaltig aus.[49]

Die gewichtigsten Belege für diese Vermischung von Kultur und Nationalismus liefern der Goethe-Kult und in seiner unmittelbaren Nachfolge der Wagner-Kult. In den ersten vier Jahrzehnten nach Goethes Tod hielt sich die Anzahl der Goethe-Bewunderer in überschaubaren Grenzen; den meisten Deutschen galt Schiller als der verehrungswürdigere Dichter und Nationalheld.[50] Zu den frühen Goethe-Bewunderern gehörte Richard Wagner, wiewohl seine Verehrung dem *Faust*-Dichter gegenüber nicht die kultischen Züge seiner Verehrung für Beethoven zeigte.[51] Nach der Reichsgründung jedoch, kräftig angestoßen von den Berliner Goethe-Vorlesungen Hermann Grimms von 1874/75, startete der reichsdeutsche Goethe-Kult kräftig durch, um sodann in den achtziger Jahren des 19. Jahrhunderts kraft mehrerer philologischer Großprojekte auf Hochtouren zu kommen.[52] Das epochale Unternehmen der Weimarer Ausgabe der Werke und Schriften Goethes – begonnen 1886 und 1919 mit Band 133 in 143 Teilen abgeschlossen – sowie die flankierenden Bestrebungen der sich formierenden Germanistik verfolgten auf mehr oder weniger eklatante Weise das Ziel, Goethe auf eine Höhe mit Dante und Shakespeare zu befördern und womöglich, aufgrund seiner Vielseitigkeit, darüber hinaus auf olympische Höhen in die Sphäre des schlechthin Unvergleichlichen.

Es ist bisher wenig bemerkt worden, dass die nationalistischen Impulse, die den Goethe-Kult animierten, im Wagner-Kult weiter wirkten: Sie entsprangen demselben kulturellen Suprematie-Anspruch. Ein scharfsichtiger Beobachter wie Bernhard Diebold, Theaterkritiker der *Frankfurter Zeitung*, wies schon 1932, bei Gelegenheit des Goethe-Jubiläums, auf die Verwandtschaft der beiden Bewegungen hin. Die Träger des Wagner-Kults waren, in Diebolds eigenwilliger Formulierung, durch die Argumentationsstrategien des Goethe-Kults »vorerzogen«.[53]

Die wortführenden Träger des Wagner-Kults waren zunächst der Nietzsche der Wagner-Propagandaschriften sowie Cosima Wagner, die ihrerseits als »Hohe Frau« kultisch verehrte Witwe des Komponisten. Ihr zur Seite standen Hans von Wolzogen, der Herausgeber (1878–1938) der *Bayreuther Blätter*, und vor allem Houston Stewart Chamberlain. Die unermüdliche Eigenwerbung für die Marke Wagner erfuhr eine nachhaltige intellektuelle Nobilitierung, als ein junger Altphilologe, der im Alter von sechzehn Jahren angesichts des Klavierauszugs von *Tristan und Isolde* sich zum Wagnerianer gewandelt hatte, 1872 *Die Geburt der Tragödie aus dem Geiste der Musik* vorlegte. Nietzsches berühmte Schrift deutet das Wagner'sche Musikdrama als die Wiedergeburt der griechischen Tragödie und damit als die Erfüllung und revolutionäre Neufassung eines seit Winckelmann fest in der deutschen Kultur eingebetteten Begriffs von Kunst. Nietzsches zweite große Werbeschrift, *Richard Wagner in Bayreuth* (1876), deutete die Bayreuther Festspiele als die Kulmination aller Bemühungen Wagners als Künstler und Reformator der deutschen Kultur: »alles Bisherige war die Vorbereitung auf diesen Moment« – den Moment der Grundsteinlegung zum Bau des Festspielhauses am 22. Mai 1872.[54] Nietzsche ging sogar so weit, die unwahrscheinliche Durchsetzung der Festspielidee als die »erste Weltumsegelung im Reiche der Kunst« zu bezeichnen.[55] Durch Nietzsche erfuhren auch die Festspiele selbst eine intellektuelle Nobilitierung, so dass sich der sich gerade formierende Wagner-Kult von da an in der Avantgarde der zeitgenössischen Kunstbestrebungen wähnen durfte. Nietzsche bestätigte diesen Sachverhalt auch noch in der Phase seiner passioniertesten Kritik an dem Verehrten mit den denkwürdigen Worten: »Es hilft nichts. Man muss erst Wagnerianer sein…«[56]

Der entscheidende, richtungweisende Stichwortlieferer des Wagner-Kults war jedoch Houston Stewart Chamberlain. Der expatriierte Engländer (1855–1927), erzogen in Paris und seit seiner Wiener Zeit ein publizistisch regsamer Anwalt des Wagner-Kults, heiratete 1908 Eva Wagner, war also Cosima Wagners Schwiegersohn. Chamberlain avancierte kraft seines schriftstellerischen Talents und dank seines enormen Fleißes zum intellektuellen Haupt des Bayreuther Kreises. Beginnend mit Chamberlains Wirken in Bayreuth, spätestens 1908, wurde Bayreuth zum nationalen Erinnerungsort aufgebaut – einem veritablen »lieu de memoire« – in der Nachfolge und als Pendant zu Weimar.[57] Das geistige Schwert, mit dem in Bayreuth gefochten wurde, war der sogenannte Bayreuther Gedanke, ein aus Wagners Regenerationsschriften destilliertes metapolitisches Programm, das der geistigen und moralischen Erneuerung Deutschlands den Weg weisen sollte.[58]

Der in der Hauptsache von Chamberlain geprägte »Bayreuther Gedanke« sollte sich, wie wir sehen werden, für den Nationalsozialismus in mehrerer Hinsicht als anschlussfähig erweisen. Der bei weitem gewichtigste Glaubensartikel in dem Paket von Ideologemen, als das der »Bayreuther Gedanke« zu begreifen ist, war der Antisemitismus.[59] Als sein erfolgreichster Propagandist profilierte sich Chamberlain, der mit seinem weltweiten Bestseller *Die Grundlagen des neunzehnten Jahrhunderts* (1899) die Bedeutung des Faktors »Rasse« wissenschaftlich zu untermauern versuchte. Dieses Buch ist das Produkt einer schreiend unwissenschaftlichen Voreingenommenheit, die sein Autor jedoch geschickt zu verschleiern verstand, indem er sich zu einem Dilettanten im uneingeschränkt positiven Sinn stilisierte, d. h. mit dem impliziten Anspruch eines die Einzeldisziplinen transzendierenden, die Fachgelehrten hinter sich lassenden Universalgenies. Die Täuschung gelang, weil man bei Chamberlain fand und erklärt bekam, was man ohnehin seit je schon mutmaßte.

Chamberlain zollte auch dem Goethe-Kult Tribut. Der *Faust*-Dichter war ihm »der vollkommene deutsche Mann«, aus dessen Mund »die Weisheit fließt […] wie aus einem ewig sprudelnden Quell. […] Welches Volk hat je einen solchen Mann wie Goethe besessen?«[60] Gegenüber dem Goethe-Kult hatte der Wagner-Kult einen entscheidenden Vorzug. Das Argument von der höheren Eigenart der deutschen Kultur ließ sich mit dem Hinweis auf die »deutsche Musik«, da sie durch keine

Sprachbarrieren eingeschränkt war, glaubwürdiger vortragen als etwa mit Goethes *Faust* oder mit der Vorstellung von Goethe, dem Olympier. Was Nietzsche in das großartige Bild von dem »mächtigen Sonnenlaufe« der deutschen Musik »von Bach zu Beethoven, von Beethoven zu Wagner« fasste:[61] ihren Vorrang vor allen anderen Kulturleistungen, besaß unter den musikliebenden Deutschen bald axiomatische Geltung.

Der Glaube an die Superiorität der deutschen Musik, die die Überlegenheit der deutschen Kultur insgesamt belegen sollte, ist im Selbstverständnis der Deutschen so fest verwurzelt, dass der darin enthaltene Dünkel als solcher gar nicht wahrgenommen wird. Noch weniger wahrgenommen werden die politischen Implikationen der Musikvergötzung. Der Geist des Kulturimperialismus nährte auch den Ehrgeiz zur politischen Hegemonie. Es ist bezeichnend für die Zählebigkeit dieser Denkfigur von der Superiorität der deutschen Musik, dass sie keineswegs aus den Köpfen der Überlebenden verschwand; sie wurde, wie Anselm Gerhard gezeigt hat, selbst nach dem Ende des Hitler-Reichs mehr oder weniger gedankenlos weitergereicht.[62]

Die Entstehung und Blüte des Wagner-Kults war jedoch eine Sektenbildung der besonderen Art mit einer zunächst kaum bemerkbaren, doch in der Epoche des Wilhelminismus mächtig anschwellenden politischen Schwungkraft. Es war der Kulturhistoriker Wilhelm Heinrich Riehl, ein unabhängiger und skeptischer Beobachter, der dafür die feinsten Antennen besaß. Von einem »kulturgeschichtlichen Standpunkte« betrachtet, so Riehl mit erstaunlicher Klarsicht, sei die »Wagner-Bewegung« im Grunde genommen eine krypto-politische Partei, die sich mit der Genieverehrung keineswegs zufriedengebe. In seinem Wagner-Essay aus den *Kulturgeschichtlichen Charakterköpfen* stellte Riehl fest, die Wagner-Gemeinde sei »ganz nach dem Muster der politischen Parteien organisiert und zwar in einer so großartigen wie folgerechten Weise, wie es noch nie und nirgends gewesen ist«.[63] Die daran anschließende Frage Riehls: »Ob zum Frommen der Kunst?« lässt erkennen, dass er einen anderen Verdacht hegte, nämlich dass die Wagnerianer auch auf das »Frommen« Deutschlands zielten. In dieser Beziehung traute er ihnen offenbar einiges zu, denn sie hielten zusammen und waren monomanisch auf ihren Abgott fixiert: »Die Wagnerianer [...] sind allesamt nur Wagnerianer und kämpfen in geschlossener Phalanx gegen jegliche andere Richtung.«[64] Statt ein konkretes politisches Programm zu verfechten, fühlten sie sich von einem metapolitischen »neuen Glauben« ergriffen: »Der innerste, festeste Kern von Wagners Partei ist mehr noch als Partei, er ist zugleich Gemeinde, die an ihren Messias glaubt und seinen Offenbarungen lauscht mit der Andacht des Gläubigen. Die Verehrung seiner Person und seiner Werke steigert sich zum Kultus, seine Bücher erscheinen als Bekenntnisschriften, als symbolische Bücher des ästhetischen neuen Glaubens.« Und Riehl, die möglichen Langzeitwirkungen dunkel ahnend, fügt hinzu: »Diese Thatsache erklärt vieles, was sonst unerklärlich wäre.«[65] Sie erklärt, wie wir sehen werden, auch vieles, von dem Riehl sich nichts träumen ließ.

Festzuhalten bleibt aber, dass der Wagner-Kult auf der institutionellen, individuellen und weltanschaulichen Ebene ein geistiges Biotop mit einem brisanten, mentalitätsgeschichtlich folgenreichen Gemenge entstehen ließ. In einem solchen Biotop gediehen die Keime des Genieglaubens und des Superioritätswahns, die noch vor dem Schulterschluss mit dem Nationalsozialismus die Anhänger Wagners und Mitglieder der Gemeinde in einen Zustand erregter Präpariertheit versetzten – präpariert für etwas Überwältigendes, die Gebrechen Deutschlands und der Moderne Rektifizierendes. Für einen Wundermann wie Lohengrin, für einen neuen Heiland wie Parsifal.

Wagner selbst – Meister der Eigenwerbung, der er zweifellos war – hat zur Erklärung seiner Festspielidee auf das kultische Theater in der griechischen Antike hingewiesen. Er tat dies im klaren Bewusstsein, dass die Orientierung an der griechischen Kultur nirgends als so prestigefördernd gilt wie in Deutschland.[66] Dessen ungeachtet ist jedoch zu konstatieren, dass die Hinwendung zu dem Modell der attischen Tragödie etwas Retrogrades an sich hat – etwas dem Fluss der Zeit und der fortschreitenden Zivilisation Entgegengesetztes. An diesem fundamentalen Anachronismus vermochten selbst die angestrengten Aktualisierungsversuche Adolf Hitlers nichts zu ändern. Im Gegenteil, seine Anstrengungen zur Rettung der Festspiele, die, wie zu zeigen, außerordentlich und einzigartig waren, potenzierten den Anachronismus und verliehen dem Hitler'schen Wagner-Kult etwas absurd Illusionäres.

»Leben mit Wagner«: ein Triptychon

Der deutsche Wagner-Kult der Wilhelminischen Ära hat sich schon längst überlebt. Gleichwohl wäre es voreilig, ihm einen Totenschein auszustellen, denn das Überlebtsein gehört geradezu zu seinem Wesen. Die vielfältige Faszination, die von Wagners Bühnenwerken ausgeht, wird auch heute noch von vielen Menschen empfunden, wie an den Symptomen eines weltweit zu beobachtenden, nahezu kultischen Verhaltensmusters zu erkennen ist. Dieses Muster ist am bündigsten mit der Formel »Leben mit Wagner« zu bezeichnen und stellt eine bis zur Unkenntlichkeit entpolitisierte Schrumpfform des alten Wagner-Kults dar. Entpolitisiert ist das »Leben mit Wagner« insofern, als seine oft bloß schrullenhaften Manifestationen, gepaart mit einem globalen Operntourismus, nicht mehr mit dem politischen Leben Deutschlands oder eines anderen Landes verschmolzen sind.

Leben mit Wagner ist der sehr bezeichnende Titel, den Joachim Kaiser einer Sammlung seiner Besprechungen und Aufsätze gegeben hat.[67] Jüngst hat Christian Thielemann ein autobiographisches Buch mit dem Titel *Mein Leben mit Wagner* vorgelegt.[68] Im Falle dieser beiden Autoren ist die Formel »Leben mit Wagner« unmittelbar einleuchtend, denn sie sind Wagnerianer von Berufs wegen und gelten vielen Musikfreunden geradezu als Galionsfiguren. Kaiser war über Jahrzehnte hin Theater- und Musikkritiker für die *Süddeutsche Zeitung*, das führende Blatt in der alten Hauptstadt des Wagner-Kults. Thielemann ist seit 2015 »Musikdirektor« der Bayreuther Festspiele. Ihre Sache ist es, Wagner zu interpretieren und die Werke Wagners musikalisch und intellektuell einem bestimmten Publikum zu vermitteln. In diesen und vergleichbaren Fällen stellt das »Leben mit Wagner« geradezu ihre Existenzgrundlage dar.

Auch das an Wagner interessierte Publikum von heute, amorph und liebhaberhaft, wie es sich darstellt, führt eine Art von Leben mit Wagner. Wer zählt die stillen, lernbegierigen Operngänger, alte und junge, die auch heutzutage noch, wenn Wagner gespielt wird, die Theater von Riga bis Seattle, von Lübeck bis Adelaide verlässlich füllen? Für sie befriedigt die Versenkung in die Welt Wagners ein ganzes Spektrum von Bedürfnissen, die sich von simpler historischer Neugier über die ästhetische Erhöhung des Alltags bis zu einer Form von Lebenshilfe erstrecken, wie immer diese geartet sein mag. An vielen von ihnen lassen sich Symptome desselben Verhaltensmusters beobachten, das den Wagner-Kult alter Schule kennzeichnet, ohne dass der heutigen Spezies von Wagnerianern wirklich bewusst ist, was »Wagner-Kult« und »Leben mit Wagner« einmal bedeutet haben. Auch sie sind wagnersüchtig und werden selbst unter verschwenderischem Konsum von CDs und DVDs seiner Musik nicht satt. Doch nicht nur Wagners Musik, sondern auch das Ritual der Festspiele scheint süchtig zu machen. Die allermeisten Festspielbesucher sind gleichsam Wiederholungstäter. Eine kultursoziologische Untersuchung der Festspiele von 1996 hat ergeben, dass lediglich etwa ein Viertel (24,47 %) der Gäste die Festspiele zum ersten Mal besuchte. Die allermeisten Besucher waren schon mehrmals dabei, eine stattliche Anzahl (38,65 %) sogar sechsmal oder mehr.[69]

Die Wagner-Pflege findet heute vorwiegend im kleinen Kreis statt und ist oft eigenbrötlerischen Charakters. Eine stattliche Anzahl von Wagner-Verehrern schließt sich Wagner-Verbänden und Wagner Societies an. In den Vereinigten Staaten allein gibt es vierzehn regionale Wagner Societies, und selbst in dem antipodischen Australien und Neuseeland hat sich immerhin ein halbes Dutzend Wagner Societies gebildet. Der raison d'être dieser Zusammenschlüsse besteht nicht zuletzt darin, den Besuch der Wagner-Festspiele für ihre Mitglieder in die Wege zu leiten. Ihre Präsenz in Bayreuth, so locker sie sich auch geben, trägt gleichwohl leicht kultische Züge. Der zitierten kultursoziologischen Studie zufolge rekrutierten sich immerhin 16 % der Besucher aus englischsprachigen Ländern, aus den USA (12,3 %) und Australien (3,7 %).[70] So ist das Festspielhaus auf dem Grünen Hügel für nahezu alle nichtdeutschen Wagner-Verehrer auch heute noch das Ziel ihrer Sehnsucht – ihr Mekka. Zugegebenermaßen fallen so manche Aktivitäten der Wagner-Vereine in die Kategorie Fanverhalten, doch ist nicht zu verkennen, dass die Wagnerianer von heute, zumal die aus den nichtdeutschen Ländern, von einem ernsthaften Bemühen um Verständnis motiviert sind und eine Form des hingebungsvollen Gefesseltseins an den Tag legen, wie es in weit massenhafterem Ausmaß die »Fantasy«-Filme vom Schlage des *Lord of the Rings* oder *The Hobbit* vermitteln.

Manche deutschen Wagnerianer jedoch lassen einen an Wotan denken, der, wie die Nornen berichten, ein Auge opferte »als ewigen Zoll« für die Weisheit, die ihm der Quell am Fuß der Weltesche zuraunte. Ihre Einäugigkeit beeinträchtigt, wie nicht anders zu erwarten, ihre Wahrnehmung der verhängnisvollen Verkettung von Ästhetik und Politik, die zweifellos als die problematischste Dimension der Wirkungsgeschichte Richard Wagners anzusehen ist. Bekennende Wagnerianer sind in der Regel daran zu erkennen, dass sie bezüglich des enormen historischen Gepäcks, mit dem Wagner heute daherkommt, demonstrativ oder achselzuckend ein gutes Gewissen zur Schau tragen, als ließen sich Musik und Politik säuberlich trennen. So verständlich der Unmut eines professionellen Musikers, der aus Gründen der Gewissenhaftigkeit sein Metier von der Politik fernzuhalten wünscht, auf den ersten Blick auch erscheinen mag, die ungehaltene Frage Christian Thielemanns, was denn zum Beispiel cis-moll mit Politik zu tun habe, zielt an dem eigentlichen Problem vorbei.[71] Natürlich ist nicht die Musik »politisch verdächtig«, wie es in Thomas Manns Roman *Der Zauberberg* aus dem Munde eines unmusikalischen Pädagogen heißt, sondern die Rede von der Musik – und diese in hohem Maße, zumal in einem Land, in dem die Musik lange eine Vorrangstellung einnahm.[72]

Das Problem ist also, dass vornehmlich in Deutschland, spätestens seit Wagner, der Musik, in der Absicht, das nationale Selbstwertgefühl zu stärken, kulturelle Beweislasten zugemutet wurden, die sie von sich aus nicht zu tragen vermag. Der Glaube an die Superiorität der deutschen Musik ist das Ergebnis von Zuschreibungen, geboren aus dem Konkurrenzkampf der Kulturstaaten im Zeitalter des Nationalismus. Aus diesem Zusammenhang erhielt das Reden und Schreiben über Musik in Deutschland einen mehr oder weniger verschleierten politischen Subtext und ausufernden Nebensinn, so dass es von dem Gedanken der musikalischen Überlegenheit zu dem Anspruch auf politische Dominanz nur ein kurzer Schritt war. Wie wir sehen werden, vollzog niemand diesen Schritt mit einer größeren Breitenwirkung als Houston Stewart Chamberlain, das Haupt des Bayreuther Kreises.

Die Unbedenklichkeit in Sachen Wagner, die sich hauptsächlich in Wagners Herkunftsland, doch nicht nur dort, aufs Neue eingebürgert hat, ist gewissermaßen nur um den Preis eines Auges, will sagen: eines gehörigen Maßes an Geschichtsvergessenheit, zu haben und aufrechtzuerhalten. Diese entspringt letztlich dem Willen zum Vergessen und bedient sich einer sehr fragwürdigen Argumentation, die für das neue Kapitel des Wagner-Kults, das 1951 aufgeschlagen wurde, grundlegend war. Man erklärt Hitlers Wagner zu einem einzigen großen Missverständnis und bedient sich eines Distanzierungsvokabulars von Missbrauch, Verfälschung und dergleichen mehr, so als hätten Hitler und der Nationalsozialismus die Intentionen Wagners in ihr Gegenteil verkehrt und auf den Kopf gestellt.[73] Die Sache ist, wie wir sehen werden, erheblich komplizierter und lässt sich nicht so leicht vom Tisch wischen, indem man Hitlers Wagner schlichtweg für ungültig erklärt und aus dem breiten, ununterbrochenen Strom der Wirkungsgeschichte Richard Wagners ausklammert.

Die folgenden drei Kapitel stellen einen Versuch dar, die neue deutsche Unbedenklichkeit in Sachen Wagner zu problematisieren und das Bedenkliche am Fall Wagner an anderen, scheinbar unverfänglicheren Stellen zu verorten, als es in der einschlägigen Literatur gewöhnlich geschieht. Zu diesem Ende ist das dichte Geflecht von wagnerfrommen und wagnerkritischen, von restaurativen und – im mehrfachen Wortsinn – mit der Zeit gehenden Deutungsstrategien freizulegen und durch das Prisma kulturwissenschaftlicher Begriffe neu zu betrachten. Die drei Teile des vorliegenden Buches haben Ikonen des deutschen Wagner-Kults zum Gegenstand. Diese Ikonen stehen nicht isoliert im Raum, sondern kommunizieren miteinander. Sie bilden somit ein Triptychon, wie man es aus der Geschichte der Malerei kennt und wie wir es in vielen Altarbildern in katholischen Kirchen antreffen. Das im Folgenden zu betrachtende Triptychon steht jedoch in einer strikt weihrauchfreien Zone, die keine Assoziationen mit Altarbildern aufkommen lässt.

Wie jedes Triptychon bedarf auch unser Wagner-Triptychon einer Legende, um lesbar zu werden. Im vorliegenden Fall ist es der Kampf um das Wagner-Erbe, der die drei Teile in Beziehung setzt und das Verhalten der drei Protagonisten erhellt. Die zwischen den drei Teilen hin und her laufenden Fäden ideeller, politischer und persönlicher Art, die an dieser Stelle bloß angedeutet seien, addieren sich zu einem kohärenten Narrativ. Auf den ersten Blick mag es scheinen, dass Knappertsbusch, verglichen mit Hitler und Thomas Mann, eine bloß marginale Rolle spielt. Das Gegenteil ist der Fall. Knappertsbusch war keineswegs eine marginale und unpolitische Figur. Der knorrige Kapellmeister, der als Wagner-Interpret Karriere machte, war in gewissem Sinn der Hauptakteur, denn der von ihm angezettelte *Protest der Richard-Wagner-Stadt München* war gleichsam die Leuchtrakete, die die unterschiedlichen Positionen auf dem umkämpften Feld des Wagner-Erbes erkennbar machte. Kaum dass Hitler an die Macht gekommen war, sah sich der Münchner Staatsoperndirektor, der als Wagner-Dirigent selbst kultische Verehrung genoss, veranlasst, Thomas Mann öffentlich der Verunglimpfung Wagners zu bezichtigen. Die von Knappertsbusch eingefädelte Protestaktion hatte weitreichende Folgen; u.a. besiegelte sie Manns Entschluss zum Exil und führte schließlich zum endgültigen Bruch des *Zauberberg*-Autors mit Deutschland. In ebendiesem exilierten Schriftsteller aber sollte dem deutschen Diktator der formidabelste Feind erwachsen. Thomas Mann war jedoch keineswegs allein durch seinen Hass auf Hitler motiviert; er besaß auch die psychologische Neugier und das ästhetische Sensorium, in dem deutschen Diktator seinen »Bruder« zu erkennen – einen Bruder im Geiste Wagners. Hier zeichnet sich als Folge der gemeinsamen Prägung durch den Wagner-Kult eine verstörende Verwandtschaft ab, die zu durchleuchten eine große und fortwährende Herausforderung in jeder Darstellung der Wirkungsgeschichte Richard Wagners bedeutet. Der Knappertsbusch gewidmete mittlere Teil unseres Triptychons hat somit einen offenen und einen verdeckten Bezug auf die beiden anderen Teile. Der Wagner-Protest des Münchner Staatsoperndirektors zielte offen auf Thomas Mann, doch war, wie zu zeigen, auch der neue Reichskanzler einbezogen, denn Hitler war, literaturwissenschaftlich gesprochen, der implizite Leser des Protests.

Thomas Mann, Hans Knappertsbusch und Adolf Hitler waren sehr verschiedene Protagonisten desselben historischen Wagner-Kults. Mit der Durchleuchtung dieser Dreiecksbeziehung – dies der Grundgedanke unseres Triptychons – erschließt sich grosso modo auch die Geschichte der deutschen Wagner-Rezeption im 20. Jahrhundert. In allen drei Fällen diente München als Bühne ihrer Selbstinszenierungen in dem Kampf um Wagners Erbe. Die Stadt war nicht nur das geographische, sondern auch das ideologische Zentrum der Auseinandersetzung mit Wagner.[74] Die melancholische Geschichte, wie die »Richard-Wagner-Stadt München« zur Hauptstadt des Nationalsozialismus mutierte, ist schon oft erzählt worden.[75] Erklärungsbedürftig ist jedoch immer noch, wie der Wagner-Kult sich auf so divergierenden Bahnen bewegen und eine gefährlich schwelende ideologische Dynamik generieren konnte, die 1933 geradezu zwangsläufig zum Ausbruch kam. Es ist ein Kapitel für sich, das nicht nur als Teil der Wirkungsgeschichte Wagners anzusehen ist, sondern auch als ein signalhaftes Vorkommnis der deutschen Geistes- und Kulturgeschichte.

Nicht weniger erklärungsbedürftig ist jedoch das Phänomen, dass Richard Wagner in seinem Nimbus als deutsche Kulturikone die vielfach belastenden Assoziationen mit dem Namen Hitler überlebt hat. Mehr noch, nach dem katastrophalen Ende des Hitler-Reichs trat mit der Wiederaufnahme der Bayreuther Festspiele eine Situation ein, die eigentlich niemand erwarten konnte und die eine nicht geringe Ironie der deutschen Geschichte beleuchtet. Während in der Hitler-Ära die Veranstalter trotz staatlicher Hilfe ihre Mühe hatten, das Festspielhaus zu füllen, war der Andrang zu den Festspielen Neu-Bayreuths, beginnend sogleich im Jahre 1951, enorm und hat bis in die jüngste Zeit angehalten. Angesichts dieser Entwicklung drängt sich eine irritierende Frage geradezu auf: Ist Wagner durch Hitler interessanter geworden – aktueller, der Erklärung bedürftiger?

Allem Anschein nach ist heute, mehr als acht Jahrzehnte nach Beginn der Hitler-Diktatur, ein »Leben mit Wagner« – wie prekär und tentativ auch immer – wieder möglich sowie intellektuell und moralisch akzeptabel. Dass »man sich dem Werk Richard Wagners heute wieder mit Anstand nähern kann« – so Ernst Bloch in einem Interview von 1967 –, sei in erster Linie das Verdienst Wieland Wagners und seiner Bemühungen um ein neues Wagner-Verständnis.[76] Wir werden sehen, dass die Rolle Neu-Bayreuths in dem Wandel unseres Wagner-Verständnisses keine so radikal innovative war, wie gerne verkündet, sondern eine kompromisslerische und dass die Veränderungen in den atmosphärischen Bedingungen der deutschen Wagner-Rezeption in höherem Maße auf Thomas Mann zurückzuführen sind als auf Neu-Bayreuth, das so neu nicht war, wie es sich selbst darstellte und wie es auf den ersten Blick scheinen mochte.

Das Wagner-Erbe

Der Begriff »Erbe« hat zunächst einmal einen juristischen Sinn, wie die konfliktreiche Familiengeschichte der Wagner-Nachkommen seit 1883 zeigt. Da Richard Wagner kein Testament hinterlassen hatte, musste bis in jüngste Zeit bei jeder Wachablösung in Bayreuth die Frage geklärt werden: Wer ist rechtmäßiger Erbe? Und wer hat Anspruch auf das Kronjuwel des Wagner-Erbes: die Leitung der Festspiele? Die Weichen für diese anhaltende Familiensaga wurden von Cosima Wagner gestellt, unter deren Ägide die Festspiele endgültig ihren ursprünglich esoterisch-avantgardistischen Charakter ablegten und sich zu einem Wallfahrtsort wandelten, an dem die Eliten der Wilhelminischen Ära, Adel und Bildungsbürgertum, ihr kulturelles Selbstbewusstsein stärken konnten.[77] Juristisch beraten von Adolf von Groß, nahm sich Cosima Wagner – im Sinne von Brünnhildes Schlussgesang im *Ring* – das Erbe »zu eigen« und etablierte das dynastische Prinzip der Erbfolge.[78] Sie sorgte dafür, dass der erstgeborene Enkel Wagners, Franz W. Beidler (1901–1981), der Sohn Isoldes, von der Erbfolge ausgeschlossen blieb und die Festspielleitung von ihr selbst in die Hände Siegfried Wagners und seiner Nachkommen überging.[79] Diese Regelung wurde 1929 im Testament des 1930 verstorbenen Siegfried kodifiziert und gilt bis heute.[80] Freilich ließ sich mit der von Cosima eingefädelten Regelung der Erbfolge das grundsätzliche Problem nicht aus der Welt schaffen, das Paul Bekker bereits 1912 präzise benannte, als er auf die prinzipielle »Unvereinbarkeit der *dynastischen* und *künstlerischen* Erbfolge« aufmerksam machte.[81]

In den intrafamiliären Kampf um das Erbe waren die Protagonisten unseres Triptychons aus offensichtlichen Gründen nicht direkt involviert. Doch hatten Hitler und Thomas Mann eine zumindest tangentiale Berührung mit dem Familiendrama. Hitlers persönliche Freundschaft mit Winifred Wagner und ihrer Familie, seine Bevorzugung und Förderung Wielands, des Erstgeborenen, durften als Absegnung des dynastischen Prinzips der Erbfolge von höchster Stelle verstanden werden. Nach dem Ende des Dritten Reichs sorgte Hitlers prominente Rolle bei den Festspielen und seine Freundschaft mit der Familie Wagner für viel Zündstoff in dem Ringen um das Erbe, wie aus den temperamentvollen Einmischungen der Vertreter der vierten Generation,

Nike und Gottfried Wagner, zu ersehen ist.[82] Vorausgegangen waren ihnen Friedelind Wagner, die aus Protest gegen die *entente cordiale* ihrer Mutter mit Adolf Hitler mit der Familie brach und ins englische und amerikanische Exil ging,[83] sowie Franz W. Beidler, der als einziger Wagner-Nachkomme eine jüdische Frau heiratete und als Mitarbeiter Leo Kestenbergs ins sozialistische Lager abwanderte.

Erstaunlicherweise wurde auch der Name Thomas Mann ins Spiel gebracht, als 1946 versucht wurde, das Erbe der politisch schwer belasteten Familie zu entziehen und dem enterbten Wagner-Spross, Franz W. Beidler, also gleichsam der Schweizer Nebenlinie, zu übertragen. Auf Vorschlag Beidlers wurde dem in Los Angeles lebenden Emigranten das Patronat der politisch entsorgten Festspiele angetragen. Diese Option – als Gedankenspiel nicht ohne Reiz und historisch aufschlussreich – musste an den juristischen Bestimmungen von Siegfrieds Testament und dem darin festgeschriebenen dynastischen Prinzip scheitern.[84]

Der Begriff des Erbes hat jedoch über seinen engeren juristischen Sinn hinaus eine enorme kulturpolitische Dimension. Hatte Wagner es versäumt, ein Testament zu hinterlassen, so konnte kein Zweifel bestehen, dass ein immenses ideelles Erbe vorlag in Form eines Gesamtwerks von epochaler Bedeutung. Dass dieses Werk eine ideologisch und politisch folgenreiche Wirkung haben sollte, schreibt sich in hohem Maß von einer physiognomischen Eigenart des Wagner'schen Spätwerks her, dem scheinbar unpolitischen, ja antipolitischen Charakter etwa der *Meistersinger*, des Nibelungen-*Rings* und *Parsifals*. Gerade diese Gipfelwerke jedoch leisten auf indirekte Weise – mehr als etwa das offen politische Frühwerk *Rienzi* – einer politischen Auslegung Vorschub und laden zu einer solchen geradezu ein. Damit rückt eine besonders wirkungsmächtige Eigenart der Wagner'schen Bühnenwerke in den Blick – ihr metapolitischer Charakter. Der Staatsrechtler Constantin Frantz hatte den Begriff »Metapolitik« mit Blick auf Wagner geprägt, und dieser hat ihn dankbar übernommen und Frantz die zweite Auflage von *Oper und Drama* gewidmet. Die Metapolitik im Sinne von Constantin Frantz verhält sich zur Politik wie die Metaphysik zur Physik, ist also eine Art von ideologischem Überbau. Die Metapolitik eines Musikdramas wird demnach nicht offen artikuliert, sondern ist künstlerisch verpackt. Es ist somit kurzsichtig und abwegig, Wagners

Bühnenwerke als unpolitisch auszugeben, als ein Œuvre, das prinzipiell gegen die Politik gerichtet ist und die Abschaffung der Politik in einem ästhetischen Kulturstaat zum Ziel hat.

Metapolitik ist nie völlig eindeutig und konkret, sondern durch und durch ambivalent. Ebendiese Ambivalenz, gepaart mit einer absichtlichen gedanklichen Unschärfe und einer durch die Musik mächtig augmentierenden Suggestionskraft, erklärt, dass Wagners Bühnenwerke das bevorzugte Objekt von Auslegung und Aneignung geworden sind, und zwar auf mehreren Ebenen: der musikalischen, der literarischen, der ideengeschichtlichen und – heutzutage mit besonderer Inbrunst – auf der Ebene der Inszenierung. Aus diesem Grund ist Wagner in der neueren deutschen Geistes- und Kulturgeschichte geradezu zwangsläufig der mit Abstand verlockendste Zankapfel geworden – auch der toxischste.

Als Erbe in einem generellen Sinn gilt ein unbedingt zu bewahrendes Gut, das Vorfahren geschaffen und geprägt haben, auf dass es den Nachkommen zum Vorteil und zum Heil gereiche. Die Unbedingtheit der Verpflichtung gegenüber dem Erbe lässt sich nicht wirksamer untermauern als durch seine Sakralisierung. Ein derart für heilig erklärtes Erbe lässt sich in Krisensituationen leicht beschwören und aktivieren, wie gerade die deutsche Wagner-Rezeption im 20. Jahrhundert zeigt. Als 1933 die Wagner-Gemeinde ihre rauschhafte Hochzeit mit Hitler und dem Nationalsozialismus feierte, war, wie noch zu zeigen, das Wort vom »heiligen Erbe« und der Bayreuther Mission in aller Munde.

Dass die Rezeptionsgeschichte Wagners sich als ein Kampf ums Erbe entfaltete, entsprang somit keiner Laune der Geistesgeschichte, sondern war im Werk selbst vorprogrammiert und somit unausbleiblich. Wie in einem als Vermächtnis konzipierten Werk nicht anders zu erwarten, ist der Erbegedanke in *Parsifal* auf besonders gebieterische Art thematisiert. Die Klage des Gralskönigs Amfortas »Wehvolles Erbe, dem ich verfallen« ist über das Bühnenweihfestspiel hinaus unschwer auch auf Wagners Nachleben zu beziehen und fand in den Dekaden nach seinem Tod eine vielstimmige, wenn auch stark dissonante Resonanz. Das Erbe der Gralsregentschaft – »des höchsten Heiligtums zu pflegen, auf Reine herabzuflehen seinen Segen« – ist dem leidenden König eine bedrückende Last geworden, weil er, »einz'ger Sünder unter Allen«, seines heiligen Amtes unwürdig geworden ist. Feindliche Einwirkung von außen: Klingsor und seine »Höllenrose« Kundry, sowie Amfortas' eigenes Verschulden: seine Verführbarkeit durch ebendieses »furchtbar schöne Weib«, haben den, wie es scheint, unaufhaltsamen Verfall der Gralsgesellschaft in Gang gesetzt. Sichtbares Zeichen des Verfalls ist die schwärende Wunde des Amfortas, die sich nicht schließen will. Die Wunde wurde ihm von Klingsor zugefügt, nachdem dieser den heiligen Speer dem sündigen König entwunden hatte. Erst Parsifal, der der Gralsgemeinde in einem »Traumgesicht« offenbarte Heilsbringer, wird den heiligen Speer zurückgewinnen, die Wunde schließen und die Gralsgesellschaft heilen und erneuern, denn »die Wunde schließt der Speer nur, der sie schlug«. Die Erneuerung der moribunden Gesellschaft hat den Charakter einer Abkehr von dem bisherigen Weg und die Radikalität einer Umkehr, denn nur so ist wahre Erneuerung möglich: »Toren wir, auf Lind'rung da zu hoffen, wo einzig Heilung lindert.« Politisch gewendet: Die Erneuerung der Gesellschaft muss von Grund auf geschehen und wird von einem von der Vorsehung erkorenen Heilsbringer ins Werk gesetzt werden.

Dieses quasi-liturgische, weitgehend ritualisierte, das Gefühl der Gemeinschaft fördernde Geschehen um ein »wehvoll« gewordenes Erbe ließ sich unschwer von der Bühne auf Wagners Nachleben in der deutschen Geschichte übertragen.[85] Dabei wurde in dem Halbjahrhundert nach Wagners Tod gerade der Aspekt der Verfallenheit an das Wagner-Erbe mentalitätsgeschichtlich relevant. Für einen politisch signifikanten Teil des deutschen Bürgertums konkretisierte sich der metapolitische Gehalt des Wagner'schen Vermächtniswerks zu der Erwartung eines Heilsbringers, der alle politischen Wunden des Landes schließen und die Volksgemeinschaft heilen und erneuern wird. Diese Heilserwartung ist, wie Stefan Breuer gezeigt hat, sowohl den Bühnenwerken als auch den Schriften Wagners fest eingeschrieben.[86]

Auf eine handfestere, weniger sakralisierte Art als im *Parsifal* ist die Erbe-Thematik auch dem *Ring des Nibelungen* eingeschrieben. Der Bogen des Erbegedankens spannt sich von der ersten bis zur letzten Szene. Der Kampf ums Erbe prägt den Antagonismus der »Schwarzalben« und »Lichtalben«, der Nibelungen und der Wälsungen, und lenkt das verhängnisvolle Geschehen an seinen entscheidenden Stellen. Was es mit der Wunderkraft des aus dem Rheingold zu schmiedenden Rings auf sich hat, erklären die Rheintöchter dem von der Natur benachteiligten, machtlüsternen Nibelungen Alberich: »Der Welt Erbe / gewänne zu eigen, / wer aus dem Rheingold / schüfe den Ring, / der maßlose Macht ihm verlieh.« In der Schlussszene ist es dann Brünnhilde, die den Ring, das ihr rechtmäßig zugefallene Erbe, »zu eigen« nimmt, durch ihren Tod im Feuer vom Fluch reinigt und das Gold der Natur zurückerstattet – es somit in seinen Naturzustand zurückführt.

Die politische Bedeutung von Erbe ist in diesem Falle nicht zu verkennen und mit dem Begriff »Welt-Erbe« deutlich genug bezeichnet. Leichter noch als der Gedanke des »wehvollen Erbes« in *Parsifal* ist der Erbegedanke im *Ring des Nibelungen* in der Wirkungsgeschichte Wagners zu erkennen. Wer den Ring besitzt, will sagen: wer die Deutungshoheit über Wagner etabliert und sie im übertragenen Sinne besitzt, dem fällt »maßlose Macht« zu – die Macht etwa, die wagnerhörigen Zeitgenossen zu verführen und zu beherrschen, die Macht auch, zu bestimmen, was als genuin deutsch anzusehen ist.

Hitler, Knappertsbusch und Thomas Mann – herausragende Exponenten des deutschen Wagner-Kults alle drei – hatten zum Teil diametral gegensätzliche Vorstellungen vom Erbe Richard Wagners, so dass sich ihre Auseinandersetzung mit dessen Werk unvermeidlich zu einem Kampf um sein geistiges Erbe gestaltete. Der Kampf zeitigte 1933, wie wir sehen werden, einen Sieg des von Knappertsbusch vertretenen Lagers des Wagner-Kults. Dieser Sieg sollte sich jedoch als ein Pyrrhussieg erweisen. Wie sich dieser Kampf um das Erbe Wagners im Einzelnen entfaltete, wird auf den drei Tafeln unseres Triptychons dargestellt werden. Bevor wir uns den drei Protagonisten zuwenden, sind jedoch einige Prämissen theoretischer Art zu klären, zuvörderst das für das Verständnis der Wagner-Wirkung grundlegende Verhältnis von Ästhetik und Politik.

Ästhetik und Politik

In der Literatur zur Wirkungsgeschichte Wagners, zumal dort, wo von Hitler und Wagner die Rede ist oder von Faschismus und Kunst im Allgemeinen, dominiert die Denkfigur von der Instrumentalisierung der Kunst durch die Politik. Diese Denkfigur ist jedoch längst ein

Gemeinplatz geworden; sie zieht sich durch die einschlägigen Darstellungen wie ein klapperndes Leitmotiv, das man schon aus der Ferne kommen hört. Auch auf den folgenden Blättern begegnen zahlreiche Beispiele der politischen Instrumentalisierung Wagners im Dritten Reich. Wagner'sche Musik sowie die quasi-liturgischen Elemente der Bühnenwerke waren die bevorzugten Medien zur öffentlichen Selbstdarstellung des Nationalsozialismus, vornehmlich in der nicht enden wollenden Serie von Gedenktagen und Totenfeiern, Ausstellungseröffnungen und Einweihungen. Der Wagner-Kult des Dritten Reichs liefert das wohl augenfälligste, vielmehr ohrenfälligste Beispiel für die von Walter Benjamin so bezeichnete »Ästhetisierung des politischen Lebens« im Faschismus.[87] Der Sinn solcher Ästhetisierung liegt im Grunde genommen in dem Bedürfnis der Dekoration und Verschleierung zum Zweck der Verführung und Täuschung – der Vortäuschung eines schönen Scheins an Festtagen, der die Barbarei an Werktagen verhüllen und verdecken soll.[88]

Der Erkenntniswert der Denkfigur einer Instrumentalisierung der Kunst durch die Politik ist jedoch, recht besehen, ein deutlich begrenzter. Gerade im Hinblick auf Hitler und den Nationalsozialismus bleiben entscheidende Aspekte der Kunstanschauung und Kulturpolitik unterbelichtet, so dass der tiefere Sinn seines Wagner-Kults nicht recht einsichtig wird. Ein solcher fundamentaler Charakterzug Hitlers ist der Fanatismus. Damit ist kein charakterliches Problem mit Aggressionsbewältigung gemeint, sondern, wie zu zeigen ist, eine bewusst stilisierte Attitüde des Politikers Hitler.[89] So wie der Politiker Hitler Fanatismus für die Ziele des Nationalsozialismus fordert, so fordert der Ästhet und Kunstdiktator Hitler Fanatismus für die großen Werke der Kunst. Seine Kulturrede auf dem NSDAP-Parteitag 1933 in Nürnberg, die erste nach Erlangung der Macht, kulminiert in dem oft zitierten, doch meist unzulänglich erklärten Satz: »Die Kunst ist eine erhabene und zum Fanatismus verpflichtende Mission.«[90] Woher die Verpflichtung zum Fanatismus? Was verbindet Politik und Ästhetik? Und worin soll die Mission bestehen?

Wäre Kunst im Dritten Reich lediglich zum Zweck des schönen Scheins eingesetzt worden, so hätte man den Umgang damit mit einer gewissen Gelassenheit pflegen können, und es wäre grund- und sinnlos gewesen, auch ihr gegenüber Fanatismus zu verlangen. Dieser muss sich vor einer höheren Instanz rechtfertigen lassen als von der Absicht, die noch nicht bekehrten Volksgenossen mit perfekt inszenierten öffentlichen Selbstdarstellungen zum Nationalsozialismus zu verführen. Eine solche höhere Verpflichtung als gegenüber der Kunst existierte für Hitler in der Tat, nämlich gegenüber der Rasse. Dieser Begriff, von Chamberlain als eine naturwissenschaftliche Erkenntnis ausgegeben und in seinem Bestseller *Die Grundlagen des neunzehnten Jahrhunderts* zum Schlüssel des Verständnisses von Geschichte und Kultur erklärt, wurde von Hitler zum alles beherrschenden Grundbegriff der nationalsozialistischen Weltanschauung erhoben, nicht nur auf dem Feld der Politik, sondern auch auf dem Feld der Kunst und Kultur.[91]

Wenn große Kunstwerke aus der kollektiven Genialität der Rasse erwachsen, so gehört es für Hitler »mit zur Erziehung einer Nation, den Menschen vor diesen Großen die nötige Ehrfurcht beizubringen, denn sie sind die Fleischwerdung der höchsten Werte eines Volkes«. Der Kunst gebührt also nicht zuletzt aus dem Grund die höchste, bis zum Fanatismus gesteigerte Verehrung, dass der Künstler selbst oft eine heroische Leistung für sein Volk vollbracht hat oder vollbringt: Große, geniale Künstler sind »Gottbegnadete« und »Wegweiser für eine lange Zukunft«. Der Künstler, »von der Vorsehung ausersehen, die Seele eines Volkes der Mitwelt zu enthüllen, sie in Tönen klingen oder in Steinen sprechen zu lassen, [...] leidet unter der Gewalt des allmächtigen, ihn beherrschenden Zwanges« und geht seinen Weg mit fanatischer Unbeirrbarkeit, »auch wenn die Mitwelt ihn nicht versteht oder verstehen will«. Er »wird lieber jede Not auf sich nehmen, als auch nur einmal dem Stern untreu werden, der ihn innerlich leitet«.[92] Dies das Hitler'sche Idealbild des heroischen Künstlers, in dem unschwer das Vorbild Richard Wagners, des leidenden, heroischen Vollbringers, zu erkennen ist, ohne dass dieser selbst zitiert wird.

Vor diesem weiten Horizont von Volk und Rasse erwächst dem NS-Staat, allen voran seinen Künstlern, somit eine große Mission, die darin besteht, zusammen mit der »politischen und staatlichen Führung« an der »Verteidigung«, d.h. der Selbstbehauptung des deutschen Volkes gegen innere und äußere Gefährdungen mitzuwirken. Hitler ist es an dieser Stelle allein um die Gefährdung von innen zu tun; sie droht einerseits von den »Repräsentanten des Verfalls«, andererseits, wie er an anderer Stelle erklärt, von den sogenannten »Rückwärtse[n]«. Mit den »Repräsentanten des Verfalls« sind offensichtlich die Vertreter der modernen Kunst in der Weimarer Republik gemeint, die jüdischen und nichtjüdischen, die als »Kulturbolschewisten« abgestempelt und alsbald zur Warnung und Abschreckung als Beispiele von »entarteter Kunst« angeprangert wurden.

Die »Rückwärtse« hingegen sind in den eigenen Reihen zu finden; sie wollen, wie Hitler in seiner Kulturrede auf dem Parteitag 1934 mit unverhohlenem Hohn bemerkt, eine »theutsche Kunst mit H geschrieben«. Sie basieren ihr Kunstverständnis, statt auf wissenschaftliche Erkenntnisse der Rassenkunde, auf »altertümliche Überlieferungen« sowie die »krause Welt ihrer eigenen romantischen Vorstellungen«.[93] Man macht sich mithin eine unzulängliche und irreführende Vorstellung von Hitlers intellektueller Physiognomie, wenn man in ihr nichts als restaurative und teutonisch archaisierende Züge erblickt. Als Kunstrichter ist Hitler als Anwalt eines eng umschriebenen, moderaten Modernismus einzustufen. Seine Kunstauffassung war im Prinzip zukunftsorientiert, gesteuert von der Vision eines nach dem Krieg auszubauenden nationalsozialistischen Kulturstaats. In seiner Kulturrede von 1934 statuierte er – unverkennbar gegen Rosenberg und seine Gesinnungsgenossen gewandt: »wir können nicht die Neuzeit zugunsten des Mittelalters vergewaltigen«.[94] Insofern Hitler in seinen Anfängen selbst auch gewisse »theutsche« Tendenzen aus dem völkischen Gedankengut vertreten hatte, distanzierte er sich davon nach Erlangung der Macht zugunsten einer zukunftsorientierten Kulturpolitik, die auf seinen Nachruhm als Bauherr, Städteplaner und Rundumerneuerer der deutschen Kultur bedacht war. »Hitler wollte kein Archäologe sein«, so die ebenso zugespitzte wie erhellende Formulierung Boris Groys': »Vielmehr wollte er sich selbst zum Gegenstand einer zukünftigen archäologischen Forschung machen.«[95] Wie wir sehen werden, verhielt sich Hitler auch als Haupt des Wagner-Kults durchaus als ein moderater Modernist.

Die Denkfigur von der Instrumentalisierung der Kunst lässt eine weitere Merkwürdigkeit unerklärt, von der bereits die Rede war: die Sonderstellung, um nicht zu sagen: Isolierung Hitlers innerhalb der nationalsozialistischen Bewegung, der als Hohepriester des Wagner-Kults nur auf eine kleine Schar von fanatischen Gläubigen zählen durfte. Wäre die Instrumentalisierung Wagners wirklich ein Wesenszug des Nationalsozialismus gewesen, so müsste Wagner ein integraler Bestandteil der nationalsozialistischen Weltanschauung gewesen sein. Genau besehen jedoch stand Hitler mit seinem Wagner-Kult allein. Der Wagner-Kult war ein Attribut des Künstler-Politikers Hitler, kaum aber des Nationalsozialismus im ästhetikfreien Sinne eines Rosenberg, Himmler oder Gregor Strasser.

Wir rühren erst dann an den eigentlichen Nerv der Verkettung von Ästhetik und Politik, wenn wir die vertraute These von der Instrumentalisierung der Kunst durch die Politik umkehren und das Hitler-Reich als den enormen Fall einer Instrumentalisierung der Politik durch die Ästhetik sehen lernen. Zwar ist eine solche Sichtweise unter den Auspizien einer strukturalistischen Geschichtsbetrachtung kaum konsensfähig. Es mehren sich aber die Stimmen, die, unbeeindruckt von der Dominanz dieses historiographischen Paradigmas, aus kulturwissenschaftlicher Perspektive den Primat der Ästhetik im Denken Hitlers postulieren und plausibel erscheinen lassen. Hier ist zuvörderst das Werk des amerikanischen Wagner-Experten Frederic Spotts zu nennen, der in seinem bahnbrechenden Buch von 2003, *Hitler and the Power of Aesthetics*, meines Wissens zum ersten Mal die These vom Primat des Ästhetischen im Denken Hitlers vertreten hat.[96] Das Buch ist in Deutschland kaum rezipiert worden. Des Weiteren ist der russische Philosoph Boris Groys zu nennen, der in seiner Einleitung zur Neuedition von Hitlers *Reden zur Kunst- und Kulturpolitik* diese von einer »Doppelbewegung bestimmt« sieht: »Instrumentalisierung der Kunst für Zwecke der Politik – darüber hinaus aber und vor allem Instrumentalisierung der Politik für Zwecke der Kunst [...].« Für Groys gibt es keinen Zweifel, dass Hitler die ultimative Rechtfertigung eines Staates allein in der Ewigkeitsperspektive sieht. So wird »die Hervorbringung der Kunst mit Ewigkeitswert zur ultimativen Aufgabe der Politik, wenn diese Politik die entscheidende Prüfung – die Prüfung durch die Ewigkeit – bestehen will«.[97]

Die folgende geistes- und mentalitätsgeschichtliche Spurenlese soll die Tragfähigkeit der These von der Instrumentalisierung der Politik durch die Ästhetik auf die Probe stellen. Sie lässt sich ihrerseits von dem Verdacht leiten, dass das ultimative Movens von Hitlers Politik – der katastrophale Weltkrieg und der Völkermord an den Juden nicht ausgenommen – ästhetische Wurzeln hatte. Frederic Spotts kleidet das

»central enigma« Hitlers in die Frage: »How could he combine a sincere devotion to the arts with totalitarian rule, warfare, and racial genocide?«[98] Spotts versucht dieses Rätsel damit zu lösen, dass er die Hypothese einer »dual personality« bemüht. Es ist dies aber eine Variante der beliebten Argumentationsstrategie, die die Pathologisierung Hitlers zum Ziel hat und eine möglichst große Distanz zu der vermeintlichen Unperson herzustellen versucht.

Demgegenüber soll hier gezeigt werden, dass es der Konstruktion einer Persönlichkeitsspaltung nicht bedarf und dass Hitlers Persönlichkeitsbildung in allen ihren wesentlichen Aspekten von seiner Kindheit in Linz bis zum Freitod im Bunker der Reichskanzlei aus ein und demselben geistigen Milieu herzuleiten ist, dem Wagner-Kult, der betäubendsten Blüte des Ästhetizismus der Jahrhundertwende.

Auf den Punkt gebracht und in Anlehnung an Thomas Manns berühmte Rede über *Deutschland und die Deutschen* von 1945 lässt sich die These vertreten, dass es nicht zwei Hitlers gibt, einen bösen und einen guten, sondern nur einen, dem sein Bestes – seine Begeisterung für die Kunst – zum Bösen ausschlug, nicht gerade durch Teufelslist, wie der *Faustus*-Autor im Hinblick auf Deutschland meinte, sondern durch die Missgeschicke der Geschichte Deutschlands – den Ersten Weltkrieg und seine Folgeerscheinungen. Diese gestalteten sich in München besonders traumatisch, so dass die Urkatastrophe des 20. Jahrhunderts sich als bloßes Vorspiel erwies und in die deutsche Katastrophe mündete – ein Begriff, der durch Friedrich Meineckes Buch dieses Titels von 1946 eine große Geläufigkeit erlangte, die bis heute anhält.[99] Die deutsche Katastrophe trat jedoch nicht erst 1945 mit der Niederwerfung Hitler-Deutschlands ein, wie Meinecke und viele seiner Zeit- und Leidensgenossen meinten, sondern 1933, als ein Wagnerianer zum Reichskanzler ernannt und ihm die Macht anvertraut wurde.

Hitlers Erfolg verdankt sich zu einem beträchtlichen und noch genauer zu bestimmenden Ausmaß der Übereinstimmung mit den ästhetischen Vorstellungen der bildungsbürgerlichen Schichten, wie sie durch das deutsche Bildungswesen seit Anfang des 19. Jahrhunderts von Generation zu Generation verlässlich weitergereicht und ideologisch aufgeladen wurden.[100] Diese Vorstellungen gediehen besonders üppig in dem seltsamen geistigen Biotop des Wagner-Kults und erhielten aufgrund dessen ihren besonderen, massenwirksamen Drall. Hitlers

Selbstverständnis war, wie noch zu zeigen, das eines durch die Not Deutschlands in die Politik verschlagenen Künstlers, der sich selbst als Diktator und Feldherr noch von der in seiner Jugend erworbenen ästhetischen Bildung leiten ließ. Dementsprechend wäre der Nationalsozialismus nach Hitlers eigenem Verständnis als ein ebenso gigantisches wie verheerendes, letztlich aber ästhetisch motiviertes Projekt zu begreifen.

Nichts wäre jedoch verfehlter als zu meinen, dass die Herleitung Hitlers aus der Sphäre der Ästhetik irgendwelche exkulpatorische Implikationen mit sich führte. Im Gegenteil, die Herleitung von Krieg und Völkermord aus einer Sphäre jenseits von Gut und Böse, die Bestimmung der Kunst zum Telos einer verbrecherischen Politik von ungeahnter Rücksichtslosigkeit sowie die Einbettung der deutschen Diktatur in die deutsche Geistes- und Mentalitätsgeschichte – und damit seine weitgehende Normalisierung – lassen Hitler in den Augen der Nachgeborenen nur noch monströser erscheinen.

Begriffliche Klärungen

Wie auf allen Gebieten der historischen Erkenntnis tragen die Ergebnisse jeder Untersuchung mehr oder weniger deutlich den Stempel ihrer theoretischen Prämissen. Dies gilt in besonders hohem Maße für die Vermessung eines so vielgestaltigen geistigen Subkontinents, wie ihn die Wirkungsgeschichte Richard Wagners darstellt. In vorliegendem Fall ist die Klärung zweier geläufiger Begriffe besonders dringlich. Was eigentlich ist Einfluss? Und was eigentlich bedeutet Genie?

Die Begriffe Genie und Einfluss gehören schon seit langem zum eisernen Bestand des geistesgeschichtlichen Diskurses. Sie wirken heute jedoch abgenutzt und stumpf, und ihre umgangssprachliche Verwendung muss in vielen Fällen als irreführend bezeichnet werden. Beide Begriffe bedürfen einer Auffrischung im Lichte literatur- und kulturwissenschaftlicher Theorien, wenn ihre Verwendung erkenntnisfördernd sein soll. Auch stehen diese Begriffe nicht isoliert im Raum; sie gewinnen an Profil, wenn verwandte und angrenzende Phänomene in die Betrachtung einbezogen werden. Wenn wir verstehen wollen, wie Einfluss – oder was wir dafür halten – funktioniert, ist es unerlässlich, die vermeintliche Quelle des Einflusses, nämlich den Begriff »Werk«, zu problematisieren und präziser zu bestimmen. Wenn wir verstehen wollen, welch enorme Bedeutung der Begriff Genie im Kontext des Wagner-Kults erlangte, ist es unerlässlich, den Dilettanten, den blassen Gefährten des Genies, ins Visier zu nehmen.

Es ist das Verdienst Jochen Schmidts, die weitverzweigte historische Bedeutung des Genieglaubens aufgezeigt zu haben. Seine klassische Studie zur *Geschichte des Genie-Gedankens* zeigt, dass der im 18. Jahrhundert aus England importierte Begriff in der sogenannten Sturm-und-Drang-Periode (ca. 1770–1785) einen regelrechten Geniekult auslöste.[101] Als Genie galt, wer sich durch eine normbrechende Kreativität hervortat. Der Begriff des Genies blieb jedoch nicht auf den Bereich der Ästhetik und Künstlertypologie beschränkt. Er schwappte über auf das Feld der Literatur und Philosophie und darüber hinaus auf das Gebiet der Kulturtheorie und Politik, wo er ein besonders problematisches Nachleben führte.

Keineswegs zufällig ist zeitgleich mit dem Genie sein Halbbruder, der Dilettant, auf der Szene erschienen. Schon die ersten Theoretiker des Dilettantismus, Goethe und Schiller, definierten den Dilettanten im Kontrast zum wahren Künstler, weil ihm letztlich die entscheidende Befähigung zur Kunst abgeht: die Kreativität. Dass diese Unterscheidung lange gültig blieb und sogar politische Konsequenzen zeitigte, erhellt aus der Polemik der Münchner Wagnerianer gegen Thomas Mann, die sich an der Frage Genialität oder Dilettantismus entzündete oder jedenfalls daran festgemacht wurde.

Der *Protest der Richard-Wagner-Stadt München*, von dem an anderer Stelle einlässlich zu reden sein wird, ist nicht zuletzt auch ein Beleg dafür, dass der Wagner-Kult sich in hohem Maße aus dem Genieglauben speiste. Die Genieverehrung ist der Ausfluss eines fundamentalen Glaubensartikels des Wagner-Kults. Genie und Genialität sind jedoch keine objektiv messbaren Größen. Genie ist ein von außen projiziertes Attribut, eine nach den jeweils geltenden Konventionen erfolgte Zuschreibung. Diese sagt logischerweise mehr über die Geniegläubigkeit und seelischen Bedürfnisse der Zeitgenossen aus als über das als Genie wahrgenommene Individuum. Wir haben es mit Projektionen und Zuschreibephänomenen zu tun, die eine politisch bedenkliche und meist verdrängte Kehrseite haben. Nicht zuletzt aber ist der Geniekult, wie bereits bei Gelegenheit der ersten Bayreuther Festspiele zu erkennen war, auch Ausdruck einer Bereitschaft zur kritiklosen geistigen Unterwürfigkeit. Der Genieglaube ist, wie der Hitler-Biograph Wolfram Pyta befindet, »die extremste Form selbstgewählter Entmündigung«.[102] Der im Wagner-Kult geradezu wuchernde Genieglaube ist eine Disposition, die wie geschaffen ist für eine autoritäre und charismatische Herrschaft, ja für eine Diktatur. Für die politische Kultur Deutschlands erwies sich der Genieglaube, der keineswegs nur auf die bildungsbürgerlichen Eliten begrenzt war, somit als eine kollektive Achillesferse.

Der Geniegedanke wurde auf dem Feld der Politik in einem doppelten Sinne relevant. Die wachsenden Probleme der Massengesellschaft im Gefolge der vielfachen Modernisierungstendenzen ließen zum einen den Ruf nach einem Genie an der Spitze des Staates immer lauter erschallen. Politik wurde zur Staatskunst erklärt; das Wunschbild eines Politikers von Format war ein Künstler von möglichst genialen, alte Spielregeln über den Haufen werfenden Fähigkeiten. In dieser Hinsicht konnte Hitler mit leichter Hand ernten, was in den Schriften Chamberlains, Oswald Spenglers, Ernst Jüngers, Rudolf Borchardts, Carl Schmitts und mancher anderer ausgesät war. Zum anderen schlug sich der Geniegedanke im politischen Sinne in der Idee von der kollektiven Genialität der Rasse nieder. Implizit schon vorhanden in den kulturtheoretischen Schriften Johann Gottfried Herders, wurde diese Idee vor allem von Chamberlain in seinen *Grundlagen des neunzehnten Jahrhunderts* breit ausgewalzt und fand bei Hitler in seinen Kulturreden ihre prägnanteste Ausformung. Die Verehrung der Kunst ist ihm deshalb eine Verpflichtung, weil sie eine Emanation der kollektiven Genialität der Rasse ist und diese die höchste, die Geschicke eines Volkes bestimmende Macht ist.

Was gewöhnlich als Einfluss verstanden wird: die Einwirkung bestimmter Ideen auf Mitwelt und Nachwelt, ist recht besehen eine einigermaßen komplizierte Transaktion intellektueller Inhalte von einem Sender zu einem Empfänger. Es ist eine Transaktion, die anders verläuft, als weithin angenommen. Entscheidend ist dies: »Einfluss« transportierende Transaktionen kommen nicht selbsttätig in Gang, sondern werden von einem Rezipienten in Gang gesetzt gemäß einer fundamentalen Erkenntnis der Rezeptionsästhetik, die statuiert: »Tradition vermag sich nicht selbst zu tradieren. Sie setzt Rezeption voraus.«[103]

»Einfluss« kann somit nur dort zustande kommen, wo eine Empfängnisbereitschaft existiert – ein sogenannter Erwartungshorizont.

Der Erkenntnisgewinn, den Jauß' Ausformulierung einer komplexen Theorie der literarischen Hermeneutik erbracht hat, leidet m. E. keine Einbuße durch die späte Enthüllung seiner Nazi-Vergangenheit als hochdekoriertes Mitglied der Waffen-SS.[104] Im Gegensatz zu dem ähnlich gelagerten Fall des belgischen Theoretikers Paul de Man, der nach der posthumen Entdeckung 1987 seiner zahlreichen nationalsozialistischen Artikel die amerikanische Literaturtheorie erschütterte, ist die von Jauß vertretene Rezeptionsästhetik nicht darauf angelegt – wie es die Dekonstruktion auf eklatante Weise ist –, den historischen Kontext sowie die historischen Verflechtungen eines Textes zu verdunkeln oder als irrelevant abzutun. Die Verlagerung des Erkenntnisinteresses von der Produktion auf die Rezeption behält somit für die Wirkungsgeschichte Wagners, zumal seine ideologische Aneignung, ihre Gültigkeit.

Rezeption wird grundsätzlich von den Erwartungen und Bedürfnissen der Rezipienten gesteuert, so dass, was aus der Überlieferung übernommen und aktiviert wird, nie zur Gänze und intakt tradiert wird, sondern mehr oder weniger verbogen, dem jeweiligen Erwartungshorizont angepasst. Was üblicherweise als Einfluss gehandelt wird, ist im Grunde genommen als Aneignung zu bezeichnen. Solche Aneignungen sind grundsätzlich zweckgebunden und somit selektiv; sie sind zudem durch den Zeitgeist gefiltert und auf die Bedürfnisse der Rezipienten zugeschnitten, so dass alles, was mit diesen Ideen im Prozess der Aneignung und Weiterverbreitung geschieht, auf das Konto des Empfängers, nicht des Senders, zu verbuchen und von daher zu erklären ist.

Die Fundamentalerkenntnis der Rezeptionsästhetik, dass Tradition sich nicht selbst zu tradieren vermag, hat einen Paradigmawechsel herbeizuführen geholfen, der außerhalb der Literaturwissenschaft offenbar unbemerkt geblieben ist: die Verlagerung des Erkenntnisinteresses von der Produktion eines Werkes auf seine Rezeption. Damit ist nun der Begriff »Einfluss«, insoweit er den Vorrang der Produktion voraussetzt, als obsolet anzusehen. Jener Paradigmenwechsel hat auch den verbreiteten Glauben erschüttert, dass wir einen direkten Zugang zu der »eigentlichen« Bedeutung eines Textes haben und dass ein Werk oder Text den verschiedensten Rezipienten und zu jeglicher Zeit den einen, gleichbleibenden Sinn signalisiert, solange man sich ihm mit einer vermeintlichen Unvoreingenommenheit nähert.

Text und Werk realisieren sich jedoch erst über die Rezeption, die ihrerseits in einen Erwartungshorizont oder, im Fall älterer Werke, eine Reihe von Horizontwandlungen eingebunden ist. Statt »Werk« als einen abgeschlossenen, gleichsam vor sich hin monologisierenden Text zu betrachten, der in seiner Bedeutung ein für alle Mal fixiert und über die Intentionen des Autors zu erschließen ist, postuliert die Rezeptionsästhetik einen Werkbegriff im Sinne eines Ensembles von Rezeptionsvorgaben, die erst im Akt der Rezeption das betreffende Werk aktualisieren. Das Kunstwerk, zumal Werke von der Vielschichtigkeit und Medienvielfalt der Wagner'schen Opern, ist kein von seinem Schöpfer endgültig gestaltetes Monument. Vielmehr ist es, wie Hans Robert Jauß gerade im Hinblick auf die Musik und das Musiktheater bemerkt hat, als eine Partitur vorzustellen; diese ist »auf die immer wieder neue Resonanz der Lektüre angelegt – auf ein dialogisches Verstehen, das den Text aus der Materie der Worte erlöst und damit seinen latenten Sinn erst zu aktueller, immer reicherer Bedeutung bringt«.[105]

Das heißt nun aber, dass im Sinne der Rezeptionsästhetik prinzipiell alle Aneignungen, die bestimmte Rezeptionsvorgaben aktivieren, auch wenn dadurch das Bedeutungspotential eines Texts lediglich partiell ausgeschöpft ist, als legitim zu betrachten sind und in einer Wirkungsgeschichte ihren Platz haben müssen. Sie können somit nicht nach Gutdünken des Historikers als authentisch beglaubigt oder als nichtauthentisch aussortiert werden. Es gibt auch keine rezeptionstheoretische Legitimation für die Aburteilung bestimmter Formen der Aneignungen Wagners als Verfälschung oder als Missbrauch. Wenn sich der Eindruck von Missbrauch aufdrängt, dann muss in den Rezeptionsvorgaben des betreffenden Werkes etwas Missbrauchbares enthalten und rezipierbar sein. Zwischen dem Text und seinem Missbrauch gibt es keinen Feuerwall. Eine Wirkungsgeschichte Richard Wagners, die den Namen verdient, kann und darf nicht auf vermeintliche Verfälschungen verzichten, denn sie erst lassen das Nachleben seiner Bühnenwerke in ihrer ganzen Widersprüchlichkeit und Dynamik erkennen. Die Vorstellung, dass die Wagner-Rezeption im 20. Jahrhundert »schiefgelaufen« sei, muss deshalb als unangemessen verworfen werden.[106] Der Wagner Hitlers, ob wir es wollen oder nicht, ist auch unser Wagner.

Hitlers Wagner

Der Elefant im Raum

Das monumentale Werk Richard Wagners steht heute weltweit unter einem tiefsitzenden, doch intellektuell unscharfen ideologischen Generalverdacht. Dies kann nur diejenigen erstaunen, die nicht zur Kenntnis nehmen wollen, dass der Wagner-Kult, der schon zu Lebzeiten des Komponisten einsetzte, von 1933 bis 1945, unter der Herrschaft Hitlers, einen offiziellen Charakter angenommen hatte und der kulturellen Verbrämung von bis dahin nicht für möglich gehaltener Barbarei diente. Ohne Zweifel ist diese nachhaltige Beschädigung der Reputation Wagners als ein kultureller Kollateralschaden des Dritten Reichs zu verbuchen. Doch hat besagte Beschädigung tiefere Wurzeln, die weit vor 1933 zurückreichen.

Über die Verflechtung des Wagner-Erbes mit dem Dritten Reich scheint schon längst alles gesagt und geschrieben zu sein. Und doch besteht über den eigentlichen Grund von Wagners Pariatum, seiner Verruchtheit innerhalb Deutschlands und mehr noch außerhalb, weitgehend Unklarheit. Verbreitet ist die Annahme, der Grund von Wagners Pariatum sei in seinem allbekannten Antisemitismus zu suchen. So nahe diese Vermutung liegt, die Judenfeindschaft ist in diesem Zusammenhang nicht ausschlaggebend. Zwar gab es eine Zeit, in der sein Antisemitismus leichtfertig und guten Gewissens ignoriert oder bagatellisiert wurde, doch seit der Holocaust ins Zentrum unseres historischen Bewusstseins gerückt ist, verbietet sich jegliche Bagatellisierung des vormals mehr oder weniger gesellschaftsfähigen Antisemitismus. Dies schuldet sich einer mentalitätsgeschichtlichen Verschiebung von tektonischem Ausmaß, die nicht, wie man meinen sollte, sogleich nach dem Ende der Hitler-Herrschaft einsetzte, sondern erst zwei, drei Dekaden danach, als weltweit ein kritischer Holocaust-Diskurs in Gang kam. Dieser hatte zur Folge, dass alle Manifestationen von Judenfeindschaft in der deutschen Literatur und Kultur heute weit kritischer beurteilt werden als in den ersten Dekaden nach dem Ende des Dritten Reichs. Niemand ist davon in höherem Maße betroffen als Richard Wagner.

Die Bedeutung von Wagners Antisemitismus ist heute längst nicht mehr strittig – weder in der Geschichtswissenschaft noch in der Wagner-Forschung, wiewohl gelegentlich immer noch Versuche unternommen werden, ihn zu relativieren. Wagners prinzipielle Judenfeindschaft, der er zuerst 1850 in seinem Artikel *Das Judentum in der Musik* Ausdruck gab, war keinesfalls eine vorübergehende Unmutsäußerung, was allein schon daran zu erkennen ist, dass er diesen Text 1869 in stark erweiterter und beträchtlich verschärfter Form ein zweites Mal in die Debatte warf.[1] Im Alter beherrschte der Antisemitismus zunehmend sein Denken, wie aus den sogenannten Regenerationsschriften zu ersehen ist. Der Hass auf den Juden war nach eigener Aussage seiner geistig-psychischen Konstitution unentbehrlich – »wie galle dem blute« [sic].[2] Nach wie vor strittig ist allein die Frage, ob auch den Bühnenwerken ein antisemitischer Subtext eingeschrieben ist oder nicht. Es ist dies ein unendlich spannendes Problem, das weder in dem einen oder anderen Sinn übers Knie zu brechen ist und das hier nicht erörtert zu werden braucht.[3]

Der Aspekt des Antisemitismus reicht jedoch zur Erklärung von Wagners Anrüchigkeit nicht aus. Seine Judenfeindschaft fällt nicht weit aus dem Rahmen des zu seiner Zeit Üblichen. Andere herausragende Zeitgenossen – zum Beispiel Ernst Moritz Arndt oder Heinrich von Treitschke – nährten eine Judenfeindschaft von durchaus vergleichbarer Verbohrtheit und Besessenheit. Auch außerhalb Deutschlands gab es fanatische Antisemiten. Man denke etwa an Dostojewski oder Mussorgski, um zwei prominente Beispiele aus dem russischen Bereich zu nennen – einem Land, in dem die Verfolgung der Juden ein ebenso unübersehbarer Teil seiner Geschichte ist wie in Deutschland. Gleichwohl ist deren Reputation nicht annähernd so kompromittiert wie die Wagners. Die Erklärung dafür ist nicht weit zu suchen. Kein Künstler ist so eng mit dem Namen Adolf Hitler verknüpft wie Wagner. Erst durch Hitler wuchs dem Schöpfer des *Tristan* jene massive Dubiosität zu, die Wagners Nachleben und sein Erbe noch heute beschwert. Egal welche Entlastungsstrategie verfolgt wird, Hitler ist und bleibt der Elefant im Raum, wo immer die Rede auf Wagner kommt. Das zeigt sich mit besonderer Klarheit an der Ubiquität Hitlers in praktisch jeder Diskussion über Wagner in Israel und der englischsprechenden Welt.[4]

Hitler ist heute, wie Saul Friedländer angemerkt hat, »the ultimate standard of evil against which all degrees of evil may be measured«.[5] Wenn dem so ist und Hitler das weithin gültige Maß des Bösen darstellt, so kann es nicht ausbleiben, dass ein Anstrich des Bösen auch auf den Künstler abfärbt, den er als seinen Vorläufer ausgegeben und als sein Vorbild verehrt hat. Eine dunkle Ahnung von dieser fatalen Rückwirkung enthält beispielsweise der Witz, den Woody Allen in *Manhattan Murder Mystery* (1993) zum Besten gibt. Woody mag Wagners Musik nicht, denn er kann sie nicht lange hören, bis es ihn juckt, Polen erobern zu wollen. Hier waltet eine Assoziationsautomatik, deren Antrieb aus der Prämisse kommt, die Thomas Mann in anderem Zusammenhang auf die Formel gebracht hat: »es ist viel ›Hitler‹ in Wagner«.[6] Es ist eine höchst interpretationsbedürftige Formel, die in anderem Zusammenhang zu prüfen sein wird.

In der deutschen Geschichte seit Ende des 18. Jahrhunderts ist die politische Instrumentalisierung von Kultur in höherem Maße konstitutiv gewesen als anderswo. Zunächst, auf dem langen Weg der späten Nationwerdung, diente die Kultur der deutschsprachigen Länder zur Begründung und Inspiration des Strebens nach nationaler Einheit. Nach der Reichsgründung wurde der Kultur eine noch höhere Bedeutung zugeschrieben: Sie diente nun zur Legitimierung des deutschen Weltmachtstrebens. Innerhalb dieser Geschichte überragt der Hitler-Wagner-Konnex an Gewicht und Bedeutung alle anderen Fälle der Indienstnahme von Kunst durch die Politik allein schon aufgrund des enormen Schadens, der dem Ansehen nicht nur Wagners, sondern der deutschen Kultur insgesamt durch Hitlers Berufung auf sie langfristig bis heute entstanden ist. Diese melancholische Erkenntnis stellt sich früher oder später bei allen ein, die mit der Vermittlung deutscher Kultur außerhalb Deutschlands befasst und einem erhöhten Erklärungsdruck ausgesetzt sind.

Für viele Wagnerianer jedoch stellt die Verehrung Wagners durch die moralische Unperson schlechthin offenbar kein Problem dar. Man versucht, die Kontaminierung durch Hitler und den Nationalsozialismus wenn nicht abzustreiten, so doch damit zu entsorgen, dass man die Verehrung des deutschen Diktators für den Schöpfer des *Tristan* und der *Meistersinger* als ein einziges, großes Missverständnis hinstellt, weil Wagners Gipfelwerke angeblich über Hitlers geistigen Horizont hinausgingen. Es ist dies ein einigermaßen desperates Argument, denn Hitlers Äußerungen zu Wagner, ungeachtet ihrer Anfechtbarkeit im Einzelnen, weisen ihn als einen Kenner aus, der, wie alle eingefleischten Wagnerianer, die Opern des Meisters im Detail kannte. Wenn sich gelegentlich Zweifel regen hinsichtlich seiner Wagner-Kenntnisse, so erstrecken sich diese nicht auf seine Vertrautheit mit den Bühnenwerken.[7] Auch Fachleute haben diesen Befund bestätigt. Heinz Tietjen beispielsweise, Regisseur, Dirigent und zentrale Figur der Bayreuther Festspiele während der Hitler-Jahre, erklärte, er habe »immer wieder mit Erstaunen festgestellt, wie gut Hitler die Wagnerschen Partituren kennt«. Er erinnere sich, dass Hitler einmal nach der Vorstellung zu ihm kam und meinte, die Oboe habe »nicht ganz gestimmt«.[8] Tietjen musste dies bestätigen. Hitlers Wagner-Bild stellt keine abwegige Verirrung dar, die sich als solche leicht bagatellisieren ließe, sondern deckt sich weitgehend mit dem breiten Strom des deutschen Wagner-Kults seiner Zeit und kann aus diesem Grund aus der Wirkungsgeschichte Richard Wagners in Deutschland nicht einfach wegeskamotiert werden.

Ein anderes Argument zur Schadensbegrenzung ist rein statistischer Natur und beruft sich auf die Anzahl der Wagner-Aufführungen in den Jahren der Hitler-Herrschaft. Entgegen der weitverbreiteten Vorstellung von einer Wagner-Schwemme in den Opernhäusern des Dritten Reichs ging die Anzahl der Aufführungen in den zwölf Jahren von 1933 bis 1940 de facto um ein Drittel zurück.[9] Die Frage ist aber: Taugt diese Information dazu, die Bedeutung Wagners für Hitler und Hitler-Deutschland zu relativieren? Strenggenommen ist die diesbezügliche Statistik belanglos. Der Rückgang der Wagner-Aufführungen ist aller Wahrscheinlichkeit nach auf wirtschaftliche und personelle Gründe zurückzuführen und berührt in keiner Weise die historisch gewachsene Sonderstellung Wagners als der unbestrittenen Kulturikone des Hitler-Reichs.

Entscheidend ist etwas anderes: Die Bedeutung Wagners für das Dritte Reich schreibt sich von dem beiderseits beglückten Ineinandergreifen des Hitler'schen Wagner-Kults mit dem der deutschen Eliten her, d.h. des wagnerhörigen Bildungsbürgertums einschließlich der massiv nationalistischen deutschen Musikwissenschaft. Diese beiden Pole generierten ein Synergiepotential, das, einmal in Gang gebracht, eine sich gegenseitig stärkende Wirkung entfaltete. Die Weichen für jene fatale Synergie wurden lange vor 1933 gestellt in jenem Halbjahrhundert nach Wagners Tod, das keineswegs zufällig die Inkubationszeit des Nationalsozialismus war. Deutschland ging schon lange vor 1933 mit »Hitler« schwanger, sogar schon vor 1919, als der Weltkriegsteilnehmer und ziellose Bohemien sich entschloss, die politische Bühne zu betreten. Diese Verquickung von Wagner-Kult und Nationalsozialismus ist keine Post-festum-Erfindung der Historiker, sondern gehörte zum Argumentationsarsenal schon der Zeitgenossen. Eine bündige Formulierung dieses Sachverhalts ist bei Max von Millenkovich-Morold zu finden, Obmann des richtungweisenden Wiener Akademischen Wagner-Vereins: »eine Geschichte der Wagner-Bewegung ist zugleich die Darstellung der deutschen Wiedergeburt und des werdenden Nationalsozialismus.«[10] Die Rede ist von der Wagner-Bewegung, nicht von Wagner selbst, also von Bayreuth und seiner »metapolitischen« Mission, womit, grob gesprochen, ein vorgeblich un- und überpolitischer Kulturdiskurs gemeint war.

Die folgende Neubetrachtung versteht sich als Beitrag zu der Historisierung Hitlers und des Nationalsozialismus, die anfänglich, unmittelbar nach dem Ende des Dritten Reichs, zunächst verschmäht wurde. Sie ist inzwischen weit fortgeschritten, ohne dass man sagen könnte, dass das im vorliegenden Fall geforderte Komplexitätsniveau erzielt worden sei. Die nachfolgenden Erkundungen zur Bedeutung Wagners für den deutschen Diktator und die deutsche Diktatur beanspruchen insofern, einen Neuansatz zu markieren, als hier gezielt und in höherem Maße, als bisher geschehen, der kulturelle Kontext zur Erhellung des Hitler-Wagner-Komplexes herangezogen wird. Dabei ist das Erkenntnisinteresse keineswegs auf eine marginale, von der Geschichtswissenschaft vernachlässigte Nebenfigur abseits der Hauptstraße der jüngeren Kulturgeschichte fokussiert. Statt sich mit bizarren Erscheinungen und Ideenschutt wie beispielsweise dem Okkultisten Lanz von Liebenfels zu befassen – dem angeblichen Ideengeber des jungen Hitler[11] –, gilt es, den Blick auf das stimulierende intellektuelle Milieu zu richten, in das Hitler hineingeboren wurde und das in den Annalen der deutschen Literatur als Ästhetizismus verzeichnet ist. Davon wird des Näheren zu handeln sein, nachdem wir einen Blick auf die Hitler-Biographik gerichtet und den Finger auf einige ihrer Defizite gelegt haben.

Die kulturhistorische Kontextualisierung Adolf Hitlers fördert unausbleiblich seine in mancher Hinsicht problematische Normalisierung. Sie verkürzt die Distanz, die die Deutschen zwischen sich und dem Jahrhundertverbrecher verständlicherweise herzustellen versuchten und die Joachim Fest noch als unermesslich und unüberbrückbar sah.[12] Psychologisch nachvollziehbar gingen die Deutschen unmittelbar nach dem Ende der Hitler-Herrschaft unwillkürlich zu dem einst verehrten, nun aber gescheiterten Führer, der dem Land unvorstellbaren Schaden verursachte, auf Distanz. Vielen Menschen mag eine solche Normalisierung, auch wenn sie ohne alle exkulpatorischen Nebengedanken unternommen wird, unwillkommen, wenn nicht gar inakzeptabel sein. Wem es jedoch um Erkenntnis und Wahrheit zu tun ist, muss allen Versuchungen zur Verteufelung widerstehen und der ungemütlichen Nähe dieser Schlüsselfigur der deutschen Geschichte unerschrocken ins Auge sehen.

Als Thomas Mann im Frühjahr 1938, fern von Deutschland, am Pool eines Luxushotels in Los Angeles sein Nachdenken über Hitler zusammenfasste und zu Papier brachte, musste er gestehen, dass der ihm unausstehliche politische Wundermann näher stand als vermutet und in gewissem Sinne sein »Bruder« war. Das Entsetzen darüber schwingt in fast jeder Zeile seines erstaunlichen Psychogramms mit. Ebenso stark und vernehmlich spricht aus dem Essay *Bruder Hitler* aber auch der Mut, sich einer unbequemen Wahrheit zu stellen – der Einsicht nämlich, dass Hitler einer seinesgleichen ist: ein Spiegelbild in verzerrter und verhunzter Form, doch ein Verwandter nichtsdestotrotz. Die zwiespältigen Empfindungen fasste er in einen etwas salopp formulierten Satz, eine Art Arbeitsmaxime, die auch uns auf unseren Erkundungen zu Hitler und Wagner den Weg leuchten mag: »Der Bursche ist eine Katastrophe; das ist kein Grund, ihn als Charakter und Schicksal nicht interessant zu finden.«[13]

Hitler-Biographien ohne Wagner

Hitler-Biographien stellen schon lange nicht nur in Deutschland, sondern auch in anderen Ländern einen eigenen blühenden Industriezweig dar, dem aus der jüngst erschienenen kritischen Edition von *Mein Kampf* zweifellos neue Impulse zufließen werden.[14] Noch gibt es keine Anzeichen, dass das Bedürfnis der Historiker – und keineswegs der Historiker allein –, über Hitler nachzudenken und seinen enormen, heute schwer begreiflichen Erfolg bei den Deutschen zu ergründen, im Schwinden begriffen wäre. Im Gegenteil! Hitler-Biographien sowie biographische Studien, die sich auf bestimmte Aspekte beschränken, haben offenbar Konjunktur. Dies belegen sehr eindrucksvoll die drei jüngst erschienenen, umfangreichen, in ihren unterschiedlichen Erkenntnisinteressen gleichermaßen ambitionierten Biographien von Volker Ullrich,[15] Wolfram Pyta[16] und Peter Longerich.[17] Es sind Werke, die in ihrer archivalischen Fundierung, ihrem Wissensstand und ihrem literarischem Niveau neue Maßstäbe setzen. Sie lassen uns einmal mehr erkennen, dass die Lebensgeschichte Hitlers nicht die eines Irrläufers war, sondern in einem nicht zu bagatellisierenden Ausmaß sowohl Produkt als auch das Abbild der deutschen Geschichte, einschließlich und insbesondere der deutschen Kulturgeschichte.

Diese anhaltende Neugier auf praktisch alles, was Hitler betrifft, entspringt offensichtlich einem immer noch bestehenden Wissens- und Verstehensdefizit. Denn was Peter Longerich siebzig Jahre nach dem Untergang des Hitler-Reichs und nach praktisch ebenso langer intensiver historischer Forschung seinem Buch vorausschickt – »Entgegen einer weit verbreiteten Ansicht ist der Nationalsozialismus heute keineswegs vollständig oder auch nur annähernd vollständig erforscht« –, gilt auch von dem Gegenstand seiner Biographie.[18] Die melancholische Wissensbegierde bezüglich Hitler rührt weitgehend, doch nicht allein von der Enormität seiner verbrecherischen und von großen Teilen der deutschen Bevölkerung mitgetragenen Politik her, vornehmlich von dem Problemkomplex, den der amerikanische Historiker Milton Himmelfarb in Abwehr abstrakter strukturalistischer Erklärungsversuche auf eine simple Formel gebracht hat: »No Hitler, no Holocaust.«[19] Infolgedessen fällt auf Hitlers Wagner-Idolatrie der tiefste Schatten und konfrontiert uns mit einem für das deutsche Selbst- und Geschichtsverständnis schwerwiegenden Problem.

Es stellt sich die Frage, inwieweit und auf welchen Wegen beziehungsweise Umwegen die Orientierung an Wagner den Hitler'schen Judenhass gespeist und seinen Vernichtungswillen erhärtet hat. Wie aber ließen sich Krieg und Völkermord aus Hitlers epochenspezifischem Kunst- und Selbstverständnis herleiten? Viele seiner Generationsgenossen teilten ebendiese geistige Prägung, ohne dass aus ihnen ein zweiter Hitler geworden ist. Worin besteht in seinem Fall der Unterschied? Wir werden uns an mehreren Stellen vor dieses Problem gestellt sehen, das letztlich am stimmigsten über den Wagner-Kult Hitlers und die aus diesem Kult erwachsene Kunstanschauung zu erhellen ist.

Der in Hitler manifest gewordene Nexus von Ästhetik und Politik ist das zentrale Problem in jedem Versuch, die Wirkungsgeschichte Richard Wagners in ihrem ganzen Gewicht zu erfassen. Zu diesem Ende ist es notwendig, den vielversprechenden Lockungen zweier konträrer Extrempositionen zu widerstehen: der kategorischen Leugnung ebenso wie der pauschalen Affirmation, um einen Weg zu finden, der den verdeckten Nerv der fatalen Verkettung von Ästhetik und Politik freilegt. Die weitverbreitete Meinung, die Hitler'sche Wagner-Idolatrie beruhe auf einem kolossalen Missverständnis und laufe auf eine glatte Verfälschung hinaus, ist, wie bereits angedeutet, als eine Schutzbehauptung zu werten, mit der man glaubt, die ernstgemeinte Auseinandersetzung mit der unerquicklichen, weil die eigene kulturelle Prägung in Frage stellenden Thematik sich ersparen zu können. Angesichts der massiven gegenteiligen Evidenz, die im Folgenden betrachtet werden wird, erweisen sich solche verzweifelten Abwehrversuche als vergeblich.

Ebenso entschieden zurückzuweisen sind jedoch die vermeintlich cleveren Versuche, Hitler zu einem Geschöpf aus der ideologischen Hexenküche Wagners zu stempeln und zwischen diesem und seinem Verehrer eine ungebrochene Kontinuität herzustellen, so dass Wagner in die Rolle eines Propheten gedrängt und Hitler zum Vollstrecker dieser Prophetien erklärt werden kann. Die bequeme Formel »Wagners Hitler«, die Joachim Köhler 1999 in die Debatte geworfen hat, ist recht besehen bar jeder rezeptionsästhetischen Validität und stammt offenbar aus dem Kabinett des magischen Denkens, dem zufolge Geschichte als die Erfüllung von Prophezeiungen zu verstehen sei.[20] Die eigentliche historiographische Herausforderung besteht selbstredend darin, »Hitlers Wagner« zu erhellen samt der vielfachen Bedeutung, die Wagner für den Politiker Hitler hatte.

Im Übrigen ist nicht zu übersehen, dass die irreführende Vorstellung von »Wagners Hitler« auch dem umstrittenen Bann der Wagner'schen Musik in Israel zugrunde liegt.[21] Das stereotype Argument, dass Wagners Musik, weil sie für Hitler eine kultische Bedeutung erlangte, selbst auch schon den Keim des Völkermords berge, kommt aus der gleichen Sphäre von magischem Denken, das Hitler zum Vollstrecker des Wagner'schen Antisemitismus macht und das nicht dadurch schlüssig wird, dass man es als unverzichtbares Ritual einer ehrwürdigen Erinnerungskultur ausgibt.[22]

Wagner gehört von früh an zum festen Inventar der Hitler-Literatur, die ihrerseits heute an Umfang die Wagner-Literatur überflügelt hat. Bereits in Konrad Heidens Biographie von 1936, der ersten überhaupt, spielt Wagner eine prominente Rolle.[23] Daran hat sich seither wenig geändert. Kein Biograph lässt sich die Gelegenheit entgehen, das Wagner-Thema wenigstens zu berühren und über die verborgene und rätselhafte Bedeutung Wagners für Hitler und das Dritte Reich vage und ominöse Andeutungen zu machen. Eine stimmige Erklärung des zu Erklärenden ergibt sich daraus selten oder nie. Wer genauer hinblickt, wird rasch bemerken, dass die wenigsten Biographen eine dem Problem angemessene Kenntnis Wagners besitzen und sowohl seine manifeste als auch latente Wirkungsgeschichte zu überblicken vermögen. Stattdessen begegnet man Klischees, Kurzschlüssen und Spekulationen, wohin man blickt; ihr Erkenntniswert tendiert nach null. Dies ist eine einigermaßen kuriose Situation. Man stelle sich Religionslehrer vor, die selbst nicht bibelfest sind: Ihre Erklärungen könnten nur mit Vorbehalt aufgenommen werden. Bis zu einem gewissen Grad gilt dies auch von Hitler-Biographien: Man liest sie mit Vorbehalten, wenn sie nicht wagnerfest sind.

Zwei Beispiele mögen genügen, um die Belanglosigkeit solcher historiographischen Ratespiele zu illustrieren. Ein namhafter Biograph aus der älteren Hitler-Literatur mutmaßt, dass es sein erstes Wagner-Erlebnis war, die »romantische Oper« *Lohengrin*, durch die in dem Knaben Hitler der Sinn für die Bedeutung des Nationalismus und der

Rasse geweckt wurde, ohne dass dafür irgendein Beleg beigebracht wird und ohne jeglichen Versuch, eine solche vermeintliche Beeinflussung plausibel zu machen.[24] Hier herrscht eine von Sachkenntnis unbeschwerte Assoziationsautomatik, mit der über *Lohengrin* ein ursächlicher Zusammenhang von Hitlers Nationalismus und Antisemitismus mit dem notorischen Antisemiten Richard Wagner suggeriert wird. Ein besonders häufig bemühtes Klischee ist die Idee der Götterdämmerung, die den Schluss des *Ring*-Zyklus markiert. Ein zweiter Autor spekuliert, Hitler habe Wagners Idee der Götterdämmerung verinnerlicht und, als sich die militärische Niederlage des Großdeutschen Reiches anbahnte, kaltblütig eine Götterdämmerung in der historischen Wirklichkeit inszeniert.[25] Die Unseriosität solcher Spekulationen sollte offensichtlich sein.

Wiewohl die Verehrung für Richard Wagner zum eisernen Bestand des geläufigen Wissens über Hitler gehört, verzichten viele Biographen auf eine Erörterung des Hitler-Wagner-Komplexes, da ihr Erkenntnisinteresse weniger auf kulturelle als auf politische, ökonomische, soziologische, psychologische und andere Aspekte gerichtet ist. Diese in ihrer Art zweifellos wichtigen und förderlichen Darstellungen berühren das Thema Wagner lediglich beiläufig – der Vollständigkeit halber, gleichsam zur folkloristischen Ausschmückung ihres Gegenstands –, doch fehlt meist jeglicher Sinn für die exoterische, zu schweigen von der esoterischen Rolle des Wagner-Kults für den Aufstieg des deutschen Diktators.[26]

Dieses Manko kennzeichnet auch die große, zweibändige Biographie von Ian Kershaw, die 1999 und 2000 erschienen ist und mit weitestgehender Zustimmung aufgenommen wurde. Der englische Historiker hatte seine Laufbahn als Hitler-Experte mit einer aus den Quellen gearbeiteten Studie über den »Hitler-Mythos« begonnen, die in der angesehenen Schriftenreihe der *Vierteljahrshefte für Zeitgeschichte* erschien.[27] Das Buch untersucht das Zusammenspiel von Propaganda und Volksmeinung und erhellt das Entstehen des Führerkults, der – wie Martin Broszat in der Einleitung zu Kershaws Studie bemerkt – »sich quantitativ wie qualitativ von anderen, uns aus der neueren Geschichte geläufigen politischen Idolisierungen von bedeutenden Monarchen oder Staatsmännern, von Parteiführern mit großer Autorität oder von Volkstribunen mit charismatischen Qualitäten« unterscheidet.[28] Die von Broszat zu Recht angesprochene Differenz zu den früheren politischen Idolisierungen schuldet sich kulturellen Faktoren, doch gerade diesen widmet Kershaw wenig Aufmerksamkeit. Das hat zur Folge, dass auf dem Radarschirm seiner Untersuchung weder Richard Wagner noch Houston Stewart Chamberlain oder die Bayreuther Festspiele je auch nur aus der Ferne in den Blick kommen. Aus diesem Grund kann es nicht überraschen, dass man auch in Kershaws großer Biographie einen wachen Sinn für die kulturelle Prägung des Hitler-Mythos vergeblich sucht.

Diese Herangehensweise ist charakteristisch für eine strukturalistische Geschichtsbetrachtung, die soziologischen und ökonomischen Faktoren einen höheren Erkenntniswert zuerkennt als den kulturellen. Es sind aber gerade die kulturellen Faktoren, die in diesem eminent erklärungsbedürftigen Fall unverzichtbar sind, weil eine Erhellung dieser finstersten aller Persönlichkeiten der neueren Geschichte am ehesten aus einer Betrachtung von Hitlers Bildungsgang und den Merkmalen seiner Identitätsbildung zu erwarten ist. Dazu gehören kulturelle Faktoren, die seine Imagination belebten und die sich aus seinen Briefen, Reden und sonstigen Aufzeichnungen rekonstruieren lassen. Kein anderes ästhetisches Phänomen hat Hitlers Phantasie in höherem Maße beflügelt als die Bühnenwerke Wagners. Zünftige Historiker sind dazu trainiert, schriftliche Dokumente und archivalische Evidenz aller Arten auszuwerten; sie misstrauen allem, was in den Bereich der Phantasien gehört, und ziehen es deshalb vor, diese zu ignorieren.

Kershaws Ausführungen zur Bedeutung Wagners für Hitler und den Hitler-Mythos gehen denn auch nicht über das Allbekannte und über Joachim Fest hinaus. Kershaw spricht gleich eingangs von Hitlers »passion« für Wagner, gesteht ihm aber nicht mehr als ein oberflächliches und subjektives Verständnis zu, denn sein Zugang zu den Werken Wagners sei nun einmal »self-taught, amateurish, opinionated« gewesen, also nicht eigentlich ernst zu nehmen.[29] Nicht die Wagner'sche Musik, sondern die darin angeblich vernehmbaren Rhythmen der Vorwelt hätten Hitler berührt: »It was a world of Germanic myth, of great drama and wondrous spectacle, of gods and heroes, of titanic struggle and redemption, of victory and death. It was a world where the heroes were outsiders who challenged the old order, like Rienzi, Tannhäuser, Stolzing and Siegfried; or chaste saviours like Lohengrin and Parsifal.

Betrayal, sacrifice, redemption and heroic death were Wagnerian themes which would also preoccupy Hitler down to the *Götterdämmerung* of his regime in 1945.«[30]

Mit diesen kargen Auslassungen über Wagners Bedeutung für Hitler setzt sich ein Manko fort, das der aus England stammenden Literatur über Hitler und das Dritte Reich generell anzuhaften scheint: ihre Wagner-Blindheit beziehungsweise Wagner-Taubheit. Dies betrifft auch die Schriften der beiden Pioniere der Hitler-Forschung: Hugh Trevor-Roper und Alan Bullock, von deren Relevanz für unser Thema an späterer Stelle zu handeln ist. Die erstaunlich eindringlichen und in mancher Hinsicht bahnbrechenden Beiträge der englischen Forschung zeichnen sich nicht zuletzt dadurch aus, dass sie ihre Erkenntnisziele ohne exkulpatorische Nebengedanken verfolgen, wie sie mehr oder weniger diskret in manchen der in Deutschland entstandenen Hitler-Biographien zu bemerken sind. Doch eine Vertrautheit mit Wagner und seinem Werk darf man darin nicht suchen.[31] Man sollte sie wohl auch nicht erwarten in einem Kulturraum, in dem Wagner und die Musik nicht denselben hohen Stellenwert besitzen wie in dem Kulturraum, aus dem Hitler hervorgegangen ist.

Freilich ist nicht zu leugnen, dass auch der größte Teil der deutschen Hitler-Literatur mit Wagner seine Mühe hat und ihm wenig Erhellendes abzugewinnen vermag. Die jüngsten Darstellungen von Volker Ullrich und Peter Longerich sind von diesem Befund nicht ausgenommen. Allerdings sind zur Erklärung dieser Blindstellen in der deutschen Hitler-Literatur andere Gründe anzuführen als im Falle Kershaws, nämlich die nach dem Ende des Hitler-Reichs lange anhaltende Berührungsscheu gegenüber Richard Wagner in der Musik- und Literaturwissenschaft und somit auch in der Geschichtswissenschaft.

Man tritt all diesen Werken nicht zu nahe, wenn man sie als Hitler-Biographien ohne Wagner bezeichnet. Sie bieten uns einen Hitler, in dessen geistiger Physiognomie die Züge, die er selbst am höchsten schätzte und am sorgsamsten pflegte, nämlich sein Selbstverständnis als Künstler und Wagner-Verehrer, verwischt und kaum wahrnehmbar sind. Damit fehlt der Wagner-Kult auch an zwei neuralgischen Stellen der Hitler-Biographik: der kulturgeschichtlich abgesicherten Definition des Phänotyps Hitler sowie der Erklärung von Hitlers Eintritt in die Politik im Jahre 1919, weshalb in den neueren Biographien sein Lebensgang in zwei Hälften gespalten erscheint, die angeblich nichts oder kaum etwas miteinander zu tun haben. Zur Erhellung dieser beiden Problembereiche bietet aber Hitlers Wagner-Kult plausiblere Gesichtspunkte als jeder andere Ansatz.

Einen Mangel an Wagner-Kenntnis und -Verständnis wird man dem großen Hitler-Buch Joachim Fests nicht ankreiden können. Die Anfechtbarkeit seiner Hitler-Darstellung gründet anderswo, nämlich in dem Begriff des intellektuellen Einflusses sowie in dem darauf basierenden Modell einer Lehrmeister-Schüler-Beziehung. Wie fast alle älteren Historiker und Biographen Hitlers lernte Fest sein Handwerk zu einer Zeit, als der Begriff des Einflusses noch eine stabile Größe war. Von der eingangs beschriebenen Problematisierung dieses Begriffs, ja seiner Unbrauchbarkeit zur Erhellung historischer Zusammenhänge hat er offenbar keine Notiz genommen.

Fests Hitler-Buch von 1973 enthält eine einlässliche Erörterung des Hitler-Wagner-Problems, an der sich die meisten nachfolgenden Hitler-Biographen orientiert haben, auch Kershaw. Dem schickte Fest zwanzig Jahre später einen ergänzenden und differenzierenden Essay nach: *Um einen Wagner von außen bittend* (1994), der offenbar dem Bewusstsein erwuchs, dass mit dem Hitler-Buch noch nicht alles über das vertrackte Hitler-Wagner-Problem gesagt war. In der essayistischen Nachgeburt wird die Bedeutung des »Großideologen« Wagner noch eingehender dargestellt als in der Biographie, was den Autor dazu führt, den Befund des Hitler-Buchs mit Nachdruck zu unterstreichen, nämlich dass Richard Wagner der »bestimmende Lehrmeister« Hitlers gewesen sei.[32] Zwar ist sich Fest bewusst, dass die massenwirksame Selbstdarstellung des Nationalsozialismus von bestimmten Effekten der Wagner-Opern zehrte, aber im Kern basiert seine Vorstellung von der Hitler-Wagner-Beziehung auf dem problematischen Begriff des Einflusses. Sowohl der Biographie als auch dem Essay liegt das herkömmliche Modell des intellektuellen Einflusses zugrunde, dem zufolge Wagner'sche Ideen irgendwie in Hitlers Weltanschauung eingegangen und somit von dem Bayreuther »Großideologen« herzuleiten seien.

Dem widerspricht jedoch zunächst der Umstand, dass in *Mein Kampf*, dort, wo Hitler das »granitene Fundament« seiner Weltanschauung darlegt, Wagner keine Rolle spielt. Die diesbezüglichen Auslassungen in dem kritischen Kommentar zu *Mein Kampf* bestätigen diesen Befund.

Eine unerwartete und gravierende Merkwürdigkeit kommt hinzu: Hitler hat es offenbar verschmäht, zur Rechtfertigung seines Judenhasses Wagner zu bemühen und sich auf den Verfasser von *Das Judentum in der Musik* zu berufen, obwohl die Anrufung eines so gewichtigen Kronzeugen sicher mit kollektivem Kopfnicken aufgenommen worden wäre. Doch diesbezügliche Recherchen sind nicht fündig geworden.[33] Dies aber stellt einen der erklärungsbedürftigsten Aspekte des Hitler'schen Wagner-Komplexes dar, der das Modell von Lehrmeister und gelehrigem Schüler grundsätzlich in Frage stellt. Auch dieses Problem wird erst im Lichte von Hitlers eigentümlichem Wagner-Kult zu erhellen sein, der differenzierter und facettenreicher war, als gemeinhin angenommen.

Einen eigenen, originellen Weg geht Wolfram Pyta in seiner wichtigen Studie von 2015, *Hitler. Der Künstler als Politiker und Feldherr*. Pyta wählt einen dringend gebotenen kulturwissenschaftlichen Zugriff, der wichtige Aspekte des Hitler-Wagner-Konnexes weit jenseits der Denkschablonen von »Einfluss« und der Erfüllung von Prophezeiungen in den Blick zu rücken vermag. Statt von Wagners intellektuellem »Einfluss« wird Hitlers Erfolg von einer »politischen Präsenzkultur« hergeleitet, die nicht auf dem Was, sondern auf dem Wie basiert, weniger auf dem intellektuellen als auf dem performativen Aspekt der Wagner-Rezeption.[34] Pyta erklärt den Erfolg des politischen Emporkömmlings mit dessen Geschick zur Ästhetisierung seiner öffentlichen Auftritte. Ausschlaggebend für seine Erfolge war demzufolge die Performativität seiner Selbstdarstellung. Darin war er allen seinen Konkurrenten überlegen – ein biographisch gewichtiges Faktum, zu dessen Erklärung sein Wagner-Kult unerlässlich ist.

Pytas Buch stellt einen seriösen Versuch dar, die von Thomas Mann in *Bruder Hitler* aufgezeigte Perspektive mit der gebotenen Konsequenz zu verfolgen und Hitlers verheerende Wirkung als das Werk eines »Künstler-Politikers« zu kennzeichnen. Pyta nimmt ernst, was oft auf leichtfertige Art abgetan wird: Hitlers Selbstverständnis als Künstler. So kann er im Detail zeigen, dass dieser politische Nobody Führer und Feldherr wurde nicht etwa unter Verleugnung seiner künstlerischen Interessen oder der kompletten Abkehr davon, sondern in völligem Einklang mit seinem Selbstverständnis, ja in Fortsetzung seiner frühen Interessen, nur eben transponiert auf die Ebene der Politik. Dies freilich konnte nur gelingen, weil der in der deutschen Geistesgeschichte fest verwurzelte Genieglaube auch ein zentraler Glaubensartikel des deutschen Wagner-Kults war, den Hitler seinerseits zur Selbststilisierung als Genie zu nutzen wusste.

Pytas Befund erfährt eine eindrucksvolle Bestätigung und Vertiefung in einem jüngst von Andreas Wirsching vorgelegten Aufsatz über ein Problem, mit dem sich die Hitler-Literatur schon seit ihren Anfängen plagt: die Frage von »Hitlers Authentizität«.[35] Gestützt auf eine diskursanalytische Re-Lektüre von *Mein Kampf*, legt Wirsching zwei deutlich unterscheidbare Erzählstränge frei. Der eine handelt im Modus eines komprimierten Bildungsromans von Hitlers Anfängen als Künstler; der andere von Hitler als Politiker. Während Wirsching der Erzählung von dessen frustriertem Werdegang als Künstler aufgrund verifizierbarer biographischer Umstände das Prädikat »authentisch« zuerkennt, verweist er das Selbstbildnis Hitlers als Politiker samt seiner »granitenen« Weltanschauung in den Bereich der Propaganda. D.h., es gehört zu dem psychologischen Subkontinent der Selbststilisierungen eines in die Politik verschlagenen Künstlers, der nach dem gescheiterten Griff nach der Macht am 9. November 1923 in der Landsberger Festungshaft sein politisches Comeback vorbereitete. Zu diesem Ende konstruierte er eine markant konturierte politische Identität, die ihn als Führergestalt und als glaubwürdigen Feind der Juden ausweisen sollte. Diesem Erzählstrang von *Mein Kampf* eigne, Wirsching zufolge, eine bloß »sekundäre Authentizität«.[36]

Nach Wirschings Deutung trägt Hitlers Selbstbildnis als Künstler den Stempel der Echtheit, während von dem Selbstbildnis als Politiker Vibrationen des Unauthentischen und Unechten ausgehen – eine innere Unstimmigkeit, die ihn zu fortwährendem Rollenspiel zwang. Wie sich diese beiden Seiten Hitlers zueinander verhalten, wird nicht völlig deutlich. Wirsching spricht von Überlagerung und erklärt, Hitler habe seine authentische Erzählung von seinem Werdegang als Künstler »überformt« und »überschrieben«, d.h. unter einer neuen Übermalung begraben.[37] Die Fragen, die dieses Modell der Überschreibung und der Bewertung der beiden Erzählstränge aufwirft, werden in anderem Zusammenhang zu erörtern sein, in dem Kapitel über Hitler, den Schauspieler. Hier sei lediglich festgehalten, dass auch Wirschings scharfsinnige Analyse von *Mein Kampf* darauf verzichtet, Hitlers lebenslange

Faszination durch Wagner in die Betrachtung einzubeziehen, und so dem Lager der Hitler-Biographien ohne Wagner zuzurechnen ist.

So bahnbrechend die große Studie Wolfram Pytas zweifellos ist, die Perspektiven eines kulturwissenschaftlichen Zugriffs auf Hitler und das Hitler-Wagner-Problem sind damit keineswegs voll ausgeleuchtet. Dies liegt in der Hauptsache daran, dass in Pytas Buch eine beträchtliche Strecke in der Geschichte von Hitlers Wagnerismus, nämlich die Jahre zwischen der Niederschrift von *Mein Kampf* und dem Beginn des Krieges, übersprungen wird. Damit bleibt völlig im Dunkeln, welche Formen der Wagner-Kult während der Jahre der Hitler-Herrschaft annahm und welchen kulturpolitischen Stellenwert er im Dritten Reich besaß.

Die Formel »Hitlers Wagner«, die über dem ersten Teil unseres Triptychons steht, beinhaltet zwei sich ergänzende und sich gegenseitig erhellende Problembereiche. Zum einen geht es um die Frage, welche Rolle die Wagner-Idolatrie in der Identitätsbildung des deutschen Diktators gespielt hat. Zum anderen ist zu klären, welche Funktion der Wagner-Kult im politischen Leben des Dritten Reichs hatte und damit auch in der kulturellen Legitimierung der nationalsozialistischen Herrschaft. Bei der Frage der Identitätsbildung ist es des Weiteren notwendig, zwischen zwei verschiedenen, doch sich ergänzenden, ja sich gegenseitig hochschaukelnden Modalitäten zu differenzieren: den Selbststilisierungen Hitlers und den Projektionen seiner Anhänger auf ihren Hoffnungsträger. Erstere lassen sich im Lichte von *Rienzi* und *Der Ring des Nibelungen* erläutern; Letztere im Lichte von *Parsifal* und *Die Meistersinger von Nürnberg*. Hitlers lebenslange Orientierung an Wagner stellt sich uns als ein Strang dar, geflochten aus mehreren, unterschiedlich gesponnenen Fäden, die hier separat untersucht und in ihrem intellektuellen, gesellschaftlichen und politischen Kontext betrachtet werden.

Zuvor jedoch ist es nötig, das geistige Milieu zu skizzieren, aus dem der fanatische, ebenso unbeirrbare wie unbelehrbare Wagnerianer hervorgegangen und zum Diktator aufgestiegen ist. Aus diesem Milieu erwuchs eine geistige Lebensform, die im Ästhetizismus verankert war und eine Generation junger Menschen prägte, die den einzigen Sinn des Lebens in der Hervorbringung und Erhaltung des Schönen erblickte. Nietzsches berühmter Satz – »denn nur als *aesthetisches Phänomen* ist das Dasein und die Welt ewig *gerechtfertigt*«[38] – war gleichsam das bald leise, bald anschwellende Ostinato, das dem Lebensgefühl des Fin de siècle seine Grundierung gab.

Ästhetizismus als geistige Lebensform

Als Ästhetizismus wird eine Kunst- und Weltanschauung bezeichnet, die, verkürzt gesagt, die Kunst, das Schöne – das Ästhetische in allen Lebensbereichen – verabsolutiert und damit die in der bürgerlichen Gesellschaft geltende Wertehierarchie auf den Kopf stellt. Der Hochschätzung und Verehrung des Schönen sind alle anderen Rücksichten untergeordnet, insbesondere moralische und politische. Der radikale Ästhetizismus, wie Oscar Wilde ihn vertrat, provozierte mit der These, dass es für die Bildung eines bedeutenden Individuums dringlicher sei, den Farbsinn zu entwickeln statt einen Sinn für Gut und Böse.[39] Der Ästhetizismus – dies ist eine fundamentale Voraussetzung – kann auf die Dauer nur in einer Sphäre jenseits von Gut und Böse gedeihen. Es liegt somit in der Natur der Sache, dass ein Ästhet im emphatischen Sinne sich an keinen Moralkodex gebunden fühlt. Eine Ahnung von diesem Zusammenhang von Ästhetizismus und Immoralismus und Bedenkenlosigkeit scheint bereits Konrad Heiden, den Pionier der Hitler-Biographik, geleitet zu haben, als er dem ersten Teil seiner Biographie mit dem Untertitel einen moralischen Zeigefinger beifügte: »Das Zeitalter der Verantwortungslosigkeit«.[40]

Ein aktuelles Literaturlexikon definiert den Ästhetizismus nicht etwa als eine bestimmte Kunstanschauung oder ästhetische Doktrin, sondern als eine »Geisteshaltung, welche dem Aesthetischen [sic] einen absoluten Vorrang vor anderen Werten einräumt, oft verbunden mit der Relativierung oder Negierung herrschender religiöser und ethischer Anschauungen (aesthetischer Immoralismus oder gar Amoralismus). Aesthetizismus resultiert meist aus einer passiven, resignativen und kontemplativen Einstellung zum Leben, aus einem hedonistischen Sensualismus oder aus einer Flucht aus einer als feindlich oder widersinnig empfundenen Wirklichkeit in eine Welt des schönen Scheins.«[41]

Der Ästhetizismus war eine intellektuelle Modeerscheinung, die um

1900 kulminierte und dem Fin de siècle als eine Art Religionsersatz diente. Sie prägte sowohl Adolf Hitler als auch Thomas Mann, jenen unbewusst, diesen sehr bewusst. Die *Betrachtungen eines Unpolitischen,* Manns Bekenntnisbuch von 1918, enthält ein Kapitel mit der Aufmerksamkeit erheischenden Überschrift *Ästhetizistische Politik,* die erkennen lässt, wie tief die ersten Stadien seiner Schriftstellerschaft mit dem Problem des Ästhetizismus verwickelt waren. Das Kapitel ist Ausdruck seiner Verwunderung, auch der Erbitterung darüber, dass er, der Anwalt der Moral und des Geistes, seit Beginn des Krieges des Ästhetizismus geziehen wird, weil er sich weigerte, gegen den Krieg Stellung zu beziehen. Die Erbitterung schlägt stellenweise einen sarkastischen Ton an, weil die Anschuldigung ausgerechnet von seinem Bruder Heinrich ausging, der in seinen Augen mit der Romantrilogie *Die Göttinnen* (1903) dem unkritischen Schönheitskult am hemmungslosesten gehuldigt hatte und der nun als tugendhafter Anwalt der Demokratie einer Politik das Wort redete, die im Grunde genommen selbst ästhetizistisch ist. Von Heinrich Manns »hysterischer Renaissance« führe ein gerader Weg zur »hysterischen Demokratie«.[42]

Wie das vorletzte Kapitel der *Betrachtungen* erkennen lässt, hatte Thomas Mann zu diesem Zeitpunkt schon längst eine kritische Distanz gegenüber dem Ästhetizismus gewonnen. Sie setzte ihn in den Stand, das politisch und vor allem moralisch fragwürdige Manko zu benennen, das den Anwälten einer ästhetizistischen Politik anhaftet. Es ist die Abwesenheit von »Verantwortlichkeitsgefühl« und »Gewissen«.[43] Dies betrifft vollgültig den extremsten Vertreter des »politischen Ästhetizismus«, von dessen Aufkommen Thomas Mann 1918 noch nichts ahnen konnte – Adolf Hitler.

Die philosophisch präziseste Reflexion auf die Problematik des Ästhetizismus findet sich jedoch in der kurz vor den *Betrachtungen* entstandenen Novelle *Der Tod in Venedig* (1912). In der Biographie des fiktiven Schriftstellers Gustav von Aschenbach, die der Erzähler im zweiten Kapitel vor den Augen der Leser kritisch Revue passieren lässt, spielt ein Gesinnungswandel die entscheidende Rolle auf Aschenbachs Weg in seinen tragischen Untergang. Der Erzähler beschreibt diese Wandlung mit einer scheinbar harmlosen Formulierung als »das Wunder der wiedergeborenen Unbefangenheit«.[44] Es handelt sich um nichts weniger als die Wandlung eines sozial verantwortlichen Schriftstellers zu einem letztlich unverantwortlichen Ästheten. Dieser Wandel Aschenbachs kündigt sich an als »ein fast übermäßiges Erstarken seines Schönheitssinns« und geht einher mit einer wachsenden »moralische[n] Gleichgültigkeit«. Dem Ästheten bietet diese Hinwendung zum Kult der Schönheit einen trügerischen Vorteil; sie beschert ihm »eine sittliche Vereinfältigung der Welt und der Seele«, aber »auch ein Erstarken zum Bösen, Verbotenen, zum sittlich Unmöglichen«.[45] Kein Zweifel, diese Analyse von Aschenbachs Künstlerdilemma ist Zeitdiagnostik nicht weniger als Selbstdiagnostik in Reaktion auf ein, wie Thomas Mann es sah, übermäßiges Erstarken des Ästhetizismus. Es ist nun überaus erhellend, dass der Autor der Venedig-Novelle eben diese Stelle heranzieht und zitiert, als er sein berühmtes Psychogramm *Bruder Hitler* schrieb. Offenbar wertete er das Hitler-Phänomen als einen Auswuchs jenes Ästhetizismus, an dem er in seinen Anfängen selbst teilhatte und von dem er sich schrittweise, in mehreren autobiographisch grundierten Novellen distanzierte. Nicht ohne melancholische Genugtuung bescheinigt er sich ein Gespür für das, was unter der Oberfläche an der Zeit war: »Ich war nicht ohne Kontakt mit den Hängen und Ambitionen der Zeit, mit dem, was kommen wollte und sollte, mit Strebungen, die zwanzig Jahre später zum Geschrei der Gasse wurden.«[46]

Der Ästhetizismus des Fin de siècle war eine europäische Zeiterscheinung, die sich in Frankreich – von Gautier und Baudelaire bis Proust – und in England – von Pater und Ruskin bis Oscar Wilde – am konsequentesten artikulierte. Nirgends jedoch hat der Ästhetizismus betäubendere Blüten hervorgetrieben als in Wien. Eine seiner mitreißendsten Manifestationen war der Wagner-Kult. Weit mehr als im Deutschen Reich war der österreichische Wagner-Kult, ortsbedingt, von alldeutschen Phantasien beflügelt. Die Wagner-Verehrung konkretisierte sich in dem seit 1872 bestehenden Wiener Akademischen Wagner-Verein, der bald schon im Kulturleben der Stadt eine prominente und vielbeachtete Rolle spielte. Der Wiener Wagner-Verein, der älteste und vermutlich aktivste, erlangte nicht zuletzt dadurch eine historische Bedeutung, dass Houston Stewart Chamberlain sich vor diesem Forum seine ersten Sporen als Wagnerianer verdiente. Hier hielt er eine Serie von Vorträgen, aus denen seine Wagner-Bücher erwuchsen: *Das Drama Richard Wagners* (Wien 1892) sowie die große, wirkungsmächtige Biographie: *Richard Wagner* (München 1896).[47] Chamberlain lebte zwanzig Jahre in Wien, das somit in gewisser Weise als Brutstätte des von Chamberlain angeführten Bayreuther Kreises zu betrachten ist. Diese zwei Dekaden stellen sich im Rückblick als Inkubationsperiode des von ihm propagierten »Bayreuther Gedankens« dar. Es ist viel »Wien« in »Bayreuth«.

Nach Wagners Tod in Venedig, auf dem berühmten Trauerkommers des Wiener Wagner-Vereins am 5. März 1883, leistete ein aus Linz stammender Student im Namen aller Wiener Studenten den feierlichen Schwur, »nicht eher zu ruhen und zu rasten, als bis Richard Wagners heiliges Vermächtnis, der großdeutsche Gedanke, erfüllt« sei.[48] Besagter Linzer Student war Hermann Bahr – Wagner-Verehrer und in den folgenden Jahren behender Wortführer der wechselnden literarischen und ästhetischen Moden um 1900. Der Knabe Adolf Hitler ist in ebendiesem geistigen Milieu seiner Vätergeneration aufgewachsen und bald darüber hinausgewachsen.

Der Wiener Ästhetizismus hat den jungen Hitler nachhaltiger geprägt, als er in *Mein Kampf* (1925) in den knappen und zum Teil irreführenden Auslassungen über die Wiener Lehrjahre zu konzedieren bereit war.[49] Als er seine Selbstdarstellung verfasste, war seine in München gestartete, doch auf ganz Deutschland, ja darüber hinaus zielende politische Laufbahn bereits in Gang gekommen, so dass er es wohl für angebracht hielt, die Bedeutung seiner Wiener Jahre (1907–1913), insbesondere der Kultur Wiens, herunterzuspielen, nicht zuletzt wohl, weil diese in hohem Maße von jüdischen Autoren und Künstlern getragen wurde. Hitler verachtete die ethnisch überaus heterogene Doppelmonarchie samt ihrer Hauptstadt aus politischen wie aus rassischen Gründen. In *Mein Kampf* wirft er einen geradezu angeekelten Blick zurück auf das »Rassenkonglomerat« Wiens, das er »widerwärtig« gefunden habe; er brandmarkt die Juden als »ewige[n] Spaltpilz der Menschheit« und die ganze »Riesenstadt als die Verkörperung der Blutschande«.[50] Eine derart durch Rassenmischung verunreinigte Hauptstadt konnte seinem Verständnis nach keine kulturellen Leistungen vorweisen, von denen er geprägt sein wollte und auf die er zu diesem Zeitpunkt, als er ein politisches Comeback nach seiner Festungshaft vorbereitete, keinen Wert legte. Österreich zeige auch »auf dem Gebiete rein kultureller oder künstlerischer Angelegenheiten alle Merkmale der

Erschlaffung, mindestens aber der Bedeutungslosigkeit für die deutsche Nation«.[51]

Theodor W. Adorno charakterisierte seinen epochemachenden *Versuch über Wagner*, der während der Hitler-Jahre begonnen und 1952 abgeschlossen und veröffentlich wurde, als einen Versuch, »die Urlandschaft des Faschismus zu erhellen«.[52] In Fortführung der nachhaltigen kritischen Impulse, die von Adornos kleinem Buch ausgingen, gilt es heute, mehr als ein halbes Jahrhundert später, den Fokus zu erweitern und historisch nach hinten zu verschieben in dem Versuch, die Adorno'sche »Urlandschaft« neu zu vermessen. Sie ist weniger in der Manier Adornos an der Machart und ästhetischen Form der Werke Wagners festzumachen – diese sind letztlich ambivalenten und zum Teil widersprüchlichen Charakters – als an dem Wagner-Kult des Ästhetizismus.

Die Refokussierung des Erkenntnisinteresses auf den Ästhetizismus der Jahrhundertwende bietet zwei wesentliche Vorteile und Erkenntnisgewinne. Zum einen wird Hitler mit der Verortung im Ästhetizismus aus den anrüchigen Nischen, in die man ihn gestellt hat, hervorgeholt und auf den Hauptschauplatz der kulturgeschichtlichen Entwicklung gerückt. Mit dieser Situierung Hitlers im Zentrum statt am Rand der Kultur der Jahrhundertwende wird ein Argument entkräftet, das sich in der unmittelbaren Nachkriegszeit und vielerorts auch später noch einer besonderen Beliebtheit erfreute – die Ausrede »Betriebsunfall«. Dem Argument, dass Hitler und der Nationalsozialismus einen Betriebsunfall der deutschen Geschichte darstellen, hielt der darob angefeindete Historiker Fritz Fischer entgegen, dass Hitler sehr wohl »als Kind einer breiten Strömung in der deutschen wie in der österreichischen Gesellschaft vor dem Ersten Weltkrieg« zu betrachten sei.[53] Fischer zufolge, der sich dabei auf Eberhard Jäckel berief, hatten die beiden obersten Ziele des Politikers Hitler – die »Vernichtung der Juden« und der Krieg gegen die Sowjetunion »zum Zweck der Eroberung von ›Lebensraum‹« – in ebenjenen breiten Strömungen innerhalb der 1914 zurückliegenden Epoche ihre Wurzeln.[54] Auch hier gilt es, über den von Fritz Fischer angedeuteten politischen Kontext hinauszublicken auf das kulturelle Milieu, in dem solche politischen Zielvorstellungen gedeihen konnten.

Zum anderen schiebt unsere Betrachtungsweise einer zweiten, mittlerweile sehr ausgeprägten Neigung der Hitler-Literatur einen Riegel vor – der Neigung, zwischen dem Hitler vor 1919 und dem Hitler nach 1919, zwischen dem Künstler und dem Politiker Hitler, einen Graben aufzureißen. Es gibt jedoch, um Thomas Manns Rede über *Deutschland und die Deutschen* zu variieren, nicht zwei Hitler, sondern nur einen. Die Unterscheidung zwischen einem wenn nicht geradezu »guten«, so doch harmlosen, weil noch unpolitischen Hitler, und einem »bösen«, weil in die Politik ausgebrochenen Hitler, ist zu holzschnittartig und grobschlächtig. Statt Hitlers Persönlichkeitsbildung erst in dem Münchner »Befindlichkeitschaos« der traumatischen Nachkriegsjahre beginnen zu lassen, als er in seinem dreißigsten Jahr stand, ist die grundlegende Identitätsformation in jene Lebensetappe zurückzuverlegen, in der sie gewöhnlich statthat – in seine Jugendjahre.[55]

Eine kulturwissenschaftlich fokussierte Betrachtungsweise nötigt uns darüber hinaus, von einem weiteren Klischee der Hitler-Literatur Abstand zu nehmen, der Vorstellung, dass wir es mit einem Menschen ohne eine ausgeprägte Persönlichkeit zu tun haben – mit jemandem, dessen intellektuelle Physiognomie und kulturelles Profil merkwürdig undeutlich anmuten. Die beiden Maßstab setzenden Biographien von Joachim Fest und Ian Kershaw stellen gerade in dieser Hinsicht mehr Fragen, als dass sie befriedigende Antworten bereithalten. Fest verwahrt sich gegen »jene ironische Geringschätzung, die sich so vielen angesichts seiner Erscheinung noch immer aufdrängt«. Er attestiert Hitler einen »singulären«, d.h. mit epochenspezifischen Kategorien nicht erfassbaren Charakter und spielt auf eine suggestive Art mit dem Begriff der »historischen Größe«, um schließlich, einigermaßen überraschend, seinen ins Dämonische erhobenen Gegenstand zur »Unperson« zu stempeln.[56] Kershaw, an seinen Vorgänger Alan Bullock anknüpfend und skeptisch gegenüber allen Monumentalisierungs- und Mythologisierungstendenzen, spricht Hitler gar die Kategorie der Persönlichkeit im herkömmlichen, emphatischen Sinne ab und lokalisiert am Ende, im Einklang mit seinem strukturalistischen Geschichtsverständnis, im Innersten seines Gegenstands ein leeres Gefäß – »someone no more than an empty vessel outside his political life«.[57]

Es ist ein bemerkenswertes Verdienst der jüngst erschienenen Biographien von Volker Ullrich und Peter Longerich, gegen die Vorstellung von der Unperson und vom leeren Gefäß anzuschreiben.

Ullrich nimmt die Warnung vor der ironischen Geringschätzung Hitlers ernster, als es Fest selbst getan hat, und widmet in einem fast dreißigseitigen Kapitel *Der Mensch Hitler* seiner Persönlichkeit und den unzähligen Zeugnissen von Zeitgenossen, die darüber vorliegen, eine erhöhte Aufmerksamkeit.[58] Auch Longerich verwirft Fests These von der Unperson Hitler. Freilich bleiben auch in seiner Darstellung manche Leerstellen. Dazu gehört die unzureichende kulturhistorische Kontextualisierung, so dass weder der Ästhetizismus noch der Wagner-Kult, also der kulturelle Mutterboden des deutschen Diktators, ins Blickfeld geraten. Zur Erklärung weist Longerich darauf hin, dass unter deutschen Historikern eine ausgeprägte Abneigung bestehe, Hitler auf der »menschlichen« Ebene zu begegnen; stattdessen ziehe man es vor, Hitler als eine monströse Ausnahmeerscheinung zu behandeln und so eine möglichst große Distanz zu ihm herzustellen. Diese Tendenz erhält kräftigen Zuspruch aus dem Lager der Gedächtniskultur, in der die Unvergleichlichkeit Hitlers wie des Holocaust als unantastbar gilt. Claude Lanzmann, Schöpfer des neunstündigen Films über die *Shoah* (1985), geht sogar so weit, den bloßen Versuch, Hitler zu erklären, als eine Obszönität zu bezeichnen und sich jede Frage nach dem Warum zu verbieten.[59]

Um zu begreifen, wie und warum Wagner für Hitler und seine Karriere eine so prägende Bedeutung erlangen konnte, ist es unerlässlich, sich vorab über eine wohlbekannte, doch unzureichend erklärte fundamentale Tatsache seiner Persönlichkeit Klarheit zu verschaffen: sein Selbstverständnis als Künstler. Als einen solchen betrachtete er sich bis zum Ende. Das heißt, dass Darstellungen von Hitlers Leben, in denen die Künstlerproblematik auf die erste Lebensetappe bis zum dreißigsten Jahr beschränkt bleibt, eine wesentliche Dimension seiner Wirkung verfehlen. Es gibt kein Zeugnis, dem zufolge Hitler mit dem Sprung in die Politik seinen künstlerischen Neigungen entsagt oder sie unterdrückt hätte. Ganz im Gegenteil! Die ästhetischen Grundüberzeugungen, die er sich in seinen jungen Jahren erworben hatte, prägten, wie noch zu zeigen, auch seinen Herrschaftsstil – den Herrschaftsstil eines kunstliebenden und kunstfördernden Diktators. Hitlers Festhalten an den künstlerischen Interessen und Neigungen der Jugend ist im Übrigen kein Einzelfall, sondern ein Wesensmerkmal des faschistischen Herrschaftsstils. Neben Hitler ist dieses Verhalten auch bei Joseph Goebbels zu beobachten, einem Literaten, bei Baldur von Schirach, einem Dichter, und bei Albert Speer, einem Architekten.[60]

Die Rede von dem gescheiterten Künstler ist gewiss eines der vertrautesten Klischees der Hitler-Literatur. Es impliziert, dass sich das Thema Hitler und sein Selbstverständnis als Künstler mit dem lakonischen Hinweis auf sein zweimaliges Scheitern an der Wiener Kunstakademie von selbst erledigt. Auch der Verweis auf sein bescheidenes Talent als Postkartenmaler, auf seine von der Akademie beanstandete Unfähigkeit, menschliche Gestalten zu zeichnen, oder auf seine ins Monumentale zielenden Architekturzeichnungen und -skizzen verfängt nicht. Denn entscheidend ist nicht die Unzulänglichkeit seiner Talente, sondern die identitätsbildende Funktion seiner sehr ausgeprägten ästhetischen Interessen. Selbst nach dem Scheitern an der Akademie hielt er an einem künstlerischen Lebensentwurf fest, denn am Ende seiner »allgemeinen politischen Betrachtungen« zu seinen »Wiener Lehr- und Leidensjahren« bekennt er in durchaus glaubwürdigem, authentischem Tonfall: »Ich hoffte, dereinst als Baumeister mir einen Namen zu machen […].«[61] Dass dieser Ehrgeiz in seiner Rolle als Feldherr in Gestalt seiner Passion für Festungsbauten weiterlebte, ist eine der erhellendsten Passagen des Buches von Wolfram Pyta. Hitler selbst betrachtete sich keineswegs als einen gescheiterten Künstler. Vielmehr sah er sich – ob berechtigt oder nicht, ist belanglos – als einen verkannten Künstler, dessen Veranlagung erst auf dem Feld der Politik und Kriegsführung seine wahre, von der Vorsehung ihm zugedachte Bewährung finden würde. Für diese historisch höchst folgenreiche Gewichtsverlagerung seiner Existenz von der Kunst auf die Politik verwendet Pyta sehr treffend die anschauliche Formel von dem »ins Militärische ausgelagerten Künstlertum«.[62]

Offenbar empfand Hitler, wie aus *Mein Kampf* zu ersehen, selbst auch einen Erklärungsbedarf, was den Übertritt aus dem Reich der Kunst auf das Feld der Politik betrifft. Es galt, dieser lebensentscheidenden Wendung jeden Anschein des Beliebigen zu nehmen und sie in den Glanz einer heroischen Schicksalsfügung zu tauchen. Seine Argumentation an dieser Schlüsselstelle der Selbstdarstellung ist überaus aufschlussreich für sein Selbstverständnis als ein in die Politik verschlagenes künstlerisches Genie. Die betreffenden Ausführungen finden sich in dem Kapitel *Volk und Rasse*. Die Rede ist von der Genialität der

»arischen Rasse« und vom »Arier als Kulturbegründer«.[63] An dieser Stelle postuliert Hitler eine verborgene Parallele zwischen dem Schicksal Deutschlands und seinem eigenen – ein besonders schlagendes Beispiel für die, wie Sebastian Haffner betont hat, zwanghafte Tendenz, »sich mit Deutschland gleichzusetzen« und »die Geschichte Deutschlands seiner persönlichen Biographie ein- und unterzuordnen«.[64] So wie »im täglichen Leben« die »geniale Natur«, die in einem »Durchschnittskind« schlummere, oft erst durch einen Anstoß von außen »zum Leuchten gebracht« werde, so gebe es auch »im Völkerleben« eine »geniale Rasse«, deren Genialität erst in der harten »Prüfung« des Kriegs offenbar werde, wie er selbst Gelegenheit hatte zu beobachten: »Aus scheinbar harmlosen Kindern schießen plötzlich in Stunden der Not, da andere verzagen, Helden empor von todesmutiger Entschlossenheit und eisiger Kühle der Überlegung.«[65]

Ins Allgemeine gewendet – und mit implizitem Bezug auf seinen eigenen Fall – spricht Hitler nun vom »Hammerschlag des Schicksals«, der aus einem vermeintlich durchschnittlichen einen genialen Menschen gleichsam hervormeißelt. Ein solcher Hammerschlag wirft den einen zu Boden. Bei dem anderen jedoch, weil er zu Höherem berufen ist, stößt der Hammer unvermutet auf einen harten, stählernen Kern, »und indem die Hülle des Alltags zerbricht, liegt vor den Augen der staunenden Welt der bisher verborgene Kern offen zutage. Diese sträubt sich dann und will es nicht glauben, daß die ihr gleiche Art plötzlich ein anderes Wesen sein soll; ein Vorgang, der sich wohl bei jedem bedeutenden Menschenkinde wiederholt.«[66]

Kein Zweifel, Hitler hielt sich selbst für ein bedeutendes, in seinem innersten Wesen geniales Menschenkind. Der Umstand, dass er lange Zeit eine unscheinbare Existenz geführt habe und seine geniale Natur verkannt worden sei, habe keine Bedeutung, denn die Epiphanie seiner Genialität verdanke er dem Hammerschlag des Schicksals, also einer höheren Autorität als der Kunstakademie. Diese Prüfung – sei es der Krieg oder der vereitelte Staatsstreich – habe an den Tag gebracht, dass die Genialität nicht erst unter der Wucht der Hammerschläge »in den Mann gefahren« sei, sondern als ein stählerner Kern immer schon vorhanden war, also »angeboren« sein muss und »niemals anerzogen oder gar angelernt« sein kann. Hitler behauptet, indem er diese angeborene Genialität für sich reklamiert, damit auch die Einheitlichkeit seiner

Existenz, ungeachtet seiner Mutation vom Künstler zum Politiker. Mehr noch, er gibt zu verstehen, dass er als Politiker – scheinbar »ein anderes Wesen« – Dinge vollbringen werde, die die Welt in Staunen versetzen würden, und zwar kraft seiner lange verkannten, gleichwohl aber angeborenen künstlerischen Genialität. Es ist dies eine bemerkenswert phantasievolle Genealogie seiner angeblich außerordentlichen Fähigkeiten als Künstler-Politiker, die nicht dadurch ihre Autosuggestionskraft verliert, dass sie mit der eigentlich ärmlichen Faktizität seiner Künstlerexistenz recht frei umgeht. Im Gegenteil, gerade der Anteil der Phantasie, um nicht zu sagen: des Wahns, verstärkt die Autosuggestion.

Vielen Biographen dient die erstaunliche Zäsur von 1919 zur Untermauerung der schnellfertigen Rede von dem Änigma Hitler, einem weiteren, sehr verbreiteten Klischee der Hitler-Literatur. Den meisten Autoren, die sich auf den frühen Hitler beschränken, ist es um eine »Korrektur« des dominanten Hitler-Bildes zu tun – des »Jahrhundertverbrechers« und dergleichen Charakterisierungen mehr – und um die Zeichnung eines Gegenbildes. Wollte man der Tendenz solcher Korrekturversuche folgen, so hätten wir es mit einem frühen Hitler zu tun, bei dem niemand hätte vermuten können, dass er das Zeug zu einem Diktator von Neronischer Schwärze und kaltblütigem Verbrechertum habe.[67] Je tiefer man die Zäsur von 1919 erscheinen lässt, desto rätselhafter ist, was dann folgte. Brigitte Hamann zum Beispiel, der wir die dichteste Beschreibung der Wiener Jahre Hitlers verdanken, erklärt mit erstaunlicher Apodiktik: »[…] der spätere Hitler, also der Diktator, der Politiker wie der Verbrecher, ist in diesen Jugendjahren nicht zu erkennen.«[68] Dieses Argument steht jedoch in einem merkwürdigen Widerspruch zu dem Untertitel ihres Buches, das uns die »Lehrjahre eines Diktators« erschließen möchte, was doch wohl heißen soll, dass zwischen den Lehrjahren und dem, was auf diese Lehrjahre folgte – also zwischen dem Künstler und dem Diktator – ein Zusammenhang besteht.

Diese Zweiteilung in einen Hitler vor und einen nach 1919 scheint heute in der deutschen Geschichtswissenschaft die communis opinio zu bezeichnen. Longerich schließt sich Hamann an und vertritt die Ansicht, dass »es tatsächlich keine Evidenz gibt«, die uns erlauben würde, »eine Konsequenz und Geradlinigkeit in Hitlers Entwicklung« zu unterstellen. »Die spätere außergewöhnliche Karriere Hitlers […] lässt sich aus seinen ersten drei Lebensjahrzehnten nicht erklären. Daher gilt es, diese sorgsam gegen die späteren Umdeutungen und Überhöhungen [durch Hitler selbst, vor allem in *Mein Kampf*] abzugrenzen.«[69]

Selbstverständlich sind die Verfälschungen in Hitlers Selbstdarstellung aufzudecken und als solche kenntlich zu machen. Die neue kritische Edition von Hitlers Buch leistet dies mit der gebotenen Strenge und Pedanterie. Doch ist es wenig erhellend, seine Selbstdarstellung schlicht als Lüge abzutun. Aufschlussreicher ist es, von ihrer Funktion in seinem verwegenen Selbstentwurf als Künstler-Politiker Kenntnis zu nehmen. Dieser Selbstentwurf war – zum immensen Schaden Deutschlands – von Erfolg gekrönt, da die »Sehnsucht nach dem Genie« weit verbreitet war und, wie Carolin D. Lange gezeigt hat, das »Herbeiwünschen von Genie« auf dem Feld der Politik praktisch zum guten Ton des politischen Diskurses gehörte.[70] Diese Zeitstimmung machte sich Hitler von Anfang an zunutze. Schon 1920, in seiner Rede über *Politik und Judentum* am 27. April im Hofbräuhaus, erklärte er: »Wir brauchen einen Diktator, der ein Genie ist, wenn wir wieder emporkommen wollen.«[71] Getragen von dieser tiefreichenden Zeitstimmung und in Anbetracht des anerzogenen deutschen Genieglaubens durfte Hitler davon ausgehen, dass seine Selbststilisierung zum Künstler-Politiker auf eine breite Resonanz treffen würde.

Im Übrigen lässt sich die Zweiteilung Hitlers nur schwer vereinen mit der Eigengesetzlichkeit des Genres Biographie, die zu ihrem völligen Gelingen Kohärenz verlangt. Eine solche Kohärenz kann jedoch nur erzielt werden, wenn der kulturellen Prägung Hitlers, die in seinem gesamten Leben Bestand hatte, die ihr gebührende Bedeutung zuerkannt wird.

Die bequeme Auskunft, dass wir es bei diesem in zwei Teile gespaltenen Hitler mit einem Rätsel zu tun haben, einem alle menschlichen und historischen Normen sprengenden Phänomen, ist nach sieben Jahrzehnten intensivster Forschung und angesichts des heutigen Wissensstands nicht länger plausibel und nicht länger akzeptabel. In den Jahren unmittelbar nach Kriegsende, in einem Zustand der kollektiven Traumatisierung, griff man gern und häufig zu der Rede von dem dämonischen Hitler.[72] Die heute geläufige Charakterisierung Hitlers als eines Änigmas – Kershaw bemüht sogar Winston Churchills hilfloses Bonmot über Hitler: »a riddle wrapped in a mystery inside an enigma«[73] – darf als eine abgeschwächte Version der früher gängigen Stilisierung ins Dämonische verstanden werden – zu einem Dämon, der die Deutschen hypnotisiert und ins Verderben geführt habe. Die Deutschen also als mehr oder minder hilflose Opfer einer großen, überwältigenden Faszination. Beide Stilisierungen sind als Gesten einer entschiedenen geistigen Distanzierung und Abwehr zu werten, motiviert durch die Notwendigkeit der Schadensbegrenzung: Weder die eigene Rolle in der jüngst vergangenen Geschichte noch die Kultur, aus der Hitler hervorgegangen ist und der man auch selbst seine Bildung verdankt, dürfen dieser Einstellung zufolge durch eine scheinbar völlig aus dem Rahmen fallende Erscheinung wie Hitler in Frage gestellt oder beschmutzt werden.

Die Neigung, zwischen dem Hitler vor 1919 und dem Hitler nach 1919 einen Graben aufzureißen, hat heute, wie die bereits angeführten Beispiele zeigen, einen hohen und suspekten Grad der Akzeptanz erlangt. Beispielhaft dafür ist die bewundernswert einlässliche, ja mikroskopische Untersuchung, die jüngst Thomas Weber vorgelegt hat, um die Frage zu klären, wie Adolf Hitler zum Nazi wurde. Es war, Weber zufolge, alles andere als ein gerader Weg; vielmehr glich sein Werdegang in diesem Stadium einem ideologischen Zickzackkurs, ausgehend von einer erbarmungswürdigen geistigen Orientierungslosigkeit über eine Reihe von chamäleonhaften, opportunistischen Anpassungen bis zur wahnhaften Selbstglorifizierung zu dem von der Vorsehung erkorenen Retter Deutschlands. Glich der Kriegsheimkehrer, weltanschaulich gesehen, einem ziellos streunenden Hund, so schlug er sich zunächst auf die Seite der kommunistischen Räteregierung und war somit eine Zeitlang ein »Rädchen im Getriebe des Sozialismus«. Doch dann wechselte er, ganz in der Art eines »Wendehalses«, die Seiten: das Resultat eines veritablen »Damaskus-Erlebnisses«. Das geschah am 9. Juli 1919: An dem Tag ratifizierte die deutsche Regierung die Versailler Friedensverträge. Nun erst sei dem unpolitischen Soldaten klargeworden, dass Deutschland den Krieg wirklich verloren habe. Und nun erst beschloss er, sich zum Führer einer kleinen Partei aufzuschwingen, um sich zum »bayrischen Mussolini« und Messias zu machen. Der streunende Hund machte sich, indem er sich einem kleinen »Rudel« anschloss, alsbald zum »Anführer des Rudels«.[74]

Zwar konzediert Weber, dass Hitler schon in seiner Wiener Zeit einige prägende Erfahrungen gemacht habe – dass er »im Herzen« ein Künstler sei, dass ihm die Alldeutschen imponierten[75] –, aber im Grunde liegt seiner Rekonstruktion von Hitlers politischen Anfängen, die er mit dem Jahr 1919 beginnen lässt, die Vorstellung eines unbeschriebenen Blattes zugrunde. Zieht man aber in Betracht, dass sich Hitlers Persönlichkeitsentwicklung seit den Knabenjahren, wie wir sehen werden, gleichsam auf der Wagner-Schiene bewegte, so scheint das Bild vom ziellosen Hund unpassend. Das Bild stammt aus einem 1941 verfassten Artikel von Hitlers ehemaligem Vorgesetzten, Karl Mayr, der zu diesem Zeitpunkt in einem Konzentrationslager schmachtete.[76] Mayr hatte mit Hitler nur kurze Zeit Kontakt und wusste von seiner Wiener Zeit so gut wie nichts. Die Schwachstelle des Weber'schen Modells für Hitlers Persönlichkeitsentwicklung – und darin exemplifiziert er den aktuellen Konsens der Hitler-Literatur – ist die Nichtwahrnehmung des Faktors Wagner. Den Kriegsheimkehrer haben wir uns viel eher als einen instinktgetriebenen Drifter vorzustellen, der sich abwartend verhielt, auf seine innere Stimme hörend und nach einer sinnvollen Tätigkeit Ausschau haltend – nicht weil er ziellos war, sondern weil er darauf wartete, bis ein dunkel geahntes Ziel ins Bild rückte.

Im Unterschied zu den referierten Positionen der Hitler-Forschung soll hier gezeigt werden, dass seine Identitätsbildung als ein kontinuierlicher Prozess zu sehen ist, dass Hitlers Persönlichkeit gleichsam aus einem Guss war, geformt durch den ausufernden Wagner-Kult und das Lebensgefühl eines die ganze Epoche prägenden Ästhetizismus der Jahrhundertwende. Sie bilden die Klammer, die die beiden vermeintlich unverbundenen Hälften seiner Biographie – den unpolitischen, mutmaßlich authentischen sowie den politischen, mutmaßlich inauthentischen Hitler – im Innersten zusammenhält. Seine Herkunft aus diesem geistigen Milieu bezeichnet den Nährboden, aus dem der Politiker Hitler wenn nicht zwangsläufig und nahtlos, so doch in durchaus nachvollziehbaren Schritten und Schüben hervorgegangen ist.

Hitler als Künstler: Geniewahn und Dilettantismus

Es war offenbar Thomas Mann, der in seiner berühmten Charakterstudie *Bruder Hitler* den Anstoß zu einer Betrachtung Hitlers als eines ästhetischen Phänomens gegeben hat. Es dauerte dann jedoch mehr als ein halbes Jahrhundert, bis dieser Denkanstoß aufgegriffen wurde, als der amerikanische Diplomat und Chronist der Bayreuther Festspiele Frederic Spotts in seinem Buch *Hitler and the Power of Aesthetics* von 2003 den ersten umfassenden Versuch unternahm, sich auf die Koexistenz von Ästhetik und Barbarei in ein und derselben Person einen Reim zu machen. Wie Spotts beruft sich auch Wolfram Pyta auf Thomas Mann als Kronzeugen zur Rechtfertigung seiner Betrachtungsweise, die sich nicht zuletzt dadurch auszeichnet, dass Hitlers Selbstverständnis als Künstler ernst genommen wird, um zu zeigen, dass auch noch in seinem Wirken als Politiker die Persönlichkeitsstruktur des Künstlers erkennbar ist.

Sehr verständlicherweise regen sich allerlei Widerstände gegen jeden Versuch, einem Politiker wie diesem, der auf dem Feld des Bösen und Schädlichen neue Maßstäbe gesetzt hat, den Nimbus des Künstlertums zuzuerkennen, weil dadurch auf sein Verbrechertum ein vermeintlich milderndes Licht fällt. Solche Versuche leisten der unerlaubten Normalisierung eines moralischen Außenseiters Vorschub, der alle Normen zivilisierten Verhaltens hinter sich ließ. Dies jedenfalls scheint die Überzeugung der englischen B'nai B'rith Anti Defamation League gewesen zu sein, als sie gegen das Projekt eines Spielfilms über den jungen Hitler und seinen Werdegang vom Künstler-Proletarier zum Politiker Protest einlegte. Ihr im Geist von Claude Lanzmanns Erklärungsverbot formuliertes Argument: Hitler als jungen Menschen wie andere auch darzustellen sei moralisch verwerflich: »We find it offensive that people would spend talent, time, and money to make this man human.«[77] Der Protest hatte Erfolg. Die von der BBC und von Fox geplante Koproduktion wurde fallengelassen.

Diese Episode belegt, dass eine Normalisierung und Historisierung des Hauptverantwortlichen für den Völkermord an den Juden Europas aus der Sicht der Opfer und ihrer Nachkommen nach wie vor inakzeptabel erscheint. Im Kontext einer stark ausgeprägten Gedächtniskultur hat eine solche Ablehnung ihren berechtigten Platz. In der Geschichtswissenschaft hingegen dürfen solche gedächtniskulturellen Bedenken kein Hindernis darstellen, weil gerade die beanstandete Herleitung des Politikers Hitler aus dem Künstler Hitler die eigentliche Crux des Problems darstellt.

Sein Sozialstatus und seine berufliche Tätigkeit in Wien weisen den jungen Hitler unmissverständlich als einen Künstler aus – einen bildenden Künstler auf der Stufe des Künstlerproletariats.[78] Auf seine Existenz als Künstler in Wien, die er sich gewiss großartiger vorstellte, als sie sich dann gestaltete, zielten schon die Interessen und das Gebaren des Knaben in Linz. Hitlers Jugendfreund August Kubizek schildert ihn als einen wachen Jungen mit einem ausgeprägten Interesse am Zeitgeschehen auf dem Feld der Politik und der Kultur. Ihn beschäftigte die deutsche Sagenwelt, auch die antike, und wie viele Schüler in jenem Alter schrieb er Gedichte. Vor allem aber beschäftigte er sich mit Architektur und Städtebau; Hitlers bescheidenes Zimmer habe wie ein kleines »Baubüro« ausgesehen, vollgestopft mit Skizzen zur Umgestaltung der Stadt Linz.[79] Mit dem detaillierten Modell seiner zu einer Kulturmetropole umgestalteten Heimatstadt beschäftigte sich Hitler noch ganz am Schluss im Bunker der Reichskanzlei, das Ende vor Augen, in Treue zum unerfüllten Traum seiner Jugend von einer Existenz als Künstler und Städtebauer.

Neben Architektur und Malerei hatte der junge Hitler bereits in seinen Linzer Jahren ein ausgeprägtes Interesse an Oper und Theater. Wie viele Jugendliche um 1900 entwickelte er für Wagners Bühnenwerke eine wahre Passion. Seine ersten Opernerlebnisse waren *Lohengrin* und *Rienzi*. Sie prägten ihn, wie wir sehen werden, besonders nachhaltig. Er frönte dieser schwärmerischen Passion, sooft seine prekäre finanzielle Lage es ihm erlaubte, im geräumigen Stehparterre der Wiener Hofoper, die unter der Ägide Gustav Mahlers von 1897 bis 1907 ihre erste große Blütezeit erlebte. Wir wissen nicht genau, wie oft der junge Hitler von dem ungeheuer reichen Angebot an Wagner-Aufführungen Gebrauch gemacht hat – dokumentiert sind lediglich *Lohengrin* und *Tristan und Isolde* –, doch ist davon auszugehen, dass er sich in diesen Wiener Jahren jene intime und monomanische Kennerschaft der Wagner-Opern angeeignet hat, die damals wie heute als ein untrügliches Zeichen für

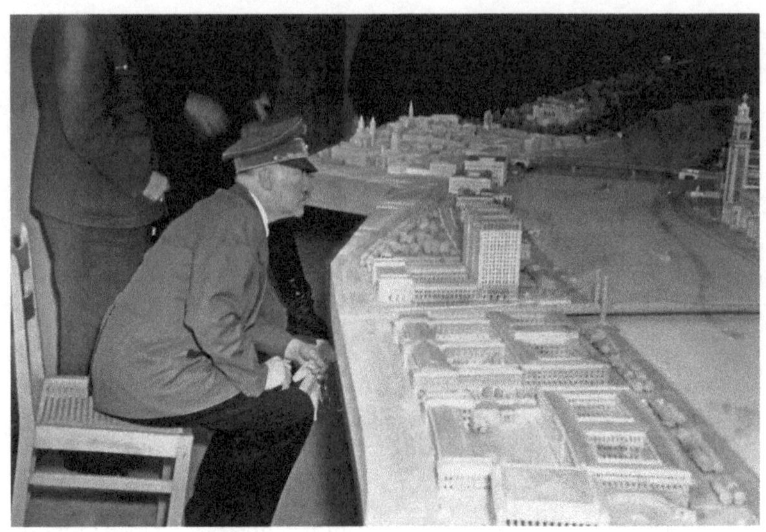

Abb. 3: Hitler vor dem Modell des neuen Linz nach dem »Endsieg«

ein kultisches Verhältnis zu Wagner zu werten ist. In der Spielzeit 1906/07 allein wurde an der Hofoper *Die Walküre* nicht weniger als fünfzehnmal gegeben. *Lohengrin* brachte es auf vierzehn, *Tannhäuser* und *Der fliegende Holländer* auf neun, *Tristan* und *Die Meistersinger* auf sechs, *Das Rheingold, Siegfried* und *Götterdämmerung* auf fünf, *Rienzi* auf zwei Aufführungen. Die Gesamtzahl der Wagner-Aufführungen in den Jahren 1907 bis 1913, also den Jahren von Hitlers Aufenthalt in der Metropole, beläuft sich auf stolze 426, die zusätzlichen Wagner-Aufführungen an der Volksoper nicht mitgezählt![80]

Diese Zahlen weisen Wien, neben München, als das zweite große Zentrum des Wagner-Kults aus. Der junge Hitler tauchte in diesen Kult, der in den Medien der Stadt allgegenwärtig war, tief ein und erwarb sich so eine Vertrautheit mit Wagner, die in weit höherem Maß in der ästhetischen Erfahrung von Theateraufführung gründete als im Studium von Wagners theoretischen Schriften. Von diesen kannte er zumindest *Das Kunstwerk der Zukunft,* denn darin fand er Bemerkungen zu einem Opernsujet, »Wieland der Schmied«, das Wagner selbst nicht ausgeführt hatte. Angesichts der Übersättigung mit Wagner und der jugendlichen Lust am Selbermachen konnte es nicht ausbleiben, dass er sich selbst an der Ausführung und Vollendung der Wagner'schen Skizze versuchte, wobei Kubizek als Mitarbeiter vorgesehen war.[81] Der von Wagner-Eindrücken überwältigte Neunzehnjährige wollte nach Dilettantenart mit dem, was auf ihn gewirkt hatte, selbst auch Wirkungen erzielen.

Eine fundamentale Besonderheit der Persönlichkeitsentwicklung Hitlers wäre somit dahingehend zu bestimmen, dass in ihm zwei unterschiedlich starke Kunsttriebe koexistierten: in der bildenden Kunst ein Schaffenstrieb von bescheidener Potenz; in der Musik ein rein rezeptiver Kunstkonsum von unbegrenzter, aber auch undisziplinierter Empfindungsstärke. Verkürzt gesagt war Hitler ein bildender Künstler, dessen Entwicklung, soweit davon die Rede sein kann, sich in dem großen kulturellen Echoraum eines übermächtigen Tonkünstlers vollzog – eines emphatisch deutschen Künstlers, dessen Musik die Welt erobert hatte und den er verehrte wie keinen anderen. Richard Wagner war ihm der Inbegriff der dem deutschen Volk innewohnenden Genialität.

In der Hitler-Literatur wird die Koexistenz dieser beiden unterschiedlichen Kunsttriebe meist nicht mit der gebotenen Differenzierung und der angemessenen Gewichtung wahrgenommen. Wolfram Pyta – entschiedener als vor ihm Frederic Spotts – räumt der bildenden Kunst die Priorität in Hitlers Denken ein und argumentiert, dass die Kriegsführung Hitlers der militärwissenschaftlichen Orthodoxie sehr bewusst zuwiderlief und ihre Herkunft aus der Imagination des passionierten Architekturzeichners und verhinderten Baumeisters, dessen »Lieblingsrolle« die des »Festungsbaumeisters« war, deutlich erkennen lasse.[82] Demgegenüber spielt für Pyta die Passion für die Opern Wagners eine untergeordnete Rolle, so dass deren Bedeutung für den Politiker Hitler erst gar nicht in den Blick gerät. Derselbe Vorbehalt ist auch gegen das erhellende Buch von Birgit Schwarz geltend zu machen, *Geniewahn: Hitler und die Kunst*, denn mit »Kunst« ist auch hier allein die bildende Kunst gemeint.[83]

Solche einseitigen Gewichtungen sind letztlich auf eine konzeptionelle Vorentscheidung zurückzuführen, der zufolge dem produktiven Aspekt des Hitler'schen Kunsttriebs, so limitiert dieser auch war, der Vorrang gebührt vor dessen rezeptiver Dimension. Diese herkömmliche Privilegierung des produktiven Aspekts schreibt sich wohl zum Teil aus der zu seinen Lebzeiten weitverbreiteten Wahrnehmung Hitlers als eines politischen Genies her, die ein wesentlicher Faktor seines

Herrschaftsstils war und die sich gleichermaßen der Selbststilisierung und der Projektion seiner Anhänger verdankt. Dem Musikwissenschaftler Alfred Lorenz, zum Beispiel, war der Reichskanzler nichts weniger als »das Genie der Tat«.[84]

Nimmt man hingegen die rezeptive Dimension seiner Künstlernatur unter die Lupe, so gibt sich der »Künstler-Politiker« im Sinne Pytas als ein Dilettant zu erkennen. Hier ist vor allem zu beachten, dass die Begriffe Dilettant und Dilettantismus seit dem 18. Jahrhundert, als sie aus England importiert wurden, mehrere Bedeutungsschwankungen durchgemacht haben. In der Weimarer Klassik – bei Karl Philipp Moritz, Goethe und Schiller – hatte der Begriff Dilettant einen überwiegend abwertenden, kritischen Sinn. Der Dilettant war der exemplarische Nicht-Künstler: halb Liebhaber, halb Stümper.[85] Doch wurde der Dilettant auch ambivalent wahrgenommen; für Goethe war er – man denke an Werther, Wilhelm Meister oder den Baron Eduard – die zeittypische Problemgestalt schlechthin.[86]

Nach der Goethe-Zeit jedoch erfuhr der Begriff hier und da eine energische Aufwertung, etwa bei Arthur Schopenhauer, der den Dilettanten auf dem Feld der Wissenschaft und Philosophie höher stellte als den Gelehrten vom Fach.[87] Diese Sicht der Dinge machte sich niemand entschiedener zu eigen als Houston Stewart Chamberlain, die bei weitem bedeutendste intellektuelle Leitfigur Hitlers. Obwohl von Hause aus Naturwissenschaftler, verstand er es, sich das Ansehen eines über den Einzelwissenschaften stehenden, alle Aspekte der Kultur, Religion und Politik souverän überblickenden Universalgenies zu geben. Den Vorteil des Dilettantismus beschreibt Chamberlain dahingehend, »dass eine umfassende Ungelehrtheit einem grossen Komplex von Erscheinungen eher gerecht werden, dass sie bei der künstlerischen Gestaltung sich freier bewegen wird als eine Gelehrsamkeit, welche durch intensiv und lebenslänglich betriebenes Fachstudium dem Denken bestimmte Furchen eingegraben hat«.[88]

Chamberlain betrieb seine Selbstinszenierung als Universalgenie mit erstaunlichem Erfolg, denn sein Ansehen und sein Ruhm zu Lebzeiten waren unübertroffen. Chamberlain war in seiner Eigenschaft als Cosimas Schwiegersohn und als Haupt des Bayreuther Kreises die zentrale intellektuelle Instanz des Wagner-Kults und besaß deshalb für Hitler das Gewicht einer ultimativen Autorität. Man wird also Hitlers Selbst-

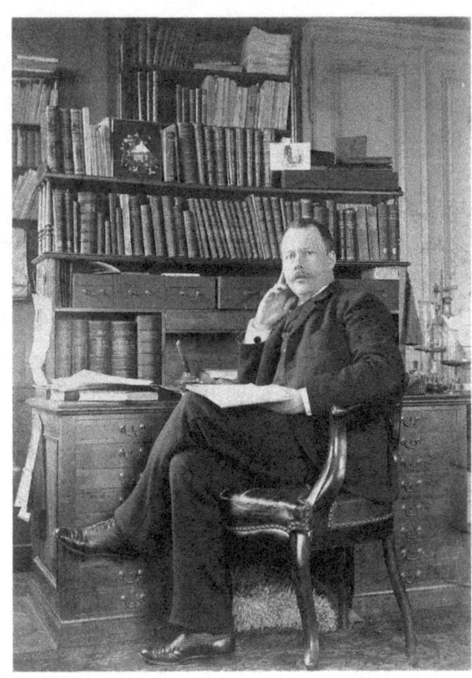

Abb. 4: Houston Stewart Chamberlain

verständnis als eines die Fachidioten überragenden Genies zu den anderen Lehren hinzuzählen müssen, die er aus den Schriften des Gurus von Bayreuth gezogen hat.

Damit ist jedoch das Bedeutungsspektrum der schlüpfrigen Vokabel »Dilettantismus« keineswegs ganz erfasst. Neben der deutschen Linie der Bedeutungsgeschichte darf eine jüngere, aus Frankreich hervorgegangene Variante nicht übersehen werden, denn diese erlebte in Wien, bei den Autoren Jung-Wiens, eine besonders fruchtbare Rezeption. Sie gebar einen Typus des Ästheten, dessen ganzer Lebensinhalt die Kunst war, wenngleich seine Teilnahme an den verschiedenen Künsten vorwiegend passiver und genießender Natur war. Dieser Typus des Ästheten war, wie Rudolf Kassner ihn gesehen hat, ein zwischen Dilettantismus und Dandytum changierender Intellektueller.[89] Betrachtet man all die der Kunst ergebenen jungen Männer bei Hofmannsthal, Schnitzler und Hermann Bahr, aber auch bei Heinrich und Thomas Mann, gewinnt man den Eindruck, dass diese moderne, aus Paris importierte Form von »dilettantisme« eine augenfällige Zeiterscheinung war.

Um zu verstehen, wie der Typus des modischen Dilettanten die emblematische Bedeutung erlangen konnte, die er um 1900 erwiesenermaßen besaß, ist an das Werk Paul Bourgets (1852–1935) zu erinnern, eines damals hochangesehenen, heute in Deutschland jedoch nahezu vergessenen Schriftstellers. Sein Nachruhm ist verblasst, vielmehr verdunkelt durch seine spätere Entwicklung. In dem nationalpädagogischen Eifer, den von ihm kritisch bewerteten Dilettantismus zu überwinden, landete Bourget bei der Action Française im monarchistisch-konservativen und katholischen Vorfeld des französischen Faschismus. In seinen Anfängen jedoch genoss er höchstes Ansehen nicht nur in Paris, sondern insbesondere auch in Wien.

Mit seinen bestechenden *Essais de psychologie contemporaine* (1883), die selbst Nietzsche beeindruckten und die seinen Ruhm als Intellektuellen und Zeitkritiker begründeten, sowie seinen psychologischen Romanen – insbesondere *Le Disciple* (1889) und *Cosmopolis* (1894) – erlangte Paul Bourget um die Jahrhundertwende Kultstatus.[90] In den 1890er Jahren war er in Wien und Berlin der Philosoph *du jour*. Hermann Bahr, Wortführer der literarischen Moderne, war der entschiedenste Verkünder von Bourgets Aktualität.[91] Durch Bahr, einen Linzer Landsmann Hitlers, erlangte die Figur des modernen Dilettanten bei den Autoren Jung-Wiens eine beträchtliche Geläufigkeit. Der junge Hugo von Hofmannsthal zum Beispiel konstatierte mit der Haltung altklugen Bescheidwissens: »Modern sind alte Möbel und junge Nervositäten. Modern ist das psychologische Graswachsenhören und das Plätschern in der reinphantastischen Wunderwelt. Modern ist Paul Bourget und Buddha […].«[92] In der Literatur der Epoche – insbesondere bei Hofmannsthal sowie bei Heinrich und Thomas Mann – begegnet uns dieser Typus auf Schritt und Tritt.[93] Die Figur des Claudio in Hofmannsthals *Der Tor und der Tod* sowie der namenlose »Bajazzo« in Thomas Manns gleichnamiger autobiographischer Novelle illustrieren den Typus besonders treffend. Eine in unserem Zusammenhang besonders erhellende Variante ist in der Figur des Detlev Spinell zu erblicken, der Hauptgestalt in Thomas Manns Novelle *Tristan* (1903), denn dort ist der Wagner-Kult als eine lächerliche und gefährliche Ausprägung des Ästhetizismus mit unübertroffener Präzision gezeichnet.

Bourget erkannte im »dilettantisme« ein charakteristisch modernes Phänomen, das in den jüngeren Vertretern der zeitgenössischen französischen Literatur, etwa bei Ernest Renan, besonders deutlich ausgeprägt war. Die hervorstechenden Merkmale des modernen Dilettantismus sind eine lebhafte, phantasiebegabte Intelligenz sowie ein innerer Drang, ja eine Lust, sich abwechselnd in verschiedene Lebensformen und Existenzweisen gleichsam probeweise zu versetzen, ohne sich je ganz darin zu verlieren.[94] Bei aller Vielseitigkeit seiner Interessen an den Künsten eignet dem modernen Dilettanten eine problematische Halt- und Wurzellosigkeit, die sich in häufigen Ortswechseln und steter Reiselust manifestiert. Die Mann-Brüder, die in ihren Anfängen manche Anregung aus Wien empfingen – beide waren aufmerksame Hermann-Bahr-Leser –, erkannten die Zeitgemäßheit der Bourget'schen Diagnose und griffen darauf in der Darstellung ihrer eigenen Befindlichkeit als Deutungsraster zurück.

Wir dürfen annehmen, dass der junge Hitler – aufgeschlossen, wie er offenbar war für die Vorgänge auf der Wiener Kulturszene – sehr wohl teilhatte an der ästhetizistischen Lebenswelt Jung-Wiens und dabei Denk- und Verhaltensmuster des modernen Dilettantismus absorbierte, auch ohne Bourget oder Bahr gelesen zu haben. Diese Vermutung gewinnt einige Plausibilität, wenn wir einer unscheinbaren, doch sehr erhellenden Episode Aufmerksamkeit schenken, die August Kubizek überliefert hat.[95]

Auf Drängen Hitlers erstanden die beiden ein Lotterielos in der festen Erwartung, zu Reichtum zu kommen. Die Erhöhung seiner Existenz, die der junge Träumer sich von dem Wunder eines Lotteriegewinns versprach, trägt unverkennbar zeittypische Züge. Hitler begann sogleich, sich auszumalen, wie sich sein Leben gestalten würde, wenn er die Mittel dazu hätte: eine bequeme, geschmackvoll eingerichtete Wohnung, die »Gustl« Kubizek und er gemeinsam beziehen würden. Hitler würde die Einrichtung und Ausschmückung aller Zimmer besorgen. Die Wohnung würde als Salon dienen, in dem sich regelmäßig gleichgesinnte Kunstfreunde zu verständigen Gesprächen mit Musikdarbietungen und zur Mitteilung seiner jüngsten Arbeiten versammeln würden. Bildungsreisen während der Sommerzeit waren ein unverzichtbarer Teil dieses von Hitler erträumten Lebensstils. Dazu gehörten regelmäßige Besuche in Wien, um auf dem Laufenden zu bleiben. Dann aber so bald wie möglich eine Reise nach Bayreuth zu den Wagner-Festspielen sowie weitere Reisen zu den Sehenswürdigkeiten Deutschlands, den großen

Domen, den Schlössern und Burgen, aber auch den Werften, Häfen und Industrieanlagen. Wovon der Knabe Hitler also träumt – intensiv träumt, denn er kann sich leicht und spielend in die fabelhaften neuen Verhältnisse versetzen –, ist der Lebensstil eines modernen Dilettanten. So erhaschen wir hier einen besonders klaren Blick auf den Kern von Hitlers Persönlichkeit – auf jene Schicht also, die Andreas Wirsching, wie wir sahen, als die authentische gekennzeichnet hat.

Dem hier entwickelten Dilettantismusbefund scheint nun aber zu widersprechen, dass der Politiker Hitler, wie er in *Mein Kampf* zu verstehen gibt, sich als ein normbrechendes und normsetzendes politisches Genie verstand, von seiner Propagandamaschine als solches ausgerufen und von seinen Anhängern darin bestärkt. Es war eine Form der Selbsttäuschung, die durchaus zur Phänomenologie des modernen Dilettantismus gehört, sowohl nach dem klassischen als auch nach dem modernen Wortverständnis.

Genau diese Selbsttäuschung erkannte Goethe in einer tiefblickenden, heute noch nicht überholten Diagnose des Dilettantismus als den Kern des Problems. Der Dilettant lebt in dem Wahn, »mit erlittenen Wirkungen wirken zu können […], weil er auf eine lebhafte Weise Wirkungen erleidet« und »in seiner Selbstverkennung das Passive an die Stelle des Aktiven setzen« will.«[96] Goethe lokalisiert also das Problem des Dilettanten nicht in einer Insuffizienz der Talents, sondern in seiner Fähigkeit, die Künste zu würdigen und ihre Wirkungen besonders lebhaft zu empfinden. Was den Dilettanten auszeichnet, ist seine Empfänglichkeit für die Wirkung von Kunstwerken bei gleichzeitiger Unkenntnis der Ursachen und ihrer je eigenen Machart.

Was den besonderen Fall Hitler betrifft, so drängten vorrangig die durch Wagners Bühnenwerke erlittenen Wirkungen nach Ausdruck. Als der Dreißigjährige den Entschluss fasste, die Bühne der Politik zu betreten, musste ihm diese als die ideale Projektionsfläche erscheinen, auf der er mit den erlittenen ästhetischen Wirkungen seinerseits ungeahnte politische Wirkungen glaubte erzielen zu können. Da er die ergreifendsten ästhetischen Erfahrungen den Bühnenwerken Wagners verdankte, war es unausbleiblich, dass er in seinen Selbstinszenierungen vor der Volksgemeinschaft auf die Wagner'schen Effekte von Größe und Erhabenheit zielte, von Heroik und Tragik. In dieser Rolle war er ganz bei sich: Hier durfte er der »Künstler-Politiker« im Sinne Pytas sein; hier konnte er auf dem ihm neuen Feld der Politik seinen originären Neigungen zur Kunst und zur Selbstinszenierung Raum geben.

Adolf Hitler betrat die politische Bühne somit als Dilettant in dem Goethe'schen Sinn eines Kunstschwärmers, der einer Selbsttäuschung erliegt, indem er seine Empfänglichkeit für Kunst als Beweis für seine Fähigkeit als Künstler empfindet. Deshalb ist die Relevanz des Geniediskurses mit Bezug auf Hitler entschieden zu relativieren. Die These, dass »ohne den Geniebegriff, der im Zentrum von Hitlers Selbstverständnis, Machtvorstellung und Weltbild steht, [...] das ›Rätsel Hitler‹ letztlich unerklärbar« bleibe, ist in doppelter Hinsicht anfechtbar.[97] Genie ist ein von außen projiziertes Attribut, eine nach den jeweils geltenden Konventionen erfolgte Zuschreibung, und sagt deshalb mehr über die Geniegläubigkeit und die Genieerwartung der Zeitgenossen aus als über das als Genie wahrgenommene Individuum. Der bildungsbürgerliche Genieglaube hat jedoch eine meist verdrängte Kehrseite, nämlich eine politisch bedenkliche, ja gefährliche Nebenwirkung; er kann, wie bereits bemerkt, in eine begeisterte Form selbstgewählter Entmündigung ausarten – mit unabsehbaren Folgen für die politische Kultur. Zweifellos hat Hitler die von Goebbels und unzähligen anderen ekstatisch verkündete Genialität des Führers befriedigt zur Kenntnis genommen und als Wahrheit akzeptiert. Diese Geniezuschreibung war das wohl gewichtigste Moment seines unerwarteten und erstaunlichen Aufstiegs und ein unentbehrliches Element seines politisch enorm ausbeutbaren Charismas, dessen politische Bedeutung im nächsten Kapitel zu betrachten ist.

Noch zutreffender bei der kulturwissenschaftlichen Erfassung von Hitlers Persönlichkeit als der klassische Dilettantismusbegriff ist jedoch, wie noch zu zeigen, die moderne Um- und Neudeutung des Dilettantismus als eine der Schauspielkunst verwandte Geisteshaltung, die es dem modernen Dilettanten als ein Bedürfnis erscheinen lässt, sich in unterschiedlichen Rollen zu gefallen. Die Fähigkeit, sich in fremde Existenzen zu versetzen, vornehmlich in fiktive, d.h. Rollen aus Wagners Opern, ist, wie in den folgenden Kapiteln im Einzelnen zu zeigen ist, ein fundamentaler Zug seines Wagner-Kults. Insofern Hitlers geistige und seelische Herkunft im Ästhetizismus zu verorten ist, ist seine Persönlichkeitsstruktur dem Dilettantismus im Sinne der Wiener Moderne zuzuordnen. Somit ist der Typus des modernen Dilettanten die künstlertypologische Kategorie, die die Persönlichkeit Hitlers am präzisesten beschreibt.

Das vielbeschworene Änigma Hitler verliert somit ein erhebliches Quantum seiner Rätselhaftigkeit, wenn man die Rede von dem Genie Hitlers nicht als bare Münze nimmt, sondern als ein charakteristisches Element des in seiner Jugend in Wien geläufigen Dilettantismusdiskurses begreift. Die von ihm selbst ermunterte Zuschreibung von Genie generierte mehr oder weniger zwangsläufig den Geniewahn, der sich in Hitlers Laufbahn, zumal nach seinen diplomatischen und militärischen Erfolgen nach 1933, rasch ins Schwindelmachende und Unermessliche steigerte.

Charismatransfer

Zur völligen Widerlegung der These von der rätselhaften Substanzlosigkeit der Persönlichkeit Hitlers ist es notwendig, über die spezifisch künstlertypologischen Merkmale hinauszugehen und sich Klarheit zu verschaffen über das schwierige Problem des Charismas. Ob und inwieweit dieser Begriff im Sinne von Max Webers Herrschaftssoziologie auf Hitler anwendbar ist, bleibt umstritten. Im Folgenden ist zu zeigen, dass das Hitler'sche Charisma im Wagner-Kult seinen Ausgang nahm und ihm deshalb eine zunächst limitierte Bedeutung zugewachsen ist, die sich nach Erlangung der Macht ins Unabsehbar-Mythische steigerte. So wie Hitler von der Synergie seiner eigenen Wagner-Phantasien und der seiner Anhänger lebte, so ist auch im Hinblick auf die Frage seines Charismas von einer sich ergänzenden und sich gegenseitig steigernden Wechselwirkung auszugehen. So gesehen lässt sich Hitlers Charisma beschreiben als das Resultat eines Ineinandergreifens von Eigen-Charisma, das in seiner Persönlichkeit gründet – vielmehr in der Fähigkeit, seiner Persönlichkeit verschiedene Gesichter und Masken zu geben –, und von Fremd-Charisma, das seine Anhänger auf ihn übertrugen.

Wie umstritten die Frage von Hitlers Charisma ist, geht aus den Positionen zweier angesehener Historiker hervor, die konträrer nicht sein könnten. Ludolf Herbst hat diesem Problem ein eigenes Buch gewidmet, das sich als ein *No-nonsense*-Beitrag zur Entmythologisierung versteht und zu einem entschieden negativen Ergebnis gelangt: Die Rede von Hitlers Charisma sei eine Mogelpackung, ersonnen als Kernstück eines politischen Vermarktungskonzepts.[98] Dirk van Laak andererseits hat einen gegenteiligen Befund vorgelegt; er argumentiert, dass Hitler geradezu als der »Musterfall charismatischer Herrschaft« anzusehen sei.[99]

Beide Autoren beziehen sich auf Max Webers klassische Abhandlung von 1919, *Politik als Beruf*, in der Weber u.a. das »Herrschaftsverhältnis von Menschen über Menschen« betrachtet und eine typologische Unterscheidung von drei verschiedenen Formen von Autorität vornimmt: die »traditionale« Herrschaft, die Herrschaft »kraft Legalität« sowie die charismatische Herrschaft, die auf einem »außeralltäglichen persönlichen« Charisma beruht.[100] Die charismatische Herrschaft funktioniert, im Unterschied zu den beiden anderen Typen, im Wesentlichen »kraft der Hingabe der Gehorchenden an das rein persönliche ›Charisma‹ des ›Führers‹«. Charismatische Führer sind Politiker »kraft ›Berufes‹ in des Wortes eigentlichster Bedeutung«. Sie sind oder werden Politiker, weil sie von ihrer Berufung zu einer bestimmten Aufgabe überzeugt sind.

Hitlers Fähigkeit zu führen, Gehorsam und Gefolgschaft hervorzurufen, manifestierte sich zunächst im kleinen Kreis der DAP und NSDAP, sodann in dem erweiterten Kreis seiner »Kämpfer«, der wachsenden Anzahl von Anhängern und schließlich ganz Deutschlands und darüber hinaus. Zu einem beträchtlichen Maß beruhte dieses Talent auf charismatischer Autorität im Sinne Max Webers nicht nur zu Beginn seiner politischen Laufbahn, sondern auch noch unter den Bedingungen der Diktatur, als Gewalt und Terror herrschten. Anfangs verdankte sich sein Erfolg der hypnotischen und mitreißenden Wirkung seiner Rednergabe, deren Entdeckung das »Pfingsterlebnis« seiner Karriere war.[101] Es verdankte sich aber nicht weniger auch dem Fanatismus, dem gespielten wie dem authentischen, mit dem er seine politischen Ansichten vortrug und nach 1933, wie wir sehen werden, auch seinen ästhetischen Ansichten Ausdruck verlieh. Gewappnet mit seiner Überredungskunst und seinem Menschenfängertum, durchdrungen von dem Glauben an seine Mission, die jüdische Weltverschwörung im Gewande des Bolschewismus zu besiegen und Deutschland zu retten, gelang es ihm, die Unzulänglichkeiten seiner im herkömmlichen Sinne nicht besonders attraktiven Persönlichkeit zu überspielen, den Charismatiker zu geben und die die Gefolgschaft vermehrenden Vorteile der charismatischen Persönlichkeit zu nutzen.

Demgegenüber betont Ludolf Herbst nicht ganz zu Unrecht, dass Hitler, als er 1919 die »Bühne der Geschichte« betrat, mitnichten als Charismaträger aufgetreten sei. Keineswegs sei er den Zeitgenossen als ein strahlender, Sieg verheißender Held erschienen, wie man es von einem Charismatiker erwarten sollte, sondern als ein Statist, der nicht einmal ein ausgeprägtes Interesse an Politik an den Tag legte. Als er sich der DAP anschloss, sei dies nicht im Stil einer stürmischen Übernahme erfolgt, vielmehr habe er sich an die bürokratischen Spielregeln der legalen Herrschaft im Sinne Webers gehalten. Hitler habe als ganz gewöhnlicher Werberedner und Propagandist angefangen, als Trommler für einen Größeren – nicht als eine Messias- oder Christusfigur, sondern als eine »Johannesnatur«.[102] Diese und ähnliche Beobachtungen führen Herbst zu seiner »zentralen These«, der zufolge Hitler gemeinsam mit einem kleinen Kreis von Gefolgsleuten die Legende des charismatischen Führers schlichtweg erfunden habe, »um die messianischen Erwartungen der Menschen im Deutschland der krisengeschüttelten Zwischenkriegszeit für die NSDAP nutzbar zu machen«. Die Legende des charismatischen »Führers« stelle daher einen regelrechten »Coup« dar, »der als Mythos des Anfangs in die Propaganda des Dritten Reichs paßte, in Hitlers Reden immer wieder aufgegriffen und auf diese Weise popularisiert wurde«.[103]

Offensichtlich hegt Herbst eine tiefe Skepsis gegenüber aller Rede von Hitlers Charisma. Es stellt sich allerdings die Frage, ob sein merkwürdig enger, um nicht zu sagen schulmeisterhafter Begriff von Charisma als eine dem Hitler-Phänomen angemessene Verstehenskategorie taugt. Er wendet ein, dass der Weber'sche Begriff der charismatischen Herrschaft im Falle Hitlers nicht »operationalisierbar« sei, weil er keine »strukturellen Folgen« für den späteren Machtgewinn gehabt habe. Deshalb ergebe es für einen Historiker eigentlich keinen Sinn, überhaupt von charismatischer Herrschaft zu sprechen.[104] Herbst scheint zu verkennen, dass Charisma keine essentialistische, dokumentarisch belegbare Eigenschaft einer Führergestalt ist, sondern das Resultat einer Zuschreibung und somit Übertragung. Charisma bezeichnet kein Sein, sondern ein Scheinen, was seine politische Wirksamkeit nicht nur nicht mindert, sondern, wenn die richtigen Erwartungen bedient werden, womöglich noch steigert. Herbsts Beanstandung des fiktiven Charakters von Hitlers Charisma stößt somit letztlich ins Leere, weil das Element der Fiktion – die Fähigkeit, jemandem im weitesten Sinn etwas vorzumachen – zum Wesen der charismatischen Führerschaft gehört.

Unabhängig davon stimmt die Position Ludolf Herbsts mit der Dirk van Laaks darin überein, dass beide eine Wandlung und Steigerung des Charismafaktors in Hitlers Werdegang konstatieren. Herbst sieht diesen Prozess mit der Veröffentlichung von *Mein Kampf* beginnen, also Hitlers Selbstdarstellung als eines Führers, der mit schlafwandlerischer Sicherheit seinen Weg geht, weil er von der Vorsehung zum Hoffnungsträger und Erneuerer Deutschlands bestimmt sei. Wenn also, wie er meint, Hitlers Charisma eine Erfindung ist, so bedeutet dies, dass es vor seiner Erfindung nicht existent war. Die keineswegs undenkbare Möglichkeit, dass bereits davor ein gewisses Eigencharisma latent vorhanden war, aber noch nicht in politisch relevantem Ausmaß wahrgenommen wurde, zieht Herbst erst gar nicht in Erwägung.

Hier ist daran zu erinnern, dass Max Weber zufolge der charismatischen Autorität ihrem Wesen nach eine gewisse Instabilität eigen ist, weil diese Form der Autorität ganz von der leicht wandelbaren Wahrnehmung der Persönlichkeit der Führergestalt abhängt. Der Charismaträger muss sich demnach nach Stabilisierungselementen umsehen, mit denen der Anschein von Legitimität wenn nicht im politischen, so doch im kulturellen Sinn gestärkt werden kann. Um dieses Legitimitätsdefizit auszugleichen, brachte Hitler den Wagner-Kult ins Spiel, seinen eigenen und den der wagner- beziehungsweise bayreuthhörigen Schicht des Bürgertums, das gerade in München einen beträchtlichen Resonanzboden bereitstellte. Er tat dies nicht aus blauem Himmel oder weil er die auf dem bunten Ideologiemarkt der ersten Nachkriegsjahre erhältlichen Ideologien sorgfältig auf ihre Brauchbarkeit für seine politische Karriere prüfte. Vielmehr kam es zu der Aktivierung des Wagner-Mythos mit einer instinkthaften Zwangsläufigkeit, weil dieser in seinen Linzer und Wiener Jahren seiner politischen DNA Keime eingepflanzt hatte, die nun, in einer Phase der äußeren und inneren Krisenhaftigkeit, ans Licht drängten. Sie schufen eine Prädisposition zu einer Selbststilisierung im Geiste Wagners, spezifisch des plebejischen Tribunen Rienzi, die ihm beim Eintritt in die ihm unvertraute Sphäre der Politik als innerer Kompass diente und ihm die Gewissheit seiner Berufung im Sinne Max Webers gab. Dieser zentral wichtige Rienzi-Komplex wird separat betrachtet werden.

Schon in den frühesten Reden in München sind, wie zu zeigen, Wagner-Anspielungen zu finden. Sie zielten darauf ab, Anhänger zu gewinnen unter der Bevölkerungsschicht, die angesichts der tumultuarischen politischen Entwicklung der Nachkriegsjahre ganz bestimmte Heilandserwartungen nährte und bereit war, diese auf einen geeigneten Hoffnungsträger zu projizieren.[105] Hier tat sich ein Potential an Fremdcharisma auf, das nur darauf wartete, aktiviert zu werden. Dies geschah, wie wir sehen werden, im Herbst 1923, wenige Wochen vor dem gescheiterten Staatsstreich vom 9. November, als Hitler Bayreuth und dem Haus Wahnfried gleichsam seinen Antrittsbesuch abstattete. Diese in ihrer Fernwirkung nicht zu unterschätzende Episode markiert recht besehen einen bedeutenden Charismatransfer, den initialen und damit wichtigsten seiner Karriere. Wir werden sehen, dass nach Erlangung der Macht, eingedenk der erprobten Wirksamkeit des Charismatransfers von Wagner auf Hitler, weitere solche Charismatransfers zur Stabilisierung seiner kulturellen Legitimität inszeniert wurden. Das am Ende bevorzugte Fremdcharisma, aufpoliert in einer Serie von einschlägigen Filmen, war das Friedrichs des II. – des »großen Königs«. Im Herbst 1923, mit der Verschmelzung seines latenten Eigencharismas mit einem Fremdcharisma, für dessen Potenz der bloße Name Richard Wagner und sein Nimbus als der »deutscheste« Künstler bürgten, trat der Hitler'sche Wagner-Kult in seine ostentative und politisch wirksame Phase.[106]

In einer Epoche, in der der Wagner-Kult historisch ausgespielt hat, ist es offenbar schwer, wenn nicht unmöglich, sich retrospektiv in die Rolle der Bewunderer Richard Wagners hineinzuversetzen, für die der Schöpfer des *Tristan* und der *Meistersinger* ein Charismaträger von besonderem Rang war. Dies mag erklären, warum bisher die Rolle des Wagner-Kults in dem Charismadiskurs zu Hitler nicht erkannt worden ist. Symptomatisch dafür ist die Verwendung eines bekannten Gemäldes von Karl Stauber auf dem Umschlag von Ludolf Herbsts Buch. Es zeigt in der Bildmitte im Vordergrund Hitler im Braunhemd; hinter und unter ihm eine unzählige Menge von Braunhemden, die Hand zum Heil-Ruf erhoben. Oberflächlich betrachtet ist diese Bildkomposition als Beispiel

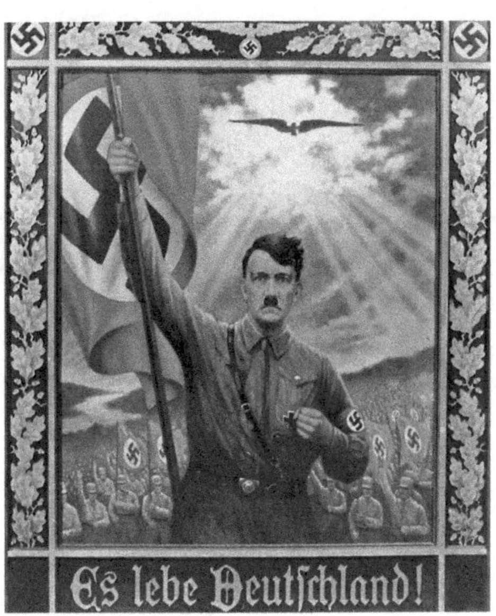

Abb. 5:
Hitler als Lichtgestalt

der Führerideologie des Nationalsozialismus zu werten. Sie illustriert nicht zuletzt die »Hingabe der Gehorchenden an das rein persönliche Charisma des ›Führers‹«, ganz im Sinne Max Webers. Für Wagnerianer hingegen hat das Bild einen Subtext mit mythischem Mehrwert, genährt von der in Wagners *Parsifal* verkörperten Hoffnung auf einen Heilsbringer. Die Bildunterschrift auf dem mit deutschem Eichenlaub geschmückten Rahmen lautet: »Es lebe Deutschland!« Hitlers ausgestreckter rechter Arm scheint einen Speer zu umfassen. Es ist aber nicht Parsifals heil'ger Speer, sondern die Stange einer Hakenkreuzfahne; über ihm eine hochauratische Lichtgloriole, in der, analog zur Taube am Schluss von Wagners Vermächtniswerk, ein Adler schwebt, wie zur Bestätigung, dass Hitler in der Tat die gottgesandte Lichtgestalt sei, als die die Parteipropaganda ihn ausrief – der neue Parsifal.[107]

Diese hochsymbolische Bildmontage belegt in konzentrierter Form, wie Hitler selbst seinen Aufstieg zum Führer der Deutschen gesehen haben wollte, denn es ist davon auszugehen, dass dieses Plakat nicht ohne seine Einwilligung entworfen und verbreitet wurde. Was aber suggeriert das Bild? Es suggeriert nichts weniger als einen den Nationalsozialismus und Wagner verknüpfenden Charismatransfer von dem *Parsifal*-Schöpfer auf ihn selbst.

Der »größte Schauspieler Europas«

Im Kontext von Hitlers Selbstverständnis als Künstler-Politiker sind abschließend seine vielberufene histrionische Natur und sein Hang zum Schauspielern zu betrachten. Von dem vielfach bezeugten österreichischen Charme im persönlichen Gespräch, zumal unter Künstlern, über die langsam zur Ekstase anschwellenden Steigerungen in seinen Reden vor einem großen Publikum bis hin zum scheinbar unkontrollierbaren Tobsuchtsanfall zum Zweck der Einschüchterung verfügte er souverän über ein breites Spektrum von Verhaltensweisen. Diese histrionische Ader blieb eine Konstante seiner Existenz und leistete ihm sowohl in der sogenannten Kampfzeit als auch im Dritten Reich bei seinen öffentlichen Auftritten gute Dienste. Die Gestalt des charismatischen Führers, die in Leni Riefenstahls berühmtem Parteitagsfilm *Triumph des Willens* ihre effektvolle Auratisierung und Apotheose erfuhr, war das Resultat sorgfältig kalkulierter, bühnenreifer Inszenierungen, deren Vorbild die Wagner'schen Opern und ihre Überwältigungseffekte waren. Nicht zuletzt aber verdankte sich die erfolgreiche Auratisierung des Führers seiner erstaunlichen schauspielerischen Leistung, denn Hitler konnte sich auf seine menschenfängerischen Instinkte verlassen; er wusste, dass seine Zuhörer und Zuschauer aufgrund ihrer Heilandserwartungen verführbar waren, und er verstand es, den Heilsbringer glaubwürdig darzustellen.

Schon der Jugendfreund »Gustl« Kubizek bezeugt in seinen Erinnerungen: »unzweifelhaft besaß er großes schauspielerisches Talent«.[108] Nach dem Wechsel auf die politische Bühne muss Hitler erkannt haben, dass sein Talent der professionellen Förderung bedurfte. Um seine Performanz als Redner zu verfeinern und seine Wirkung zu steigern, nahm er zeitweilig Unterricht bei dem Münchner Schauspieler und Regisseur Friedrich Basil, und als 1932 infolge von Überstrapazierung eine Stimmbandlähmung drohte, ließ er sich diskret von Paul Stieber-Walter, einem Opernsänger, einen offenbar erfolgreichen Stimmunterricht erteilen.[109] Wie diese beiden Episoden belegen, war sich Hitler – darin ganz unbürgerlich, im Stil eines Nero oder des Sonnenkönigs – der Vorrangigkeit seiner Wahrnehmung bei öffentlichen Auftritten, aber auch im privaten Kreis in höchstem Maße bewusst.

Fast alle großen Hitler-Biographien reproduzieren eine Fotografie

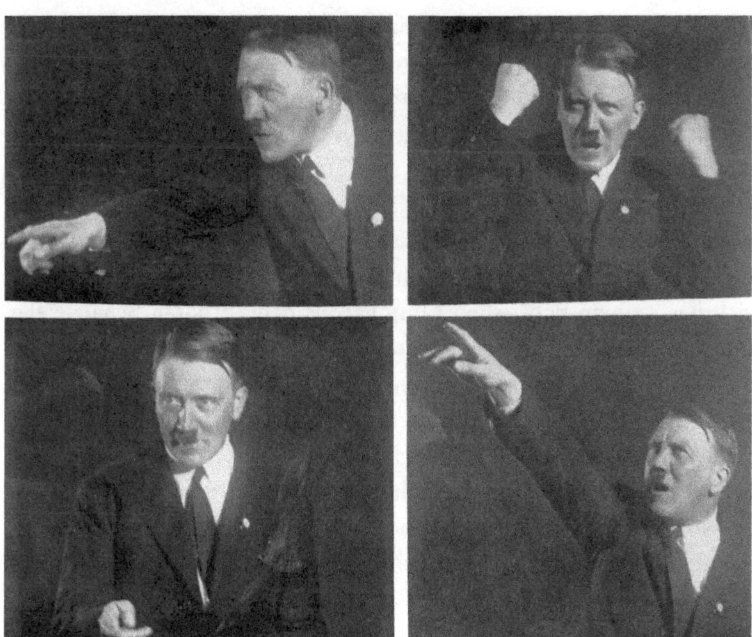

Abb. 6: Hitler in rhetorischen Posen

(oder mehrere), die ihn in einer dramatisch-rhetorischen Pose zeigt, um den Histrionen Hitler zu dokumentieren. Es existiert eine kleine Serie von Bildern aus dem Atelier seines Leibfotografen Heinrich Hoffmann, die zu Propagandazwecken im Postkartenformat vertrieben wurden, mit Hitler-Zitaten als Bildunterschriften, wie zum Beispiel: »Mögen Jahrtausende vergehen, so wird man nie von Heldentum reden dürfen, ohne des deutschen Heeres des Weltkrieges zu gedenken.«[110] Auf diesen Bildern ist Hitler in Zivil gekleidet, also nicht wie ein politischer Führer in Uniform, sondern im Straßenanzug wie ein gewöhnlicher Bürger beziehungsweise wie ein auf äußerste Wirkung bedachter Schauspieler. Gestik und Mimik auf jenen Bildern wirken übertrieben; es ist unvorstellbar, dass er dieses Gebaren auch im Zeitalter des Fernsehens samt seinen Möglichkeiten zu perspektivenreichen Nahaufnahmen an den Tag gelegt haben würde, denn Hitlers Gestik und Mimik würden von der Zoomkraft der Kamera ins Grotesk-Lächerliche verzerrt werden. Doch Hitlers Wirkung war auf einen theatralen Raum berechnet mit einem Abstand zwischen Bühne und Publikum, in dem kein Zoomobjektiv sein Gesicht heranholen und dem kritischen Blick der Zuschauer aussetzen konnte.

Wie die vielen audiovisuellen Zeugnisse von Hitlers öffentlichen Auftritten erkennen lassen, trugen die sorgfältige Vorbereitung seiner theatralischen Wirkung und sein Training als Schauspieler reiche Früchte. Jubel und fanatische Akklamation waren ihm stets sicher. Wohl wissend, dass er seiner histrionischen Ader in hohem Maße seinen Erfolg verdankte, brüstete er sich gelegentlich damit und bezeichnete sich nach einem politischen Coup gar als den »größten Schauspieler Europas«.[111] Für einen Staatsmann, der als charismatischer Führer auf die Glaubwürdigkeit seiner Reden und Gesten angewiesen war, ist dies eine höchst ungewöhnliche und erklärungsbedürftige Aussage.

Zu dieser fundamentalen, doch auf den ersten Blick irritierenden Facette von Hitlers Persönlichkeit – der Künstler-Politiker ein Schauspieler? – hat André François-Poncet eine gewichtige Aussage gemacht, die in der Hitler-Literatur deutliche Spuren hinterlassen hat. Der französische Diplomat, von 1931 bis 1938 Botschafter in Berlin, hatte Germanistik studiert. Er kannte die deutsche Literatur und war Verfasser einer klugen, eleganten Studie zu Goethes Roman *Die Wahlverwandtschaften*.[112] Er war einer der wenigen hochrangigen Diplomaten, die sich mit Hitler bequem in dessen Muttersprache unterhalten konnten, denn er beherrschte die deutsche Sprache vollkommen. Von Amts wegen dazu angehalten, nicht nur Hitlers Politik gegenüber Frankreich zu interpretieren, sondern auch seine Persönlichkeit zu studieren, gewann der französische Diplomat die Überzeugung, dass er es mit einem Besessenen von Dostojewski'schen Dimensionen zu tun habe – besessen von seiner Berufung, Deutschland auf die Höhe der ihm gebührenden Vormachtstellung zu führen – »c'est-à-dire à la tête de l'universe«. Hitlers delirienhafte Zukunftsvisionen seien einerseits von seiner architektonischen Imagination, andererseits von seinem Wagner-Wahn inspiriert gewesen. Hitler sei nicht nur in Wagners Musik vernarrt gewesen, er habe praktisch ein Leben mit Wagner geführt und sich selbst für einen von Fall zu Fall verschiedenen Wagner'schen Helden gehalten: »Il ›vivait‹ son œuvre; il se concevait, lui-même, comme un héros wagnérien, il était Lohengrin, Siegfried, Walther von Stolzing, et, surtout, Parsifal, qui guérit la blessure saignante au flanc d'Amfortas et rend au Graal sa vertu magique.«[113]

Der von François-Poncet konstatierte Wagner-Wahn Hitlers sowie sein vielfach bezeugtes Talent zur schauspielerisch erhöhten Selbstdarstellung vor einem großen Publikum haben lange Zeit einer bestimmten Tendenz der Hitler-Biographik von Alan Bullock bis Ludolf Herbst Nahrung gegeben, nämlich der Tendenz, dem ›Führer‹ einen schwindel- und scharlatanhaften Grundzug zu attestieren. Weitere einschlägige Beispiele kommen hinzu: die gelegentlich ausbrechende Lust an mimikryhafter Parodie – etwa seines italienischen Diktator-Kollegen Mussolini – oder, als ihm in Compiègne die Kapitulation Frankreichs gemeldet wurde, der anscheinend spontane Freudentanz angesichts des militärischen Sieges über den angeblich fälschlich zum Sieger erklärten Feind von 1918.[114]

Es war Alan Bullock in seiner bahnbrechenden Biographie von 1951, der im Lichte dieser und ähnlicher Evidenz den deutschen Diktator letztlich als einen Scharlatan diagnostizierte – als einen marktschreierischen »mountbank«. Diese heute kaum noch geläufige Vokabel suggeriert dem *Oxford English Dictionary* zufolge jemanden, er auf eine Bank steigt, um sich Gehör zu verschaffen: »an itinerant quack who from an elevated platform appealed to his audience by means of stories, tricks, juggling and the like«. Also ein letztlich nicht ernstzunehmendes Gebaren. Bullock hat 1962 in der revidierten Fassung seines Buches, das bis 1998, dem Erscheinen von Kershaws Biographie, eine Auflage von über drei Millionen erzielte, in seiner Beschreibung von Hitlers Charakter einige Präzisierungen vorgenommen – an die Stelle eines machthungrigen Wahnsinnigen trat ein gerissener und in gewissem Sinn genialer Politiker –, doch bildet das »mountbank«-Modell nach wie vor den Kern seines Psychogramms: »Hitler, in fact, was a consummate actor, with the actor's and orator's facility for absorbing himself in a role and convincing himself of the truth of what he was saying at the time he said it.«[115]

Es hat den Anschein, dass Bullocks Psychogramm des »Tyrannen« einem glänzenden Aphorismus Nietzsches zur Psychologie des Betrügers und des Betrogenwerdens verpflichtet ist. Was Nietzsche über das Funktionieren von Betrug anmerkt, trifft auch auf die verborgene psychologische Dynamik der theatralen Situation zu, in der ein Schauspieler operiert und die er auch außerhalb des Theaters zu erzeugen weiß. Nietzsche zufolge ist beim Betrügen, soll der Betrug gelingen und soll, wie Max Weber formuliert, die »Hingabe der Gehorchenden« wahr werden, ein »Punct der Ehrlichkeit« ausschlaggebend: »Bei allen grossen Betrügern ist ein Vorgang bemerkenswerth, dem sie ihre Macht verdanken. Im eigentlichen Acte des Betruges unter all den Vorbereitungen, dem Schauerlichen in Stimme, Ausdruck, Gebärden, inmitten der wirkungsvollen Scenerie, überkommt sie der *Glaube an sich selbst*: dieser ist es, der dann so wundergleich und bezwingend zu den Umgebenden spricht. [...] Denn die Menschen glauben an die Wahrheit dessen, was ersichtlich stark geglaubt wird.«[116]

Daran anknüpfend wird man sagen können, dass Hitler auf überzeugende Art den Deutschen geradezu vorlebte, wie ein starker, unerschütterlicher Glaube an sich selbst Berge versetzen kann. Die ihn »Umgebenden« glaubten und vertrauten ihm und ließen sich von seinem fanatischen Glauben bezwingen. Mit gutem Grund stellte er den ersten Parteitag nach der Machterlangung 1933 in Nürnberg unter das Motto »Sieg des Glaubens«. Denn als Hitler am 30. Januar 1933 seine Herrschaft antrat, war kraft eines starken Glaubens ein Nahziel seiner Bewegung Wirklichkeit geworden. Dieser »Sieg« führte dazu, den Glauben der eh schon Glaubenden an das Gelingen auch der nächsten Ziele, selbst der nicht für möglich gehaltenen, noch weiter zu stärken.

Gleichwohl vermag die Reduktion Hitlers auf eine Schauspielernatur letztlich nicht zu überzeugen. Es gilt vielmehr, den von Nietzsche zu Recht für entscheidend gehaltenen »Punct der Ehrlichkeit« ausfindig zu machen, der zu erklären vermag, dass man ihm bedenkenlos und selbstvergessen glaubte, anstatt dass er als Schmierenkomödiant ausgelacht wurde. Das Problem ist von weitreichender Bedeutung. Die Frage, ob wir es mit einem Schwindler zu tun haben oder mit einem, der von dem, was er sagte und verkündete, vollkommen überzeugt war, stand gleichsam an der Wiege der wissenschaftlichen Beschäftigung mit Hitler und dem Nationalsozialismus. Die einander sich ausschließenden Positionen der beiden englischen Pioniere der Hitler-Forschung, Hugh R. Trevor-Roper und Alan Bullock, unterscheiden sich in Bezug auf ebendiese fundamentale Frage. Trevor-Roper geht von der Seriosität eines Hitler aus, der glaubte, was er sagte, während Bullock einen im Grunde genommen unseriösen und schwindelhaften Charakter Hitlers annimmt. Das darin beschlossene Problem hat, soweit ich sehe, bis heute keine konsensfähige Deutung gefunden.[117]

Der irritierende histrionische Wesenszug Hitlers gewinnt sogleich Plausibilität sowie wertneutrale Klarheit, wenn wir ihn durch das kulturwissenschaftlich geschliffene Prisma des modernen Dilettantismusbegriffs betrachten. Was den Zeitgenossen und den frühen Biographen als ein histrionischer Schwindel erscheinen mochte, was François-Poncet als eine schlafwandlerische Identifikation mit gewissen Gestalten aus der Welt Wagners deutete, darf sehr wohl als eine Erscheinungsform des zeitgenössischen Dilettantismus begriffen werden. Paul Bourget war, wie gezeigt, an bestimmten Vertretern der modernen französischen Literatur, zumal den avanciertesten, ein Hang zum Schauspielern und eine Lust am Rollenspielen aufgefallen. Dies führte ihn zu der These, dass die Fähigkeit, sich in fremde Seelenstände (»états d'âme«) zu versetzen, ohne sich darin zu verlieren, den Kern des Phänotyps der modernen Dilettantenexistenz ausmache. Nietzsche, ein aufmerksamer Leser Bourgets, variierte und radikalisierte diesen Befund auf Richard Wagner bezogen, indem er das Wagner-Phänomen insgesamt als »die Heraufkunft des Schauspielers in der Musik« deutete: »ein capitales Ereignis, das zu denken, das vielleicht auch zu fürchten giebt«.[118]

Als eine Erscheinungsform des Dilettantismus in diesem modernen Sinn der Jahrhundertwende ist auch das von den Zeitgenossen vielfach bezeugte Rollenspiel Hitlers zu sehen. Im Unterschied zu der absprechenden Diagnose der bloßen Schauspielerei impliziert die Bezeichnung »Dilettant« nichts Schwindelhaftes, allenfalls einen gewissen Grad der Uneigentlichkeit wie alles Rollenspiel. Das imaginäre Spiel mit den »états d'âme« fremder Existenzen, fiktiver und realer, ist nicht notwendig als das absichtliche und bösartige Täuschungsmanöver zu deuten, das es auf den ersten Blick zu sein scheint. Vielmehr haben wir es mit einer seiner Dilettantenexistenz gemäßen Form der Selbstverwirklichung und der Bereicherung seines Selbstwertgefühls zu tun. Es ist in der labyrinthischen Gesamterscheinung des deutschen Diktators jener »Punct der Ehrlichkeit«, auf den Nietzsche den Finger legte und der das Geheimnis seines Erfolges bei den Deutschen zu erhellen vermag. Dies ist im Folgenden anhand der Wagner-Opern zu zeigen, von denen sich Hitler nachweislich am tiefsten und nachhaltigsten angesprochen fühlte, so dass es ihn verlangte, sich in die »états d'âme« bestimmter Wagner'scher Gestalten, zum Beispiel Rienzi und Parsifal, hineinzuversetzen.

Der Tribun

Die ersten dreißig Jahre Hitlers lassen sich sehr wohl als ein Bildungsroman begreifen – ein Erzählmodell, das weithin als der spezifisch deutsche Beitrag zur Weltliteratur gilt. Die Gründungsdokumente dieses epischen Genres, *Anton Reiser* (1785–1790) von Karl Philipp Moritz und Goethes *Wilhelm Meisters Lehrjahre* (1795/96), haben Dilettanten zum Helden – künstlerisch veranlagte junge Männer, deren hochfliegende Träume von einer glänzenden Künstlerexistenz sich als eine bittere Selbsttäuschung erweisen, weil sie, obwohl in hohem Maße empfänglich für die Kunst, letztlich der Kreativität ermangeln, die für eine wahre Künstlerschaft unerlässlich ist. Der Gedanke, dass sein Lebenslauf einem Roman gleiche, war Hitler selbst keineswegs fremd. In *Mein Kampf* ist ein Kapitel *Wiener Lehr- und Leidensjahre* überschrieben, was als kennerhaftes Blinzeln in Richtung Goethe verstanden werden mag. Freilich stellte er sich den Roman seines Lebens nicht als die Geschichte eines Dilettanten im klassischen, problematischen Sinne vor, sondern mit dem für seine Selbsteinschätzung charakteristischen Hang zum Superlativ. In einem Brief an eine Freundin gestand er: »Ich glaube, mein Leben ist der größte Roman der Weltgeschichte.«[119] Da war er schon Diktator, von der großen Mehrheit der Deutschen geliebt und bewundert.

Es ist nicht unbemerkt geblieben, dass *Mein Kampf* sich in Teilen des Bildungsromans als eines literarischen Musters bedient.[120] Um die tiefere Bedeutung dieser Anlehnung ganz zu erfassen, ist es notwendig, die geheime Triebfeder, die den Bildungsgang des Protagonisten in Gang bringt und ihm die Richtung vorgibt, freizulegen. Den Anstoß zu Anton Reisers und Wilhelm Meisters Bildungsgang liefert in beiden Fällen eine nachhaltige ästhetische Erfahrung, die als der geheime Motor auf dem weiteren, auf Künstlerschaft ausgerichteten Lebensweg funktioniert. Bei Moritz ist es u.a. die aufwühlende Leseerfahrung von *Die Leiden des jungen Werther*; bei Goethe ist es das Bild vom kranken Königssohn, das Wilhelm als Kind in der Gemäldegalerie seines Großvaters erblickt hat und das an unvermuteten Stellen seine geheimnisvolle Bedeutung und Motivationskraft für den eigenen Lebenslauf enthüllt. Der Traum von großer, zu Shakespeare emporblickender Künstlerschaft scheitert zwar, doch erweist sich der Umweg über die Kunst als unerwartet fruchtbar – als ein fruchtbarer Irrtum, der, zumindest in Goethes Werk, die Persönlichkeit Wilhelms menschlich gewinnender macht. So gesehen – der Bildungsroman als ein Lebensentwurf im Zeichen der Kunst – ist auch Hitlers Lebenslauf im Ganzen, nicht nur vor dem Wechsel auf die politische Bühne, im Zeichen dieser literarischen Kategorie zu betrachten.

Das biographische Muster des Bildungsromans – die ästhetische Erfahrung als Anstoß, die Kunst als Umweg zu einem neuen Ziel – zeichnet sich auch im Lebensgang Adolf Hitlers ab, eines verhinderten, in seiner Entwicklung stehengebliebenen Künstlers, der als Künstler-Politiker auf zunächst ungeahnte Weise die Früchte seines »Irrtums« erntete. Hitlers »Urerlebnis« – um einen weiteren Terminus aus der älteren Literaturwissenschaft zu bemühen – war eine Aufführung von Wagners großer tragischer Oper *Rienzi, der Letzte der Tribunen* in seiner Heimatstadt Linz. Von allen Werken Wagners hat sich diese frühe, heute wenig beachtete Oper als die folgenreichste ästhetische Erfahrung Hitlers erwiesen. Das lebensgeschichtliche Gewicht dieses Urerlebnisses schreibt sich jedoch nur zum Teil von der offen politischen Thematik des Werkes her: dem Aufstieg und Fall eines politischen Emporkömmlings. Zwei weitere Faktoren sind für diese aus dem Rahmen fallende Bedeutungsschwere in Betracht zu ziehen. Zum einen der politische und kulturelle Kontext, der Wagners Oper den eigentümlich gegenwartsbezogenen, für den Fünfzehnjährigen besonders attraktiven Drall gab; zum anderen die außerordentliche Empfänglichkeit für die spektakulären Effekte von Wagners *Rienzi*, eines Jugendlichen, der entschlossen war, dem Ansinnen des Vaters, Beamter zu werden wie er, sich zu widersetzen und sein Heil in der verlockenden und prestigeträchtigen und damit weit attraktiveren Sphäre der Kunst zu suchen. Auch die Lokalpresse war von den Effekten angetan. Als besonderer Clou der Aufführung wurde die Mitwirkung von Mitgliedern des Linzer Turnvereins beim Waffentanz im 2. Akt herausgestellt – eine Attraktion, die ihre Wirkung gerade bei Halbwüchsigen kaum verfehlt haben dürfte. Die lokalpatriotische Begeisterung für diese Zugnummer erzwang bei der Premiere sogar eine Wiederholung des Waffentanzes.[121]

Der junge Hitler muss, wenn man den Spielplan des Theaters und die allerdings unvollständig dokumentierte Chronologie seiner Knabenjahre konsultiert, eine Aufführung Anfang 1905 gesehen haben, also

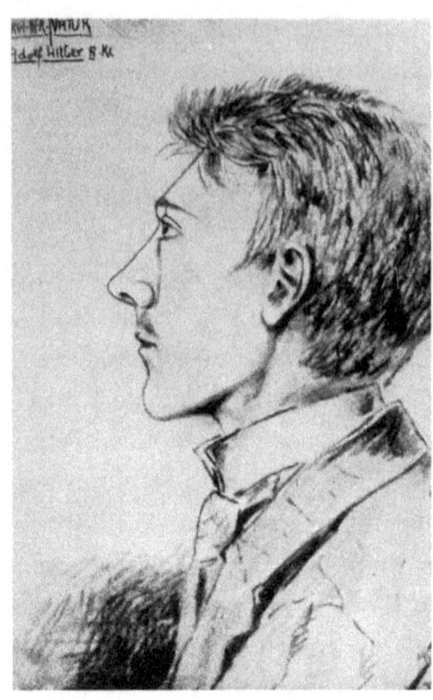

Abb. 7: Hitler etwa sechzehnjährig, gezeichnet von seinem Mitschüler Sturmlechner

im Alter von fünfzehn Jahren.[122] Diese Inszenierung war kein Publikumserfolg und verschwand nach nur fünf Aufführungen vom Linzer Spielplan. *Rienzi*, eine *Grand opéra* nach Pariser Muster und 1842 in Dresden uraufgeführt, hatte dem aus Paris nach Deutschland zurückgekehrten Komponisten einen großartigen Erfolg beschert, der erst von den *Meistersingern* ein Vierteljahrhundert später übertroffen werden sollte. Da diese frühe Oper – Wagners dritte – nicht zu dem Kanon der festspielwürdigen Hauptwerke gehört, nahm seine Erstaufführung in einem Provinztheater wie dem »Landschaftlichen Theater in Linz« den Charakter einer Neuentdeckung an – der Entdeckung einer unverdientermaßen vernachlässigten Oper des Bayreuther Meisters.

Als der junge Hitler diese *Grand opéra* erlebte, herrschten im Vergleich zu 1842 völlig andere Rezeptionsvoraussetzungen.[123] War die Konzeption des *Rienzi* ursprünglich von dem demokratischen, antifeudalen Geist des deutschen Vormärz geprägt, so traf das Werk sechs Jahrzehnte später in Linz auf einen gründlich veränderten Erwartungshorizont, der, wie aus der Linzer Tagespresse zu ersehen ist, von den Ideen der Alldeutschen geprägt war.[124] Linz war eine Hochburg der Alldeutschen Bewegung; dort war 1882 das Programm der Alldeutschen beschlossen worden, das unter dem Einfluss des von dem jungen Hitler bewunderten Georg Ritter von Schönerer seit 1885 eine entschieden antijüdische Richtung nahm.[125] Die beiden Witzblätter der Stadt, *Der Scherer* und *Linzer Fliegende Blätter. Völkisches Witzblatt* waren chauvinistisch, antiklerikal und auf eine grobschlächtige Art antisemitisch. In einem politischen Milieu wie diesem konnte ein aufgeweckter Schüler kaum umhin, Wagners römischen Tribun auf die aktuelle Situation zu projizieren und das hohe Ziel Rienzis, Roms einstige Größe wiederherzustellen, auf sein Heimatland zu beziehen und sich für dieses Ziel zu begeistern. Das seit 1871 existierende Deutsche Reich, das Resultat der sogenannten kleindeutschen Lösung, würde, nach den Vorstellungen der Alldeutschen, erst durch die Vereinigung mit dem deutschsprachigen Österreich – der »Ostmark« – zu seiner wahren Größe und historischen Bedeutung finden.

Viel später, im Zenit seines Erfolges und seiner Popularität, gestand Hitler gegenüber Vertrauten: »In jener Stunde begann es.«[126] Diese Äußerung datiert von den Bayreuther Festspielen 1939, also unmittelbar vor Kriegsbeginn, und darf als Bestätigung dafür gelten, dass er selbst seinen meteorhaften Aufstieg zum Führer der Deutschen von der Inspiration jenes frühen *Rienzi*-Erlebnisses herleitete. Für weiter reichende Folgerungen bietet Hitlers Bemerkung von 1939 jedoch keine Handhabe, insbesondere nicht für die Unterstellung, dass der Nationalsozialismus aus Wagners Werken destilliert sei, noch dazu aus einem Frühwerk, das der Komponist selbst rasch hinter sich gelassen hatte. Als Vergleichspunkt bietet sich nur der Aufstieg bis an die Spitze der Macht an. Der Titelheld in Wagners großer Oper steigt zum Tribunen auf, weil er dem von den Nobili malträtierten römischen Volk verspricht, die einstige Größe Roms wiederherzustellen. Hitler warb, wie seine Reden aus der Münchner Frühzeit erkennen lassen, mit einem durchaus vergleichbaren Versprechen um Gefolgschaft und Unterstützung. Als seine Mission gab er aus, das durch den Krieg erschöpfte, von den »Novemberverbrechern« verratene, in den Versailler Verträgen gedemütigte und durch die jüdisch-bolschewistische Weltverschwörung bedrohte Deutschland zu neuer Größe und Macht zu führen.

Im August 1939 – der in Deutschland und Österreich frenetisch begrüßte »Anschluss« war im Vorjahr vollzogen worden – mochte es sich ihm im Rückblick so darstellen, als habe damals in Linz etwas begonnen, was jetzt märchenhafter-, um nicht zu sagen: opernhafterweise, seiner Vollendung zustrebte. Offenbar erinnerte man sich in Linz nach Hitlers Triumph daran, dass die Saat zur Verwirklichung des alldeutschen Traums in Linz gelegt worden war, und so brachte man 1939, als das Linzer Landestheater renoviert wurde, an der Säule im Stehparterre, an der, Kubizek zufolge, die beiden jungen Wagner-Fans zu stehen pflegten, eine Gedenktafel an mit der folgenden Inschrift: »Volksgenosse, der du an dieser Säule stehst, wisse, dass in den Jahren 1901–1906 an dieser Stelle oftmals ein kunstbegeisterter deutscher Junge stand und hier unter anderem das erste Mal in seinem Leben Schillers *Wilhelm Tell* und Wagners *Lohengrin* sah, der später das Staatsoberhaupt und der Gründer Großdeutschlands wurde: Unser Führer Adolf Hitler! Sein Weg sei auch dir Vorbild und Ansporn.«[127] Da eine solche Gedenktafel wohl kaum ohne Hitlers Einwilligung errichtet werden konnte, dürfen wir schließen, dass die Rückbeziehung von Hitlers politischem Erfolg auf seine jugendliche Wagner-Begeisterung sehr mit Bedacht geschah. Sie war Teil der Mythenbildung, mit der die Partei sich das Ansehen einer respektablen, tief in der deutschen Kultur verankerten Bewegung zu geben bestrebt war.

Über *Rienzi* besitzen wir mehr substantielle Äußerungen vonseiten Hitlers als über jede andere Wagner-Oper. An erster Stelle zu nennen sind die Erinnerungen seines Jugendfreundes August Kubizek, eines ausgebildeten Musikers, der seine bescheidene Karriere als Dirigent krankheitshalber aufgeben musste. Kubizek begann seine Aufzeichnungen während der Hitler-Jahre im Auftrag der NSDAP, die systematisch alle Erinnerungen an den jungen Hitler zu erfassen versuchte, nicht zuletzt um Kontrolle über das Image des Führers auszuüben. Nach dem Krieg, unter veränderten Vorzeichen, führte er seine Aufzeichnungen zu Ende; sein Buch *Adolf Hitler. Mein Jugendfreund* erschien 1953. Es enthält, wie angesichts der komplizierten Entstehung nicht verwunderlich, eine Reihe von chronologischen Unstimmigkeiten, und es ist nicht frei von nachträglichen Projektionen. Zu diesen muss auch die Kapitelüberschrift *Die Vision* gezählt werden – das Kapitel, in dem das gemeinsame *Rienzi*-Erlebnis geschildert wird.[128] Es ist deshalb nicht verwunderlich, dass die Meinungen bezüglich der Glaubwürdigkeit und Verlässlichkeit dieses einen, unersetzlichen Zeitzeugen weit auseinanderliegen.[129] Was jedoch den Kern von Kubizeks Schilderung betrifft:

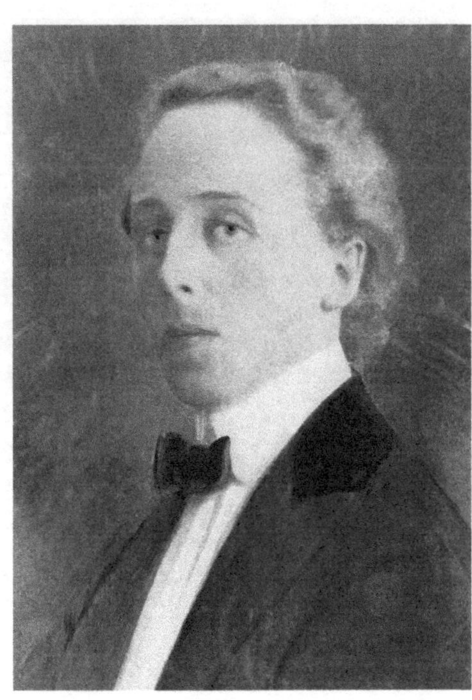

Abb. 8: August Kubizek

die jugendliche Begeisterung und Ergriffenheit, darf sie, dem nahezu einmütigen Urteil der Experten zufolge, als glaubwürdig angesehen werden.[130]

Der dominante Eindruck, den Kubizeks Bericht vermittelt, ist der einer Ekstase, wie man sie aus der religiösen Erbauungsliteratur kennt. Kubizek spricht von einem »Zustand völliger Entrückung«.[131] Es ist dies eine Form der Wagner-Rezeption, die uns aus zahlreichen bildlichen Darstellungen, meist karikaturistischer Art, und aus literarischen Schilderungen bestens vertraut ist. Allerdings werden solche Reaktionen gewöhnlich mit den Werken aus Wagners Reifezeit assoziiert, insbesondere mit *Tristan und Isolde*. Hitlers Begeisterung für das Frühwerk ist eine Anomalie und schreibt sich von den oben erläuterten, besonderen Rezeptionsbedingungen her. Der junge Hitler rezipierte Wagner nicht etwa auf eine ausgefallene, von Anfang an abwegige Art und Weise, sondern auf eine durchaus zeittypische. Was ihn aus der Masse der Wagner-Schwärmer heraushebt, ist der spontane, von einem Ehrgeiz zur Größe gespeisten Drang, dem Erwartungsdruck des Vaters

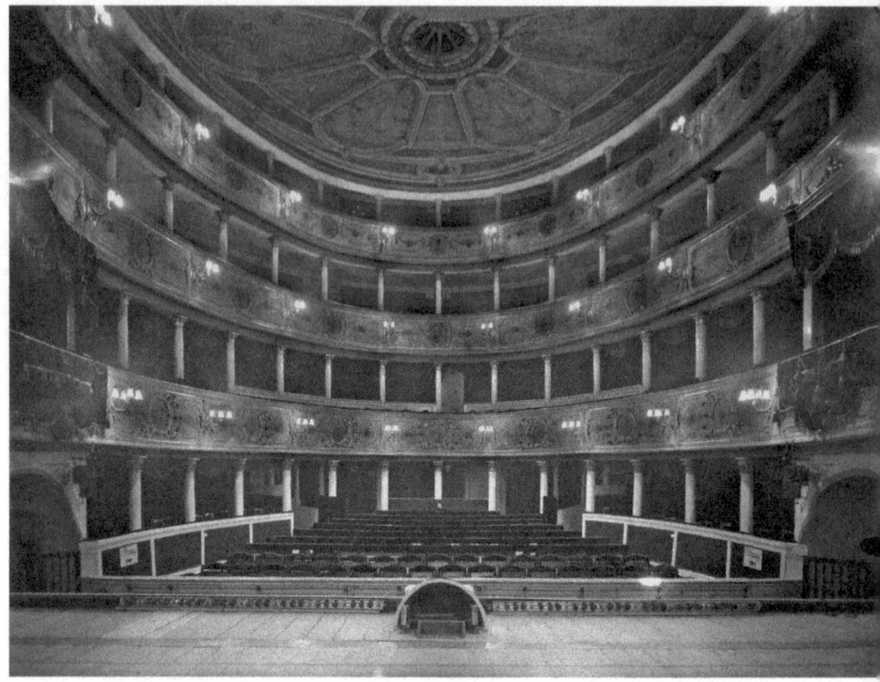

Abb. 9: Der Zuschauersaal des Landestheaters in Linz, die Stehplätze befanden sich ganz hinten im Parkett

zu entgehen und es irgendwie dem Wagner'schen Volkstribunen nachtun zu wollen.

Genau betrachtet, wird das ekstatische Theatererlebnis im Rückblick von Kubizek in eine Epiphanie umgemünzt, in der der Knabe Adolf eine Zukunftsvision zu erblicken wähnt. Erregt von dem im Theater Erlebten, begeben sich die beiden Halbwüchsigen nicht sogleich nach Hause, sondern gehen den nahegelegenen Freinberg hinauf, wo sie, unter einem strahlenden Sternenhimmel, bis zur »dritten Morgenstunde« verbleiben. Dort nun habe Hitler, befeuert von Wagners tragischem Helden, seinem Gefährten »in großartigen, mitreißenden Bildern die Zukunft des deutschen Volkes« entwickelt. Hier, wo ästhetische Erfahrung sogleich in einen damals gar nicht vorstellbaren politischen Wunschtraum übersetzt wird, ist die Rückprojektion mit Händen zu greifen. Kubizek zufolge, der hier offensichtlich seinen Auftraggebern in der Partei ein wenig entgegenarbeitet, sprach der Enthusiasmierte »von einem Auftrage, den er einst vom Volk empfangen würde, um es aus der Knechtschaft emporzuführen zu den Höhen der Freiheit«.[132]

Die auf den ersten Blick unwahrscheinliche Behauptung, dass bereits der Linzer Schuljunge von einer künftigen Rienzi-Rolle geträumt habe, wird um einiges plausibler, wenn man in Rechnung stellt, mit welchen Vorgaben die Lokalpresse das Publikum auf das bevorstehende Ereignis der Linzer *Rienzi*-Premiere eingestimmt hatte. Die *Linzer Zeitung*, die *Tages-Post* und das *Linzer Volksblatt* brachten ausführliche Artikel, die die Leser mit dem Inhalt und der werkgeschichtlichen Bedeutung der frühen Wagner-Oper bekanntmachten. Damals war in den Feuilletons der Kampf um die Durchsetzung von Wagners Werken, zumal des nicht zum offiziellen Kanon zählenden Frühwerks, noch voll im Gange. Die am kulturellen Leben interessierte Jugend wird diese journalistischen Debatten verfolgt und Partei ergriffen haben. Kubizek berichtet, Hitler habe ihm schon vor dem Theaterbesuch begeistert von *Rienzi* erzählt – ein Hinweis, dass er sich im Voraus kundig gemacht hatte und dem Theatererlebnis vermutlich entgegenfieberte.

Auch der Umstand, dass die Aufführung des *Rienzi* in Linz unter Kapellmeister Friedrich Sommer als die Abtragung einer »Ehrenschuld« präsentiert wurde,[133] wird dazu beigetragen haben, eine Welle der Begeisterung und des Stolzes auf die zweifellos bescheidene Leistungsfähigkeit des Landestheaters auszulösen, von der sich zwei junge Wagner-Schwärmer leicht mittragen lassen konnten. Die jugendliche Begeisterungsfähigkeit mag zudem auch von dem Umstand inspiriert worden sein, dass sich Wagners Rienzi, wie die Lokalpresse nicht zu erwähnen vergaß, als ein Nachkomme des deutschen Kaisers Heinrichs des VII. betrachtete – als der Sohn einer natürlichen Tochter des Kaisers.

Im Übrigen darf man sich von der damaligen Qualität des Linzer Theaters keine großartigen Vorstellungen machen. Kubizek stellte im Rückblick fachmännisch fest, dass Linz bei allen Wagner-Opern personell und technisch hoffnungslos überfordert war.[134] Zweifellos kam, wie üblich, eine stark gekürzte Fassung dieser *Grand opéra* zur Aufführung, dem längsten der Wagner'schen Bühnenwerke, doch wissen wir nicht, was genau gestrichen wurde. Worin schließlich jene Linzer »Ehrenschuld« bestanden haben soll, bleibt ebenfalls unklar. Vermutlich war damit das Versäumnis gemeint, dass sich Linz erst so spät dieses Werkes annahm – 63 Jahre nach seiner Uraufführung. Dass eine solche Verspätung als »Ehrenschuld« aufgefasst werden könnte, ist ein typisch alldeutscher Gedanke.

Ziehen wir nun die durch *Lohengrin* erweckte Wagner-Begeisterung sowie die von der Lokalpresse aufgebaute Erwartungshaltung in Betracht, so erscheint es nicht mehr so ausgefallen und unwahrscheinlich, dass der fünfzehnjährige Hitler gesagt haben soll: »Ich will ein Volkstribun werden« – ein Ausspruch, der von Kubizeks Witwe überliefert ist.[135] Bezeichnenderweise zitiert Kubizek in seinem Buch die schlüsselhafte Stelle in der Oper, an der Rienzi statt als König als »Volkstribun« bezeichnet werden will und fügt hinzu: »Das Wort prägte sich uns unvergesslich ein.«[136]

Zu welchem Zeitpunkt das berauschende Theatererlebnis seiner fünfzehn Jahre identitätsbildend wurde und Wagners Rienzi, wie Sven Friedrich formuliert, sich zu der »paradigmatischen Leitfigur« verfestigte, wie dies für Lohengrin und den jungen König Ludwig den II. zu beobachten ist, lässt sich nicht mit Sicherheit sagen.[137] Udo Bermbach geht sogar so weit, diese Oper als ein Lehrstück über den Typus des charismatischen Führers zu lesen, ja als »eine musikdramatische Illustration der von Max Weber formulierten Theorie der charismatischen Herrschaft«.[138]

Der historische und biographische Kontext spricht jedoch sehr dafür, dass sich die Aufwertung des tragischen Wagner'schen Helden zur paradigmatischen Leitfigur in dem Wien des Dr. Lueger vollzog. In Dr. Karl Lueger, der von 1897 bis 1910 als Bürgermeister die Stadt Wien regierte und der in *Mein Kampf* als politisches Genie herausgestellt wird, sah der junge Hitler eine charismatische Führergestalt in Aktion, die er wohl kaum anders als durch das Prisma des Wagner'schen *Rienzi* wahrnehmen konnte.[139] Mit *Rienzi* im Kopf war er überhaupt erst in der Lage, in dem christsozialen Populisten, der die politische Szene in der Kapitale der Doppelmonarchie virtuos dominierte, den Typus des Volkstribunen – will sagen: des charismatischen Führers – zu erkennen und die Vorteile eines charismatischen Herrschaftsstils gegenüber einer parlamentarischen Regierungsform schätzen zu lernen. Dass die Popularität des Stadtoberhaupts von einer Welle des Antisemitismus getragen wurde, kann dem jungen Beobachter kaum entgangen sein.

Hier stieß der von dem konfliktreichen und dramatischen politischen Leben der Hauptstadt Gefesselte auf eine Quelle, aus der er den süffigen Trank der Machtphantasien in großen Zügen in sich aufnehmen konnte. Dr. Karl Lueger erschien ihm im Rückblick als »der letzte große Deutsche«, den das österreichische Volk »aus seinen Reihen gebar«.[140] Der letzte, bevor er selbst, ein zweiter Rienzi, der größte aller Deutschen aus Österreich zu werden sich anschickte.

Angesichts dieses biographischen Kontexts lässt sich nun klarer sehen, was mit Hitlers Ausspruch von 1939: »In jener Stunde begann es«, gemeint sein mochte. Was mit *Rienzi* begann, war – durchaus im Stil des modernen Dilettantismus – sein imaginäres Rollenspiel als Volkstribun, das zunächst höchst wahrscheinlich nicht mehr als eine knabenhafte Machtphantasie war. Diese wurde abgespeichert, erfuhr durch das eindrucksvolle Exempel des Dr. Lueger neue Nahrung und blieb auf Jahre hinaus abrufbar. Der Vorschlag des amerikanischen Historikers Carl Schorske, in Hitler ein Amalgam aus Schönerer und Lueger zu sehen, deren Jünger (»disciple«) er gewesen sei, ist in hohem Maße plausibel, lässt aber einen entscheidenden Faktor außer Betracht – den Faktor Phantasie, d.h. der von Wagner inspirierten Phantasie, insbesonders der Rienzi-Phantasie.[141]

Auch dieses imaginäre Rollenspiel ist eine zeittypische und für begabte Jugendliche durchaus normale Verhaltensweise. Von Thomas Mann beispielsweise haben wir das Zeugnis, dass seine Überzeugung, zu Höherem berufen zu sein, sich aus eben einem solchen imaginären Rollenspiel speiste, wie er in einer sehr erhellenden Miszelle von 1904 schildert; sie trägt den Titel *Kinderspiele*, ist aber von grundlegender Bedeutung für seinen ganzen Lebenslauf. Thomas Mann beschreibt zunächst das Kinderspielzeug, das er hatte, darunter ein Puppentheater, um dann jedoch zu betonen: »ich darf sagen, ich bedurfte zum Spielen des Apparates nicht, sondern war mir mit stiller Genugtuung der unabhängigen Kraft meiner Phantasie bewußt, die nichts mir rauben konnte. Ich erwachte z. B. eines Morgens mit dem Entschluß, heute ein achtzehnjähriger Prinz namens Karl zu sein. Ich kleidete mich in eine gewisse liebenswürdige Hoheit und ging umher, stolz und glücklich mit dem Geheimnis meiner Würde. Man konnte Unterricht haben, spazierengeführt werden oder sich Märchen vorlesen lassen, ohne daß dieses Spiel einen Augenblick unterbrochen zu werden brauchte; und das war das Praktische daran. Übrigens brauchte es nicht immer ein Prinz zu sein. Meine Rollen wechselten häufig.«[142] Darüber hinaus war das »Götterspiel« ein die eigene Identität besonders stärkendes und die eigene Person erhöhendes Phantasiespiel. Dabei diente ein von der Mutter ihm weitergereichtes mythologisches Lesebuch als Quelle der Inspiration. Das Angelesene ermächtigte ihn, sich in die Rolle des Hermes, des Achilles oder Zeus zu versetzen und sich auf diese Weise der ihm notwendigen Allmachts- und Selbstwertgefühle zu versichern. Solche Phantasien waren Ausdruck seines früh bezeugten Willens zur Größe; sie erwiesen sich auch als Vorboten eines, trotz allem, glückhaften und erfolgreichen Lebenslaufs. Nicht von ungefähr ist die Karriere Josephs in seiner großen Romantetralogie *Joseph und seine Brüder* eine Erfolgsgeschichte, das Ergebnis einer Serie von Erhöhungen, die träumerisch imaginiert und in der Phantasie antizipiert waren. Solche »Prinz-Karl«-Phantasien dürfen auch bei dem jungen Hitler vorausgesetzt werden; sie dienten, wie im Fall Thomas Manns, der Definition und Festigung der eigenen Identität.

Die von Wagners Oper inspirierte Machtphantasie des jungen Hitler muss 1919 zum ersten Mal voll zum Tragen gekommen sein, als er »beschloß, Politiker zu werden«. Diese Entscheidung wird in *Mein Kampf* umständlich geschildert, allerdings ohne Bezugnahme auf *Rienzi*.[143] Dies will jedoch wenig bedeuten. Die biographischen Auskünfte in *Mein Kampf* sind, wie die kritische Edition des Buches in aller Deutlichkeit zeigt, selektiv und frisiert. Sie dienen dem Entwurf eines mythischen Heldenbildes – eines Heroen, der in einsamem Ringen sich das granitene Fundament seiner Weltanschauung selbst erarbeitet hat. Jegliche Einwirkung von außen muss deshalb ausgeblendet bleiben.

In der neueren Literatur zum Thema besteht über die Umstände von »Hitlers Eintritt in die Politik« weitgehend Konsens.[144] Was den dreißigjährigen Kriegsteilnehmer bewog, die subalterne Aufklärungs-, Spitzel- und Propagandatätigkeit im Dienste der Reichswehr, zu der er von seinem Vorgesetzten Karl Mayr eingesetzt worden war, hinter sich zu lassen und nach Höherem zu streben, war die Entdeckung seiner Rednergabe; sie erwies sich in der Tat als das Pfingsterlebnis des Diktators in spe. So grundlegend und ermutigend diese Erfahrung gewesen sein muss, sie erklärt nicht die unmittelbare, praktisch sofortige Ausrichtung seiner rhetorischen Befähigung auf die hochgesteckten politischen Ziele, auf die schon seine frühesten Reden fixiert sind. Um diesen Quantensprung vom obskuren Münchner Versammlungsredner zum Agitator einer Deutschlands Verfassung aus den Angeln hebenden politischen Mission einigermaßen plausibel zu machen, wird man nicht umhinkönnen, die seit Linz abgespeicherte Machtphantasie von Rienzi in Rechnung zu stellen. Ihr ist allem Anschein nach ein richtunggebender, psychologischer Motivationsschub zuzuerkennen.

Wie viele Kriegsteilnehmer, die sich in ein von revolutionärem Chaos bedrohtes Zivilleben entlassen fanden, muss Hitler eine Art von *horror vacui* empfunden haben – ein Zivilleben, das dem Dreißigjährigen nichts zu bieten hatte. Wohin es ihn zog, war ein möglichst ins Große zielendes Betätigungsfeld. Die Politik, der er schon in Wien eine angespannte Aufmerksamkeit gewidmet hatte, bot nun nach dem Zusammenbruch der Monarchie und der Auflösung der alten Machtverhältnisse ein solches, weit offen stehendes Betätigungsfeld. Berauscht von der Gewissheit, dass sich Wagners Rienzi als sein geheimes Leitbild und als innerer Kompass bewährt hatte, schickte er sich an, für Deutschland zu leisten, ja zu überbieten, was sein mythisches Modell auf tragische Weise gehindert war für Rom zu leisten.

Auch Wagners Volkstribun ist ein Rhetor von demagogischer Durchschlagskraft, der den zerstrittenen Römern verspricht, sie zu einem einigen Volk zu machen – »groß und frei«. Es sind selbst zu diesem frühen Zeitpunkt auch Hitlers Zielvorstellungen. Weitere Parallelen und Verwandtschaften drängen sich auf. Wie Rienzi musste sich auch Hitler aus plebejischen Verhältnissen hocharbeiten. Wie Wagners Tribun blieb auch Hitler unverheiratet, jedenfalls solange er als Diktator und Feldherr in Aktion war. Wie Rienzi, der erklärt, »Roma heißt meine Braut«, gab auch Hitler wiederholt zu verstehen, dass er sich als mit Deutschland verheiratet betrachte. Und wiewohl dies 1919 noch lange nicht erkennbar war, musste Hitler, wie Rienzi, am Ende die Erfahrung machen, dass das Volk von einem demagogischen Redner zwar leicht zu verführen war, dass das Volk aber auch wankelmütig ist und im Notfall ihm seine Gefolgschaft aufkündigt.

Im Übrigen enthält selbst die scheinbar arglose Formulierung, mit der Hitler in *Mein Kampf* seinen folgenreichen Entschluss präsentiert, die politische Bühne zu betreten, eine diskrete Verneigung vor Wagner. Hitlers lakonischer Satz – »Ich aber beschloß, Politiker zu werden« –

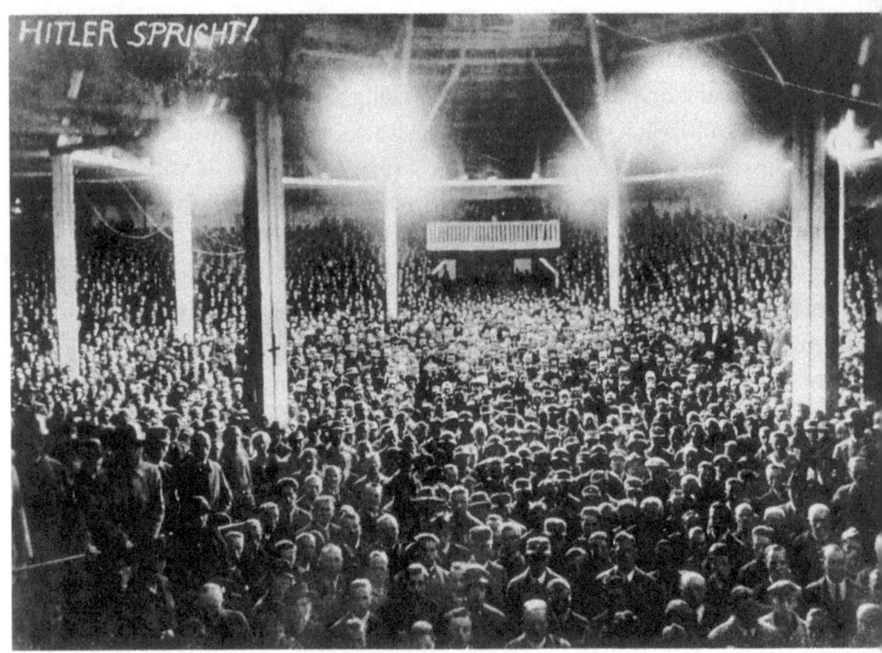

Abb. 10: Hitler spricht im Zirkus Krone

mutet an wie ein Echo auf die Formulierung in Wagners eigener *Autobiographischen Skizze*: »Ich beschloss, Musiker zu werden«, wie denn auch wohl der Titel *Mein Kampf* als diskrete Hommage an Wagners *Mein Leben* zu verstehen ist.[145] Wie sollte unter diesen Voraussetzungen in Hitlers Hinwendung zur Politik die Erinnerung an seine Ergriffenheit und Ekstase auslösende Theatererfahrung vor vierzehn Jahren keine Rolle gespielt haben? Bezeichnenderweise zielten seine sorgfältig vorbereiteten und inszenierten Auftritte als Redner, sei es in einem der Münchner Bierkeller mit ihren geräumigen Festsälen und später im Zirkus Krone, von Anfang an auf ebendiese Effekte der Ekstase und Ergriffenheit.

Als Hitler im September 1919 der kleinen Deutschen Arbeiterpartei beitrat, dem Embryo der NSDAP, und sich in kurzer Zeit zu deren Führer aufschwang, schwebte ihm als Zielvorstellung ein Amalgam aus Rienzi und Dr. Lueger vor. Mehrere Zeugnisse aus Hitlers nächster Umgebung belegen, dass er den Gebrauch des Attributs »Tribun«

zumindest geduldet, wenn nicht gar dazu ermutigt hat. Rudolf Heß, ein Kampfgenosse der ersten Stunde und ab 1925 Hitlers Privatsekretär, gewann im Herbst 1921 einen Aufsatzwettbewerb der Universität München zu einem brandaktuellen Thema: »Wie muss ein Mann beschaffen sein, der Deutschland wieder in die Höhe führt?« Der Mann, den Heß beschreibt, ohne ihn beim Namen zu nennen, ist der damals nur einem kleinen Kreis bekannte Adolf Hitler. Auch in internen Mitteilungen bezeichnete Heß den politischen Neuling wie selbstverständlich als »Tribun«.[146] Joseph Goebbels seinerseits, kaum dass er der NSDAP beigetreten war, notierte 1925 in seinem Tagebuch in korrekter Antizipation von Hitlers weiterem Lebensgang kurz und bündig, Hitler sei der »geborene Volkstribun. Der kommende Diktator.«[147]

Rienzi redivivus

Ein besonders aufschlussreiches Dokument zu Hitlers Fixierung auf Wagners *Rienzi* während der vierzehnjährigen Kampfzeit ist von Otto Wagener überliefert. Wagener, der als Wirtschaftsexperte der NSDAP von 1929 bis 1932 enge Kontakte zu Hitler hatte, schrieb seine Erinnerungen kurz nach Kriegsende in englischer Kriegsgefangenschaft. Er überliefert ein eingehendes Gespräch aus den frühen dreißiger Jahren über Wagners Oper, die Hitler am Tag darauf in Weimar zu sehen begehrte. Bei der Gelegenheit soll er mit Bezug auf *Rienzi* gesagt haben: »Den liebe ich besonders.«[148] Der Wirtschaftsfachmann gab sich erstaunt; er wunderte sich, dass Hitler sich an einer Oper erbauen wolle, die zeigt, wie »ein Mann aus dem Volke, der sich zum Führer dieses Volkes aufgeschwungen hatte, am Ende doch an den Intrigen seiner Umgebung zu Grunde geht«. Hitler erklärte daraufhin, er habe aus dieser Oper die praktische Lehre gezogen, dass jeder Tribun eine Partei brauche, d.h. einen Machtapparat. Aus Wagners *Rienzi* könne man lernen, »welche Fehler man machen könnte, um sie dann später zu vermeiden«. Dies ist eine bemerkenswerte und gewichtige Auskunft, zeigt sie doch, dass Hitlers Leben mit Wagner keineswegs bloß den Modus der Identifikation kannte, sondern auch den der kritischen Reflexion und rationalen Beurteilung. Im Übrigen widerlegt diese von

Otto Wagener überlieferte Aussage die verbreitete Ansicht, dass Hitlers Wagner ein einziges Missverständnis darstelle und dass er das tragische Scheitern des Wagner'schen Tribunen völlig ausgeblendet habe.[149]

Zweifellos war Hitler der Überzeugung, dass er selbst den Fehler Rienzis vermieden habe, indem er mit der NSDAP und insbesondere der SA gewaltbereite Kohorten um sich versammelte. Damit stand ihm ein Machtinstrument von unerhörter Brutalität und Effizienz zur Verfügung, das ihn gegen das tragische Schicksal des römischen Opernhelden feien sollte. Er sorgte so dafür, dass er den anderen taktischen Fehler des Wagner'schen Rienzi nicht zu wiederholen brauchte. Statt gegenüber seinen Feinden Nachsicht und Milde walten zu lassen, war er entschlossen, sie aus dem Weg zu räumen. In der Oper sind die Nobili Rienzis Feinde; in der politischen Realität der Nachkriegsjahre erklärte er die Kommunisten und Juden zu seinen Feinden. Seine Entschlossenheit, aus Wagners Oper zu lernen, ging sogar so weit, dass er bei der blutigen Säuberung vom Juni 1934, der Nacht der langen Messer, selbst seine eigenen Kampfgenossen, die SA, nicht schonte.

In diesem Zusammenhang ist es von mehr als beiläufigem Interesse, dass auch der italienische Faschistenführer Benito Mussolini in dem historischen Cola di Rienzo (1313–1354) ein Vorbild erblickte.[150] Sein Traum von einem wiederhergestellten Römischen Reich darf als entferntes Echo auf Rienzos Traum von »Romas« Auferstehung zu alter Größe gedeutet werden. Die Duplizität von Mussolinis und Hitlers Orientierung an dieser Gestalt deutet auf einen proto-faschistischen Kern sowohl des historischen Rienzo wie des im 19. Jahrhundert zu neuem Leben erweckten fiktiven Rienzi. Während Mussolini, von Hause aus Journalist, den römischen Tribunen aus Edward Bulwer-Lyttons Roman *Rienzi, The Last of the Roman Tribunes* (1835) kannte, der literarischen Vorlage Wagners, stieß der Knabe Adolf im Medium der großen Oper auf ihn. Die unterschiedliche Qualität und Intensität der ästhetischen Erfahrung mag erklären, warum die Identifikation mit Rienzi bei dem deutschen Tribun offenbar eine tiefgreifendere und nachhaltigere Wirkung gezeitigt hat als bei dem italienischen.

Bezeichnenderweise hat Franz Neumann in seiner berühmten, 1942 veröffentlichten Analyse des Nationalsozialismus unter dem Titel *Behemoth* – der ersten politologisch fundierten Analyse des Phänomens überhaupt – den »Demagogen« Rienzo als einen Vorläufer des nationalsozialistischen Staates identifiziert.[151] Rienzos Regime sei als der erste Versuch anzusehen, eine Art von faschistischer Diktatur zu errichten. Franz Neumann gehörte dem Frankfurter Institut für Sozialforschung an, das damals in New York operierte. Von hier fällt ein erhellendes Licht auf die Wagner-Analysen Theodor W. Adornos, der, wie bereits gezeigt, nicht allein in *Rienzi,* sondern in Wagner als Gesamterscheinung die »Urlandschaft des Faschismus« freizulegen glaubte.[152]

In dem von Otto Wagener überlieferten Gespräch über *Rienzi* wird die Musik nicht berührt. Es wäre jedoch voreilig, daraus den Schluss zu ziehen, dass Hitler für die musikalischen Qualitäten dieser Oper kein Ohr gehabt hätte. Die Nicht-Erwähnung der Musik mag sich einfach Wageners eigenem Mangel an Interesse verdanken. Es gibt jedoch ein Zeugnis, das Hitlers Empfänglichkeit gerade für diese Musik eindrücklich belegt. Die Ouvertüre zu *Rienzi* setzt mit einer markanten musikalischen Geste ein, dem anschwellenden und »langgehalt'nen Trompetenton«, und stellt mit seiner Aneinanderreihung von religiös getragener und militärisch beschwingter Musik ein effektvolles Konzertstück dar, das alljährlich zur Eröffnung der Parteitage der NSDAP gespielt wurde. Diesen Brauch hatte Hitler von den Alldeutschen und deren Wiener Veranstaltungen unter der Führung von Georg Ritter von Schönerer übernommen.[153] Deshalb avancierte die *Rienzi*-Ouvertüre gleichsam zur Erkennungsmelodie der Hitler-Bewegung.

Die lebenslange Anhänglichkeit des deutschen Diktators an dieses Musikstück geht aus einer glaubwürdig klingenden Episode hervor, die Albert Speer überliefert hat. Im Sommer 1938 habe Robert Ley, Reichsleiter der Deutschen Arbeitsfront, den Versuch gemacht, Hitler dazu zu überreden, die *Rienzi*-Ouvertüre durch eine zeitgenössische Musik zu ersetzen, die dem Geist des ›Dritten Reiches‹ angemessener wäre. Er habe auf eigene Initiative mehreren Komponisten den Auftrag gegeben, eine für den Parteitag geeignete Musik zu schreiben. An einem der spielfreien Tage in Bayreuth ließ er Hitler diese Kompositionen von einem großen Orchester in der Nürnberger Luitpold-Halle vorspielen – zwei Stunden lang. Hitler war nicht beeindruckt und bat, die *Rienzi*-Ouvertüre zu spielen, um daraufhin zu erklären: »Wissen Sie Ley, ich lasse die Parteitage nicht zufällig mit der Ouvertüre zu ›Rienzi‹ eröffnen. Das ist nicht nur eine musikalische Frage. Dieser Sohn eines kleinen Gastwirts hat mit vierundzwanzig Jahren das römische Volk dazu gebracht, den korrupten Senat zu vertreiben, indem er die großartige Vergangenheit des Imperiums beschwor. Bei dieser gottbegnadeten Musik hatte ich als junger Mensch im Linzer Landestheater die Eingebung, daß es auch mir gelingen müsse, das deutsche Reich zu einen und groß zu machen.«[154]

In Hitlers Vorliebe für diese Musik hat aller Wahrscheinlichkeit nach auch ein markantes kompositorisches Element eine Rolle gespielt. Dem Crescendo auf der Trompete, mit dem die Ouvertüre beginnt und das an entscheidenden Stellen in der Handlung in Aktion tritt, ist eine programmatische, politische Bedeutung eingeschrieben. Es ist das Signal zur Erhebung des Volkes gegen die Nobili – das Zeichen zum Losschlagen. Wie später Klingsor in *Parsifal* verkündet auch Rienzi: »Die Zeit ist da!« Und weiter: »Doch hört ihr der Trompete Ruf / In langgehalt'nem Klang ertönen, / Dann wachet auf, eilt all herbei, / Freiheit verkünd' ich Romas Söhnen.« Angesichts dieser politischen Codierung des Trompetentons schon bei Wagner konnte die *Rienzi*-Ouvertüre leicht zum musikalischen Symbol für die Anfänge der Hitler-Bewegung umfunktioniert werden. Für die von Hitler angestrebte nationale Erhebung war der Slogan »Deutschland, erwache!« das politische Äquivalent zu dem Trompetensignal in *Rienzi*. Diesen Slogan übernahm er von Dietrich Eckart, dem Oberpfälzer Dichter – dessen größter Erfolg war eine rassistisch akzentuierte Bearbeitung von Ibsens *Peer Gynt* (1912) – und einem der Gründer der Deutschen Arbeiterpartei, der bis zu seinem Tod 1923 der Coach des fast zwanzig Jahre jüngeren politischen Neulings war. Eckart war Mitglied der esoterischen, doch gut vernetzten Thule-Gesellschaft, die über Henry Thode, ihren Vorsitzenden, enge Beziehungen zu Bayreuth unterhielt.[155] Thode war mit Daniela von Bülow verheiratet, der Tochter Cosima Wagners aus erster Ehe.

Es hat den Anschein, als habe sich die persönliche Vorliebe des Reichskanzlers für Wagners römische Oper auf die Spielplangestaltung der deutschen Opernhäuser ausgewirkt. Die Aufführungsstatistik lässt erkennen, dass nach Hitlers Regierungsantritt die Anzahl der Aufführungen sprunghaft anstieg: von vierzehn in der Spielzeit 1926/27 auf neunundachtzig in der Saison 1933/34, um danach wieder abzunehmen. Die spektakulärste Inszenierung fand 1938 auf der Berliner Waldbühne statt, die zu der Zeit »Dietrich-Eckart-Bühne« hieß. Sie war das Werk eines Favoriten Hitlers, des Reichsbühnenbildners Benno von Arent, der sehr wahrscheinlich vom Führer selbst dazu angeregt wurde. In der Saison 1942/43 jedoch war die Zahl der Aufführungen auf nur noch fünf gesunken.[156] Offenbar wurde die Aktualität dieser Wagner-Oper in den ersten Jahren der Hitler-Herrschaft lebhafter empfunden als in den Kriegsjahren, denn Rienzis Ende hat wenig Erbauliches oder Heroisches an sich, von dem eine die Kriegsmoral stärkende Wirkung erwartet werden konnte.

Worin die Aktualität des *Rienzi* für das von der Reichskulturkammer gesteuerte kulturelle Leben bestand, lässt sich aus der publizistischen Begleitmusik zu einer Münchner Produktion ersehen. Die neu eingerichtete Reichstheaterwoche wurde im Jahre 1936 in München begangen und am 10. Mai mit einer Aufführung von *Rienzi* eröffnet, selbstverständlich in Anwesenheit des ›Führers‹. Es ist dies eine durchaus ungewöhnliche Wahl, die vermuten lässt, dass sie sich einer handfesten volkspädagogischen Absicht verdankt, wie wir sie aus den Bayreuther Kriegsfestspielen ab 1940 kennen. Der *Rienzi,* mit dem 1936 die Theaterfestwoche eröffnet wurde, war eine Inszenierung von Kurt Barré, die am 16. Dezember 1932 unter der musikalischen Leitung von Hans Knappertsbusch Premiere hatte, also praktisch am Vorabend der sogenannten Machtergreifung. Schon damals wurde der Chor durch Statisten zu einer eindrucksvollen Volksmasse aufgestockt. Für die Festaufführung von 1936 stellte der neue, hitlerhörige Intendant Oskar Walleck (Knappertsbuschs Nemesis, wie wir sehen werden) eine noch größere Volksmasse auf die Bühne. Durch die »Heranziehung der großen Münchner Chorvereinigungen« war das Volk von Rom »zu einer unübersehbaren Masse« angeschwollen. Der Aufwand, den Walleck für diese Festaufführung trieb, »übertraf«, wie die Zeitungsberichte vermerkten, »alles bisher Dagewesene«.

Wie dieser gigantische Aufwand zu verstehen sei, erklärte der anonyme Rezensent vom Dienst in den *Münchner Neuesten Nachrichten,* die sich vor nicht allzu langer Zeit als das Sprachrohr der »Richard-Wagner-Stadt München« in Szene gesetzt hatten: »Wir haben in den vergangenen Jahren Sinn und Wesen echten Heldentums, wahren Führertums neu erfassen gelernt, wie kaum eine Generation vor uns; wir haben den furchtbaren Zwiespalt im Volke, den Hader der Parteien schmerzlichst erlebt und das Glück der Einigung und Erhebung der

Nation durch einen Mann voll starken, gläubigen Muts erfahren dürfen: und so sehen wir denn heute im Spiegel des Kunstwerks Rienzi Augenblicke unseres eigenen völkischen Schicksals.«[157]

Hiermit erlangte dieser politische Reißer unter Wagners Hervorbringungen ein neues Stadium der ideologischen Vereinnahmung. Konzipiert im liberalen, demokratischen Geist des Vormärz, durch Schönerer und seine alldeutschen Gefolgsleute zum ersten Mal politisch eingespannt, finden wir hier Wagners *Rienzi* zu einem Emblem der jüngsten deutschen Geschichte im Zeichen Hitlers erhoben, als hätte Wagner die Hitler'sche Diktatur visionär vorweggenommen und gutgeheißen; als hätte Wagner vom Volk nie anders gedacht denn als Wachs in den Händen eines »wahren«, d.h. charismatischen Führers; als hätte sich im nationalsozialistischen Deutschland, wie Carl von Ossietzky befürchtete, wunderbarerweise eine Wagner-Oper realisiert. Hier wird – wie so oft in der Rezeptionsgeschichte eines bestimmten Werks – ein einzelner Aspekt von Wagners *Rienzi,* nämlich das Verhältnis des römischen Volks zu seinem Tribunen, verabsolutiert, um eine größtmögliche Aktualität zu erzielen. Im Übrigen zeichnet sich hier eine Tendenz ab, die Sebastian Haffner in seiner Hitler-Deutung als eine besonders fatale Hybris des deutschen Diktators herausgestellt hat: die Verkettung der eigenen Biographie mit der Geschichte Deutschlands, die Verschmelzung des eigenen Selbstverständnisses als eine Art von Rienzi redivivus mit dem »völkischen Schicksal.«[158]

Es gibt zu denken, dass die einprägsamste und intellektuell anspruchsvollste Rekonstruktion des Hitler-Wagner-Komplexes nicht etwa in einer der unzähligen Biographien zu finden ist, sondern in dem monumentalen Hitler-Film von Hans-Jürgen Syberberg aus dem Jahr 1977: *Hitler, ein Film aus Deutschland.*[159] Diese vierteilige, mehr als siebenstündige Filmphantasie über das geistige Milieu, aus dem Hitler hervorgegangen ist, bedient sich einer von Bertolt Brecht und Richard Wagner inspirierten Technik, die den Hitler-Wagner-Nexus tiefer auszuloten und bündiger zu erfassen vermag, als mit den Methoden der Geschichtswissenschaft möglich ist.[160] In der zentralen Sequenz im zweiten Teil des Films lässt Syberberg Hitler wie einen Untoten aus dem offenen Grab Wagners auferstehen, das von einer unterirdischen Glut erleuchtet scheint. Wir befinden uns im Garten von Wahnfried, an Wagners Grab. Eine Grabplatte mit den Initialen RW ist aufgerichtet,

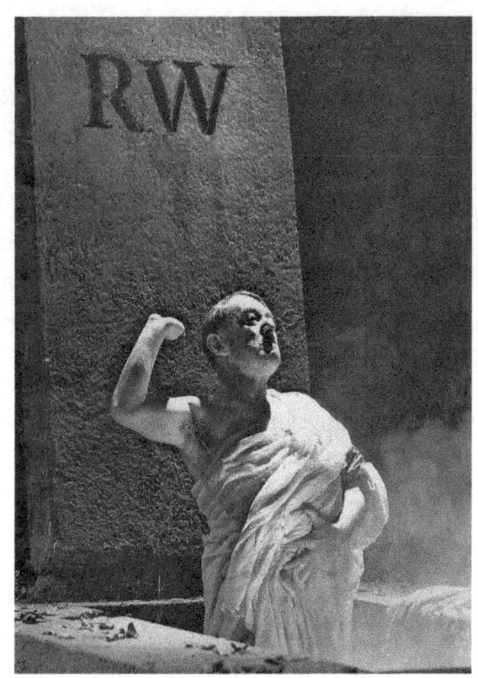

Abb. 11: Hitler steigt aus Wagners Grab. Szene aus Syberbergs Hitler-Film

und aus der Tiefe der Grube fährt Hitler, dargestellt von Heinz Schubert, langsam herauf. Er trägt eine weiße Toga, die er mit der linken Hand auf der Brust zusammenhält. Die angewinkelte Rechte ist zum Faschistengruß erhoben. Während Hitlers Auferstehung vernehmen wir zwei Tonspuren: Auf der einen hören wir eine Rede, von Heinz Schubert mit der Stimme und dem charakteristischen Tonfall Hitlers vorgetragen. Die Rede stellt eine Montage von einschlägigen Hitler-Zitaten dar, kühnerweise angereichert durch ein Zitat aus der Verteidigungsrede Shylocks in Shakespeares *Der Kaufmann von Venedig*. Auf der anderen Tonspur hören wir die Ouvertüre zu *Rienzi*. Hitler in der Gestalt Rienzis aus dem Grab Richard Wagners hervorsteigend – wahrhaftig ein Rienzi redivivus. Prägnanter und eindrucksvoller ist diese Wagner'sche Facette der problematischen Identitätsbildung Adolf Hitlers wohl kaum vorzustellen und zu gestalten.

Der Tod des Tribunen

Verblüffenderweise ist das biographische Rienzi-Muster keineswegs auf die Anfänge Hitlers beschränkt; seine Gültigkeit erstreckt sich bis zu seinem Tod, in gewissem Sinne sogar darüber hinaus. Hitlers Ende im Bunker weist einige unheimliche Parallelen zu dem Untergang des Wagner'schen Volkstribunen auf. Rienzi kommt in den Flammen des über ihm zusammenstürzenden Kapitols um. Hitler, der sich in seine unterirdische Bunkeranlage zurückgezogen hatte, machte seinem Leben ein Ende, als die Rote Armee ins Zentrum Berlins vorstieß und die Reichskanzlei und andere Regierungsbauten über ihm zusammenstürzten. Der römische Tribun stirbt in den Armen seiner geliebten Schwester Irene, die mit ihm den Tod sucht. Hitler, nachdem er, wie Rienzi, jahrelang die Legende ermutigte, seine wahre Braut sei Deutschland, heiratete seine Geliebte Eva Braun, bevor sie mit ihm in den Tod ging.

Schwerer wiegt jedoch die Parallele ihrer finalen Gesten, bevor sie von der Bühne der Weltgeschichte abtreten. Hitler diktierte sein politisches Testament, in dem er das einst zur »Volksgemeinschaft« erklärte deutsche Volk, das er seither an den Rand des Ruins getrieben hatte, mit der opernhaften Vision eines künftigen Morgenrots nach der Katastrophe abspeist: »in der deutschen Geschichte [wird] so oder so einmal wieder der Samen aufgehen zur strahlenden Wiedergeburt der nationalsozialistischen Bewegung und damit zur Verwirklichung einer wahren Volksgemeinschaft.«[161] Dies nachdem er schon Jahre vor dem Ende zu ahnen begann, dass die ganze so großartig konzipierte Geschichte einen völlig anderen Ausgang nehmen könnte als vorgesehen: »Wenn das deutsche Volk einmal nicht mehr stark und opferbereit genug ist, sein Blut für seine Existenz einzusetzen, so soll es vergehen und von einer anderen, stärkeren Macht vernichtet werden.«[162]

Kurz vor dem militärischen Zusammenbruch gab er in Worten, aus denen der blanke sozialdarwinistische Zynismus spricht, Albert Speer den Vernichtungsbefehl: »Wenn der Krieg verloren geht, wird auch das Volk verloren sein. [...] Denn das Volk hat sich als das schwächere erwiesen, und dem stärkeren Ostvolk gehört ausschließlich die Zukunft. Was nach diesem Kampf übrigbleibt, sind ohnehin nur die Minderwertigen, denn die Guten sind gefallen.«[163] Das deutsche Volk hatte sich in Hitlers Augen als unreif und unwürdig erwiesen für die ihm zugedachte dominante Rolle auf der Bühne der Weltgeschichte; es verdiente also kein besseres Schicksal als das, welches es jetzt erlitt. Gleichsam zur Besiegelung dieses Schicksals erfolgte am 19. März 1945 der sogenannte Nero-Befehl zur Zerstörung Deutschlands in dem gesamten noch unbesetzten Reichsgebiet. Hitlers wegwerfende Bemerkungen über Deutschland und die Deutschen und der Befehl zur Zerstörung der gesamten Infrastruktur kommen einer Verfluchung gleich, die in ihrer menschenverachtenden, von keinerlei Mitgefühl angekränkelten Kaltblütigkeit wie ein Echo wirkt auf Rienzis finalen Fluch, mit dem Wagner ihn von der historischen Bühne abtreten lässt: »Furchtbarer Hohn! Wie! Ist dies Rom? / Elende, unwert dieses Namens! / Der letzte Römer fluchet euch! / Verflucht, vertilgt sei diese Stadt! / Vermodre und verdorre, Rom! / So will es dein entartet Volk!« So wie die politische Karriere von Wagners römischem Tribunen ein dramatisches Katastrophenende findet, so eilte auch der deutsche Diktator dem Ende seiner kometenhaften Karriere mit nachgerade opernhafter Geste entgegen. Das Ende Hitlers war um einiges makabrer als das Ende Rienzis, und die katastrophalen Folgen für Deutschland und Europa überstiegen alles, was sich Wagner in seiner Phantasie über den »Letzten der Tribunen« hätte ausdenken und vorstellen können.

Man möchte nun meinen, dass mit dem Selbstmord im Bunker auch das Kapitel Hitler und Rienzi beendet wäre. Dies ist jedoch keineswegs der Fall. Im Gegenteil, nach seinem Suizid erlangte Hitler eine Art von sinistrer Verklärung, die ihr fahles Licht selbst noch auf die neuere Wagner-Forschung wirft.

Hitler hatte sich zu seinem fünfzigsten Geburtstag fünf Partiturhandschriften schenken lassen, die Wagner einst König Ludwig dem II. als Gegenleistung für dessen außerordentliches Mäzenatentum überlassen hatte. Es handelt sich um die Originalpartituren der frühen Opern *Die Feen, Das Liebesverbot* und *Rienzi* sowie Partiturreinschriften von *Das Rheingold* und *Die Walküre*. Diese unschätzbaren Wertobjekte und unersetzlichen Textzeugen waren nach dem Ende der bayrischen Monarchie in den Besitz des sogenannten Wittelsbacher Ausgleichsfonds überführt worden, einer Einrichtung zur Verwaltung des enormen Wittelsbacher-Vermögens. Die fünf Wagner-Partituren waren sodann, wie Holger R. Stunz nachgewiesen hat, im Frühjahr

1939 mit dem Einverständnis einer Reihe von Vertretern der Schwerindustrie von der Reichswirtschaftskammer erworben worden – für ein Taschengeld von 800 000 Reichsmark.[164] Das extravagante Geburtstagsgeschenk wurde dem Führer im Beisein von Gustav Krupp von Bohlen und Halbach, Fritz Thyssen, Friedrich Flick und Philipp Alois von Schöller am 20. April 1939 präsentiert. Es war eine Schenkung, von der die Spender mit Sicherheit annehmen durften, dass sie dem Führer besonders tiefen Eindruck machten und er sich dafür erkenntlich zeigen würde. So extravagant die Gabe auch war, so fiel sie doch keineswegs aus dem finanziellen Rahmen dessen, was Usus war, denn Hitler und die NSDAP erhielten schon lange Zuwendungen vonseiten der deutschen Industrie, insbesondere von der »Adolf-Hitler-Spende der deutschen Wirtschaft«, die Gustav Krupp von Bohlen und Halbach sogleich 1933 ins Leben gerufen hatte. Die Wagner-Partituren waren also auf dem Kuchen, den das Hitler-Regime und die Wirtschaftsführer sich teilten, das Sahnehäubchen.

Bezeichnenderweise geschah die Überführung der Wagner-Partituren aus der Erbmasse König Ludwigs in den Besitz des deutschen Diktators keineswegs auf ausdrücklichen Wunsch Hitlers oder aufgrund eines Winks aus seiner unmittelbaren Umgebung. Vielmehr war es Hitlers sattsam bekannte Anhänglichkeit an Wagners Musik sowie seine inzwischen vielfach demonstrierte Rolle als oberster Wagner-Verehrer Deutschlands, welche die hochpotenten Hitler-Helfer, möglicherweise einer Anregung Winifred Wagners folgend, in ebendiese Richtung aktiv werden ließen.[165] Dieser spektakulären Geste der großdeutschen Rüstungsindustrie nur wenige Monate vor Beginn des Polenfeldzugs haftet angesichts dieses historischen Hintergrunds unausbleiblich der Geruch eines durchsichtigen *do ut des* an: ein Fall von Generosität aus gewinnbringendem Kalkül.

Die Wagner-Partituren blieben bis zur Niederwerfung des Großdeutschen Reichs in Hitlers Besitz, einschließlich und inbesondere die Originalpartitur des *Rienzi*, mit dem seiner Überzeugung nach alles begonnen hatte, was nun gleichsam nach Drehbuch seinem unguten Ende zueilte. Am 7. April 1945, wenige Wochen vor dem Fall Berlins, machte sich Wieland Wagner, begleitet von seinem Schwager Bodo Lafferentz, auf den Weg in die Hauptstadt mit dem Anerbieten an den bedrängten Freund des Hauses, die unersetzlichen Partituren in Sicherheit zu bringen. Wieland war unter den Wagner-Nachfahren Hitlers Favorit; Lafferentz, ein hochrangiger SS-Mann, war der Leiter der Organisation »Kraft durch Freude« und in dieser Eigenschaft auch der Organisator der vom Führer selbst angeordneten Kriegsfestspiele in Bayreuth. Zwei vertrauenswürdigere Bittsteller, möchte man meinen, hätten sich kaum finden lassen.

Hitler jedoch weigerte sich, »seinen« *Rienzi* oder die anderen Wagner-Partituren aus der Hand zu geben. Was damit geschehen ist, hat sich bis dato nicht rekonstruieren und klären lassen. Hat Hitler sie mitgenommen, als er sich in den Bunker der Reichskanzlei zurückzog, und sind sie dort der Vernichtung anheimgefallen? Gingen sie als Kriegsbeute der Roten Armee in die Sowjetunion? Wurden sie vielleicht auf den Obersalzberg geschafft und harren dort oder sonstwo noch ihrer Entdeckung? Wurden die Partituren im letzten Moment aus Berlin ausgeflogen – in einem der Flugzeuge, die abgestürzt sind oder abgeschossen wurden?

Wie dem auch sei, die Originalhandschriften des *Rienzi* und der anderen Partituren müssen als verschollen gelten, was bedeutet, dass die Möglichkeit ihres Wiederauftauchens nicht völlig auszuschließen ist. Holger Stunz hat eine besonders rätselhafte und vielversprechende Spur verfolgt, die nach Südtirol führt, die »letzte Hoffnung für führende Nationalsozialisten und ihre Familien« und nach dem Krieg ein heißes Pflaster für den Handel mit Nazi-Raubgut und anderen schwarzen Geschäften.[166] Doch auch diese Spur verläuft im Sande.

Mit alledem reicht Hitlers Rienzi-Fixierung über seinen Tod hinaus bis in unsere Gegenwart und wirft ihren Schatten sogar noch auf die zeitgenössische Wagner-Philologie. Egon Voss, der Editor des *Rienzi* im Rahmen der kritischen Edition von Richard Wagners Sämtlichen Werken, erinnert daran, dass Wagner selbst schon gezwungen war, mit unterschiedlichen Fassungen zu experimentieren, und dass seine erste Erfolgsoper im 19. Jahrhundert in Fassungen verbreitet war, »die wenig oder gar nichts mit Richard Wagner, dem Autor der Oper, zu tun haben«.[167] Nach dem Tod des Komponisten verschlimmerte sich die Situation noch um einiges, denn Cosima Wagners Eingriffe in der Absicht, diese altmodische Oper auf ein Musikdrama hin zu frisieren, resultierten in einer »barbarische[n] Verfälschung«.[168]

Mit dem Verlust der Originalpartitur, die ein Unikat war, da Wagner keine auch nur annähernd vollständige Abschrift machen ließ, war der wichtigste Textzeuge für die kritische Gesamtausgabe nicht verfügbar, so dass der Editor gezwungen war, eine melancholisch stimmende Einschränkung zu machen: »Da alle überlieferten und heute noch erhaltenen Partiturquellen gekürzt sind, ist es derzeit [!] nicht möglich, den *Rienzi* vollständig in Partitur vorzulegen.«[169] Dies ist ein erstaunlicher und ernüchternder Befund, der Hitlers unerwünschte Präsenz selbst noch auf dem gegenüber der Politik nur scheinbar immunen Feld der Wagner-Philologie schlagend belegt – ein Befund, der sich bei der Betrachtung der 1938 eröffneten Richard-Wagner-Forschungsstätte erhärten wird. Es steht zu vermuten, dass Hitler wohl eher bereit gewesen wäre, sich von der Originalpartitur der Oper zu trennen, hätte es nicht dieses besondere, in gewissem Sinne identitätsbildende Verhältnis zu Wagners römischem Tribunen gegeben. So aber hat Hitler höchstpersönlich diesem Werk durch seine Identifikation mit Wagners römischem Tribunen einen nachhaltig faschistischen Stempel aufgedrückt und durch sein Festhalten an dem talismanischen Schatz der Originalpartitur den Herausgebern von Wagners Werken die Arbeit erheblich erschwert.

Das Faschismus-Stigma, das Wagners *Grand opéra* anhaftet und ihren intellektuellen und kompositorischen Gehalt zu verdecken droht, manifestierte seine erstaunliche Nachhaltigkeit noch im Jahr 2010 anlässlich einer Neuinszenierung an der Deutschen Oper Berlin durch Philipp Stölzl.[170] Wie vor ihm Syberberg setzte Stölzl den Hitler-Rienzi-Konnex auf unmissverständliche Weise in Szene. Wurde bereits die Premiere dieser Inszenierung mit Unbehagen aufgenommen, so kam es zwei Jahre später zu einem öffentlichen Eklat, als eine Laune des Spielplans beziehungsweise die Unachtsamkeit der Spielplangestalter es wollte, dass die Wiederaufnahme dieser Produktion auf den 20. April fiel – Hitlers Geburtstag. Dies schien manchen Zeitgenossen der historischen Reminiszenzen und möglichen Missverständnisse denn doch zu viel. Es kam zu Protesten. Daraufhin wurde die Aufführung auf den 21. April verlegt in der eitlen Annahme, dass dadurch die hochgradige politische Kontaminierung des Werkes im Dritten Reich aus der Welt geschafft wäre.

Wie man wird, was man ist

Wie lässt sich abschließend die Bedeutung von Hitlers Rienzi-Komplex fassen? Gewiss ist nicht für bare Münze zu nehmen, was August Kubizek in seinen Erinnerungen suggeriert und was Hitler gelegentlich selbst auch so deuten mochte, nämlich dass das ekstatische Theatererlebnis des Linzer *Rienzi* als die Keimzelle des Nationalsozialismus anzusehen sei und den Anstoß gab zu seiner Karriere als Tribun und Diktator. Doch ebenso gewiss ist, dass zwischen Wagners Oper und dem deutschen Diktator ein Zusammenhang besteht, den es zu erhellen gilt und »den fortzuleugnen einer gefährlichen Verdrängung gleichkäme«.[171] Es gilt also, einen Blickwinkel zu finden, der uns in den Stand setzt, die Bedeutung Wagners für den jungen Hitler zu ermessen und all dessen, was er in seinen Augen repräsentierte.

Dazu bietet sich das Modell der Persönlichkeitsbildung an, das der amerikanische Literatur- und Kulturwissenschaftler Stephen Greenblatt entworfen hat.[172] Es ist das Modell des *self-fashioning*, das m.E. den heimlichen Nerv des Hitler-Wagner-Nexus überzeugender freilegt als alle bei den Biographen so beliebten Hypothesen bezüglich seiner autoritären Erziehung und seines gewieften Attentismus. Greenblatt fragt nach den verborgenen Motiven der Persönlichkeitsbildung im Elisabethanischen England und konstatiert die Existenz eines verbreiteten Musters, das dieselben wiederkehrenden Merkmale zeigt. Die wesentlichen Momente dieses Musters haben sich im Fluss der Zeit von der Renaissance bis zur Wende vom 19. zum 20. Jahrhundert erhalten und sind, mit den für Ort und Zeit charakteristischen Variablen, noch im Lebensgang Adolf Hitlers zu erkennen. Vor allem jedoch lässt uns das Modell des *self-fashioning* sehen, welchen zentralen Ort und welchen Stellenwert Wagner in der Persönlichkeitsbildung des jungen Hitler einnimmt. Und schließlich lässt dieses Modell Raum für den Faktor Phantasie, will sagen die identitätsbildende Kraft imaginärer Vorbilder und Orientierungsmarken.

Die Frage, die Friedrich Nietzsche im Untertitel von *Ecce Homo* thematisiert: »Wie man wird, was man ist«, stellt sich mit besonderer Dringlichkeit in einem so extremen Fall wie dem des »Jahrhundertverbrechers«. Wie bereits im Hinblick auf Nietzsche selbst, der bekannte, dass »Richard Wagner der mir bei weitem verwandteste Mann war«, lässt sich diese Frage auch im Hinblick auf Hitler nicht ohne Bezugnahme auf Wagner sinnvoll diskutieren. Nietzsche verklärte sein wechselvolles Verhältnis zu dem *Tristan*-Schöpfer zur »Sternenfreundschaft« und bekannte nach Wagners Tod, dass sie ihm, trotz allem, über alles ging.[173] Auf einem intellektuell weniger bewegten, doch historisch folgenreichen Niveau gilt dies auch von Hitlers Verhältnis zu Wagner.

Es geht somit um »die Genese der Persönlichkeit Hitlers« und um die Rolle, die Richard Wagner und sein Werk dabei gespielt haben.[174] Zur Erhellung der Persönlichkeitsbildung in diesem besonderen Fall bietet das Modell des *self-fashioning* Gesichtspunkte, die der Hitler-Biographik sehr wohl zum Gewinn gereichen können.[175] *Self-fashioning* ist erstens das Resultat eines bewussten Akts der Selbststilisierung, gegebenenfalls in Abweichung von den institutionellen Erziehungspraktiken. Es leuchtet unmittelbar ein, dass ein junger Mensch wie Hitler angesichts der häufigen Schulwechsel und seiner enttäuschenden schulischen Leistungen, vor allem aber angesichts des zweimaligen Versagens in den Aufnahmeprüfungen der Wiener Kunstakademie zu dem Schluss kommen musste, dass die Entfaltung seines von der Welt verkannten Talents, von dessen Existenz er fest überzeugt war, in eigener Regie würde erfolgen müssen, wenn sein geheimer Ehrgeiz zur Größe je Aussicht auf Erfüllung finden sollte. Diese Selbstbildung in eigener Regie bewegte sich, wie gezeigt, in den Bahnen des modernen Dilettantismus, der in diesem Fall die Form eines probeweisen Rollenspiels nach dem Muster Wagner'scher Vorbilder nahm.

Die zentrale autobiographische Aussage in *Mein Kampf* betrifft die Umstände, unter denen Hitler sich die Fundamente seiner Weltanschauung erarbeitet und angeeignet haben will, nämlich in einsamem Ringen in der Not seiner frühen Jahre. Diese Aussage wird von der Hitler-Forschung schon lange in Frage gestellt. Wolfram Pyta resümiert die Zweifel der Forschung, wenn er bemerkt, dass hinter der vermeintlichen Offenheit dieses Bekenntnisbuchs »in Wahrheit eine ausgeklügelte Verheimlichungsstrategie« steckt, denn »es werden gezielt falsche Spuren gelegt, um ein politisch erwünschtes Musternarrativ des eigenen Lebens zu konstruieren«.[176] Diese Verheimlichungsstrategie erstreckt sich, Pyta zufolge, auch auf das Verhältnis zu Wagner, dessen eigentliche Bedeutung für Hitler nicht auf der intellektuellen, sondern auf der performativen Ebene zu suchen sei: in der Inszenierung seiner öffentlichen Auftritte als Redner, in der Choreographie der Massenveranstaltungen und dergleichen mehr. Die lebenslange Anhänglichkeit an Wagners römischen Tribunen und ihre identitätsbildende Funktion bleiben in dieser Perspektive jedoch ausgeblendet.

Der zweite Grundzug von *self-fashioning* ist die vorbehaltlose Unterwerfung unter eine absolute Autorität und eine höchste moralische Instanz. Für die Menschen des 16. Jahrhunderts war diese höchste Autorität der christliche Gott. Hitler hingegen, der in seinen pathetischen Reden zur Beglaubigung seiner Aura des von Gott gesandten Retters gern den »Herrgott« und »Gottes Hilfe« anrief und der sich, wie die Liturgie der zahlreichen Gedenktage im Dritten Reich zeigt, der gemeinschaftsbildenden Funktion von Mythen und Ritualen bewusst war und diese mit beträchtlichem Erfolg für sich zu nutzen wusste, war in einem strengen Sinne gottlos. In einer nüchternen und umsichtigen Untersuchung zur Frage von Hitlers Gott hat Michael Rißmann überzeugend die »Unbestimmtheit und Inhaltsleere« der religiösen Vorstellungen Hitlers aufgedeckt.[177] Gleichzeitig jedoch warnt Rißmann vor der naheliegenden Versuchung, in Hitlers Bezugnahmen auf Gott nichts als Lüge und Täuschungsabsicht zu erblicken.[178]

Hitlers bevorzugtes Synonym für Gott, zumal nach Erlangung der Macht und nachdem er selbst als politisch Handelnder sich einer permanenten Erklärungsnot ausgesetzt sah, war »Vorsehung«. Im Unterschied zu manchen anderen hochrangigen Nationalsozialisten wie etwa Alfred Rosenberg oder Heinrich Himmler, die diversen Varianten von Mystik und Okkultismus anhingen, war seine Vorstellung von »Gott« in überraschend hohem Grade naturwissenschaftlich geprägt. Dies ist als das buchenswerteste Ergebnis von Rißmanns Analysen zu werten. Für den gründlich säkularisierten und von dem Wissenschaftsethos des 19. Jahrhunderts geprägten Katholiken Hitler war Gott »das Walten der Naturgesetze« nicht nur auf Erden, sondern im gesamten Universum. Diesen Gott zu erfahren, dazu taugten Sternwarten eher als Gotteshäuser. Was die Vorsehung mit einem Volk im Sinne hat, vollziehe sich nach Naturgesetzen und könne mittels der Versenkung in die Natur und über das Studium der Geschichte erkannt werden.

Diese Beschreibung der Hitler'schen Metaphysik bedarf jedoch einer gewichtigen Ergänzung. Sie hatte neben dem so verstandenen Vorsehungsglauben einen zweiten Pfeiler in einem profunden Genieglauben. Im Genie manifestierte sich für ihn die kulturschaffende Kraft eines Volkes, die desto höher zu veranschlagen ist, je weniger sie rassisch verunreinigt und damit in ihrer kulturschaffenden Kapazität geschwächt ist. Durchaus im Einklang mit der Musikphilosophie der deutschen Romantik erblickte Hitler in der Musik die erhabenste Form von Kunst und Genialität und den authentischsten Beitrag der Deutschen zur Kultur insgesamt. Vor diesem geistesgeschichtlichen Horizont erklärt sich die herausgehobene Stellung Richard Wagners nicht nur für Hitler, sondern für eine kritische Masse von Musikliebhabern, die mit kunstreligiösem Ernst einer in der Welt singulären Musikidolatrie frönten. In Wagner verkörperte sich die charakteristische musikalische Genialität der Deutschen, und Wagners Welterfolg galt vielen als Beweis der Überlegenheit der deutschen Kultur. Von daher erklärt sich die religiöse Ersatzfunktion des Genieglaubens. Die Stelle, an der in dem Schema des *self-fashioning* die höchste Autorität ihren Platz hatte, war für den jungen Hitler leer und konnte so mit einem würdigen Ersatz gefüllt werden. Für einen solchen Ersatz kam allein ein alles überragendes Beispiel von Genialität in Frage. Der junge Hitler wählte Richard Wagner zu seinem Ersatzgott – eine Wahl, die um 1900, in der Hochzeit des Wagner-Kults, beileibe kein Einzelphänomen war. Auch der junge Thomas Mann sprach, wie wir sahen, von Wagner, als seinem »Meister und nordischen Gott«, als sei dies selbstverständlich.[179]

Der Wagner, den sich der junge Hitler zu seinem Gott erwählte, war es unter präzise bestimmbaren Rezeptionsbedingungen – denen von Linz 1905. Wagner offenbarte sich dem jungen Hitler im blendenden Licht des epiphanieartigen Linzer *Rienzi* als ein Seher im Sinne der Alldeutschen Bewegung. Das politische Programm des Wagner'schen Rienzi ließ sich ohne weiteres mit nur geringen Anpassungen auf die historische Situation von 1900 beziehen. Wenn Rienzi erklärt, er wolle die einstige Größe Roms wiederherstellen, so mochten die Linzer Wagnerianer hören, was ihren aktuellen Nöten und Träumen zu entsprechen schien, nämlich eine implizite Aufforderung des *Rienzi*-Schöpfers, die Größe Deutschlands wiederherzustellen, wozu als nächstliegender Schritt die Einverleibung des deutschsprachigen Österreich, der sogenannten Ostmark, angestrebt wurde. Gut dreißig Jahre später war es der einstige Linzer Rienzi-Enthusiast, der ebendiesen alldeutschen

Wunschtraum nach der Einverleibung Österreichs am 15. März 1938 auf dem Wiener Heldenplatz als erfüllt erklären konnte. Dort verkündete er »den Eintritt meiner Heimat in das deutsche Reich« und nannte dies »die größte Vollzugsmeldung meines Lebens«.[180] Hitler vollzog damit einen die Mitwelt in Erstaunen versetzenden epochalen Bogen, der in gewissem Sinn in dem Wiener und Linzer alldeutschen Wagner-Kult keimhaft vorgezeichnet war.

Vieles spricht somit dafür, dass die Wagner-Verehrung des jungen Hitler eine Funktion von unabsehbarer psychologischer und ideologischer Bedeutung hatte. Der damals in voller Blüte stehende Wagner-Kult, dem sich der Knabe Hitler anschloss, eröffnete ihm einen geistigen Raum, in dem er sich über die verachtete Vielvölker-Monarchie, in die er selbst bedauerlicherweise hineingeboren war, erheben konnte und sich seiner gefühlsmäßigen und kulturellen Deutschheit zu versichern vermochte. Die Fixierung auf Wagner war für ihn der Anker, der seiner haltlosen Dilettanten-Existenz einen festen Halt bot. So fokussierte sich der Traum von einer Führer- und Erwecker-Rolle zwangsläufig auf ein Deutschtum, das in Wagner seine stolzeste Ausprägung gefunden hatte – in einer Musik also, die die Welt erobert hatte und die ihn in dem Wahn bestärkte, die deutsche Kultur sei allen anderen überlegen und somit zur Weltbeherrschung berechtigt.

Mit alledem ist Hitler eine Verhaltensweise zur Geschichte zuzurechnen, die unter jungen, nach Höherem strebenden Menschen verbreitet war und die Nietzsche als »monumentalische« Historie gekennzeichnet hat. Sie unterscheidet sich von der »antiquarischen« und der »kritischen« Historie darin, dass sie guten Gewissens selektiv ist und letztlich auf die Hervorbringung großer Taten und großer Werke zielt – auf eine Erhöhung von »Leben« im Sinne Nietzsches. Die »monumentalische« Historie eignet somit vorzüglich »dem, der einen grossen Kampf kämpft, der Vorbilder, Lehrer, Tröster braucht und sie unter seinen Genossen [...] nicht zu finden vermag«.[181] Das »Grosse« lebt allein weiter über den »schwierigen Fackel-Wettlauf der monumentalen Historie«. Wer selbst auf Großes sinnt, entnimmt deshalb der monumentalischen Geschichte die Gewissheit, »dass das Grosse, das einmal da war, jedenfalls einmal *möglich* war und deshalb auch wohl wieder einmal möglich sein wird; er geht muthiger seinen Gang, denn jetzt ist der Zweifel, der ihn in schwächeren Stunden anfällt, ob er nicht vielleicht das Unmögliche wolle, aus dem Felde geschlagen«.[182] Für den jungen Hitler konkretisierte sich in seiner Verehrung für Wagner die Essenz der monumentalischen Historie. Aus dem Zusammenspiel der Ahnungen Stephen Greenblatts und Nietzsches zur Frage der Persönlichkeitsbildung schält sich, wenn auf Hitler angewandt, ein stimmigeres und plausibleres Bild seiner Persönlichkeit hervor als aus den Mutmaßungen, die sich auf soziologische, psychologische oder geschlechtliche Modelle stützen.

Das dritte Merkmal der Persönlichkeitsbildung im Sinne des *self-fashioning* ist das in diesem sehr besonderen Fall wohl aufschlussreichste, denn es nimmt eine zentrale Stelle nicht nur in Hitlers Biographie ein, sondern auch in der deutschen Geschichte. Zur Identitätsbildung und Ausdefinierung einer starken Persönlichkeit gehört im Sinne von Greenblatts Modell die Fokussierung auf ein »threatening Other« – eine existentielle Bedrohung von außen durch eine Instanz, die als fremd und feindlich vorgestellt wird. Wo eine solche Bedrohung nicht augenfällig ist, muss sie aufgedeckt und, wenn nötig, sogar erfunden werden, damit etwas vorliegt, was im Interesse der Stabilisierung der eigenen Identität attackiert und zuletzt vernichtet werden kann.

Im Falle Hitlers kann kein Zweifel sein, worin er das »threatening Other« erblickte – es war »der« Jude, beziehungsweise das Konstrukt des so genannten »Weltjudentums«. Die Judenfeindschaft war die seine haltlose Existenz stabilisierende Konstante, wie der unverminderte Hassausbruch seines im Bunker in letzter Minute diktierten politischen Testaments noch einmal bekräftigte. In der Hitler-Literatur scheint hingegen eine These die Oberhand zu gewinnen, die offenbar zuerst von Franz Jetzinger vertreten wurde und heute als eine erwiesene Tatsache gehandelt wird. Dieser Auffassung zufolge sei Hitler erst 1919 Antisemit geworden, da vor seinem Eintritt in die Politik keine mündlichen oder schriftlichen Äußerungen von Judenfeindschaft überliefert sind.[183] In der neueren Hitler-Literatur wird die Suche nach einem eindeutigen Beleg etwas voreilig für erfolglos erklärt. Dieser heute dominanten Auffassung zufolge war der Antisemitismus kein integraler Bestandteil von Hitlers Persönlichkeit und Weltbild, sondern eine Art von rassenideologischer Zutat zu seinem Programm, die er sich relativ spät und aus politischem Kalkül angeeignet habe. Bevor er die politische Bühne betrat, habe er sich rasch auf dem »geradezu explodierenden« Ideologienmarkt der Nachkriegsjahre umgesehen und beschlossen, auf den Antisemitismus zu setzen, weil dieser den größten politischen Erfolg zu versprechen schien.[184] Eine andere Lesart suggeriert, der bis 1919 rassistisch Unbescholtene habe sich zunächst kühl opportunistisch verhalten und umsichtig abwartend einen »politischen Attentismus« praktiziert, bis er die Gewissheit gewann, dass der Antisemitismus eine politisch besonders starke Trumpfkarte sei.[185]

Diese Sicht auf einen, wenn nicht gar *den* Schwerpunkt der Hitler-Forschung hat jedoch etwas Eilfertiges und entbehrt, genau betrachtet, jeglicher Plausibilität. Zu viel spricht dagegen. Zur Identitätsbildung gehört die Abgrenzung gegen das Fremde, die Setzung eines »threatening Other« im Sinne Greenblatts, besonders wenn man davon umgeben ist, wie es während Hitlers Wiener Jahren unstrittig der Fall war. Der Prozess dieser inneren Abgrenzung gegen das Fremde, wenn sie die Radikalität und Dauer wie bei Hitler besitzt, kann wohl kaum plötzlich im Alter von dreißig Jahren erworben werden, sondern muss tiefer in die Anfänge der Persönlichkeitsbildung hinabreichen. Der Passus in *Mein Kampf*, in dem Hitler von »dem Anschauungsunterricht der Wiener Straße« spricht und – wie Wagner in *Das Judentum in der Musik* – von dem Fremdartigen und unwillkürlich Abstoßenden, das er beim Anblick sogenannter Ostjuden auf den Straßen Wiens empfand, kann schwerlich als nachträgliche und daher ungültige Erklärung abgetan werden.[186]

Das Wien, das Hitler kannte, bot den Lehrjahren eines Antisemiten reiche Nahrung. Die Metropole des Vielvölkerstaats war ein Magnet für die Scharen von Juden, die der Verfolgung im Herrschaftsbereich des Zaren und dem zur k.u. k. Monarchie gehörenden Galizien entflohen waren und in Wien eine Zuflucht fanden. Diese Stadt wurde, wie gezeigt, recht erfolgreich von Karl Lueger, einem populären Antisemiten, regiert, in dem der junge, glühende Wagnerianer eine zeitgenössische Variante von Wagners Rienzi erkennen mochte. Zudem herrschte nicht nur in Wien, sondern auch in Linz eine politische Atmosphäre, in der die strikt antisemitische Alldeutsche Bewegung die politische Szene dominierte. Die Bewunderung des jungen Hitler für Schönerer und seine Bewegung ist ein fest etablierter Fakt seiner Biographie.[187] Schönerer jedoch war ohne die Judenfeindschaft nicht zu haben. Eine größere Plausibilität besitzt daher die These von Marlis Steinert, der zufolge sich Hitler »seit 1908 zum Antisemiten wandelte«, also nachdem er mit Schönerer und seiner Bewegung in Berührung kam.[188]

Auch der Wiener Wagner-Kult galt, obgleich viele Juden sich daran beteiligten – man denke an Theodor Herzl oder Victor Adler – einem musikalischen Genie, dessen Judenfeindschaft kein Geheimnis war. Dass der junge Hitler von all diesen Eindrücken seiner Wiener Jahre unberührt geblieben sein sollte, ist schlechterdings nicht vorstellbar. Der Ersatzgott des jungen Hitler war ein Feind der Juden. Niemand, der ihm huldigte, wäre es beigekommen, diesen prominenten Zug in der geistigen Physiognomie des Verehrten zu ignorieren oder in Frage zu stellen.

Um seinem politischen Programm ein massenwirksames, judenfeindliches Profil zu geben, brauchte er sich also nicht erst auf dem Ideologienmarkt in dem München der Nachkriegsjahre zu bedienen, denn als er sich 1913 dort niederließ, führte er sehr wahrscheinlich den in dem Wien der Vorkriegszeit erworbenen Antisemitismus in seinem bescheidenen, doch sorgsam gehegten intellektuellen Gepäck mit sich. Anders wäre nicht zu erklären, dass das angeblich unbeschriebene politische Blatt schon in dem ersten Exposé, das der frischgebackene Agitator im September 1919 auf Geheiß seines Vorgesetzten Karl Mayr aufsetzte, alle Register des Judenhasses zu ziehen verstand. Dies aber ist der Fall in dem gewichtigen Brief an Adolf Gemlich vom 16. September 1919, einem Schlüsseldokument zum Verständnis von Hitlers Anfängen. Hier schon, gleichsam aus dem Startloch seiner politischen Laufbahn heraus, definiert er das Judentum als die »Rassentuberkulose der Völker« und fordert die »Entfernung der Juden überhaupt«.[189] Die Möglichkeit, dass Hitler hier seinem Vorgesetzten nach dem Munde redet und somit der Brief an Gemlich »keineswegs unbedingt als authentische Meinungsäußerung« für bare Münze zu nehmen sei, ist zwar nicht völlig auszuschließen, aber doch recht unwahrscheinlich.[190] Eine derart klare Positionierung als radikaler, zur Austreibung bereiter Antisemit, wie sie das Gemlich-Dokument darstellt, kann schwerlich aus heiterem Himmel erfolgt sein oder aus reinem Opportunismus. Ein solcher zum Handeln entschlossener Fanatismus – zwingender Beleg oder nicht – kann zu diesem Zeitpunkt nicht das Resultat einer kumulativen Radikalisierung gewesen sein, sondern muss tiefere Wurzeln haben.

Selbstredend ist die Frage, ob Hitler erst 1919 Antisemit wurde, keine Nebensächlichkeit, denn sie ist generell von Belang für unser Verständnis der ganzen Palette von Faktoren, die Hitler zu dem gemacht haben, als der er heute vor uns steht. Diese Frage ist auch und nicht zuletzt für unseren Blick auf die deutsche Mentalitätsgeschichte von Belang, besonders für die Etappe, die dem Eintritt Hitlers in die Politik vorausliegt. Lässt man seinen mörderischen Antisemitismus – also das grellste Signum seiner Reputation, heute mehr noch als damals – erst 1919 beginnen, so kommen zur Erklärung in erster Linie die Nachkriegswirren in München in Frage: der verlorene Krieg, die Räterepublik, die Versailler Verträge. Also eine durch den Krieg dramatisch veränderte Ausnahmesituation und somit keineswegs eine für die vorausgegangene Geschichte Deutschlands charakteristische Denkweise. Was damit auf Distanz gehalten und abgewehrt werden soll, ist der irritierende, doch aufs Ganze gesehen weit plausiblere Gedanke, dass dieser dominante Zug in der politischen Physiognomie des deutschen Diktators sich in einem kulturellen Kontinuum gebildet hat, das viel weiter in die deutsche Vergangenheit hinabreicht als der Erste Weltkrieg und seine unmittelbaren Folgen für Deutschland. Von jenem kulturellen Kontinuum, in das auch der Ästhetizismus der Jahrhundertwende eingebettet war, wird im Sinne dieser Abwehrreaktion angenommen, dass daraus kein Hitler hervorgehen konnte. So wird Hitlers Eintritt in die Politik als ein radikaler Antisemit auf das Konto einer historischen Ausnahmesituation und ihres extremen »Befindlichkeitschaos« verbucht. Es ist eine These von hoher Unwahrscheinlichkeit.

Der Heilsbringer

In der Hitler-Literatur hat sich früh ein Konsens gebildet, wonach die Führer- und Rettererwartung, die nicht nur in Bayreuth bestand, sondern auch in einflussreichen Kreisen am rechten Rand des politischen Spektrums, auf den ob seiner Rhetorik und gekonnten Selbstinszenierung aufsehenerregenden Neuling übertragen wurde. Unklar bleibt dabei, wie diese Erhöhung Hitlers zum Hoffnungsträger zustande kam und welches Gewicht dabei seinem Wagner-Kult zuzumessen ist.

Hitler gab sich in seinen Reden anfangs gelegentlich als einen bescheidenen Trommler aus, als Wegbereiter für einen Größeren. Als ein solcher Heilsbringer für Deutschland wurde noch während des Krieges und in den ersten Jahren danach Erich Ludendorff gehandelt, der als »Sieger von Tannenberg«, zusammen mit Feldmarschall Hindenburg, und als Chef der Obersten Heeresleitung im Westen sich einen legendären Ruf erworben hatte. Auf Ludendorff richteten sich zunächst auch in Wahnfried die Hoffnungen. So schrieb Cosima Wagner im Oktober 1920 an ihren Vertrauten, den Fürsten Ernst zu Hohenlohe-Langenburg: »Nach dem, was Sie [...] über Ludendorff gesagt, hoffte ich, er würde unser Diktator« und befreite »uns« von der »Mediokratie«, also der Weimarer Republik und der Demokratie.[191] Cosima Wagners Stoßseufzer repräsentiert in nuce die von Chamberlain artikulierte politische Linie des Hauses Wagner zu Beginn der Republik.

Die Trommlerrolle, in der sich Hitler gelegentlich gefiel, ist unschwer als ein taktisches Rollenspiel zu durchschauen, denn die Vorstellung von einem subalternen Wegbereiter ist letztlich unvereinbar mit seiner von Wagner beflügelten Machtphantasie und dem Traum von dem Volkstribunen, der Deutschland zu ungeahnter Größe führen würde. Zwar stand Hitler am 9. November 1923 bei dem Marsch zur Feldherrnhalle und der blutigen Niederschlagung des Hitler-Putsches mit Ludendorff Schulter an Schulter, doch ließ er sich seinen Führungsanspruch nicht streitig machen. Und das mit guten Gründen: Er war der um vierundzwanzig Jahre Jüngere, und er besaß, was dem steifen Militär völlig abging, nämlich die Rednergabe und das für einen erfolgreichen Demagogen unabdingbare Charisma.

Wir haben gesehen, wie Hitler kraft seiner Rienzi-Phantasie und kraft seines riesigen Erfolgs als Redner sich das Ansehen eines machtbewussten, zu allem entschlossenen Tribunen zu geben verstand. Diese Selbststilisierung erwies sich als ein geschickter Schachzug mit einem enormen politischen Bonus, weil sie weitere von Wagner inspirierte Phantasien und Projektionen in Gang setzte, die er selbst mit entsprechenden Gesten seinerseits weiter nährte. Diese Kettenreaktion ist bereits in der ersten Etappe seiner Karriere als Politiker zu beobachten, wie sein erster Auftritt in Bayreuth zeigt. Nachdem er am Abend davor Houston Stewart Chamberlain an dessen Krankenbett einen Besuch abgestattet hatte, betrat er am 1. Oktober 1923 zum ersten Mal das Haus

Wahnfried. Dort wurde der als politischer Geheimfavorit gehandelte Wagner-Verehrer mit offenen Armen empfangen.[192] Hitler war den Wagners kein völlig Unbekannter, denn bereits am 1. Januar 1921 hatte Josef Stolzing-Cerny in einem Brief Chamberlain nachdrücklich auf Hitler aufmerksam gemacht; dieser besitze große politische Kenntnisse und eine außerordentliche Rednergabe, mit der er die Massen mitzureißen verstehe.[193] Stolzing-Cerny stammte aus dem Wiener Wagner-Milieu und war in den ersten Nachkriegsjahren in München, wo er zunächst für den *Völkischen Beobachter* arbeitete, ein Hitler-Intimus.

Man darf sich den Empfang in Wahnfried jedoch nicht als ein intellektuelles oder politisches Gipfeltreffen vorstellen oder gar als das Treffen von Verschwörern. Die Bedeutung von Hitlers Auftritt ist vielmehr auf der symbolischen Ebene zu suchen, auf der Gesten schwerer wiegen als Worte. Ein substantieller Gedankenaustausch Hitlers mit Chamberlain wäre ohnehin nicht gut möglich gewesen, weil der an Parkinson Erkrankte nicht mehr fähig war zu sprechen. Hitler kannte Chamberlains rassistischen Bestseller *Die Grundlagen des neunzehnten Jahrhunderts* (1899) und hatte dessen Thesen von der Überlegenheit der allein Kultur schaffenden und Genies hervorbringenden arischen beziehungsweise germanischen Rasse längst verinnerlicht. Es bedurfte keiner näheren Verständigung in diesem Punkt. Die These von der Überlegenheit der germanischen Rasse aufgrund ihrer Genialität war der ästhetische Grundpfeiler der Weltanschauung Hitlers und lieferte ihm, wie wir sehen werden, die Rechtfertigung von Deutschlands Anspruch auf Weltherrschaft. Auch Chamberlains großes, in vielen Auflagen verbreitetes Wagner-Buch von 1896 war ihm vertraut.[194] Was in jener Stunde seines Antrittsbesuchs zählte, war die Ehrerbietung, die er diesem Vordenker des nationalsozialistischen Rassewahns durch seinen Besuch am Krankenbett entgegenbrachte. Worauf es Hitler offenbar ankam, fünf Wochen vor dem Putschversuch am 9. November, war die positive Signalwirkung, die der zum Putsch entschlossene Emporkömmling erzielen wollte und auch erzielte. Von gleicher Signalwirkung war die einsame Gedenkminute an Wagners Grab im Garten des Hauses, um die er mit wirkungssicherem Kalkül gebeten hatte. Als er Wahnfried verließ, durfte er sich sagen, dass er eine Art von Weihe empfangen habe und dass er auch künftig im Schoß der Familie Wagner willkommen sein werde – ein Charisma-Bonus von unschätzbarem Wert.

Es ist schwer zu sagen, was für Hitler mehr zählte: die politische Signalwirkung, die von seinem Empfang in Wahnfried ausgehen musste, oder der persönliche, offenbar beglückende Kontakt mit Winifred Wagner und ihrer Familie, die dem Junggesellen eine Art von Zuhause samt Nestwärme zu bereiten versprach. Auf jeden Fall wird man sagen dürfen, dass der 1. Oktober 1923 ein einschneidendes Datum in der Geschichte von Wagners Nachleben markiert und Konsequenzen zeitigte, die selbst heute noch unabsehbar sind, wie die zumal außerhalb Deutschlands verbreitete Assoziationsautomatik Wagner–Hitler erkennen lässt. In jener Stunde, als die Begeisterung über den politischen Neuling und Wagner-Verehrer zum ersten Mal mächtig aufwallte, wäre es keinem der in Wahnfried Anwesenden beigekommen, an die dunkle Vorahnung Telramunds in *Lohengrin* zu denken, die sich, wie auf der Bühne, so auch im Hause Wagner nur allzu rasch erfüllen sollte: »So zieht das Unheil in dies Haus.«

Ganz im Gegenteil, man erblickte in dem Führer der NSDAP einen potentiellen Heilsbringer zunächst für die 1923 noch pausierenden und finanziell gefährdeten Festspiele, die gleichwohl für das kommende Jahr schon geplant waren. Die diesbezüglichen Sorgen der Festspielleitung waren nur allzu begründet. Die desperaten Versuche Siegfried und Winifred Wagners, in Europa und selbst in den USA Spenden einzutreiben, zeitigten enttäuschende Ergebnisse. Und die Hyperinflation von 1923 entwertete das für die Festspiele angelegte Kapital. Gründe genug also, sich einen Heilsbringer in dem ganz konkreten Sinn einer finanziellen Sanierung herbeizuwünschen. Ab 1933 erwies sich Hitler, wie wir sehen werden, in der Tat als der finanzielle Garant der Bayreuther Festspiele.

Nach dem Antrittsbesuch in Wahnfried war Winifred Wagner von dem Führer der noch sehr kleinen Partei, der sich als Tribun und Diktator im Wartezustand gerierte, so angetan, dass sie und Chamberlain sogleich publizistisch aktiv wurden. Sie machten drei offene Briefe publik – zwei aus der Hand Chamberlains, der andere von Winifred Wagner –, die Hitler in ihrer kumulativen Wirkung einen unschätzbaren Respektabilitätsschub einbrachten und de facto eine Unbedenklichkeitserklärung darstellten. Zum ersten Mal bekannte sich mit der Familie Wagner und dem Bayreuther Kreis eine hochangesehene kulturelle Institution Deutschlands zu Hitler und bedeutete den Gläubigen im Land, dass der Retter Deutschlands, der neue Parsifal, erschienen sei. Diese offenen Briefe waren mehr als lediglich eine publizistische Schützenhilfe für den kommenden Diktator; es waren kräftige Anstöße zum Entstehen eines Hitler-Mythos von spezifisch Bayreuther Couleur. Mochte der Kompass seiner Wagner-Verehrung und Wagner-Phantasien von früh an nach Bayreuth gezeigt haben, der letzte Schritt zur Allianz im Geiste Wagners, die formelle Einladung nach Wahnfried, kam vonseiten der auf einen Retter und Diktator hoffenden Wagner-Familie, denn es war, wie Anja Lobenstein-Reichmann anmerkt, »nicht Hitler, der auf Chamberlain zukam«, sondern umgekehrt hatte man von Wahnfried aus Kontakt zu dem politischen Hoffnungsträger gesucht.[195]

Darauf öffneten sich ihm auch die Türen zu großbürgerlichen Kreisen, die ihm bis dahin verschlossen geblieben waren, zu den Salons der Bruckmanns und der Bechsteins. Beide Familien unterhielten enge Beziehungen zu Bayreuth, zumal zu Chamberlain, dessen *Grundlagen* im Verlag F. Bruckmann erschienen waren. Der Salon von Elsa und Hugo Bruckmann am Carolinenplatz in München, der in einer weit ausholenden und erhellenden Studie von Wolfgang Martynkewicz als »Salon Deutschland« analysiert wurde, verschaffte Hitler einen weiteren gewichtigen Respektabilitätsschub und diente ihm als Sprungbrett zu fortgesetztem gesellschaftlichen Aufstieg.[196]

Chamberlain fasste die Genugtuung Bayreuths über das gute Omen von Hitlers Wagner-Verehrung in einen für die Propaganda bestens brauchbaren Satz: »Daß Deutschland in der Stunde seiner höchsten Not sich einen Hitler gebiert, das bezeugt seine Lebendigkeit.«[197] Damit wurde zweierlei signalisiert: Zum einen ist Hitler der konkrete Beweis für die Genie zeugende Kraft der germanischen Rasse; zum anderen belegt die Existenz Hitlers, dass die Vorsehung es gut meint mit Deutschland. In Deutschlands höchster Not schickt sie einen charismatischen Führer, einen, wie Lohengrin, mit überirdischer Kraft ausgestatteten Heilsbringer, der Deutschland retten wird.

Chamberlain hatte sich mit seinem Buch *Die Grundlagen des neunzehnten Jahrhunderts*, das die Rasse zum entscheidenden Faktor der Geschichte erklärte und ein Welterfolg wurde, ein ungeheures, heute kaum nachvollziehbares Renommee weit über Bayreuth hinaus erworben. Er stand im Briefwechsel mit Kaiser Wilhelm dem II., der Chamberlains Geschichtsdeutung überaus schätzte.[198] Die beiden offenen Briefe über Hitler schlagen den salbungsvollen Ton an, der für Bayreuth als geistige Lebensform charakteristisch ist. In dem ersten vom 7. Oktober 1923, also vor dem Putsch, begründet er seine Unterstützung und Sympathie damit, dass Hitler das »parlamentarische System« und damit die Weimarer Republik beseitigen wolle.[199] In dem zweiten vom 1. Januar 1924, also nach dem Putschversuch, führt er Hitlers »Gegnerschaft gegen die Juden« und gegen die Marxisten an. Von den vielen phrasendreschenden Antisemiten wage es keiner, »die Konsequenz von seinem Denken auf sein Handeln zu ziehen; keiner außer Adolf Hitler«.[200]

Beide Briefe sind in dem christlich frömmelnden, antisemitisch aufgeladenen Wagner-Code geschrieben und signalisieren diskret, doch für die Gläubigen leicht zu entziffern, die extrem auratisierte Gestalt des Parsifal. Der sieche, ans Bett gefesselte Chamberlain lässt wissen, der Besuch Hitlers habe ihm nach langer Schmerzensnacht zum ersten Mal »erquickenden Schlaf« gebracht – wie Parsifal dem siechen Amfortas Linderung und schließlich Heilung verschafft. Was Hitler auszeichnet und zur Lichtgestalt erhöhe, sei Wahrhaftigkeit, Mut, Ernst und Liebe. Er sei alles andere als ein Fanatiker und stehe eigentlich außerhalb und über der Politik. Schon jetzt habe dieser Mann »gewirkt wie ein Gottessegen, die Herzen aufrichtend, die Augen auf klar erblickte Ziele öffnend […], die Fähigkeit zur Liebe und Entrüstung entfachend, den Mut und die Entschlossenheit stählend […]. Gott, der ihn uns geschenkt hat, möge ihn uns noch viele Jahre bewahren zum Segen für das deutsche Vaterland.«

Ohne politisches Vokabular im geläufigen Sinn zu bemühen, wählte Chamberlain, wie es seine Art war, die codierte Sprache der Metapolitik, deren Sinn jedoch nicht zu verkennen war. Im Grunde genommen vollzog Chamberlain mit seinem zweiten offenen Brief die publizistische Version des musikalisch opulent gestalteten Weihe- und Inthronisationsritus, den Gurnemanz im dritten Akt von Wagners Bühnenweihfestspiel zelebriert: »So ward es uns verhießen; / so segne ich dein Haupt, / als König dich zu grüßen. / Du Reiner! / Mitleidvoll Duldender, / heiltatvoll Wissender!« Keine andere Wagner-Assoziation hätte ein höheres Maß an Charisma signalisieren können als die mit dem sakralisierten Helden von Wagners Vermächtniswerk. Hitler war sich sehr wohl bewusst, welche Heiltat nottut, und er allein war gewillt, sie auszuführen. Freilich ist die von Chamberlain und Hitler gemeinte Heiltat eine andere als die in Wagners Abschiedswerk; sie ist unzweideutig antisemitisch konnotiert. Um aber keinen Zweifel daran aufkommen zu lassen, dass er in Hitler in der Tat den neuen Parsifal erblickte, signalisierte er dem neuen Hoffnungsträger über den Besuch Ludendorffs in Bayreuth im April 1924, dass er den alten General für »eine Siegfried-Natur« halte, während er in dem vergleichsweise jungen Wagnerianer »eine Parsifal-Natur« erblickte.[201]

Hitler erkannte den propagandistischen Wert der beiden Schreiben Chamberlains sofort und ließ das eine in einem Parteiblatt nachdrucken; das andere fand als Beilage zur Neujahrsausgabe der *Großdeutschen Zeitung* Verbreitung. Nach dem Tod des schwer Leidenden am 9. Januar 1927 setzte Hitler seinerseits ein Zeichen, indem er der Einäscherung des Verblichenen in Coburg beiwohnte und in einer kleinen Ansprache (die nicht überliefert ist) dem Haupt des Bayreuther Kreises für alle Welt sichtbar seine Verbundenheit bekundete. In Traueranzeigen der NSDAP, die gewiss im Sinne des Parteiführers formuliert waren, wurde die Vordenkerrolle des Verstorbenen ausdrücklich betont: »Wir Nationalsozialisten wissen, was Chamberlain für deutsches Volkstum, deutsche Rasse, den deutschen Staat auf nationaler und sozialer Grundlage bedeutete. Wir danken ihm für all die herrlichen Gedanken und Willensbestrebungen, die seine Worte und Werke in deutschen Herzen und Hirnen auslösten. […] Wir wissen, dass die Werke Chamberlains den Ehrenplatz unter all den anderen Büchern in der Bibliothek unseres Führers Adolf Hitler einnehmen.« Zu dieser Respekts- und Dankesbezeugung gesellt sich zum Abschluss der Appell, im Sinne des Verstorbenen zu handeln: »Wir wissen, dass die Gedankengänge Chamberlains gebieterisch von jedem, die sie innerlich erfasst haben, die Tat verlangen […].«[202] Noch in den Monologen im Führerhauptquartier während der Kriegsjahre gedachte Hitler der beiden Briefe Chamberlains mit Dankbarkeit für den enormen Respektabilitätsschub, den ihm die 1923 geknüpfte Verbindung zu Wahnfried gewährte, die einem gewichtigen Charismatransfer von Wagner auf Hitler gleichkam.[203]

In diesem Zusammenhang erlangt die Bezugnahme auf die »Tat« im offiziellen Nachruf auf Chamberlain ein besonderes Gewicht. Der Text im Ganzen lässt erkennen, dass Hitler sich als derjenige verstand, der als

Einziger aus Chamberlains Rassentheorie die richtigen Konsequenzen zog und der bereit war, sie auch Tat werden zu lassen. Mithin verstand er sich als der Erbe Chamberlains und als Vollstrecker seiner Theorien. Allerdings wäre es unhaltbar, daraus eine unmittelbare Abhängigkeit des späteren Vernichtungsprogramms von Chamberlain zu folgern. Mit der von Chamberlain wie von Hitler gemeinten Heiltat war zu diesem Zeitpunkt allem Anschein nach die Ausweisung der Juden aus Deutschland gemeint. Die Entscheidung zu dem systematischen Massenmord an den Juden Europas erfolgte erst 1941 während des Krieges und der militärischen Okkupation weiter Teile Osteuropas.[204] Es war eine Entscheidung, die jedoch ihre tiefsten Wurzeln nicht in der militärischen Situation von 1941 hatte, sondern in der fatalen Verquickung von ästhetischen und biologischen Obsessionen, die das 19. Jahrhundert zeitigte und die in Chamberlains Werk popularisiert wurde.

Mit Chamberlains gewichtigen Interventionen war der bisher wenig vertrauenswürdige, plebejische Volkstribun in die hoch auratische Rolle des neuen Parsifal erhoben und durfte, an geweihtem Ort dazu ermutigt, weiter davon träumen, eines Tages die zur Rettung Deutschlands notwendige Heiltat ins Werk zu setzen. Wenn, wie vermutet wurde, Chamberlain wirklich nichts weiter beabsichtigt hätte, als Hitler für den Bayreuther Gedanken zu gewinnen, hätte es wohl kaum seiner publizistischen Schützenhilfe bedurft, denn an Hitlers Devotion gegenüber Wagner und Bayreuth konnte schon zu diesem Zeitpunkt kein Zweifel sein.[205] Vielmehr deutet alles darauf hin, dass Chamberlain in Hitler einen Gleichgesinnten sah, der am ehesten imstande war, die metapolitischen Ziele Bayreuths, die er selbst zwar formulieren, aber nicht verwirklichen konnte, auf die Füße der realen Politik zu stellen.

Dass Chamberlains Winke über Hitler, den neuen Parsifal, verstanden und akzeptiert wurden, ist aus einem gewichtigen Zeugnis eines angesehenen Musikwissenschaftlers aus der Zeit unmittelbar nach der Machtübernahme ersichtlich. Alfred Lorenz, Verfasser von vier Bänden über *Das Geheimnis der Form bei Richard Wagner*, deutet 1933, im Vorwort zum vierten Band, *Parsifal* als ein prophetisches Werk, das von »Führertum und Wiederaufstieg« einer krisenhaft gefährdeten Gemeinschaft handle. Diese Vorausdeutung habe in Adolf Hitler und der nationalen Erhebung von 1933 ihre Erfüllung gefunden.[206] An anderer Stelle fasst Lorenz seine und der ganzen Wagner-Gemeinde

Ergriffenheit von Hitler, dem Heilsbringer, in das Motto: »Heil unserem Retter und Führer!«[207]

Im Lichte dieser Zusammenhänge ist es mit Händen zu greifen, dass der propagandistische Kraftstrom, der von Bayreuth aus Hitler und seiner Bewegung zufloss, abgesehen von der Opposition gegen die Weimarer Republik, sich von Anfang an aus dem Antisemitismus des Bayreuther Kreises speiste. Darüber brauchte Hitler nicht offen zu reden; es verstand sich von selbst. Chamberlain seinerseits, der Hitlers Ziele offen ansprach, präsentierte sich mit sicherem Instinkt für die größtmögliche Wirkung als ein Weiser, der alle Zweige der Wissenschaft und Kultur souverän überblickt und deshalb über der Politik steht. Er gab sich nicht als Verfechter irgendeiner kurzsichtigen Parteipolitik, sondern als der Anwalt einer Metapolitik zum Heile Deutschlands und der germanischen Rasse. Chamberlains Ausrufung Hitlers zum Heilsbringer und neuen Parsifal war in Wirklichkeit eine folgenreiche politische Tat – seine folgenreichste. Die Tatsache, dass, wie Udo Bermbach aufgezeigt hat, zwischen dem Vordenker von Bayreuth und seinem Verehrer im Weltanschaulichen auch Differenzen bestanden und »Chamberlain keineswegs vorbehaltlos auf die Seite der Hitler-Bewegung eingeschwenkt« sei, kann die Schwere seiner Intervention nicht entwerten.[208] Auch wenn Chamberlains Antisemitismus nicht deckungsgleich war mit dem Hitlers, bestehen doch genug Gemeinsamkeiten, so dass sein Bekenntnis zu dem Anführer der NSDAP nichts anderes als eine Verstärkerfunktion haben konnte. Hitler durfte sich nun sagen, dass seine rassenpolitischen Ziele den Segen Chamberlains hatten und dass seine fanatische Judenfeindschaft von den Erben Wagners im Geiste Wagners – oder was sie dafür hielten – gutgeheißen wurde.

Der Musikwissenschaftler Reinhold Brinkmann hat zu Recht bemerkt: »Die Bedeutung des Bayreuther Kreises für die Propagierung und Durchsetzung nationalsozialistischen Denkens und nationalsozialistischer Politik in Deutschland kann nicht hoch genug veranschlagt werden.«[209] Chamberlains publizistische Weihe Adolf Hitlers zum Heilsbringer, zumal mit dem Hinweis auf dessen Entschlossenheit zur antisemitischen Tat, ist als der gewichtigste Beleg für Brinkmanns These anzusehen.

Genau betrachtet zielte Chamberlains Intervention zugunsten

Hitlers über die sogenannte Lösung der Judenfrage weit hinaus in Richtung Weltpolitik. Die »Lösung der Judenfrage« war gleichsam das Nahziel. Letztlich aber ging es um Höheres: um Deutschlands Suprematie in der Welt – ein Fernziel, das auch Hitler vorschwebte. In einer seiner vielen Kriegsschriften, *Die Zuversicht* (1915), erklärte Chamberlain Deutschland schlicht zum »Werkzeug Gottes« in einer noch zu vollendenden Heilsgeschichte. Es sei somit Deutschlands »gottgegebene Bestimmung [...] – der Welt zum Heil – die vorherrschende Weltmacht zu werden«.[210] Acht Jahre später, im fünften Jahr der Weimarer Republik, verkündet Chamberlain in einem Artikel im *Völkischen Beobachter*, es gehe in der gegenwärtigen Situation um nichts weniger als das »Dasein des Deutschtums, des Deutschgedankens. Dies aber ist der heiligste Gedanke Gottes, der bisher auf Erden gewesen.«[211] Der Artikel erschien wohl nicht zufällig am 9. November, dem Tag des Hitler-Putsches, dessen kläglicher Ausgang sich der Autor zum Zeitpunkt der Niederschrift des Artikels nicht vorstellen mochte. Nicht genug damit, trägt der Artikel auch noch die für Chamberlains exzentrisches Christentum charakteristische Überschrift *Gott will es!* Mochte Chamberlain mit Deutschlands Suprematie eine bloß kulturelle gemeint haben, die von dem englischen Germanophilen gemeinte Sonderstellung Deutschlands setzte implizit die politische Vormachtstellung voraus. Hitler jedenfalls, sein mystischer Verehrer, gab sich mit dem kulturellen Vorrang nicht zufrieden und erstrebte die politische Dominanz, die es militärisch zu erfechten galt.

Ob Hitler in der Tat die Weltherrschaft anstrebte oder lediglich die Vorherrschaft in Europa, war lange Zeit ein Streitpunkt in der Hitler-Literatur.[212] Doch angesichts der Rede am 13. November 1930 vor dem Nationalsozialistischen Studentenbund in Erlangen kann es keinen Zweifel geben. Die Rede lässt erkennen, dass die Begründung des Weltmachtstrebens in entscheidendem Maß kultureller Natur war. Zwei Monate nach dem erdrutschgleichen Erfolg bei den Reichstagswahlen hielt der Führer der mächtig erstarkten NSDAP es für angebracht, die ihm ergebene akademische Jugend, bei der er am ehesten auf Idealismus und Opferbereitschaft zählen durfte, auf die Endziele eines bald schon nationalsozialistischen Deutschlands einzustimmen.

Um das imperiale Fernziel Weltherrschaft zur logischen Konsequenz der deutschen Geschichte und zum Gebot der historischen Stunde erklären zu können, wird zunächst eine apokalyptische, auf sozialdarwinistische Obsessionen gestützte Drohkulisse aufgebaut. Nur die Stärksten überleben im ewigen Existenzkampf der Völker. Unterlegene Völker werden zum »Kulturdünger« der siegreichen Völker degradiert und gehen unter. Deutschland habe im Dreißigjährigen Krieg aufgrund seiner inneren Zerrissenheit den Anschluss an die imperialen Großmächte, die die Welt unter sich aufteilten, verpasst. Eine ähnliche Konstellation sei auch nach dem Großen Krieg eingetreten; die Weimarer Republik biete wieder das Bild eines innerlich zerrissenen Deutschlands. Doch was vor dreihundert Jahren geschah, dürfe sich nicht wiederholen und werde sich nicht wiederholen, wenn das Endziel Weltherrschaft mit kampfbereitem Heldenmut angestrebt und, wie er euphemistisch formuliert, »ein neuer Einsatz deutscher Kraft nach außen« gewagt werde.

Warum ein Land, das sich von einer militärischen Niederlage kaum erholt hatte und gerade eine existenzbedrohende Wirtschaftskrise durchmachte, die Weltherrschaft anstreben solle, ja, anstreben müsse, wenn es überleben wolle, wird mit einer seine meist jugendlichen Zuhörer berauschenden Behauptung begründet: »Einst gab es kein Volk, das mehr Anspruch gehabt hätte als das deutsche auf Teilnahme am Kampf um die Weltherrschaft und endlich auf die Weltherrschaft an sich.« Doch »bei der ersten Verteilung« der Welt sei Deutschland »zu spät gekommen«. Während die wechselnden Regierungen der Weimarer Republik Deutschland als »zweitwertig« hinstellten, glaube er an ein den anderen Völkern überlegenes Deutschland: »Wenn überhaupt ein Volk ein Recht besitzt, bei der künftigen Gestaltung der Welt mitzureden, dann ist das unser eigenes Volk. Nicht Frankreich hat ein Vorrecht, sondern wenn man von einem Vorrecht reden kann, so ist es das deutsche Volk.«[213]

Zur Begründung der Überlegenheit des deutschen Volkes wird routinemäßig auf seinen im Krieg bewiesenen Heldenmut und auf seine Tüchtigkeit in vielen praktischen Bereichen hingewiesen. Die tiefere Begründung ist jedoch kultureller Natur – ein Gedanke, der an dieser Stelle nicht direkt ausgesprochen wird, doch leicht zu erschließen ist. Ein fundamentaler Glaubenssatz der Hitler'schen Kunstauffassung ist die Überzeugung, es gebe »kein stolzeres Dokument für das höchste Lebensrecht eines Volkes als dessen unsterbliche, kulturelle Leistungen.«[214] Wenn sich das Lebensrecht eines Volkes letztlich durch geniale

Kunstleistungen legitimiert, so versteht sich von selbst, dass das so definierte Lebensrecht geradezu dazu verpflichtet, sich an dem Kampf um die Weltherrschaft zu beteiligen. Und was die kulturelle Überlegenheit des deutschen Volkes betrifft, so war sich Hitler mit Chamberlain und den Wagnerianern einig, dass sie auf dem Feld der Musik offenbar geworden sei und im Werk Wagners ihre Aufgipfelung erfahren habe. Die Weltherrschaft ist also kulturell vorgezeichnet in der deutschen Musik, denn die »Musik, soweit sie überhaupt etwas bedeutet, haben Deutsche gemacht«.[215]

Somit ist Chamberlain neben Friedrich dem Großen und Wagner als eines der bestimmenden Leitbilder Hitlers zu betrachten. Hitlers Antisemitismus, seine rassisch verankerte Kunstauffassung sowie die kulturelle Begründung des deutschen Weltmachtstrebens bezogen aus der Chamberlain-Lektüre ihre wichtigste Bekräftigung und pseudowissenschaftliche Beglaubigung. An diesem Befund müssen alle Versuche scheitern, die enorme Bedeutung Chamberlains für Hitler herunterzuspielen in der irrigen Annahme, dass die prätendierte Metapolitik auch wirklich in einem unpolitischen Sinn zu verstehen und also mit Hitlers totalitärem Politikverständnis unvereinbar sei.[216] Sowohl der Bayreuther Guru selbst als auch sein gelehriger Verehrer hätten sich über eine solche Charakterisierung ihrer Beziehung sehr gewundert. Chamberlains »Nicht-Politik« ist so wenig beim Wort zu nehmen wie Thomas Manns *Betrachtungen eines Unpolitischen;* beide stellen eminent politische Interventionen dar, die nicht deswegen als unpolitisch zu begreifen sind, weil sie von keinem Berufspolitiker stammen, sondern von einem vorgeblich über der Politik stehenden, doch mit hohem kulturellen Prestige ausgestatteten Zeitgenossen.

Der germanophile Engländer ist somit in höherem Maße als Hitlers »Lehrmeister« im Sinne Joachim Fests anzusehen denn der Schöpfer des *Tristan,* insbesondere was den Antisemitismus betrifft. Hitler hat den Autor der *Grundlagen des neunzehnten Jahrhunderts* offen als Vordenker anerkannt, während er es verschmähte, zur Rechtfertigung seiner Judenfeindschaft sich auf Wagner zu berufen. Dieser unerwartete Befund hat den Experten zu denken und zu allerlei Mutmaßungen Anlass gegeben.[217] Letztlich aber wird man sich der Erkenntnis nicht verschließen können, dass im Weltbild Hitlers Richard Wagner eine erhabenere Stelle einnahm als die eines Stichwortlieferers. Wagner war ihm die fleischgewordene Genialität der germanischen Rasse. Für eine Künstlernatur wie Hitler war die Devotion, mit der er seine Liebe zu den Wagner-Opern zur Schau stellte, kein Selbstzweck, sondern ein symbolischer Akt, der eigentlich einem Höheren galt. Gegenstand seiner kultischen Verehrung waren die genialen Werke Wagners also nur vordergründig; in letzter Instanz galt sie der rassisch bedingten und definierten Quelle der Genialität.

Als ausgesprochen kultisch ist denn auch der wenig bekannte, doch signifikante Umstand aufzufassen, dass sich Hitler über die Jahre hin drei Totenmasken beschaffte – und zwar von Friedrich dem Großen, von Richard Wagner und von Houston Stewart Chamberlain. Sie dienten ihm, wie Birgit Schwarz treffend bemerkt, als »Berührungsreliquien«.[218] Drei Emanationen einer in der Rasse gründenden Genialität, drei Träger eines starken Fremd-Charismas, dessen Wunderkraft sich in ihm selbst bewähren sollte. Offenbar behandelte er die drei Totenmasken als talismanische Segensspender, aus deren Berührung er Trost und Stärke schöpfen mochte.

Eine signalhafte Bedeutung anderer Art muss dem offenen Brief zuerkannt werden, den Winifred Wagner in der *Oberfränkischen Zeitung* veröffentlichte. Sie tat dies sogleich nach der Rückkehr aus München, wenige Tage nach dem gescheiterten Hitler-Putsch, den sie aus nächster Nähe mitverfolgt hatte. Winifred Wagner weilte in der bayrischen Metropole wegen eines Konzerts, in dem eine symphonische Dichtung Siegfried Wagners, *Das Glück*, uraufgeführt werden sollte. Das Konzert wurde wegen der Unruhen im Gefolge des Hitler-Putsches abgesagt. Gut möglich, dass dieses Konzert als Siegesfeier nach gelungenem Staatsstreich gedacht war.[219] Von Siegfried Wagner ist eine Aussage überliefert, die diese Möglichkeit nicht ausschließt: »Mein ›Glück‹ paßt so ganz auf Hitler und seine Schar, als hätte ich's vorgeahnt.«[220] Winifred Wagner bekannte offen, was »ganz Bayreuth« ohnehin wusste, nämlich dass das Haus Wagner »in freundschaftlicher Beziehung zu Adolf Hitler« stehe und »dass wir, die wir in den Tagen des Glücks zu ihm standen, nun auch in den Tagen der Not ihm die Treue halten«. Der restliche Text ist eine schwärmerische Eloge auf den noblen Charakter und die starke Persönlichkeit des Putschisten: »Ein solcher Mann, der so unbedingt für das Gute eintritt, muss die Menschen begeistern, hinreißen, mit aufopfernder Liebe und Hingebung für seine Person beseelen.«[221] Der Verehrte zeichnete seine fanatische Verehrerin u.a. dadurch aus, dass er sie zur Neugründung der NSDAP 1926 einlud; sie war schon seit 1923 Mitglied der Hitler-Partei.[222]

Winifred Wagners offener Brief ist das erstaunliche Zeugnis eines naiven Enthusiasmus und arglosen Idealismus. Er macht verständlich, dass der derart Angeschwärmte eine Zuneigung zu dieser Engländerin empfand und sich in ihrem Haus geborgen und wohl fühlte. Der Hitler-Wagner-Nexus empfing aus dieser persönlichen Beziehung seine intimsten Impulse. Im Übrigen nährt dieser Brief den Verdacht, dass der Termin von Hitlers Antrittsbesuch in Wahnfried, fünf Wochen vor dem Losschlagen mit seinen Getreuen, Teil einer umsichtigen Planung und eines großen Aktionsprogramms war. Wäre Hitlers Staatsstreich von Erfolg gekrönt gewesen, so hätte die freundschaftliche Beziehung zu Bayreuth und Wahnfried das kulturelle Legitimationsdefizit mit einem Schlag gedeckt, das die Radau machende SA ständig offen hielt. Nun aber, da der Putsch gescheitert war und ihm der Prozess wegen Hochverrats drohte, durfte er in den kommenden Jahren der Kampfzeit auf die Sympathie und die Unterstützung der Nachkommen Richard Wagners und des Bayreuther Kreises zählen sowie der großen Wagner-Gemeinde im Reich und in Österreich. Diese Unterstützung nahm verschiedene Formen an, auch die einer Petition an die bayrische Staatsregierung zur Freilassung Hitlers aus seiner Festungshaft; die Petition erzielte 10000 Unterschriften, darunter auch »das Haus Wahnfried«.[223]

Hitler hat sich, wie schon bemerkt, an die Verdienste der beiden englischen Mitglieder der Wagner-Familie um die Bewegung stets dankbar erinnert, denn es waren unwahrscheinlicherweise sie, die Bayreuth und den Nationalsozialismus zusammenbrachten und eine beiderseits profitable Allianz herbeiführten. Auf diese Allianz waren auch die Wagnerianer unter den Nationalsozialisten stolz, wie an einem 1936 geschriebenen, von Lokalpatriotismus erfüllten Artikel *Der Führer und Bayreuth* abzulesen ist. Dort wird Hitlers erster Auftritt in Bayreuth wie folgt geschildert und zu einem epochalen Ereignis verklärt: »Am Abend aber [des 30. September 1923] kam es ganz in der Stille zu einer der denkwürdigsten Begegnungen der Bayreuther Geschichte und – man darf wohl auch sagen – der Geschichte der nationalsozialistischen Bewegung: Adolf Hitler und Houston Stewart Chamberlain reichten sich die

Hände. Der große Denker, der durch seine Schriften ein Wegbereiter des Führers geworden ist und die geistigen Grundlagen der nordischen deutschen Weltanschauung geschaffen hat, der geniale Seher und Künder des Dritten Reiches fühlte, daß sich in diesem einfachen Manne aus dem Volke das deutsche Schicksal beglückend erfüllen wird.«[224]

Was Hitler in dieser Hinsicht motivierte, ist im Lichte seines Werdegangs leicht begreiflich. Was Chamberlain und Winifred Wagner motivierte, ist nicht ohne weiteres erkennbar und stellt kein geringes Rätsel dar. Dieses Rätsel ist nur vor dem Hintergrund ihrer Idolisierung nicht nur Richard Wagners, sondern eines idealisierten, im Falle Chamberlains gar sakralisierten Deutschtums zu begreifen.

Alles deutet darauf hin, dass wir es hier mit zwei Fällen von Hyperakkulturation zu tun haben, einem Begriff, der aus der Antisemitismusforschung stammt.[225] Als Hyperakkulturation bezeichnet man eine allzu emphatische, ja übertriebene Form der Assimilation. Wenn zum Beispiel in Thomas Manns Erzählung *Wälsungenblut* die jüdische Familie Aarenhold ihre Zwillingskinder Siegmund und Sieglinde nennen lässt, um ihre hochgradige Assimilation und ihr Verlangen nach gesellschaftlicher Akzeptanz zu signalisieren – und damit des Guten ein wenig zu viel tut –, so haben wir es mit einem Symptom von Anpassung zu tun, die über ihr schickliches Ziel hinausschießt. Auch Winifred Wagner, das englisch-walisische Waisenkind, und Houston Stewart Chamberlain, der mütterlicherseits verwaist und bald auch seines Heimatlands beraubt war und der aufgrund seines Lebenslaufs eigentlich zum Kosmopoliten prädestiniert war, mussten, um in einer fremden Kultur aufgenommen zu werden und sich darin geborgen zu fühlen, Gesten und Strategien der Hyperakkulturation entwickeln.[226] Ihr rückhaltloses Eintreten für Wagner und für das in und durch Wagner sich manifestierende Deutschtum boten ihnen darin die sichersten Erfolgschancen.

In diesem Unterfangen wurde Winifred von ihrem Ehemann allem Anschein nach kräftig unterstützt. Siegfried Wagner trat zwar nie der NSDAP bei, doch tat er dies nicht aus einem Mangel an Überzeugung, sondern weil er als Festspielchef sein Image nicht in Verruf bringen wollte. Was er von der Schwärmerei seiner jungen Frau für Hitler dachte, geht aus zwei brieflichen Äußerungen von 1923 hervor: »Wir [...] halten treu zu ihm, wenn wir auch dabei ins Zuchthaus kommen sollten. Gesinnungslumpen waren wir ja in Wahnfried nie […]. Meine Frau kämpft wie eine Löwin für Hitler! Großartig! […] Hitler ist ein prachtvoller Mensch, die echte deutsche Volksseele. Er muss es fertig bringen!«[227] Winifred Wagners Hyperakkulturation ging jedoch weit über das Bekenntnis zu Wagner und zu Bayreuth hinaus und verstieg sich zu dem verblendeten Ehrgeiz, ihre Freundschaft zu Adolf Hitler zur Veredelung und Vermenschlichung des Nationalsozialismus gleichsam von innen her zu nutzen. Noch zwanzig Jahre nach dem Krieg sprach sie in ihrem berühmten, listig arrangierten Interview mit Hans-Jürgen Syberberg von einem wahnhaften »Edelnationalsozialismus«. Hitler seinerseits – auch er in einem gewissen Sinn heimatlos – musste ihre fanatische Form der Assimilation als beglückend empfinden, denn recht besehen praktizierte auch er, in seiner Quasisakralisierung Wagners und des in Wagner sich manifestierenden Deutschtums, eine Form der Hyperakkulturation.

Parsifal, um auf die Bedeutung dieses Vermächtniswerks für die Interaktion der Wagner-Gemeinde mit dem Helden der »Heiltat« einen abschließenden Blick zu werfen, inspirierte zunächst Chamberlain und sodann unzählige andere Wagnerianer zu einem Transfer ihrer politischen Heilserwartung, samt dem dazu erforderlichen, die Massen bewegenden Charisma auf Hitler. Doch genau betrachtet gehörte Wagners Bühnenweihfestspiel mit seiner zentralen Mitleidsthematik nicht zu den Vorzugswerken des schlechthin Mitleidlosen. Was ihn am meisten interessierte, nicht nur an *Parsifal,* sondern an allen Opern, waren Fragen der Inszenierung und der Bühnengestaltung. Die wenigen Kommentare zu Wagners vieldeutigem Vermächtniswerk, die überliefert sind, weisen in die Richtung einer esoterischen Blut-Mystik. Wir kennen die diesbezüglichen Bemerkungen lediglich aus den von Hermann Rauschning überlieferten *Gesprächen mit Hitler* und aus den Erinnerungen *Im Angesicht des Galgens* des in Nürnberg hingerichteten Hans Frank, des Herrschers über das polnische Generalgouvernement.[228] Da aber an der Verlässlichkeit dieser Quellen erhebliche Zweifel bestehen, braucht dieser Faden der *Parsifal*-Thematik hier nicht weiterverfolgt zu werden.[229]

Wolf Hitler

Die Reden und Briefe Hitlers aus der Frühzeit seiner politischen Laufbahn zeigen, dass er sich seiner Doppelrolle als Tribun, d.h. als Diktator in spe, und als Heilsbringer, d.h. als ein neuer Parsifal, sehr wohl bewusst war. Dies hat den glühenden Wagner-Anhänger offenbar dazu verlockt und ermutigt, weitere Wagner-Assoziationen spielen zu lassen und zu seinem politischen Vorteil zu wenden. Dazu bediente er sich mit Vorliebe der Figur des Wotan und des Hans Sachs. Sein Gebaren als Wagnerianer gleicht in dieser Hinsicht durchaus dem Dilettanten in dem oben entwickelten modernen Sinn dieses Begriffs – also einem künstlerisch veranlagten Intellektuellen, der nach der kanonischen Definition Paul Bourgets sich durch die Fähigkeit auszeichnet, sich probeweise in fremde Existenzen zu versetzen, ohne sich darin zu verlieren.

Auch hier jedoch, wie schon im Hinblick auf Rienzi und auf Parsifal, ist zwischen einer aktiven und passiven Variante zu unterscheiden, zwischen *self-fashioning* im Sinne einer bewussten Ausrichtung auf ein Wagner'sches Modell und Projektion auf einen politischen Hoffnungsträger vonseiten seiner Anhänger. Deren von Wagner geweckte Erwartungen drängten ihrerseits nach Artikulation, um sich sodann in einer Projektion zu manifestieren. Die Indienstnahme Wotans und des *Ring des Nibelungen* gehört überwiegend in die Kategorie der Selbststilisierung; die Rolle des Hans Sachs und der *Meistersinger von Nürnberg* hingegen, wie schon *Parsifal,* in die Kategorie der Projektionen.

Ende Mai 1923 zog sich Hitler nach Berchtesgaden zurück, um mit Dietrich Eckart und anderen Getreuen den Staatsstreich und die Übernahme der Regierungsgewalt zu planen. In der Pension Moritz, in der er logierte, trug er sich unter dem Namen »Wolf« ein.[230] Es war offenbar die erste Verwendung dieses Pseudonyms, über dessen Sinn in der Hitler-Literatur noch weitgehend Unklarheit herrscht. Wollte er, dass man ihn als ein aggressives Raubtier wahrnahm – als einen reißenden Wolf? Solche Mutmaßungen speisen sich offensichtlich aus unserer Kenntnis des späteren Hitler, des Urhebers von Krieg und Massenmord. Eine solche Rückprojektion auf seine Anfänge ist jedoch methodisch nicht statthaft und im Übrigen unnötig, da es für diese Namenswahl eine weit plausiblere Erklärung gibt.

Der Name Wolf hatte für Hitler eine doppelte Bedeutung, eine mythologische und, darauf basierend, eine familiäre. Letztere scheint vor allem im Kreis der Wagner-Familie geläufig gewesen zu sein, wiewohl offenbar auch in den Salons der Bechsteins und Bruckmanns und in der Familie seines exklusiven Leibfotografen Heinrich Hoffmann die Wolf-Phantasie Hitlers geläufig war.[231] Hitler erlaubte Winifred und Siegfried Wagner, ihn Wolf zu nennen; es war der Kosename für den neuen Freund des Hauses, der sich in Wahnfried sichtlich wohl fühlte. Schon sehr bald kam er mit Winifred und Siegfried auf den Duzfuß. Die vier Wagner-Enkel Wieland, Friedelind, Wolfgang und Verena – Abkömmlinge seines Künstler-Idols – durften mit ihm spielen und ihn »Onkel Wolf« nennen, wobei die Betonung wohl auf dem Wort »Onkel« lag, weniger auf Wolf. Wieland Wagner, der Älteste und dynastisch designierte Thronfolger, war sein Liebling. Von dem achtjährigen Wieland ist ein kindischer doch für diese seltsame und unheimliche Symbiose charakteristischer Spruch überliefert: »Weißt', du solltest eigentlich unser Papi sein und der Papi unser Onkel.«[232]

Weit gewichtiger und erhellender ist jedoch die mythologische, aus Wagners *Ring*-Mythologie abgeleitete Bedeutung. »Wolf« beziehungsweise »Wolfe« ist das Pseudonym Wotans während jener bewegten Periode nach dem Ende des in *Rheingold* entfalteten Geschehens. Es ist eine Etappe in der Karriere des Gottes, die nicht Teil der Bühnenhandlung ist; wir erfahren darüber stückweise aus dem Munde Siegmunds und Sieglindes im ersten und, aus Wotans großem Monolog, im zweiten Akt der *Walküre*. Wotan hat Alberich seines Rings beraubt, den er seinerseits den Riesen hat überlassen müssen, und befindet sich in den Jahren zwischen dem Ende von *Das Rheingold* und dem Beginn des ersten Akts *Walküre* auf der Flucht vor den Mannen des Nibelungenherrschers. Um für den finalen Showdown mit Alberich und für die Wiedergewinnung des Rings gewappnet zu sein und um das »schmähliche Ende der Ew'gen« abzuwenden, sammelt Wotan, alias Wolf, Helden um sich, die ihm völlig ergeben sind und die, wenn die Zeit da ist, leicht zu »Sturm und Streit« und »zu rauhem Kriege« anzustacheln sind. Als das Herzstück dieser Langzeitstrategie setzt er zunächst auf seinen Sohn Wehwalt, einen »Wölfing«, den nachmaligen Siegmund, dem er ein magisches Schwert zuspielt und der ihm den

Ring wiedergewinnen soll. Als er Siegmund opfern muss, fällt die Rolle des Weltenretters Siegfried zu, dem Spross Siegmunds.

Es ist aller Wahrscheinlichkeit nach dieser vorausdenkende, seine Feinde in Aug und Sinn behaltende und alle Eventualitäten abwägende Stratege, dieser zum Endkampf entschlossene Wotan, von dem Hitler seinen Codenamen borgte. In der härtesten Phase der sogenannten Kampfzeit seiner Bewegung, vor dem Putschversuch von 1923 und mehr noch danach, musste er zunächst, wie der als »Wolf« getarnte Wotan, ergebene und kampfbereite Gefolgsleute um sich sammeln – »kühner Kämpfer Scharen«, die er »zu blindem Gehorsam« an sich zu binden verstand. Diese lebensgeschichtliche Parallele verleiht dem Rollenspiel und dem Wagner'schen Pseudonym etwas unmittelbar Einleuchtendes. Wie schon im Falle seiner Rienzi-Phantasie zog er aus dem Rollenspiel als »Wolf« eine politische Lehre. War es im Fall des römischen Tribunen die organisatorische Notwendigkeit, sich einen Machtapparat zu schaffen und seine Feinde zu vernichten, so war es im Fall »Wolfes« die Notwendigkeit, in ausreichender Anzahl Getreue um sich zu wissen, die bereit waren loszuschlagen, wie die Männer, die am 9. November 1923 bei dem Marsch auf die Feldherrnhalle um ihn waren. Merkwürdig ist, dass beide Bezugsfiguren – Rienzi wie auch Wotan – scheitern, was dem Wagner-Kenner selbstverständlich bewusst sein musste. Dass sie ihm gleichwohl als innerer Kompass dienten, muss nicht unbedingt auf einen unbewussten Todestrieb zurückgeführt werden, sondern ist wohl eher als Symptom seiner Hybris zu verbuchen – seines realitätsfernen Selbstvertrauens, es anders und besser machen zu können als seine Wagner'schen Leitbilder. Soweit zu sehen, wurde die Kategorie »hubris« zuerst von Alan Bullock in die Hitler-Debatte eingeführt.[233] Kershaw verallgemeinerte sie und wählte sie zum Untertitel des ersten Bandes seiner Biographie, der von Hitlers Leben bis 1936 handelt. Die Hitler'sche Hybris erfuhr durch die Wolf–Wotan-Assoziation eine geradezu obligatorische Wagner'sche Dimension, deren Bedeutung jedoch weder von Bullock noch von Kershaw bemerkt wurde.

Nach dem gescheiterten Putsch und dem großen Hitler-Prozess, der keineswegs einen Rückschlag bedeutete, sondern ihm langfristig einen beträchtlichen Karriereschub bescherte, saß Hitler in Landsberg am Lech seine bequeme Haftzeit ab und schrieb den ersten Teil von *Mein Kampf*. Aus der Landsberger Haftanstalt schreibt er am 5. Mai 1924 an

Siegfried Wagner einen ergebenen Dankesbrief für die Unterstützung des Hauses Wagner in den zurückliegenden Monaten und drückt seinen Stolz aus über den »völkischen Sieg gerade in der Stadt, in der, erst durch den Meister und dann durch Chamberlain, das geistige Schwert geschmiedet wurde mit dem wir heute fechten«.[234]

Die Bedeutung dieser gewichtigen Anspielung auf das neben Alberichs Ring zentrale Symbol des Schwertes im *Ring des Nibelungen* hat mehrere Facetten. »Nothung, das Schwert« ist Wotans Wunderwaffe für den künftigen Endkampf mit Alberich und den Seinen. Da er diese Waffe nicht selbst führen darf, spielt er sie Siegmund zu, seinem Kämpfer-Surrogat; und als er gezwungen ist, das Schwert Siegmund aus der Hand zu schlagen, wird es neu geschmiedet von Siegmunds Nachfahren, dem furchtlosen Siegfried. Mit ebendieser zum »Siegschwert« rekonstituierten Waffe erlegt Siegfried den Drachen und kommt so zu seinem Verderben in den Besitz des verfluchten Rings. Siegfried und das Schwert symbolisieren für den Hitler der Kampfzeit all das, was er in einer Rede im Oktober 1923 als die Essenz von Wagners Größe als Künstler bezeichnete: »Den Künstler Richard Wagner empfinden wir deshalb so groß, weil er in allen seinen Werken das heldenhafte Volkstum, das Deutschtum darstellte, das Heldenhafte ist das Große. Das ersehnt unser Volk.«[235]

Die Gestalt des Siegfried, der das Schwert neu schmiedet und damit Wotans Speer, Symbol der alten Ordnung, in Stücke schlägt, repräsentierte für Hitler die zweite Anschlussstelle in Wagners *Ring*-Mythologie. Schon in seinem ersten großen Auftritt im Münchner Hofbräuhaus am 24. Februar 1920 setzte er darauf, dass seine Wagner-Anspielungen bei seinen Zuhörern in der »Richard-Wagner-Stadt München« verstanden und die erhoffte, gegen die Versailler Verträge gerichtete Resonanz auslösen würden. Mit diesem Auftritt habe er ein Feuer entzündet, »aus dessen Glut dereinst das Schwert kommen muß, das dem germanischen Siegfried die Freiheit, der deutschen Nation das Leben wiedergewinnen soll«.[236]

Im Vergleich zu der Wolf-Phantasie hat die Schwert- beziehungsweise Siegfried-Phantasie etwas Hohl-Rhetorisches an sich. Gleichwohl liefern die zitierten Bezugnahmen auf »Nothung, das Schwert« die Bestätigung, dass Hitler sich der Wagner-Affinität des Nationalsozialismus von früh an bewusst war und diese Karte mit Stolz und

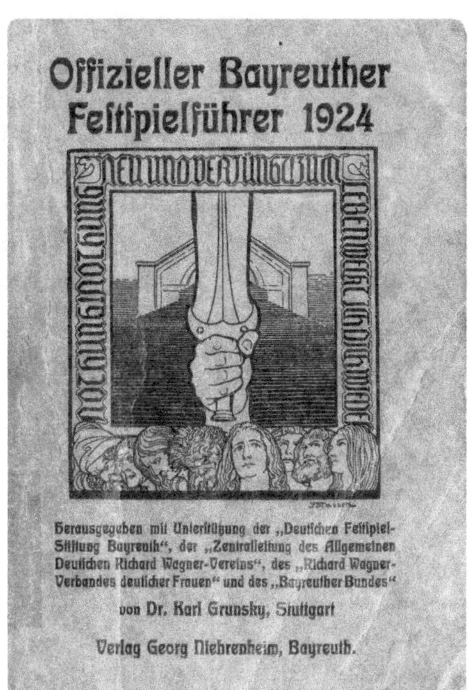

Abb. 12: Das Schwert auf dem Festspielführer von 1924

Selbstvertrauen ausspielte. Er nutzte sie einerseits zur geistigen Mobilisierung seiner Anhänger sowie andererseits zur kulturellen Legitimierung seiner Bewegung. Dabei machte er keinen großen Unterschied zwischen Wagner und Chamberlain und betrachtete den Verfasser der *Grundlagen des neunzehnten Jahrhunderts* als den fraglos authentischen Exegeten und als das Sprachrohr Wagners. Und er gibt zu verstehen, dass er sich als der politische Erbe der Wagner'schen und Bayreuther Weltanschauung versteht, die er zu einem Kampfinstrument umdeutet und umfunktioniert. Der Kampf mit dem Schwert der Bayreuther Weltanschauung gilt der verhassten Weimarer Republik. Der »völkische Sieg« in der Stadt Wagners ist ihm lediglich ein kleiner Etappensieg auf dem langen Weg zur Abschaffung der Republik und der Errichtung einer Diktatur.

Bemerkenswert ist, dass »Nothung, das Schwert« auch anderen als Codewort diente, nicht zuletzt Bayreuth selbst. So etwa ziert den offiziellen Festspielführer für 1924 auf dem Titelblatt ein Schwert, geschwungen von starker Hand. Es hat offensichtlich denselben Signalwert wie das Hissen der alten schwarz-weiß-roten Fahne des wilhelminischen Reichs auf dem Festspielhaus anstatt der schwarz-rot-goldenen. Beide Gesten sind Signale der Gegnerschaft zur Republik. Ein diesbezüglicher Artikel in der »völkischen Wochenschrift« *Die Sonne* unterstreicht abschließend die verdeckte, doch unmissverständliche Rolle Bayreuths als Mekka der Republikgegner von rechts: »In der Einkehr und Selbstbesinnung, zu der Bayreuth zwingt, in der Rückkehr zu unserem eigenen Wesen werden wir das Schwert der Befreiung finden. In diesem Sinne ist Bayreuth eine *deutsche Waffenschmiede.*«[237] Wenn also die Befreiung vom Joch der Versailler Verträge und dem der Weimarer Republik gelingen soll, so am besten mit den Waffen, die in Bayreuth geschmiedet wurden. Die vielberufene Instrumentalisierung Wagners durch den Nationalsozialismus ist hier am konkreten Detail zu fassen. Es ist notabene eine Instrumentalisierung, die nicht allein dem Machtwillen Hitlers geschuldet ist, sondern in ebenso hohem Maße den Erwartungen und Erlösungsphantasien der Bayreuthianer.

Wir wissen nicht, wann genau und unter welchen Umständen Hitler den Codenamen der obersten Götterfigur aus Wagners *Ring des Nibelungen* zu einem eigenen Pseudonym gewählt hat. Mit Gewissheit lässt sich jedoch sagen, dass diese Namenswahl eine intime Vertrautheit mit Wagners Werk erkennen lässt. Auf eine noch konkretere Kenntnis des Riesenwerks lässt sein sehr ausgeprägtes bühnenbildnerisches Interesse daran schließen. Offenbar schuf er, dem Zeugnis Albert Speers zufolge, Skizzen und Entwürfe für jede einzelne Szene der Tetralogie.[238] Bedauerlicherweise sind diese Hitler'schen Entwürfe nicht erhalten. Wir wissen nicht, in welchem Zeitraum sie entstanden sind; offenbar in den Jahren von Speers engstem Kontakt mit dem Führer. Doch scheint es abwegig, mit Frederic Spotts zu mutmaßen, Hitler sei dieser Hobby-Beschäftigung zur Erholung von seiner politischen Arbeit nachgegangen.[239] Vielmehr steht zu vermuten, dass sein Wiedereintauchen in den Kosmos des *Ring des Nibelungen* gewichtigere Gründe hatte. Möglicherweise diente ihm diese Arbeit zur Vergewisserung seiner Affinität zur Sphäre des Theaters und seiner Herkunft aus der Sphäre der Ästhetik. Möglicherweise waren seine Skizzen für eine Neuinszenierung gedacht, die er nach dem Endsieg in Auftrag geben wollte und

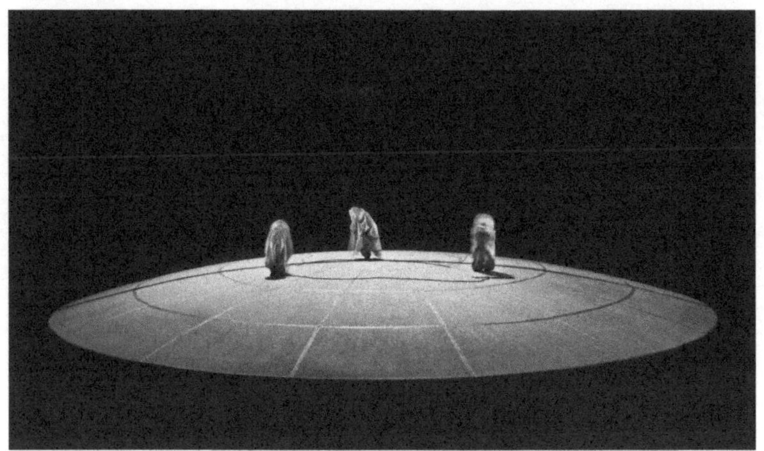

Abb. 13: Götterdämmerung, *Vorspiel, in der Inszenierung von Alfred Kirchner und Rosalie 1994*

für die vermutlich Benno von Arent, der von ihm bewunderte Bühnenausstatter, vorgesehen war.

Wir wissen jedoch von einer der Hitler'schen Skizzen, nämlich der für die Nornenszene in *Götterdämmerung*. Offenbar sah Hitler vor, »die drei Nornen [...] auf die Spitze einer halben Erdkugel zu setzen und sie dort über das Ende der Welt singen zu lassen«.[240] Erstaunlicherweise findet sich dieser bemerkenswerte Regieeinfall in dem von Alfred Kirchner und Rosalie inszenierten *Ring* wieder, der in Bayreuth von 1994 bis 1999 gegeben wurde. In dieser Inszenierung wurde dieser Gedanke auf alle Teile der Tetralogie angewandt, deren Verortung auf einer omnipräsenten Scheibe des Globus sich als ein besonders denkwürdiges visuelles Merkmal erwies. Es ist höchst unwahrscheinlich, dass Kirchner / Rosalie sich gewissermaßen der Vorläuferschaft Hitlers bewusst waren. Was jedoch dieses Echo über mehr als ein halbes Jahrhundert hinweg suggeriert, ist eine Erkenntnis, gegen die sich im Lichte von Hitlers Reputation der Verstand zunächst sträubt, dass nämlich zumindest eine seiner Ideen zur Inszenierung des *Ring des Nibelungen* sich je als konsensfähig erweisen würde. Wir werden diesem irritierenden Phänomen der verdeckten Langzeitwirkung des Hitler'schen Wagner-Kults bis in unsere Tage an anderer Stelle, bei der Betrachtung der Richard-Wagner-Forschungsstätte, wiederbegegnen.

Nach Beginn der *Operation Barbarossa* im Juni 1941, des Kriegs gegen die Sowjetunion, verlegte Hitler das Führerhauptquartier nach Ostpreußen und nannte es Wolfsschanze. Man wird auch diese Namenswahl aus seiner Vertrautheit mit Wagners *Ring* herleiten dürfen. Die Schanze ist eine Befestigung, vergleichbar der »Burg, die Riesen mir bauten« und »aus der ich der Welt nun gebot«. So Wotan in seinem großen Monolog im zweiten Akt der *Walküre*. Die Wolfsschanze war in Wirklichkeit ein in einem großen Waldgebiet bei Rastenburg verborgenes, weitläufiges Areal, mit zahlreichen schwer befestigten Gebäuden. Hitler verbrachte über fünfhundert Tage in dieser Befestigung und dirigierte von dort aus den Krieg im Osten, einschließlich des Völkermords an den Juden Europas, an den Sinti und Roma und an den slawischen Völkern. Die Benennung »Wolfsschanze« erinnerte an den obersten Gott, den Wagner Wolf taufte – den kampf- und kriegsbereiten Wolf, der auch noch aus seiner Wolfsschanze der Welt zu gebieten vermeinte.

Heil Sachs! – Heil Hitler?

Im Mai 1923, ein halbes Jahr vor dem Putsch, zitiert Hitler in einer seiner Reden im Münchner Zirkus Krone, die ihn berühmt gemacht haben, *Die Meistersinger von Nürnberg*. Es ist kein ausdrückliches Zitat, sondern lediglich eine diskrete Anspielung. In der »Richard-Wagner-Stadt München« durfte er davon ausgehen, dass unter seinen Zuhörern genug wagnerfeste Musikfreunde waren, die auch ohne die Erwähnung Wagners und ohne Nennung der Stelle den Sinn der Anspielung verstehen würden. Es ist die Szene im dritten Akt, in der das Volk von Nürnberg auf der Festwiese seinem verehrten und geliebten Hans Sachs huldigt. Das Volk stimmt bei seinem Erscheinen spontan eine Hymne an, die mit dem gewaltigen »Wach auf«-Ruf einsetzt. Sie singen einen Text des historischen Hans Sachs, mit dem dieser sein Bekenntnis zur Reformation und zu Luther, der Wittenbergischen Nachtigall, verkündete. In seiner Rede vom 4. Mai 1923, ein halbes Jahr vor dem Putschversuch, bedient sich Hitler der Worte Wagners beziehungsweise Hans Sachs' wie folgt: »Unsere Aufgabe ist es, dem Diktator, wenn er kommt, ein Volk zu geben, das reif ist für ihn! Deutsches Volk, wach auf! Es nahet gen den Tag.«[241]

Es kann nicht wundernehmen, dass in den Schriften der Nazis und der Nazisympathisanten gerade diese Szene der *Meistersinger* immer wieder beschworen wird. Es war offenbar auch die Lieblingsstelle Hitlers, verkörpert sie doch in nuce einen Wunschtraum jedes Diktators. Es ist die Wunsch- beziehungsweise Wahnvorstellung, dass die Diktatur vom Volk ersehnt und jubelnd begrüßt wird, so dass sie ihm nicht aufgezwungen zu werden braucht. Diese Vorstellung war auch das heimliche Movens der extravaganten Selbstdarstellung auf den Parteitagen in Nürnberg, insbesondere in dem von ihm in Auftrag gegebenen Parteitagsfilm *Triumph des Willens* von Leni Riefenstahl. Auf seine Münchner Zuhörer von 1923 bezogen heißt das: Das Volk, das dem kommenden Diktator vor- und entgegenarbeiten soll, tue dies am besten in dem Geist von Wagners Festwiese in den *Meistersingern*. Inwiefern ausgerechnet Hans Sachs, eine der komplexesten und anziehendsten Figuren Wagners, die nichts offen Diktatorisches an sich hat, für Hitlers Führer-Phantasie relevant werden konnte, wird an späterer Stelle zu erörtern sein.

Wie sehr während der Kampfzeit das Verhältnis von Volk und Führer die Phantasie beflügelte und die Erwartungen bestimmte, zeigen zwei Notate in Joseph Goebbels' politischem Tagebuch aus dem Jahr 1932. Goebbels war kein Wagnerianer von Hitlers Kaliber, aber er war ein devoter Bewunderer des Führers, so dass in seinen Bemerkungen über Wagners Opern deutlich die Stimme seines Herrn zu vernehmen ist. Im Mai 1932 notiert er mit Bezug auf die Bayreuther Festspiele: »Im nächsten Jahr gibt es Meistersinger. Hoffentlich sind wir dann die Herren von Deutschland.«[242] Was ihn wenig später anlässlich einer Münchner Aufführung der *Meistersinger* am 1. August bewegte, darf durchaus als Echo der Empfindungen Hitlers aufgefasst werden, der in der Oper mit von der Partie war und anschließend im »Schottenhammel« mit den Getreuen zusammensaß: »Abends gehen wir zusammen in die Meistersinger. Es ist eine fabelhaft geschlossene Aufführung. Der Riese Wagner steht so erhöht über allen modernen Nichtskönnern, daß ein Vergleich mit ihnen für sein Genie schon beleidigend wirken muß. Beim großen Wacht-auf!-Chor [sic] läuft es einem eiskalt den Rücken herunter. Es wird nun auch bald in Deutschland so weit sein. Wir müssen jetzt an die Macht. Kurze Atempause zum Ausbau unserer Macht, aber dann Parole: Regieren und zeigen, was wir können!«[243]

Was sich auf den ersten Blick wie ein exaltierter, den Ereignissen vorauseilender Gedankensprung von Wagners Nürnberger Festwiese ins Zentrum der politischen Macht in Berlin ausnimmt, hat seine geheime Logik in dem jubelnden Einvernehmen zwischen dem Volk und seinem Führer, das Wagner darstellt und verklärt. In ihren weniger sinistren Momenten mochten sich Hitler und Goebbels ein solches Deutschland wohl erträumen – ein Deutschland nach dem Bilde Wagners, ein Deutschland, in dem es bald auch so zugehen soll wie in Wagners *Meistersingern von Nürnberg*.

Sobald Hitler und die Nationalsozialisten die Macht in ihren Händen hielten, waren es, wie zu erwarten, *Die Meistersinger*, die als Leitbild für Deutschland und die Deutschen beschworen wurden. Das geschah, wie wir sehen werden, bei den Bayreuther Festspielen in vielfacher Form. Der »Weihespruch« der Festspiele in diesem ersten Jahr der Hitler-Herrschaft war der »Wach-auf«-Ruf. Goebbels rückte in seiner Radioansprache aus Bayreuth wiederum den »Wach-auf«-Chor in den Mittelpunkt, und in der im Vorfeld der Festspiele in allen Formen und Gattungen wuchernden Hitler-Panegyrik der Wagnerianer war die vexatorische Phantasmagorie eines Hitler nach dem Bilde von »Nürnbergs teurem Sachs« der geheime Fluchtpunkt ihrer Phantasien. In diesem Sinne formulierte Hans Alfred Grunsky: »Wenn wir heute den Schluß der ›Meistersinger‹ hören, so ist es uns, als schlüge mit dem Jubel des Volkes ›Heil Sachs! Hans Sachs! Heil Nürnbergs teurem Sachs!‹ zugleich das millionenfache ›Heil Hitler‹ an unser inneres Ohr, das heute dem Volkskanzler entgegenbrandet.«[244] Die Instrumentalisierung der *Meistersinger* konnte jedoch auch auf indirekte und subtile Weise geschehen anstatt plump propagandistisch. Das beste Beispiel dafür ist das Medienspektakel, das als »Tag von Potsdam« in die Annalen des Dritten Reichs eingegangen ist.

Der Tag von Potsdam, der 21. März 1933, wurde offiziell als »Tag der nationalen Erhebung« und der »nationalen Versöhnung« ausgegeben.[245] Der Anlass war die Konstituierung des am 5. März neugewählten Reichstags. Die Reichstagswahl hatte trotz Terror, Einschüchterung und Verhaftungen im Vorfeld nur eine knappe Mehrheit für die von der NSDAP geführte Koalition erbracht. Eine Woche später wurde die Neuschaffung eines »Reichsministeriums für Volksaufklärung und Propaganda« bekanntgegeben, zu dessen Amtsinhaber Joseph Goebbels ernannt wurde, ein promovierter Germanist und kampferprobter Gauleiter in Berlin. Goebbels verdiente sich seine ersten ministeriellen Sporen mit der Idee, die Konstituierung des neuen Reichstags nach Potsdam an den Erinnerungsort von Preußens Glanz und Gloria zu verlegen und ein großes historisches Schauspiel zu inszenieren. Auch das Datum war mit Bedacht gewählt: Der 21. März war zugleich auch der Tag, an dem 1871 in einer zeremoniellen Reichstagssitzung das Zweite Deutsche Reich offiziell inauguriert worden war. Das Programm der Veranstaltung hatte einen Wagner'schen Subtext und kulminierte logischerweise in einer Festaufführung der *Meistersinger von Nürnberg* in der Preußischen Staatsoper.

Der zu einem nationalen Festakt hochstilisierte Staatsakt trug alle Merkmale eines auf Massenwirkung berechneten Medienereignisses, das, was oft übersehen wird, nach einem an Wagner orientierten Skript über die Bühne ging und ein Maximum an nationalen Emotionen mobilisierte. Dieses von Goebbels und Hitler ausgearbeitete Skript hatte einen exoterischen und einen esoterischen Sinn. Exoterisch signalisierten alle Gesten der Hauptdarsteller und alle Elemente der Inszenierung die Aussöhnung der Hitler-Bewegung mit dem alten, doch keineswegs toten Preußen – des guten Alten mit dem zukunftsträchtigen Neuen – zum höheren Zweck der Schaffung einer Volksgemeinschaft im Geiste des Nationalsozialismus.

Der Verlauf dieses denkwürdigen Tages mit einem ganzen Bündel koordinierter Veranstaltungen lässt sich anhand der Zeitungsberichte in seinen wesentlichen Zügen ohne weiteres rekonstruieren. Die Hauptakteure fahren in einer Wagenkolonne vor, begrüßt von jubelnden Menschen auf den Straßen des schwarz-weiß-rot beflaggten Potsdam, als befände man sich auf Wagners Festwiese und begrüßte die Nürnberger Zünfte und Meister. Wie in den *Meistersingern* steht am Anfang ein Gottesdienst: in der Nikolaikirche ein protestantischer, dem u. a. Reichspräsident Hindenburg beiwohnt, in St. Peter ein katholischer, in Anwesenheit von Heinrich Himmler u. a. Hitler und Goebbels indes begeben sich auf den Luisenstädter Friedhof zu einer Ehrenfeier für die sogenannten Märtyrer der Partei – ein Ritual, das in den Hitler-Jahren mit einiger Regelmäßigkeit inszeniert wurde. Um die Mittagsstunde treffen die Hauptdarsteller vor der historischen Garnisonkirche ein. Begrüßung Hindenburgs und Hitlers auf den Stufen vor der Kirche; feierlicher Einmarsch in das in der preußischen Geschichte hochbedeutende Gotteshaus, erwartet von den Reichstagsabgeordneten, militärischen und diplomatischen Würdenträgern sowie dem Hohenzollern'schen Kronprinzen Wilhelm. Ansprachen zuerst des Reichspräsidenten, sodann des Reichskanzlers, der den Ruhm des Kaiserreichs beschwört, an den Niedergang Deutschlands in der Weimarer Republik erinnert, sich zu den ewigen Fundamenten der deutschen Kultur und Geschichte bekennt und zur Einigkeit der Nation im Sinne der Idee der Volksgemeinschaft aufruft. Danach feierlicher Orgelklang zu den vom Bayreuther Festspielchor gesungenen Chorälen »Nun danket alle Gott« und »Wir treten zum Beten«, gefolgt von Kranzniederlegungen an den Gräbern Friedrich Wilhelms des I. und Friedrichs des Großen, während draußen Kanonen Salut schießen.

Dieser erste große Staatsakt des Dritten Reichs war unverkennbar von einer opernhaften und cinematographischen Phantasie ersonnen worden. Er wäre wie geschaffen gewesen für eine Live-Fernsehübertragung. Der damalige Stand der Medientechnik erlaubte lediglich Radioübertragungen und Wochenschauberichte. Hinzu kam jedoch die millionenfache Verbreitung auf Postkarten und Plakaten der symbolischen Geste, in der sich das Programm der historischen Veranstaltung kristallisiert: Hitler im zivilen Cutaway samt Zylinder, der Hindenburg in der Uniform des preußischen Feldmarschalls ehrerbietig die Hand schüttelt.

Nach der Beglaubigung der Rolle des Heilsbringers durch Chamberlain Ende 1923 war der Tag von Potsdam der zweite große Charismatransfer auf Hitler – diesmal durch das Staatsoberhaupt, das geradezu als die Verkörperung von preußischem Geist und preußischer Tradition galt.[246] Dabei war Hindenburg lediglich die letzte, in die Gegenwart hineinragende Gestalt eines Trios, das sich von Friedrich dem II. über Bismarck zum Noch-Reichspräsidenten erstreckte. Man schickte nämlich der Postkarte mit dem Potsdamer Händedruck vor der Garnisonkirche eine weitere, von Hans von Norden entworfene Bildmontage nach, zur Maximierung des Propaganda- und Charisma-Bonus. Sie zeigt die Köpfe Friedrichs des II., Bismarcks, Hindenburgs und Hitlers. Dazu die

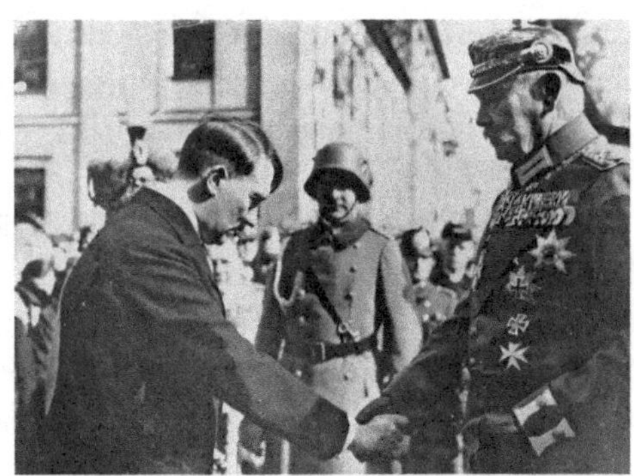

Abb. 14: »Der Tag von Potsdam«, Hitler verbeugt sich vor Hindenburg

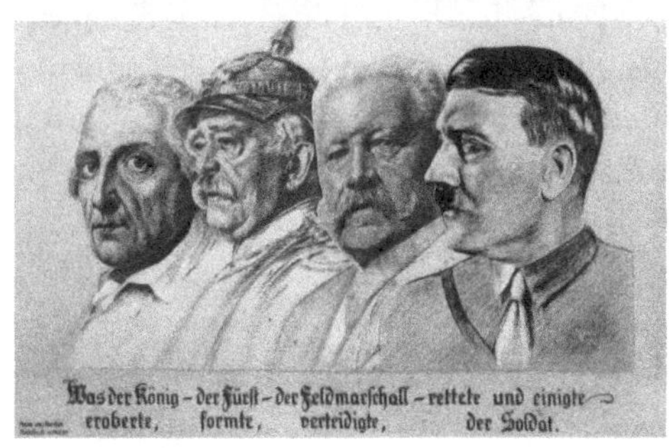

Abb. 15: Propagandapostkarte von 1933

Bildunterschrift: »Was der König eroberte, der Fürst formte, der Feldmarschall verteidigte, rettete und einigte der Soldat.«

Offenbar war den beiden Regisseuren des »Tags von Potsdam« alles daran gelegen, das großflächig geplante Spektakel nicht nur mit den obligatorischen Fackelzügen der SA und der SS zu krönen, sondern mit einer Aufführung der Oper, die angeblich wie keine andere den Geist des neuen Deutschlands erahnen ließ. Der minutiös choreographierte »Tag von Potsdam« klang aus mit einer festlichen Aufführung der *Meistersinger* in einer Inszenierung von Heinz Tietjen unter der musikalischen Leitung von Wilhelm Furtwängler. Es sangen die ersten Kräfte der Lindenoper: Rudolf Bockelmann, Max Lorenz, Eugen Fuchs, Emmanuel List und Käthe Heidersbach. »Ein *würdigerer* Abschluß des 21. März 1933 ist undenkbar« – so der parteioffizielle *Völkische Beobachter.*[247] Zu ebendiesem Ende waren in kurzfristiger Abänderung des Spielplans anstatt der düster-blutigen *Elektra* von Richard Strauss *Die Meistersinger* angesetzt worden, die sich bei dieser Gelegenheit einmal mehr als die alles Politische verschleiernde und heiter stimmende deutsche Festoper par excellence bewährten. Die Aufführung der *Meistersinger* in der Staatsoper war nichts weniger als der Schlussstein des politischen Gesamtkunstwerks, als das der »Tag von Potsdam« anzusehen ist.

In der Literatur zum Dritten Reich ist es längst ein Gemeinplatz, den Tag von Potsdam als Hitlers »Schulterschluss mit dem konservativen Deutschland« zu interpretieren.[248] Dies war gewiss die vordringlichste Intention des Medienspektakels vom 21. März 1933. Doch seine Bedeutung erschöpfte sich nicht darin; die Agenda des Tages umfasste nicht zuletzt eine propagandistische Verwertung des Wagner-Kults. So wie der Händedruck mit Hindenburg die noch skeptisch abseits stehenden Deutschen beruhigen und ihr Vertrauen gewinnen sollte, so sollte in gleicher Absicht dem Heer der Musikfreunde bedeutet werden, dass das neue Regime bereit war, das nationalsozialistische Deutschland im Geiste der *Meistersinger* zu gestalten.

Wagners Festoper bildete jedoch nicht nur die ästhetische Abrundung dieser ersten großen Selbstdarstellung des Hitler-Regimes, sondern sie lieferte auch – darin lag ihr esoterischer Sinn – das geistige Band, das die verschiedenen Teile dieser Großinszenierung zusammenhalten sollte. Einem gläubigen Nationalsozialisten, der Curt von Westernhagen damals war, entging dieser innere Zusammenhang nicht, wie er in der Einleitung zu seiner Schrift *Richard Wagners Kampf gegen seelische Fremdherrschaft* von 1935 erklärte: »Der Ursprung dieses Buches, der Aufsatz ›Von der vielstimmigen deutschen Seele‹, ist ein Nachhall der *Meistersinger*-Aufführung am Tage von Potsdam, jenes seltenen Augenblickes im Leben eines Volkes, wo ein großes geschichtliches Ereignis und ein großes künstlerisches Erlebnis zusammentreffen.«[249]

Gemäß der Losung vom Tag der nationalen Erhebung und Versöhnung sollte Wagners Oper das »Gefühl für deutsche Gemeinschaft« stärken, das angeblich in der Weimarer Republik verlorengegangen war. Was auf den Straßen Potsdams und Berlins in Szene gesetzt wurde, bezog seinen intendierten Sinn aus dem Geist von Wagners Festwiese – aus seiner Vision eines geeinten, von einem umjubelten Künstler geführten Volkes. Wie nicht anders zu erwarten, rückte der Bericht des *Völkischen Beobachters* den »Wach-auf«-Chor in den Mittelpunkt. Diese Schlüsselszene für das nationalsozialistische Verständ-

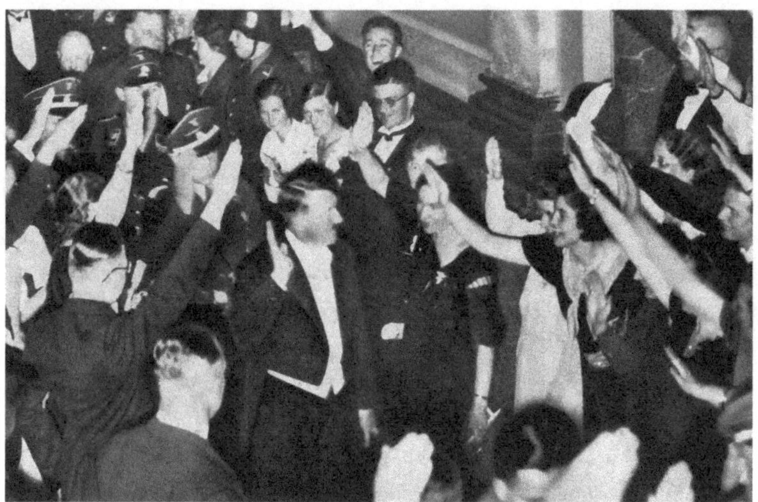

Abb. 16: Begrüßung Hitlers anlässlich einer Festaufführung von Tristan und Isolde *in der Dresdner Oper*

nis von Wagners Werk lieferte denn auch die eigentliche Pointe. In der Aufführung an jenem historischen Tag war das Volk von Nürnberg instruiert worden, sich an dieser erhebenden und berauschenden Stelle dem neuen »Volkskanzler« zuzuwenden, »der mit all seinen Helfern in der großen Mittelloge saß«. Es ist eine kollektive Geste der Devotion, die im Dritten Reich, wie zahlreiche Bilddokumente belegen, bei Aufführungen in Anwesenheit des Führers Usus wurde.

Nicht genug damit! Um dem politischen Narzissmus die Krone aufzusetzen, wartete am Ende der Vorstellung draußen eine »unübersehbare Menschenmenge« auf Hitler, um ihm – ein deutscher Meister auch er – ihrerseits huldigen zu können. Sie huldigten dem »Schmied des neuen Deutschlands«, der in seinem Metier der Politik und Staatsführung sich als ein »genialer« Meister erwiesen hatte – der politische Nachfahre von Wagners Siegfried. Offenbar war man bestrebt, neben Wagners Schuster-Poeten, der als der heimliche Führer seines »lieben Nüremberg« dargestellt ist, auch Wagners Siegfried zur kulturellen Legitimation des neuen Reichskanzlers zu aktualisieren. Die Figur des Siegfried mit ihren Assoziationen von genialer Schmiedekunst, Tatkraft und Heldenmut war im rechten Milieu besonders beliebt. Siegfried, der Schmied, figurierte nicht nur in dem Bericht des *Völkischen Beobach-*

ters über den Tag von Potsdam, sondern auch in den Feiern zu Hitlers Geburtstag einen Monat danach. Der deutsche Reichssender brachte dem neuen Kanzler gleichsam als Geburtstagsständchen die Schmiedelieder aus dem ersten Akt des *Siegfried* dar – »Siegfrieds endlose und recht stumpfsinnige Schmiedelieder«, wie es im *Doktor Faustus* heißt.[250]

Thomas Mann, noch unschlüssig, ob er von seiner europäischen Vortragsreise nach München zurückkehren sollte oder lieber nicht, erlebte den 21. März 1933 in Lenzerheide in der Schweiz. In seinem Tagebuch (20. und 21. März 1933) durchschaute er den Tag von Potsdam als »nationale Betäubungsfeierlichkeiten« und schalt Furtwängler, den Vorzugsdirigenten des Führers, einen »Lakaien«. Die Aussichten, nach Deutschland zurückzukehren, verdüsterten sich einmal mehr: »Es ist gar zu blödsinnig, gemein und ekelhaft. Grauen und Erbitterung erfüllten uns wieder ganz und gar.«

Manns dunkle Ahnungen bestätigten sich mit atemberaubender Geschwindigkeit. Die mit dem »Tag von Potsdam« feierlich begangene Konstitution des neuen Reichstags wurde nur zwei Tage später ad absurdum geführt, als auf seiner ersten Sitzung in der ehemaligen Kroll-Oper mit überwältigender Mehrheit das sogenannte Ermächtigungsgesetz angenommen wurde. Es bedeutete praktisch die Selbstabschaffung des Reichstags als gesetzgebendes Organ. Das erste große Ziel, während der Kampfzeit immer wieder beschworen und angedroht, die Lahmlegung, wenn nicht die Abschaffung, der Verfassung der Weimarer Republik war damit erreicht. Gleichzeitig wurde jedoch im Namen des neuen nationalsozialistischen Deutschlands der Terror als Mittel der Neuordnung mit allerlei irreführenden Euphemismen legalisiert. Unmittelbar vor dem »Tag von Potsdam« wurde in Dachau das erste große Konzentrationslager eröffnet, das als Muster diente für das flächendeckende Lagersystem im ganzen Reich und später in den besetzten Gebieten im Osten. Und eine Woche darauf, am 1. April, kam es zu einem amtlich organisierten Boykott jüdischer Geschäfte und Warenhäuser. Es war der erste Schritt zu dem schon 1919 ins Auge gefassten Ziel der Entfernung der Juden, zu dem sich Hitler den Segen aus Bayreuth geholt hatte.

Das *Meistersinger*-Land

Die hier betrachtete Evidenz ist Zeugnis eines peinlichen, doch nicht zu bagatellisierenden Kapitels in Wagners Wirkungsgeschichte in Deutschland. Was damals im Namen Wagners geschehen konnte und geschehen ist, lässt sich nicht vom Tisch wischen. Anstatt sich hinter der letztlich entlastenden These zu verschanzen, dass Hitlers Wagner ein einziges Missverständnis war und der Tatbestand einer Verfälschung vorliege, ist es dem Problem angemessener, die *Meistersinger* durch den Rahmen von Hitlers Wagner-Bild zu betrachten, um die Elemente und Aspekte des Werks zu erkennen, die aus der Sicht seiner Weltanschauung anschlussfähig waren. Mehr Elemente, als uns heute bewusst ist, erwiesen sich als brauchbar und für die eigenen volkspädagogischen Ziele verwertbar. Hitlers Werkverständnis war selektiv und partiell und in einem eklatanten Sinn eigennützig, doch unterscheidet es sich dadurch von allen anderen Deutungen nur graduell, nicht prinzipiell. Durch die Lupe Hitlers betrachtet, enthüllen die *Meistersinger* eine Reihe von Zügen, die im Sinne einer proleptischen Vorausahnung durchaus als geistesverwandt empfunden werden konnten und die es nachvollziehbar erscheinen lassen, dass im Dritten Reich der Nimbus der *Meistersinger* als Nationaloper höher stand denn je.

Das Nürnberg der *Meistersinger* ist in einem emphatischen Sinn des Wortes eine Gemeinschaft und keine nach erkennbaren Regeln funktionierende Gesellschaft. Die politisch entscheidenden Merkmale der kommunalen Ordnung bleiben hinter dem Schleier des korporativen Prinzips der Zünfte verborgen. Eine Gemeinschaft unterscheidet sich von einer Gesellschaft nicht zuletzt dadurch, dass sie dem Partikularen den Primat zuerkennt und universelle Wertsetzungen nicht anerkennt. Hans Sachs' Warnung in seiner Schlussansprache vor fremden Einwirkungen auf alles, was »deutsch und echt« ist, unterstreicht diese Grundthese der neueren Theorie des Nationalismus mit Nachdruck.[251] Freilich ist der nationalistische Geist, der aus Sachs' Schlussrede spricht, nicht unbedingt als das wirkungsmächtigste Element der *Meistersinger* anzusehen. Vielmehr ist Theodor W. Adorno recht zu geben, wenn er bemerkt, dass von der Phantasmagorie einer archetypischen bürgerlichen Gemeinschaft eine größere Verführungskraft ausging als von der »nationalistischen Selbstvergötzung«.[252] Das zunächst andächtige beziehungsweise akklamierende und jubilierende Chorsingen in der ersten und letzten Szene zeigt uns eine von keinen Parteiungen zerstrittene, klassenlose Gemeinschaft. Mit alledem jedoch steht Wagners Nürnberg zu der nationalsozialistischen Idee der Volksgemeinschaft nicht nur nicht im Gegensatz, sondern verklärt diese geradezu, so dass die *Meistersinger* umstandslos als Vorschein der zu schaffenden Volksgemeinschaft reklamiert werden konnten.

Darüber hinaus ist Wagners Nürnberg ein regressives, gewaltbereites und auf Ausgrenzung bedachtes Gemeinwesen, wie an dem schlimmen Los des Sixtus Beckmesser abzulesen ist, des Stadtschreibers und Kritikers, der von Sachs in unschöner Manier in sein Verderben gelockt wird. Die Frage, ob Beckmesser mit Adorno als Judenkarikatur zu verstehen sei, als das verkörperte »Judentum in der Musik«, steht im Brennpunkt der internationalen Wagner-Diskussion.[253] Weder die interne noch die externe Evidenz pro und contra sind zwingend. Zwar liegt, wie bereits Thomas Mann und Adorno argwöhnten, in Walthers Probelied eine auf Beckmesser gemünzte Anspielung auf das böse, antijüdische Märchen vom *Juden im Dorn* vor, aber diese Anspielung geht über die Köpfe der Akteure auf der Bühne hinweg und erlangt keine handlungsmotivierende Bedeutung.[254] Vielmehr ist die Anspielung am ehesten als ein augenzwinkerndes Signal an die Gleichgesinnten im Publikum zu werten. Solche Signale funktionieren wie Hundepfeifen im Ultraschallbereich; sie liegen über dem normalen Wahrnehmungsvermögen, werden aber von Hundeohren problemlos gehört und verstanden.

Im Übrigen sind für die Marginalisierung und Ausgrenzung Beckmessers nicht ethnische, sondern – entschiedener als in dem Grimm'schen Märchen – ästhetische Kriterien ausschlaggebend. Es ist nun sehr bezeichnend und leicht irreführend, dass die Nationalsozialisten aus Beckmessers mutmaßlichem Judentum kein propagandistisches Kapital zu schlagen versuchten. Eine Untersuchung zu diesem auf den ersten Blick verblüffenden Befund hat keinen einzigen Beleg dafür zutage gefördert, dass in den Verlautbarungen der NS-Medien und -Offiziellen Sixtus Beckmesser als Jude gedeutet wurde.[255] Diese Erkenntnis ist das Pendant zu jenem anderen, bereits zitierten Befund, dass Hitler es verschmähte, seine radikale, judenfeindliche Politik unter Berufung auf Wagners allseits bekannte Judenfeindschaft zu rechtfertigen. Hieraus ergibt sich eine fundamentale Erkenntnis bezüglich des von Hitler vorgelebten Wagner-Kults. Die unaufhörliche Indienstnahme der *Meistersinger* zielte offenbar nicht darauf ab, die Bevölkerung gegen äußere und innere Feinde scharfzumachen – dafür gab es andere, gröbere Mittel –, sondern den Stolz auf die deutsche Kultur zu stärken, die Verehrung dafür wachzuhalten und in Wagner den »Führer zu deutscher Art« zu erkennen, als der er schon im Festspielführer von 1930 ausgerufen wurde.[256]

Und doch wäre es abwegig, den Faktor Antisemitismus in der *Meistersinger*-Rezeption in Abrede zu stellen. Die denkwürdige Figur des Beckmesser stellt ein Modell ressentimentgeladener Ausgrenzung dar, das in einer von Judenfeindschaft gesättigten Atmosphäre leicht eine gefährliche Dynamik entfalten konnte. Diese Eigendynamik speiste sich aus dem allseits bekannten Antisemitismus des Komponisten und der atmosphärisch stets präsenten Marginalisierung und Verfolgung der deutschen Juden im Dritten Reich. Die antijüdische Stoßrichtung der Beckmesser-Figur brauchte deswegen nicht eigens betont zu werden. Für einen Kenner des deutschen Opernbetriebs wie Paul Bekker war die antisemitische Färbung Beckmessers und der anderen Verlierer-Typen in Wagners Werk offensichtlich und ein Bestandteil ihres ästhetischen Charakters.[257]

Man wird also kaum fehlgehen in der Annahme, dass sich viele der symbolischen Rolle des angeblich »deutschesten« der Werke Wagners in der vom Regime praktizierten prinzipiellen und konsequenten Judenfeindschaft bewusst waren und Beckmesser in diesem Licht erlebt und gedeutet haben. Ein strammer Nationalsozialist wie Richard Wilhelm Stock, der 1943 das Geleitwort zu *Richard Wagner und seine Meistersinger* verfasste und der offen aussprach, was viele dachten, rieb seine Leser nachgerade mit der Nase auf den Zusammenhang von Hitlers antijüdischer Politik und Wagners Judenfeindschaft: »So haben auch die weltanschaulichen Lebensziele Richard Wagners in der Stadt seiner *Meistersinger*, der Metropole des Weltkampfes gegen das Judentum, wo der Führer […] die Gesetze zum Schutze des deutschen Blutes, die Nürnberger Gesetze verkündete, eine herrliche Erfüllung gefunden.«[258]

Durchaus im Einklang mit der protofaschistischen Volksgemeinschaft von Wagners Nürnberg stellen die *Meistersinger* auch eine Verherrlichung der Idee der charismatischen Autorität dar. Die Führungsrolle des Sachs ist weder durch Gesetz noch durch Tradition legitimiert; sie gründet geradezu schulbuchmäßig in seiner Persönlichkeit. In höherem Maße noch als Rienzi verkörpert Wagners Sachs eine charismatische Autorität, wie Max Weber sie beschrieben hat – gleichsam vergoldet hier durch die Meisterschaft als Künstler.[259]

Zudem ist Sachs ein geborener Demagoge, wie sein bieder-listiger Appell an das Volk von Nürnberg als den letztlich entscheidenden Kunstrichter zur Genüge erkennen lässt. Genau betrachtet erweist sich der Appell an das Volk als der verborgene Motor der Handlung. Am Ende ist es das Volk von Nürnberg, das durch die einstimmige Ridikülisierung des in mehrfacher Hinsicht malträtierten Stadtschreibers diesen als Verlierer brandmarkt. Es ist aber Sachs, der im ersten Akt die Ermächtigung des Volks zum Kunstrichter einfädelt und dann listenreich ins Werk setzt. Goebbels' stereotype Rede von dem »gesunden Volksempfinden«, die gegen unerwünschte, als »entartet« abgewertete Kunst gerichtet war, darf durchaus als ein Nachhall dieser Gesinnung angesehen werden, als ein Beispiel mehr für das Hineinragen der *Meistersinger* in das zu schaffende *Meistersinger*-Land.

Dieser Aspekt des Wagner'schen Sachs hat einen modernen, politischen Zuschnitt, wie Thomas Mann lange vor Hitlers Erscheinen bemerkte. »Wagners Meistersinger-Demagogie«, notierte er 1910, »macht überall Schule, auch in der Politik.«[260] Er meinte damit den Reichskanzler Fürst von Bülow, der sich ihm als »politischer Wagnerianer« und als »Rattenfänger« darstellte. Auch Hitler war sich bewusst, dass die »Meistersinger-Demagogie« ein Erfolgsrezept war – nicht nur auf der Bühne, sondern auch im politischen Leben. In seinen frühen Reden lernte er, dieses Erfolgsrezept mit wachsendem Erfolg anzuwenden. Die Volksnähe des Wagner'schen Sachs sah Hitler zudem als einen Reflex von Wagners eigenem Charakter als Künstler, wie aus einer Bemerkung in seiner Kulturrede von 1934 zu ersehen ist: »Längst ehe die Kritiker dem Genius eines Richard Wagner gerecht wurden, hatte er das Volk auf seiner Seite.«[261] Es ist also das Volk, das Genie erkennt und ihm Bewunderung und Ehrerbietung zollt, lange bevor die professionellen Kunstrichter bereit sind, ein Genie wie Wagner anzuerkennen. Ein verkanntes Genie wie Hitler mochte daraus Trost und Bestätigung schöpfen.

Die NS-Propaganda, die im Dritten Reich neue Maßstäbe der Irreführung setzte, war zu einem beträchtlichen Teil *Meistersinger*-Demagogie. Die Position des Wagner'schen Hans Sachs, dass die Kunst dem Volk »behagen« soll, auf dass »Volk und Kunst gleich blüh' und wachs'«, hätte der Minister für Volksaufklärung und Propaganda vorbehaltlos als seine eigene ausgeben können. Hitler selbst berief sich auf Wagner und gab den Nationalsozialismus als eine vom Volk gewollte und gutgeheißene Bewegung aus. »Oft und gern«, bekannte er 1930 auf einer Parteiversammlung in Braunschweig, »muß ich an Hans Sachs in den Meistersingern denken, der gesagt hat, daß es wohl schön ist, Gewißheit über die Fragen des Lebens erlangt zu haben, daß man aber zwischendurch immer wieder an das Volk appellieren müsse, um festzustellen, ob die alten Gewissheiten noch Geltung haben. In der Tat muß von Zeit zu Zeit das Volk selbst darüber bestimmen, in welchen Formen und in welchem Rahmen es leben will.«[262] In einer Kulturrede von 1937 statuiert Hitler: »Der Künstler schafft für das Volk, wir werden dafür Sorge tragen, dass gerade das Volk von jetzt ab wieder zum Richter über seine Kunst aufgerufen wird.«[263]

Ein weiteres proleptisches Element in Wagners Nürnberg-Mythos erwies sich im Dritten Reich als umstandslos anschlussfähig. In den *Meistersingern* wird die freiwillige Unterordnung unter die Gesetze der Gemeinschaft als eine künstlerische und bürgerliche Tugend gefeiert und aufs reichlichste belohnt. Dies ist der Sinn der Anerkennung der »Meisterregeln«, die Sachs seinem Schützling abverlangt. Die Poetiklektion, die Sachs dem genialisch ungestümen Walther von Stolzing in der zweiten Szene des dritten Akts erteilt, betrifft vordergründig die Produktion eines »Meisterlieds«, zielt aber auf weit mehr, nämlich die Erziehung des renitenten Ritters zu einem Künstler-Bürger, auf dass dieser in Nürnberg nur ja »nichts übern Haufen« renne. Auf eine willige Mitarbeit am Aufbau eines nationalsozialistischen Deutschlands, einschließlich der Unterordnung der eigenen Individualität, zielten im Grunde auch die Strategen der Bewegung. Sie setzten anfangs eigentlich lieber auf Überredung und Verführung der noch nicht Überzeugten als auf Gewalt. Für diese Wunschvorstellung der Machthaber boten die Werke Wagners mancherlei von der Musik verklärtes Anschauungsmaterial. In Wagners Nürnberg sind unschwer einige Keime jenes Geistes auszumachen, den Ian Kershaw als eine entscheidende Voraussetzung des Funktionierens der nationalsozialistischen Volksgemeinschaft herausgearbeitet hat: die Devise des »dem Führer freiwillig Entgegenarbeitens«.[264]

Wagners Nürnberg ist schließlich auch der Ort einer großen Verheißung. Am Namenstag Johannes des Täufers wird durch Hans Sachs, den neuen Täufer, das Kunstwerk der Zukunft aus der Taufe gehoben, das einen Vorgeschmack vermittelt von den Herrlichkeiten der »heil'gen deutschen Kunst«, die da noch kommen werden. Ein Geist der Vorläuferschaft durchweht Wagners Nürnberg – ein Geist, der leicht über den Orchestergraben springen und die Zuhörer mit der Erwartung erfüllen mochte, die Vision der Festwiese von einer konfliktfreien, monokulturellen Volksgemeinschaft verwirklicht zu sehen. Zweifellos profitierte Hitler von dem mehr oder weniger latenten kollektiven Verlangen, ein »Wach auf« anzustimmen und für die Arbeit an der Volksgemeinschaft bereit zu sein. Ja, er beutete diese Erwartung aus, indem er sie in eine noch fernere Zukunft nach dem militärischen Endsieg projizierte. Winifred Wagners und Chamberlains Eintreten für Hitler schon 1923 bestärkte diese Erwartungshaltung und ließ ihn als einen Heilsbringer erscheinen, wie er in *Die Meistersinger* und *Parsifal* vorgezeichnet ist. Gerade diese unterschwellig weitverbreitete Erwartungshaltung – das Versprechen eines Retters und Heilands – erwies sich, Fritz Stern zufolge, als die verführerischste Qualität der Hitler-Bewegung in ihren Anfängen.[265]

Angesichts so vieler anschlussfähiger, naziaffiner Aspekte war es unausbleiblich, dass die *Meistersinger* zum immer wieder aufgetischten Lieblingswerk des neuen Deutschlands wurden. In den ersten Jahren der Hitler-Herrschaft, so David Dennis, veranstalteten die neuen Machthaber eine regelrechte Meistersinger-Orgie.[266] Wagners Festwiese als der Garten Eden der nationalsozialistischen Volksgemeinschaft. Es ist somit nicht so weit hergeholt, wie es scheinen mag, wenn Hans-Peter Schwarz anmerkt, dass die Bemühungen Hitlers und der ihm zuarbeitenden Wagnerianer letztlich darauf abzielten, »aus Deutschland eine Art politisches Gesamtkunstwerk zu machen, das ›Meistersinger-Land‹«.[267] Dass Hitler selbst zu einem Werk, das die Volksgemeinschaft auf einen charismatischen Führer einstimmt und dem er eine mystische Wirkung zutraute, eine besondere Anhänglichkeit empfand, zeigt sich mit aller Deutlichkeit, wie wir sehen werden, an dem Programm der sogenannten Kriegsfestspiele in Bayreuth.

Pontifex maximus des Wagner-Kults

Die Machtübernahme am 30. Januar 1933 durch Hitler markiert den Beginn einer neuen Ära in der Wirkungsgeschichte Richard Wagners, zweifellos der umstrittensten. Mit dem Beginn des Dritten Reichs nahm der Wagner-Kult offiziellen Charakter an, denn Hitler machte ihn zur Chefsache – ein Vorgang, der von der Wagner-Gemeinde enthusiastisch begrüßt wurde. Zum ersten Mal lagen die Geschicke Deutschlands in den Händen eines Mannes, der, wie so viele kulturbeflissene Deutsche, in Wagner den Gipfel ihrer Kultur und den schlagendsten Beweis ihrer Überlegenheit über alle anderen Kulturen erblickte.

Das Hauptdokument der exaltierten Publizistik, mit der die Ernennung eines glühenden Wagnerianers zum Reichskanzler begrüßt wurde, ist die Zeitschrift *Deutsches Wesen. Nationalsozialistische Monatsschrift mit Bildern*, deren erstes, groß aufgemachtes Heft im Juli 1933 herauskam, rechtzeitig zu den Bayreuther Festspielen. Herausgeber der Zeitschrift war Otto Strobel, Leiter des Wagner-Familienarchivs und Mitglied der NSDAP seit 1931. Wenige Jahre später wurde der Wahnfried-Archivar mit der Richard-Wagner-Forschungsstätte betraut, einer kuriosen Einrichtung, die ein eigenes, markantes Kapitel in der Rezeptionsgeschichte Richard Wagners darstellt und separat betrachtet werden wird. Mit dem hochgreifenden Titel »Deutsches Wesen« erinnerte Strobel an eine Sammlung von Kriegsschriften Chamberlains, die 1916 bei Bruckmann in München erschienen waren. Was Chamberlain als Wesen des Deutschtums im Sinne hatte, war ein Destillat aus den großen Genies der Deutschen: Luther, Bismarck, Kaiser Wilhelm dem II., Kant, Goethe, Schiller und Richard Wagner, dem drei der Aufsätze in jener Sammlung gewidmet sind. Was diese »großen Deutschen« angeblich verbindet, ist ihr Heldentum, denn sie alle sind Helden »im Erstreben, im Erleiden, im Erringen«.[268]

Der im Hinblick auf Kultur und Genialität alle anderen Völker in den Schatten stellende Höhenkamm großen Deutschtums – dies der Sinn des Rückgriffs auf Chamberlain – wird mit Hitler vervollständigt. In ihm – ein großer Deutscher und Held auch er – findet das deutsche Wesen seine ultimative Aufgipfelung, denn, wie er im Geleitwort zum Offiziellen Festspielführer von 1933 erklärte, der neue Reichskanzler sei, wie Richard Wagner vor ihm, der »Deutscheste der Deutschen«.[269]

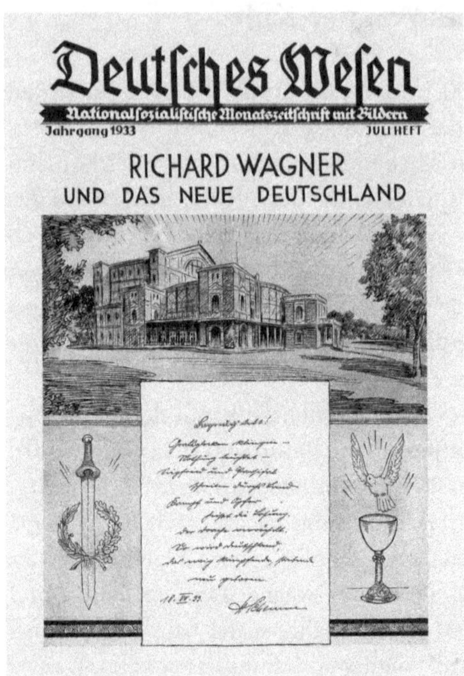

Abb. 17: Titelseite der Zeitschrift Deutsches Wesen

Diese nationalsozialistische Monatsschrift, auch wenn sie über das erste Heft nicht hinauskam, erhellt eine wesentliche Facette im Selbstverständnis der Wagnerianer: das Bewusstsein eines bruchlosen Kontinuums ihrer Weltanschauung von Wagner über Chamberlain zu Hitler. Die Beiträger waren hitlerbegeisterte Wagnerianer vom Schlage eines Hans Severus Ziegler, der 1938 die Ausstellung »Entartete Musik« organisieren sollte, und Hans Alfred Grunsky, Sohn Karl Grunskys, Verfasser von *Richard Wagner und die Juden* (1920), aber auch hochangesehene Musikwissenschaftler wie etwa Alfred Lorenz. Der Grundtenor aller Beiträger, die sich in ihrer Begeisterung gegenseitig zu übertreffen suchten, ist die These, dass das jetzt endlich zu gestaltende neue Deutschland das von Wagner visionär vorweggenommene sei. Die exaltierte Redeweise dieser enthusiastischen Hitler-Bewunderer wurde mit der berauschten Ineinssetzung von Wagners Hans Sachs und Adolf Hitler auf den Punkt gebracht.

Dieser Großeinsatz der bayreuthfrommen Wagnerianer zu Beginn der Hitler-Herrschaft belegt in ernüchternder Klarheit ihre bedenkenlose Bereitschaft, dem bekennenden Wagnerianer an der Spitze der Regierung blind zu vertrauen. Was angesichts einer solchen märchenhaft erfolgreichen Genialität auf dem Gebiet der Politik sich geziemte, war, wie von Lohengrin gefordert, »höchstes Vertrauen«. Abgesehen von König Ludwig dem II. war dies das erste Mal, dass ein unbedingter Wagnergläubiger die Geschicke des Landes zu lenken beauftragt war, allerdings mit dem bedeutenden Unterschied, dass Hitlers Macht nicht auf Bayern beschränkt war, sondern sich auf das viel größere Deutsche Reich erstreckte und, wie man hoffen durfte, bald darüber hinaus. Die aufgestaute, von Bayreuth geschürte Erwartung eines Heilsbringers – sei es eines neuen Lohengrins oder eines neuen Parsifals, sei es das Phantasma eines Hitler nach dem Bilde von Wagners Hans Sachs – hatte wunderbarerweise ihre Erfüllung gefunden.

Im Rückblick lässt sich leicht erkennen, dass die von Hitler in der Kampfzeit ausgesandten Signale im Jahr der sogenannten nationalen Erhebung reiche Früchte trugen. Jene Signale sicherten ihm die Unterstützung der großen Wagner-Gemeinde, einschließlich der vermeintlich unpolitischen Musikfreunde, die aufgrund seiner demonstrativen Kulturbeflissenheit bereit waren, die bedenklichen und abstoßenden Seiten der Hitler-Bewegung, die ja nicht zu übersehen waren – den Terror gegen Kommunisten, Sozialdemokraten und Juden –, hintanzusetzen oder einfach zu ignorieren.

Was Hitlers Rolle als beispielhafter Wagnerianer betrifft, so ist nach 1933 eine bemerkenswerte Akzentverschiebung festzustellen. Diente ihm in der Kampfzeit Wagner in der Hauptsache zur kulturellen Legitimierung seiner Mission und zur Verführung der Gebildeten, so musste er sich als Diktator – gleichsam nach gelungener Verführung – in einer neuen Rolle bewähren: in der Rolle des Anführers eines zur Staatssache erhobenen Wagner-Kults. Der Zweck dieses Kults war es, aus möglichst allen Deutschen Wagner-Verehrer zu machen, aus Wagner-Verehrern gute Nationalsozialisten und – in dem Showdown mit dem Weltjudentum im Gewand des Bolschewismus – aus den wagnermanipulierten Deutschen heldenhafte Kämpfer für den Endsieg, mit dem die rassisch begründete Überlegenheit der deutschen Kultur ein für alle Mal erwiesen und auf tausend Jahre hinaus gesichert wäre.

In den Bierkellern der Richard-Wagner-Stadt München konnte Hitler darauf zählen, dass seine Zitate und Anspielungen eine dumpf nickende,

Pawlow'sche Reaktion auslösen würden. Auf der großen Bühne jedoch, über die er als Reichskanzler gebot, war anderes gefordert. Es galt, die Wagner-Gemeinde bei der Stange zu halten; es galt aber auch, den noch nicht zu Wagner Bekehrten ihre Zugehörigkeit zu einer Volksgemeinschaft im Geiste der *Meistersinger* bewusstzumachen und an dem Fernziel eines rassisch gereinigten und regenerierten und somit neue Genialität generierenden Deutschlands mitzuarbeiten. Die Aufgabe, die Hitler übernahm, war die Indienstnahme des Wagner-Kults, der sich als Vehikel des Aufstiegs bewährt hatte, voranzutreiben und in verstärktem Maß zur Ästhetisierung des öffentlichen Lebens im Dritten Reich einzusetzen. Die Verehrung Wagners und, durch Wagner, die Verehrung der Genialität der germanischen Rasse erhielten nun, wie wir sehen werden, eine volkserzieherische Funktion, deren eigentliches Ziel die mentale Ertüchtigung zum Krieg war. Um diesem wahnhaften Ziel den Anschein von Realisierbarkeit zu geben, musste er mit gutem Beispiel vorangehen und als Hohepriester des Wagner-Kults wahrgenommen werden.

Als eines der publizitätsträchtigsten Signale aus der Frühzeit von Hitlers Karriere sind seine Verteidigungsreden zu werten, die er an den insgesamt vierundzwanzig Verhandlungstagen des sogenannten Hitler-Prozesses vor dem Münchner Volksgericht im Februar und März 1924 zur Aufarbeitung des gescheiterten Putsches vom 9. November 1923 hielt. In einer dieser Reden, in gespielter Bescheidenheit und Biederkeit, erklärt er, er strebe kein politisches Amt an, mache sich nichts aus »Minister« oder sonst einem Titel. Denn »[w]as ich werden wollte, das war der Zerbrecher des Marxismus«. Ein Fernziel also, die Tagespolitik weit hinter sich lassend. Und weiter: »wenn ich diese Aufgabe löse – und ich werde sie lösen –, dann wäre der Titel eines Ministers eine Lächerlichkeit.«[270] Dass er an dieser Stelle, an der seine Argumentation etwas kraus und undurchsichtig wird, Wagner ins Spiel bringt, wozu eigentlich kein Grund besteht, ist überaus aufschlussreich für sein aus Genieglauben und politischem Programm gepaartes Selbstverständnis. Er spielt die Wagner-Karte und verwertet das Erlebnis seines ersten Besuchs in Wahnfried vor kaum einem halben Jahr als politische Münze: »Als ich zum ersten Male am Grabe Richard Wagners stand, da quoll mir das Herz über vor Stolz, daß da unter der Steinplatte ein Mann ruht«, der es sich verbeten hatte, einen Titel anzuführen, weil er nur mit seinem Namen erinnert werden wollte.

Was er mit dem Hinweis auf Wagner vermutlich sagen wollte, ist dies: der Rechtsbruch des Putschversuchs, dessentwegen ich hier vor Gericht stehe, verblasst an Bedeutung im Vergleich zu der titanischen Aufgabe, die ich mir gestellt habe – die Eliminierung des Marxismus und Bolschewismus –, und ist im Lichte dieses Fernziels entschuldbar. Wenn diese Aufgabe einmal gelöst ist, dann wird mein Name im historischen Gedächtnis weiterleben wie der Richard Wagners, und es spielt keine Rolle, auf welchem institutionellen Weg und kraft welcher Titel ich das leiste. Das tertium comparationis dieses etwas linkischen Vergleichs mit Wagner ist die Genialität. Sie zeichnet in höchstem Maße Wagner aus, und sie zeichnet seiner Überzeugung nach auch ihn selbst aus. Mag die Welt heute sein Genie auch noch verkennen, eines Tages wird er mit Wagner in einem Atem genannt werden. Diese verwegene Selbstdarstellung als der Retter Deutschlands vor dem Bolschewismus, gehüllt in den von Wagner geborgten Mantel der Genialität, wurde in einem die Tagespolitik transzendierenden Sinn sein Markenzeichen. Und sie durfte auf erleichterte Zustimmung stoßen bei all denen, die den Bolschewismus fürchteten und denen der Name Richard Wagner etwas bedeutete.

Die wegweisenden Signale der neuen Ära wurden sodann in Leipzig, Potsdam und Bayreuth gesetzt. Kaum zwei Wochen im Amt, am 12. Februar, ließ der neue Reichskanzler es sich nicht nehmen, an der Gedenkfeier zum fünfzigsten Todestag des Komponisten im Leipziger Gewandhaus teilzunehmen und damit Wagners Bedeutung für das neue Deutschland unübersehbar zu bekräftigen. Bei dieser Gelegenheit verkündete er die Errichtung eines mächtigen Nationaldenkmals zu Ehren von Leipzigs größtem Sohn. Ein Jahr später, am 6. März 1934, legte Hitler an Wagners Geburtsort den Grundstein zum »Richard-Wagner-Nationaldenkmal« – ein offizieller Termin, zu dem er praktisch das gesamte Kabinett nach Leipzig mitbrachte. Ebenfalls anwesend waren, auf persönliche Einladung des Reichskanzlers, Winifred Wagner und der sechzehnjährige Wieland, der Festspielchef in spe. In seiner Ansprache betont Hitler den volkspädagogischen Sinn des extravaganten und monumentalen Nationaldenkmals vor allem für die nachwachsenden Generationen von guten Deutschen im Geiste des Nationalsozialismus: »Denn die heutige deutsche Generation sucht nach jahrzehntelangem Irren, geläutert und erzogen durch grenzenloses Leid, wieder den Weg zu ihrem eigenen großen Meister […]. Sie schöpft aus der ewigen Kraft unseres Volkes, indem sie wieder zu ihren besten Geistern strebt. […] Mit dem wahrhaftigen Gelöbnis, […] seine unvergänglichen Werke in ewig lebendiger Schönheit weiter zu pflegen, um so auch die kommenden Generationen unseres Volkes einziehen zu lassen in die Wunderwelt dieses gewaltigen Dichters der Töne, lege ich dessen zum ewigen Zeugnis und zur immerwährenden Mahnung den Grundstein zum deutschen Nationaldenkmal Richard Wagners.«[271] Wir stehen hier gleichsam vor dem inneren Sanctum des Hitler'schen Wagner-Kults. Dieser war ein Unterfangen von unzeitgemäßem, naivem Idealismus und zielte letztlich darauf ab, all das, was »der gewaltigste Meister der Töne unseres Volkes« für ihn persönlich bedeutete, gleichsam volkspädagogisch umzusetzen. Wir dürfen es als Indiz seiner Aufrichtigkeit werten, dass Hitler an dieser Stelle, dem Bericht im *Völkischen Beobachter* (9.3.1934) zufolge, »sichtlich ergriffen« mit tränenerstickter Stimme sprach.[272]

Der Leipziger Staatsakt war nach der Grundsteinlegung zu dem »Haus der deutschen Kunst« in München am 15. Oktober 1933 das zweite große Signal, das Hitler auf dem Feld der Kulturpolitik setzte. Alle Welt sollte Notiz davon nehmen, dass er entschlossen war, mit der Erhebung des Wagner-Kults zur Quasi-Staatsreligion ernst zu machen. Die Grundsteinlegung wurde einmal mehr gekrönt von einer Festaufführung der *Meistersinger*. Damit nicht genug der Wagnermanie: Sie machte am Ende nicht einmal vor Wagners eigenem Festspielhaus halt. Für 1940/41 war der Beginn eines enormen Ausbau- und Umbauprojekts auf dem Grünen Hügel geplant. Nach Plänen von Emil Rudolf Mewes sollte ein gigantischer Komplex mit mehreren Anbauten entstehen, »eine Art nationalsozialistischer Akropolis«, die die Zentralität des Wagner-Kults auch für das noch zu schaffende Deutschland nach dem Endsieg der ganzen Welt kundtun sollte.[273]

Das Wagner geweihte Nationaldenkmal in Leipzig war so groß konzipiert, dass die verbleibenden elf Jahre der Hitler-Herrschaft nicht ausreichten, das Bauwerk zu vollenden. Anders als bei den pompösen Wagner-Monumenten in Berlin, München und Pirna (Liebethaler Grund), die alleinstehende Skulpturen sind, sollte hier ein der Andacht und der Besinnung auf Deutschtum und Genialität gewidmetes Areal von 150 Meter Länge und 80 Meter Breite entstehen, der »Richard-Wag-

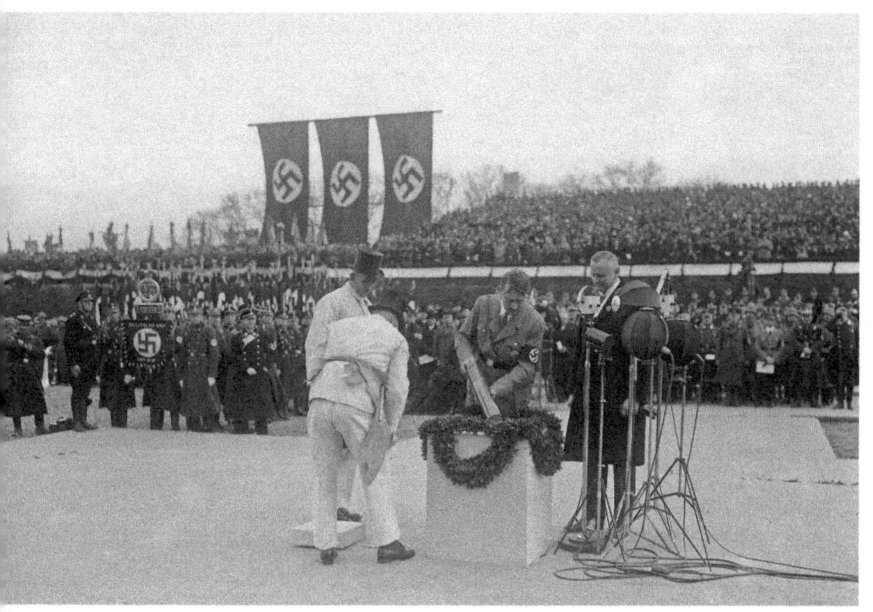

Abb. 18: Hitler bei der Grundsteinlegung des Wagner-Denkmals in Leipzig

ner-Hain«, in dessen Mitte ein Quadrat aus zehn Meter breiten und vier Meter hohen Friesen platziert werden sollte.[274] Mit dessen Gestaltung wurde Emil Hipp betraut, ein neoklassizistischer Bildhauer, wie er dem Geschmack Hitlers entsprach. Das Programm der Hipp'schen Friese rekurrierte nicht einfach auf Szenen und Figuren aus Wagners Bühnenwerken, wie man sie aus Neuschwanstein und anderen Orten der Wagner-Verehrung kennt, sondern stellte ein philosophisch-weltanschauliches Destillat aus dem Wagner'schen Kosmos dar. Es sind vier Grundkategorien der Weltsicht Wagners oder was man im Geiste der Zeit dafür hielt: Schicksal, Mythos, Erlösung und Bacchanal beziehungsweise Liebe.

Die Dimensionen und das Programm des »Richard-Wagner-Nationaldenkmals« sprengen die Gepflogenheiten der herkömmlichen Gedächtniskultur auf eine dramatische Art und Weise, die überwältigen und Ehrfurcht einflößen sollte. So wie das Überwältigtwerden als ein wesentlicher Bestandteil der lebendigen ästhetischen Erfahrung eines Wagner'schen Musikdramas empfunden wurde, so sollte auch das diesem Künstler geweihte Nationaldenkmal etwas Überwältigen-

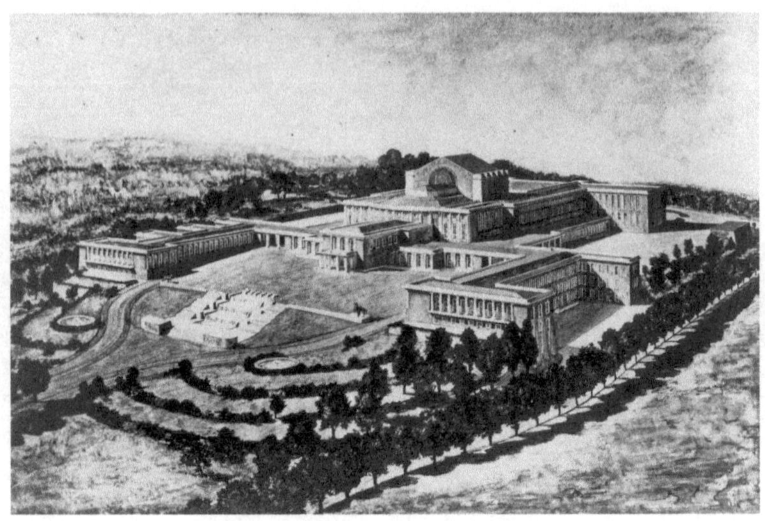

Abb. 19: Die Erweiterung der Festspielanlage im Modell von Rudolf Mewes

des ausstrahlen. Sinn des Denkmals war es nicht allein, einem großen und bedeutenden Individuum Tribut zu zollen, sondern eine sakrale Ehrfurcht zu wecken vor dem Genius eines Volkes, das ein Genie wie Richard Wagner hervorgebracht hat.

Der tiefere Sinn der sakralen Anlage erschließt sich wohl am ehesten aus dem vor frommer Sinnigkeit überbordenden Entwurf von Karl Ernst Lange zu einem ringförmigen Tempel, in dem eine Statue des sitzenden Wagner, zurückgelehnt und wie entrückt, den Künstler »in der Stunde genialer Empfängnis« zeigen soll: den »Meister in der Inspiration«. Auf dem ringförmigen, zwölf Meter hohen Baukörper »die überlebensgroßen Verkörperungen Wagner'scher Gestalten – Die Erzengel«. Der Tempel hat dreizehn torartige Öffnungen, »die vom personifizierten Genius strahlenförmig in alle Welt führen« und die die dreizehn Bühnenwerke Wagners von *Die Feen* bis *Parsifal* bedeuten sollen. »Hoch über dem Genius, gegen den Himmel, Siegfried, der lichtgeborene germanische Mensch, der im Kampfe gegen die Finsternis Frieden gibt.«[275] Wagner-Verehrung und Geniekult bis zum Overkill!

Man ist versucht, diesen Wagner-Tempel, der Entwurf geblieben ist, als ein krasses Beispiel von biedersinnigem Wagner-Kitsch abzutun. Doch dieser Befund sollte uns nicht den Blick verstellen auf den hier

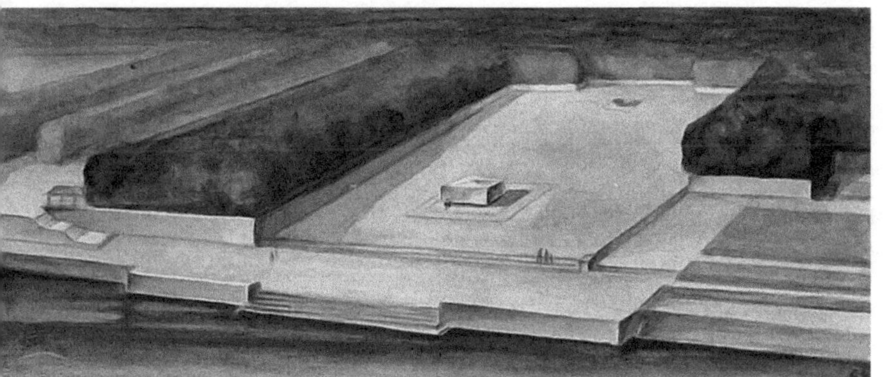

Abb. 20: Der Wagner-Hain in Leipzig nach Plänen von Emil Hipp, Aquarell von Carl Seifert

besonders klar erkennbaren konzeptionellen Nerv des Wagner-Kults im Dritten Reich: seinen ersatzreligiösen Charakter; seine Fokussierung auf Inspiration als der mystischen, in der Rasse gründenden Quelle von Genialität; auf die Interessengemeinschaft der Wagner-Gemeinde und der Staatsführung; und schließlich seine Funktion als ästhetische Verbrämung des im Nationalsozialismus zentralen Begriffs der Volksgemeinschaft, die als eine in der Verehrung von Genialität und deutscher Kultur einige Nation vorgestellt wird.

Der Genieglaube erreichte im Nationalsozialismus seinen höchsten Kurswert und diente dem Regime als eine vorgeblich unpolitische Grundüberzeugung, auf die sich alle Deutsche einigen konnten. Der Genieglaube lieferte selbstverständlich auch das philosophische Fundament des Leipziger Wagner-Denkmals wie auch des Wagner-Kults insgesamt. In diesem Sinne hat Hitler das Genie im Allgemeinen und Richard Wagner im Besonderen in nicht zu überhörender Anspielung auf das katholische Dogma von der Transsubstantiation als »Fleischwerdung« eines höchsten Numinosen aufgefasst. Diese Vergötzung des Genies lässt sich am bündigsten an der bereits zitierten Kulturrede Hitlers aus demselben Jahr 1934 belegen: »Nur wenigen Gottbegnadeten hat zu allen Zeiten die Vorsehung die Mission aufgegeben, wirklich unsterblich Neues zu gestalten. Damit sind diese aber die Wegweiser für eine lange Zukunft, und es gehört mit zur Erziehung einer Nation, den Menschen vor diesen Großen die nötige Ehrfurcht beizubringen;

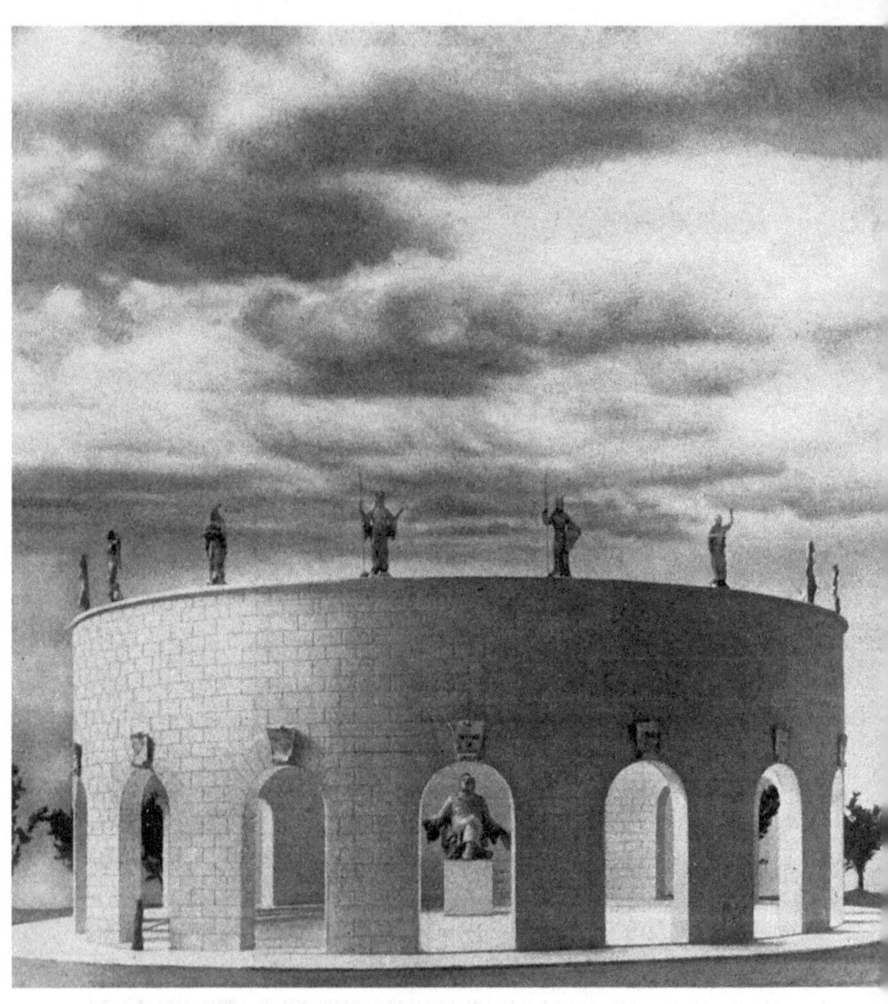

Abb. 21: Der Wagner-Tempel von Karl Ernst Lang

denn sie sind die Fleischwerdung der höchsten Werte eines Volkes.«[276] Die Vokabeln »Mission« und »Erziehung einer Nation« lassen erkennen, dass in der Erziehung, die Hitler im Sinne hatte, Wagner an die Seite oder gar an die Stelle der christlichen Religion treten sollte.

Die in Potsdam inszenierte Selbstdarstellung des neuen Regimes, von der an früherer Stelle zu handeln war, erfuhr wenige Monate später ihre ultimative Beglaubigung bei den Bayreuther Festspielen, den ersten unter Hitler. Das nationalsozialistische Deutschland sollte nach dem festen Willen seines obersten Machthabers nach innen wie nach außen als ein Land der Kultur wahrgenommen werden. Dieses Image war am glaubwürdigsten an dem Ort zu pflegen, den Richard Wagner selbst als die Quelle der Regeneration Deutschlands designiert hatte: das Festspielhaus, in dem künftighin durch die Aufführung seiner Werke in einem emphatischeren Sinn als bisher der Kunst und dem Genie des deutschen Volkes gehuldigt werden sollte. Die neue Regierung, nicht nur Hitler, war sich des Prestiges dieser einzigartigen Kulturinstitution bewusst und erkannte die Chance, die Wagner-Festspiele in den Dienst ihrer eigenen Sache zu nehmen.

Die Festspiele 1933 wurden, wie zu erwarten, mit den *Meistersingern* eröffnet. Es war die Tietjen-Inszenierung, die schon den »Tag von Potsdam« krönte. Auch die Solisten waren in der Hauptsache dieselben. Mit der musikalischen Leitung war diesmal jedoch Karl Elmendorff betraut, da Furtwängler vorübergehend in Ungnade gefallen war. In einer der Pausen hielt Goebbels eine kurze Radioansprache, in der die zentralen Gedanken der Verwertung Wagners durch das neue Regime artikuliert wurden.[277] Die *Meistersinger* sind die vollkommene »Inkarnation des deutschen Volkstums«. Das neue Deutschland ist das von Wagner visionär erträumte. Als Beleg wird einmal mehr der »Wach-auf«-Chor bemüht, hier vom Singular in den Plural transponiert, offenbar der größeren politischen Suggestionskraft wegen: »Wacht auf«. Goebbels deutet die Stelle »als greifbare Parallele zu dem Wiedererwachen des deutschen Volkes aus der tiefen politischen Narkose«, die das Land seit dem November 1918 gelähmt und außerdem verhindert habe, dass Wagners Vision nicht schon früher verwirklicht werden konnte. Erst unter der von Adolf Hitler geführten neuen Regierung werde diese Vision Wirklichkeit werden und ein »volksmäßig gebundenes Denken und Empfinden« fördern und vor allem eine »endlich zu wirklicher

Einheit verschmolzene«, von einem charismatischen Künstler-Politiker geführte Volksgemeinschaft schaffen. Goebbels' Ansprache ist vergleichsweise sachlich. Da er nicht zu den gläubigen Wagnerianern zählte, sondern lediglich die Wagner-Begeisterung so vieler Volksgenossen propagandistisch nutzen wollte, entbehrt seine Rede auch der quasi-religiösen Note, die Hitlers Gesten der Wagner-Verehrung eigen ist. Die Radioansprache gipfelt in der Versicherung, »daß der Meister und sein Werk wohl geborgen sind im Schutze und in der Fürsorge einer Regierung und eines Volkes, deren Führer im ersten Jahre dieser Regierung an der Stätte wagnerischen Wirkens erschienen, um dem größten musikalischen Genius aller Zeiten seine ehrfurchtsvolle Huldigung zu Füßen zu legen«.

Mit diesen und ähnlichen Bekenntnissen gewann das rauschhafte Zusammenspiel der Wagner-Verehrer und der Hitler-Verehrer seine höchste Schwungkraft, die bis 1939 und zum Teil darüber hinaus vorhielt. Dass diese machtvolle Synergie eine eigene »Katastrophendynamik« generierte – ein Begriff, zu dem Thomas Mann in *Doktor Faustus* greift[278] –, wurde zu diesem frühen Zeitpunkt von nur ganz wenigen geahnt. Repräsentativ waren vielmehr der Enthusiasmus und die Exaltation, mit denen das Morgenrot einer neuen Epoche begrüßt wurde.

Dass von diesem Rausch nicht nur wundergläubige Wagner-Fans erfasst wurden, zeigt der Bericht des Magdeburger Dompredigers E. Martin über seine Eindrücke von den Festspielen 1934 – eines studierten Theologen also mit einem vermutlich beträchtlichen Wirkungskreis. Er kontrastierte die Eindrücke von 1934 mit den Erinnerungen an seinen vorangegangenen Besuch im Jahre 1931: »Damals lag in Deutschland noch alles im wirren Dunkel. Aber hell leuchtete hier schon der Name Adolf Hitlers. [...] Wenn ich in den letzten Jahren vom Siege des Nationalsozialismus überzeugt war [...], so verdanke ich das in erster Linie Bayreuth.« Wie Hitler selbst glaubte der leichtgläubige Geistliche, dass das Werk Wagners in seiner Gesamtheit ein einziges großes Erziehungswerk sei – ein Erziehungswerk »am deutschen Volk«. Hitler setze dieses Erziehungswerk fort und vollende es: »Bayreuth leistet Erziehungsarbeit im dritten Reich und für das dritte Reich, und dafür sei ihm von allen gedankt, die das dritte Reich lieben und seine Größe und Vertiefung wollen.«[279] Ein ebenso verblendeter wie grotesker *Pas de deux* des Vertreters eines fest etablierten Kultus mit dem Oberpriester eines neuen, zutiefst gottlosen Kults. Der Glaube an die Erziehung zu einem höheren, besseren Deutschtum erwies sich als eine Selbsttäuschung von grausiger Fernwirkung! Wie hätte Hitler im Lichte derartiger, von keinerlei kritischen Bedenken angekränkelten Bekundungen nicht den Schluss ziehen sollen, dass in gebildeten Kreisen, zumal wenn sie von Hause aus dem Nationalsozialismus innerlich fernstanden, keine andere Karte so zuverlässig sticht wie die Wagner-Karte!

Oberherr der Wagner-Festspiele

In parteioffiziellen Kommentaren wurden immer wieder Hitlers große Verdienste um das Nachleben Richard Wagners hervorgehoben, allen voran seine tatkräftige Unterstützung der Bayreuther Festspiele. Ein solcher Jubler aus der Hamburger Wagner-Gemeinde, Siegfried Scheffler, schrieb: »[Es bleibt] das unermeßliche Verdienst unserer Regierung, die historische Tat unseres Reichskanzlers Adolf Hitler, in den Bayreuther Festspielen Wagner vor unserem Volk erneuert zu haben [...]. Richard Wagner lebt unter uns, als unser Zeitgenosse, als unser Gewissen, unsere kulturelle Sicherheit.«[280] Es ist dies ein weiteres unter vielen Beispielen dafür, wie Hitlers Wagner-Kult seine Akzeptanz auch unter den nicht-nazistischen Deutschen fördern half.

In Hitlers Wagner-Kult waren die Festspiele in Bayreuth von früh an das Herzstück. Nach der Entlassung aus der Landsberger Haft im Dezember 1924 und dank der freundschaftlichen Verbindungen nach Bayreuth und zu den Wagners konnte er sich im Juli 1925 einen langgehegten Traum erfüllen und die Festspiele besuchen. Er kam als Privatmann, nicht als der Führer einer politischen Partei; in der Fremdenliste wurde er als »Schriftsteller« geführt.[281] Hitler sah die *Meistersinger,* dirigiert von Karl Muck, den *Ring*-Zyklus, dirigiert von Michael Balling, sowie *Parsifal* unter der Leitung von Willibald Kaehler.[282] In einem seiner nächtlichen »Monologe« in der Wolfsschanze, im Januar 1942, erinnerte er sich jenes ersten Besuchs der Festspiele mit ungespielter Nostalgie: »Ich wohnte in einem Haus, auf das mich Bechsteins gewiesen hatten, seitlich von Wahnfried [...]. Am Morgen machte mir Frau Wagner einen Besuch, den ich dann in Wahnfried erwiderte [...].

Bayreuth war für mich von einer schimmernden Schönheit! Es war eine sonnige Zeit, ich war sechsundreißig Jahre alt, kannte noch keine Sorgen, und der Himmel hing voller Geigen! Ich hatte jenes angenehme Maß von Popularität, daß alle Leute gut zu mir waren, ohne daß man etwas von mir wollte, man hat mich in Ruhe gelassen. Tagsüber ging ich in der kurzen Wichs, zu den Festspielen kam ich im Smoking oder Frack. Danach saßen wir im Festspielhaus oder im [Hotel] Anker mit den Künstlern zusammen [...].« Kein Zweifel, in der Kampfzeit zeigte sich Hitler für den einzigartigen Zauber der Wagner-Festspiele überaus empfänglich, wie aus einer anderen nostalgischen Reminiszenz in der Wolfsschanze zu ersehen ist: »Der Tag nach Beendigung der Festspiele und der Dienstag in Nürnberg [nach Abschluss des Parteitags], das ist für mich etwas so Trauriges, wie wenn am Christbaum der Schmuck entfernt wird.«[283] In den Jahren seiner Herrschaft, als er mit großem, nicht in allen Fällen willigem Gefolge regelmäßig die Festspiele besuchte, wollte sich dieser Zauber nicht mehr so spontan einstellen, denn nach 1933 kam er nicht als Privatmann, sondern als Anführer eines Kults, der in der Pose des schlichten Kunstfreunds mit gutem, die Zögerer und Zauderer inspirierendem Beispiel vorausgeht.

Schon bei den nächsten Festspielen jedoch, 1927, trug sein Judenhass den Sieg über die Wagner-Liebe davon. Aus Protest gegen die Mitwirkung jüdischer Künstler blieb er den Festspielen fern. Nicht dass Bayreuth in jenen Jahren von Juden überschwemmt gewesen wäre. Bei den Festspielen 1924 wirkte gerade mal ein jüdischer Künstler mit; 1925 waren es vier und 1927 sechs.[284] Insbesondere der Umstand, dass Friedrich Schorr, der führende Bassbariton jener Jahre, den Wotan sang, eine Gestalt, die als »Wolfe« eine sehr spezielle und geheime Bedeutung für Hitler besaß, musste seinen Unmut erregen. So ließ er Winifred Wagner wissen (wie diese einer Vertrauten berichtete), »daß, solange hier ein Nagod den Wotan singt, er Bayreuth als entheiligt betrachtet und er nicht darüber hinwegkommen könne, daß ausgerechnet ein Vertreter der Rasse, die uns rassisch, politisch, moralisch, künstlerisch zugrunde richtet, gegen die sein ganzer Kampf sich richtet, hier den Wotan singt und dazu würdig befunden wird«.[285] Dass ein Sänger jüdischer Abstammung das Festspielhaus und ganz Bayreuth zu entweihen vermochte, belegt neben dem offensichtlichen fanatischen

Judenhass nicht zuletzt den sakralen Modus seiner Wagner-Verehrung. Offenbar betrachtete Hitler ein entheiligtes Bayreuth, einen entheiligten Wagner, als das kulturelle Äquivalent zu der größten und am meisten gefürchteten Gefahr, die dem deutschen Volk unter ethnischem Gesichtspunkt drohe – die Gefahr der sogenannten Blutschande. Die diesbezüglichen Auslassungen in *Mein Kampf* bezeichnen die seinem Judenhass innewohnenden Angstszenarien. Denn so wie ein Jude, der »ein ahnungsloses Mädchen« verführt und »mit seinem Blut schändet« und damit dem deutschen Volke »raubt«, so signalisiert die Präsenz jüdischer Künstler auf der Bühne des Festspielhauses den drohenden Raub des höchsten Schatzes der deutschen Kultur.[286]

Auch bei den nächsten Festspielen von 1928, 1930 und 1931, bei denen neben Schorr auch andere jüdische Sänger mitwirkten, versagte er sich die Teilnahme. Umso triumphaler gestaltete sich die Rückkehr an den Grünen Hügel 1933 im ersten Jahr seiner Herrschaft. Die unschwer nachvollziehbare Genugtuung darüber seinerseits verblasste jedoch im Vergleich mit dem Jubel, mit dem seine Anwesenheit in Bayreuth von den Wagnerianern begrüßt wurde. Die Präsenz des Reichskanzlers drohte die angestammten Vorrechte des Ortsheiligen zu überschatten. In den Buchläden lagen mehr Exemplare von *Mein Kampf* aus als von Wagners Schriften; in den Schaufenstern konkurrierten Hitler-Büsten mit den obligaten Wagner-Büsten; dazu Hakenkreuzfahnen, wohin das Auge blickte. Auf dem Titelblatt des Festspielführers prangte nicht etwa ein Porträt Wagners, sondern Hitlers. Ernest Newman, der nüchterne Musikkritiker der Londoner *Sunday Times*, bemerkte dazu trocken, die diesjährigen Festspiele müssten eigentlich zu »Hitler Festival« umbenannt werden – eine Beobachtung, die sich auch Walter Legge aufdrängte, dem später berühmten Schallplattenproduzenten, der damals für den *Manchester Guardian* aus Bayreuth berichtete.[287]

Wie immer man an dieser kritischen Wegscheide von 1933 Hitlers Rolle im Nachleben Richard Wagners in Deutschland beurteilen mag, eine Erkenntnis schält sich in aller Klarheit heraus: Hitler gerierte sich sehr bewusst als der Pontifex maximus eines für das Überleben Deutschlands als Kulturnation unabdingbaren ästhetischen Kults. Er betrachtete sich als Vorbild der Wagner-Verehrung für alle Deutschen und war sich nicht zu gut, sich als ihr Zugpferd einzuspannen – nicht nur aus Freundschaft zu Winifred Wagner, sondern aus der Überzeugung, dass von Wagners Werken eine heilsame erzieherische und gemeinschaftsbildende Wirkung ausgehe.

In dieser Rolle sah er sich offenbar in den Fußstapfen König Ludwigs des II. Die im kulturellen Gedächtnis festverankerte Assoziation des Wittelsbacher Königs und Kunstfreunds mit Richard Wagner veranlasste Hitler, am 12. August 1933 auch die Wagner-Feier auf Schloss Neuschwanstein, dem Märchenschloss des Monarchen, mit seiner Anwesenheit zu beehren. Damit setzte er ein prägnantes und unmissverständliches Zeichen, dass er Ludwigs Doppelrolle als Genieverehrer und Mäzen fortzuführen gedachte. Noch während des Krieges, im Februar 1942, in einem der nächtlichen Monologe im Führerhauptquartier, gedachte er jener Doppelrolle, die er als den nobelsten Beruf des Staatsoberhaupts betrachtete: »Ein künstlerisches und wissenschaftliches Mäzenatentum ausüben ist das Schönste, was es auf der Welt überhaupt gibt.«[288]

Dass ihm dabei Wagner und Ludwig der II. vorschwebten, geht aus der Fortsetzung seines Monologs hervor: »Eigentlich müßte die Menschheit ein Genie wie Richard Wagner auf den Händen haben tragen wollen!« Ebendies hatte der junge, schwärmerische Monarch vorgelebt; und dies empfand der gerade an die Macht gelangte Wagnerianer ersichtlich auch als seine historische Aufgabe. Überzeugt davon, dass die Genies und »großen Männer« das »höchste Nationalvermögen« repräsentieren, konnte es für ihn sub specie aeternitatis nichts Wichtigeres geben, als Genies zu fördern und die Genieverehrung auf vorbildliche Weise selbst zu praktizieren.

Mit der Genieförderung hatte Hitler einen bestenfalls gemischten Erfolg, wenn man, unter Anwendung der denkbar generösesten Kriterien, überhaupt bereit ist, von Erfolg zu sprechen. Enttäuschend waren für ihn vor allem die Ergebnisse auf dem Feld der Musik, die ihm ebenso teuer war wie die Architektur, weil die Musik, wie er wohl wusste, in Deutschland selbst und in anderen Ländern als die deutscheste der Künste angesehen wurde. Bemerkenswert nüchtern konstatiert er in seinem Monolog über das Mäzenatentum: »Nur auf dem Gebiet der Musik habe ich Pech.« Doch für dieses »Pech« gab es naheliegende Schuldige, denn es waren »die Juden«, die es »fertig gebracht« haben, »einem die schöne Musik auszureden und statt dessen Geräusche hinzustellen«.[289] Gut möglich, dass Hitler dabei an Arnold

Schönberg dachte, dessen Wirken als Komponist und Kopf der musikalischen Moderne in Wien und später in Berlin ihm kaum entgangen sein dürfte.

Über den mangelnden Erfolg der Genieförderung unter dem Nationalsozialismus konnten auch die verschiedenen Listen der herausragenden Künstler in allen Sparten hinwegtäuschen, die zu Beginn des Krieges zusammengestellt wurden, um alle die zu identifizieren, die vom Kriegsdienst freigestellt wurden.[290] Sie wurden als »unersetzlich« erachtet für das kulturelle Leben Deutschlands nach dem Sieg in dem gerade eröffneten Krieg. Noch einen Rang höher wurden offenbar große Künstler wie Richard Strauss und Gerhart Hauptmann eingestuft; sie wurden als »überragendes nationales Kapital« eingeschätzt und zierten die sogenannte Gottbegnadeten-Liste an oberster Stelle. Die »Gottbegnadeten« waren gleichfalls vom Kriegsdienst freigestellt, was jedoch nicht bedeutete, dass man sie unbehelligt ließ. Von den »Gottbegnadeten« wurde erwartet, dass sie »Künstlerkriegseinsatz« leisten, was im Falle von Dirigenten hieß, dass sie in den besetzten Ländern und in Deutschland selbst zum Ruhme der überragenden deutschen Musikkultur Konzerte zu dirigieren hatten – Konzerte, in denen Wagner einen prominenten Platz einnahm.

Welches Gewicht die genialen Leistungen eines Volkes in Hitlers Vorstellung hatten, geht aus seiner Kulturrede auf dem Nürnberger Parteitag Anfang September 1933 hervor, also kurz nach seinem Auftritt in Neuschwanstein. Hier stellte er klar, dass sich seine Vorstellungen von Kultur an den höchsten Vorbildern orientieren, an der griechischen Kultur. »Nicht jeder Grieche konnte ein Parthenon erbauen. Aber als ein Grieche dieses Wunderwerk schuf, wußten alle, daß es die gewaltigste, weil herrlichste Proklamation des griechischen Wesens und Geistes war.«[291] Was nun Deutschland und seine Kultur betreffe, so teilte er den weitverbreiteten Glauben, dass sich das deutsche »Wesen« am vollkommensten in der Musik manifestiert habe – nirgends vollkommener als im Werk Richard Wagners. Auch Thomas Mann teilte diesen Glauben, wenn er in den *Betrachtungen eines Unpolitischen* schreibt: »[Wagners] Kunst ist die sensationellste Selbstdarstellung und Selbstkritik deutschen Wesens, die sich erdenken läßt, sie ist danach angetan, selbst einem Esel von Ausländer das Deutschtum *interessant* zu machen […].«[292] Freilich fehlt bei Hitler, wie noch zu zeigen, das für Thomas Manns Wagner-Passion entscheidende Ingrediens: die »Selbstkritik« des Deutschtums. Angesichts der Flaute der deutschen Genieproduktion im Dritten Reich ausgerechnet auf dem prestigeträchtigen Feld der Musik war es in gewissem Sinn unvermeidbar, dass sein Geniekult, jedenfalls nach außen hin, die Form eines angestrengten, weil retrograden Wagner-Kults nahm. Es blieb ihm nichts anderes übrig.

Dementsprechend wichtig war ihm das alljährliche Erscheinen, oft mit großem Gefolge und meist auf zehn Tage, auf dem Grünen Hügel in Bayreuth, der den Schrein des Wagner-Kults barg – das Festspielhaus. Er kam regelmäßig bis ins erste Kriegsjahr, mit Ausnahme von 1935, dem einzigen Ruhejahr während des Hitler-Regimes. Wie jeder eingefleischte Theatromane ließ er es sich nicht nehmen, gelegentlich auch bei den Proben anwesend zu sein.

Der Jubel über Hitlers Präsenz bei den Bayreuther Festspielen hatte, von allen politischen Sympathien der Wagnerianer abgesehen, eine sehr konkrete, ökonomische Ursache. Der neue Reichskanzler war sich seiner Ehrenpflicht als erster Wagnerianer der Nation und als tonangebender Zeremonienmeister des Geniekults bewusst und griff dem finanziell maroden Unternehmen kräftig und dauerhaft unter die Arme. Wie prekär die wirtschaftliche Lage der Festspiele war und welcher Anstrengungen es bedurfte, staatliche Hilfe zu erhalten, ohne die Eigenständigkeit des Familienunternehmens gänzlich zu verlieren, ist eine überraschend spannende Geschichte.[293]

Noch zu Anfang des Jahres stand nicht fest, ob die Festspiele würden stattfinden können. Selbst nach der Ernennung Hitlers zum Reichskanzler herrschte noch lange Ungewissheit. Die Kartennachfrage aus dem Reich war enttäuschend; die aus dem Ausland ließ nach dem Judenboykott vom 1. April dramatisch nach; es drohte ein riesiges Defizit. Hitler rettete die Festspiele von 1933, indem er den Ankauf eines großen Kontingents von 10 000 Karten durch das Reich, in erster Linie das Propagandaministerium, veranlasste und von weiteren 1000 durch die bayrische Kulturbehörde.[294] Bezeichnend die Begründung des nur widerwillig mitziehenden bayrischen Kultusministeriums, die offenbar als Echo auf entsprechende Denkanstöße aus Berlin zu verstehen ist: »Geleitet vom Bestreben, die Bayreuther Festspiele, diesen einzigartigen Kulturbesitz, als Kraftquelle für die seelische Erneuerung des

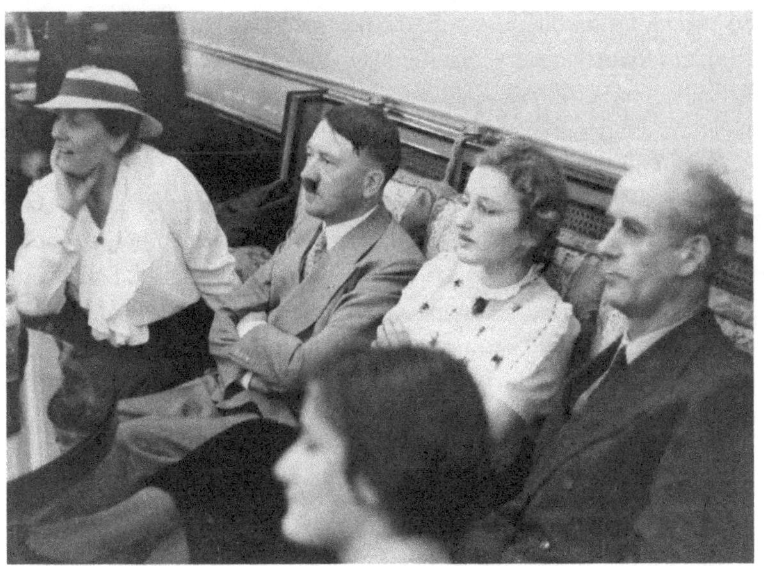

Abb. 22: Winifred Wagner, Hitler, Verena Wagner und Wilhelm Furtwängler bei einer Probe

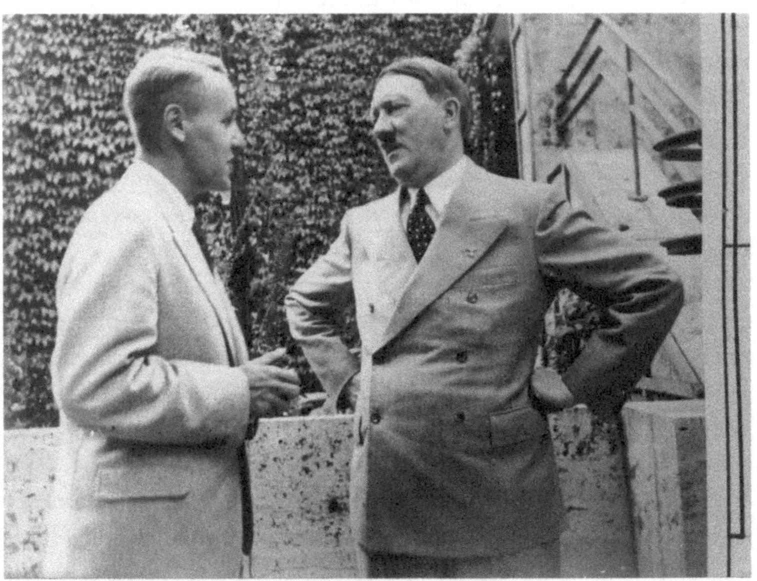

Abb. 23: Hitler mit Wieland Wagner 1936 in Bayreuth

erwachten Deutschland zu nutzen, will die Staatsregierung der Anregung des Reichskanzlers folgen und einen neuen Weg bestreiten durch Ankauf einer größeren Zahl von Eintrittskarten zu den Festspielen 1933 und durch deren stark verbilligte Abgabe.«[295]

Diese volkspädagogische Erklärung der staatlichen Hilfe für Bayreuth gründete in der von den Anwälten des Bayreuther Gedankens propagierten und von den Nationalsozialisten übernommenen These, dass das neue Deutschland das von Wagner erträumte sei. Das Argument, wonach Bayreuth als eine Kraftquelle der nationalsozialistischen Volksgemeinschaft zu betrachten sei, blieb denn auch die offizielle Lesart für die staatliche Unterstützung Bayreuths, solange Hitler regierte, und lieferte selbstredend auch die Begründung für die sogenannten Kriegsfestspiele in den Jahren 1940 bis 1944.

Mit den Karten für die Festspiele gab es freie Fahrt mit der Reichsbahn, um sicherzustellen, dass die Empfänger von Freikarten auch tatsächlich das Festspielhaus füllen halfen. Verpflegt wurden die Festspielbesucher durch die städtische Volksküche sowie durch private Freitische, um ihnen den Aufenthalt in der Festspielstadt auch finanziell schmackhaft zu machen. Gleichwohl war diesem erstaunlich gutgläubigen Bemühen, die minder bemittelten Volksgenossen mit Hilfe Wagners zu guten Nazis zu erziehen, offenbar kein durchschlagender Erfolg beschieden. Es kam, wie den Polizeiberichten zu entnehmen ist, zu mancherlei alkoholischen Exzessen und Unziemlichkeiten während der Vorstellungen, was aus der Sicht des obersten Gönners kaum anders denn als Undankbarkeit zu werten war. In einigen Fällen musste Hitler einen Adjutanten durch die Reihen schicken, um einige Nazigrößen zum Klatschen zu animieren.

Als Oberpriester der Wagner-Verehrung fand Hitler nicht einmal in der eigenen Partei die gewünschte Begeisterung für die anspruchsvollen Werke des Meisters, ja in mancher Hinsicht sah er sich zurückgeworfen auf die wenig erbauliche Rolle eines Gegners der nicht wenigen Wagner-Ablehner in den eigenen Reihen. Heinz Tietjen gab unmittelbar nach dem Krieg zu Protokoll: »Es hieße der ›Partei‹ zu viel Ehre erweisen, wenn man ihr nachsagen wollte, sie sei wagner*freundlich* gewesen; in Wirklichkeit waren die führenden Parteileute im Reich wagner*feindlich*, oder standen der Herrlichkeit dieser klingenden Welt verständnislos oder gelangweilt gegenüber.«[296] Dies ist offensichtlich

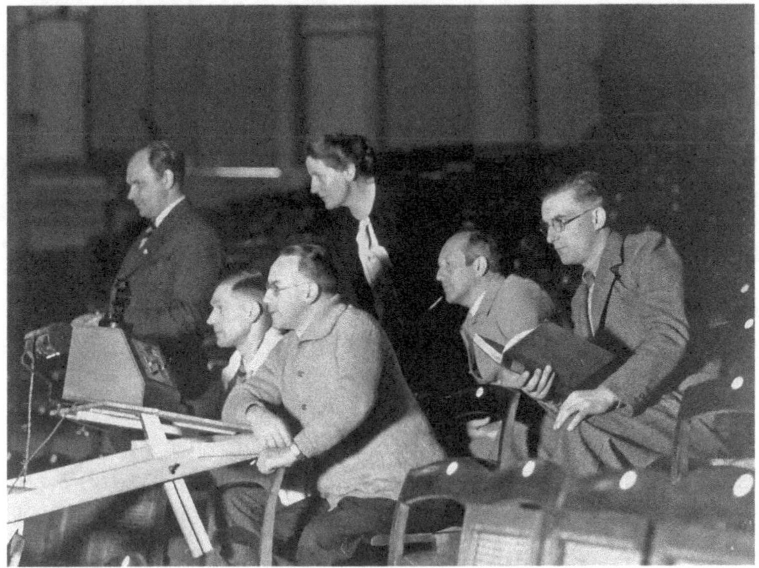

Abb. 24: Probearbeiten in Bayreuth 1936; Heinz Tietjen (vorne sitzend, mit Brille), Winifred Wagner, neben ihr Emil Preetorius

übertrieben und pro domo formuliert. Tietjen bezieht sich auf »führende Parteileute«, lässt aber Hitler unerwähnt. Als ehemaliger Sozialdemokrat wurde Tietjen zwar als »Edelkommunist« von den Nazis beargwöhnt, doch besaß er eine chamäleonhafte Anpassungsfähigkeit, die ihn – für Hitler wie für Winifred Wagner – unentbehrlich machte. Er war ein vielseitiger Routinier des Opernbetriebs und stieg als solcher zu einem unverzichtbaren Insider der ganzen unguten Bayreuth-Hitler-Symbiose auf.

Nachdem die finanzielle Basis der Festspiele von 1933 gesichert war, galt es für die Festspielleiterin, ein weiteres Hindernis aus dem Weg zu räumen: das Verbot der neuen Machthaber in Bezug auf die Mitwirkung jüdischer Künstler. Winifred Wagner musste auf der Mitwirkung von Alexander Kipnis und Emmanuel List bestehen, zwei herausragenden Sängern für die Rollen des Pogner, Fafner, Hunding, Hagen, Titurel und Gurnemanz, weil sie unersetzlich und schlicht unverzichtbar waren.[297] Goebbels, dem an der Glaubwürdigkeit der judenfeindlichen Politik des Regimes gelegen sein musste, zeigte sich gegenüber der Hartnäckigkeit der Festspielleiterin besonders ungehalten: »Sie [die Wagners] sind in der Judenfrage unausstehlich.«[298] Der Propagandaminister fügte einen Stoßseufzer hinzu: »Wenn Wagner wiederkäme!« Offenbar war er der Auffassung, dass Wagner selbst die judenfeindliche Position des Regimes unterstützen würde. Nicht nur täuschte er sich über die wohldokumentierte Lässlichkeit Wagners in dieser Sache, er täuschte sich auch über seinen »Chef«. Denn in einer Besprechung unter vier Augen mit Winifred Wagner am 29. Juni, praktisch in letzter Minute, gab Hitler seine Einwilligung zur Mitwirkung der beiden unverzichtbaren ›nichtarischen‹ Künstler.[299]

Diese bemerkenswerte Episode belegt zum einen, dass Hitler bei den Bayreuther Festspielen in gewissen, für die Außendarstellung des Regimes empfindlichen Dingen wie der Judenpolitik sich das letzte Wort vorbehielt; zum anderen, dass er in diesem einen, außerordentlichen Fall der ersten Festspiele im Zeichen des Hakenkreuzes bereit war, ideologische Positionen, die an und für sich als unveräußerlich galten, hintanzustellen und eine Ausnahme zu machen. Er sah sich gezwungen, seinen früher geäußerten Abscheu gegen den Wotan des »Nagod« Friedrich Schorr zu schlucken. Als Oberherr der Festspiele, der Geld und politisches Prestige investiert hatte, konnte und wollte er eine Einbuße an künstlerischer Qualität durch den Ausschluss in letzter Minute von so bedeutenden Sängern wie Alexander Kipnis und Emmanuel List nicht riskieren. In diesem Punkt also dachte er wie die Altwagnerianer. Von Karl Muck ist der Satz überliefert, dass man in Gottes Namen »in den sauren jüdischen Apfel beißen« müsse, wenn anders bestimmte Rollen nicht adäquat mit nicht-jüdischen Sängern besetzt werden konnten.[300] In diesen sauren Apfel musste auch Hitler beißen, jedenfalls zu Anfang seiner Oberherrschaft in Bayreuth. Ein nicht ganz so saurer Apfel war der Tenor Max Lorenz, der mit einer jüdischen Frau verheiratet war; das ließ man durchgehen, weil es in Deutschland keinen zweiten Heldentenor von der Qualität des Max Lorenz gab. Wenn es um die Selbstdarstellung im Zeichen Wagners ging, stachen ästhetische Gesichtspunkte die ideologischen aus. Es sollte im Übrigen die einzige Ausnahme bleiben. Schon 1934 gab es in Bayreuth für jüdische Künstler keine »Freibriefe« mehr, wiewohl »jüdisch versippte« Künstler wie z. B. Max Lorenz, Frida Leider oder Franz von Hoeßlin weiter geduldet wurden.[301]

Mit seiner Rettungsaktion von 1933 hatte sich Hitler praktisch zum

Oberherrn der Wagner-Festspiele gemacht und fungierte von da an in gewissem Sinn als Mitveranstalter. Seine Machtstellung in Bayreuth wurde nicht nur nicht in Frage gestellt, sondern willkommen geheißen – am eifrigsten von der Festspielleiterin selbst. Wie aus den Festspieldokumenten hervorgehe, so Michael Karbaum, wurde »ab 1933 in Bayreuth praktisch keine wichtige Entscheidung mehr ohne Billigung oder Kenntnisnahme des Führers gefällt«.[302] Eine Bestätigung dafür findet sich in einer vertraulichen Mitteilung Winifred Wagners an Richard Strauss von 1933, der zufolge »nichts geschieht«, was nicht Hitlers ausdrückliche Zustimmung hatte.[303]

Zweifellos gehörte es zu Hitlers Selbstverständnis, dass ihm in Bayreuth zumindest ein Mitspracherecht zustand, denn die Wagner-Festspiele bedeuteten ihm mehr als ein persönliches Hobby; sie waren eine Prestigeveranstaltung, die die kulturelle Leistungsfähigkeit des neuen Deutschlands demonstrieren sollte. Als Künstler-Politiker par excellence musste er die Bayreuther Festspiele als einen zentralen Bereich seiner Verantwortung als Führer betrachten. Da Winifred Wagner in einer Spielart des vorauseilenden, von Enthusiasmus getragenen Gehorsams ihm alle wichtigen Entscheidungen vorlegte und somit an ihrer Ergebenheit kein Zweifel war, konnte er ihr und Tietjen weitestgehend freie Hand lassen.

Gleichwohl existierten Spannungen zwischen Wahnfried und der Reichskanzlei, wie an dem Fall Benno von Arent zu sehen ist. Benno von Arent, seit 1932 Mitglied der Partei sowie der SS, machte sich als Bühnenausstatter und Kostümschneider vor allem an dem zu Goebbels' Domäne gehörenden Deutschen Opernhaus in Berlin einen Namen. Er war klug genug, an Hitlers Ideen und szenischen Entwürfen zu Wagner-Opern Interesse zu zeigen, und wurde prompt mit dem Prestigeprojekt der Parteitagsinszenierung der *Meistersinger* betraut, für die er das Bühnenbild und die Kostüme schuf.[304] Wenig später hatte er es zum »Reichsbühnenbildner« geschafft. Das Prunkstück der Inszenierung von Johannes Maurach war der üppige Fahnenschmuck des Schlussbilds, womit ein augenfälliges visuelles Bindeglied zwischen dem Reichsparteitag und der Festwiese hergestellt wurde, damit selbst der begriffsstutzigste Parteigenosse in Wagner und dessen Nürnberg eine Antizipation des neuen Deutschlands erkennen konnte. In der Tat ein schlagendes Beispiel dafür, »wie eng im Nationalsozialismus Thea-

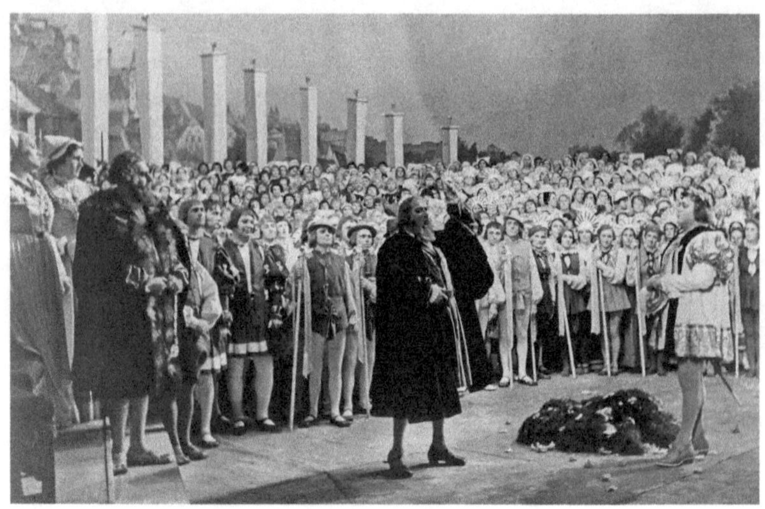

Abb. 25: Meistersinger, *3. Akt, die Festwiese, entworfen von Benno von Arent (Bayerische Staatsoper 1936)*

terinszenierung und politische Inszenierung miteinander verflochten waren«.

Es verwundert nicht, dass von Arents szenische Neugestaltung der *Meistersinger* für Nürnberg Hitlers Gefallen fand, zumal Furtwängler auch für das musikalische Gelingen sorgte. Es war nicht umsonst des Führers Vorzugswerk unter Wagners Opern: Die Festwiese ließ sich leicht als Keimzelle der Reichsparteitage begreifen, als ein ideales Biotop, in dem sich der Genieglaube des Volkes und das Charisma seines Führers, erhoben und verklärt durch die Musik, ungehindert entfalten konnten. Offenbar erfüllte Benno von Arents Ausstattung die diesbezüglichen Erwartungen seines Auftraggebers voll und ganz.

Charakteristisch für sein Selbstverständnis als Fahnenträger des Wagner-Kults, sorgte Hitler dafür, dass diese politisch aktualisierte Inszenierung über Nürnberg hinaus auch den Volksgenossen zugänglich gemacht wurde, die den Parteitag nicht miterleben konnten. Die Nürnberger *Meistersinger* wurden in den folgenden Jahren auf Tournee geschickt und kamen u.a. in Berlin, München, Danzig, Weimar und Linz, der Wiege von Hitlers Wagner-Kult, zur Aufführung.[305] Und Hitler selbst gab seiner Zufriedenheit dadurch Ausdruck, dass er die *Meistersinger* zum »Festspiel der Reichsparteitage für alle Zeiten«

bestimmte.[306] Es konnte deshalb nicht ausbleiben, dass der Führer versuchte, Benno von Arent nach Bayreuth zu holen. Winifred Wagner und Tietjen jedoch widerstanden diesem Ansinnen und hielten an Emil Preetorius fest.[307]

Nichtsdestotrotz betrachtete sich Hitler als den Oberherrn der Festspiele, der selbstverständlich auch bei der Spielplangestaltung mitreden durfte. Zwar war er sich seiner Machtstellung als der Garant der Festspiele sehr wohl bewusst, er war aber Kunstfreund genug, um sie lediglich in drei ihm wichtigen Fällen zu nutzen. Schon im ersten Jahr nach der Machterlangung mischte er sich ein und setzte seinen Willen durch. Bis einschließlich 1933, als Arturo Toscanini den *Parsifal* dirigieren sollte, hatte die Originalinszenierung der Uraufführung von 1882 im Programm gestanden; sie durfte nicht angetastet werden, weil auf ihr, wie es im Wahnfried-Idiom hieß, »das Auge des Meisters geruht hatte«. Hitler ließ sich von solch wagnerfrommem Fetischismus nicht beirren und unterstützte die gemäßigte Neuerungspolitik des Tandems Winifred Wagner – Heinz Tietjen. Bei einem Treffen in der Reichskanzlei Ende Oktober 1933 eröffnete er Winifred Wagner, dass im kommenden Jahr *Parsifal* eine neue Inszenierung bekommen sollte.[308] Damit stellte er sich unmissverständlich auf die Seite der Neuerer in Bayreuth und stärkte Winifreds und Tietjens Position, die sich der empörten Proteste der Altbayreuther zu erwehren hatten, darunter Karl Muck, *Parsifal*-Dirigent von 1901 bis 1930, Daniela Thode, Tochter aus Cosima Wagners erster Ehe und Witwe Henry Thodes, Eva Wagner, die Witwe Chamberlains, sowie der Rostocker Altgermanist Wolfgang Golther. Auch der Schweizer Wagnerianer Adolf Zinsstag vom Wagner-Verband in Basel nahm aufseiten der Traditionalisten Partei und ließ seine Bittschrift über einen Vertrauensmann dem Reichskanzler zukommen. Der reagierte ungehalten und ließ Zinsstag ausrichten: »Sagen Sie dem Herrn in der Schweiz, daß im neuen Deutschland nichts mehr vom alten Deutschland Platz hat.«[309]

Nicht genug damit, bestand er auch darauf, dass man Alfred Roller einlade, sein altes Idol, dessen Bühnenbilder für den von Gustav Mahler inszenierten und dirigierten *Tristan* 1907 in Wien ihm unvergessen geblieben waren. Auch in diesem Punkt bekam er seinen Willen, und Roller durfte bei der Premierenfeier den Ehrenplatz neben Hitler einnehmen.[310] Rollers Arbeit, seiner einzigen in Bayreuth, war jedoch kein durchschlagender Erfolg beschieden. Winifred Wagner zufolge war die Szene in Klingsors Blumengarten schlicht misslungen.[311] Rollers Bühnenbilder wurden schon 1937 durch neue von Wieland Wagner ersetzt. Es war der erste Beitrag des Erben zu den Festspielen, die er eines Tages selbst leiten sollte.[312]

Wie sehr Hitler diesen Wiener Modernisten schätzte und ihm trotz des nur halb gelungenen *Parsifal* seine Wertschätzung bewahrte, geht daraus hervor, dass er noch 1941 anordnete, die im Archiv der Wiener Staatsoper aufbewahrten Entwürfe Rollers zu *Parsifal* zu kopieren und allen dafür in Frage kommenden Häusern zuzustellen, damit nach dem Krieg und dem Endsieg, an den man damals noch fest glaubte, dieses Werk in zeitgemäßer Form gegeben werden kann. Goebbels hält im Tagebuch Hitlers Meinung fest, dass »man den ›Parsifal‹ etwas modernisieren sollte. Entweder müssen wir aus diesem christlich-mystischen Stil heraus, oder der ›Parsifal‹ wird auf die Dauer nicht mehr für den modernen Spielplan zu halten sein«.[313]

Finanziell abgesichert, erlebten die Festspiele während der Hitler-Jahre eine Glanzperiode. Ihr Prunkstück war nach übereinstimmendem Urteil der Zeitzeugen die *Lohengrin*-Inszenierung von 1936. Die erzromantische Märchenoper stand zuletzt 1909 auf dem Programm, bedurfte also dringend einer Auffrischung. Dies geschah offenbar auf Hitlers persönlichen Wunsch, der mit *Lohengrin* starke Kindheitserinnerungen ans Linzer Landestheater verband; es war seine erste Oper. Winifred Wagner beeilte sich, den Wunsch Hitlers zu erfüllen und die Neuinszenierung der Oper wie »ein diskretes, persönliches Geschenk« an den Führer aussehen zu lassen.[314] Es war Hitlers zweite Einschaltung in den Spielplan der Festspiele.

Freilich bestand 1936 ein weiterer Anlass, *Lohengrin* zu präsentieren, ein propagandistisch ausschlachtbarer und publikumswirksamer: das Gedenkjahr zum Tod König Heinrichs des I. vor tausend Jahren.[315] Dem *Lohengrin*-Schöpfer diente diese historisch bedeutende und als »Heinrich der Vogler« populäre Gestalt zur historischen Verankerung seiner Oper in der Geschichte des deutschen Reiches. Dem Dritten Reich hingegen diente diese Herrschergestalt dazu, die eifrig reaktualisierte Reichsidee mit dem Zauber der Wagner'schen Märchenoper zu verklären und zu verharmlosen. Tietjens Inszenierung rückte, wie die überlieferten Zeugnisse übereinstimmend erkennen lassen, die

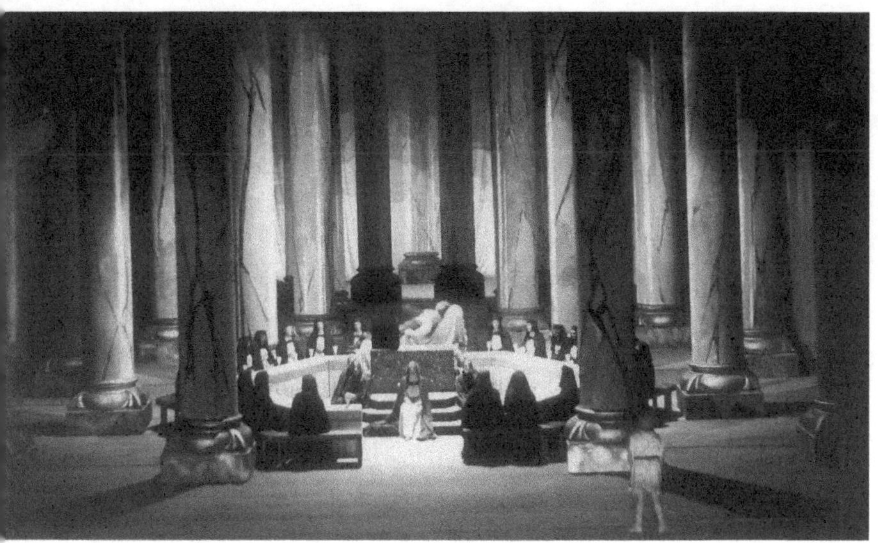

Abb. 26: Parsifal, *1. Akt, Gralstempel 1934*

Handlung um König Heinrich und die neubelebte Reichsidee mit dem »Wehrgedanken des Reiches« in den Vordergrund.[316] Wenn in Wagners romantischer Oper König Heinrich den Frieden »zu des Reiches Wehr« nützt und Vorbereitungen trifft für einen Verteidigungskrieg gegen der »Ungarn Wut« und die »Drangsal [...] aus Osten«, so konnte diese ganze historische Rahmenhandlung der Oper leicht als ahnungsvolle Vorwegnahme ähnlicher »Verteidigungskriege« im Osten, die noch bevorstanden, gedeutet werden. Als der Krieg im Osten nur drei Jahre später begann, konnte die nackte Aggression durch das Prisma des Wagner'schen *Lohengrin* unschwer als die schicksalhafte Fortsetzung einer Konstante der deutschen Geschichte ausgegeben werden. Solange die Umstände und der Kriegsverlauf es zuließen, durfte man sich an der Prophezeiung erbauen, mit der der Gralsritter Brabant wieder verlässt und in die Gralssphäre zurückkehrt: »Doch, großer König, laß mich dir weissagen: / Dir Reinem ist ein großer Sieg verliehn! / Nach Deutschland sollen noch in fernsten Tagen / des Ostens Horden siegreich nimmer ziehn!« Der junge Gottfried, den Lohengrin Abschied nehmend zum »Führer« von Brabant einsetzt, trug dieselbe Rüstung wie der Gralsritter, der »Retter von Brabant« – ein Hinweis, dass auch der Gralsrittterersatz »mit überirdischer Macht« ausgestattet ist. Gottfrieds stummer Auftritt geriet zu einem Wink mit dem Zaunpfahl: Er reckte die Hand zum »deutschen Gruß«, worauf die Brabanter vor ihm das Knie beugten.[317]

So teuer war den Veranstaltern der Festspiele die kräftige Akzentuierung der historischen Rahmenhandlung und der hochpolitischen Reichsidee, dass in dieser Inszenierung offenbar an nichts gespart wurde – »auf Hitlers Kosten«.[318] Die musikalische und theatralische Opulenz diente der Veredelung und Beglaubigung der politischen Aktualisierung. Die Kostüme der Männer und Frauen von Brabant waren von erlesener Eleganz und Kostbarkeit, Emil Preetorius' Bühnenbilder von malerischer Schönheit.[319] Mit der musikalischen Leitung wurde selbstverständlich der Vorzugsdirigent des Führers betraut – Furtwängler (alternierend mit Tietjen), der damit aus dem Stadium der vorübergehenden Ungnade im Gefolge seiner Verteidigung Paul Hindemiths wieder hervortrat und von nun an wieder als das musikalische Aushängeschild des Hitler-Reichs diente. Mit Maria Müller und Franz Völker in den Hauptrollen sowie Margarete Klose, Jaro Prohaska, Herbert Janssen und Josef von Manowarda als König Heinrich standen die hervorragendsten Kräfte des deutschen Musiktheaters zur Verfügung.

Im selben Jahr fanden die Olympischen Spiele in Berlin statt. In Rücksicht darauf legten die Bayreuther Festspiele eine zweiwöchige Pause ein, was u.a. dem famosen Bayreuther Festspielchor die Gelegenheit gab, bei der Eröffnungsfeier in Berlin mitzuwirken. Nach den Spielen kehrte Hitler nach Bayreuth zurück, um noch einmal »seinen« *Lohengrin* zu genießen. Er war so angetan davon, dass er vorschlug, diese Inszenierung in London gastieren zu lassen, als Geschenk des Führers zur Krönung von König Edwards des VIII. Das Angebot wurde dankend abgelehnt, denn der Thronfolger war zwar ein Bewunderer Hitlers, aber ein Opernmuffel.[320] Die für Anfang 1937 geplanten Krönungsfeierlichkeiten fanden nie statt, weil Edward der VIII. im Dezember 1936 abdankte.

Die Bayreuther Festspiele sollten einmal mehr den Beweis liefern, dass das große Erbe der deutschen Musik bei Hitler und Furtwängler in den besten Händen lag; sie erfüllten damit den intendierten Propagandazweck. Die Wagner-Festspiele, nicht anders als die Olympi-

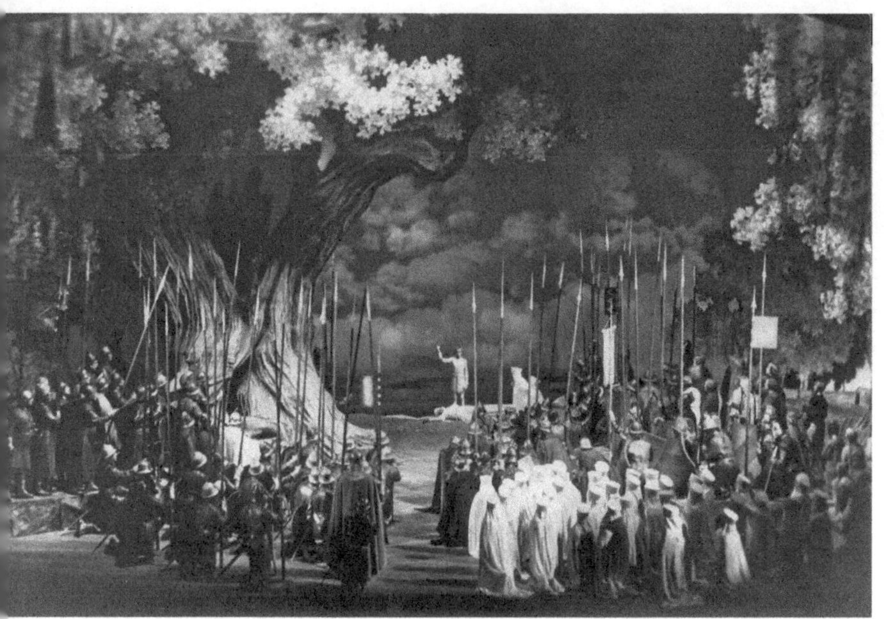

Abb. 27: Lohengrin, *3. Akt, Schlussszene 1936*

schen Spiele, waren verschwenderisch ausgestattete Schaufenster des nationalsozialistischen Deutschlands und erzielten durchaus die von Hitler und seinen Helfern angestrebte Wirkung. Die Berliner Spiele sollten aller Welt zeigen und vormachen, dass das neue Deutschland kein rassistischer, sondern ein moderner, vorbildlich funktionierender Staat war, von dem keine Gefahr für den Frieden in Europa ausging.[321] Dieser Einschätzung schloss sich auch das Komitee an, das den Friedensnobelpreis vergab. Erstaunlicherweise kam im Jahre 1938 Hitler für diese Auszeichnung in die engere Wahl, pikanterweise gleichzeitig mit Mahatma Gandhi.[322]

Damit diese Botschaft auch überall vernommen wurde, übertrug der Reichssender den *Lohengrin* aus Bayreuth nicht nur in Deutschland, sondern auch im europäischen Ausland sowie in Nord- und Südamerika. Auch Thomas Mann lauschte an jenem 19. Juli 1936 in seinem Haus in Küsnacht am Zürichsee der Radioübertragung aus Bayreuth. Er tat es mit gemischten Gefühlen, denn anders als Furtwängler und sein alter Münchner Freund Emil Preetorius durchschaute er die Schwindelhaf-

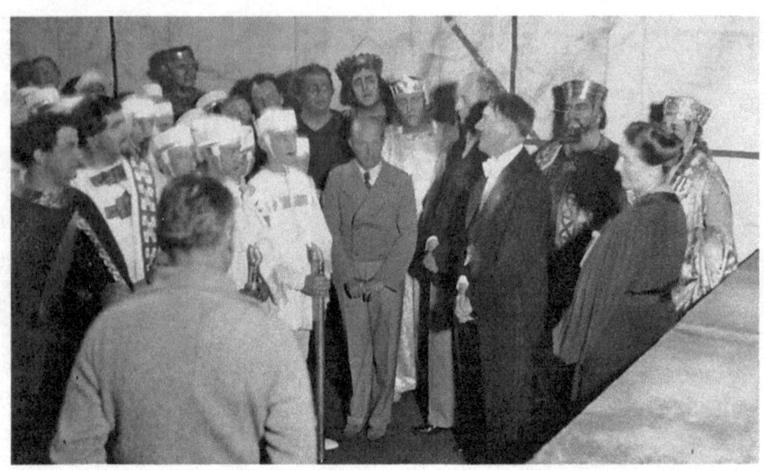

Abb. 28: Lohengrin *1936: Hitler beglückwünscht die Künstler. Im Vordergrund Heinz Tietjen, rechts davon Emil Preetorius, Wilhelm Furtwängler, Hitler, Winifried Wagner*

tigkeit des Ganzen und notierte im Tagebuch: »Man hätte nicht zuhören sollen, dem Schwindel nicht sein Ohr leihen, da man im Grunde doch alle, die dabei mittun, verachtet.«[323] Wie das Spektakel des »Tags von Potsdam« und die Berliner Olympischen Spiele wertete er den Bayreuther *Lohengrin* als sorgfältig geplante Versuche, das Volk mit Pomp beziehungsweise politischem Straßentheater zu betäuben und irrezuführen. Dies zwingt uns zu einer bitteren Erkenntnis. Wenn es den Abseitsstehenden außerhalb und innerhalb Deutschlands ein Leichtes war, den Schwindel zu durchschauen, so gibt es für den überwältigenden Erfolg, den die Ästhetisierung des politischen Lebens unter Hitler bei der Mehrheit der Deutschen hatte, nur eine plausible Erklärung: Die Täuschung gelang, weil die Mehrheit getäuscht werden wollte. Es ist deshalb in der Tat von »zentralem Interesse« für die musik- und mentalitätsgeschichtliche Forschung, wie Bernd Sponheuer in seinem fundamentalen Artikel *Nationalsozialismus* in dem maßgebenden Handbuch *Die Musik in Geschichte und Gegenwart* betont hat, zu verstehen, wie und warum »die nicht-gewaltförmige, mentale Fesselung durch ästhetische Inszenierung« geschehen und Erfolg haben konnte.[324]

Kriegserziehung am Grünen Hügel

Zu einem dritten Eingriff in den Spielplan der Bayreuther Festspiele sah sich der oberste Wagnerianer Deutschlands zu Beginn des Krieges veranlasst. Es war ein massiver Eingriff, der einen eigenen Abschnitt verdient, weil er zum einen den Wandel des Pontifex maximus zu einem kriegslüsternen geistlichen Führer vollends an den Tag bringt und zum anderen nicht länger kaschiert, worauf er mit der Ästhetisierung des politischen Lebens im Dritten Reich hinaus wollte – auf Krieg.

Winifred Wagner war offenbar gewillt, die Festspiele für die Dauer des Krieges auszusetzen, wie dies schon im Ersten Weltkrieg der Fall war. Hitler jedoch bestand auf der Fortsetzung der Festspiele, die als »Kriegsfestspiele« in die Annalen Bayreuths eingegangen sind.[325] Seine Begründung war, Winifred Wagner zufolge, eher psychologischer und ästhetischer als politischer Natur. »Vielen Verwundeten, sowie Kopf- und Handarbeitern«, also Zivilisten, sollte es ermöglicht werden, »kostenlos in schwerster Zeit eine seelische Erhebung sich zu gönnen, durch das Erlebnis reinster Kunst.«[326] Dies die bieder klingende Erklärung Winifred Wagners im Nachhinein. Damit übernahm Hitler vollends die Rolle, die er seit 1933 diskret im Hintergrund ausübte, nämlich die des Mitveranstalters der Bayreuther Festspiele.

Jeder Volksgenosse durfte sich um eine Freikarte bewerben, egal ob Parteigenosse oder nicht, was Hitler offenbar unter Hinweis auf Wagners ursprüngliche Intention rechtfertigte, den *Ring des Nibelungen* kostenlos zugänglich zu machen. Wie schon 1933 bei der Rettung Bayreuths gaben also volkspädagogische Argumente den Ausschlag für die Durchführung der Wagner-Festspiele, verstärkt nun durch kriegspsychologische Gesichtspunkte. Berauscht von den militärischen Erfolgen der ersten Kriegsjahre und in dem festen Glauben an den vielbeschworenen Endsieg durfte sich der oberste Feldherr zu diesem Zeitpunkt in seiner lebenslangen Anhänglichkeit an Wagner einmal mehr bestätigt sehen. Grund genug, die Wagner-Festspiele auch während des Krieges durchzuführen, um auf diese eigentümlich idealistische, ja esoterische Weise die Kriegsmoral zu stärken. Das Eintauchen in den Geist todesmutigen Heldentums, den man im *Ring des Nibelungen* erblickte – in erster Linie in der zum Symbol für Deutschland erhobenen Gestalt des Siegfried –, sowie die Kontaktnahme mit der Verklärung des Deutsch-

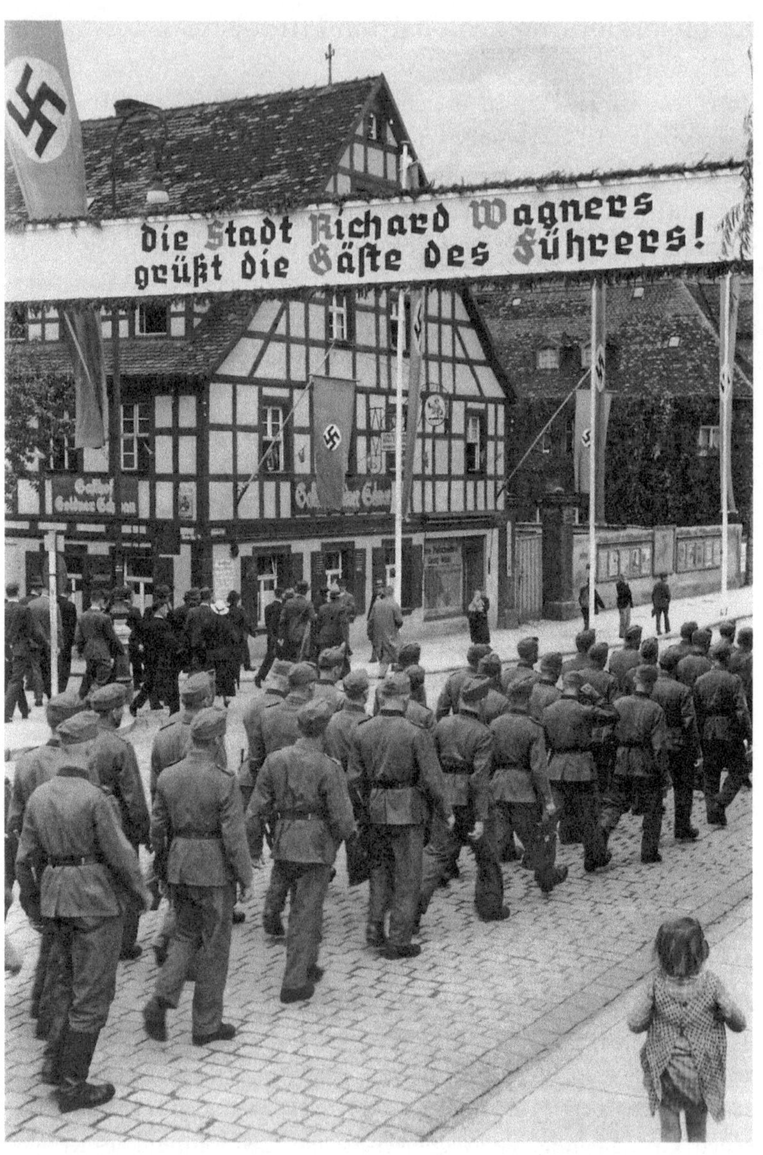

Abb. 29: Sommer 1940, die »Gäste des Führers« auf dem Weg ins Festspielhaus

tums, die man in den *Meistersingern* fand, sollten die »Gäste des Führers« zum vorbehaltlosen Einsatz für Deutschland begeistern und jeden Anflug von Kriegsmüdigkeit im Keim ersticken.

Für »die Heranführung und die Betreuung« der Festspielgäste zeichnete die Organisation »Kraft durch Freude« verantwortlich. Die Regie dieses einigermaßen komplizierten Unternehmens lag in den Händen von Bodo Lafferentz, SS-Offizier und seit 1943 verheiratet mit Verena Wagner, der jüngsten Enkelin Richard Wagners. Den von überall herbeigeschafften Festspielbesuchern der Kriegsfestspiele winkte jedoch kaum etwas von dem aus Kunstgesprächen, Kulturklatsch und Müßiggang glücklich gemischten Charme Bayreuths zur Festspielzeit. Vielmehr erwartete die »Gäste des Führers« ein reichlich reglementierter Tagesablauf, denn ihre Betreuung umfasste nicht nur Unterkunft und Verpflegung, sondern auch Einführungsvorträge zum Zweck der Indoktrination und regimekonformen Erbauung. Und nach der vorgeschriebenen Pflichterfüllung ein möglichst schleuniger Abtransport, um Platz zu machen für die nächste Welle kriegsmüder Soldaten. Wie die Bilder der uniformierten, durch die Straßen marschierenden oder am Grünen Hügel herumstehenden Besucher dieser Kriegsfestspiele erkennen lassen, waren es wenig festliche, vielmehr triste und verkrampfte Veranstaltungen, über denen die dunkle Wolke des unaufhaltsamen Endes hing.

In den fünf Kriegsjahren von 1940 bis 1944 gab es insgesamt 64 Aufführungen, also eine deutlich reduzierte Anzahl gegenüber den Friedensjahren.[327] Im ersten Kriegsjahr 1940 kamen zwei komplette *Ring*-Zyklen zur Aufführung sowie viermal *Der fliegende Holländer*. Im folgenden Jahr dasselbe Programm, um zwei Aufführungen des *Holländer* vermehrt. Im Sommer 1942 wurde der komplette *Ring*-Zyklus nur einmal gegeben, dazu viermal *Götterdämmerung* sowie zwölfmal *Der fliegende Holländer*. In den Jahren 1943 und 1944 standen allein *Die Meistersinger* auf dem Programm, sechzehn- beziehungsweise zwölfmal. Offenbar bot Wagners ernste musikalische Komödie die beste Gewähr für jene »seelische Erhebung«, die die Festspielgäste aus Bayreuth mitnehmen sollten – weniger vermutlich aufgrund ihrer Lustspielzüge, die den verwundeten und kriegsmüden Festspielgästen nicht besonders komisch vorkommen mochten, als aufgrund der Apotheose des Deutschtums, die angesichts der sich abzeichnenden militärischen Katastrophe ein gewisses Maß an Gefasstheit vermitteln mochte.

Der Reichsminister für Volksaufklärung und Propaganda, selbst kein glaubwürdiger Wagnerianer, doch ein ans Hündische grenzender Verehrer seines Herrn und Meisters, tat das Seine und sorgte dafür, dass das ihm weit näher stehende Medium Film bei dem volkspädagogischen Projekt der Kriegsfestspiele massenwirksame Hilfestellung leistete. Im Juni 1941, also im zeitlichen Zusammenhang mit der Eröffnung des Russlandfeldzugs, kam *Stukas* in die Kinos, ein Kriegsfilm zur Verherrlichung der Luftwaffe, die zu Beginn des Krieges auf einige Erfolge zurückblicken konnte und die in dieser neuen, dramatisch verschärften Lage mehr denn je benötigt wurde, um den geplanten Endsieg zu erstreiten. In den Hauptrollen drei Stars des Nazikinos: Carl Raddatz, O. E. Hasse und Hannes Stelzer.[328] Die Schlüsselsequenz des filmästhetisch nicht gerade hochstehenden Kriegsfilms enthüllt den *Ring des Nibelungen,* d.h. die Gestalt des Siegfried, als die Quelle, aus der der Geist des Heroismus am reinsten fließt.

Als eines der deutschen Fliegerasse verwundet wird, beunruhigende Anzeichen von Kriegsmüdigkeit erkennen lässt und in eine Sinnkrise gerät, wird er nach Bayreuth gebracht. Von dort kehrt er geistig-seelisch erfrischt und neu gestärkt in seinem Glauben an die deutsche Sache zu seinen Kameraden zurück, um mit Begeisterung bei dem gerade eröffneten Luftkrieg gegen England mitzumachen. *Stukas* ist das Werk Karl Ritters, eines überzeugten Nationalsozialisten mit engen Verbindungen nach Bayreuth, die ihm die Erlaubnis erwirkten, die Schlüsselszenen des Films am Grünen Hügel und sogar im Festspielhaus zu drehen. Was bewirkt den Sinneswandel des Fliegers? Es ist *Götterdämmerung,* genauer gesagt das symphonische Zwischenspiel »Siegfrieds Rheinfahrt« mit der Hervorkehrung des sogenannten Heldenmotivs, das den krisengeschüttelten Flieger wiederaufrichtet und zu »neuen Taten« – neuen Heldentaten – ermutigt. *Stukas* gehört zu dem von der UFA unter der Oberaufsicht von Goebbels inaugurierten Genre »Kriegserziehungsfilm« und spiegelt in wünschenswerter Klarheit, wozu die Wagner-Festspiele selbst umfunktioniert worden waren – zur Kriegserziehung.

Der Rückgriff auf die *Meistersinger* in den Jahren 1943 und 1944 im Zuge des unerbittlich fortschreitenden, längst auch die Heimat bedro-

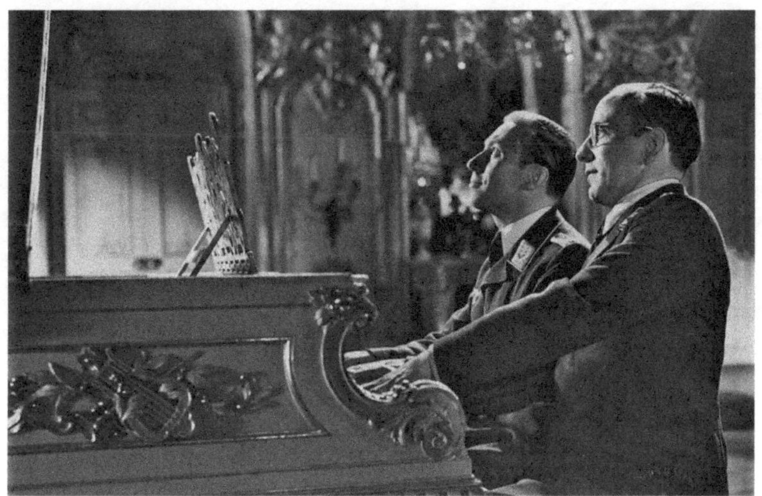

Abb. 30: Stukas *(1941): Carl Raddatz und O. E. Hasse spielen vierhändig Siegfrieds Rheinfahrt*

henden Kriegsgeschehens bestätigt einmal mehr die Sonderstellung dieses Werks im Dritten Reich. Dass Furtwängler, alternierend mit Hermann Abendroth, in beiden Jahren die *Meistersinger* dirigierte, unterstreicht die Bedeutung und die Signalwirkung, die man sich davon versprach. Offenbar glaubte man unbeirrt an die magische Wirkung dieses Werks in Friedens- wie in Kriegszeiten – eine den Stolz auf Deutschland vertiefende und die nationalsozialistische Gesinnung stärkende Wirkung.

Aus der für die Festspiele von 1943 zusammengestellten »Erinnerungsgabe«, für die wiederum Richard Wilhelm Stock, der linientreue *Meistersinger*-Exeget vom Dienst, verantwortlich zeichnete, ist zu ersehen, wie man sich den Sinn jener tristen Kriegsfestspiele zurechtzulegen versuchte. Winifred Wagner persönlich steuerte folgende gleichfalls linientreue Erklärung bei: »Wenn für die Kriegsfestspiele 1943 gerade *Die Meistersinger von Nürnberg* ausgewählt wurden, so hat das eine tiefe und symbolische Bedeutung. Zeigt uns doch dieses Werk in eindrucksvoller Form den schaffenden deutschen Menschen in seinem völkisch bedingten Schöpferwillen, dem der Meister in der Gestalt des Nürnberger Schuhmachers und Volksdichters Hans Sachs eine unsterbliche Verkörperung gegeben hat und der im gegenwärtigen Ringen der abendländischen Kulturwelt mit dem destruktiven Geist des plutokratisch-bolschewistischen Weltkomplotts unseren Soldaten die unüberwindliche Kampfkraft und den fanatischen Glauben an den Sieg unserer Waffen verleiht.«[329] Auch ein anonymer, vermutlich imaginärer »Obergefreiter W.O.« redete, nicht anders als die Festspielleiterin, seinen Auftraggebern nach dem Munde und erklärte: »Als die letzten Akkorde verklungen sind und wir am späten Abend das Haus verlassen, tragen wir alle, ob Soldat oder Arbeiter, ein gewaltiges Erleben in uns. Am nächsten Morgen verlassen wir Bayreuth, das stolze Bewusstsein in der Brust: Wie stark muss Deutschland sein, wenn es im vierten Kriegsjahr seinen Menschen noch diese gewaltige Kundgebung deutscher Kunst schenken kann, und niemals kann ein Volk untergehen, das solche Geistesheroen sein eigen nennt.«[330]

Beide Texte versuchen auf eine angestrengte Art, Mut zu machen; und trotzdem klingen sie hohl. Sie zeigen, dass man dort, wo Deutschlands Existenz auf dem Spiel stand und – ein halbes Jahr nach Stalingrad – ein katastrophaler Ausgang des deutschen Weltmachtstrebens nicht länger undenkbar war, auf die fundamentalen Werte des Hitler'schen Wagner-Kults rekurrierte: den in Wagner fleischgewordenen »völkisch bedingten Schöpferwillen« des deutschen Volkes. Die letzte Position, auf die man sich zurückzog, war also nicht etwa das sonst so emphatisch herausgestrichene Heroische in Wagners Werk, sondern die Affirmation der kulturschaffenden Genialität der Deutschen. Das schablonenhafte Argumentationsmuster der Stimmen Winifred Wagners und des anonymen und sonst nicht greifbaren Obergefreiten legt die Vermutung nahe, dass man hier bewusst dem anderweitig verhinderten, eigentlichen Veranstalter der Kriegsfestspiele aus der Seele zu sprechen versuchte.

Nicht Bestandteil von den Kriegsfestspielen waren die aufwendigen Inszenierungen des *Lohengrin* und des *Tannhäuser*, aber auch der relativ schlichte *Tristan*, der zuletzt 1939 gegeben wurde. Am auffälligsten jedoch ist die Absenz von *Parsifal*, der ebenfalls zuletzt 1939 auf dem Spielplan gestanden hatte. Fürchtete man, dass die unüberhörbare Mitleidsthematik von Wagners Vermächtniswerk sich angesichts des deutschen Vernichtungskriegs im Osten als eine Irritation erweisen könnte? Die vorhandenen Zeugnisse lassen keinen verlässlichen Schluss darüber zu, ob der Verzicht auf *Parsifal* während der Kriegsfestspiele den erschwerten Bedingungen der Kriegsjahre geschuldet war oder auf eine Anordnung Hitlers zurückgeht. Für letztere Vermutung spricht jedoch seine Stellung als finanzieller Garant der Festspiele insgesamt wie auch seine Autorität als Spiritus rector der Kriegsfestspiele.

Hitler selbst blieb bis auf eine Ausnahme den Kriegsfestspielen fern; er besuchte die Bayreuther Festspiele zum letzten Mal im Sommer 1940. Eine ahnungsvolle Laune der Wirkungsgeschichte wollte es, dass die letzte von ihm besuchte Aufführung, am 23. Juli 1940, *Götterdämmerung* war. Nach der Aufführung ließ er sich zum Bahnhof bringen, um in einem gepanzerten Waggon noch in derselben Nacht in die Reichskanzlei zur Beratung über die weitere Kriegsplanung zurückzukehren.

Die Richard-Wagner-Forschungsstätte

Ein oft übersehener Aspekt des Wagner-Kults im Dritten Reich ist seine Unterminierung durch das Aufkommen wagnerfeindlicher Gegenströmungen im eigenen Lager. Sie betrafen zwei unverzichtbare Eckpfeiler der reinen Wagner-Lehre, die, wenn ernsthaft in Frage gestellt, den ganzen Tempelbau des Hitler'schen Wagner-Kults zum Schwanken, ja zum Einbruch gebracht hätten. Es ging um die Fragen, ob Wagner jüdischer Abstammung war und ob sein Werk wirklich die vollkommene Offenbarung deutscher Art sei, als die es dem Wagner-Kult galt. Dem Oberpriester des Kults, Hitler, musste alles daran gelegen sein, die Zündeleien am Rande des Wagner-Hains so rasch und gründlich wie möglich auszutreten, um einen Flächenbrand zu verhüten.

Der Führer tat dies nicht persönlich – es gibt keine substantiellen Äußerungen von ihm zum Thema Wagner-Feindschaft im Nationalsozialismus –, sondern über eine Einrichtung, zu der die Anregung aus Bayreuth kam und die er absegnete. Die »Richard-Wagner-Forschungsstätte« (RWF) wurde am 8. März 1938 – nach Vortrag der Angelegenheit durch Martin Bormann – von Hitler gutgeheißen und am 22. Mai 1938, zum 125-jährigen Geburtstag des Komponisten, per Führererlass offiziell ins Leben gerufen.[331] Bezeichnenderweise wurde die RWF nicht dem Propagandaministerium, sondern der Reichskanzlei unterstellt.[332]

Damit war auch die RWF Chefsache, und Hitler fand sich nun auch in der Rolle des Oberherrn der Wagner-Forschung. Sowenig er diese Rolle im Ernst erfüllen wollte und konnte, sie ist im Kontext einer Diktatur, in der der Wagner-Kult offiziellen Charakter hatte, durchaus als eine konsequente Ergänzung seiner Rolle als Oberherr der Wagner-Festspiele zu begreifen. Zum Leiter der RWF wurde Otto Strobel bestellt, der Archivar Wahnfrieds und seit 1931 Herausgeber des offiziellen Festspielführers. Gleichzeitig war Strobel auch Bibliothekar der Stadt Bayreuth, weshalb seine Stelle zur Hälfte von der Stadt, zur anderen Hälfte von der Reichskanzlei finanziert wurde.

Strobel war ein aus der Sicht seines Oberherrn verlässlicher Nationalsozialist; er war aber auch ein passionierter Philologe. In dieser Eigenschaft erlangte er eine Schlüsselposition in der Rezeptionsgeschichte Wagners während der Hitler-Herrschaft. Zwar existierte die RWF nur wenige Jahre, von 1939 bis 1945, und war ein lediglich kleines Rad in der umfassenden Maschinerie der Kulturpolitik des Dritten Reichs, aber dies sollte nicht dazu führen, ihre historische Bedeutung als geringfügig abzutun. Denn an ihrer Zielsetzung und an den Richtlinien, die von dem obersten Wagnerianer des Reiches abgesegnet waren, lässt sich der tiefste Beweggrund der Indienstnahme Wagners ablesen. Hier wurde der Kampf ums Erbe mit offenem Visier geführt; hier schlugen die rassischen und ideologischen Obsessionen des Nationalsozialismus unverhüllt durch. Es ging letztlich um zwei unveräußerliche Glaubensartikel des offiziellen Wagner-Kults: die rein germanische Abstammung sowie die Deutschheit Richard Wagners.

Vergegenwärtigen wir uns zunächst die eigentlich prekären Vorzeichen, unter denen die Aussichten des Wagner-Kults im Dritten Reich standen. Die Empfänglichkeit dafür innerhalb der allgemeinen Bevölkerung war eine deutlich limitierte – eine auf Pomp und Inszenierung beschränkte. Um die Aussichten auf das Gedeihen des Wagner-Kults in der ferneren Zukunft stand es ganz und gar nicht gut. Dies war eine höchst bedenkliche und aus der Sicht Hitlers besorgniserregende Situation. Ihm war wohl bewusst, dass in den eigenen Reihen, wie er selbst immer wieder erleben musste, das Interesse an Wagner und die Begeisterung für sein Werk sehr zu wünschen übrigließen.[333] Gelegentlich klagte er, wie er seiner Sekretärin gestand, dass er in der Oper das »Hauptaugenmerk darauf richten« müsse, »dass meine Herren nicht einschliefen«.[334] Mehr als das Banausentum unter den führenden Parteigenossen – von der mehr oder weniger offenen Wagner-Feindschaft Alfred Rosenbergs zu schweigen – musste ihm der unüberhörbare Mangel an Resonanz vonseiten der »Hitler-Jugend« Sorgen bereiten, denn auf diesem riesigen Heer junger Deutscher beiderlei Geschlechts, nationalsozialistisch indoktriniert und durchorganisiert wie es war, ruhten die Hoffnungen auf einen nach dem »Endsieg« zu errichtenden ästhetischen Staat in einem nationalsozialistischen Deutschland.

Die Hitler-Jugend jedoch hatte zu einem beträchtlichen Teil ein geistiges Erbe angetreten, das weit in die Zeit vor dem Krieg zurückreichte. In der 1922 gegründeten Hitler-Jugend überlebte viel von dem Geist der deutschen Jugendbewegung: der patriotische Idealismus, die Naturschwärmerei und leider auch ihr musikalischer Geschmack.[335] Den Nachfahren der Jugendbewegung ging der Klang einer Klampfe über alles. Die schlichten Tonfolgen einer Blockflöte bedeuteten ihnen mehr als Siegfrieds Hornruf, der frisch-fröhliche Chorgesang mehr als aller Orchesterzauber und die deutschen Volkslieder mehr als die in jeder Hinsicht anspruchsvollen – offenbar zu anspruchsvollen – Kreationen Wagners.

Ein genauer Beobachter dieser Situation, der in Prag lehrende Gestaltphilosoph, Sexualforscher und hochgradige Wagnerianer Christian Freiherr von Ehrenfels, sprach schon vor 1933 unumwunden von den »neuen Apostaten« des Wagner-Kults und konstatierte nüchtern und zutreffend, dass die »musikalische Jugendbewegung« alle Musik nach Bach »grundsätzlich« ablehne.[336] Ein gewiss schwerwiegender Faktor in dieser Entfremdung der Jugend von Wagner ist in dem Puritanismus und dem moralischen Sauberkeitsideal sowohl der Jugendbewegten wie auch der HJ zu erblicken. Gerade dafür hatte der Sexualforscher Ehrenfels ein untrügliches Gespür. Wie Nietzsche betonte er die Nähe des *Tristan*-Schöpfers zur französischen Romantik und sprach im Ton der Bewunderung von Wagners »undeutscher« Erotik. Die deutsche Jugend aber wende sich ab, wenn Wagner die Theaterbesucher an den »physiologischen Vorgängen einer Liebesnacht« teilnehmen lasse, nämlich im zweiten Akt von *Tristan und Isolde,* »und zwar so präzise prägnant, daß sich in der Partitur mit dem Finger die Takte bezeichnen lassen, mit denen die – zweimaligen – orgiastischen Ergüsse jener Nacht einsetzen und sich entspannt haben«. Auch wenn wir miterleben, wie Siegmund und Sieglinde sowie Siegfried und Brünnhilde »sich in die Arme stürzen«, werde man nicht gerade von »nordischem Stimmungsgehalt« ergriffen.[337]

Das neue Apostatentum der deutschen Jugend in Sachen Wagner erscheint sogleich einleuchtend, wenn man in Rechnung stellt, mit welcher rassistischen Schaumschlägerei im Sinne des parteioffiziellen Rassenwahns zum Beispiel Rainer Schlösser, seines Zeichens »Reichsdramaturg« und als solcher mit der nationalsozialistischen Wagner-Pflege betraut, die jungen Nazis für Wagner und den Wagner-Kult zu gewinnen versuchte. Aus Wagners Bühnenwerken – so Schlösser – spreche eine »herzbezwingende Macht«, die vor allem daher rühre, »dass er uns im Mysterium seiner Kunstwerke die beglückende Bestätigung unserer ursprünglichen, nordischen Art beschert«.[338]

Was nun aber Wagners eigene rein nordische Art betrifft, so ließen sich hier und da Stimmen vernehmen, sogar von Parteigenossen, die bei den Kustoden des Erbes und bei dem Oberpriester des Wagner-Kults Ärger und Alarm auslösen mussten. Diese nährten sehr gezielt einen alten, eigentlich längst widerlegten, aber offenbar nicht aus der Welt zu schaffenden Verdacht – den Verdacht, dass Wagners mutmaßlicher Vater, Ludwig Geyer, jüdischer Abstammung war. Auch in Cosima Wagners Stammbaum gab es ein diesbezügliches Verdachtsmoment.[339] Solche Stimmen verstummten, selbst nachdem die Forschungsstätte ihre Arbeit aufgenommen hatte, nicht völlig, denn im Frühjahr 1942 wurde Winifred Wagner zugetragen, dass auf einem rassenpolitischen Lehrgang in Würzburg ein Vortrag mit dem Titel *Die jüdische Versippung der Familie Wagner* gehalten wurde.[340]

Die Brisanz solcher Vorgänge in den eigenen Reihen ist mit Händen zu greifen. Wenn es – mit den Worten Telramunds in *Lohengrin* – um Wagners eigene »Reine« schlecht steht, dann ist es aus mit dem ganzen Wagner-Zauber. Damit wäre einem zentralen Dogma des Wagner-Kults der Boden unter den Füßen entzogen worden – dem von Chamberlain propagierten und von Hitler verinnerlichten Dogma von dem Werk Wagners als dem schlagenden Beleg für die überlegene, allein kulturschaffende Kraft der germanischen Rasse. Hier tat sich ein chimärisches Panikszenarium auf, das einen dringenden Handlungsbedarf erkennen ließ.

Winifred Wagner, Festspielleiterin und Herrin in Wahnfried, war eine weitsichtige Kustodin des Wagner-Erbes und erkannte den Handlungsbedarf. In Zusammenarbeit mit Otto Strobel wurden Richtlinien für die zu schaffende »Deutsche Stelle für Richard-Wagner-Forschung« (so die zuerst vorgesehene Benennung) formuliert, wobei man die Bedeutung des Wagner-Kults unter der Herrschaft Hitlers als Trumpfkarte zog. Ihr Vorschlag erfolge »im Hinblick auf die gänzlich neue Bewertung, die – dank dem tiefen Verständnis und genialen Weitblick des Führers – der Persönlichkeit und dem Werke Richard Wagners im neuen Deutschland zuteil wird«.[341] Winifred Wagner wusste um die unterschwellige Anti-Wagner-Stimmung in bestimmten Kreisen der Partei und leitete die Schaffung einer als Forschungsstelle firmierenden Kontroll- und Zensurinstanz in die Wege, die unter dem Patronat des Führers mit weitreichenden Befugnissen ausgestattet werden sollte. Das entscheidende Argument in den Richtlinien der RWF lautet: »das Schrifttum« über Wagner sei heute kaum noch zu übersehen, doch sei es offensichtlich, »daß nur ein kleiner Bruchteil dessen, was über Wagner geschrieben worden ist, *wirklichen* Wert besitzt«. Und da »wir jetzt erst *beginnen*, Wagner als Gesamterscheinung *völlig* zu überblicken«, müsse dafür Sorge getragen werden, dass nur wirklich wertvolle Arbeiten über Wagner veröffentlicht werden.[342] Der Vorschlag der Festspielleiterin wurde positiv beschieden, so dass die Einrichtung des von Otto Strobel angedachten Forschungsinstituts bemerkenswert rasch vonstattenging.

Winifred jedoch schoss in ihrem Eifer als Kustodin über das Ziel hinaus, als sie den Vorschlag machte, ein »Druckverbot für alle die Veröffentlichungen über RW« zu erwirken, »die nicht in Zusammenarbeit mit der Forschungsstätte zustandegekommen sind«, und »Neuveröffentlichungen über Richard Wagner, insoweit sie nicht durch die Forschungsstätte herausgegeben werden, sowohl im Buchhandel als auch in der Presse zu verhindern«.[343] Dieses Ersuchen war an den in der Frage der Rassenreinheit zuständigen Heinrich Himmler, den »Reichsführer SS«, gerichtet. Himmler leitete die Sache weiter an Otto Georg Thierack, den Reichsminister der Justiz, an Bernhard Rust, den Reichsminister für Wissenschaft, Erziehung und Volksbildung, sowie an Goebbels und schließlich an die Reichskanzlei. Dort stieß der Plan Winifred Wagners auf Ablehnung, ebenso wie ihr Vorschlag, Strobel den Professorentitel zu verleihen. Nach Vortrag beim Führer notierte

Hans Heinrich Lammers, der Chef der Reichskanzlei, der mit der Aufsicht der RWF betraut war: »Auch der Führer hält den Wunsch Frau Winifred Wagners nicht für erfüllbar.«[344] Ob sich die Ablehnung der Entfremdung schuldet, die nach Beginn des Krieges zwischen Hitler und der Herrin von Wahnfried eingetreten war, oder Hitlers Sinn für die Unziemlichkeit des Ansinnens, lässt sich nicht mehr entscheiden.

Aufschlussreich ist jedoch Goebbels' Stellungnahme, der als oberste Instanz der Reichskulturkammer eingeschaltet wurde. Goebbels war nicht gewillt, wegen Bayreuth eine weitere Ausnahme zu machen; ihm war bereits die Unabhängigkeit der Wagner-Festspiele von seiner weitreichenden Zuständigkeit ein Dorn im Auge. Zwar bestehe »ohne Weiteres« die Möglichkeit, »eine Zensur für Veröffentlichungen über RW einzuführen«, doch halte er dies in vorliegendem Fall nicht für tunlich. Bezeichnend für seinen großspurigen Führungsanspruch ist seine herablassende Begründung: »Jede Zensur durch Beamte gefährdet die freie Entwicklung des kulturellen Lebens. Sie widerspricht auch dem Gedanken der Reichskulturkammer, die die Kulturschaffenden führen, aber nicht ihre Werke kleinlich kontrollieren will. Für völlig ausgeschlossen halte ich es, das Schrifttum über einen großen Deutschen unter die Aufsicht eines Archivars zu stellen. Mit demselben Recht könnte die Goethe-Gesellschaft für Goethe das Gleiche in Anspruch nehmen. Wir würden damit die Arbeiten eines der wichtigsten Schrifttumsgebiete auf das Niveau von Archivräten herabdrücken.«[345]

Besagter, von Goebbels beanstandeter Archivar, Otto Strobel (1895–1953), war der Kopf und das Herz der RWF. Strobel hatte in München eine ordentliche akademische Ausbildung genossen und eine wegweisende Dissertation über den Schaffensprozess bei Wagner verfasst.[346] Ein selbstbewusster Vertreter des strikten Positivismus in der Musikwissenschaft, misstraute er der Legendenbildung aus erster und zweiter Hand; allein die dokumentarisch belegbaren Fakten sollten für sich sprechen. Strobel war entschlossen, darin von Winifred Wagner unterstützt, mit der skandalösen Publikationspolitik Cosimas und der anderen Wagner-Erben aufzuräumen und die Wagner-Forschung auf eine wissenschaftlichen Ansprüchen genügende Bahn zu leiten. Typisch für sein Wissenschaftsverständnis sind seine ersten Veröffentlichungen in der *Allgemeinen Musikzeitung* mit Themen wie *Richard Wagner als Arbeitsgenie* (1929) und *Aus Wagners Musikwerkstatt* (1931).

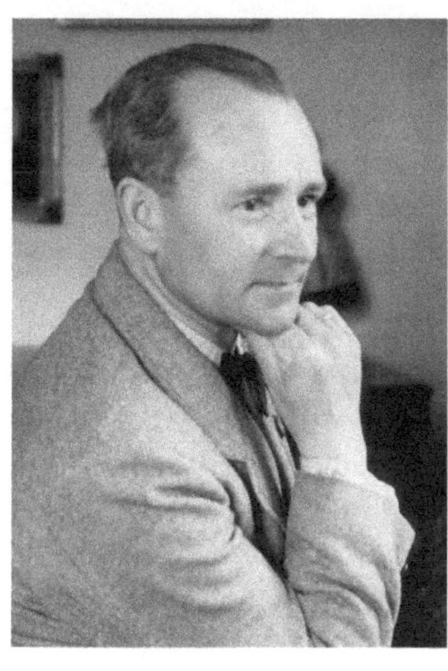

Abb. 31: Otto Strobel

Der Blick in Wagners Werkstatt blieb der von Ideologie unbeschwerte Grundimpuls seiner Forschungen. Im Zuge dieser Vorhaben initiierte Strobel für Wagner, was in der Beethoven-Forschung Standard war: das Studium der musikalischen und literarischen Skizzen und Entwürfe Wagners zur genetischen Erhellung der Werke selbst. Er katalogisierte die in hoher Zahl vorhandenen Skizzen und veröffentlichte über die Jahre hin bis in die Nachkriegszeit mindestens ein Dutzend einschlägige Studien zur quellengestützten Erhellung des Wagner'schen Schaffensprozesses. Damit bereitete er das Feld, auf dem zahlreiche Nachfolger von Robert Bailey und John Deathridge bis William Kinderman reiche Früchte ernten konnten.[347]

Zweifellos verdankt sich der relativ große Spielraum und der beachtliche Erfolg von Strobels Unternehmungen weitgehend seinem arglosen Eifer als linientreuer Nationalsozialist. Damit verschaffte er sich Rückendeckung für seine ehrgeizigen editorischen und biographischen Projekte, deren »Gegenwartsbezogenheit«, sprich: ihren nazikonformen Geist, er ohne mit der Wimper zu zucken als das »höchste Ziel« der Wagner-Forschung ausgab.[348] Aus demselben Geist heraus bezeichnete er alle Wagner-Forschung als »Dienst am Volk«.[349] Solche regimekonformen Bekundungen werfen einen langen Schatten des Ideologieverdachts auf alle seine Arbeiten. Angesichts dieser vorgeblich unproblematischen Verquickung von Ideologie und Philologie stellt sich die Frage, ob wir es mit einem vom Geist des Nationalsozialismus Besessenen zu tun haben oder mit einem ehrgeizigen Forscher, der sich wie ein Chamäleon den politischen Gegebenheiten anpasste, um sich einen Freiraum für seine passionierte Forschertätigkeit zu verschaffen. Es ist eine Frage, die sich weder in dem einen noch in dem anderen Sinn eindeutig entscheiden lässt.

Otto Strobel und seine Frau Gertrud waren bereits 1931 Mitglieder der NSDAP geworden. Die Judenfeindschaft im Geiste Chamberlains verstand sich von selbst, und selbstverständlich teilten sie die von Wahnfried vorgegebene Begeisterung für Hitler. Wenn geboten, konnte Strobel tief in die antisemitischen Saiten greifen. Schon in seiner Begründung zur Schaffung einer Kontrollinstanz für das deutsche Wagner-Schrifttum verweist er auf die »planmäßige Zersetzungsarbeit« jüdischer Autoren, die dem Publikum ein »übelgemeintes« Bild von Wagner vorsetzten und sich auf diese Weise für den »Fehdehandschuh« revanchierten, den Wagner den Juden mit der Schrift über das *Judentum in der Musik* mit kühnem Mute hingeworfen hatte. Hier lebt der Wagner'sche Verfolgungswahn weiter, der seine Judenfeindschaft motivierte und der im deutschen Wagner-Kult aufs sorgsamste gepflegt wurde. Eine vordringliche Aufgabe der RWF bestand für Strobel somit in der »Klarstellung der rein arischen Abstammung Wagners unter Zugrundelegung des gesamten, teils bereits bekannten, teils erst noch aufzufindenden urkundlichen Materials«. Eine solche Klarstellung erschien ihm umso notwendiger, als selbst Hans F. K. Günther, der tonangebende Rassentheoretiker des Regimes, von Wagners »gemischtartig[er] Erscheinung« orakelte und gar den charakteristisch Wagner'schen »Erlösungsgedanken« als nicht »arteigen« einstufte.[350]

Als Nationalsozialist war Strobel überzeugt von der Bedeutung und der Legitimität der sogenannten Rassenfrage; als Philologe jedoch war er nicht gewillt, bloße Mutmaßungen und pseudowissenschaftliche Erklärungen zu akzeptieren. Das Problem ließ ihm offenbar keine Ruhe. Gewappnet mit dem Führererlass, bedrängte der Leiter der RWF Stadt- und Kirchenarchivare an den für Wagners Ahnentafel und Biographie relevanten Orten, um dokumentieren zu können, wovon er, wie auch der Führer, felsenfest überzeugt war: die rein arische Abstammung Wagners. Seine diesbezüglichen Bemühungen zum Thema *Die Abstam-*

mung Richard Wagners. Legende und Wirklichkeit füllen, wie Stephen McClatchie enthüllte, achtzehn Leitzordner in seinem Nachlass.[351] Dass Strobels Eifer in der Rassenfrage »als eine schon längst fällige Tributleistung der Philologie an die Nürnberger Gesetze« zu verstehen ist, wie Michael Karbaum meint, ist wohl zutreffend. Zwingender jedoch scheint mir der Hinweis auf die uniform rassistische Geistesverfassung der deutschen Musikwissenschaft im Dritten Reich. Diese vollzog, wie Pamela Potter gezeigt hat, eine Trendwende von einer geistesgeschichtlichen Ausrichtung zu einer positivistischen, d.h. einer biologisch determinierten.[352] Der unrühmliche Höhepunkt dieser Façon von Musikwissenschaft war die von Hans Severus Ziegler organisierte Ausstellung *Entartete Musik*, die mit einem Symposium zu diesem Thema eröffnet wurde. Dem einleitenden Vortrag gab Ziegler den Untertitel *Eine Abrechnung*, was als eine tiefe Verbeugung vor Hitler zu verstehen ist, dessen *Mein Kampf*, Erster Teil, im Untertitel ebenfalls als eine »Abrechnung« präsentiert wurde. Das Symposium fand in Düsseldorf im Rahmen der Reichsmusiktage statt und wurde am 22. Mai 1938 eröffnet, Wagners Geburtstag, also gleichzeitig mit dem Führererlass zur Schaffung der RWF. In einem derart vom Rassenwahn gesättigten Umfeld wäre ein davon unberührtes Forschungsinstitut, noch dazu in Bayreuth, undenkbar gewesen. Im Übrigen zeugt von Strobels Verlässlichkeit in dem zentralen Punkt der Judenfeindschaft seine Ernennung im Jahr 1940 zum »Reichsinstitut für Geschichte des neuen Deutschland«, einem Organ der offiziellen antijüdischen Politik.

Eine weitere Sorge Strobels galt der Makellosigkeit von Wagners Deutschheit. Diese war ihm offenbar noch wichtiger als die Abstammung, denn er nennt sie als die erste und oberste Aufgabe der Forschungsstelle. In seinem Entwurf der Richtlinien schreibt er durchaus im Geiste von Chamberlains Apotheose des Deutschtums: »Die Herbeiführung der unbedingten Eingliederung in die Reihe der großen Deutschen, die unserem Volke stets beispielhaft und richtunggebend vor Augen stehen sollen, und Abwehr aller tendenziösen Angriffe auf seine Persönlichkeit und sein Werk.«[353] Im Klartext heißt dies, dass Strobel die Wahrnehmung Wagners als das Nonplusultra vorbildlichen Deutschtums bedroht sah. Es war eine Bedrohung, der mit allen Mitteln entgegenzutreten war, denn die These von Wagners vollkommener Deutschheit war ein Dogma, an dem nicht gerüttelt werden durfte, weil sie auch die Deutschheit seines größten Verehrers zu verbürgen hatte.

Typisch für die delirienhafte Exaltiertheit der Wagnerianer im Jahr der »nationalen Erhebung«, hatte Strobel in seinem Geleitwort im Offiziellen Festspielführer von 1933 neben Wagner, der von sich sagte, er sei »der deutscheste Mensch«, auch Hitler mit dem Etikett des »Deutschesten aller Deutschen« bedacht.[354] Die Verzerrung von Wagners Deutschheit, die er im Wagner-Schrifttum wahrnahm, war seiner Überzeugung nach das Werk einer Spezies von jüdischen und »jüdisch versippten« Wagner-Bewunderern, die einen angeblich »undeutschen«, sprich: kosmopolitischen »Kultus« mit dem *Tristan*-Schöpfer trieben und die dem Publikum ein »wenn auch gut-gemeintes, so doch falsches« Bild von Richard Wagner auftischten.[355] Es ist nicht schwer zu erraten, an welche Namen er dabei dachte – Autoren wie Paul Bekker, Ernst Bloch und Thomas Mann. Diese Wagner-Verehrer bedeuteten jedoch keine unmittelbare Bedrohung für das Deutungsmonopol Bayreuths, denn sie befanden sich zu diesem Zeitpunkt im Exil. Doch Strobel hatte auch auf die internationale Wagner-Szene ein Auge und konnte schwerlich Gefallen finden an einer Komplizierung der Frage von Wagners Deutschheit, die sich, wie wir sehen werden, besonders Thomas Mann angelegen sein ließ.

Zu den von Strobel definierten Aufgaben der RWF gehörte die »Unterstützung der Arbeiten der in- und ausländischen Wagner-Forschung und der Presse durch Erteilung eingehender, streng zuverlässiger Auskünfte«.[356] Die wichtigste der internationalen Beziehungen, die Strobel unterhielt, war die zu Ernest Newman, dem Musikkritiker der Londoner *Sunday Times* und hochangesehenem Musikschriftsteller. Newman war in gewissem Sinn ein Konkurrent Strobels, denn er schrieb eine große Wagner-Biographie, deren beide ersten Bände 1933 und 1937 erschienen waren.[357] Eigentlich wollte Strobel den renommierten Kritiker mit einem Beitrag im *Festspielführer 1937* vertreten sehen, unterließ es dann jedoch vorsichtshalber, weil er den Verdacht hatte, dass Newman Jude sein könnte – schließlich war »Neumann« ein unter deutschen Juden häufig vorkommender Familienname. Eine diesbezügliche Nachfrage der Festspielleiterin bei der deutschen Botschaft in London brachte jedoch ans Licht, dass »Newman« ein Pseudonym war. Newman, ein Bewunderer und Verteidiger Charles Darwins, wollte als ein »new man in earnest« wahrgenommen werden, d.h. als ein strikter, allen Mystifizierungen abholder Rationalist. Der Mann hieß ursprünglich William Roberts, stammte aus Everton (Lancaster) und war, wie Winifred Wagner nun Strobel beruhigend schreiben konnte, arischer Abstammung.[358]

Damit stand den guten Beziehungen zu dem Engländer nichts mehr im Wege, unerachtet der Tatsache, dass Newman in der *Sunday Times*, in der er allwöchentlich an prominenter Stelle, auf Seite 2, eine vielgelesene Kolumne schrieb, hinsichtlich der Nazifizierung Bayreuths, einschließlich des Antisemitismus, kein Blatt vor den Mund nahm.[359] Strobel stellte dem englischen Konkurrenten Archivmaterialien zur Verfügung, darunter auch Wagner'sche Skizzen, und dieser sprach ihm im Vorwort zu Band III seiner Biographie vollmundig seine Anerkennung dafür aus: »I desire to express my warm thanks for help of various kinds from Dr. Otto Strobel – at once the best-informed and most scrupulous of all Wagner editors, past or present.«[360] In Band III und IV bezieht sich Newman an mehr als einem Dutzend Stellen auf den geschätzten »Dr. Strobel«. Seine Bemerkungen lassen erkennen, dass die Beziehungen zu der neuen RWF kollegial und höflich (»courteous«) waren; an einer Stelle bedauert er es, dass es ihm wegen des Krieges verwehrt sei, ein strittiges Detail »Dr. Strobel« zur Beurteilung vorzulegen.

Was Newman und Strobel über den weltanschaulichen Graben hinweg verband, war das im Positivismus gründende, gegenüber ideologischer Vereinnahmung resistente Ethos des Biographen, die Methode der genetischen Werkbetrachtung sowie die Skepsis gegenüber aller Legendenbildung nicht allein vonseiten der Erben, sondern auch vonseiten Wagners selbst. Letzteres beinhaltete nicht zuletzt die entschlossene Abkehr von der in Wahnfried lange praktizierten Veröffentlichungspolitik der Unterdrückung, Verfälschung und des Verschwindenlassens. Newman war der Meinung, wie aus dem Vorwort zu Band I zu entnehmen ist, dass er die neue Skepsis und Nüchternheit in der Literatur über Wagner initiiert habe – verständlicherweise, denn er hatte zu dem Zeitpunkt das Bayreuth der Ära Siegfried Wagner im Sinn. Als nach dem Krieg Winifred Wagner den abschließenden Band der Newman'schen Biographie zu lesen bekam, schrieb sie darüber an Strobel und pries das Werk des Engländers.[361] Sie machte jedoch zwei Einschränkungen. Sie hätte sich gewünscht, dass Newman ihre eigenen Verdienste in dieser

Sache anerkannt hätte, denn ohne ihre Liberalisierung der Archivpolitik, ohne die RWF und ohne ihre Abkehr von den Usancen der älteren Generation hätte Newman von den Archivschätzen nicht profitieren können. Auch dies eine verständliche Reaktion. In gewisser Weise ist auch ihre zweite Einschränkung begreiflich, wenn sie die deutschlandkritischen Passagen mit einem souveränen Euphemismus der kriegsbedingten »Nervosität« zuschreibt – schließlich hat man die uneinsichtige Leiterin der Bayreuther Festspiele während der Hitler-Jahre nicht zu Unrecht als die »Iron Lady des Nazismus« bezeichnet.[362]

Newmans monumentale Biographie war ein großer Erfolg und fand im englischsprachigen Bereich höchste Anerkennung, während sie unter deutschen Wagnerianern selbst heute noch allenfalls vom Hörensagen bekannt zu sein scheint. Theodor W. Adorno – seit 1937 im amerikanischen Exil – rezensierte drei der vier Bände und stützte sich in seinen eigenen Wagner-Studien in den die Biographie betreffenden Fragen auf Newman. Noch 1966, in einem Vortrag in Bayreuth, sah er sich veranlasst, eine deutsche Übersetzung der Newman'schen Biographie anzumahnen: Newmans »große Biographie bedürfte dringend der Übersetzung«.[363] Doch Adornos Ruf verhallte ungehört.

Das diskrete Einvernehmen Strobels mit Newman stellt ein instruktives Beispiel dafür dar, dass die RWF trotz aller routinemäßigen Bekenntnisse zu Hitler und zum Nationalsozialismus eine Institution war, die unter Strobel sich in der Tat in der Hauptsache der Forschung verpflichtet fühlte. Dieses Beispiel belegt aber auch, dass in der Praxis, selbst unter den politischen und weltanschaulichen Bedingungen des Dritten Reichs, eine Trennung von Philologie und Ideologie möglich war. Dies wiederum mag erklären, dass die Impulse, die für die Forschung von der unter dem Protektorat Hitlers stehenden RWF nachweislich ausgingen, nach dem Krieg sehr wohl wiederaufgenommen werden konnten – unter der Voraussetzung, dass man sie ihrer plump nationalsozialistischen Verpackung entkleidete. Dies ist, wie noch zu zeigen, in der Tat geschehen und markiert eine geflissentlich übersehene Kontinuität im Nachleben des Wagner-Erbes.

Auf dem Bayreuther Symposium im Mai 1939, mit dem die RWF ihre Arbeit offiziell aufnahm, erläuterte Strobel in seinem Eröffnungsvortrag die ehrgeizigen Aufgaben seines Forschungsinstituts, allen voran das Projekt einer neuen, großen Biographie, die sowohl die

Frage der Deutschheit als auch der arischen Abstammung Wagners ein für alle Mal klären würde.[364] Sie sollte die zuletzt sechsbändige, ungehemmt hagiographische Lebensbeschreibung Carl Friedrich Glasenapps ersetzen, die von 1876 bis 1923 in jeweils erweiterter Fassung in fünf Auflagen erschienen war und die Strobel nicht anstand als »völlig überholt« zu bezeichnen.[365] Was Strobel vorschwebte, war ein neues Bild von Wagner, das die »Gesamtpersönlichkeit« erfasst, also eine Darstellung, die sich nicht auf den Schöpfer der Musikdramen beschränkt, sondern auch den Dichter, Philosophen sowie den »Kulturpolitiker und Kämpfer« Wagner in den Blick rückt.[366] Dabei sollten, anders als bei Glasenapp, die Schattenseiten von Wagners Charakter keineswegs ausgeblendet bleiben: »Licht und Schatten« sollten »gleichmäßig verteilt werden«.[367] Auffallend großen Wert legt Strobel darauf, dass der Umgang mit Wagner von »tiefem Ernst« durchdrungen sein müsse. Damit nimmt er den geschwollenen, vor Pietät überquellenden Ton auf, der in dem Bayreuth Cosima Wagners und Chamberlains die Norm war – Zeichen einer schwächlichen Empfindlichkeit gegenüber Ironie und Ambivalenz, nicht zu reden von Witz, die etwa Thomas Manns Blick auf Wagner auszeichnen. Auch noch im nationalsozialistischen Bayreuth wurde Kritik als Frevel angesehen und als Indiz eines tiefen Unernsts; Psychologie und Ironie galten als undeutsch und als Indiz einer »planmäßigen Zersetzungsarbeit«. Mit alledem blieben Strobel, der Humorlose, und die RWF, die Hochburg der Humorlosigkeit, dem tief kultischen Charakter verhaftet, der die offizielle Einstellung zu Wagner im Dritten Reich kennzeichnet.

Auch die anderen Ziele der RWF waren hoch gesteckt und setzten ein dauerhaftes nationalsozialistisches Deutschland voraus. Entsprechend geschichtsbewusst wurde die Eröffnung der RWF begangen: Wie schon bei der Grundsteinlegung des Festspielhauses im Jahre 1872 wurde Beethovens Neunte aufgeführt, ergänzt bei dieser Gelegenheit durch Anton Bruckners *Te Deum* – eine Verneigung vor Österreich, das seit gut einem Jahr im Großdeutschen Reich aufgegangen war. Wie um den politischen Charakter des Unternehmens sowie die von Strobel stets angestrebte »Gegenwartsbezogenheit« noch weiter hervorzukehren, wurde im Anschluss an das Symposium ein Ausflug in das nahegelegene Egerland organisiert, das vor einem halben Jahr dem Großdeutschen Reich einverleibt worden war. Dort sollten die Teilnehmer die »Spuren Richard Wagners im Sudetenland« in Augenschein nehmen.

Strobel war jahrelang mit der Vorbereitung der Edition des gesamten Briefwechsels Wagners mit König Ludwig dem II. befasst, des sogenannten Königsbriefwechsels, in dem zum ersten Mal mit dem eigentlich selbstverständlichen Prinzip der ungekürzten Veröffentlichung von Briefen Wagners ernst gemacht wurde. Die insgesamt fünf Bände erschienen von 1936 bis 1939 mit reichhaltiger Dokumentation in luxuriöser Aufmachung und markieren eine Glanzleistung der Wagner-Philologie.[368] Strobel konnte sich bei diesem Projekt und fortan bei allen seinen Unternehmungen als Leiter der RWF der Anteilnahme seines Oberherrn, ja dessen Wohlwollens sicher sein, denn Hitler hatte sich 1935, noch vor der Drucklegung, die kompletten Abschriften der Briefe erbeten, um sich persönlich kundig zu machen. Die Abschriften wurden ihm unter Polizeigeleit von Bayreuth in seine Wohnung nach München geliefert.[369] Diese Interessensbezeugung konnte nicht umhin, Strobel in seiner Beflissenheit und seiner Ergebenheit gegenüber seinem Oberherrn zu bestärken. Er versorgte Hitler auch künftig mit den Ergebnissen der neuesten Forschung. Zu Führers Geburtstag wurden ihm jedes Jahr ledergebunden die Ergebnisse der Arbeit der RWF zugestellt.[370]

Gestützt auf das Vertrauen der Festspielleiterin sowie das Wohlwollen des obersten Wagnerianers der Nation, konzipierte und benannte Otto Strobel ein erstaunlich weitsichtiges und ehrgeiziges Programm für die Wagner-Forschung. Die Aussichten, dass dieses Programm bei der kargen personellen Ausstattung der RWF, zumal während des Krieges, in absehbarer Zeit realisiert werden könnte, waren von vorneherein gering. Es zeugt aber von der Zweckmäßigkeit und Stichhaltigkeit seiner Pläne, dass sie den Untergang des Dritten Reichs überlebten und der späteren Wagner-Forschung bis heute den Weg wiesen, auch wenn sich diese der Vorläuferschaft eines in politischer Hinsicht völlig unkritischen und beflissenen Nazis wie Strobel nicht bewusst ist oder nur ungern daran erinnert sein möchte.

Strobel durfte nach glücklich überstandener Entnazifizierung bei der Wiederaufnahme der Festspiele 1951 sogleich wieder mitmachen und im Festspielführer publizieren.[371] Er war beileibe kein Einzelfall, denn bei dem Neuanfang nach den Hitler-Jahren waren, wie Udo Bermbach gezeigt hat, viele alte Bekannte, die einst die Vermählung des

Wagner-Kults mit Hitler jubelnd begrüßt hatten, wieder mit von der Partie.[372] Dies gilt nicht nur von den Autoren der tonangebenden Programmhefte der Bayreuther Festspiele, sondern auch von den Akteuren auf der Bühne und im Orchestergraben des Festspielhauses; ihnen kam eine auf Vergessen und Kompromiss basierende Vergangenheitspolitik zugute, von der an gegebenem Ort zu handeln sein wird.

Strobels Impulse für die Wagner-Forschung kamen jedoch nicht gleich nach Kriegsende zum Tragen, sondern erst Jahrzehnte später. Auch auf dem geistigen Trümmerfeld, das Hitler hinterlassen hatte, herrschte lange Zeit eine ausgesprochene Berührungsscheu vor dessen Abgott – verständlicherweise, denn die dumpfe Erinnerung daran, dass Wagner zwölf Jahre lang der kulturellen Verbrämung von nie dagewesener Barbarei gedient hatte, erwies sich als ein Hemmschuh, der die Wiederbelebung des musikwissenschaftlichen und germanistischen Interesses an Wagner verzögerte. Die akademische Beschäftigung mit Wagner blieb lange Zeit, wie Dieter Borchmeyer 1993 konstatierte, »eine deutsche Misere« und steckte Ende des vorigen Jahrhunderts noch in den Kinderschuhen.[373]

Wer hingegen sich von dem heute längst schon wiederbelebten Interesse an Wagner und der weltweit erstaunlich lebendigen Wagner-Forschung Rechenschaft zu geben versucht, wird zu seiner Überraschung feststellen, dass wir uns auf Bahnen bewegen, die Strobel aufgezeigt hat, und mit Aufgaben befasst sind, die schon auf Strobels Liste standen. Freilich kam die von ihm anvisierte Wagner-Biographie – der Hauptgrund für die Einrichtung der RWF und angeblich ihre vordringlichste Aufgabe – nie zustande, weil dieses Projekt im Schlamm der Ahnenforschung steckenblieb: ein Opfer der Besessenheit von der Rassenfrage. Aus seinen Vorarbeiten hat Strobel 1952 lediglich eine verlässliche und nützliche Chronik zu Leben und Werk publiziert, an die zahlreiche nachfolgende Chroniken und Darstellungen anknüpfen konnten.[374] Desgleichen leisteten Strobels Studien zu Wagners Kompositionsskizzen und Entwürfen Vorarbeiten zur Edition der *Sämtlichen Werke* Richard Wagners, die 1970 von Martin Geck und Egon Voss begonnen wurde, heute aber immer noch nicht endgültig abgeschlossen ist.

Strobel hatte darüber hinaus eine Reihe von editorischen Großvorhaben ins Auge gefasst, von denen das eine, nämlich die Publikation sämtlicher Briefe, 1975 in Gang gekommen ist, während die Vorarbeiten zu einer, wie Strobel formulierte, »kritisch-revidierten« Gesamtausgabe der Schriften erst jüngst in Angriff genommen wurden.[375] Für die Edition der *Sämtlichen Briefe* zeichnete anfänglich, in Zusammenarbeit mit Werner Wolf, Gertrud Strobel verantwortlich, die die Nachfolge ihres Mannes als Archivleiterin antrat. Die ersten Bände erschienen noch in der Zeit der deutschen Zweistaatlichkeit im Volkseigenen Verlag für Musik Leipzig.[376] Die Edition hat es zum gegenwärtigen Zeitpunkt auf 24 Bände gebracht, d.h. bis zum Jahr 1872.

In Strobels Liste der Vorhaben der RWF durfte eine wissenschaftliche Zeitschrift nicht fehlen. In seinem ersten Jahresbericht an die Reichskanzlei vom April 1939 kündigte Strobel den Plan zu einem Periodikum an, das dreimal im Jahr erscheinen sollte.[377] Die Zeitumstände sorgten dafür, dass dieses Projekt seine Anfänge nicht überlebte. Strobel nannte seine Zeitschrift durchaus im Sinne der ganz von ihm geprägten RWF und deren raison d'être *Neue Wagner-Forschungen.* Das erste Heft erschien 1943 in Karlsruhe, in dem G. Braun Verlag, in dem der Königsbriefwechsel erschienen war. Es blieb das einzige Heft.[378] Ein neuer Anfang zu einem wissenschaftlichen Wagner-Organ erfolgte erst 2005 mit der Gründung des *wagnerspectrums.*

Für die aktuelle Wagner-Forschung und ihr Selbstverständnis vor dem Horizont der Wagner'schen Wirkungsgeschichte im 20. Jahrhundert stellen Otto Strobel und seine RWF ein verlegen machendes Paradox dar. Einerseits wähnt man, den Wagner-Kult und den angeblichen Missbrauch Wagners durch Hitler hinter sich gelassen zu haben, andererseits kann man nicht umhin, sich auf Bahnen zu bewegen, die zum Teil von dem repräsentativen Institut der nationalsozialistischen Wagner-Forschung aufgezeigt und vorgezeichnet wurden. Einerseits haben die Nachgeborenen dem Nazigeist abgeschworen oder sind erst gar nicht mehr davon berührt worden, andererseits lebt die Wagner-Forschung heute noch von den Impulsen eines lupenreinen Nationalsozialisten und Antisemiten. Das Paradox Strobel reflektiert auf der Ebene der wissenschaftlichen Beschäftigung mit Wagner wie in einem Hohlspiegel das weit größere und quälendere Paradox unserer Einstellung zur Verwertung des kulturellen Erbes im Dritten Reich – einer Einstellung, die zwischen dem instinktiven Impuls zum pauschalen Abschwören und dem Gebot zur kritisch-besonnenen und fairen Beurteilung hin und her gerissen wird.

Entsprechend schwer tut man sich mit der Beurteilung und Würdigung einer so sperrigen Gestalt wie Otto Strobel. Während das repräsentative deutsche Musiklexikon, *Musik in Geschichte und Gegenwart*, den Leiter der Richard-Wagner-Forschungsstätte ignoriert und vorgibt, ihn nicht zu kennen, bietet das *New Grove Dictionary of Music and Musicians* aus der Feder von John Deathridge eine knappe Würdigung dieses Pioniers der Wagner-Forschung: »His work is regarded as an important foundation-stone in Wagner scholarship.« Deathridge erwähnt mit keiner Silbe Strobels schweres politisches Gepäck, weil er stillschweigend voraussetzt, dass Philologie und Ideologie nicht unauflöslich miteinander vermählt, sondern sehr wohl zu scheiden sind. Otto Strobel ist in der Tat, wie Udo Bermbach konstatiert, »ein seltenes Beispiel dafür, dass ideologische Voreingenommenheit nicht immer auf das wissenschaftliche Arbeiten durchschlagen muss«.[379]

Wagner-Kult, Weltkrieg und Völkermord

Paradoxerweise schreibt sich die subtile, doch weitreichende politische Wirkung von Hitlers Auftritten in Bayreuth in hohem Maße von dem zur Schau gestellten unpolitischen Charakter der Festspiele her. Während des gewöhnlich zehntägigen Aufenthalts in Bayreuth gab sich Hitler demonstrativ als ein unpolitischer Kunstfreund und Verehrer Richard Wagners, der nach den Aufführungen mit ausgewählten Künstlern und anderen Geladenen stundenlang Gespräche führte beziehungsweise monologisierte. Zu den Aufführungen ging er meist in Zivil. Der überbordenden Begeisterung der vielen Hitler-Fans unter den Festspielbesuchern versuchte er dadurch Einhalt zu gebieten, dass er im Festspielhaus Handzettel verteilen ließ, auf denen das Publikum im »Auftrag des Kanzlers« gebeten wurde, von politischen Demonstrationen jeder Art Abstand zu nehmen: »Der Führer bittet, am Schluß der Vorstellungen von dem Gesang des Deutschland- oder Horst-Wessel-Liedes und ähnlichen Kundgebungen absehen zu wollen. Es gibt keine herrlichere Äußerung des deutschen Geistes als die unsterblichen Werke des Meisters selbst.«[380] So spricht kein beifallsgieriger Diktator. So spricht das Haupt einer in der Genieverehrung einigen Gemeinde – der dem Werk dienende Taktgeber eines Kults. Wie in seinen Kulturreden präsentierte sich Hitler in Bayreuth als ein Ästhet, dessen Entschlüsse als Diktator und Feldherr allein schon deshalb in die Sphäre des Genialischen gerückt wurden, weil man darin nichts weiter erblickte als die Manifestationen eines vermeintlich unverfänglichen Genie- beziehungsweise Wagner-Kults.

Doch so betont sich Hitler als unpolitischer, huldvoller Kunstfreund gab, die Politik ließ sich nicht völlig fernhalten oder verstecken. Zu den Festspielen 1934 erschien er nur wenige Tage nach dem sogenannten Röhm-Putsch, dem von ihm persönlich angeordneten und zum Teil auch selbst ausgeführten Blutbad vom 30. Juni, das als »Nacht der langen Messer« in die Annalen des Dritten Reichs eingegangen ist. Ernst Röhm zählte zu den »Kämpfer-Scharen« aus der Frühzeit der Bewegung; der SA-Chef war Wagner-Verehrer und gern gesehener Gast in Bayreuth. Hitler und Röhm besuchten 1925 die Festspiele zusammen.[381] Die offizielle Erklärung, der Führer habe zum Wohle Deutschlands in verantwortungsvoller Härte eine Säuberungsaktion gegen Verräter und Putschisten durchgeführt, war eine zynische Lüge, die ihm in Bayreuth, zumal zur Festspielzeit, umstandsloser abgenommen wurde als anderswo. Der Gestus des Kunstfreunds und Wagner-Verehrers verlieh ihm offenbar eine Teflon-Haut, die ihn sehr erfolgreich gegen den Verdacht der Unrechtmäßigkeit und Heimtücke schützte. Wieder in Bayreuth, schon wenige Wochen nach der Terror und Unterwürfigkeit verbreitenden Säuberungsaktion, gab er sich betont zivil und kunstbeflissen. Eine gutgläubige Augenzeugin der Festspiele von 1934 hielt fest: »er sieht angegriffen aus, war aber lieber und gütiger denn je, ein wunderbarer Mensch.«[382]

Im glorreichen Sommer des *Lohengrin* in Bayreuth und der Olympischen Spiele in Berlin, als alle Signale der kulturellen und sportlichen Festspiele auf Frieden geschaltet waren, wurden gleichzeitig, und den Augen der Welt entrückt, die Weichen für die ersten militärischen Aktionen des Dritten Reichs außerhalb Deutschlands gestellt. Hitler durfte sich umso mehr dazu ermächtigt fühlen, als sein erster Vorstoß gegen das Joch der Versailler Verträge am 7. März 1936, die Besetzung des entmilitarisierten Rheinlands, vonseiten der Westmächte ungeahndet blieb. Am 25. Juli 1936, nach der Vorstellung des *Siegfried*, wurde ihm eine Botschaft General Francisco Francos überbracht, der um militärischen Beistand in dem gerade begonnenen Spanischen Bürgerkrieg nachsuchte.[383] Es folgten erregte Sitzungen im Gartenzimmer des zum »Führerbau« umgewidmeten Siegfriedhauses mit den aus Berlin herbeigeeilten politischen und militärischen Beratern. Gegen die Mehrheit seiner Berater entschied Hitler für ein Eingreifen. Er schickte zunächst zwanzig Transportflugzeuge vom Typ JU-52, die Francos Truppen aus Spanisch-Marokko nach Spanien flogen. Dem folgte in Bälde das Bombardement durch die Legion Condor der baskischen Stadt Guernica, dessen Schrecken in Picassos berühmtem, monumentalem Wandgemälde nachzittert. Als ob der Ursprung dieser wegweisenden militärischen Entscheidung aus dem Geiste Bayreuths und Wagners nicht verleugnet zu werden brauchte, bekam diese militärische Operation sinnigerweise den Decknamen »Feuerzauber« – in Anspielung auf den von Wotan zum Schutz der Walküre angeordneten Feuerring.

Die politische Entscheidung, die an jenen späten Julitagen gefällt wurde, stand auch keineswegs, wie man vermuten möchte, im Gegensatz zu Wagners Oper über den auratischen Gralsritter Lohengrin, denn diese propagiert ja auch, wie wir gesehen haben, den 1936 stark aufgetragenen »Wehrgedanken« des deutschen Reiches. Hitlers Entscheidung für das militärische Engagement in Spanien stand sehr wohl im Einklang mit ebenjenem »Wehrgedanken«. In seiner Sicht war es ein Gebot der politischen Weitsicht zu verhindern, dass Spanien kommunistisch werde, weil dies auch Frankreich in das kommunistische Lager treiben könnte. Dann nämlich sähe sich das Deutsche Reich im Osten wie im Westen in seiner eigenen Existenz bedroht. Folglich konnte das Eingreifen in Spanien zur Unterstützung Generalissimo Francos und des spanischen Faschismus leicht als ein Akt der Verteidigung ausgegeben werden, geboren aus der vorausschauenden Sorge um das Überleben des nationalsozialistischen Deutschlands. Der Gedanke an Wotans Feuerzauber zum Schutz seiner geliebten Tochter, so esoterisch er auf den ersten Blick erscheinen mag, hat in der wagnerisierten Phantasie des Führers durchaus seinen festen Platz. Wie stets hielt sich Hitler überzeugt davon, im Namen und zum Besten Deutschlands zu handeln – ein Denkmuster, das Wagners romantischer Märchenoper nicht nur nicht zuwiderlief, sondern durchaus vereinbar war mit dem militarisierten Geist des begeistert aufgenommenen Bayreuther *Lohengrin* von 1936.

Im Lichte von *Lohengrin* mochte Hitler rückblickend sogar eine ästhetisch erhöhte Rechtfertigung finden für sein hartes Durchgreifen vor zwei Jahren. »Heinrich, der deutsche König« fungiert bei Wagner nicht nur als das formelle Oberhaupt des deutsches Reiches, sondern auch als sein oberster Richter, der gekommen ist, »mit euch zu dingen nach des Reiches Recht«. Hitler konnte reklamieren, dass auch er in der Sache Röhm als Souverän und Richter gehandelt habe. Als Souverän sah er sich außerhalb und über dem Recht stehend – oder wie Staatsrat Carl Schmitt, der Staatsrechtler vom Dienst, es formulierte: »Der Führer schützt das Recht« und ist somit berechtigt, »Meuterer und Staatsfeinde nach verdientem Recht zu behandeln«.[384] Dieses offensichtlich überholte, aus dem Feudalismus übernommene, rechts- und verfassungswidrige Rechtsverständnis mochte dem Führer weniger anachronistisch erscheinen, da es von Wagner, dem in Nazi-Deutschland als großen Seher Verehrten, im *Lohengrin* verherrlicht wurde.

Im Jahr darauf wurde in Bayreuth ein weiteres brisantes Thema in das Drum und Dran der Festspiele hineingezogen. Weit über tausend Sudetendeutsche aus dem nahen, doch zur Tschechoslowakei gehörenden Egerland, aufgeputzt in ihren bunten Trachten, kamen nach Bayreuth, um in unmissverständlich politischer Absicht dem Führer zu huldigen.[385] Die dreieinhalb Millionen Deutschen, die in der Tschechoslowakei lebten, verlangten, »heim ins Reich« zu kommen. Sie waren begreiflicherweise überwiegend Hitler-Anhänger. Zeit und Gelegenheit waren gut gewählt, denn nirgendwo waren Hitler und die deutschen Festspielgäste empfänglicher für großdeutsche Gedankenspiele als in der von alldeutschen Wunschvorstellungen gesättigten Atmosphäre Bayreuths. Die propagandistische Begleitmusik, beigesteuert von Gauleiter Fritz Wächtler, gab den implizit aggressiven Subtext der Demonstration zu erkennen: »Die Grenze gegen Böhmen hat erst der Versailler Vertrag geschaffen. Er hat Deutsche und Deutsche getrennt, Millionen von ihnen einem Staat ausgeliefert, der nichts Besseres weiß, als sie zu unterdrücken.«[386] Ein halbes Jahr später, im März 1938, erfolgte der sogenannte Anschluss Österreichs und die Ausrufung des Großdeutschen Reiches. Noch im selben Jahr, am 1. Oktober, kam es zur jubelnd begrüßten Einverleibung des Sudetenlands in das Großdeutsche Reich – das Ergebnis des Münchner Abkommens. Es war ein Großdeutschland, dessen Konzeption man glaubte oder behauptete aus der Deutschland-Vision Wagners herleiten zu können.

Dem unpolitischen Anstrich, den Hitler »seinen« Wagner-Festspielen zu geben bestrebt war, lag also ein Täuschungskalkül zugrunde. Nicht anders als die übrigen Zweige der Kulturindustrie des Dritten Reichs gehorchten auch die Bayreuther Festspiele einer umfassenden Täuschungsstrategie, die deshalb ein so großer Erfolg war, weil zumindest die Wagner-Gemeinde für Hitler besonders empfänglich war – empfänglicher als jede andere Schicht der Bevölkerung – und weil sie, ungebrochen in ihrem Genieglauben, es vorzog, statt ernüchtert getäuscht zu werden.

Es wäre nun aber verfehlt und irreführend, eine direkte Verbindung von den Bayreuther Festspielen zum Zweiten Weltkrieg zu konstruieren. Dieser Krieg folgte geopolitischen Zielsetzungen, über die die Bevölkerung nicht offen und vollständig ins Bild gesetzt worden war. Der neue Weltkrieg wurde ohne die kollektive Begeisterung von 1914 unternommen. Gleichwohl wird man nicht von der Hand weisen können, dass der Wagner-Kult aufgrund seines kulturellen und gesellschaftlichen Gewichts ein Mobilisierungsfaktor von beträchtlicher Effizienz war. Aus Hitlers Entscheidung, an den Wagner-Festspielen auch während der Kriegsjahre festzuhalten, wird man plausiblerweise schließen dürfen, dass die mentale Ertüchtigung zum Krieg schon zum Kalkül der Festspiele während der Friedenszeiten gehörte.

Schon den Zeitgenossen war Adolf Hitler ein Rätsel – ein faszinierendes und furchteinflößendes Rätsel –, zu dessen Lösung immer wieder phantasmatische Erklärungen bemüht wurden.[387] In den sieben Jahrzehnten seit seinem Selbstmord hat sich daran, genau besehen, nicht allzu viel geändert. Hitler wird weiterhin mit Vorliebe als ein dämonisches Änigma wahrgenommen, dessen normsprengende Untaten man immer wieder aus einer mutmaßlichen Abnormalität herzuleiten versucht, sei diese körperlicher, mentaler oder sexueller Natur.

Gegenüber solchen weit hergeholten und hinsichtlich der Mehrheit der Deutschen tendenziell exkulpatorischen Erklärungsversuchen ist im Lichte der hier betrachteten Phänomene die weitgehende Normalität Hitlers zu betonen, wenn man diese an dem kulturellen Kontext der Jahrhundertwende misst. Diesem historischen Kontext war er entwachsen, und ebendiese von Wagner'schen Phantasien schwangere Zeitstimmung machte er sich zunutze. Erst wenn wir uns eingestehen, in wie hohem Maß er von den kulturellen Praktiken seiner Zeit geformt war, begreifen wir, was seinen Erfolg bei der nicht-nazistischen Mehrheit der Deutschen, die denselben kulturellen Praktiken anhingen, letztlich möglich machte. In keinem Milieu durfte sich der politische Neuling, ja Fremdling weniger fremd und unverstanden fühlen als unter den deutschen Wagnerianern. Ihre Sympathie gründete in ihrer Wahrnehmung Hitlers als eines verständigen Kunstfreunds und andächtigen Opernbesuchers. Es war eine Sympathie, die in vielen, allzu vielen Fällen in jubelnde Zustimmung umschlug, weil Hitler sich als kunstfrommer, verantwortungsvoller Erbe Wagners zu präsentieren wusste. Der Wagner-Kult des späten 19. und frühen 20. Jahrhunderts – dies zeigt die reiche publizistische sowie fotografische Evidenz – war das Medium, in dem die intensivste emotionale Interaktion zwischen dem Führer und den Geführten statthaben konnte.

Hitlers vorgeblich unpolitische Wagner-Verehrung wurde sehr wohl in ihrer »völkisch-politischen Bedeutung« verstanden. Dem Musikwissenschaftler Joseph Müller-Blattau etwa galt sie als Beweis für Deutschlands starken »Willen zur Kultur«, der durch Hitlers Präsenz in Bayreuth »vor aller Welt« erneut und eindrucksvoll »dargetan« werde.[388] Dieser Aspekt konnte nur darum als Kriterium der Unbedenklichkeit gelten, weil in weiten Kreisen der gebildeten Bevölkerung die Kultur immer noch eine weit höhere Wertschätzung genoss als die Politik, und vor allem, weil man die Kultur, insbesondere die Musik, in einem politikfreien Raum angesiedelt wähnte.

Der Wagner-Kult, den Hitler als Vorbild für die ganze Volksgemeinschaft zelebrierte, war keine für sich stehende kulturelle Praxis des nationalsozialistischen Deutschlands. Vielmehr war dieser Kult integraler Teil einer umfassenden, staatlich gelenkten Kulturindustrie, deren Zweck in letzter Instanz Verführung und Täuschung waren. Dies war im Übrigen auch die Funktion des überwiegend der Unterhaltung dienenden Nazi-Kinos.[389] Das Ziel aller ästhetischen Veranstaltungen und Bestrebungen unter Hitler war die Verführung zum Nationalsozialismus und die Täuschung über die wahren Absichten des Regimes. Der Krieg war von Anfang an das Ziel Hitlers, doch diese Zielsetzung musste kulturell und ästhetisch eingekleidet sein, um bei dem noch nicht nazistischen Teil der Bevölkerung nicht von vorneherein auf Ablehnung zu stoßen.

Innerhalb der emphatischen Kulturbeflissenheit, die der Nationalsozialismus an den Tag legte, hatte der Wagner-Kult eine herausgehobene Funktion. Hitler praktizierte eine altmodische, von dem modernen Wagner-Diskurs überholte Form der Wagner-Verehrung, die größere Aussichten hatte, bei den alten Eliten auf Resonanz und Akklamation zu treffen, als jede andere kulturelle Praxis. Wiewohl Hitler die bildungsbürgerliche, dem Nationalsozialismus von Hause aus fernstehende Schicht der Bevölkerung im Grunde genommen verachtete und in dem nach dem Krieg noch zu schaffenden Deutschland kein Platz für sie vorgesehen war, spürte er instinktiv, dass diese Kreise durch die Verehrung eines großen deutschen Künstlers und in der gemeinschaftschaffenden Liebe zu dessen Musik am ehesten ansprechbar und damit manipulierbar waren.

Der Krieg, von der Propaganda als Verteidigungs- beziehungsweise Befreiungskrieg ausgegeben, hatte neben der Gewinnung neuen Lebensraums eine zunächst latente, bald aber unverhüllte Zielsetzung, nämlich die rassische Reinigung des deutschen Volkes. Die Verunreinigung war, aus Hitlers Sicht, das Werk der Juden; sie waren Teil einer jüdischen Weltverschwörung. Nicht nur waren sie, wie bereits Wagner in seiner Schrift über *Das Judentum in der Musik* erklärt hatte, die parasitären Nutznießer der kulturellen Leistungen der germanischen Rasse, durch die Rassenmischung drohte auch eine Schwächung der genieschaffenden Kraft des Volkes – eine Drohkulisse, die chimärische Ängste um das Überleben Deutschlands als Kulturnation weckte. Um Deutschlands genieschaffendes Potential zu schützen – und, mit den Worten Lohengrins, »neu zu stärken seine Wunderkraft« –, war eine rassische Reinigung des Volkskörpers, eine radikale Purifikation im geistigen und biologischen Sinn, zwingend geboten.

In seiner Regierungserklärung vom 23. März 1933 und zur Erklärung seiner Gesetzesvorlage »zur Behebung der Not von Volk und Reich« kündigte Hitler die »politische Entgiftung unseres öffentlichen Lebens« an sowie eine »durchgreifende moralische Sanierung des Volkskörpers«, wobei die Betonung auf »durchgreifend« lag.[390] Das betraf die angeblich von Juden beherrschten Bereiche von »Erziehungswesen, Theater, Film, Literatur, Presse, Rundfunk. [...] Sie haben alle der Erhaltung der im Wesen unseres Volkstums lebenden Ewigkeitswerte zu dienen.« Diese Ewigkeitswerte konkretisieren sich in den die Zeit überdauernden Werken der Kunst. In einer Zeit, in der die politische Macht der neuen

Regierung noch gewissen Beschränkungen unterworfen ist, muss sie dafür sorgen, dass »der Lebenswille der Nation einen um so gewaltigeren kulturellen Ausdruck« finde. »Blut und Rasse« müssen daher »wieder zur Quelle« der künstlerischen Produktion werden. Wie diese ästhetisch begründeten, doch ominös klingenden Ankündigungen zu verstehen waren und wie sie dann praktisch umgesetzt wurden, machte das am 15. Oktober 1935 in Nürnberg verkündete, massiv diskriminierende Gesetz klar, das sogenannte Gesetz zum Schutze des deutschen Blutes und der deutschen Ehre. Warum mussten das deutsche Blut und die deutsche Ehre geschützt werden? Weil das Blut die Quelle aller kulturellen Leistungen des deutschen Volkes war und weil seine Ehre darin bestand, die »Ewigkeitswerte« der Deutschen zu erhalten und zu mehren.

Im Denken Hitlers bot der Krieg die beste Gewähr für eine rassische Reinigung, zumal wenn dadurch ein Ausnahmezustand geschaffen würde, in dem der Völkermord an den Juden als plausible Maßnahme der Rassehygiene ausgegeben werden konnte. Hitler hatte, wie gezeigt, die Juden von allem Anfang an als die »Rassentuberkulose der Völker« gebrandmarkt – eine Metaphorik, in der Wagners Bild vom »plastischen Dämon des Verfalls der Menschheit« sowie ein semantisch weitgefächertes Register der Dämonisierung mitschwingt.[391] Ein verantwortungsvoller Führer, der sich die Erhaltung des genieschaffenden Potentials seines Volkes angelegen sein lässt, musste darauf sinnen, aus der Diagnose »Rassentuberkulose« die erforderlichen Konsequenzen zu ziehen. Moralische Bedenken konnten in einer solchen jenseits von Gut und Böse verankerten Denkweise nicht aufkommen, und wenn sie sich doch regten, wurden sie von dem höchsten Gebot der Erhaltung der kulturschaffenden Kraft des deutschen Volkes erstickt.

So betrachtet hat der Wagner-Kult Hitlers zwar keine direkte, doch zumindest eine tangentielle Berührung mit dem von ihm ins Werk gesetzten Jahrhundertverbrechen des Massenmords an den Juden Europas. Welchen anderen Sinn hätte ein judenfreies Deutschland haben sollen als einen – im Sprachgebrauch der Zeit – rassehygienischen? Der vermeintliche Mutterboden von Genialität und Kultur, die germanische Rasse, sollte von chimärischen Fremdstoffen gereinigt werden, um so seine Fruchtbarkeit zu erneuern und zu erhöhen. Der eigentlich naheliegende Gedanke, dass mit der Eliminierung der jüdischen Bevölkerung – der vermutlich genieträchtigsten Ethnie – diese daran gehindert sei, zur Genieproduktion des deutschen Volkes beizutragen, musste an dem Rassewahn Chamberlain'scher Prägung, der die absolute Unvereinbarkeit der Rassen statuierte, abprallen. Die Verabsolutierung der Rasse sowie die zum Fetisch erhobene Idee der Reinheit übten einen Denkzwang aus, der alles Nachdenken über Kultur und Genie über die Grenzen der Rationalität hinaus in den Bereich des Aberglaubens katapultierte. Was nicht sein durfte, konnte auch nicht sein.

Der rassisch geprägte Begriff von Kunst und Kultur, zu dem der Ästhetizismus der Jahrhundertwende in Hitler verkommen war, kannte auch keine moralischen Grenzen. Die Hitler-Literatur ringt schon seit langem mit der Frage, wann und in Reaktion auf welche Ereignisse der Kunstfreund Hitler zum Jahrhundertverbrecher mutierte – wann und wo, wie der israelische Historiker Yehuda Bauer formulierte, Hitler den moralischen Rubikon (»the moral Rubicon«) überschritten habe.[392] Eine Beantwortung dieser Frage erübrigt sich, wenn man sich der nüchternen Erkenntnis stellt, dass es in der Sphäre des Ästhetizismus, aus der Hitler kam und in der er bis zum Ende existierte, keinen moralischen Rubikon gibt.

Die Nähe und somit den ungehinderten Übergang vom Ästhetizismus zur Barbarei, die als ein ebenso markantes wie verhängnisvolles Charakteristikum der Geschichte des 20. Jahrhunderts anzusehen ist, hat Thomas Mann, wie wir gesehen haben und wie an späterer Stelle im Einzelnen darzulegen ist, im *Doktor Faustus* vielfältig thematisiert. Auf den letzten Seiten des praktisch gleichzeitig entstandenen Vortrags über *Nietzsches Philosophie im Lichte unserer Erfahrung* (1947) wirft er einen nüchtern bilanzierenden Blick auf den Ästhetizismus der Jahrhundertwende, um ihn vom Standpunkt einer humanistischen Moral zu verurteilen. Im Lichte der jüngsten Geschichte, also im Lichte hauptsächlich Hitlers und des Nationalsozialismus, habe sich der Ästhetizismus als eine verhängnisvolle und katastrophale Weltanschauung erwiesen, »schlechterdings unfähig, den Problemen gerecht zu werden, deren Lösung uns obliegt«. Im Zeichen des Ästhetizismus seien »die freien Geister« gegen »die Bürger-Moral« einst angetreten, doch ihr Protest, ihre Emanzipation davon, gehöre »selbst dem bürgerlichen Zeitalter an«. Worauf es jetzt nach der Zerstörung der bürgerlichen Kultur ankomme, sei der Entschluss, aus der »ästhetischen

Epoche« herauszutreten »in eine moralische und soziale«.[393] Thomas Mann brauchte an dieser Stelle Hitler nicht eigens zu nennen; wenn der *Faustus*-Autor zwei Jahre nach dem Krieg einen kritischen Blick wirft auf die deutsche Mentalitätsgeschichte, auf das Erbe Nietzsches und speziell auf die Rolle des Ästhetizismus, so versteht es sich von selbst, dass Hitler mitgemeint ist. Schließlich ging er den Historikern und Biographen voran, als er 1938, in *Bruder Hitler*, diesen als ein ästhetisches Phänomen zu begreifen versuchte.

Entscheidend für den Erfolg jener Synergie von ästhetischen und patriotischen Energien, die das Hitler-Reich prägte, war ohne Zweifel die Person Hitler. Ohne ihn hätte die Verkettung von Kultur und Politik im Zeichen Wagners nicht mit derselben Effizienz funktionieren können. Ein Seitenblick auf die Gestalt des Joseph Goebbels vermag diesen Befund zu erhellen. Als Literat und Dr. phil. in Germanistik besaß Goebbels einen höheren Grad von Bildung als der Führer, sein »Chef«. Er verfügte auch über eine geschliffenere und griffigere Rhetorik als der Volksredner des Zirkus Krone. Und doch hatte der Gauleiter und Propagandaminister nicht im entferntesten das Zeug zum Anführer eines Kults. Das lag zum Teil an der wenig schmeichelhaften populären Wahrnehmung des zugleich gefürchteten und verachteten Mannes: Er war der geile Klumpfuß mit dem großen Maul. In der Hauptsache jedoch lag es daran, dass er einer charismatischen Persönlichkeit ermangelte. Was er über Kunst und über Wagner von sich gab, wirkte aufgesetzt – zum Unterschied von Hitler, dessen Wagner-Kult und Kunstbeflissenheit offenbar überwiegend als authentisch empfunden wurden.

Der Erfolg Hitlers ist in entscheidendem Maß auf sein Selbstverständnis als Tribun und Heilsbringer zurückzuführen. Erst in dieser Selbststilisierung nach Wagner'schen Vorbildern in der Manier des modernen Dilettantismus konnte das in den nicht-nazistischen Bevölkerungsschichten schlummernde Potential an Begeisterung und Hoffnung geweckt und ihr patriotischer Idealismus aktiviert werden. Sein Wagner-Kult, insbesondere sein vorgeblich unpolitisches, nur dem Kunstgenuss gewidmetes Auftreten in Bayreuth, verliehen ihm den Mantel der Authentizität, der für seinen Erfolg unerlässlich war.

Hier ist an die in der deutschen Forschung intensiv diskutierte Frage, ob Hitler ein starker, in seinem Machtbereich souveräner oder, wie

Hans Mommsen argumentiert hat, ein »in mancher Hinsicht schwacher Diktator« war, zu erinnern.[394] Zieht man das Attribut des Charismas im Sinne Max Webers sowie den Wagner-Kult und seinen Charisma generierenden Effekt in Betracht, so ist diese Frage anders als im Sinne Hans Mommsens zu entscheiden. Hitlers Durchsetzungsfähigkeit beruhte auf seinem von seinen Anhängern immer wieder bekräftigten Charisma. Das Hitler'sche Charisma war in hohem Maß das Ergebnis seines *self-fashioning* im Zeichen Wagners und gründete in seinem Selbstverständnis als eines Künstler-Politikers, d.h. als eines auf dem Gebiet der Kunst verkannten und verhinderten, aber auf dem Feld der Politik auftrumpfenden, weil zu sich selbst gekommenen Genies. In einer Epoche, in der die Probleme der Massengesellschaft durchgreifende Lösungen zu verlangen schienen, war, wie das Aufkommen des Faschismus in Europa zeigte, dem Modell der charismatischen Herrschaft eines als genial wahrgenommenen Künstler-Politikers eine dramatisch erhöhte Zeitgemäßheit zugewachsen, die Hitler instinkt- und selbstsicher, mit einer das Neben- und Gegeneinander der Machtgruppen souverän überspielenden Machtvollkommenheit zu nutzen wusste.

Überzeugt davon, dass die Existenz eines Volkes sich letztlich durch seine kulturellen Leistungen legitimiert, hat Hitler es von Anfang an und erst recht nach Erlangung der Macht nicht an Demonstrationen seiner kulturell umfassenden Zuständigkeit fehlen lassen. Die praktisch unausgesetzten Bekundungen seines aktiven Interesses an Malerei, Architektur, Städtebau, Musik und Theater – er wollte in allen künstlerischen Belangen mitreden – gaben ihm die Aura eines Genies oder zumindest eines Freundes der Künste. Die Wahrnehmung Hitlers als eines in der Politik zu sich selbst gekommenen Künstlers hätte jedoch ihren verheerenden politischen Mehrwert schwerlich entfalten, ihre erstaunliche Wirksamkeit wohl kaum erzielen können ohne den von einem bewährten Bildungssystem genährten Genieglauben. Nur in einem geistigen Milieu, in dem der Genieglaube zur mentalen Ausstattung einer breiten und einflussreichen Bevölkerungsschicht gehörte, konnte ein charismatischer Politiker den Erfolg erzielen, den Hitler bei den Deutschen hatte.

Wie der Nationalsozialismus insgesamt, so scheiterte auch Hitler in seinem ebenso fanatischen wie wahnhaften Versuch, den Prozess der Entzauberung, den die Moderne vorantrieb, wenn nicht rückgängig zu machen, so doch anzuhalten und Deutschland auf ein neues, im Wagner-Kult verankertes spirituelles Zentrum auszurichten. Er scheiterte bei seinen Parteigenossen, denen Wagner und seine Musik nichts bedeutete oder denen Wagner nicht nazistisch genug war. Er scheiterte auch bei der deutschen Jugend, einschließlich der Hitler-Jugend, soweit sie sich an Volksmusik erbaute und keine Musik nach Bach hören wollte, schon gar nicht Wagner, der ihr zu modern und dekadent war. Was ihn scheitern ließ, war die krasse Unzeitgemäßheit seines Unterfangens. Im Grunde blieb er von den in seiner Jugend in Linz und Wien empfangenen Eindrücken geprägt. Neuere Wagner-Deutungen, selbst solche, die wie Karl Richard Ganzer den Hitler-affinen Revolutionär Wagner herauszustellen versuchten, wurden von ihm nicht wahrgenommen.[395] Hitlers Wagner war und blieb der in seiner Jugend erlebte; nach dem Eintritt in die Politik kamen keine neuen Aspekte hinzu. In dem geistigen Milieu des Ästhetizismus verfestigten sich diese Jugendeindrücke zu Urerlebnissen von lebensbestimmender Nachhaltigkeit. Zu Beginn seiner Laufbahn als Politiker, als seine ästhetischen Urerlebnisse seine Weltanschauung fundieren halfen, war Wagner ästhetisch nicht mehr relevant und die Hochzeit der nahezu globalen Wagner-Verehrung war zu Ende gegangen, ohne dass diese geschichtliche Veränderung von Hitler wahrgenommen oder anerkannt worden wäre.

Auf jubelnde Zustimmung stieß er hingegen bei den vom »Bayreuther Gedanken« geprägten Wagnerianern, gerade auch bei denen, die sich der Hitler-Bewegung nicht anschlossen und auch nicht der Partei beitraten. Sie teilten aber mit dem Führer den Glauben an die weltverändernde Macht des Genies sowie die Überzeugung von der in Richard Wagner manifest gewordenen Superiorität der deutschen Kultur, und das genügte ihnen.

Wir haben keine Zeugnisse dafür, dass Hitler, das Ende vor Augen, an seinem Glauben an Wagner und an seiner Rolle als Pontifex maximus des Wagner-Kults irre geworden wäre. In diesem Wahn blieb er – ein zweiter Don Quijote – bis zum Ende befangen. Was dem Ritter von der traurigen Gestalt die versunkene Welt der Ritterromane, das war dem Künstler-Politiker Hitler – von *Rienzi* bis *Parsifal* – die von der Musik ins Erhabene gerückte Welt Wagners. Thomas Mann – und nicht zuletzt darin markiert er einen Gegenpol zu Hitler – konstatierte im

Fahrwasser des Modernitätsschubs, der sich um 1910 auf allen Gebieten des kulturellen Lebens bemerkbar machte, eine »Wagner-Krise«, die sich in seinem Fall alsbald als eine permanente, literarisch eminent fruchtbare Krise erweisen sollte.[396] Hitlers Wagner hingegen war nie einer Krise ausgesetzt und allen Modernitätsschüben gegenüber resistent. Wagner gegenüber verhielt er sich ebenso anhänglich wie unkritisch – strikt nach Lohengrins Gebot: »des Ritters drum sollt Zweifel ihr nicht hegen.«

Nüchtern und in dem größeren Kontext der Wirkungsgeschichte Wagners betrachtet stand Hitler mit seinem in mehrfacher Hinsicht retrograden Wagner-Kult von vorneherein auf verlorenem Posten. Der Wagner-Kult, dessen Produkt er war und der ihm zum Vehikel seines Aufstiegs diente, war im Jahre 1919, als er die politische Bühne betrat, eine unzeitgemäße, von der gesamtkulturellen Entwicklung überholte geistige Lebensform. Mit seinem wahnhaften Versuch, die Deutschen auf einen retrograden ästhetischen Kult samt seinen politisch beklemmenden Implikationen zu verpflichten, wäre Hitler kaum aus den politischen Startlöchern gekommen, wenn ihm nicht ein relativ kleiner, doch gesellschaftlich gewichtiger Teil der deutschen Eliten, die sich in der Verehrung Wagners einig waren, Starthilfe geleistet hätte.

Dass er gut zehn Jahre lang den Anschein aufrechtzuerhalten vermochte, der Wagner-Kult könne der Kultur des neuen »tausendjährigen« Reichs zur weltanschaulichen Grundlage und Orientierung dienen, war nur möglich unter den Bedingungen der Diktatur. Als Diktator besaß er die Macht und die Mittel, die Bayreuther Festspiele zu dem zu machen, was sie nach ihres Gründers Vorstellung auch sein sollten: eine Quelle der geistig-moralischen Erneuerung des deutschen Volkes. Doch die geistig-moralische Erneuerung, mit der er in der Hauptsache Heldentum, Opferbereitschaft und eine fanatische Liebe zu Deutschland im Sinn hatte, war für Hitler lediglich das Mittel zu einem höheren Zweck. Denn letztlich ging es ihm um die Ertüchtigung des deutschen Volkes zum Krieg, der nach seiner Überzeugung zu führen war, um Deutschland die seiner kulturellen Vorrangstellung gemäße politische Suprematie zu gewährleisten. Letzten Endes war der Wagner-Kult für Hitler, nicht anders als ein beträchtlicher Teil des Nazi-Kinos, »Kriegserziehung«.

Wenn man sich nun aber vergegenwärtigt, dass bereits Wagners eigener Versuch, mit den Mitteln seines auratischen Musiktheaters eine Erneuerung der gesamten Kultur zu erzielen, ein Anachronismus war, so ist in dem Fall des von Hitler praktizierten Wagner-Kults im Dritten Reich ein potenzierter Anachronismus zu konstatieren.[397] Wie schon Wagner selbst ignorierte Hitler, dass in der modernen Massengesellschaft die Voraussetzungen für eine gemeinschaftsbildende und den Gemeinschaftsgeist stärkende ästhetische Erfahrung nach dem Vorbild der griechischen Tragödie und der attischen Theaterkultur schlicht nicht existierten.

Man müsste nun annehmen dürfen, dass mit dem Selbstmord des Diktators, angesichts des katastrophalen Endes Großdeutschlands und angesichts einer moralischen Kompromittierung der deutschen Kultur, in deren Namen Diktatur, Krieg und Völkermord ins Werk gesetzt wurden, auch Hitlers Wagner untergegangen und im Brunnen der Vergangenheit versunken sein würde. Dies ist jedoch nicht der Fall. Die Wirkungsgeschichte Wagners verläuft mitnichten derart eingleisig und einsinnig. Anders als der Diktator selbst starb Hitlers Wagner keines gewaltsamen, plötzlichen Todes. Freilich ist Hitlers Wagner, soweit von seiner Lebendigkeit überhaupt die Rede sein kann, ein moribundes Wesen, das seinen Tod in zäher Anhänglichkeit an Vergangenes immer wieder verzögert, so dass sein Ableben selbst heute noch nicht mit Sicherheit festgestellt werden kann. Anlass zu diesem skeptischen Ausblick geben die Geschichte Neu-Bayreuths und der mit dieser Geschichte aufs engste verquickte Fall Knappertsbusch, von dem der zweite Teil unseres Triptychons handelt.

Knappertsbusch – eine deutsche Karriere

Die Legende zu Lebzeiten

Hans Knappertsbusch war eine Legende schon zu seinen Lebzeiten und genoss nicht nur in Deutschland, sondern unter Wagnerianern in der ganzen Welt eine außerordentliche Verehrung als der idiomatischste Wagner-Dirigent, als der mit dem Original aufs intimste vertraute Interpret. Die Bewunderung galt dem in seiner Art großartigen, mitreißend spontanen Al-fresco-Stil seiner Wagner-Dirigate, seiner instinktmäßigen Fähigkeit, mit breiten Tempi große Bögen zu spannen und mit anschwellendem Puls unerhörte Steigerungen zu erzielen und damit den Sinn für die monumentale Architektur der Musikdramen zu wecken. Er war jedoch das genaue Gegenteil eines Pultstars, wie ihn Herbert von Karajan paradigmatisch verkörperte, denn er scheute das Rampenlicht und den Applaus und wollte allein als Diener am Werk gesehen werden. Für viele Musikfreunde stellte er den Inbegriff des Wagner-Dirigenten dar; sie feierten ihn darob nicht weniger als seine teuren Kollegen, die Pultstars. Viele verehrten ihn gar als den musikalischen Fels Petri des sogenannten Bayreuther Gedankens, jener aus Wagners Regenerationsschriften destillierten Weltanschauung, die den Wagner-Gläubigen als Politik- und Religionsersatz diente. Die kultische Verehrung dieses Dirigenten ist keineswegs etwas Überlebtes; sie dauert vielerorts in Deutschland und anderswo noch heute an.[1]

Darüber hinaus war »Kna«, wie er von seinen Verehrern liebevoll genannt wurde, eine der Schlüsselfiguren in dem umkämpften Nachleben Richard Wagners in Deutschland. Wer sich Klarheit verschaffen will über die Wege und Umwege, die Wagners »wehvolles Erbe« im 20. Jahrhundert genommen hat, wer begreifen will, wie ein vorgeblich unpolitischer, allein von der Liebe zur Musik geprägter Lebensentwurf die verborgene Verkettung von deutscher Musik und deutscher Katastrophe zu erhellen vermag, wird kaum einen besseren, aufschlussreicheren Zeugen namhaft machen können als ihn.

Sein Ansehen bei Kritik und Publikum war in den fünfziger Jahren des vorigen Jahrhunderts so hoch und allgemein, dass man bei dem Mammutprojekt der ersten Studio-Einspielung der *Ring*-Tetralogie wie selbstverständlich zunächst an Knappertsbusch dachte. Die Einspielung für das Decca Label unter der Gesamtleitung von John Culshaw entstand in den Jahren 1958 bis 1965 und darf heute, wie sich rückblickend leicht erkennen lässt, als epochemachend bezeichnet werden; in der weltweit wachsenden Wagner-Gemeinde genießt sie Kultstatus. Hätte Knappertsbusch die ihm angetragene Aufgabe übernommen, wäre seine Stellung in der Geschichte der musikalischen Wagner-Interpretation noch fester zementiert, als sie es heute ohnehin ist. Doch typisch für den knorrigen Eigensinn dieses unnachahmlichen Kapellmeisters – typisch auch für eine gewisse provinzielle Weltfremdheit dieses westfälischen Originals –, lehnte er das Anerbieten der Londoner Schallplattenfirma ab, weil er nicht gewillt war, die intensive Probenarbeit auf sich zu nehmen, die bei einer auf Makellosigkeit zielenden Studioaufnahme unerlässlich ist.[2] Statt des proben- und technikaversen Westfalen übernahm ein Mann von Welt das Dirigat des »Jahrhundert-*Rings*«, ein der neuesten Tontechnik gegenüber aufgeschlossener Musiker: der aus Budapest stammende Georg Solti. Diese Einspielung von Wagners *Ring des Nibelungen* erwies sich als der Grundstein von Soltis Weltkarriere.

Unter den mehr oder weniger Belasteten, die 1951 mit der Wiederaufnahme der Bayreuther Festspiele ein neues Kapitel im Nachleben Wagners aufschlugen, durfte sich Knappertsbusch als ein Primus inter pares fühlen, denn ihm war das Dirigat des *Parsifal* anvertraut worden, des Wagner'schen Vermächtniswerks in der bahnbrechenden Inszenierung von Wagners Enkel Wieland. Diese Auszeichnung verdankte sich nicht zuletzt dem Umstand, dass Knappertsbusch weithin als politisch unbelastet wahrgenommen wurde. Im Unterschied zu Wilhelm Furtwängler hatte er nicht in Hitlers Bayreuth dirigiert. Und anders als Herbert von Karajan hatte er sich den Nazis nicht angedient. Er wurde auch nie Parteimitglied. Vielmehr wurde er weithin als ein Opfer der Hitler-Herrschaft gesehen, war er doch schon 1935 seines Postens als Direktor der Bayerischen Staatsoper enthoben und am 1. Januar 1936 in den vorzeitigen Ruhestand versetzt worden, um dem Vorzugsdirigenten des Führers, Clemens Krauss, Platz zu machen. Da er sich zudem nicht scheute, auf wahrlich halsbrecherische Art seine Meinung zu sagen – zum Beispiel: »Hitler kann mich am Arsch lecken«[3] –, genoss er unter seinen zahlreichen Bewunderern den Ruf eines unbeugsamen und vom Nationalsozialismus unbelasteten Hitler-Gegners.

Das herzhafte Götz-von-Berlichingen-Zitat ist gewiss ein Signum seiner barschen, zu unverblümten Unmutsäußerungen neigenden Persönlichkeit. Es belegt seine Abneigung gegen den Führer, wenn er sie auch erst entdeckte und ausdrückte, als er sich von diesem unverdientermaßen übergangen und benachteiligt fühlte. Was jedoch Knappertsbuschs wahre politische Physiognomie betrifft, so hat das Götz-Zitat keinen verlässlichen Aussagewert.[4] Das bündigste Selbstzeugnis zu seinen politischen Überzeugungen stammt aus dem Jahr 1935, als er sich vergeblich gegen seine Absetzung in München wehrte. Seine Rechtfertigungsschrift an das Kultusministerium enthält die folgende knappe Selbstdarstellung: »Von Anfang an [d.h. seit seinem Amtsantritt 1922 in München] habe ich die Marxisten als Gegner gehabt. Ich habe mich zu keiner Zeit um deren Gunst beworben, obwohl mir ihr Einfluß nicht unbekannt war. Ich bin auch stets indifferent der Bayer.[ischen] Volkspartei gegenüber geblieben. […] Keiner Partei zugehörig, bewegte ich mich ausschließlich in nationalen Gesellschaftskreisen.«[5] Ob jemand eine nationale Gesinnung an den Tag legte oder ob er sie hinter sich gelassen hatte, war für Knappertsbusch, wie wir sehen werden, ein entscheidendes Kriterium in der Beurteilung seiner Zeitgenossen.

Mit der Wahl Knappertsbuschs zum *Parsifal*-Dirigenten schienen alle Vorbedingungen erfüllt, dass nach den Hitler-Jahren mit der Wiederaufnahme der Festspiele auch tatsächlich ein Neuanfang gemacht und mit der schlimmen Vergangenheit gebrochen werde. Für die als »Neu-Bayreuth« firmierende Epoche der Geschichte Wagners in Deutschland besaß Knappertsbusch einen größeren Nimbus und diente somit in höherem Maße zur politischen und moralischen Entlastung als Wieland und Wolfgang Wagner, denen die Leitung der Festspiele aufgrund der testamentarischen Bestimmungen in rein dynastischer Erbfolge zugefallen war. Die beiden Wagner-Enkel – Wieland mehr als Wolfgang – galten durch den jahrelangen, beinahe familiären Umgang mit Hitler als kontaminiert und taten gut daran, auf Mittel und Wege der Entsorgung zu sinnen. Damit gewann die Persönlichkeit des *Parsifal*-Dirigenten automatisch eine politische Bedeutung im Entsorgungskalkül des Festspieldirektoriums.[6]

Die Bayreuther Festspiele waren nicht erst seit 1933, als Hitler sie im stolzen Einvernehmen mit den Wagner-Erben zu seinem postfeudalen Hoftheater umfunktionierte, sondern von allem Anfang an ein hochkarätiges Politikum. Nie gehörte die politische Funktion der Festspiele mehr zur Sache, als wenn man sich veranlasst sah, ihre Politisierung zu vertuschen. Das geschah auf besonders eklatante Art und Weise 1925 und wiederum 1951, als im Festspielhaus Anschläge angebracht wurden, auf denen das biedere *Meistersinger*-Zitat zu lesen stand: »Hier gilt's der Kunst.« Die Festspielleitung ermahnte die Besucher, von politischen Debatten abzusehen, und zwar, wie man mit schöner Offenheit erklärte, im Interesse einer »reibungslosen Durchführung der Festspiele«.[7] Das Bemühen, die längst preisgegebene Aura einer unpolitischen Kunstpflege zu restaurieren, war ebenso angestrengt wie als Verschleierungsmanöver leicht zu durchschauen.

Bei dem Neuanfang nach dem Ersten Weltkrieg war es darum gegangen, die weltweite Rufschädigung zu begrenzen, die dem Ansehen Bayreuths dadurch entstand, dass die Festspiele von 1924 sich als das Sammelbecken der Republikgegner von rechts, zumal der nach dem Hitler-Putsch »verbotenen« Nationalsozialisten, entpuppt hatten.[8] Bei dem Neuanfang nach dem Zweiten Weltkrieg, der als »die Stunde null von Neu-Bayreuth« ausgegeben wurde, stand weit Gewichtigeres auf dem Spiel.[9] Diesmal ging es darum, die Kontaminierung zu übertünchen, die Wagner und sein Werk erlitten hatten, zunächst durch die enthusiastische Parteinahme der Wagners – Winifreds wie Siegfrieds – sowie Houston Stewart Chamberlains und des Bayreuther Kreises für Adolf Hitler, als dieser noch ein Außenseiter und politischer Geheimtipp war. Auch die von der Wagner-Gemeinde jubelnd begrüßte Vermählung der Causa Wagner mit dem politischen Programm des Nationalsozialismus im Zuge der sogenannten nationalen Erhebung (worauf an späterer Stelle einzugehen ist) sollte vergessen und vergeben sein.

Unter diesen Vorzeichen stellt sich dem heutigen Betrachter der Neuanfang geradezu als ein Paradebeispiel dar für den in Westdeutschland generell praktizierten Umgang mit der jüngsten Vergangenheit. Die Bayreuther Festspiele waren bald wieder eine Vorzeigeinstitution des kulturellen Lebens in Deutschland und fungierten als eine Art von Barometer der gesellschaftlichen Befindlichkeiten. Die Wagner-Festspiele dürfen somit als ein besonders aufschlussreiches Kapitel jener zweiten Geschichte des Nationalsozialismus angesehen werden, die die Geschichtswissenschaft als einen neuen und besonders ergiebigen Untersuchungsgegenstand entdeckt hat.[10] Diese zweite Geschichte handelt von der »Überwindung, Deutung, Erinnerung« des Nationalsozialismus und dauert nunmehr bereits um ein Fünffaches länger als die Hitler-Herrschaft. Trotz allem Schlussstrichverlangen wird diese zweite Geschichte auch weiterhin nach vorne offen bleiben müssen, zumal in Bayreuth, wo selbst heute noch die Aufarbeitung der schlimmen Vergangenheit nur recht schleppend und stolpernd vorankommt. Hatte Katharina Wagner, seit 2008 Festspielleiterin (bis 2015 im Tandem mit ihrer Halbschwester Eva Wagner-Pasquier), zunächst eine umfassende Aufarbeitung der braunen Vergangenheit angekündigt, so ist acht Jahre später noch immer kein Fortschritt zu erkennen.[11]

Nicht nur in Bayreuth, sondern in ganz Deutschland war die erste Phase im Umgang mit der jüngsten Geschichte von einer widerwilligen und deshalb unzulänglichen Wahrnehmung des Unrechtscharakters des Dritten Reichs geprägt. Man praktizierte, wie der politische Philosoph Hermann Lübbe formulierte, ein kollektives »Beschweigen der Vergangenheit.«[12] Bereits in der ersten Legislaturperiode der Adenauer-Regierung wurde diese von den praktischen Erfordernissen diktierte kompromisslerische Einstellung zur jüngst geschehenen Geschichte gesetzlich kodifziert. Von der Liquidierung der von den Siegermächten auferlegten Entnazifizierung bis zu dem 1954 vom Bundestag verabschiedeten Straffreiheitsgesetz wurde eine Vergangenheitspolitik praktiziert, die auf Amnestie zielte, weil man angeblich überzeugt war, dass der Wiederaufbau ohne die Integration der Belasteten nicht möglich wäre.[13]

Auch in Bayreuth regierte der Kompromiss auf der Grundlage eines flächendeckenden Beschweigens; denn auf dem Grünen Hügel konnte man sich den Neuanfang ohne die Belasteten nicht vorstellen. Künstler, die dem Naziregime gedient hatten – keineswegs widerwillig gedient hatten –, spielten, sangen und dirigierten wieder. Noch verwunderlicher ist die fortgesetzte Präsenz in den Programmheften der Bayreuther Festspiele von Autoren, die sich einst von der wechselseitigen Liebesbeziehung zwischen Hitler und Bayreuth entzückt zeigten und sich in ihrem Glamour gesonnt haben.[14]

Ebenso fragwürdig wie die politischen Biographien der Protagonisten

Neu-Bayreuths war jedoch die enge Kohabitation von Traditionalisten und Neuerern auf ästhetischer Ebene. Denn bei näherer Betrachtung der Riege, die für den Neubeginn versammelt wurde, springt sogleich eine krasse Unstimmigkeit auch und gerade in ihren ästhetischen Positionen ins Auge. Auf der einen Seite sollte der Neubeginn nach dem Krieg eine ästhetische Kehrtwendung markieren – am konkretesten fassbar in Wieland Wagners Reform, sprich: Entrümpelung, der Bayreuther Bühne, beginnend mit der Inszenierung des *Parsifal*. Diese Reform stützte sich im Wesentlichen auf die Ideen des Schweizer Theatertheoretikers Adolphe Appia, der, wiewohl seit 1895 treuer Festspielbesucher und unerachtet der Fürsprache Houston Stewart Chamberlains, in Bayreuth nicht zum Zuge kam, solange Cosima, Siegfried und Winifred Wagner die Festspielleitung innehatten.[15] Auf der anderen Seite wurde ein Mann zum *Parsifal*-Dirigenten bestellt, der, wie wir sehen werden, schon 1933 seine Opposition gegen jegliche Modernisierung der Wagner-Bühne vehement und nicht ohne politischen Hintergedanken zum Ausdruck gebracht hatte. Wielands prekäre Arbeitsgemeinschaft mit Knappertsbusch, die das Gesicht Neu-Bayreuths prägte wie sonst nichts, konnte jedoch nur zustande kommen, weil der Dirigent sich das Ansehen eines von der braunen Vergangenheit Unbelasteten zu geben wusste.

Prekär war die Zusammenarbeit dieses seltsamen Gespanns – Frederic Spotts nennt sie sehr zu Recht das »odd couple« – aus mancherlei Gründen.[16] Bekannt und oft beschrieben ist die amüsante Episode mit der unsichtbaren beziehungsweise sichtbaren Taube, die in dem hoch auratischen Finale des *Parsifal* vorgeschrieben ist. Die weiße Taube, die des »Höchsten Heiles Wunder« bezeugen soll, fiel der radikalen Entrümpelung Wielands zum Opfer, wie so viele andere Requisiten des Wagner-Theaters. Der Dirigent jedoch bestand auf der Taube. Der Kompromiss, der gefunden wurde, machte sich die ungewöhnlichen Sichtlinien des Festspielhauses zunutze. Die Taube hatte ihren Auftritt hoch oben im Bühnenraum, so dass sie dem Dirigenten im Graben sichtbar war, nicht aber dem Publikum im Auditorium. Gleichwohl, Knappertsbusch waren die szenischen Neuerungen ein Gräuel. Bereits nach dem ersten Festspielsommer ließ er Wieland wissen: »Ich kehre nicht mehr nach Bayreuth zurück!«[17] Nach dem zweiten Jahr machte er Ernst mit seiner Drohung vom Vorjahr und blieb im Sommer 1953 den

Festspielen fern. Ob es wirklich der innere Widerstand gegen Wielands Neuerungen war oder vielmehr die Verpflichtung seines alten Rivalen Clemens Krauss für die Festspiele von 1953, mit dem er sich keinesfalls die Dirigate teilen wollte, muss dahingestellt bleiben.[18] Da aber Clemens Krauss im Mai 1954 verstarb und Not am Manne war, kehrte Knappertsbusch wieder zurück und blieb bis 1964, ein Jahr vor seinem Tod.

Praktisch der einzige öffentliche Kritiker des Neuanfangs in Bayreuth war Franz W. Beidler, der aus dem Wagner-Clan ausgestoßene erstgeborene Enkel Richard Wagners. In seinem scharfsichtigen, immer noch lesenswerten Artikel *Bedenken gegen Bayreuth* bezeichnete Beidler das Unternehmen seiner Cousins Wieland und Wolfgang Wagner mit einem eleganten Sarkasmus als eine in hohem Maße »geglückte Spekulation auf die Vergeßlichkeit der Menschen«.[19] Im Lichte der deutschen Vergangenheitspolitik, die damals erst ansatzweise zu erkennen war, würde Beidler heute wohl kaum von Vergesslichkeit sprechen, sondern eher von einem Willen zum Vergessen, ja einem aktiven Beschweigen der ungesühnten »Schuld aus früh'rem Leben«, wie Wagner selbst sie schon im *Parsifal* thematisiert hatte.

Ein aktives Beschweigen der Vergangenheit ist auf besonders grelle Weise in der Autobiographie Wolfgang Wagners vernehmbar. Sein *Lebens-Akte* betiteltes Buch lässt uns die Geschichte Neu-Bayreuths durch die Brille des ultimativen Insiders sehen. In den anekdotenreichen Erinnerungen des langjährigen Prinzipals, der nach dem Tod Wieland Wagners von 1966 bis 2008 die Festspielleitung innehatte, nimmt Knappertsbusch einen prominenten Platz ein. Wolfgang Wagner zeichnet ihn als den musikalischen Übervater Neu-Bayreuths, der die jüngeren Kollegen und Rivalen am Pult des Bayreuther Orchesters mit Bonmots amüsierte und mit souveränen Gesten dominierte und in den Schatten stellte. In gezieltem Gegensatz zu dem die Wagner-Regie revolutionierenden Bruder Wieland figuriert Knappertsbusch in den Memoiren Wolfgang Wagners als der verlässliche Hüter der konservativen Wagner-Tradition.

Es steht zu vermuten, dass bei der Berufung Knappertsbuschs, abgesehen von seinem Nimbus als dem musikalischen Hüter des Erbes, ein weiteres, eher marktorientiertes Kalkül eine Rolle spielte. Wie viel Neuerung konnte man dem Bayreuther Publikum bei der Wiederaufnahme der Festspiele nach der deutschen Katastrophe zumuten? Musste nicht jeder Neuerungsschock, einem elementaren psychischen Bedürfnis entsprechend, durch ein weiches Kissen des Vertrauten und leicht Wiedererkennbaren abgefedert und abgemildert werden? Brauchte nicht Wieland Wagner, um seinen Neuerungen eine möglichst breite Akzeptanz zu bereiten, jemanden wie Knappertsbusch gleichsam als palliative Maßnahme? Im Programm der Festspiele von 1951 erfüllten *Die Meistersinger* in der Inszenierung Rudolf Hartmanns eine solche Art von Stoßdämpferfunktion. Das Bühnenbild wies eine verblüffende Ähnlichkeit auf mit den *Meistersingern*, die Heinz Tietjen 1933 auf die Festspielbühne gebracht hatte und die noch bei den Kriegsfestspielen 1943 und 1944 ihre Dienste tat.[20] Bei der Wiederaufnahme der Festspiele bot Hartmanns Inszenierung den Anblick von etwas Gewohntem, etwas Liebgewonnenem, das umso anheimelnder wirkte, je schärfer in den anderen Inszenierungen der Wind des Umbruchs und der Modernisierung einem ins Gesicht wehte. Nike Wagner, Tochter Wielands, schreibt den *Meistersingern* von 1951 sehr treffend die Rolle eines »kulturellen Teddybären« zu – also von etwas Kuscheligem, woran man sich in der Not und in kulturellen Angstzuständen trostsuchend festhalten konnte.[21] Auch den Knappertsbusch-Dirigaten mit ihren breiten Tempi und mächtigen Steigerungen muss wohl in den aufregenden frühen Jahren Neu-Bayreuths insgesamt eine solche Palliativfunktion zuerkannt werden. Für die 1951 noch zahlreichen Wagnerianer, die jeglicher Modernisierung innerlich avers waren, stellte Hans Knappertsbusch den großen musikalischen Teddybären dar, an den man sich klammern konnte und dabei Geborgenheit empfinden durfte. Sie klammerten sich mit Inbrunst an Kna, der in dreizehn Festspielsommern insgesamt fünfundneunzig Aufführungen leitete, d.h. über die Hälfte aller Aufführungen in jenen dreizehn Jahren – neben *Parsifal*, auch den *Ring*, die *Meistersinger* und den *Holländer*.[22]

In gewissem Sinn emblematisch für die Sonderstellung dieses Dirigenten in Neu-Bayreuth ist eine Fotografie, die ihn mit den beiden Wagner-Enkeln zeigt und die in Wolfgang Wagners *Lebens-Akten* abgebildet ist. Der Dirigent, flankiert von Wieland und Wolfgang, nimmt die Pose eines Lehrers ein und weist mit dem Zeigefinger auf ein Dokument, das er vor sich hinhält und auf das die Wagner-Enkel gebeugt und interessiert blicken. Handelte es sich um eine Partitur, so wäre damit die Sonderstellung Knappertsbuschs als der musikalische Übervater trefflich illustriert. Es ist jedoch nur eine Postkarte. Worauf er deutet, ist belanglos. Aber dass er den Wagner-Enkeln etwas zeigt und erklärt, bezeichnet seine Rolle – die eines Alt-Bayreuthers in Neu-Bayreuth – sehr eindringlich.

Das Bemerkenswerteste aber an Wolfgang Wagners Ausführungen zu Knappertsbusch, auch das Anstößigste, ist die Tatsache, dass er an keiner Stelle seines Buches die Frage berührt, die für einen glaubwürdigen Neuanfang nach den Hitler-Jahren von größter Dringlichkeit gewesen wäre – die Frage nach der politischen Vergangenheit dieses Dirigenten und der Schicklichkeit seiner Rolle als Aushängeschild Neu-Bayreuths. Diese Unterlassung des von der Sache her Gebotenen stand in völligem Einklang mit Wolfgang Wagners genereller Abwehrhaltung gegenüber allen Versuchen, die Verstrickung Bayreuths mit der Hitler-Herrschaft im Einzelnen offenzulegen. Hatte Wieland Wagner gewarnt, Bayreuth und Hitler seien ein »für die Bayreuther Festspiele tödliches Thema« – und deshalb ein unbedingt zu beschweigendes –, so erklärte Wolfgang zu Beginn seiner Alleinherrschaft auf dem Grünen Hügel mit verräterischer Eilfertigkeit: »Die politische Vergangenheit Bayreuths ist bewältigt und abgeschlossen.«[23]

Selbst einer der einst gefeierten, später geschassten Protagonisten in Hitlers Bayreuth, der Bühnenbildner Emil Preetorius, quittierte die Wiederaufnahme der Festspiele mit ungläubigem Kopfschütteln. Er tat dies jedoch nicht öffentlich, sondern in einem Brief an Heinz Tietjen, Winifred Wagners rechter Hand bei der Leitung der Festspiele während der Hitler-Jahre: »Aber das Groteske ist ja heute, daß Nazitum, Antisemitismus usw. keineswegs mehr belasten, ja fast das Gegenteil der Fall ist, nämlich Nazigegnerschaft verdächtig macht.«[24] Auch für einen Insider wie Preetorius stellte sich also, was in Bayreuth im Vorfeld der Festspiele vor sich ging, als Ausdruck einer zeittypischen Gesinnung dar, die sich alsbald in der offiziellen Vergangenheitspolitik der Bonner Republik konkretisierte. Diese war in ihren Anfängen von einem eifrig bekundeten, doch oberflächlichen »anti-nationalsozialistischen Grundkonsens« geprägt, der sich, wie der Historiker Norbert Frei konstatiert, dem »Triumph des ›Beschweigens‹« verdankt; das Ausmaß, die Tiefe und die Bedeutung jenes Triumphs, bemerkt Frei des Weiteren, seien jedoch »nicht einmal in Ansätzen erforscht«.[25] Wie es damit im Hinblick auf die Bayreuther Festspiele im Allgemeinen und auf Hans Knappertsbusch im Besonderen bestellt ist, soll im Folgenden erhellt werden.

Im Namen der »Richard-Wagner-Stadt München«

Es ist erstaunlich, doch sehr bezeichnend für die Vergangenheitspolitik sowohl Bayreuths als auch der Bundesrepublik, dass bei der Berufung Knappertsbuschs zum *Parsifal*-Dirigenten und, wie man wohl sagen muss, bei seiner Erhöhung zur musikalischen Galionsfigur Neu-Bayreuths jenes dunkle biographische Faktum keine Rolle gespielt hat, das als die folgenschwerste politische Tat dieses vorgeblich unpolitischen Musikers anzusehen ist: die opportunistische Denunziation Thomas Manns sogleich nach der Machtübernahme durch die Nationalsozialisten. Dies geschah in einer bizarren Protestaktion von trauriger Berühmtheit, die nichtsdestoweniger historisch signifikant ist, weil sie gleich einer Wetterfahne die neue Windrichtung und damit die veränderten Voraussetzungen in dem Kampf um das Wagner-Erbe anzeigt.

Den Anlass zu Knappertsbuschs Aktion hatte der Wagner-Vortrag geliefert – eine stark gekürzte Fassung seines berühmten Essays *Leiden und Größe Richard Wagners* –, den Thomas Mann am 10. Februar 1933 im Auditorium Maximum der Universität München gehalten hatte und den er wenig später auf Deutsch und auf Französisch in Amsterdam, Brüssel und Paris wiederholte. Was Knappertsbusch dazu bewog, welche sachlichen, persönlichen und politischen Beweggründe dabei im Spiel waren, ist noch keineswegs in allen Einzelheiten geklärt und lässt sich erst erahnen, wenn man die argumentative Substanz seines Wagner-Protests ernst nimmt und, vor allem, seine Karriere im Ganzen ins Auge fasst.

Die Rede ist von dem »Protest der Richard-Wagner-Stadt München« gegen Thomas Mann. Ein genaues Verständnis dieser unerquicklichen, doch aufschlussreichen Geschichte ist aus mehreren Gründen unerlässlich, wenn der verborgene weltanschauliche Zusammenhang zwischen Wagner-Kult und nationalsozialistischer Herrschaft aufgedeckt werden soll. Dem Münchner Wagner-Protest eignet ein hohes Maß an historischer Symptomatik für die Bereitschaft von großen Teilen der kulturellen Elite, mit dem Nationalsozialismus gemeinsame Sache zu machen. Diese Zusammenhänge erschließen sich jedoch erst dann, wenn die Protestaffäre nicht, wie es oft geschieht, als ein dummer, unbesonnener Streich von bloß lokaler Bedeutung abgetan wird. Dem steht entgegen, dass die Richard-Wagner-Stadt München auch die Hitler-Stadt war. Die Hauptstadt des Wagner-Kults wurde keineswegs zufällig auch die Hauptstadt der nationalsozialistischen Bewegung. Obendrein fiel die fünfzigste Wiederkehr von Wagners Tod zusammen mit dem Beginn der Hitler-Herrschaft, womit eine neue Etappe im Nachleben dieses Komponisten und Großideologen eingeläutet war. Allein schon von dieser Konstellation her sind die nationalen Auswirkungen der Münchner Aktion vorgezeichnet. Man wird demnach die historische Bedeutung des Wagner-Protests erst dann in seinem Kern erfassen, wenn man ihn als die manifeste Konkretisierung von Gegensätzen in dem unter der Oberfläche schon lange schwelenden, ideologisch verbissenen Kampf um das Erbe Richard Wagners begreift.

Nach dem Tod Wagners setzte in Bayreuth, in München, in Wien und anderswo der Kampf um sein geistiges Erbe ein. In gewisser Weise war dieser Kampf die Fortführung der Erbethematik im *Ring des Nibelungen* und in *Parsifal*. Geht es im *Ring* letztlich um das »Welt-Erbe«, so klagt Amfortas, der sieche Gralskönig, über ein »wehvolles Erbe«, dessen Reinigung und Erneuerung als das dringendste Gebot der historischen Stunde vorgestellt wird. In der Hochzeit des Wagner-Kults, die, wie im ersten Teil dieses Buches dargelegt wurde, keineswegs zufällig auch die Inkubationszeit der Hitler-Bewegung war, war die Rede von einem heiligen Vermächtnis, von der Reinerhaltung des Bayreuther Gedankens, von Deutschlands Regeneration durch ebendiesen Bayreuther Gedanken und von Wagners Werk als der alles überragenden Offenbarung des kulturschöpfenden Genies der Deutschen.[26]

Daneben gab es jedoch ein älteres, ebenso legitimes Wagner-Verständnis, das kosmopolitischen Charakters war und mit dem deutschtümelnden, konsequent antijüdischen Bayreuther Gedanken nichts zu tun haben wollte. Die Kronzeugen dieses Wagner-Verständnisses waren Baudelaire und Nietzsche; sein Kustode in deren Fußstapfen war Thomas Mann. Nach Überzeugung der Protagonisten auf beiden Seiten stand in diesem Kampf ums Erbe nichts Geringeres auf dem Spiel als das Wohl und Wehe Deutschlands, will sagen: sein Überleben als führende Kulturnation. Früher oder später musste der Antagonismus der beiden unterschiedlichen Wagner-Deutungen zu einer Konfrontation führen. Dass dies in München geschah, im Jahr der »nationalen Erhebung«, entbehrt nicht einer gewissen historischen Logik. Wie man weiß, endete der publizistische Waffengang von 1933 mit dem Sieg der an Bayreuth orientierten Wagnerianer, zu deren Fahnenträger Knappertsbusch sich aufgeschwungen hatte. Spätestens nach zwölf Jahren mussten aber auch die Jubler von 1933 erkennen, dass es ein teuer erkaufter Pyrrhussieg war.

Bei näherer Betrachtung dieser Affäre ist als Erstes festzuhalten, dass es sich keineswegs um eine spontane Unmutsäußerung eines verärgerten Musikfreunds handelte, sondern um eine umsichtig organisierte Denunziation aus weltanschaulichen Gründen. Sie zielte darauf ab, Thomas Mann als einen Verunglimpfer Wagners zu brandmarken. Damit sollte für alle Welt klargestellt werden, dass er als der inoffizielle Praeceptor Germaniae – eine Rolle, die ihm in der Weimarer Republik zugewachsen war – ausgespielt habe und dass in dem neuen, von einem glühenden Wagner-Verehrer geführten Deutschland kein Platz mehr sei für jemanden wie ihn.

Die Aktion kam ins Rollen durch ein Rundschreiben Knappertsbuschs vom 3. April 1933, adressiert an fünfundvierzig ausgesuchte Persönlichkeiten des Münchner Kulturlebens.[27] Sie wurden gebeten, ihren Namen unter den beiliegenden Text über Thomas Mann zu setzen. Dieses Rundschreiben ist also das Beweisstück, das jede weitere Suche nach dem Urheber des Wagner-Protests erübrigt. Fast alle Empfänger des Rundschreibens – in der Mehrzahl Mitglieder der Akademie der Tonkunst und der Akademie der bildenden Künste – kamen der Aufforderung des Staatsoperndirektors nach, ob aus Überzeugung oder als Gefallen für Knappertsbusch, lässt sich nicht mehr feststellen. Eine rühmliche Ausnahme ist zu nennen: Karl Caspar, Akademieprofessor und Maler, weigerte sich offenbar als Einziger, für die Denunziation Thomas Manns seinen Namen herzugeben.[28] Allerdings ist zu beachten, dass der gesamte Adressatenkreis des Rundschreibens sich nur schwer erfassen lässt, denn: »Wir wissen nur, wer den ›Protest‹ schließlich unterzeichnete.«[29]

Was Knappertsbusch zur Erklärung seiner Initiative zu verstehen gab, lässt ihn ganz als einen treuen Sachwalter Wagners erscheinen. Der folgende Passus aus dem Rundschreiben ist als der äußere, öffentlichkeitsfähige Beweggrund zu betrachten: »Herr Thomas Mann hat das Wagner-Jahr dazu benützt, um […] ein deutsches Genie, den größten Musikdramatiker aller Zeiten, zu verunglimpfen. […] Wer es deshalb wagt, den Mann, der deutsche Geistesmacht wie ganz wenige der Welt dargetan hat, öffentlich zu verkleinern, soll seine blauen, hier weiß-blauen Wunder erleben!« Knappertsbusch lässt die Adressaten zudem wissen, dass er sich mit einem kleinen Kreis von Gleichgesinnten beraten und »volle Zustimmung« gefunden habe. Unter den Gleichgesinnten nennt er Hans Pfitzner, Clemens von Franckenstein (den Generalintendanten) sowie Arthur Bauckner (den Direktor der Staatstheater). Außerdem zwei Vertreter der Presse: »Verlagsdirektor Wilhelm Leupold und Chefredakteur Adolf Schiedt von der Münchner Zeitung.« Mit Pfitzner verband Knappertsbusch ein ambivalentes Verhältnis. Persönlich kamen die beiden nicht besonders gut miteinander aus, obgleich Knappertsbusch 1931 Pfitzners letzte Oper *Das Herz* zur Uraufführung gebracht und ihm, der sich stets unterschätzt und vernachlässigt fühlte, damit einen beträchtlichen Freundschaftsdienst erwiesen hatte, denn dieses Spätwerk erwies sich auf dem Theater als eine Totgeburt. In weltanschaulicher und politischer Hinsicht hingegen, in ihrer Opposition gegen alle Modernisierungstendenzen, waren die beiden emphatisch national empfindenden Musiker offenbar ein Herz und eine Seele.

Knappertsbuschs Aktion war im Übrigen kein Novum. Sie hatte einen Vorläufer in dem Protest der Münchner Wagnerianer gegen *Der Meister von Nürnberg*, einen Film der Phoebus-Filmgesellschaft von 1927.[30] Man protestierte gegen die Entweihung von Wagners Festoper, gegen die »Versündigung am Geiste der Dichtung und der Musik des großen deutschen Kunstwerkes« und forderte ein »rasches Eingreifen der Behörden, um ein allgemein anerkanntes Kunstwerk vor Verunstaltung zu schützen«. Der Zorn der Wagnerianer richtete sich also in der Hauptsache gegen die Übertragung des Wagner'schen Musikdramas in ein anderes, als inferior angesehenes Medium, das damals noch im Stummfilm-Stadium verharrte. Es steht zu vermuten, dass die Person des Regisseurs und Drehbuchverfassers – Ludwig Berger war jüdischer

Abstammung – dabei eine Rolle gespielt hat. Bemerkenswert ist im Übrigen, dass sich auch die Stadt München – also der Ort, an dem *Die Meistersinger* ihre triumphale Uraufführung erlebt hatten – bemüßigt fühlte, den Protestlern Schützenhilfe zu geben. Bemüht, ihr Renommee als »Kulturzentrum« zu unterstreichen und um der »lebhaftesten Entrüstung aller Kunstfreunde« Ausdruck zu geben, protestierten auch der Theaterausschuss und Musikbeirat der Stadt gegen den »herabwürdigenden Mißbrauch eines der erhabensten deutschen Meisterwerke« sowie gegen »die in weiten Kreisen irreführende Verkoppelung hoher Kunst mit diesem Filmwerk«.

Der Meister von Nürnberg war ein prominent besetzter Film und kam mit dem Prädikat »Künstlerisch wertvoll« in die Lichtspielhäuser. In der Rolle des Hans Sachs sah man Rudolf Rittner; Gustav Fröhlich gab den Stolzing; und in der Rolle des David gab ein junger Schauspieler sein Debüt, Veit Harlan, der später als Regisseur im Nazikino groß Karriere machen sollte. Als der Film in München lief, wurde das Wagner'sche Vorspiel von einem Orchester gespielt, und der altgediente Wagner-Tenor Heinrich Knote steuerte das Preislied bei.

Die prominentesten Unterzeichner dieses ersten Protests, der am 6. Oktober 1927 in den *Münchner Neuesten Nachrichten* veröffentlicht wurde, waren Hans Pfitzner, Clemens von Franckenstein sowie Siegmund von Hausegger. Sie schlossen sich auch dem von Knappertsbusch sechs Jahre später initiierten Protest gegen Thomas Mann an. Knappertsbusch selbst war damals noch nicht mit von der Partie, doch darf angenommen werden, dass der Staatsoperndirektor von der Sache wusste. Im Gegensatz zu der Aktion von 1933 hatte der Protest der Münchner Wagnerianer von 1927 keinen Erfolg. Im Gegenteil. München handelte sich Spott aus anderen Teilen Deutschlands ein. Man mokierte sich über die »kunstspießerische Verzopftheit« ihres Einspruchs gegen den Film, nannte ihn »borniert und böswillig zugleich«. Die Wiener *Neue Freie Presse* sprach statt von der »Richard-Wagner-Stadt München« von dem »Südostwinkel Deutschlands« und höhnte kopfschüttelnd: »Sakrileg am Genius Wagners! Verhunzung seiner unsterblichen *Meistersinger*!« Die ganze Sache konnte als Sturm im Wasserglas lächerlich gemacht und abgetan werden.

Ganz anders die Situation 1933, trotz der Ähnlichkeiten, oberflächlich betrachtet. Knappertsbuschs Aktion richtete sich nicht gegen einen

Film oder eine Filmgesellschaft im fernen Berlin, sondern gegen einen Mitbürger und Nachbarn, eine herausragende Gestalt des Münchner Kulturlebens. Der Protest hatte also eo ipso den Charakter einer persönlichen Denunziation, deren Konsequenzen aufgrund der veränderten politischen Umstände unberechenbar waren. Nach der reichsweiten Gleichschaltung der Presse am 1. April 1933 bestand auch keine Aussicht auf öffentlichen Einspruch und Spott von außerhalb Münchens. Mochte der Protest der Münchner Wagnerianer von 1927 noch als Schildbürgerstreich hingenommen werden, so barg der Protest gegen Thomas Mann eine unmittelbare Gefahr und Bedrohung für den Betroffenen. Auch ohne den ausdrücklichen Ruf nach einem raschen Eingreifen der Behörden ließ das Aufgebot von Namen sowie die publizistische Verbreitung des Protests keinen anderen Schluss zu als den der absichtlichen Verfemung mit dem gefälligen Wohlwollen der neuen Machthaber.

Der Zeitpunkt von Knappertsbuschs Vorstoß, sechs Wochen nach Hitlers Übernahme der Macht, gehörte offenbar zum Kern der Sache, denn gleich im ersten Satz wird mit dem Gestus einer langersehnten Erfüllung »die nationale Erhebung Deutschlands« beschworen. Es fällt auf, dass dem Staatsoperndirektor die geplante Aktion gegen den Nobelpreisträger äußerst dringlich war, als stünde er unter Zeitdruck, denn er bat die Angeschriebenen um eine »möglichst umgehende Antwort«. Der Zeitdruck war selbstauferlegt und weckt den Verdacht, dass er mit dieser Aktion noch einen anderen Zweck verband. Der Protest im Namen Wagners erschien zu Ostern in der Wochenendausgabe der *Münchner Neuesten Nachrichten* vom 16./17. April 1933. Diese Zeitung war zu Wagners Lebzeiten das Haupt der Münchner Anti-Wagner-Presse, gerierte sich nun aber, nach der Gleichschaltung, als das Sprachrohr der »Richard-Wagner-Stadt München«. Knappertsbusch legte offenbar Wert darauf, im Namen der »Richard-Wagner-Stadt« zu agieren. Die Berechtigung dieses eigentlich anmaßenden Beinamens steht, wenn man die unrühmliche Geschichte von Wagners Vertreibung aus München in Betracht zieht, auf sehr wackeligen Füßen. Doch in dem vorliegenden polemischen Kontext hatte der Beiname »Richard-Wagner-Stadt« seine eigene Funktion: er sollte einschüchternd wirken und das Einverständnis einer ganzen Stadt vorgaukeln, soweit Wagner ihr etwas bedeutete. Zudem waren die *Münchner Neuesten Nachrich-*

ten seit 1922, d.h. seit Thomas Manns Bekenntnis zur Weimarer Republik, das Organ der Opposition gegen den politischen Überläufer und gaben über die Jahre hin diversen Thomas-Mann-Schelten Raum.

Auch die amtliche *Bayerische Staatszeitung* brachte die Attacke Knappertsbuschs und seiner Mitverschworenen. Gleichzeitig wurde der Wagner-Protest über den Rundfunk verbreitet, denn offensichtlich war die größtmögliche Publizität und Rufschädigung beabsichtigt. In einem Nachtrag in den *Münchner Neuesten Nachrichten* vom 20. April schlossen sich drei weitere, von Knappertsbusch versehentlich übergangene Persönlichkeiten dem Protest an, darunter der Musikkritiker des *Völkischen Beobachters*, Josef Stolzing-Cerny, ein gern gesehener Gast im Haus Wahnfried.[31] Des Weiteren »das gesamte Solopersonal der Bayerischen Staatsoper«, das zunächst »durch einen bedauerlichen Irrtum« ausgelasssen worden war. Wer sonst als der Staatsoperndirektor höchstpersönlich hätte über das gesamte Solopersonal seines Hauses in dieser eigenmächtigen und summarischen Manier verfügen können?

Unter den über vierzig Namen, die diese Aktion mittrugen, waren sechs lokale Nazigrößen, darunter Karl Fiehler (ein Nazikämpfer der ersten Stunde und der neue Oberbürgermeister Münchens) sowie Max Amann (Verleger des *Völkischen Beobachters*), Hans Schemm und Adolf Wagner (beide bayrische Staatsminister). Diese ominöse Konstellation hat manche Kommentatoren zu dem Trugschluss verführt, dass die ganze Wagner-Aktion gegen Thomas Mann von den neuen Machthabern in München und Berlin angestoßen und in Szene gesetzt wurde, dass somit der »Protest der Richard-Wagner-Stadt«, wie Paul Egon Hübinger befand, lediglich die »publizistische Kulisse« schuf, »die ein totalitäres Herrschaftssystem für seine Verfolgungsmaßnahmen und Gewaltstreiche als öffentliche Legitimation schätzt«.[32] Diese Sicht der Dinge, die lange Zeit im Umlauf war, hält jedoch einer ernsthaften Prüfung nicht stand; sie ist im Grunde die Fortschreibung einer bequemen Legende, deren Zweck es gewesen ist, die Urheberschaft des populären Dirigenten zu verschleiern.

Die große Mehrzahl der Unterzeichner rekrutierte sich aus der vordersten Reihe des Münchner Kulturlebens. Wir haben es mit einer opportunistischen Allianz dieser Kulturträger mit den neuen Machthabern zu tun. Diese hatten zwar auch ihre Gravamina gegen Thomas Mann, weil er seit Jahren vor dem Nationalsozialismus warnte, doch wäre wohl keiner von ihnen so kurz nach der Machtübernahme auf die Idee gekommen, den verachteten Verteidiger der Republik ausgerechnet wegen seiner Wagner-Deutung anzuprangern. Für eine Aktion gegen Thomas Mann hätte es nahliegendere, politische Argumente gegeben. Im Übrigen war es zu diesem frühen Zeitpunkt nach Beginn der Hitler-Herrschaft keineswegs ausgemacht, dass die Machthaber in Berlin den Nobelpreisträger belästigen würden, denn ihnen musste aus Gründen des Prestiges daran gelegen sein, einen weltweit geachteten Schriftsteller zu halten und in gewissen Grenzen gewähren zu lassen. Der Schluss, den es hier zu ziehen gilt, ist ebenso ernüchternd wie beunruhigend: Die Nationalsozialisten waren in der Sache des Münchner Wagner-Protests in keiner Weise federführend. Die Aktion wurde von dem nicht nazistischen Establishment des Münchner Kulturlebens getragen. Der sie ins Werk setzte – berechnend und gezielt ins Werk setzte –, war einer aus ihrer Mitte: der Münchner Staatsoperndirektor.

Selbstredend gab es zwischen den Wagnerianern der strengen Observanz und den Nationalsozialisten eine Interessengemeinschaft, die zwar nur eine partielle war, aber im Jahr 1933 in ausreichendem Maße sich als anschlussfähig und damit als politisch ausschlaggebend erwies. Man war sich einig in der Verehrung, um nicht zu sagen Vergötzung Richard Wagners. Man wusste sich auch einig in der Ablehnung des sogenannten Kulturbolschewismus, zu dem man die ganze Moderne schlug und zu dem man auch die Verteidiger der Weimarer Republik wie Thomas Mann zählte.[33] Schließlich teilte man im Wesentlichen auch den Glauben an den sogenannten Bayreuther Gedanken; dieser implizierte unter vielem anderen die Überlegenheit der deutschen Kultur, die in der Genialität der arischen Rasse gründet und in der Musik Bachs, Beethovens und Wagners ihre höchsten Ausprägungen fand. Diese Superioritätsthese wurde, wie wir gesehen haben, in erster Linie von Houston Stewart Chamberlain propagiert; sie wurde von vielen musikliebenden Deutschen verinnerlicht, am entschiedensten von Hitler, und lieferte in letzter Konsequenz die kulturell verbrämte Begründung für den deutschen Anspruch auf Weltherrschaft.[34]

Dilettantismus als Politikum

Welche konkreten Vorwürfe wurden von Knappertsbusch und seinen Mitstreitern gegen Thomas Mann erhoben? Und welche politischen Signale lassen sich daraus extrapolieren? Das von dem Staatsoperndirektor verfasste Manifest hat den folgenden Wortlaut:

> Nachdem die nationale Erhebung Deutschlands festes Gefüge angenommen hat, kann es nicht mehr als Ablenkung empfunden werden, wenn wir uns an die Oeffentlichkeit wenden, um das Andenken an den großen deutschen Meister Richard Wagner vor Verunglimpfung zu schützen. Wir empfinden Wagner als musikalisch-dramatischen Ausdruck tiefsten deutschen Gefühls, das wir nicht durch ästhetisierenden Snobismus beleidigen lassen wollen, wie das mit so überheblicher Geschwollenheit in Richard-Wagner-Gedenkreden von Herrn Thomas Mann geschieht.
>
> Herr Mann, der das Unglück erlitten hat, seine früher nationale Gesinnung bei der Errichtung der Republik einzubüßen und mit einer kosmopolitisch-demokratischen Auffassung zu vertauschen, hat daraus nicht die Nutzanwendung einer schamhaften Zurückhaltung gezogen, sondern macht im Ausland als Vertreter des deutschen Geistes von sich reden. Er hat in Brüssel und Amsterdam und an anderen Orten Wagners Gestalten als »eine Fundgrube für die Freudsche Psycho-Analyse« und sein Werk als einen »mit höchster Willenskraft ins Monumentale getriebenen Dilettantismus« bezeichnet. Seine Musik sei ebenso wenig Musik im reinen Sinn, wie seine Operntexte reine Literatur seien. Es sei die »Musik einer beladenen Seele ohne tänzerischen Schwung«. Im Kern hafte ihm etwas Amusisches an.
>
> Ist das in einer Festrede schon eine verständnislose Anmaßung, so wird diese Kritik noch zur Unerträglichkeit gesteigert durch das fade und süffisante Lob, das der Wagnerschen Musik wegen ihrer »Weltgerechtigkeit, Weltgenießbarkeit« und wegen dem Zugleich von »Deutschheit und Modernität« erteilt wird.
>
> Wir lassen uns eine solche Herabsetzung unseres großen deutschen Musikgenies von keinem Menschen gefallen, ganz sicher aber nicht von Herrn Thomas Mann, der sich selbst am besten dadurch kritisiert und offenbart hat, daß er die »Gedanken eines Unpolitischen« nach seiner Bekehrung zum republikanischen System umgearbeitet und an den wichtigsten Stellen in ihr Gegenteil verkehrt hat. Wer sich selbst als dermaßen unzuverlässig und unsachverständig in seinen Werken offenbart, hat kein Recht auf Kritik wertbeständiger deutscher Geistesriesen.[35]

Es folgen die Namen von einundvierzig Münchner Honoratioren, zuzüglich der vier Mitglieder des Vorstands der »Musikalischen Akademie«. Die prominentesten Namen unter den Unterzeichnern waren, abgesehen von dem Staatsoperndirektor, die Komponisten Hans Pfitzner, Richard Strauss und Siegmund von Hausegger.

Der Text des Protests, so fehlerhaft im Sachlichen und so erbärmlich rein sprachlich betrachtet er sich ausnimmt, lässt doch eines klar erkennen: Den Protestlern war es sehr wohl um Wagner und sein Erbe zu tun. Der Stein des Anstoßes war das von Thomas Mann vertretene Wagner-Bild, das Knappertsbusch sich entschloss unter Androhung von »weiß-blauen Wundern« in aufgeräumter Angriffslust ein für alle Mal abzuschmettern. Gleichzeitig aber sollte dem Nobelpreisträger eine Quittung präsentiert werden für seine nun schon über zehn Jahre andauernde und in den Augen der Protestler untragbare Kritik an München, der Stadt Hitlers, und an der Münchner Kulturszene, die er als reaktionär anprangerte.

Die Denunziation zielte somit nicht allein auf den Wagner-Interpreten, sondern auf den, wie man meinte, politischen Überläufer und Opportunisten, der sich vom konservativen Monarchisten zum Verteidiger der Republik gewandelt hatte; der »das Unglück erlitten« habe, »seine früher nationale Gesinnung bei der Errichtung der Republik einzubüßen und mit einer kosmopolitisch-demokratischen Auffassung zu vertauschen«; der seine »Gedanken eines Unpolitischen« (gemeint sind die *Betrachtungen eines Unpolitischen*) »nach seiner Bekehrung zum republikanischen System umgearbeitet und an den wichtigsten Stellen in ihr Gegenteil verkehrt« habe. Die Anklage zielte auf Thomas Mann als Gesamterscheinung. Daher die gezielten Hinweise auf seine politische Umorientierung, die nun, mit dem frischen politischen Wind im Rücken, als ein Manko angeprangert wird, das ihn als Wagner-Interpreten disqualifizieren soll. Wie in so vielen Zeugnissen aus jenen Jahren haben die Verlautbarungen des Wagner-Kults eine politische Stoßrichtung: Der Nobelpreisträger wird als Nutznießer des verhassten »Systems« der Weimarer Republik gebrandmarkt, für den in dem neuen Deutschland kein Platz sein soll.

Wie sogleich der erste Satz des Münchner Femegerichts klarstellt, wurde es im klaren Bewusstsein einer einmaligen historischen Gelegenheit zum Vollzug einer reichlich verdienten Strafaktion inszeniert:

»Nachdem die nationale Erhebung Deutschlands festes Gefüge angenommen hat, kann es nicht mehr als Ablenkung empfunden werden, wenn wir uns an die Oeffentlichkeit wenden, um das Andenken an den großen deutschen Meister Richard Wagner vor Verunglimpfung zu schützen.« Es liegt klar zutage: Knappertsbusch war daran gelegen, von den Protagonisten der »nationalen Erhebung« als ein verantwortungsbewusster Kustode des Wagner-Erbes wahrgenommen zu werden, der nicht tatenlos zuschaut, wenn jemand wie Thomas Mann das Werk Wagners auf spitzfindige Art und Weise problematisiert und die zutiefst deutsch empfindenden Wagnerianer »durch ästhetisierenden Snobismus« beleidigt.

Wie selbstverständlich übernimmt Knappertsbusch den offiziellen Euphemismus von der »nationalen Erhebung«, die in Wirklichkeit keine kollektive Erhebung war, sondern eine schmutzige politische Hintertreppenaffäre, die Hitler an der Spitze einer unter fragwürdigen Umständen zustande gekommenen Koalition zum Reichskanzler machte. Mit seiner Wortwahl setzte er also ein klares Signal hinsichtlich seiner politischen Neigungen. Unausgesprochen, doch unüberhörbar wird damit auch der neue Machthaber selbst beschworen und einbezogen, ohne den die nationale Erhebung nicht stattgefunden hätte. Hitler ist somit in dem Text des Münchner Wagner-Protests vom ersten Satz an präsent: Er ist der intendierte Leser. Er vor allem soll in dem Münchner Staatsoperndirektor den verantwortungsvollen Hüter des Wagner-Erbes erkennen, der dem obersten Wagnerianer in seinem Bemühen, in dem neuen Deutschland Richard Wagner die ihm geschuldete Ehre und Anerkennung zuteilwerden zu lassen, vorauseilend entgegenkommt.

Symptomatisch für die prinzipiell oppositionelle Einstellung zu dem *Zauberberg*-Autor ist der Umstand, dass es dem Dirigenten offenbar nichts ausmachte, Thomas Mann anzuprangern, ohne dessen Vortrag im Auditorium Maximum der Universität München besucht zu haben und offenbar auch ohne Manns Essay *Leiden und Größe Richard Wagners*, der im April-Heft der *Neuen Rundschau* erschienen war, gelesen zu haben. Knappertsbuschs Kenntnis von Thomas Manns Wagner-Rede oder Essay stammte aus zweiter Hand, aus einer noch ungeklärten Quelle, die keine sehr verlässliche gewesen sein kann.[36] Auch Pfitzner, Richard Strauss, Siegmund von Hausegger und die anderen Streiter für die Ehre der Richard-Wagner-Stadt München zeigten sich nicht bei dem Festvortrag des Nobelpreisträgers in der Universität. Offenbar kam es Knappertsbusch auch gar nicht auf die Kenntnis von Thomas Manns Vortrag an, denn es hatte sich für ihn so viel Anstößiges und Unverdauliches angesammelt, was nach einer Erleichterung seines Unmuts drängte, dass eine genaue Kenntnis des von Thomas Mann Gesagten und Geschriebenen die Angriffslust nur hätte hemmen können.

So absurd es auch erscheinen mag, dass der Autor von *Leiden und Größe Richard Wagners* seinen seit der Lübecker Schulzeit bewunderten Künstlerhelden verunglimpft haben soll, so aufschlussreich und lohnend ist es doch, den Text des Protests beim Wort zu nehmen, damit einsichtig wird, wie der Münchner Wagner-Protest mit dem epochalen Kampf um das Wagner-Erbe verzahnt ist und welche politischen Konsequenzen zu jenem Zeitpunkt der deutsche Wagner-Kult zu zeitigen imstande war.

Es wurden, abgesehen von den versteckten Andeutungen in Richtung auf Manns politische Unzuverlässigkeit, drei konkrete Punkte angesprochen, die einen Bezug zu Thomas Manns Wagner-Porträt haben. Diese Beanstandungen klingen auf den ersten Blick läppisch. Bei näherem Zusehen jedoch entpuppen sie sich als schwerwiegend: dass Thomas Mann das Werk Wagners als Dilettantismus charakterisiert, dass er es als Fundgrube für die Psychoanalyse ausgegeben und dass er Wagners Deutschheit verwässert habe. An jedem dieser drei Punkte haftet ein Subtext mit einem Nebensinn, der unter den veränderten politischen Vorzeichen von 1933 über Nacht einen bedrohlichen Charakter annehmen konnte. Dieser Nebensinn lässt sich aus den Denkmustern des Wagner-Kults ohne weiteres erschließen.

Wir haben gesehen, wie in der Hitler-Panegyrik der Wagnerianer die Deutschheit Hitlers ins Superlativische gehievt wurde: Er war nach Wagner der Zweite, dem man das Prädikat »der Deutscheste« zuschrieb. Knappertsbusch teilte offenbar die Zuschreibung dieses Prädikats auf den *Meistersinger*-Schöpfer, weshalb er, der stets national empfand, auf jeden Kratzer an Wagners Deutschheit allergisch reagierte. Er verwendet in dem kurzen Protesttext die Vokabeln »deutsch« und »national« neunmal und verbietet sich von jemandem wie Thomas Mann jegliches »süffisante Lob« der Wagner'schen Musik, wenn es mit »dem Zugleich von ›Deutschheit und Modernität‹« begründet werde. Hier preschen

Knappertsbuschs Aversionen gegen die Moderne und alles Nicht-Deutsche vor und sogleich über das Ziel hinaus. Denn Thomas Mann lobte etwas ganz anderes, nämlich »das grandiose Zugleich und Ineinander von Deutschheit und Mondänität«, die ihre »Weltgenießbarkeit« ausmachten, »wie sie keiner deutschen Kunst dieses Ranges je mitgegeben wurde«.[37] Statt Modernität also Mondänität – für Knappertsbusch zwei gleichermaßen unzumutbare Abscheulichkeiten. Thomas Mann sieht also nicht die Deutschheit der Wagner'schen Musik als entscheidend für ihren Welterfolg, sondern das, was über das Nichts-als-Deutsche hinausreicht, das Europäische am Werk Wagners.

Thomas Mann variiert und amplifiziert an dieser Stelle, wie so oft, eine Beobachtung Nietzsches, der die Frage »Wohin Wagner gehört« kurz und anstößig mit »Paris« beantwortete. Jeder Kenner der europäischen Kulturgeschichte sei sich gewiss, »daß die französische Romantik und Richard Wagner auf's Engste zu einander gehören«. In Deutschland hingegen sei Wagner »bloss ein Missverständnis«.[38] Solche Charakterisierungen Wagners waren absolut inakzeptabel für alle bayreuthhörigen Wagnerianer, denn sie unterminieren eine der Hauptsäulen, auf dem der Wagner-Kult basierte: die These, dass das Werk Wagners der Genialität, die der germanischen Rasse innewohnt, entsprossen ist, wie umgekehrt Wagners Musik die Überlegenheit der germanischen Rasse offenbare.

Wer nun aber Wagners Deutschheit mit dem Hinweis auf seine Herkunft aus der französischen Romantik und seine Zugehörigkeit zur europäischen Moderne und zur Décadence unnötig kompliziert und in Frage stellt, wie Thomas Mann es unter Berufung auf Nietzsche tat, macht ihn damit untauglich zu der ihm von Hitler und den Wagnerianern zugedachten Funktion als der weltweit anerkannten Kulturikone des neuen Deutschlands. Dieses Deutschland wurde nun zum ersten Mal von einem bekennenden Wagnerianer geführt, der, kaum dass er die Macht in Händen hielt, sich als der Pontifex maximus des Wagner-Kults gerierte, dem es allein zustand, Wagner auf die seiner »wahren« Bedeutung angemessene Weise zu ehren. An dem neuen Dogma, wonach das nationalsozialistische Deutschland das von Wagner erahnte sei und das eine wie das andere die Quintessenz der Deutschheit repräsentiere, durfte nicht gerüttelt werden.

Ähnlich panisch geriet die Reaktion auf das Reizwort »Psychoanalyse«. Thomas Mann war einer der ersten Interpreten, die dafür plädierten, Wagners Schöpfungen durch die Brille der Freud'schen Analyse zu betrachten und Wagners Avanciertheit als Psychologe zu erhellen. Er konstatierte im Werk Wagners, nicht anders als bei Freud, die »Zurückführung aller ›Liebe‹ aufs Sexuelle«. Und er deutete die Leitmotivtechnik im *Ring* als »Werkzeug psychologischer Anspielungen, Vertiefungen, Bezugnahmen«. Wagner habe als Komponist im Grunde genommen Psychoanalyse betrieben.[39]

Mit der Berufung auf Freud hatte Thomas Mann gleich mehrere Tabuzonen betreten. Knappertsbusch wirft ihm vor, er habe »Wagners Gestalten als ›eine Fundgrube für die Freud'sche Psycho-Analyse‹« gekennzeichnet. Thomas Mann spricht aber gar nicht von einer Fundgrube. Das Bild ist eine verräterische Zutat, das mehr über die geheimen Phobien des Anklägers aussagt als über den Angeklagten. Das Wort »Fundgrube« stammt aus dem Bergbau und bezeichnet die Stelle, an der eine bestimmte Erzader, ein wertvoller Schatz also, gefunden wurde. Wenn eine solche »Fundgrube« erst einmal öffentlich gemacht ist, können Befugte und Unbefugte sie ausbeuten und plündern. Um zu verhindern, dass dies mit Wagner geschieht, gilt es, die Psychoanalyse vom Wagner-Diskurs auszuschließen. Freuds Analyse wurde in Deutschland lange Zeit als typisch jüdisch abgelehnt, also als undeutsch, und die Vorstellung, dass das wertvollste Kulturgut der Deutschen in falsche, artfremde Hände geraten könnte, konnte nicht umhin, chimärische Ängste auszulösen. Wer, wie Thomas Mann, bereit ist, das Werk Wagners der Psychoanalyse auszuliefern, der begeht Verrat an dem Verfasser von *Das Judentum in der Musik*, der »den« Juden als den artfremden Nutznießer der deutschen Kultur angeprangert hatte.

Was die Freud'sche Analyse von der deutschen Psychologie unterscheidet, ist ihr Materialismus. Dieser markiert einen gravierenden Unterschied: »Der wissenschaftliche Materialismus der Freud'schen Psychoanalyse«, so ein maßgebendes Lehrbuch der Zeit, »ist eng verwandt mit dem ökonomischen Materialismus der Marxisten.«[40] Diese Gedankenverbindung machte Thomas Manns Werbung für Freud und die Psychoanalyse vollends verwerflich, denn dem Bolschewismus galt, wie er immer wieder versicherte, Hitlers Vernichtungskampf. Wer also dafür plädiert, Wagner im Lichte der Psychoanalyse zu interpretieren, der überantwortet das höchste, unbezweifelbar deutsche Kulturgut einer »artfremden« Betrachtungsweise, die aus einer antithetischen Weltanschauung stammt. Dies war eine Zumutung, die reflexhaft und durchaus im Geiste Bayreuths und Chamberlains eine chimärische Angst vor der Verunreinigung und Schwächung der deutschen Kultur auslöste.

Schließlich der Vorwurf, der die Behauptung einer »Verunglimpfung« Wagners durch Thomas Mann und die »Herabsetzung unseres großen deutschen Musikgenies« belegen sollte – der Vorwurf, er habe Wagner als einen Dilettanten gekennzeichnet. Auch hier liegt – typisch für die mangelnde Gewissenhaftigkeit des Ganzen – ein Missverständnis vor. Es ist einmal mehr ein verräterisches Missverständnis, das die sehrendste Sorge der Wagnerianer enthüllt: die Sorge, dass die für das Selbstverständnis der Deutschen unabdingbare Genialität Wagners in Frage gestellt werden könnte.

Knappertsbusch beanstandet, dass »Herr Mann« das Werk Wagners als »einen ›mit höchster Willenskraft ins Monumentale getriebenen Dilettantismus‹ bezeichnet« habe. Dies würde bedeuten, dass Wagners monumentale Schöpfungen das Ergebnis von »Sitzfleisch« seien, von uninspiriertem Fleiß, statt von Genialität, die das auszeichnende Merkmal der germanischen Rasse ist. Die Anführungszeichen sollen signalisieren, dass hier aus Thomas Manns Rede wörtlich zitiert wird. Doch was Thomas Mann in Wirklichkeit gesagt und geschrieben hat, hat einen ganz anderen Sinn. Die betreffende Passage lautet: »Tatsächlich und nicht nur oberflächlich, sondern mit Leidenschaft und Bewunderung hingeblickt, kann man sagen, auf die Gefahr hin, mißverstanden zu werden, daß Wagners Kunst ein mit höchster Willenskraft und Intelligenz monumentalisierter und ins Geniehafte getriebener Dilettantismus ist.«[41] Kann man einen komplizierten Sachverhalt, wie den vorliegenden, der die herkömmlichen Vorstellungen vom Künstler auf so unerhörte Art und Weise sprengt, umsichtiger und treffender beschreiben?

Knappertsbusch aber war auf das Reizwort Dilettantismus fixiert. Dies geht u.a. aus der Botschaft hervor, die seine Frau Marion bei Gelegenheit eines von Kna dirigierten Akademie-Konzerts am 20.3.1933 den Pringsheims überbrachte: »mein Mann läßt Ihnen sagen, er sei sehr böse auf Th.M., denn der habe R.W. einen Dilettanten genannt«.[42] Offensichtlich verstand der Dirigent den Begriff »Dilettant« im herkömmlichen, negativen Sinn. Das bedeutete: Wer das Wort im Zusammenhang mit Wagner in den Mund nimmt, der verunglimpft »ein deutsches Genie, den größten Musikdramatiker aller Zeiten«.[43] Hier kommt ein Subtext über das Genie als geschichtlicher Faktor zum Tragen, den Knappertsbusch nicht zu buchstabieren brauchte, weil die Vergötzung des Genies sowohl auf dem Feld der Künste als auch im politischen Diskurs längst Fuß gefasst hatte. Bedenkt man, wie tief der Geniekult in der deutschen Kultur verwurzelt war, wie emphatisch der Geniekult zur Legitimierung von Hitlers charismatischer Herrschaft ausgeschlachtet wurde, so kann man die durchaus bedrohlichen Implikationen ermessen, die in dem Stichwort Dilettantismus steckten.[44] Die kollektive Genialität der Deutschen und die individuelle Genialität eines Richard Wagner waren ein Glaubensartikel nicht nur Adolf Hitlers, sondern ungezählter Wagnerianer. Dieser Glaubensartikel durfte nicht in Frage gestellt werden. Man ging im Übrigen wohl davon aus, dass, wer sich erfrecht, die Genialität Wagners zu problematisieren, auch das politische Genie des neuen Reichskanzlers nicht so einfach akzeptieren würde. Unter diesen veränderten Vorzeichen entfaltete insbesondere der Begriff des Dilettantismus eine ungeahnte, politisch schwerwiegende Bedeutung.

Dass Thomas Mann diese Vokabel in dem modernen, von Paul Bourget und von Nietzsche geprägten Sinn zur künstlertypologischen Charakterisierung Wagners verwandte, also keineswegs in einem pejorativen Sinn, lag ersichtlich über dem Horizont der wackeren Protestler. In dem Versuch, Wagners Einzigartigkeit unter einem künstlertypologischen Gesichtspunkt zu bestimmen, hatte Thomas Mann bemerkt, dass unter dem Druck der Wagner'schen Idee des Gesamtkunstwerks sein Verhältnis zu den Einzelkünsten, recht besehen, etwas eigentümlich Dilettantisches an sich habe. Theodor W. Adorno gab ihm recht darin: Damit sei »ein Nervenpunkt« dieser Künstlerschaft getroffen, wie »der Chor der Entrüstung« zeige, den er damit seitens der Münchner Wagnerianer heraufbeschwor.[45]

Thomas Mann, dessen Identität als Künstler von dem Nachdenken über seine deutschen und außerdeutschen geistigen Vorfahren im 19. Jahrhundert geprägt war, fand, wie das Beispiel Wagner zeige, dass das herkömmliche, oppositionelle Verhältnis von Genie und Dilettantismus in Bewegung geraten sei; dass alles, was man unter dem Begriff des

Genialen und des Dilettantischen zu subsumieren gewohnt war, sich bis zur Ununterscheidbarkeit einander angenähert habe. Was die schlichten Geister des Wagner-Kults notwendigerweise irritieren musste, war in Wirklichkeit der scharfsinnige Ausdruck der Verwunderung über das Gelingen von Wagners kühnem, im Reich der Kunst einzigartigem Unternehmen. Als ob dies nicht schon der Irritation genug wäre, griff er zur Beglaubigung seiner gewitzten Bewunderung für Wagner zu einem noch irritierenderen Vergleich. »Die Psychoanalyse will wissen, daß die Liebe sich aus lauter Perversitäten zusammensetze. Darum bleibt sie doch die Liebe, das göttlichste Phänomen der Welt. Nun denn, das Genie Richard Wagners setzt sich aus lauter Dilettantismen zusammen.«[46] Statt sich von diesem geistvollen Aperçu inspirieren zu lassen, ließ sich Knappertsbusch dazu hinreißen, dem Sünder wider den Geist der Bayreuther Orthodoxie einen in seinen Konsequenzen unbedachten Denkzettel zu verpassen.

Gedämpfter Widerhall

Es gehört zu den Merkwürdigkeiten des deutschen kulturellen Gedächtnisses, dass das Bewusstsein von der Bedeutung jener Aktion der Richard-Wagner-Stadt München selbst heute noch sehr lückenhaft ist, wie jeder Blick in die Biographien Thomas Manns oder auch die Hitlers zeigt. Eine Biographie Knappertsbuschs, die den Namen verdiente, gibt es auffallenderweise noch nicht. Angesichts der Beliebtheit von Dirigentenbiographien ist diese Lücke im Falle eines unter Wagnerianern äußerst populären Dirigenten einigermaßen verwunderlich.

Ein Grund für den mehr oder weniger weißen Fleck in unserem kulturellen Gedächtnis besteht darin, dass öffentliche Stellungnahmen zu der Wagner-Sache unterbunden und kritische, den Münchner Wagnerianern widersprechende Stimmen zum Schweigen gebracht wurden. Zwar hatte der Wagner-Protest, wie wir sehen werden, ein publizistisches Nachspiel, doch eine ernstzunehmende Debatte konnte nicht stattfinden. Was gleichwohl in die Zeitungen gelangte und was an privaten Zeichen der Solidarität zu Thomas Mann in die Schweiz gelangte, war keine Debatte, sondern ein gedämpfter Widerhall auf eine eigentlich himmelschreiende Affäre. Wenn Stimmen öffentlich zu Wort kamen, dann nur solche, die Thomas Manns *Leiden und Größe Richard Wagners* missbilligten oder den Protest jedenfalls für vertretbar hielten und ihn damit rechtfertigten.

So hielt sich lange, jedenfalls in den Jahren der Hitler-Herrschaft, die von Knappertsbusch artikulierte Auffassung von Thomas Manns Herabsetzung »unseres großen deutschen Musikgenies«. Zudem wurde die wahre Urheberschaft der Münchner Aktion auch nach dem Krieg lange Zeit vertuscht, damit die Denunziation und Ausstoßung des Nobelpreisträgers pauschal und bequem den Zeitumständen und den neuen Machthabern zugeschrieben werden konnten. Als das Rätsel der Urheberschaft gelöst und der eindeutige Beleg in der Gestalt von Knappertsbuschs Rundbrief vom 3. April gefunden war, fuhr man gleichwohl fort, seine Verantwortung als bloßem Mitunterzeichner zu bagatellisieren. Auch die direkten Konsequenzen des Wagner-Protests für Thomas Mann und seine Familie: ihre Austreibung aus Deutschland, wurden nur undeutlich wahrgenommen. Und die signalhafte Bedeutung des Protests in dem Kampf um das Wagner-Erbe, der 1933 eine markante Wendung nahm, geriet kaum je in den Blick.

Die wohl schrillste Stimme aus dem Lager der Alt-Wagnerianer war die des Komponisten Max von Schillings. Er prangerte Manns großen Essay als eine »entsetzliche Schmähschrift« an, derentwegen alle deutschen Opernhäuser »Trauerbeflaggung zeigen« sollten: »Mit dem Geseires des Opportunisten Mann ist unser einziger Richard Wagner besudelt worden, schlimmer als von allen jüdischen Elementen und kommunistischen Ideenträgern zuvor. Thomas Mann, der den größten deutschen Komponisten, den Universalisten der nationalen Idee, diesen großvölkischen Propheten und Einzigen, gesteinigt und verunglimpft hat, gehört für alle Zeiten an den Pranger und aus der großdeutschen Völkerfamilie ausgestoßen!«[47]

Max von Schillings (1868–1933) ist heute weitgehend vergessen, doch er war ein herausragender Repräsentant des deutschen Musiklebens. Als Komponist – sein größter Erfolg war die Oper *Mona Lisa* (Stuttgart 1915) –, als Dirigent in Europa und den Vereinigten Staaten, als Kompositionslehrer in München und Berlin sowie als Intendant in Stuttgart (1908–1918) und an der Staatsoper Berlin (1918–1925) hatte er sich ein hohes Ansehen erworben. Seine Stimme hatte Gewicht. Wie

Knappertsbusch Jahre später hatte von Schillings als junger Mann bei den Bayreuther Festspielen (1892) assistiert.[48] Er blieb zeitlebens ein Bayreuthianer, ein überzeugter Antisemit, ein Kämpfer für die »deutsche Sache« und ein entschiedener Gegner der Weimarer Republik. Im Jahre 1932 fiel ihm, als Nachfolger Max Liebermanns, die Präsidentschaft der Preußischen Akademie der Künste zu. In dieser Eigenschaft betrieb er u.a. die Entlassung Arnold Schönbergs. Max von Schillings war auch der Empfänger von Thomas Manns Rücktrittserklärung vom 17. März 1933 aus der Sektion Dichtkunst der Preußischen Akademie.[49]

In dem Kampf um eine zeitgemäße Aneignung des Wagner-Erbes stand er, wie nicht anders zu erwarten, entschieden aufseiten Knappertsbuschs. Sein Ruf nach der Ausstoßung Thomas Manns aufgrund seiner angeblichen Besudelung von Richard Wagners Ansehen spricht in aller Klarheit aus, was der Münchner Wagner-Protest lediglich suggeriert. Als Mitglied der NSDAP fand der Akademiepräsident es auch nicht unpassend, seine Schmähung des einstigen Akademiekollegen, vier Tage nach Veröffentlichung des Münchner Wagner-Protests, in Julius Streichers antisemitischem Hetzblatt *Der Stürmer* drucken zu lassen.[50] Es gibt keinen Hinweis darauf, dass der Beschuldigte den Artikel kannte.

Hitler seinerseits, in seinem Bemühen, Wagner als spirituelle Heilsquelle des nationalsozialistischen Deutschlands offiziell zu etablieren, wusste diesen prominenten Vertreter des deutschen Musiklebens auf seiner Seite. Es darf als ein starkes Zeichen der Affinität und gegenseitigen Wertschätzung angesehen werden, dass von Schillings bei der Feier von Wagners fünfzigstem Todestag im Leipziger Gewandhaus in Anwesenheit Hitlers sowie Winifred und Wieland Wagners die Festrede halten durfte.[51] Seine eigene Totenfeier unter der Kuppel des Krematoriums in Berlin-Wilmersdorf geriet zu einem pompösen Staatsakt: Den Weg von der Straße zum Krematorium »säumen die Erzgestalten der SS«, Ehrenwachen der SA und SS am Krematorium, über dem Sarg »senkten sich die umflorten Fahnen des Dritten Reichs«.[52] Der Nachruf der offiziellen Biographie des »deutschen Musikers« von Wilhelm Raupp reflektiert die innige Vermählung von deutscher Musikidolatrie und Nazigeist, die sich schon lange vor 1933 anbahnte: »Der Staat Adolf Hitlers verlor den verkörperten Inbegriff des urdeutschen Meisters. […] Deutschland verlor einen seiner wertvollsten Kämpfer um die Reinhaltung der ewigen deutschen Kunst.«[53]

Dass man von offizieller Seite kein Interesse an einer Debatte über den Münchner Wagner-Protest hatte, zeigt das folgende Beispiel. Max Mohr (1891–1937) war ein erfolgreicher Dramatiker und praktizierender Arzt, den Thomas Mann von München her kannte. Der Wagner-Protest empörte ihn derart, dass er am 19. April, also unmittelbar nach Veröffentlichung des Protests, in einem zweiseitigen Leserbrief an die *Münchner Neuesten Nachrichten* sich seine Empörung vom Leibe schrieb. Darin geißelte er die in dem Protest erhobenen Anschuldigungen als »grobe Fälschung«. Thomas Manns *Leiden und Größe Richard Wagners* sei einer der »großartigsten Essays«, die je über einen Musiker in deutscher Sprache geschrieben wurden. Wie nicht anders zu erwarten lehnte das schon gleichgeschaltete Blatt es ab, Mohrs Erwiderung zu veröffentlichen. Als Jude ohne Zukunftsperspektive in Deutschland wanderte Max Mohr im Jahr darauf nach Shanghai aus, wo er im Alter von 46 Jahren starb. Mohr hatte seine Erwiderung auch dem Verehrten selbst geschickt. Wie dem Tagebuch zu entnehmen, war Thomas Mann aufrichtig gerührt von der mutigen Geste des jungen Kollegen: »Rührendster Brief von Max Mohr an die M.N.N. aus Entrüstung über die Münchener Schweinerei. Obgleich die Veröffentlichung natürlich unmöglich, sind K.[atia] und ich herzlich erfreut und erfrischt durch diesen Ausbruch von naiver Ehrlichkeit.«[54]

Wenige Wochen später erging es Thomas Mann selbst ebenso wie Max Mohr. Zwar brachten mehrere Blätter (*Vossische Zeitung, Frankfurter Zeitung, Neue Freie Presse*) seine maßvolle *Erwiderung* vom 21. April. Als er aber, wie wir sehen werden, zu einer einlässlichen und grundsätzlichen *Antwort an Hans Pfitzner* ausholte, musste auch er die Erfahrung machen, dass ihm die freie Meinungsäußerung verwehrt war. Seine erste »Erwiderung« auf das »schwere Mißverständnis« des Münchner Protests mündet in die Bitte an »die stillen Freunde meiner Arbeit in Deutschland, sich an meiner Verbundenheit mit deutscher Kultur und Überlieferung, an meiner Verbundenheit mit *ihnen* nicht irre machen zu lassen«.[55] Daraus spricht die verständliche Sorge eines erfolgreichen Autors um seine große, anhängliche Leserschaft. Es deutet sich darin aber auch an, dass die Verbundenheit mit der deutschen Kultur auf eine noch härtere Probe gestellt werden würde, wenn sein derzeitiges Draußenbleiben sich als der Anfang eines in seiner Dauer unabsehbaren Exils erweisen sollte.

Eine öffentliche Diskussion der skandalösen Sache war eigentlich nur in der Schweiz möglich. Hier tat sich die *Neue Zürcher Zeitung* rühmlich hervor. Ihr Musikkritiker, Willi Schuh, reagierte geistesgegenwärtig und schrieb einen geharnischten Artikel: *Thomas Mann, Richard Wagner und die Münchner Gralshüter,* der am 21. April erschien.[56] Schuh findet es unglaublich, dass Thomas Manns »eindringlichem Bekenntnis zu Wagner [...] in gehässigster Weise« und in einem die Intention seiner Würdigung völlig verfälschenden Sinn eine Herabsetzung und Verunglimpfung Wagners unterstellt wird. Er äußerte den Verdacht, dass mit dieser Attacke der politische Thomas Mann getroffen werden sollte, der Verteidiger der Republik und Anwalt einer »kosmopolitisch-demokratischen« Gesinnung.

Thomas Mann dankte dem ihm bis dahin unbekannten Musikkritiker für seine »guten und starken Worte« noch am selben Tag: »Es war mir eine Freude, aus diesem schlimmen Anlaß in Ihnen einen so feinen Kenner und teilnehmenden Freund meiner Arbeit kennen zu lernen. So wird die anfangs erschreckende Sache für mich allmählich zum reinen Gewinn.«[57] Er sollte sich dieser spontanen Manifestation von Fairness und Anständigkeit bis ans Ende erinnern. Als Zeichen seiner Dankbarkeit verewigte er ihn in seinem großen Musikroman *Doktor Faustus,* wo er als »der vortreffliche Musik-Referent der ›Neuen Zürcher Zeitung‹, Dr. Schuh« namentlich genannt ist.[58]

Einen Tag früher als Willi Schuh brachte der Berner *Bund* eine Würdigung von Thomas Manns Essay, die, obgleich nicht ausdrücklich davon die Rede ist, als Korrektiv zu den Anschuldigungen des Münchner Wagner-Protests zu verstehen ist. Ihr Verfasser, Heinrich Wiegand (1895–1934), war Musikkritiker in Leipzig, bevor er im März 1933 in die Schweiz floh, zu Hermann Hesse, zu dessen Freundeskreis er zählte. Von dort zog er weiter nach Italien, wo er im Jahr darauf starb. Todesursache: »Deutschland«, wie Thomas Mann der Witwe Wiegands schrieb.[59]

Wiegand hatte dem Verfasser von *Leiden und Größe Richard Wagners* ein Lob ausgesprochen, von dem er kaum ahnen konnte, wie sehr es ihm schmeicheln würde: »Seit Nietzsches ›Der Fall Wagner‹ dürfte kaum Bedeutenderes und Reizvolleres über das Thema gesagt worden sein als nun von Thomas Mann.«[60] Wiegand, der sich gegenüber

Thomas Mann als ein »gegen Wagner Gerichteter« zu erkennen gab, würdigte vor allem das Kritik und Bewunderung verbindende Porträt Wagners, in dem »kaum eine Peinlichkeit« ausgelassen sei. Es wirkt denn auch wie eine gezielte Replik auf das Münchner Pamphlet, wenn Wiegand ausdrücklich hervorhebt, dass Thomas Mann sehr wohl »das Genie Wagners beim rechten Namen« nenne, »als eines, das sich aus ›lauter Dilettantismen zusammensetzt‹«.

Ein Schweizer war es auch, Bernhard Diebold, dem es, soweit man sieht, als Einzigem in Deutschland gelang, ein Wort der Verteidigung Thomas Manns öffentlich auszusprechen. Der Theaterkritiker der *Frankfurter Zeitung* musste es gleichsam durch die Hintertür tun, indem er die offiziell ausgegebene Parole, der zufolge die Olympischen Spiele von 1936 in Berlin nicht nur dem sportlichen, sondern auch dem geistigen Wettkampf gewidmet sein würden, zum Thema einer kritischen Betrachtung machte. Diebolds Artikel *Olympia des Geistes* erschien am 16. Mai 1933, einen Monat nach Veröffentlichung des Münchner Wagner-Protests. Er kommentiert eine Reihe von besorgniserregenden Vorkommnissen unter dem neuen Regime, insbesondere die Bücherverbrennungen am 10. Mai, um dann, scheinbar en passant, ein Wort zu der Münchner Aktion einzuflechten. Der Protest gegen Thomas Manns Gedenkrede auf Wagner ergebe hinten und vorne keinen Sinn; es sei einfach absurd, ihm seine Deutschheit abzusprechen, denn Thomas Mann sei »einer der nationalsten und deutschesten Faktoren, nicht nur unserer, sondern der Weltliteratur«. Einer der »seltensten Jasager zum Werk Wagners« sei »aus ihren Reihen gestoßen« worden. Schließlich, um die Fragwürdigkeit der Parole vom geistigen Olympia zu unterstreichen: »Wir haben nicht viele Thomas Manns zu verlieren! Ein Meister der deutschen Sprache schied aus dem Wettstreit unseres inneren Olympia.«[61]

Um Thomas Mann wissen zu lassen, dass *Olympia des Geistes* nicht zuletzt durch die Münchner Affäre veranlasst war, schickte Diebold dem Verehrten sogleich den Artikel mit einem kurzen Begleitschreiben: »Mit Schmerzen im Herzen las ich, was man Ihnen in München angetan hat. Sie haben das wahrlich nicht verdient. Es musste öffentlich gesagt werden. Und ich möchte, daß Sie meine Worte auch lesen – schon weil sie aus Deutschland kommen. Ich grüße Sie von Herzen und mit der ganzen Ehrerbietung, die Ihnen gebührt.«[62]

Thomas Mann musste sich nicht völlig alleingelassen fühlen, denn es erreichten ihn mehrere Sympathie- und Solidaritätsbekundungen privater Natur. Diese Zeugnisse mochten ihm temporär eine gewisse melancholische Genugtuung verschaffen, doch steht zu vermuten, wenn man die Schicksale einiger seiner Bewunderer bedenkt, dass sie ihn auf lange Sicht in seiner Erbitterung und Verachtung für die Münchner Gralshüter eher bestärkten.

Die erste dieser Sympathiebekundungen kam von Gustav Brecher, dem Leipziger Generalmusikdirektor, der Thomas Mann am 3. April, also schon vor dem Münchner Wagner-Protest, in spontaner Reaktion auf die Lektüre von *Leiden und Größe* in der *Neuen Rundschau* mit einem großen Kompliment beglückte: »Ihre fünfzig Druckseiten in der Neuen Rundschau sagen über Wagner mehr und Wichtigeres aus als hundert dicke Bände zünftiger Wagnerforscher. Vieles was unsereiner in lebenslanger, dem Detail allzu naher Berufstätigkeit mehr oder weniger dunkel empfand, wird nun durch die Schärfe Ihrer Beobachtung und die geradezu unbegreifliche Präzision, mit der Ihre Ergebnisse bis in die feinsten Abstufungen sprachlich gefasst sind, taghell klar zum Bewusstsein gebracht. Diese wahrhaft erleuchtete Darstellung macht die – allmählich ja immer gröber verfälschte – Erscheinung Wagners erst recht ›sympathisch‹, und ein reproduzierender Musiker, dessen spezielle Begabung sich seit eh und je in Wagners Werken am glücklichsten ausleben konnte, hat Ihnen für Wesentliches zu danken!«[63]

Gustav Brecher (1879–1940) hatte eine stationenreiche, für die Laufbahn eines deutschen Kapellmeisters typische Karriere hinter sich. Nach Engagements in Wien (unter Gustav Mahler), Olmütz, Hamburg, Köln und Frankfurt bekleidete der aus Böhmen stammende Dirigent bis zu seinem erzwungenen Ausscheiden das Amt des Generalmusikdirektors in der Musikstadt Leipzig. In der Dekade seines dortigen Wirkens von 1924 bis 1933 machte er die Leipziger Oper zu einer der lebendigsten in Europa, an der u.a. Ernst Křeneks *Jonny spielt auf* (1927) sowie Kurt Weills und Bertolt Brechts *Aufstieg und Fall der Stadt Mahagonny* (1930) zur Uraufführung kamen. Brecher war, wie Ulrich Drüner und Georg Günther zu Recht hervorheben, »eine Leitfigur [...] in der ›fortschrittlichen‹ Szene der 1920er Jahre«.[64] Wie seine Kollegen Bruno Walter und Fritz Busch wurde Brecher im März 1933 von den neuen Machthabern aus seinem Amt vertrieben. Im Mai 1940, auf der

Flucht vor der deutschen Wehrmacht, nahm sich Gustav Brecher mit seiner Frau Gertrud in Ostende in Belgien das Leben.

Der passionierte Musikliebhaber, der Thomas Mann war, zeigte sich für Zuspruch vonseiten professioneller Musiker zeitlebens besonders empfänglich. So auch in diesem Fall. Er war so angetan von Brechers Schreiben, dass er beschloss, auf dem Streifband der Buchausgabe des Wagner-Essays, die damals noch in Planung war, daraus zu zitieren.[65] Dies wäre eine gewichtige Gegenstimme zu den Schmähungen des Münchner Protests gewesen. Das Zitat auf dem Streifband hätte auch insofern als Replik auf die Münchner Gralshüter seine Wirkung getan, als Gustav Brecher als musikalischer Interpret Wagners im Bewusstsein der Musikwelt in gewissem Sinne den Gegenpol zu Knappertsbusch markierte. Das bezeugt Brechers entschiedenes Plädoyer für einen schlankeren, modernen Wagner-Klang in seinem Beitrag zu der von Paul Stefan in seiner Zeitschrift *Anbruch. Monatsschrift für moderne Musik* veranstalteten Umfrage zum Thema *Wagner heute* aus Anlass der Wagner-Jubiläums von 1933. Darin machte sich Brecher zum Anwalt einer »wohlverstandenen ›Sachlichkeit‹« in der Wiedergabe des »Wagnersche[n] Gefühlsüberschwang[s]«. Anstatt »die gewaltigen dynamischen Gipfelpunkte ›herauszuarbeiten‹« oder »die tausend schillernden Farben der Wagnerischen Palette ›zum Leuchten zu bringen‹« – dies sei »billiger Kapellmeister-Lorbeer von Anno dazumal« – plädierte Brecher, darin ein Vorläufer Pierre Boulez' und anderer geistesverwandter Interpreten, für eine neuartige Sachlichkeit, denn so mancher Dirigent empfinde »heute Sehnsucht nach einer kargeren, knapperen, luftigen Tongebung, die ihm volle Durchsichtigkeit und Klarheit des musikalischen Geschehens verbürgt«.[66]

Die geplante Buchausgabe von *Leiden und Größe Richard Wagners* kam jedoch nicht mehr zustande. Über die Bedenken, dass besagtes Streifband seinem Verehrer in Leipzig schaden könnte, setzte sich Thomas Mann hinweg, weil inzwischen bekanntgeworden war, dass Gustav Brecher seines Amts enthoben war. Dieser beruhigte ihn in dieser Hinsicht: Zwar befinde er sich jetzt in einem prekären Schwebezustand, aber er habe »noch Ehrgeiz genug um den Wunsch zu hegen, im Zusammenhang mit einem Werk von Thomas Mann citiert zu werden«.[67]

Auch Bruno Walter, Knappertsbuschs Vorgänger in München und enger Freund des Hauses Mann, schrieb, um seine Anteilnahme zu signalisieren. Er stehe »ratlos vor der Frage«, was an dem Wagner-Essay »zu dem Protest der ›Honoratioren‹ führen konnte«. Wie in seinem eigenen Fall – Konzerte, die er in Berlin und Leipzig leiten sollte, wurden unter dem Druck der von den Nazis organisierten Demonstrationen abgesagt – vermutete er hinter dem Wagner-Protest politische Motive und machte dafür die »Geistfeindschaft« verantwortlich, »die ja das Charakteristicum der deutschen Bewegung« sei. Sein Ausblick ist düster: »der Geist soll kein Recht mehr haben, Menschen, Ereignisse, Leistungen zu betrachten, zu erforschen, darzustellen, denn das widerspricht dem Grundsatz der ›Gleichschaltung‹. Finis culturae, finis Germaniae, finis mundi.«[68] Besonders empört zeigt sich Bruno Walter von der Identität der »Protestanten«, die er wohl alle aus seiner Zeit in München persönlich kannte. Ohne ihn zu nennen, wird er dabei vor allem an Hans Pfitzner gedacht haben, dem er gleichwohl bis nach dem Krieg freundschaftliche Treue hielt.[69]

Bruno Walter war kein Anwalt der musikalischen Moderne wie Gustav Brecher und konnte und wollte nicht verhehlen, dass er einige Einwände gegen das Wagner-Bild des Freundes habe: »Der Aufrichtigkeit wegen lassen Sie mich sagen, daß ich in wichtigen Punkten Ihres Vortrages nicht mit Ihnen gehen kann, deren Besprechung ich mir für eine persönliche Begegnung aufhebe.« Es ist nicht bekannt, ob eine solche Aussprache über Wagner je stattgefunden hat. Gelegenheit dazu hätten die beiden, deren langjährige Freundschaft schließlich auf den Duzfuß kam, zur Genüge gehabt, sei es in Zürich, in Salzburg, Princeton oder Los Angeles.[70] Die Ereignisse, die 1933 noch vor ihnen lagen, ließen ihre Differenzen in Sachen Wagner, was immer diese gewesen sein mögen, in den Hintergrund treten.

Weitere Zeichen der Anteilnahme kamen von den Schriftstellerkollegen Stefan Zweig, Julius Bab und Wilhelm Kiefer. Stefan Zweig (1881–1942), mit Richard Strauss befreundet, schrieb am 18. April, also sogleich nach Bekanntwerden des Protests, an Thomas Mann aus Salzburg: »Wer so wie Sie vierzig Jahre lang in Wagner leidenschaftlich gelebt hat und in diesem meisterhaften Aufsatz doch eigentlich nur sich seine Liebe erläuterte und erklärte, soll – die Leute haben Nietzsche nicht gelesen – zu einem Verunglimpfer Wagners umgefälscht werden. […] Mir war es nur eine besondere Kränkung, Richard Strauss in so ungehöriger Gesellschaft zu sehen.«[71]

Julius Bab (1880–1955), der Berliner Theaterkritiker, der Thomas Manns Produktion seit 1909 mit wohlwollenden Kritiken begleitete, war Mitbegründer des »Kulturbunds deutscher Juden«, dessen Theaterabteilung er leitete, durfte nun aber nicht länger in den Berliner Blättern publizieren. Auch ihn drängte es, Thomas Mann seiner Solidarität zu versichern. Wenn seine Stimme heute auch unterdrückt werde, »so habe ich doch das Bedürfnis, angesichts des erstaunlichen Münchner Dokuments Ihnen wenigstens persönlich zu sagen, wie sehr in dieser wie in jeder Sache meine ganze Anteilnahme auf Ihrer Seite ist«.[72]

Wilhelm Kiefer (1890–1979), ein Journalist, der für die *Münchner Neuesten Nachrichten* gearbeitet hatte und 1933 in die Schweiz ging, schrieb ihm aus Basel. Er deutete den Wagner-Protest als Anbiederung an das Naziregime aus reinem Opportunismus: »diese Handlungsweise stempelt sie zu charakterlosen Kreaturen. […] was ist nun das für ein trauriges intellektuelles Gesindel in Deutschland, das auf so widerliche Weise um die Gunst seiner Machthaber buhlt. Die Erklärung gegen Sie ist eine Infamie.«[73]

Aus allen diesen Zeugnissen spricht eine lebhafte Sympathie für den zu Unrecht Beschuldigten. Diese Zuschriften mochten ihm die Gewissheit geben, dass seine Leser in Deutschland keineswegs irregeworden waren an ihm. Ein besonders schöner Beleg dieser Treue erreichte ihn aus Hamburg von Gustav Witt, Dramaturg an der Hamburgischen Staatsoper. Witt hatte den Wagner-Essay »mit der größten und begeistertsten Zustimmung« gelesen, wie er Thomas Mann schrieb, um ihm zu versichern, »daß in Deutschland sich jeder an Ihre Seite stellt, der sich dem deutschen Geist und nicht nur der augenblicklichen Regierungsform verbunden fühlt«.[74] Dieser Gedanke liegt in der einen oder anderen Form allen Zuschriften in dieser Sache zugrunde.

Eine tiefer blickende Einschätzung der historischen Bedeutung des Münchner Wagner-Protests ist allein aus einem Brief Franz W. Beidlers abzulesen. Beidler (1901–1981), der von der Erbfolge ausgeschlossene erstgeborene Enkel Richard Wagners, arbeitete an einer Biographie über Cosima Wagner, seine Großmutter. Als Ausgestoßener und Experte der Familiengeschichte besaß er eine ebenso kritische wie informierte Sicht auf die schlimme Münchner Sache.

Der Wagner-Enkel war Thomas Mann vor längerer Zeit – wir wissen nicht, wann – durch Vermittlung Klaus Pringsheims im Palais Pringsheim in der Münchner Arcisstraße vorgestellt worden. Als Sozialdemokrat, zudem jüdisch »versippt« durch seine Frau Ellen, geborene Gottschalk, hatte Beidler seine Position im Ministerium für Wissenschaft, Kunst und Volksbildung verloren, wo er unter Leo Kestenberg mit der Reorganisation des musikalischen Unterrichtswesens betraut war.[75] Noch von Berlin richtete er am 6. Juni 1933, zu Thomas Manns Geburtstag, zum ersten Mal ein längeres Schreiben an den Verehrten, in dem er um eine Empfehlung bei seiner Suche nach einer neuen Tätigkeit bat. Gleichzeitig kommentierte er den Münchner Wagner-Protest, den er zu den vielen jüngst geschehenen Unbegreiflichkeiten zählte: »Die Geschichte der letzten Wochen hat allerdings das Unbegreifliche ganz allgemein in den Ereigniskreis gerückt und die Brüchigkeit unserer Vorstellung vom Undenkbaren in so erschreckendem Umfang erwiesen.« Er selbst sei davon auch überrascht gewesen, dass Thomas Manns Wagner-Deutung, »die den Kern bloßlegt und die Wurzeln der Erscheinung faßt«, ein »solches Echo« gefunden habe.

Ohne Kenntnis von Knappertsbuschs Urheberschaft vermutet Beidler, dass die Aktion von den Nazis gesteuert und aus einem Zusammenspiel des Münchner Kulturestablishments mit den neuen Machthabern hervorgegangen war, denn er spricht von der »Münchener Nationaloffensive« und von dem »neue[n] Pschorr-Gebräu«, in Anspielung auf den Brauereibesitzer und Kommerzienrat Josef Pschorr, einen der prominenten Unterzeichner des Protests. Doch instinktiv erfasste Beidler als Erster, dass der Wagner-Kult Hitlers die neue Staatsreligion werden sollte und alle Einwände gegen die Eignung Wagners zu dieser Rolle als Sakrileg empfunden würden: »Au point de vue fasciste ist das Ankämpfen gegen diese neue Staatsreligion freilich Sakrileg, und die Münchener Nationaloffensive ist – so verstanden – doch eben nicht nur dumm, sondern unbewußt Politik der psychischen Gleichschaltung.«[76]

Thomas Mann war beeindruckt von Beidlers Sicht auf den Wagner-Protest. In seinem Antwortschreiben aus Sanary-sur-Mer versichert er ihm, dass er sich über seinen Brief »herzlich gefreut« habe: »Ich brauche nicht zu sagen, wie sehr gerade Ihre Äußerung zum neuen ›Fall Wagner‹ zu meiner Beruhigung und meiner Festigung gegen gewisse Angriffe beigetragen haben. Ich habe die Münchner Aktion, so schwere Folgen sie für mich persönlich gehabt hat, von vorneherein nach ihren tieferen Gründen zu verstehen gesucht, und Ihre Analyse

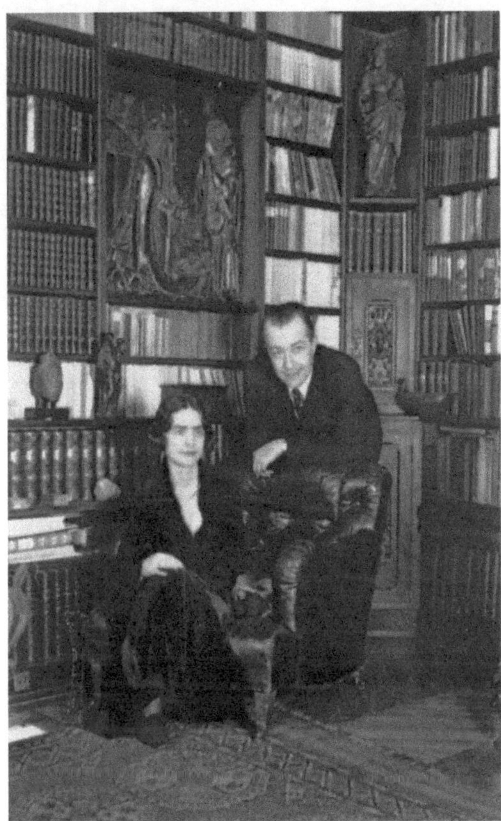

Abb. 32: Franz W. und Ellen Beidler

des Vorkommnisses scheint mir überaus treffend.«[77] Nicht nur war er bereit, Beidler bei seiner Stellensuche behilflich zu sein, Thomas Mann zog ihn von nun an auch näher an sich heran. Die persönlichen Beziehungen entwickelten sich so erfreulich, dass er, wie Dieter Borchmeyer bemerkt hat, »den verlorenen Wagner-Enkel« praktisch zu seinem »Adoptivkind« machte.[78] Es ist eine Konstellation, der man sehr wohl eine symbolische und für die Wirkungsgeschichte Richard Wagners signalhafte Bedeutung zuschreiben darf.

Nationale Exkommunikation

Wie bereits die öffentlichen und privaten Reaktionen auf den Wagner-Protest erkennen ließen, war die Denunziation durch seine Münchner Mitbürger ein entscheidender Faktor in der formalen Loslösung Thomas Manns von Deutschland. Dieser Prozess gestaltete sich schmerzlich, doch indem er gleichzeitig seine Deutschheit betonte, die er sich weder von den deutschen Wagnerianern noch von den Nazis streitig machen ließ, gewann er nicht nur das Selbstvertrauen, sondern auch den trotzigen Stolz, seine Exilantenexistenz dem Kampf gegen Hitler-Deutschland zu widmen. Die persönlichen Zeugnisse im Anschluss an die Wagner-Affäre werfen weiteres Licht auf diese in Thomas Manns Biographie entscheidende Entwicklung, die ihn, nachdem ihm die deutsche Staatsbürgerschaft aberkannt worden war, über die tschechoslowakische zur amerikanischen Staatsbürgerschaft führte und ihn schließlich seinen Lebensabend als Exilanten in der Schweiz verbringen ließ.

Der *Protest der Richard-Wagner-Stadt München* erschütterte den aus blauem Himmel Angegriffenen. Als er telefonisch davon Kunde erhielt, in Lugano, notierte er am 16. April im Tagebuch: »Schauriger, deprimierender und erregender Eindruck von dem reduzierten, verwilderten und gemeinbedrohlichen Geisteszustand in Deutschland.« Drei Tage später, als er das »hundsföttische Dokument« vor Augen hatte, notierte er: »Heftiger Choc von Ekel und Grauen, durch den der Tag sein Gepräge erhielt. Entschiedene Befestigung des Entschlusses, nicht nach M.[ünchen] zurückzukehren.«[79]

Diesem Schock war am 8. April eine nicht minder beschämende Aktion vorausgegangen. An diesem Tag erhielt Thomas Mann die »trockene Mitteilung«, dass der Münchner Rotary Club ihn aus seiner Mitgliederliste gestrichen habe: »Ihre längere Abwesenheit von München hindert uns, mit Ihnen über Ihre Zugehörigkeit zum hiesigen Klub zu sprechen. Sie dürften aber die Entwicklung in Deutschland genügend verfolgt haben, um zu verstehen, dass wir es für unvermeidlich halten, Sie aus unserer Mitgliederliste zu streichen.«[80] Seine Reaktion: »Hätte es nicht gedacht. Erschütterung, Amüsement und Staunen über den Seelenzustand dieser Menschen, die mich, eben noch die ›Zierde‹ ihrer Vereinigung[,] ausstoßen, ohne ein Wort des Bedauerns, des Dankes, als sei es ganz selbstverständlich. Wie sieht es aus in diesen Menschen? Wie ist der Beschluß dieser Ausstoßungen zustande gekommen?«[81] Dass Knappertsbusch, ein Rotarier auch er, an dem Beschluss beteiligt war, steht zu vermuten. Die treibende Kraft des Rotary Clubs, der sich gewöhnlich im Hotel Vier Jahreszeiten traf, war Verlagsdirektor Wilhelm Leupold, und Leupold gehörte zu dem kleinen Kreis derer, die Knappertsbusch in seinem Rundbrief als seine engsten Ratgeber nennt.

Jener Rundbrief datiert vom 3. April; die Mitteilung des Rauswurfs aus dem Rotary Club vom 4. April. Allem Anschein nach waren diese beiden Aktionen koordiniert. Jedenfalls wird Knappertsbusch Kenntnis von der Rotary-Sache gehabt haben, und vermutlich wird er darin ein Zeichen mehr erblickt haben, dass die atmosphärischen Bedingungen für eine öffentlichkeitswirksame Aktion gegen den angeblichen Verunglimpfer Richard Wagners günstiger waren denn je.

Nach Veröffentlichung des *Protests* schrieb Thomas Mann zunächst die oben zitierte maßvolle *Erwiderung*. Von nun an bildete die Beteuerung seiner unerschütterlichen Verbundenheit mit der deutschen Kultur, die durch den Protest der Münchner Wagnerianer und die Anti-Mann-Kampagne in der Nazipresse in Frage gestellt war, in seinen Äußerungen über Deutschland geradezu den roten Faden.

Ausführlicher als in jener *Erwiderung*, aber auch kämpferischer äußerte er sich in seiner *Antwort an Hans Pfitzner*. Thomas Mann und Pfitzner hatten sich während des Ersten Weltkrieges nahegestanden. Dessen anspruchvolle Künstleroper *Palestrina*, von Bruno Walter 1917 uraufgeführt, war ihm Beweis für die Lebendigkeit und Überlegenheit der deutschen Musikkultur und inspirierte ihn zu einer glänzenden Würdigung in den *Betrachtungen eines Unpolitischen*.[82] Über seine Münchner Vertrauenspersonen Ida Herz und Hedwig Pringsheim, seine Schwiegermutter, erfuhr Thomas Mann schon sehr bald, dass Knappertsbusch der Initiator des Wagner-Protests war. Am 27. April schrieb er darüber an Julius Bab: »Es verdient festgehalten zu werden, daß der Initiator ›Generalmusikdirektor‹ Knappertsbusch war. Er hat die Unterschriften gesammelt, aber ob auch nur er selbst den Aufsatz gelesen hat, ist sehr zweifelhaft.«[83] Doch richtete er seine Verteidigungsschrift, die zugleich eine bittere Anklageschrift ist, nicht an Knappertsbusch direkt, sondern an den von ihm einstmals verherrlichten Komponisten und Künstlerfreund. Offenbar traute er Knappertsbusch, der in München in seiner unmittelbaren Nachbarschaft wohnte und den er persönlich kannte – »Knappi« war zudem der Schwarm Elisabeths, seiner Lieblingstochter[84] –, keine derart »hundsföttische« Aktion zu. Obgleich er also wusste, dass der Staatsoperndirektor der »Rädelsführer« der Münchner Aktion war, tappte er im Dunkeln, was dessen persönliche Motivation betrifft. In einem Brief an Bruno Walter gibt er zu verstehen, dass der Wagner-Protest, den er einen »der albernsten Schildbürgerstreiche« nennt, »die diese Stadt sich je geleistet hat«, kaum von jemandem wie Knappertsbusch ausgedacht sein konnte, denn diesen hielt er immer schon für einen »Esel«, nicht jedoch für einen hinterhältigen Denunzianten.[85]

Bezeichnenderweise bezieht sich Thomas Mann in seiner *Antwort an Hans Pfitzner* auf seine Ankläger stets im Plural, ohne »Kna« namentlich zu erwähnen. Offenbar vermutete er, dass Pfitzner, ein scharfer und notorischer Polemiker, wie er in seinen hohe Wellen schlagenden Fehden mit Ferruccio Busoni und Paul Bekker bewiesen hatte, der Spiritus rector der ganzen beschämenden Sache war. Dieser spielte in der Tat im Hintergrund als Berater eine führende Rolle, wie aus Knappertsbuschs Rundschreiben und aus anderen Zeugnissen zu schließen ist.[86]

In seiner *Antwort* bestreitet Thomas Mann entschieden, dass diese Aktion ein rein fachmännischer Protest gewesen sei. So hatte es Pfitzner in Reaktion auf Willi Schuhs Artikel über die Münchner Gralshüter in seiner umständlichen Rechtfertigung der Protestaktion in der *Frankfurter Zeitung* hingestellt.[87] Vielmehr handle es sich um eine »lebensgefährliche Denunziation, die gesellschaftliche Ächtung, die nationale Exkommunikation«.[88] Die Vokabel »Exkommunikation« ist ein auffallend feierlicher Begriff, der die Schwere der Verletzung ahnen lässt. Und es klingt überaus bitter, wenn er die Frage stellt, ob eine unzeitgemäße Rede über Wagner »mit dem Verlust von Heim und Vaterland angemessen bestraft« sei. Abschließend versichert er mit prophetischem Gestus, es werde einmal die Stunde kommen, »wo man die bedenkenlose Ausstoßung« eines der deutschen Kultur eng verbundenen Autors »als eine Rauschhandlung schädlicher, ja schimpflicher Art erkennen und bedauern wird«.[89]

Die *Antwort an Hans Pfitzner* sollte in der *Neuen Rundschau* erscheinen, doch der S. Fischer Verlag fürchtete Repressalien des Regimes, die seine Existenz bedrohen könnten, und wagte es nicht, den Text zu veröffentlichen. Peter Suhrkamp, Redakteur der *Neuen Rundschau,* entschloss sich, Selbstzensur zu üben, und argumentierte: »Ihre Auseinandersetzung in der vorliegenden Form zu bringen ist nicht möglich. So sehr ich darauf brannte, Ihnen gerade die N.R. als Forum offen zu halten, wenn Sie sich äussern wollten – ich darf deshalb doch nicht die Existenz der N.R. und vielleicht auch die des Verlags aufs Spiel setzen. Noch bedenklicher aber schien mir – und das musste den Ausschlag geben – dass ich Ihnen damit wahrscheinlich alle Möglichkeiten in Deutschland vernichtete, statt Ihnen zu dienen.«[90]

Die an Pfitzner gerichtete Schrift wurde erst 1974 allgemein zugänglich, als sie in Bd. XIII der *Gesammelten Werke* mit den *Nachträgen* aufgenommen wurde. Im Rückblick stellt sich dieser Essay als eine Art von Probelauf zu Thomas Manns berühmtem Bonner Brief dar. Jener Brief, geschrieben in Reaktion auf die Aberkennung seiner Ehrendoktorwürde durch die Universität Bonn und als Tarndruck in Deutschland in Umlauf gebracht, ist ein Markstein seines sich beschleunigenden politischen Lernprozesses und einer der rhetorisch glänzendsten Texte unter seinen politischen Schriften. Damit beendete er endgültig sein dreijähriges Stillhalten gegenüber den Vorgängen in Deutschland mit Rücksicht auf seinen eben darauf insistierenden Verleger Gottfried Bermann Fischer und in unschlüssiger Spekulation auf die Absatzmöglichkeiten der im Herbst 1933 erschienenen *Geschichten Jaakobs.*

Der Bonner Brief stellt Thomas Manns publizistische Kriegserklärung an Hitler-Deutschland dar. Auch in diesem Text fällt der Begriff »nationale Exkommunikation«; er nennt sie einen »absurden und kläglichen Akt.«[91] Und wie schon in der *Antwort an Hans Pfitzner* sagt er voraus, dass Deutschland es bald bereuen werde, sich dem Nationalsozialismus in die Arme geworfen zu haben: »Sie [die Nationalsozialisten] haben die unglaubwürdige Kühnheit, sich mit Deutschland zu verwechseln! Wo doch vielleicht der Augenblick nicht fern ist, da dem deutschen Volke das Letzte daran gelegen sein wird, nicht mit ihnen verwechselt zu werden.« Und wie bereits in der ersten *Erwiderung* an die Adresse der Münchner Wagnerianer bekräftigt er den Gedanken einer unauflöslichen wechselseitigen Verbundenheit von Nation und Autor – ein Gedanke, der in seinem berühmten, den Alleinvertretungsanspruch der Nationalsozialisten souverän zurückweisenden Satz gipfelt: »Wo ich bin, ist Deutschland.«[92] Damit ist zweierlei erwiesen, nämlich dass die Wurzeln seiner Kriegserklärung an Nazideutschland bis zu dem Münchner Wagner-Protest zurückreichen und dass die Feme-Aktion der Münchner Wagnerianer, gerade weil sie von vermeintlich Nahestehenden getragen wurde, als *das* politische Trauma des *Faustus*-Autors anzusehen ist, und zwar in höherem Maße und empfindlicher schmerzend als die Machtübernahme durch die Nationalsozialisten. Die deutsche Katastrophe hatte für Thomas Mann, jedenfalls anfangs, den Aspekt eines infamen Münchner Schildbürgerstreichs.

Die Langzeitwirkung des Traumas und die Tiefe der Verletzung lassen sich nicht nur an dem *Briefwechsel mit Bonn* ablesen, sondern auch noch an seinem hohe Wogen schlagenden offenen Brief vom September 1945 an Walter von Molo. Dieser ehemalige Kollege von der Sektion Dichtkunst in der Preußischen Akademie glaubte unmittelbar nach dem Krieg, ihn auffordern zu dürfen, »wie ein guter Arzt« nach Deutschland zurückzukehren. Walter von Molo war offenbar der Meinung, er könne den Exilanten von seiner, wie er dachte, unrealistischen Sicht der deutschen Dinge abbringen. Unter den verschiedenen Gründen, die Thomas Mann zur Erklärung seiner Weigerung anführt, nennt er mit nicht zu überhörender Erbitterung den Münchner Wagner-Protest: »Nie vergesse ich die analphabetische und mörderische Radio- und Pressehetze gegen meinen Wagner-Aufsatz, die man in München veranstaltete, und die mich erst recht begreifen ließ, daß mir die Rückkehr abgeschnitten sei […].«[93] Er versagte es sich, Namen zu nennen. Hinter dem »Kapellmeister, der, von Hitler entsandt, in Zürich, Paris oder Budapest Beethoven dirigierte«, ist jedoch unschwer Wilhelm Furtwängler zu erkennen, den Thomas Mann bezichtigte, »sich einer obszönen Lüge schuldig« gemacht zu haben, »unter dem Vorwande, er sei ein Musiker und mache Musik, das sei alles«.[94] Was er über Hitlers Vorzeigedirigenten sagt, gilt jedoch, wie wir sehen werden, auch von Knappertsbusch.

Den offenen Brief an Walter von Molo schrieb Thomas Mann mitten aus der Arbeit am *Doktor Faustus*. Dieses Schreiben atmet ganz den Geist der Abrechnung, von dem dieser große Deutschland-Roman durchdrungen ist – eine Abrechnung mit der deutschen Musikkultur und seiner eigenen Verwicklung darin. Zwar ist für einen Verweis auf den Münchner Wagner-Protest aus Gründen der Chronologie kein Platz in diesem Roman, aber die Erinnerung daran bebt in der höchst zwiespältigen Charakterisierung Münchens nach, das mit wegwerfender Gebärde als die Stadt der »stehengebliebenen Wagnerei« gebrandmarkt wird.[95] Kein schlagenderes Beispiel von stehengebliebener Wagnerei stand ihm vor Augen als die »traurige Eselei« von Knappertsbuschs Protest-Aktion.[96]

Kaum zehn Tage nach der öffentlichen Denunziation des Nobelpreisträgers durch seine Mitbürger setzte sich – auch ohne dass wie 1927 nach staatlichen Maßnahmen gerufen wurde – eine behördliche Maschinerie in Gang, die mit einer wohldosierten Serie von Schikanen und Terrorakten eigentlich nur eines zum Ziel haben konnte: die Vertreibung des unliebsamen Schriftstellers aus München und aus Deutschland, wenn nicht gar seine Vernichtung. In der Tat, der sogenannte Schutzhaftbefehl, der im Sommer 1933 gegen ihn erlassen wurde, hätte beim Wiederbetreten Deutschlands die Einlieferung in das gerade eröffnete Konzentrationslager Dachau zur Folge gehabt.[97] Wie die persönlichen Zeugnisse aus dem Jahr 1933 zeigen, ahnte Thomas Mann, dass man es auf seine Existenz abgesehen hatte und dass er in Lebensgefahr schwebte. Schon am 10. März, lange vor Knappertsbuschs Protestaktion, war er sich im Klaren, dass eine Rückkehr nach München ein hohes Risiko berge. An Ida Herz schrieb er: »Ich muß, wie die Dinge sich von Tag zu Tag entwickeln, meine Lage als physisch bedroht ansehen.«[98] Unmittelbar nach dem Wagner-Protest konnte er kaum umhin, da ja einige Vertreter der neuen Machthaber beteiligt waren, seine Bedrohtheit noch intensiver zu empfinden.

Zunächst tat sich der *Joseph*-Autor schwer damit, sich mit seiner neuen Existenzform als Exilant abzufinden. Doch als er es tat – und dies ergab sich relativ rasch –, tat er es mit dem für diesen Schriftsteller ungewöhnlichen Gestus eines heldenhaft zu ertragenden Martyriums, motiviert hauptsächlich durch seine Selbstachtung als öffentlicher Intellektueller. Nach Absolvierung seiner Wagner-Vorträge in Amsterdam, Brüssel und Paris begaben sich Katia und Thomas Mann, wie geplant, nach Arosa zu einem Winterurlaub. Dem folgte zwangsläufig ein nervöses Abwarten an verschiedenen Orten in der Schweiz, während er Erkundigungen einholte von Karl Scharnagl, dem bald darauf abgesetzten Oberbürgermeister Münchens, und von Karl Löwenstein, einem Politologen und Freund des Hauses, der illusionslos noch im selben Jahr 1933 in die Vereinigten Staaten emigrierte und schließlich eine Professur an dem angesehenen Amherst College fand. Die Auskünfte beider legten ein längeres Draußenbleiben nahe. Es war schließlich der Protest der Münchner Wagnerianer, der ihn zu der Erkenntnis zwang, dass die Rückkehr in eine derart vergiftete Sphäre untunlich, weil gefährlich wäre. Es gab kein Zurück.

Der Gedanke an das möglicherweise unvermeidliche Exil löste anfangs Angstzustände und nervöse Krisen aus. Thomas Mann fühlte sich so tief in der deutschen Kultur verwurzelt, dass er in der Existenzform des Exils nur etwas gänzlich Unzuträgliches erblicken konnte – eine irritierende »Schicksalsirrtümlichkeit«.[99] Erstaunlicherweise dauerte es dann jedoch nur wenige Monate, bis sich in ihm eine sein Schicksal bejahende Einstellung befestigte. Es scheint, dass die Sympathiebekundungen nach dem Wagner-Protest ihm die Augen öffnen halfen für die neue Rolle als Exilant, die gleichsam auf ihn wartete und ihm zum Kritiker Hitlerdeutschlands samt seiner Wagnerei geradezu bestimmte. Trotz allem behielt er den Glauben an den eigentlich glückhaften Grundcharakter seines Lebens und rang sich zu der Erkenntnis durch, dass das Martyrium des Exils, d.h. die »Qual seelischer Heimatlosigkeit«, letztlich eine Frage der geistigen Ehre und Würde war. Damit konnte er sich ein weiteres Mal von seinem großen Kollegen und Rivalen Gerhart Hauptmann absetzen, der, um unbehelligt zu bleiben, auf seinem Haus Wiesenstein im Riesengebirge die Hakenkreuzfahne hisste. Thomas Mann quittierte dieses Flaggezeigen mit der stolzen Bemerkung, Hauptmann »weist ein Martyrium von sich, zu dem auch ich mich nicht geboren fühle, zu dem aber meine geistige Würde mich unweigerlich beruft«.[100] Statt Hauptmann hätte er auch Richard Strauss, den Mitunterzeichner des Wagner-Protests, nennen können und zahlreiche andere Vertreter der kulturellen Elite.

Was Thomas Mann als seelische Heimat verstand, war ein bildungsbürgerliches Kulturglück, das in hohem Maße von der Musik und der Musikliebe geprägt war. Hatte er in den *Betrachtungen eines Unpolitischen* die Musik Wagners schlankweg als die »Heimat [m]einer Seele« bezeichnet[101], so stellte sich ihm in der Weimarer Republik diese Verbundenheit mit Wagner als immer problematischer dar. Das Wagner-Bild der stolz national empfindenden Musiker wie Pfitzner, von Schillings und Knappertsbusch und sein eigenes, kosmopolitisch geprägtes Wagner-Bild ließen sich immer weniger zur Deckung bringen. Diese Diskrepanz führte schließlich zu dem Eklat des Wagner-Protests und zu einer Gewissensentscheidung von größter Reichweite. Statt pro forma einzulenken, um sein Hab und Gut zu retten, oder wie Stefan Zweig und andere zu resignieren und das Verlorene in Gottes Namen preiszugeben, nahm er den Kampf gegen die »stehengebliebene Wagnerei« auf, weil sie so viel mehr war als bloße Wagnerei, nämlich eine dem Nationalsozialismus nicht nur nicht widerstehende, sondern ihm zuträgliche Geisteshaltung. Dies verlieh dem Kampf gegen Hitler-Deutschland den spezifischen Charakter eines Kampfes um das »wehvolle Erbe« Richard Wagners, das ebenso wenig wie die Idee Deutschland den Nationalsozialisten überlassen werden durfte. Thomas Mann nahm diesen Kampf auf, weil seine geistige Ehre es verlangte. Das Exil war, wie er sich mit einer gewissen Herablassung gegenüber seinen den Kompromiss wählenden Kollegen sagen durfte, die seiner geistigen Würde einzig angemessene, letztlich alternativlose Existenzform.

Wie rasch sich der von den einstigen Kollegen und Freunden in München Verfemte mit dem Exil abzufinden und mit welch stolzer Gefasstheit er sich darin einzurichten begann, zeigt ein Brief vom 19. November an Ernst Bertram, den in Köln lehrenden und dichtenden Germanisten. Bertram war ein alter Weggenosse und Freund aus der Epoche der *Betrachtungen eines Unpolitischen,* den er, wie so manche anderen, an den Nationalsozialismus verloren hatte. Diesem Betörten erklärte er seine Einstellung zu »Vaterland« und Exil mit einem trefflichen Zitat, den Schlusszeilen aus August von Platens Sonett *Es sehnt sich ewig dieser Geist ins Weite* – Zeilen, deren »seelischen Glanz und Stolz« der *Joseph*-Autor liebte:

Doch wer aus voller Seele haßt das Schlechte,
Auch aus der Heimat wird es ihn verjagen,
Wenn dort verehrt es wird vom Volk der Knechte.
Weit klüger ist's, dem Vaterland entsagen,
Als unter einem kindischen Geschlechte
Das Joch des blinden Pöbelhasses tragen.[102]

Den Münchner Wagner-Protest zu Beginn der nationalsozialistischen Herrschaft in Deutschland darf man somit als den unvermeidlichen, weil in dem kontradiktorischen und kontroversen Charakter der Sache selbst angelegten Zusammenprall zweier unterschiedlicher Auffassungen des Wagner-Erbes deuten. Der Eklat dieser Protestaktion erhellt blitzartig die einzigartige Bedeutung Wagners für die deutsche Mentalitätsgeschichte im 20. Jahrhundert. Er erhellt darüber hinaus die Beweggründe Thomas Manns an dieser einschneidenden Wegscheide, als er die Konsequenz aus seiner Anfeindung durch die Münchner Wagnerianer zog und das Exil auf sich nahm. Der Weg, den er einschlug, ließ ihn alsbald über den Bereich der schönen Literatur hinaus zu einer Gestalt von historischer Bedeutung werden.

Nicht zuletzt aber wirft dieser Eklat auch ein grelles Licht auf das Land, in dem dies alles geschehen konnte – ein von einem Wagnerianer geführtes Land, in dem eine missliebige Rede über Richard Wagner die nationale Exkommunikation nach sich zog. Die Exkommunikation sollte sich als endgültig erweisen; am Ende stand nicht die Remigration, sondern die Bejahung seiner Exilantenexistenz. Als er nach dem Krieg wiederum angefeindet wurde – weitestgehend von denselben Kreisen, die den Wagner-Protest getragen hatten und die sich nun zur Inneren Emigration zählten – und es sich immer weniger abstreiten ließ, dass er in der Bundesrepublik unerwünscht war, entschloss er sich, in sein erstes Exilland zurückzukehren, in die Schweiz, wo er das Zeitliche als amerikanischer Staatsbürger segnete.[103]

Der lange Weg nach Bayreuth

Als Knappertsbusch am 30. Juli 1951 seinen Sitz im mystischen Graben des Festspielhauses einnahm, war der nunmehr dreiundsechzigjährige Dirigent von Emotionen überwältigt und vermochte erst nach einer ewig scheinenden Minute, den Einsatz zum *Parsifal*-Vorspiel zu geben und damit zu einem Theaterereignis, das Frederic Spotts als das bedeutendste seit der Berliner Premiere von Alban Bergs *Wozzeck* (1925) bezeichnet hat.[104] Knappertsbuschs Ergriffenheit ist unschwer nachzuvollziehen, denn auf diesen Höhepunkt seiner Karriere trifft zu, was Friedrich Nietzsche über Wagner bei Gelegenheit der Grundsteinlegung des Festspielhauses geschrieben hatte: »alles Bisherige war die Vorbereitung auf diesen Moment.«[105] Knappertsbusch war an jenem Julinachmittag an dem früh ins Auge gefassten Ziel eines langen Wegs angelangt, dessen Anfänge bis in seine Jugend zurückreichen. In einem Interview von 1922 hob er hervor, schon »seit etwa eingangs dieses Jahrhunderts« sei er regelmäßiger Gast der Festspiele gewesen. In den Jahren 1909, 1911 und 1912 habe er als musikalischer Assistent an der Seite Hans Richters, des von Wagner selbst bestellten Festspieldirigenten von 1876, wertvolle Erfahrungen gesammelt. Von Richter wie auch von Wagners Sohn Siegfried habe er den, wie er fest glaubte, »eigentlichen Wagnerstil« erlernt.[106]

In Bayreuth war der junge Knappertsbusch unausbleiblich in den Dunstkreis Houston Stewart Chamberlains und Hans von Wolzogens geraten, der beiden obersten Hüter des sogenannten Bayreuther Gedankens, von dem der Dirigent zeitlebens geprägt blieb. Sobald das *Parsifal*-Privileg erloschen war, drängte es den noch jungen Kapellmeister, Wagners Vermächtniswerk sogleich 1914 in seiner Heimatstadt Elberfeld zu dirigieren. Er zelebrierte das Werk sodann auch in Holland sowie an den folgenden Stationen seiner Karriere, in Leipzig, Dessau und München. Vor seinem ersten Parsifal-Dirigat in Bayreuth hatte er das Werk 187 Mal aufgeführt – öfter als jeder andere Dirigent.[107]

Schon zu Beginn seiner Karriere nahm er sich des Wagner'schen Vermächtniswerks in einer Art und Weise an, die wiederum an Amfortas denken lässt, der sein zwar wehvolles, aber Heil spendendes Erbe als »höchstes Heiligtum« pflegt. Sobald er in München Fuß gefasst hatte, ließ er alle Welt wissen, dass er, der gerne von seinem »Wagner-Credo« sprach, die »Wagner-Pflege« geradezu als seine Mission betrachte. Was er als musikalischer Interpret Wagners zu erzielen bestrebt war, fasste er offenbar als eine Parallelaktion auf zu der umfassenden Kulturreform, die Houston Stewart Chamberlain als die Mission Bayreuths betrachtete. Mit »Wagner-Pflege« waren demnach nicht nur seine Dirigate gemeint, sondern auch die Verkündigung seines von Bayreuth geprägten Wagner-Bilds – ebenjenes Wagner-Verständnisses, das er zu gegebener Zeit gegen Thomas Mann in Anschlag bringen sollte.

Dass Knappertsbusch ein starkes Bewusstsein seiner Berufung besaß, ist vielfach bezeugt und war bereits 1922, als er als Nachfolger Bruno Walters nach München berufen wurde, schon im Vorfeld seines Engagements klar zu erkennen. In einem Brief an den Generalintendanten Karl Zeiss, in dem es um die Dirigate bei seinem bevorstehenden Münchner Gastspiel im Mai 1922 geht, erklärte er, wie wichtig es

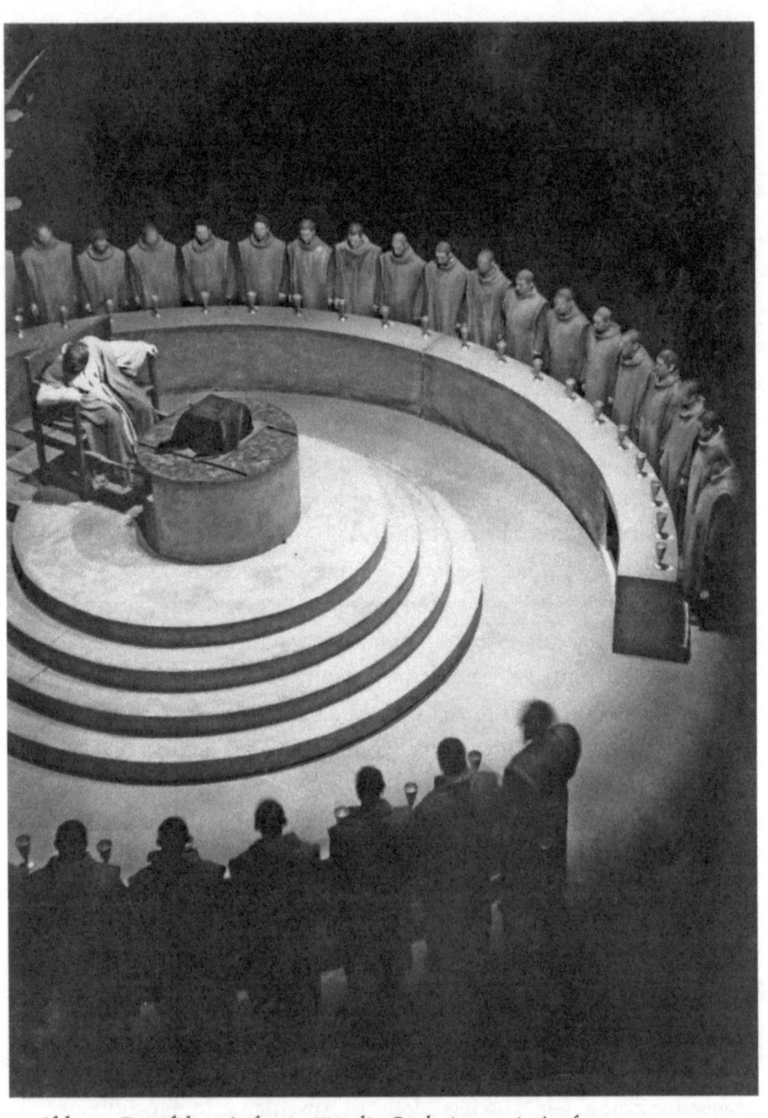

Abb. 33: Parsifal, *1. Aufzug 1951, die Gralsritter mit Amfortas (George London)*

ihm sei, dass er »in der Wagner-Stadt München« sein »Wagner-Credo« so vollständig wie möglich demonstrieren könne, weshalb er darum bat, »außer den *Meistersingern* und dem *Tristan* oder *Siegfried* oder *Walküre* auch *Götterdämmerung*« dirigieren zu dürfen.[108] Er bekam jedoch lediglich zwei Abende mit *Meistersinger* und *Tristan* zugestanden. Der Generalintendant wollte sich nicht überrumpeln lassen und befürwortete, in kluger Voraussicht des Kommenden, einen Einjahresvertrag zur Probe, »da sich die Pflichten des *Operndirektors* vollkommen erst in der Praxis erkennen lassen«.[109]

Auch die Münchner Presse war nicht gleich überzeugt von der Eignung Knappertsbuschs, die Nachfolge Bruno Walters anzutreten. In der *Münchner Post* äußerte Alfred Einstein Skepsis, dass der neue Mann das Zeug zum Operndirektor an einem bedeutenden Haus habe, und verwies auf diesbezügliche Erfahrungen in Leipzig und Dessau, wo Knappertsbusch bis dahin tätig war. Einstein weiter: »Ein Teil der Masse, die man Münchner Publikum nennt, scheint das Gastspiel von Knappertsbusch nicht unter dem Gesichtspunkt des Gedeihens unserer Münchener Oper betrachtet zu haben, sondern unter dem der Gewinnung eines guten Wagner-Dirigenten, der Bruno Walter angeblich nicht sei oder gewesen sei: das Urteil ist dabei freilich nicht durch [Hermann] Levi und [Felix] Mottl, sondern mehr durch Löwenbräu und Feldherrnhalle bestimmt worden.«[110]

Was unter seinem »Wagner-Credo« zu verstehen sei, versuchte Knappertsbusch in dem bereits angeführten Interview bei Gelegenheit seines Münchner Gastspiels im Mai 1922 zu erklären. Er sei »seit etwa eingangs dieses Jahrhunderts ständiger Festspielbesucher, so daß ich Bayreuth als dauernden Lebensgewinn bezeichnen muß; dort, *nur* dort kann man sich die künstlerische Linie des eigentlichen Wagnerstiles aneignen. Dass ich in München mit zwei Wagneropern auf den Plan trat, sollte den Münchnern mein Wagner-Credo dartun.«[111] Was Knappertsbusch die Selbstsicherheit gab, sich damit zu rühmen, den »eigentlichen Wagnerstil« zu kennen und gleichsam gepachtet zu haben, war seine inoffizielle musikalische Assistenz bei Hans Richter. Darüber hinaus besaß Knappertsbusch, wie Egon Voss zu berichten weiß, einen Klavierauszug des *Parsifal* mit authentischen Anweisungen des Komponisten, auf die er sich in seinen Dirigaten stützte.[112] Besagter Klavierauszug stammte aus dem Besitz des Sängers und Regisseurs Anton

Fuchs, der bei der Uraufführung die Rolle des Klingsor mit Wagner einstudiert und dessen Anweisungen während der Proben geistesgegenwärtig festgehalten hatte.

Gleichwohl fußte Knappertsbuschs »Wagner-Credo« nur zu einem beschränkten Teil auf musikalisch-ästhetischen Gesichtspunkten. Es war im Kern ideologisch fundiert und konkretisierte sich in seiner Treue zu Bayreuth sowie in der Unterordnung unter die geradezu päpstliche Deutungshoheit Bayreuths in kulturellen Belangen. Wer so erfüllt ist von der allein seligmachenden Lehre Bayreuths, wie Knappertsbusch es ersichtlich war, der wird nichts unversucht lassen, ebendort eines Tages sein »Wagner-Credo« zelebrieren zu dürfen. Im Gefolge der »nationalen Erhebung« vom Januar 1933, in einer Anwandlung von Klingsors sinistrer Vorfreude, durfte er sich endlich sagen: »Die Zeit ist da.« Die Zeichen standen günstig, mit einer starken Geste seinen Anspruch auf Bayreuth kundzutun. Mit einer aufsehenerregenden Protestaktion gegen einen angeblich anmaßenden Verunglimpfer »unseres großen deutschen Musikgenies« würde er – dessen durfte er sicher sein – sowohl in Bayreuth als auch im Braunen Haus in München die Aufmerksamkeit der Machthaber auf sich ziehen und mit ihrem Wohlwollen belohnt werden.

Unter den Unterzeichnern des Münchner Protests darf man auch regelmäßige Leser der Nazipresse vermuten. In ihrer Bereitschaft, die Verfemung Thomas Manns zu betreiben, mögen sie sich nicht zuletzt durch gezielte Hinweise in den Kampfblättern der nationalsozialistischen Bewegung ermuntert und bestärkt gefühlt haben. Thomas Mann war schon lange vor der Machtübernahme Hitlers und vor dem Münchner Protest gebrandmarkt – von der Nazipresse zum Kulturbolschewiken gestempelt und gleichsam zum Abschuss frei gegeben.[113] Der Vernichtungswille, der aus diesen Zeugnissen spricht, erstreckte sich im Übrigen auf die ganze Familie. Anlässlich einer Rede Erika Manns auf einer Friedenskundgebung in München, auf der auch die französische Pazifistin Marcelle Capy sprach, befand der *Völkische Beobachter*: »Das Kapitel ›Familie Mann‹ erweitert sich nachgerade zu einem Münchner Skandal, der auch zu gegebener Zeit seine Liquidierung finden muß.«[114]

In einer derart gezielt aufgeheizten Atmosphäre bedurfte es lediglich einer »passenden« Gelegenheit beziehungsweise Provokation, um Knappertsbusch und die Münchner Wagnerianer in Aktion treten zu lassen. Sie waren sich einig in ihrer erbitterten Opposition gegen einen »Nestbeschmutzer« wie Thomas Mann, der nicht müde wurde, München ob seines Abdriftens ins faschistische Lager und seiner schleichenden Radikalisierung zu geißeln und zu verspotten. Auch die seit 1926 vorgetragenen Klagen über Münchens Niedergang als Kulturstadt wurden mit Erbitterung aufgenommen.[115] Wer zudem Wagner einen »Rattenfänger« nennt, die Wagnerianer der strengen Schule als »Hornvieh« bezeichnet und Bayreuth als den Hort einer »höhlenbärenmäßigen Deutschtümelei« verspottet,[116] gegen den braut sich unweigerlich etwas zusammen, denn solche und manche anderen Verbalinjurien von boshafter Kennerschaft werden weder vergessen noch vergeben. Es liegt in der Natur der Sache und an der Dünnhäutigkeit der betroffenen Wagner-Freunde, dass dadurch die Hemmschwelle gegenüber einer Strafaktion von Mal zu Mal tiefer sank.

Seit dem 30. Januar 1933 war die Atmosphäre derart unheilschwanger, dass der Protest gegen Thomas Manns Wagner-Rede sogleich eine Eigendynamik entwickelte, die sich als unkontrollierbar erwies, weil man die Geister, die man rief, nicht mehr loswurde. Diese Dynamik speiste sich nicht nur aus Knappertsbuschs persönlicher Entrüstung, sondern gewann zusätzlichen Aufwind durch die im *Völkischen Beobachter* verbreitete, offizielle Empörung über Thomas Manns Auftritte im Ausland als Lob- und Festredner Wagners. Nach dem Vortrag in Brüssel veröffentlichte das Naziblatt einen Artikel unter der Überschrift *Skandal um Thomas Mann in Brüssel.* Der Skandal bestand darin, dass sich Thomas Mann anmaßte, was eigentlich nur Hitler zustand: »Im Reiche wird der Geburtstag dieses großen deutschen Tonkünstlers in Anwesenheit des Kanzlers Adolf Hitler würdig gefeiert. – Hier in Belgien veranstaltet ausgerechnet Herr Thomas Mann etwas Gedenktagartiges. Diese Tatsache ist an und für sich schon äußerst unangebracht, – am allerwenigsten angebracht ist aber das Verhalten des deutschen Gesandten, Graf Lerchenfeld, in Brüssel [...]. Wie kommt Graf Lerchenfeld dazu, heute noch den Halbbolschewiken Thomas Mann zu empfangen?«[117] Damit war die Frontstellung klar gekennzeichnet: hier der legitime Hohepriester der Wagner-Verehrung – dort der Verunglimpfer des höchsten deutschen Kulturguts. Persönliche und atmosphärische Elemente erzeugten eine Synergie, die die beschämende Geschichte weit über die von Knappertsbusch intendierte Wirkung hinauskatapultierte und de facto die von den Nazis geforderte Liquidierung der Münchner Existenz der Familie Mann zeitigte. Unbeabsichtigt, doch nicht ganz ungewollt machte sich Knappertsbusch somit zum Handlanger des Vernichtungswillens der Nazis.

In der beharrlichen Verfolgung seines hochgesteckten Zieles, an »geweihtem Ort« in Bayreuth zu dirigieren, verließ sich Knappertsbusch jedoch nicht allein auf seine damals schon legendären Dirigate. Er betrieb diskret, aber nachhaltig auch eine recht erfolgreiche Öffentlichkeitsarbeit in eigener Sache, um sich ein ganz besonderes Image zu geben – das Image des für Bayreuth einzig Prädestinierten.[118]

Durchaus im Sinne seines Selbstverständnisses als unbestechlichem Hüter der Tradition – nicht zuletzt wohl auch, um seinen persönlichen Ambitionen Nachdruck zu verschaffen – ließ Knappertsbusch im April 1933 in der Zeitschrift *Die Musik* eine kurze Stellungnahme zu *Opernfragen der Gegenwart* erscheinen.[119] Darin macht er entschieden Front gegen das Regietheater *avant la lettre*. Er lehnt jegliche Modernisierung der Wagner-Bühne schlankweg ab, nennt sie »krankhaft« und einen »bodenlose[n] Krampf«. Ein Wotan ohne Bart sei eine grobe »Stillosigkeit«. In dieser Oppositionshaltung wusste er sich einig mit Hans Pfitzner, der sich mit seiner Aufsatzsammlung *Werk und Wiedergabe* (1929) zum Verfechter der absoluten Werktreue gegenüber allen aufkommenden Freiheiten und Experimenten auf deutschen Bühnen gemacht hatte.

Bemerkenswert und typisch für seine Denkungsart ist vor allem, mit welchem Argument Knappertsbusch seine Opposition gegen Neuerungen erklärt, nämlich mit der zehnjährigen Schließung des Festspielhauses von 1914 bis 1924. Damals habe man den Faden der authentischen Wagner-Interpretation fallenlassen. Nun sei der Faden verloren – doch offenbar, wie er zu verstehen gibt, nicht ganz verloren, denn es gibt ja einen treuen Hüter der Tradition, der sein Eingeweihtsein über Hans Richter und Siegfried Wagner von dem *Ring*-Schöpfer selbst herleiten kann. Im Übrigen sei Siegfried Wagner – als Bühnengestalter ebenso epigonal wie als Komponist – »ein Regisseur von ganz großem Format« gewesen, seine Inszenierungen durchaus vorbildlich.

Es bedurfte keiner besonderen Hellhörigkeit, um sich den eigentlichen Sinn dieser raren publizistischen Intervention des Münchner Staatsoperndirektors zusammenzureimen: Was wäre in dieser Krise der Wagner-Interpretation wünschenswerter, was wäre dem Meister gegenüber verantwortungsvoller, als einen mit dem Bayreuther Gedanken gesalbten und von seinem »Wagner-Credo« beseelten Musiker wie ihn nach Bayreuth zu berufen zum Hüter der »heil'gen Quelle«?

Als Ergebnis dieser Selbststilisierung zum authentischsten musikalischen Interpreten Wagners verbreitete sich von München aus die Wahrnehmung Knappertsbuschs als einer unanfechtbaren Autorität in Fragen des echten Wagner-Stils, ja als des »Großsiegelbewahrers« des »heiligsten Erbes«. Wer ihm das würdevolle Etikett »Großsiegelbewahrer« ursprünglich verpasst hat, lässt sich nicht mehr feststellen. Doch klar ist, was seine Bewunderer darunter verstanden. Hans Knappertsbusch ist derjenige – und derjenige allein –, »dem die Geheimnisse einer zu Ende gehenden Tradition anvertraut sind«.[120]

Nicht zuletzt aus diesem Grund galt Hans Knappertsbusch an der Bayerischen Staatsoper als der wahre »Held des Hauses« – so Claudia Irion in ihrer gründlichen theaterwissenschaftlichen Dissertation zur Geschichte der Münchner Oper von 1918 bis 1943. »Vom Münchner Opernpublikum mit einer Liebe auf den ersten Blick begrüßt und ins Herz geschlossen, genoss er eine von Jahr zu Jahr wachsende Popularität.«[121] Mit dieser Popularität im Rücken durfte er sich unantastbar wähnen.

Ganz im Gegensatz zu seinem Vorgänger Bruno Walter genoss der neue Staatsopernchef in der Münchner Presse ein hohes Ansehen und das Wohlwollen der Musikkritik. Während Bruno Walter aufgrund seiner jüdischen Abstammung früh angefeindet und schließlich aus München vertrieben wurde, stempelte die rechte Presse Knappertsbusch – das Bild eines blonden, germanischen Recken – zum einzig legitimen Hüter des Wagner-Erbes.[122] Der »blonde Riese«, so der *Völkische Beobachter* 1934, überrage seine Kollegen und Konkurrenten, weil er »aus einer genialen Intuition heraus« musiziere, »wie es nur dem nordischen Blute eigen ist«.[123]

In München jedenfalls galt »Kna« unangefochten als der wahre Erbe, wie aus einer 1932 in der *Münchner Zeitung* erschienenen Würdigung seiner ersten zehn Jahre als Staatsoperndirektor zu ersehen ist. Darin heißt es, es bestehe aller Grund, auf die Leistung des »musikalischen Führers« der Wagner-Stadt stolz zu sein. »Nicht zuletzt deshalb, weil es gerade sein Verdienst ist, die Grundzüge der echten Wagnertradition

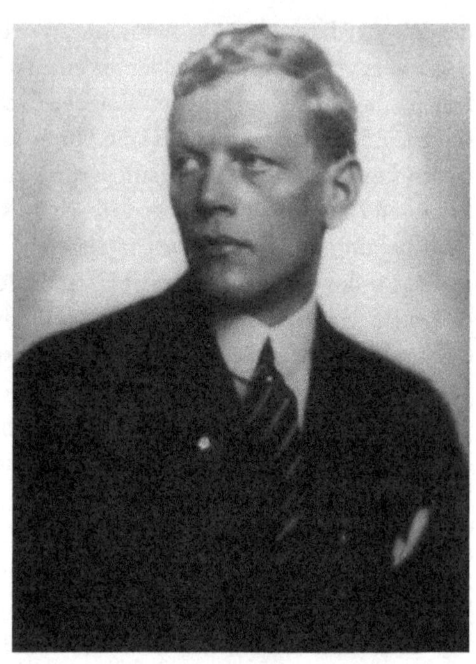

Abb. 34:
Hans Knappertsbusch

durch Zeiten allgemeiner künstlerischer Verflachung und Anarchie gerettet und bewahrt zu haben.« Der Verfasser dieses Artikels war der Musikschriftsteller Alexander Berrsche.[124] Kaum ein halbes Jahr später war er ein Mitunterzeichner des Wagner-Protests gegen Thomas Mann.

Offenbar hatte Knappertsbusch bereits 1924 mit einer Einladung nach Bayreuth gerechnet; er berief sich dabei auf eine angeblich mündliche Zusage Siegfried Wagners.[125] Nach dessen Tod 1930 brachte er sich bei Winifred Wagner, der neuen Festspielleiterin, sogleich aufs Neue ins Gespräch.[126] Auch dieser Vorstoß blieb erfolglos, denn Winifred hatte für die kommende Spielzeit mit Arturo Toscanini und Wilhelm Furtwängler zwei größere Zugpferde an der Hand. »Kna« jedoch wähnte sich in höherem Maße qualifiziert, im Festspielhaus zu dirigieren, als etwa Furtwängler oder gar Toscanini, die 1930 und 1931 in Bayreuth Triumphe feierten, ohne dass sie wie er selbst an der »heil'gen Quelle« getrunken hatten. Weder der eine noch der andere konnte sich darauf berufen, den echten »Wagner-Stil« von Hans Richter – und damit vom Meister selbst – gelernt zu haben.

Die nächste Gelegenheit, die Tür zum Tempel auf dem Grünen Hügel in Bayreuth aufzustoßen, ergab sich nun aber 1933 mit der Regierungsübernahme durch Adolf Hitler. Dies war kein neuerlicher Regierungswechsel, wie er in der Agonie der Weimarer Republik immer häufiger geworden war, sondern ein Systemwechsel, der aus dem Blickwinkel der Republikfeinde zu den schönsten und Gunst verheißenden Hoffnungen Anlass gab. Es war genau die Stunde, in der jemand wie Knappertsbusch – ein Sympathisant, ohne selbst mitzumachen – davon ausgehen konnte, dass eine aufsehenerregende, dem neuen Regime willkommene Aktion Früchte tragen würde. Der Umstand, dass aus beiden Texten Knappertsbuschs, seinem Rundschreiben und dem *Protest,* ein gutes Gespür für die neuen politischen Gegebenheiten spricht, darf jedoch nicht zu dem Schluss verführen, dass die Aktion gegen Thomas Mann von den neuen Machthabern ausging. Dies war ersichtlich nicht der Fall; es hätte auch nicht zu dem für Anstöße von außen wenig empfänglichen Charakter Knappertsbuschs gepasst, der durchaus eigene Ziele verfolgte. Vielmehr ist anzunehmen, dass er sich von der Welle des antirepublikanischen Ressentiments und der Hoffnung auf einen Systemwechsel tragen ließ, die sich in den Kreisen der bayreuthhörigen Wagnerianer von selbst verstanden. Zweifellos wurde die »nationale Erhebung« auch von einem so devoten Bewunderer Wagners wie dem Münchner Staatsoperndirektor begrüßt.

Anders als 1927, als die Richard-Wagner-Stadt München mit einem Protest gegen die Verfilmung der *Meistersinger* von sich reden machte, handelt es sich bei dem Wagner-Protest gegen Thomas Mann nicht um eine lächerliche Lokalposse, sondern um ein signalhaftes Ereignis von mentalitätsgeschichtlicher Bedeutung. Knappertsbusch hätte seine Aktion unter keinen anderen historischen Umständen starten oder auch nur erwägen können als denen von Anfang 1933, unmittelbar nach dem ersehnten Ende der Weimarer Republik. Diese Entwicklung begann sich am 30. Januar abzuzeichnen und nahm nach den Reichstagswahlen vom 5. März, wie Knappertsbusch erkannte, ein »festes Gefüge« an. Die politischen und atmosphärischen Voraussetzungen hatten sich dramatisch verändert, vermeintlich zu seinen Gunsten. Der Mann an der Spitze der neuen Regierung war ein überzeugter, ja fanatischer Wagnerianer, zudem häufiger Besucher der Münchner Oper. Der Wagner-Kult war auf einmal Staatssache; und in dem Kampf um das Wagner-Erbe war eine neue, siegverheißende Runde eingeläutet.

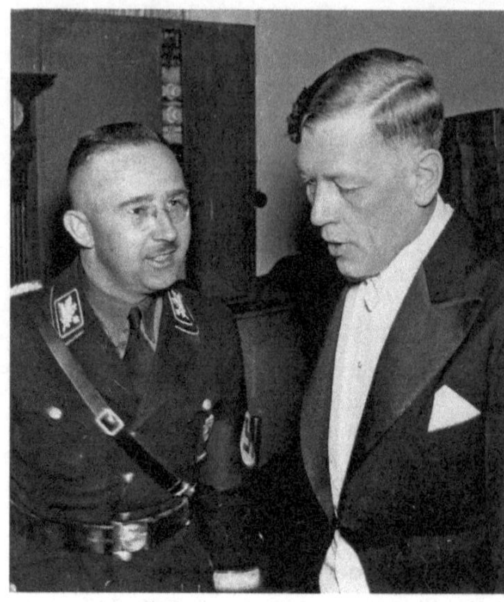

Abb. 35: Hans Knappertsbusch mit Heinrich Himmler, ca. 1933

Damit hatte sich für den Münchner Staatsoperndirektor ein Fenster geöffnet, durch das er auf eine blühende Aue zu blicken vermeinte; die schönsten Aussichten für seine Karriere schienen sich aufzutun – die Karriere eines Dirigenten, der seine Berufung zum Wagner-Interpreten in Bayreuth empfangen hatte und den es naturgemäß verlangte, sich den Weg zurück zu dem ihm heiligen Ort zu bahnen. Voraussetzung war aber, wie er sich wohl ausrechnete, dass er sich jetzt, zu dieser günstigen historischen Stunde, hervortue und als ein Wagnerianer von der echten Art, als ein unentbehrlicher Hüter der Tradition nachdrücklich in Erinnerung bringe. Der von ihm initiierte Wagner-Protest mochte ihm sehr wohl – sicherer als jede andere Geste der Zustimmung zu dem Geist der »nationalen Erhebung« – als Vehikel zu diesem Ende dienen.

Mit der Attacke auf Thomas Mann durfte sich Knappertsbusch im Geiste durchaus einig wissen mit den Vorreitern und Stichwortlieferanten des deutschen Wagner-Kults, in deren Augen der *Zauberberg*-Autor ein eigentlich undeutscher Kosmopolit war sowie eine Stütze des verachteten politischen »Systems« der Weimarer Republik. In diesen Kreisen wurde die »nationale Erhebung« geradezu frenetisch begrüßt, weil sie der Weimarer Republik ein Ende bereitete. Ebenso frenetisch wurde die Machtübernahme durch Adolf Hitler bejubelt, denn mit ihm übernahm ein Wagnerianer von hohen Graden und ein erklärter Kunstfreund das Kommando auf dem Weg in eine, wie man sich überzeugt hielt, glorreiche Zukunft der deutschen Kultur. Ein geballter, Aufmerksamkeit erheischender Vorstoß der Wagnerianer in diese Richtung liegt in jener groß aufgemachten, von Otto Strobel konzipierten und redigierten Zeitschrift *Deutsches Wesen* vor, von der an früherer Stelle schon die Rede war.

Die dort versammelten Stimmen belegen zur Genüge, dass die Vordenker des deutschen Wagner-Kults sich freiwillig und ohne Not, aus anerzogener Denkungsart in den Dienst einer Weltanschauung stellten, die nicht nur im Kern rassistisch war, sondern im Namen von Deutschlands Größe und Würde, die es wiederherzustellen gelte, auf einen Revanchekrieg zusteuerte. Damit erweisen sich die vermeintlich unpolitischen Musikfreunde der Wagner'schen Couleur geradezu als ein Paradebeispiel derjenigen Deutschen, die, ohne selbst Nazis zu sein, aus unkritischer Empfänglichkeit für die Reizworte von Deutschlands Größe und Ehre die Hitler-Herrschaft ermöglichen halfen. Ein solches Zusammenwirken des national gesinnten Bildungsbürgertums mit dem Nationalsozialismus wiederholte sich in ganz Deutschland und generierte eine Synergie, die der Hitler-Bewegung in den ersten fünf Jahren des Dritten Reichs den rauschhaften Erfolg bescherte, an dem nach der Katastrophe niemand mehr beteiligt sein wollte, weil alle Beteiligten auf einmal begehrten, nicht schuld daran gewesen zu sein.

Ganz abgesehen von der ideologischen Kongruenz mit Bayreuths politischen Erwartungen, war Knappertsbuschs Verhalten im Jahre 1933 jedoch auch von einem sehr persönlichen Anliegen bestimmt. Wie jeder Beobachter der Szene durfte er davon ausgehen, dass der zum Reichskanzler aufgestiegene Wagnerianer bald auch de facto der Oberherr der Bayreuther Festspiele sein würde. Alle Anzeichen sprechen dafür, dass Knappertsbusch im klaren Bewusstsein dieser Aussichten den Wagner-Protest gegen Thomas Mann vom Zaun brach, um sich als Wagnerianer der strengen Observanz zu empfehlen und sich für eine baldige Berufung nach Bayreuth in eine möglichst günstige Position zu bringen.

Offenbar wähnte Knappertsbusch, als er seine Aktion vorbereitete, dass der neue Reichskanzler ihm gewogen sei. Er durfte es als ein gutes Omen auffassen, dass Hitler am 1. Januar 1933 in München eine von ihm dirigierte *Meistersinger*-Aufführung besucht hatte. Ermutigt durch diesen Besuch und von so manchen anderen Gunst verheißenden Anzeichen, wandte sich Knappertsbusch direkt an Hitler, um möglichst rasch in dieser Sache bei dem künftigen Oberherrn von Bayreuth vorstellig zu werden. Das betreffende kurze, doch vielsagende Schreiben, offenbar der Text eines Telegramms, das sich in den Akten des Bayerischen Hauptstaatsarchivs erhalten hat, ist undatiert. Vieles spricht dafür, dass es kurz vor den Osterfeiertagen 1933 geschrieben wurde, also unmittelbar vor Veröffentlichung des Protests gegen Thomas Manns Wagner-Rede. Das kurze Schreiben hat den folgenden Wortlaut:

> An Reichskanzler Adolf Hitler, Obersalzberg bei Berchtesgaden.
>
> Wäre unendlich dankbar, wenn es möglich wäre, gleich nach den Feiertagen eine kurze Audienz in dienstlicher Angelegenheit zu erhalten.
>
> Ergebenst Hans Knappertsbusch
> Bayrischer Staatsoperndirektor[127]

Wiewohl es zu einer solchen Audienz nicht gekommen ist, belegt dieses Schreiben, dass die aufsehenerregende Aktion gegen Thomas Mann unternommen wurde mit dem Gedanken an eine dringende dienstliche Angelegenheit, in der Hitler ein Machtwort sprechen konnte und sollte.

Das Ersuchen um eine persönliche Unterredung mit Hitler wurde ignoriert, wenn man überhaupt davon ausgehen kann, dass das Telegramm auch tatsächlich abgeschickt wurde. Letztlich ist es jedoch unerheblich, ob Hitler das Ersuchen des Staatsoperndirektors um eine Audienz zu Gesicht bekam oder nicht, denn besagtes Dokument legt zumindest den Schluss nahe, dass die Aktion gegen Thomas Mann mit dem Gedanken einer Follow-up-Audienz bei Hitler unternommen wurde.

Dieser jedoch hatte sich längst eine Meinung über Knappertsbusch gebildet – eine wenig schmeichelhafte. Es ist überliefert, dass er dessen Wagner-Stil nicht schätzte; angeblich hielt er ihn für einen gewöhnlichen »Militärkapellmeister«.[128] Offenbar ließ er sich auch später von seiner beharrlich negativen Einstellung zu Knappertsbusch nicht abbringen, wie eine Gesprächsaufzeichnung aus dem Jahr 1942 zeigt.

Zwar sei dieser Dirigent »mit seinen blonden Haaren und blauen Augen [...] ein Germane«, aber er glaube fälschlich, »nur mit Temperament und ohne jedes musikalische Gehör Musik machen zu können. Sich eine Opernaufführung Knappertsbuschs anhören zu müssen, sei eine Strafe. Dadurch, daß er die Sänger durch die Lautstärke seines Orchesters, in dem die Geigen von der Blechmusik völlig übertönt würden, fast tot mache, werde der Operngesang zu einer einzigen Schreierei, bei der die Sänger ausschauten wie die Kaulquappen.«[129]

Wie seine Intervention zugunsten einer Neuinszenierung des *Parsifal* 1934 in Bayreuth zeigte, als er sich gegen die Alt-Wagnerianer stellte, vertrat Hitler den Geschmack einer gemäßigten Moderne. Nicht anders hielt er es mit den Dirigenten, die er, einem Bonmot Frederic Spotts' zufolge, »selected with as much care as he chose military commanders«.[130] Hitler favorisierte Furtwängler und Clemens Krauss, in denen er eine modernere Musikauffassung glaubte erkannt zu haben als in dem traditionellen Wagner-Stil Knappertsbuschs. Der Betroffene hat davon nichts erfahren, mag es aber geahnt haben. Wie dem auch sei, Hitler war weder 1933 noch in den folgenden Jahren gesinnt, eine Einladung Knappertsbuschs nach Bayreuth zu veranlassen.

In nicht allzu ferner Zukunft sollte sich diese zunächst wohl als schmerzlich empfundene Zurücksetzung für den auf seinen Vorteil bedachten Dirigenten als ein unschätzbarer Bonus für seine glänzende Karriere in der Nachkriegszeit erweisen. Denn nach 1945 stand er als jemand da, der mit dem Bayreuth der Hitler-Jahre nichts zu tun hatte. Der Umstand, dass er sich um eine mit langem Atem angestrebte Präsenz in Hitlers Bayreuth bemüht hatte, blieb unbekannt oder war vergessen. Seine Absenz in Bayreuth während der braunen Jahre war mitbestimmend für den Ruf, den er nach dem Krieg für sich zu schaffen verstand mit dem in jeder Hinsicht bemerkenswerten, für die ersten Nachkriegsjahre nicht untypischen Ergebnis, dass jemand, der vor nicht allzu langer Zeit die Verfemung Thomas Manns betrieben hatte, sich nun selbst als ein von Hitler Verfemter präsentieren konnte.

Der Großsiegelbewahrer

Knappertsbuschs große Zeit kam nach dem Zweiten Weltkrieg, als seine Reputation als alles überragender Wagner-Dirigent nicht nur in München und Bayreuth, sondern in ganz Europa in ihrem Zenit stand. Nach dem Tod Furtwänglers 1954 war sein hohes Ansehen unangefochten. Furtwängler hatte größere Schwierigkeiten als Knappertsbusch, seine Vergangenheit zu beschönigen.[131] Er war, wie widerwillig auch immer, der Vorzeigedirigent des Führers gewesen und diente dem Regime bis zum bitteren Ende, den sogenannten Bayreuther »Kriegsfestspielen« von 1944. Wie viele andere auch versuchte sich Furtwängler zu einem stillen Helden der sogenannten Inneren Emigration zu stilisieren. In diesem Unterfangen war Knappertsbusch alles in allem erfolgreicher als der Chef der Berliner Philharmoniker, mit dem Ergebnis, dass er nach der Hitler-Herrschaft das Ansehen genießen durfte, das er seit seinen Anfängen angestrebt hatte. Nun galt sein Ruf als verlässlichster musikalischer Hüter des Erbes unangefochten. Nun war er in der Wahrnehmung der Musikwelt in der Tat der Großsiegelbewahrer. Er war es, unerachtet aller künstlerischen Differenzen, bis zu einem gewissen Grade auch für Wieland Wagner, der seinem Dirigenten zum siebzigsten Geburtstag eine nicht ganz aufrichtig klingende Eloge widmete, in der er Knappertsbusch, ganz im Sinne von dessen Selbstverständnis, als den Garanten von Authentizität pries. Knappertsbusch sei in der Kette, die sich von Wagner selbst über Hans Richter bis in die Gegenwart erstrecke, ein unentbehrliches Glied; er stehe für die »authentische Interpretation« der Wagner'schen Bühnenwerke und damit für die Legitimität selbst der kühnsten der Neu-Bayreuther Neuerungen.[132]

Es regen sich Zweifel an der Aufrichtigkeit dieses recht routinemäßig klingenden Lobspruchs, wenn man liest, welche Vorstellungen von einem zeitgemäßen Klangideal Wieland Wagner an anderer Stelle entwickelte. Im Zuge seiner Eliminierung aller emphatisch deutschen Züge der Wagner'schen Bühnenwerke hatte er bereits 1954 für *Die Meistersinger* – es waren die frappanten *Meistersinger* »ohne Nürnberg« – einen nicht-deutschen Dirigenten verpflichtet, André Cluytens, und damit seine Präferenz für einen *grosso modo* französischen Wagner-Klang kundgetan. Es gelte, zur stimmigen Ergänzung der szenischen Reformen auch »die gesamte musikalische Interpretation – Tempi, Agogik, Dynamik – dem Lebensgefühl des 20. Jahrhunderts anzupassen«. Wovon er abkommen wollte, war der deutsche Wagner-Stil, den er offenbar als zu feierlich-getragen und wuchtig empfand; es war die verbreitete Gewohnheit, »Wagner [...] exhibitionistisch, langsam, schwer und mit blechgepanzerter Schwülstigkeit zu zelebrieren«.[133] Diese Charakterisierung könnte auf viele Dirigenten zutreffen, auch auf nicht-deutsche. Doch auf keinen passt sie besser als auf Knappertsbusch. Sein Wagner-Stil wurde nicht erst 1951 als altmodisch empfunden – beziehungsweise goutiert –, sondern galt schon vor 1933 als veraltet, jedenfalls in den gegenüber der musikalischen Moderne aufgeschlossenen Kreisen, wie das oben zitierte Plädoyer Gustav Brechers für eine neue Sachlichkeit auch hinsichtlich Wagners Musik erkennen ließ.

Das Tandem Wieland Wagner–Knappertsbusch, das nach außen Solidarität zur Schau stellte, war also nach innen, was ihre ästhetische Sensibilität betrifft, tief gespalten. Ihre für Neu-Bayreuth geradezu emblematische Zusammenarbeit »im Interesse einer reibungslosen Durchführung der Festspiele« gründete somit weniger in Übereinstimmungen auf dem Feld der Ästhetik als in taktischen und marktorientierten Interessen.

In seiner letzten Lebensetappe wurde Knappertsbusch als Zeichen seines hohen Ansehens und seiner genuinen Beliebtheit mit Ehren überhäuft. Die Stadt Bayreuth machte ihn 1953 zum Ehrenbürger; nicht weit vom Festspielhaus ziert heute eine Hans-Knappertsbusch-Straße den geweihten Ort der »heil'gen Quelle«. Auch die Stadt München verlieh ihm 1959 die Ehrenbürgerschaft. Die Bayerische Staatsoper ernannte ihn 1958 zum Ehrenmitglied. Selbst die Universität ließ es sich nicht nehmen, ihn 1959 zum Ehrensenator zu ernennen, ohne dass sich offenbar jemand an der schlimmen Vorgeschichte, die ja auch das Ansehen der Universität berührte, gestoßen hätte. Niemand scheint sich daran erinnert zu haben, dass Thomas Mann seine Wagner-Rede im großen Hörsaal der Ludwig-Maximilians-Universität gehalten hatte und dass der, der ihn deswegen denunziert hatte, nun ihr Ehrenbürger war. Immerhin widerstand die Universität dem Ansinnen, den akademisch nicht ausgewiesenen Dirigenten mit einem Ehrendoktor auszuzeichnen. Der Bayerische Verdienstorden (1958) war angesichts der zahlreichen anderen Ehrungen eine fast selbstverständliche Dreingabe.

Besonders bezeichnend für den Kultstatus, dessen Knappertsbusch sich an seinem Lebensabend erfreuen durfte – bezeichnend aber auch für die Unbekümmertheit seiner Bewunderer und Fans um historische Wahrheit – ist sein Ehrengrab auf dem Bogenhausener Friedhof in München. Die Grabschrift lautet: »Als Hans Knappertsbusch 1934 als politisch Verfemter zusammen mit Clemens von Franckenstein gehen mußte, blieb die Münchner Oper für zwei Jahre nahezu verwaist. Sein Name aber wurde zur Legende.«[134] Von den Verdiensten des Dirigenten, an die man hier hätte erinnern können, wählte man keines. Stattdessen appelliert die Grabschrift an das Mitgefühl der Nachgeborenen für einen, dem aus politischen Gründen Unrecht geschehen war und der gleichwohl zur Legende wurde. Das falsche Datum – 1934 statt 1936 – verkürzt die Zeitspanne, in der er dem Nazi-Regime mit SS-Sonderkonzerten und dergleichen mehr diente, um die Hälfte. Und die Suggestion, dass er sich seinen Nimbus als Legende gegen politischen Druck erarbeiten, wenn nicht erkämpfen musste, verkehrt, wie wir sehen werden, den wahren Sachverhalt in das genaue Gegenteil. Diese Grabschrift bildet den von der Verehrergemeinde errichteten Schlussstein in dem ebenso kühnen wie schwankenden Konstrukt von Hans Knappertsbuschs Selbststilisierung zum politisch Verfemten und Opfer des Nationalsozialismus.

In einer auf Vergessen und Verehrung gestimmten Atmosphäre waren die zahllosen Bewunderer des populären Dirigenten verständlicherweise wenig daran interessiert, an seine unrühmliche Rolle im Jahr der »nationalen Erhebung« erinnert zu werden. Ganz im Gegenteil: Man verschleierte diese Rolle, verwies auf die 1936 erfolgte Entfernung aus seinem Amt und ergötzte sich im Übrigen an seinen anekdotisch vielfach belegten Kraftsprüchen gegen die Nazis. In einer Stadt, die sich immer noch als »Richard-Wagner-Stadt« gerierte, durfte auf den Großsiegelbewahrer des Wagner-Erbes kein Schatten fallen.

Diese den wahren Sachverhalt verschleiernde Einstellung setzt sich erstaunlicherweise bis in unsere Tage fort. Bezeichnend für den mangelnden Willen zur rückhaltlosen Aufklärung ist der Satz, mit dem in dem 2015 eröffneten offiziellen »NS-Dokumentationszentrum« der Stadt München in der Briennerstraße der Wagner-Protest abgetan wird. Die betreffende Tafel an diesem »Lern- und Erinnerungsort zur Geschichte des Nationalsozialismus« belehrt die Besucher: »An einer

Schmähkampagne gegen Thomas Mann beteiligten sich bereits im April 1933 viele Münchner Kulturschaffende, darunter der Dirigent Hans Knappertsbusch und der Komponist Hans Pfitzner.« Dies zum Thema »Die Zerstörung kultureller Vielfalt«. Ein argloser Betrachter könnte kaum auf den Gedanken kommen, dass die »Schmähkampagne« im Namen der Richard-Wagner-Stadt München unternommen wurde; dass der verehrte Hans Knappertsbusch nicht irgendein Beteiligter, sondern der Urheber der Aktion war; dass es nicht bloß eine Schmähkampagne war, sondern eine die Existenz der Mann-Familie bedrohende Denunziation; und dass die »Zerstörung kultureller Vielfalt« eine völlig unzureichende Charakterisierung der ganzen skandalösen Affäre darstellt.

Dazu passt es, dass an anderer Stelle im Dokumentationszentrum zu Thomas Mann geschrieben steht: »Von einer Vortragsreise im Februar 1933 kehrte er nicht wieder nach München zurück« – als ob dieser schwere Entschluss einer Laune entsprang und nichts mit dem Wagner-Protest zu tun hätte; dass er »seit 1936 [...] in zahlreichen Reden, Artikeln und Aufsätzen scharf gegen den Nationalsozialismus Stellung« bezog – als ob er dies nicht auch schon vor 1933 getan hätte; dass »seine ablehnende Haltung zur ›Inneren Emigration‹« auch nach 1945 zu »heftigen Kontroversen« geführt habe – als ob besagte Kontroversen eine Unziemlichkeit gewesen und von ihm ausgegangen wären. Hier geht das Bemühen, die Reputation eines kultisch verehrten Wagner-Dirigenten zu schützen, Hand in Hand mit einer subkutan ablehnenden Haltung gegenüber dem Exilanten. Die Rede von Münchens »stehengebliebener Wagnerei« erweist sich somit auch heute noch als zutreffend.

Wie aber stand es wirklich mit Knappertsbuschs Verfemung? Nach dem unfreiwilligen Abgang von der Bayerischen Staatsoper zu Jahresbeginn 1936 fand Knappertsbusch als ständiger Gastdirigent an der Wiener Staatsoper rasch ein neues Wirkungsfeld. Von da an durfte er mit einer seine Karriere enorm fördernden optischen Täuschung rechnen. Der Rauswurf in München prägte die Wahrnehmung des populären Dirigenten als eines Opfers so nachhaltig, dass dadurch der Blick verstellt wurde für die große Karriere, deren er sich nach der Einverleibung Österreichs und während des Krieges erfreute. So richtig die Feststellung ist, dass Knappertsbusch es verschmähte, in die NSDAP einzutreten, so unerlässlich ist es, an die vielen Dienste zu erinnern, die er dem Hitler-Regime in Großdeutschland und in den von den Deutschen besetzten Teilen Europas geleistet hat. Dies lässt zumindest auf die Absenz eines Willens zum Widerstand schließen. Michael Kater, der kanadische Historiker und Erforscher des Musiklebens im Dritten Reich, steht nicht an, Knappertsbusch schlichtweg einen »convinced Nazi at heart« zu nennen, während Claudia Irion, die die Bayerische Staatsoper im Dritten Reich untersucht hat, zu dem Schluss kommt, dass Knappertsbusch dem Nationalsozialismus nahestand – »näher, als es die Legende will«.[135] Zu den naziaffinen Zügen seiner geistigen Physiognomie gehört unbestreitbar der Antisemitismus, wie u.a. aus einem Schreiben an den Reichsdramaturgen Rainer Schlösser nach seiner Entlassung in München zu entnehmen ist: »Es ist mir ein grauenhafter Gedanke, aus meinem Vaterland zu sollen, wobei ich gerade in Wien doch wohl rettungslos wieder, wie im Anfang meiner Münchener Zeit – das wissen Sie ja doch selber! – dem Judengesindel preisgegeben sein würde.«[136] Freilich wäre zu ergänzen, dass dieser Wagnerianer weit eher von dem »Bayreuther Gedanken« geprägt war als von *Mein Kampf*. Wie Chamberlain ging es Knappertsbusch vordringlich um Metapolitik im Sinne Wagners (beziehungsweise Constantin Frantz'), nicht eigentlich um Politik im konkreten Sinn, für die er sich zweifellos zu gut war. Er war, wie Frederic Spotts bemerkt, mit Haut und Haar Bayreuther in dem aufgeladenen metapolitischen Sinn, den Chamberlain und von Wolzogen dieser Kennzeichnung zu geben wussten: Knapperstbusch war »as much part of Bayreuth orthodoxy as it was possible to be«.[137]

Ausschlaggebend für seinen Nimbus als Großsiegelbewahrer Neu-Bayreuths war die Umdeutung seiner Entlassung zu einem Akt der politischen Diskriminierung aufgrund seiner Gegnerschaft zum Nationalsozialismus. Was sich dazu aus den erhaltenen Akten eruieren lässt, ergibt jedoch ein ganz anderes Bild. Knappertsbuschs Widersacher, der 1934 eingesetzte Generalintendant Oskar Walleck, ein SS-Mann, führt in seiner Begründung für die Entlassung des populären Dirigenten keineswegs politische oder ideologische, sondern in der Hauptsache sachliche Gründe an. Er verweist auf die auch sonst bezeugte Nachlässigkeit in Knappertsbuschs administrativer Arbeit, die offenbar schon in Dessau ein Problem war und die, wie wir sahen,

Alfred Einstein bereits 1922 thematisierte. Wallecks weitere Gravamina: Knappertsbuschs »groteske Art der Spielplanfestsetzung« sowie die exzessive Gastspieltätigkeit.[138] Hinzu kommen die branchenüblichen Eifersüchteleien.

Knappertsbusch seinerseits beschwert sich, dass Wallecks Einmischungen seinen »Künstlerruf« beschädigten. Es gehe ihm in erster Linie darum, dass »die Oper [...] in der Stadt der Bewegung« nicht »auf Provinzniveau« herabsinke; dies sei »für Staat und Bewegung allein ausschlaggebend«, und darin fühle er sich »dem Führer gegenüber, der in München die Stadt der Kunst wissen will«, verpflichtet. Walleck dagegen klagt, Knappertsbusch habe beleidigt reagiert, als Furtwängler mit der Münchner Jubiläumsaufführung des *Tristan* im Juni 1935 betraut wurde; zu diesem Anlass habe »der Führer und Kanzler nach langer Zeit« wieder einmal die Staatsoper beehrt, die er, so wird suggeriert, Knappertsbuschs wegen in letzter Zeit nicht besucht habe. Es sei nämlich »sämtlichen Stellen [...] bekannt, dass der Führer aus künstlerischer Abneigung gegen den Dirigenten Knappertsbusch das Opernhaus Münchens seit geraumer Zeit« gemieden habe. Und Walleck fügt mit gezielter Ironie hinzu: Von einem Mann, »der sich in seiner Stellungnahme ständig auf den Führer beruft«, hätte er für die Einladung Furtwänglers mehr Verständnis erwartet.[139]

Der entscheidende Grund für Knappertsbuschs Ablösung durch Clemens Krauss waren jedoch Hitlers Pläne für München. Hitler höchstpersönlich wollte Krauss »von Berlin an die Münchner Oper verpflanzt sehen«.[140] Beabsichtigt war, in München ein neues großes Opernhaus zu bauen, das Ensemble der Bayerischen Staatsoper zum führenden in Deutschland zu machen und in München Dirigenten und Sänger heranreifen zu lassen, die das nach dem Krieg zu errichtende Kulturzentrum in seiner Heimatstadt Linz sofort auf ein hohes künstlerisches Niveau heben würden. Offenbar war er überzeugt, dass dieses Projekt eher mit dem fünf Jahre jüngeren und weniger eigenwilligen Clemens Krauss als mit dem launischen und schwierigen Knappertsbusch zu verwirklichen war.[141] Ein weiterer Beleg für Hitlers höheres Vertrauen in Krauss ist darin zu erblicken, dass Walleck, Knappertsbuschs Nemesis, sogleich 1936 zum »Leiter der Obersten Theaterbehörde in Bayern« befördert und damit aus dem Weg geräumt wurde, damit Krauss in der Staatsoper völlig freie Hand habe.[142] Nirgends in den archivalischen

Dokumenten findet sich ein Anhaltspunkt dafür, dass die Amtsenthebung Knappertsbuschs politische oder weltanschauliche Gründe hatte.

Knappertsbuschs Selbstdarstellung als Opfer sowie die beschönigende Stilisierung zum politisch Verfolgten werden vollends hinfällig angesichts seiner höchst erfolgreichen Karriere im »Großdeutschen Reich«. Wie bereits erwähnt, war er ab 1936 ständiger Gastdirigent an der Wiener Staatsoper. Dort verhielt er sich, wie Erwin Kerber, ihr Direktor, versicherte, »dem Deutschen Reich gegenüber mehr als korrekt«. Dies zur Abwehr von Behauptungen in einem Zeitungsartikel, die »geeignet scheinen, Professor Knappertsbusch in seiner Heimat, an der er mit so viel Liebe hängt, aufs schwerste zu belasten«.[143] Welche Äußerungen ihm zugeschrieben wurden, lässt sich nicht mehr eruieren. In jedem Fall lässt Kerbers Zeugnis erkennen, dass Knappertsbusch an guten Beziehungen zum Reich gelegen war.

Nach dem »Anschluss« Österreichs im März 1938 wurden die Salzburger Festspiele gleichgeschaltet und unterstanden fortan Joseph Goebbels. Dort avancierte Knappertsbusch von 1938 bis 1944 zum meistbeschäftigten Dirigenten.[144] Alle diese Verdienste brachten ihm mit der Aufnahme in den privilegierten Kreis der vom Naziregime ernannten »Gottbegnadeten«-Künstler eine nicht zu verachtende Erhöhung seiner bürgerlichen Existenz.[145] Er genoss die damit verbundenen Privilegien und versah die damit verbundenen Pflichten ohne erkennbaren Widerstand. Dazu gehörten Gastspiele u.a. in Paris und Krakau, die alle letztlich zur Verherrlichung und kulturellen Beschönigung der Naziherrschaft in Europa dienten.

Mit diesen Auftritten, die zur kulturellen Besatzungspolitik gehörten, vollzog Knappertsbusch jedoch keineswegs eine Gesinnungswende. Schon in München hatte er sich am 2. Dezember 1933 umstandslos für ein »Festkonzert der SS« zur Verfügung gestellt. Im Mittelpunkt jener Veranstaltung stand eine Rede des Reichsführers SS, Heinrich Himmler, der ein hohes Lied auf den »kleinen Mann« sang, d.h. auf die »Opferbereitschaft der Kämpfer für das neue Reich«.[146] Der »kleine Mann« sei in der Kampfzeit treu, anständig, gehorsam und opferbereit geblieben, und auf diesen Tugenden »baute der Führer das neue Deutschland auf«. Für die musikalische Umrahmung sorgten die Münchner Philharmoniker unter Knappertsbusch mit der *Tannhäuser*-Ouvertüre und Beethovens »Eroica«-Symphonie: »Der Trauermarsch der Symphonie beschwor in seinem gewaltigen Rhythmus Visionen der gefallenen Helden.« Den Abschluss bildete das Absingen, »stehend mit erhobener Rechten«, des Horst-Wessel-Lieds, so dass das Konzert seine »Hörer in einer großen Stimmung entließ«. Eine Reihe von ähnlichen Veranstaltungen schon vor 1933 und bis 1935 lässt sich nachweisen.

Wie Furtwängler und andere prominente Künstler des Dritten Reichs erhielt Knappertsbusch nach dem Krieg zunächst Auftrittsverbot. Im Sommer 1945 wurde er aber von der amerikanischen Militärregierung in sein Münchner Amt wieder eingesetzt, da seine ursprüngliche Ernennung zum Generalmusikdirektor der Bayerischen Staatsoper auf Lebenszeit lautete; im August dirigierte er ein Akademie-Konzert, sein erstes nach dem Krieg. Schon Ende des Jahres erhielt er erneut Dirigierverbot, das aber 1948 von einer deutschen Spruchkammer als ein »bedauerliches Mißverständnis« bezeichnet und aufgehoben wurde.[147] Fortan genoss Hans Knappertsbusch an der Bayerischen Staatsoper und als Konzertdirigent einen Sonderstatus als der große alte Mann der »Wagner-Pflege«, vom Münchner Publikum geliebt und verehrt. In »Kna« sahen seine Verehrer einen ehrenwerten Künstler, dem gleich doppelt Unrecht getan worden war, zuerst von den Nazis, dann von den Amerikanern. Wie viele Deutsche hielt er sich für ein Opfer des Regimes, dem er gedient hatte, ja eigentlich für einen heimlichen Widerstandskämpfer, dem man wie durch ein Wunder nie auf die Schliche gekommen war. So jedenfalls stellte er es in einem Brief von 1947 dar.[148]

Natürlich musste auch dem Dirigenten selbst an der Reinerhaltung seiner Reputation als eines Opfers und eines Verfemten unbedingt gelegen sein. Offenbar sorgte er dafür, wie ein Forscher feststellen musste, dass keine belastenden Dokumente zu der dummen Geschichte von 1933 in dem Archivbestand der Bayerischen Staatsoper zu finden waren, weil sie entfernt worden waren.[149] Und offenbar leistete er selbst auch der quasi-offiziellen, über Jahrzehnte hin akzeptierten Auskunft Vorschub, wonach sich die Urheberschaft des *Protests* nicht mehr feststellen lasse. Ein Kenner der Münchner Szene wie Jürgen Kolbe sieht es etwas anders: Der wahre Urheber der Aktion wurde »mit Fleiß verschwiegen« – ein Indiz mehr, dass München, zwanzig Jahre nach Knappertsbuschs Ableben, die Stadt der »stehengebliebenen Wagnerei« geblieben war, als die sie Thomas Mann im *Doktor Faustus* dargestellt hatte.[150] Sie ist es bis zu einem gewissen Grad auch heute noch, wie die Reaktion auf einen Artikel Dieter Borchmeyers in der *Süddeutschen Zeitung* zeigt, in dem er an die beschämenden Vorgänge um Knappertsbuschs Protestaktion im Namen der Richard-Wagner-Stadt München vor 75 Jahren erinnerte; der Artikel rief zumindest zwei entrüstete Leserbriefe hervor, die »Knas« Aktion rechtfertigten und verteidigten.[151]

Genauere Einblicke in Knappertsbuschs Selbstdarstellung nach dem Krieg bieten die archivalischen Zeugnisse zu seinem Anfang 1952 gestellten Antrag auf »Wiedergutmachung nationalsozialistischen Unrechts für Angehörige des öffentlichen Dienstes«, der in der Akte Knappertsbusch des Bayerischen Kultusministeriums erhalten ist. Zu einer solchen Entschädigung war er aufgrund seiner Ernennung auf Lebenszeit berechtigt; sie wurde ihm offenbar auch zuerkannt. Unerwähnt bleibt in dem Antrag, dass das Dirigierverbot von 1936 nur für Bayern galt und für das restliche Reich schon nach wenigen Monaten aufgehoben wurde und er in Wien und Salzburg sowohl vor als auch nach dem »Anschluss« Österreichs glänzend Karriere machte.

Entscheidend für den Erfolg seiner Selbstdarstellung waren offenbar zwei von ihm in Auftrag gegebene persönliche Gutachten – »Persilscheine« im Sprachgebrauch der Zeit –, die schlankweg erklärten, dass seine »Ruhestandsversetzung eine nationalsozialistische Verfolgungsmaßnahme« gewesen sei und er »den Nationalsozialismus von Anfang an ablehnte«; es könne deshalb »mit Bestimmtheit angenommen werden«, dass bereits 1933 seine »gegnerische Einstellung« bekannt gewesen sei.[152] Letztere Behauptung scheint schon allein deshalb unhaltbar, weil der *Völkische Beobachter* noch anderthalb Jahre später ihn als »Sieger« über die »Berliner Judenschaft« feierte.[153]

Mit der klüglich inszenierten Entlastung des populären Dirigenten begann eine beschönigende Knappertsbusch-Panegyrik im Geiste des Schwamm-Drüber, deren Ausläufer noch heute zu beobachten sind. Von besonderem Interesse ist in diesem Zusammenhang eine Huldigung zu Knappertsbuschs Siebzigstem aus der Feder von Karl Heinz Ruppel, Musikkritiker der *Süddeutschen Zeitung*. Ruppel zeichnet ein liebevolles Porträt des Dirigenten als des grandseigneurhaften »Großsiegelbewahrers« und charakterisiert die Eigenart des Dirigierstils als den des »improvisatorischen Impulses […]: Es ›reißt‹ ihn gleichsam hinein in die Musik, und das Publikum ist bereits hingerissen.«[154] Von

Knappertsbuschs Karriere in Großdeutschland ist unter Rücksichtnahme auf seine vermeintlich unantastbare Reputation als unbeugsamer Gegner des Dritten Reichs mit keinem Wort die Rede.

Allerdings spricht aus Ruppels Huldigung auch ein dunkles Gefühl, dass das Schwamm-Drüber in diesem Fall eigentlich nicht angeht, weshalb er abschließend an die Situation des Dirigenten im Jahre 1933 erinnert. Damals, angesichts der »Wagner-Vernarrtheit Hitlers«, schien Knappertsbuschs »größte Stunde« gekommen. Es bleibt unklar, was Ruppel dabei im Sinn hatte. Dachte er an die eifrige Eigenwerbung des Dirigenten in Sachen authentischer Wagner-Stil? An die taktischen Positionierungen gegenüber dem heraufziehenden neuen Regime? Oder gar an die Attacke auf Thomas Mann kraft seiner Autorität als Großsiegelbewahrer? Statt solche naheliegenden Erwägungen in Betracht zu ziehen, greift Ruppel zu einem ganz nassen Schwamm, der alle störenden Details einfach wegwischt, und erklärt, dass ein Mann wie Knappertsbusch schon deshalb »ein für allemal von dem vulgären nazistischen Kunstrummel« nichts wissen wollte, weil er »im Innersten seiner Kunstausübung von einer großartigen, herrenhaften Distanziertheit« gegen Hitler und die Nazis beseelt war. Diese Weißwaschung bezeichnete im München der fünfziger und sechziger Jahre den Stand der Dinge. Für jemanden wie Knappertsbusch aber konnte im Jahre 1933 mit »größter Stunde« nur eines gemeint sein: die Berufung nach Bayreuth.

Überraschenderweise kam es 1947 bei Gelegenheit von Thomas Manns erstem Europabesuch nach dem Krieg zu einer Art von Wiederbegegnung mit dem Dirigenten. Thomas Mann weilte zur Tagung des PEN-Clubs in Zürich, wo er seinen Vortrag *Nietzsche im Lichte unserer Erfahrung* hielt. Am 16. Juni gab es im Stadttheater eine *Götterdämmerung* in erstklassiger Besetzung mit Max Lorenz, Kirsten Flagstad und Ludwig Weber. Der Dirigent war Knappertsbusch, der während seines Auftrittsverbots in Bayern im Ausland ungehindert dirigieren durfte, wie übrigens Furtwängler auch. Der betreffende Eintrag in Thomas Manns Tagebuch ist erstaunlich lakonisch: »›Götterdämmerung‹ unter dem verrückten Knappertsbusch.«[155] Kein Wort über dessen Rolle in der für ihn doch so folgenreichen Protestsache von 1933, obgleich er, wie schon zitiert, noch in dem Brief an Walter von Molo geschrieben hatte: »Nie vergesse ich die analphabetische und mörderische Radio-

und Pressehetze gegen meinen Wagner-Aufsatz, die man in München veranstaltete […].« Etwas mitteilsamer gibt er sich in einem Brief an Agnes Meyer, seine mächtige kunstbeflissene Freundin in Washington, D. C.: »In Zürich hörten wir die ›Götterdämmerung‹ unter Knappertsbusch, dessen Gebahren [sic] völlig exzentrisch war. Den verrückten Deutschen den Untergang dirigieren zu sehen, war ein grundunheimlicher Eindruck.«[156] Offenbar veranlasste diese Aufführung ihn, über die Untergangsthematik bei Wagner und den Untergang des Dritten Reichs, dem der Dirigent gedient hatte, zu reflektieren. Außer dem abfälligen »verrückt« entlockt ihm der Name Knappertsbusch jedoch keine weiteren Reaktionen.

Thomas Manns Kurzangebundenheit in dieser für ihn so schmerzlichen Sache ist unterschiedlich deutbar. Nicht zu weit hergeholt scheint es aber, in der Lakonik seiner Reaktion ein Zeichen von einsetzender Nachsicht zu erblicken, zumal wenn man bedenkt, dass in seinen späten Äußerungen über den prominentesten Unterzeichner des Protests, Richard Strauss, eine wachsende Nachsicht auch ihm gegenüber erkennbar ist.[157] Thomas Mann fasste das zunächst tief verachtete politische Verhalten des *Rosenkavalier*-Komponisten als Ausfluss einer »monumentalen Wurschtigkeit« auf und sah in ihm schließlich ein »naives Gewächs des Kaiserreichs«.[158] Es drückt sich darin ein Achselzucken aus gegenüber einem Typus von Künstler, dessen politische Stellungnahmen nicht unbedingt für voll zu nehmen sind, weil sie als verantwortliche Intellektuelle im Sinne unseres »public intellectual«, die das politische Geschehen verfolgen und sich einmischen, eigentlich nicht in Betracht kommen. Vermutlich hat er den Wagner-Protest von 1933 ebenfalls in diesem milden Licht zu sehen gelernt. Die Wortwahl »Eselei« lässt darauf schließen. Dass sein Nachbar, Rotary-Bruder und Mitbürger die Protestaktion zur Förderung seiner Karriere, konkret: seiner Berufung nach Bayreuth, unternommen haben könnte, kam Thomas Mann augenscheinlich nie in den Sinn.

Im Prinzip jedoch war der *Faustus*-Autor eher geneigt, in der Beurteilung von Zeitgenossen, die sich mit dem Nationalsozialismus eingelassen hatten, die strengsten Maßstäbe anzulegen. Als sich herausstellte, dass viele Kollegen, auch nahestehende, nicht bereit waren, sich dem klar erkennbaren Übel des neuen Regimes in Deutschland zu widersetzen, notierte er: »Was wird eines Tages mit diesen Intellektuellen, die es hemmungslos, mit unterworfenen und begeisterten Hirnen mitgemacht haben!«[159] In dem schon mehrfach herangezogenen Brief an Walter von Molo lässt er über seine strenge – unrealistisch strenge – Sicht der Anpassung im Jahre 1933 keinen Zweifel: »Wenn damals die deutsche Intelligenz, alles, was Namen und Weltnamen hatte, Aerzte, Musiker, Lehrer, Schriftsteller, Künstler sich wie ein Mann gegen die Schande erhoben, den Generalstrike erklärt, das Land verlassen hätte, – [...] manches hätte anders kommen können, als es kam.«[160]

Im Übrigen ist nicht zu verkennen, dass er gegenüber Musikern, die Hitler-Deutschland ihr heftig umworbenes Können und Prestige zur Verfügung gestellt hatten, gerade deshalb besonders unnachsichtig war, weil er auf aufrechte Musiker als ehrenwerte Gegenbeispiele verweisen konnte. Auf den Geiger Adolf Busch zum Beispiel, Bruder des Dirigenten Fritz Busch, der Hitler-Deutschland den Rücken kehrte und sich weigerte, dort Musik zu machen.[161] Oder auf Arturo Toscanini, den Hitler persönlich bat, in Bayreuth 1933 den *Parsifal* zu dirigieren, der es aber ablehnte in einem Land zu dirigieren, wo seine jüdischen Kollegen Berufsverbot bekamen. Für Toscanini sprang bezeichnenderweise ein Unterzeichner des Münchner Wagner-Protests ein: Richard Strauss.

Besonders bewundernswert fand Thomas Mann das Verhalten des spanischen Cellisten Pablo Casals, der sich weigerte, in Spanien aufzutreten, solange dort der Faschismus an der Macht war: »Hier ist keine Spur [...] von jener Bereitschaft zur Prostitution [...]. Er ist ein Symbol geworden eines Künstlertums, das unverführbar auf sich hält, zum Symbol unerschütterlicher Einheit von Kunst und Moralität [...], ein Beispiel stolzer, durch nichts zu bestechender Integrität [...].«[162] Im Grunde also teilte Thomas Mann die kompromisslose Position Bronisław Hubermans, den er durch Bruno Walter kennengelernt hatte. Huberman, Geiger und Mitbegründer des Israel Philharmonic Orchestra, hielt bereits 1936 im *Manchester Guardian* seinen opportunistisch mit dem Nationalsozialismus sich arrangierenden deutschen Freunden vor: »Vor aller Welt klage ich Euch, deutsche Intellektuelle« an, »Euch Nicht-Nazis, als die wahren Schuldigen an den nazistischen Verbrechen«, weil sie, die deutschen Eliten, es waren, die dem Nationalsozialismus im Namen der Musik und Kultur in Deutschland zum Sieg verhalfen.[163]

Der Wagner-Protest im Rückspiegel

Mehr als achtzig Jahre nach den hier rekonstruierten Vorgängen lässt sich die historische Bedeutung des *Protests der Richard-Wagner-Stadt München* deutlicher sehen und leichter erkennen, als es aufgrund der Verschleierungstaktik der Betroffenen und Interessierten lange Zeit möglich war. Die historische Bedeutung der Aktion hat einen persönlichen sowie einen überpersönlichen Aspekt. Auf der persönlichen Ebene stellt sich das Verhalten Hans Knappertsbuschs als symptomatisch dar für das Verhalten vieler Deutscher, die, ohne selbst zu den Tätern im engeren Sinn zu zählen, durch ihre Entscheidungen das zunächst langsame Ingangkommen der deutschen Katastrophe ermöglichen halfen, ohne zu ahnen, dass diese eine Eigendynamik entfalten würde, die sich alsbald als unaufhaltsam erwies. Auf der überpersönlichen Ebene stellt sich der Münchner Wagner-Protest heute als eine Wasserscheide im Nachleben Richard Wagners in Deutschland dar: Was 1933 und in den Jahren der Hitler-Diktatur obenauf war und in einem breiten Strom daherkam, ist heute unbrauchbares historisches Strandgut.

Der Fall Knappertsbusch wirft für den Historiker von Wagners »wehvollem Erbe« eine Reihe von Fragen auf, nicht zuletzt die der moralischen Beurteilung seines Verhaltens. Gewiss ist Ulrich Drüner und Georg Günther zuzustimmen, wenn sie vor vorschnellen Verurteilungen warnen. Öffentlich exponierte Persönlichkeiten, die von Hause aus mit Sicherheit keine Nazis waren, konnten in der Zerreißprobe, der sie ausgesetzt waren, oft nicht umhin, sich »auf der einen Seite ›schuldig‹ zu machen, um auf der anderen Seite, soweit als möglich Würde und Anstand bewahren zu können«.[164] Dies ist im Hinblick auf den Fall Erwin Kerber formuliert, den Direktor der Wiener Staatsoper von 1936 bis 1940. Doch ist es fraglich, ob eine solche die Zeitumstände großzügig in Rechnung stellende Nachsicht auch dem Fall Knappertsbusch angemessen ist.

Wie die Mehrzahl seiner Zeitgenossen legte Knappertsbusch nach dem Krieg ein unzulängliches Bewusstsein an den Tag sowohl von dem Unrechtscharakter seines eigenen Verhaltens als auch dem des Regimes, dem er gedient hatte. Es ist glaubhaft bezeugt, dass er, aus welchen Gründen auch immer, seine furchtbare Tat schon bald bereut habe, wie Ida Herz den Manns aus München berichtete, wo diese Nachricht offenbar die Runde machte.[165] Dies mag wohl zutreffen. Festzuhalten bleibt jedoch, dass kein Wort der Erklärung oder Entschuldigung überliefert ist, nicht aus der Zeit seiner Verbannung aus München und nicht aus der Nachkriegszeit. Von einem anderen Unterzeichner, dem Karikaturisten des *Simplicissimus*, Olaf Gulbransson, ist überliefert, dass er seine Unterschrift sehr bald bereute und versuchte, seine Zustimmung rückgängig zu machen.[166] Gulbranssons Reue besitzt einen höheren Grad der Wahrscheinlichkeit als die bloß gemunkelten Reuegefühle des Dirigenten und Initiators. Viel eher ist anzunehmen – dies legen briefliche Zeugnisse aus späterer Zeit nahe –, dass er in seinem souveränen Eigensinn an der in Bayreuth empfangenen und die Hitler-Jahre überdauernden Sicht auf die Welt bis zu seinem Lebensende festgehalten hat – einer von der horrenden Zeitgeschichte unbehelligten Sicht.

Dies geht u.a. aus seiner Korrespondenz mit dem Musikschriftsteller Hans Schnoor hervor, mit dem er sich in der Ablehnung Ernst Blochs einig wusste. Wieland Wagner hatte den damals in Leipzig lehrenden Philosophen nach Bayreuth geholt, wo er – ein hochgradiger Wagnerianer, der seit dem Ersten Weltkrieg originelle philosophische Glossen zu Wagner veröffentlicht hatte – zu einem der intellektuellen Kronzeugen im Neu-Bayreuth Wielands aufstieg und eine enge Freundschaft mit dem Wagner-Enkel schloss.[167] Es war denn auch Ernst Bloch, der 1966 in Bayreuth die Grabrede auf Wieland Wagner halten durfte.[168] Bloch blieb nicht der einzige Marxist und Remigrant, den Wieland Wagner nach Bayreuth einlud. Neben Bloch und Theodor W. Adorno avancierte Hans Mayer, der 1953 mit einer eindringlichen Studie, *Richard Wagners geistige Entwicklung*, hervorgetreten war und zeitweise Blochs Kollege an der Universität Leipzig war, zu einem wirkungsvollen Anwalt Neu-Bayreuths.[169]

In den Augen der Alt-Bayreuther jedoch stellten Ernst Bloch und Hans Mayer ärgerliche Reizfiguren dar. In einem Brief an seinen Gesinnungsgenossen Hans Schnoor findet Knappertsbusch es »hanebüchen«, dass »so ein Kerl« wie das »Schwein BLOCH« seine Ansichten in den Bayreuther Programmheften veröffentlichen durfte. Gemeint ist Ernst Blochs bedeutender Essay *Paradoxa und Pastorale bei Wagner*.[170] Schnoor pflichtet ihm bei. Dieser Artikel sei »zweifellos das Hundsgemeinste […], das von jüdischer Seite gegen den Meister von Bayreuth geschrieben worden ist«; es sei im Übrigen »der schlimmste

Schurkenstreich, den sich die Brüder [Wieland und Wolfgang Wagner] bisher erlaubt haben«.[171]

Wie für die Mehrzahl seiner Zeitgenossen war das Beschweigen der eigenen Vergangenheit eine wesentliche psychologische und rechtliche Voraussetzung für den Neubeginn nach der Katastrophe. Wo Beschweigen nicht genügte, gab man sich eine neue, mehr oder weniger frisierte Vergangenheit. Nichts war dem Kultstatus des Dirigenten in Neu-Bayreuth und in München förderlicher als die Selbststilisierung zu einem Opfer des Nationalsozialismus und die Fiktion, politisch verfemt gewesen zu sein. Das harte Wort der Lebenslüge lässt sich in diesem Fall nicht vermeiden; es ist die einzig angemessene Bezeichnung.

Es wäre jedoch verfehlt, dem Verhalten Knappertsbuschs 1933 und nach 1945 einen exzeptionellen Charakter zu bescheinigen, nur weil das Opfer seiner Denunziation jemand von der Statur Thomas Manns war. Wozu er 1933 seine Hand lieh: der opportunistischen Allianz von Kultur und Nationalsozialismus, wiederholte sich landauf, landab. Und der von Knappertsbusch in hohem Maße mitgetragene Neubeginn 1951 in Bayreuth ging in allen wesentlichen Merkmalen mit der gesamtgesellschaftlichen Vergangenheitspolitik in der alten Bundesrepublik konform, die die Exkulpation und Integration der politisch Belasteten zum Ziel hatte.

Darüber hinaus muss dem Wagner-Protest von 1933 eine herausragende Bedeutung in dem mentalitätsgeschichtlich überaus erhellenden Kampf um das Wagner-Erbe zuerkannt werden. Dies keineswegs nur aufgrund der Koinzidenz mit der Machtübernahme durch Adolf Hitler, sondern vor allem aufgrund seiner argumentativen Substanz. In der Sache Knappertsbusch contra Thomas Mann stießen zwei konträre und unvereinbare Wagner-Auffassungen aufeinander: eine deutsch-nationale, deren ideologisches Gravitationszentrum Bayreuth war, und eine europäisch-kosmopolitische, an Baudelaire und Nietzsche orientierte, als deren Gravitationszentrum Paris anzusehen war. Was Thomas Mann an europäischen und kosmopolitischen Zügen an Wagner herausstellte, galt dem anderen Lager als undeutsch; was er als »modern gebrochen«, »intellektuell« und »analytisch« bewunderte, galt Knappertsbusch und den anderen Protestlern als dekadent und artfremd.

Über diesen Streit hat die Geschichte schon längst ihr klares und unwiderrufliches Urteil gefällt. International betrachtet hat das Wagner-Bild Knappertsbuschs und der bayreuthhörigen Wagnerianer ausgespielt und ist nur noch von historischem Interesse. Weiterführende Impulse für die Wagner-Forschung oder die Wagner-Regie gehen von ihm nicht aus. Selbst Knappertsbuschs in ihrer Art großartige, unter Alt-Wagnerianern legendäre Wagner-Dirigate waren bereits in Neu-Bayreuth ein Auslaufmodell – ein Modell, das der heutigen Generation von Dirigenten nicht als vorbildlich gilt.

Was hingegen das kosmopolitische Paradigma der Wagner-Deutung betrifft, so betrachtete sich Thomas Mann als dessen Kustoden und somit als Sachwalter des wahren Erbes. Dieses Wagner-Bild hat sich durchgesetzt. Es bildet heute im Verbund mit dem sozialistischen und radikaldemokratischen Paradigma, das in dem Wagner des Vormärz und der Zürcher Revolutionsschriften seinen Anker hat, das verlässliche intellektuelle Fundament der anhaltenden Faszination durch Werk und Gestalt Richard Wagners. Dieses sozialistische Deutungsraster schreibt sich von George Bernard Shaw und seinem bahnbrechenden *The perfect Wagnerite* her.[172] In Deutschland hatte und hat dieses Wagner-Bild vor allem in Ernst Bloch, Franz W. Beidler, Hans Mayer und Udo Bermbach seine wichtigsten Anwälte.

Was spezifisch das Wagner-Bild Thomas Manns betrifft, so bleibt festzuhalten, dass es nach der Hitler-Herrschaft richtungweisend war für das neu belebte Interesse an dem umstrittensten deutschen Künstler. Wenn unser Verhältnis zu Wagner heute gelassener ist, als es in den ersten zwei, drei Dekaden nach 1945 war, so scheint dies in hohem Maß Thomas Mann geschuldet, denn es war er vor allem, der das wehvollste Erbe der neueren deutschen Geschichte, ohne das Fragwürdige und Schlimme daran zu bagatellisieren, in seiner facettenreichen, nicht nachlassenden Faszination für uns Nachgeborene gerettet hat. Wie sich Thomas Manns Wagner-Verständnis gebildet hat – in wachsender Distanz und Opposition zu dem Knappertsbuschs und Hitlers – wird im dritten Teil unseres Triptychons darzustellen sein.

Wagner im 21. Jahrhundert

Ein abschließendes Wort zu den eingangs referierten Mutmaßungen Sven Oliver Müllers und Oswald Georg Bauers über die Zukunft der Festspiele und über Wagner im 21. Jahrhundert. Wird sich die Spur von Wagners Erdentagen noch in diesem Jahrhundert verlieren? Ist dieser im Gang der Geschichte natürliche Aktualitätsschwund nicht unvermeidlich, wie schon Alfred Rosenberg in bewusster Distanzierung von seinem Chef und Konkurrenten auf dem Feld der Mythisierung des Nationalsozialismus zu wissen glaubte? Ist nicht die Zeit gekommen, Paul Stefans lapidarem Satz »Er war, er ist nicht unser« schließlich doch recht zu geben – ein Jahrhundert nachdem er zuerst ausgesprochen wurde? Gilt nicht auch hier Erdas feierliche Prophezeiung: »Alles, was ist – endet!«

Oder birgt das Werk Wagners, wie Oswald Georg Bauer glaubt, das Potential zu einer stets erneuerbaren Aktualität auch und gerade im Zeitalter eines ungebremsten, globalen Kapitalismus? Hat nicht Wagners gewaltiges Werk wie das Shakespeares oder der griechischen Tragödiendichter eine überzeitliche Gültigkeit erreicht? Wie aber wäre Wagners Aktualität zu erneuern und lebendig zu erhalten?

Dies muss selbstverständlich auch der derzeitigen Festspielleitung von Belang sein. Zum Jubiläumsjahr 2013 schrieben die »BF Medien« einen Aufsatzwettbewerb aus. Das Thema: »Perspektiven der Wagner-Rezeption im 21. Jahrhundert.« Es beteiligten sich junge Wagnerianer aus England, Schweden, Georgien, Japan und Deutschland. Die Ausschreibung zeitigte eine bunte Palette von mehr oder weniger bedenkenswerten Ideen, aber kein tragfähiges Konzept.[173] Das überrascht nicht. Das Problem, vor dem die Festspielleitung steht, ist ein altes und kaum lösbares: Wie kann der von einer fragwürdigen Tradition diktierte, ermüdende Modus der Festspiele – die turnusgemäße Neuinszenierung und Neuverpackung des stets gleichen Kanons der zehn festspielwürdigen Werke – dem Geist eines Künstlers gerecht werden, der mehr als alles andere ein Revolutionär war, ein unermüdlicher Neuerer?

Fragt man sich, aus welchen kreativen Quellen sich Neu-Bayreuth speiste, so dass die Wagner-Festspiele unwahrscheinlicherweise den Status einer repräsentativen Vorzeigeinstitution des deutschen kulturellen Lebens erlangten – aufs Neue erlangten –, so drängt sich der Faktor Geschichte geradezu auf. Die Wagner-Brüder, denen nach der deutschen Katastrophe das »wehvolle Erbe« anvertraut war, standen unter einem einmaligen Innovationsdruck, der heute in dieser Unmittelbarkeit nicht länger zu verspüren ist. Sie waren tief verstrickt im Nationalsozialismus und hatten die Gunst Hitlers genossen – Wieland in höherem Maße als Wolfgang. Der Zusammenbruch des Hitler-Reichs, mehr noch die moralische Bloßstellung des Regimes, dem man gläubig gedient hatte, erzeugten offenbar das Bedürfnis, ja die Notwendigkeit einer radikalen Kehrtwendung in der Art und Weise, wie Wagners Bühnenwerke zu interpretieren und zu vermitteln waren. Das Resultat war eine Revolution auf der Bühne gleichsam als nachgeholte Kompensation für die unterlassene, weil nie in Betracht gekommene Revolte in der jüngst geschehenen Geschichte.

Man vergegenwärtige sich, worin das Revolutionäre der Inszenierungen Wieland Wagners bestand. Beginnend 1951 mit *Parsifal* und dem *Ring des Nibelungen*, griff Wieland Wagner Ideen des Schweizer Theatertheoretikers Adolphe Appia auf, was in einer konsequenten Entrümpelung der Wagner-Bühne resultierte. Es wurde im wahrsten Sinn des Wortes aufgeräumt. Wieland Wagners Neuansatz ist mit dem Etikett »Entrümpelung« jedoch nur sehr unzureichend gekennzeichnet. Es ging nicht allein um die Reduzierung des Bühnenbilds auf abstrakte, symbolische Räume und die Inthronisation der Lichtregie als eines eigenständigen Bedeutungsträgers, sondern um die Eliminierung aller politischen und historischen Subtexte in den subtextgesättigten Werken Wagners. Das Gewicht der Geschichte, das Wieland auf der biographischen Ebene unvermeidlich belasten musste, konnte auf der Bühne über Bord geworfen werden. Damit wurde ein signalhafter Schnitt vollzogen, mit dem sich Neu-Bayreuth von der Vergangenheit abzusetzen versuchte. Wieland Wagners Distanzierung von der Vergangenheit in Aufsätzen und Interviews galt vornehmlich den Usancen der Festspiele unter der Ägide seiner Eltern und seiner Großmutter; sie war expliziter als seine Abkehr von dem Geist des einstigen Freunds der Familie und Mitveranstalters der Festspiele, weil sich diese Abkehr nur indirekt über die Kunst und ihre impliziten Botschaften artikulieren konnte.

Der für Neu-Bayreuth grundlegende Drang zu einer »Los-von-der-Geschichte«-Politik fand in der kühn-abstrakten *Meistersinger*-Inszenierung Wielands von 1956 ihren markantesten Ausdruck. Diese Produktion ist als »Die Meistersinger ohne Nürnberg« in die Annalen der Festspiele eingegangen.[174] Auch musikalisch wurde, wie an dem Live-Mitschnitt zu hören, ein neuer Weg eingeschlagen, unbelastet von der blechgepanzerten Vergangenheit. Das Dirigat wurde André Cluytens anvertraut, der in vielerlei Hinsicht als der Gegenpol zu dem von Knappertsbusch praktizierten Stil zu betrachten ist. Wagners »Nüremberg« war jedoch nicht der einzige Ort, der von der Geschichte abgekoppelt wurde. Auch den übrigen Werken des Bayreuther Kanons – mit Ausnahme der denkwürdigen Holländer-Inszenierung von 1959[175] – wurde der Resonanzboden der Geschichte entzogen. Wieland Wagner suchte und fand Zuflucht in der Psychoanalyse, dem Mythos und dem kultischen Theater der griechischen Antike und stemmte, alle historischen Echos abdichtend, die Werke seines Großvaters in die vermeintlich höhere Sphäre einer zeitlosen, universellen Gültigkeit.

Für die Zukunft der Festspiele jedoch bietet die Flucht aus der Geschichte keinen gangbaren Weg mehr, denn der Anlass zu jener existentiell bedingten Abwehr der Geschichte in den ersten anderthalb Dekaden von Neu-Bayreuth ist nicht länger gegeben. Ebenso wenig Zukunft hat m. E. das Evangelium der wagnerfrommen Gemeinde und ihr Eiapopeia von der Erlösung durch Liebe. Auch das nur vermeintlich unbefristet aktualisierbare Konfliktmuster von Macht und Liebe scheint im Zeitalter einer beschleunigten technologischen Entwicklung, in der sowohl Macht als auch Liebe ganz neue Gesichter angenommen haben, seine Plausibilität weitgehend eingebüßt zu haben.

Eine nachhaltige Vitalitätsspritze scheint jedoch von den auf den ersten Blick sehr unterschiedlichen Deutungsmustern auszugehen, die in der *Ring*-Inszenierung Patrice Chéreaus (1976–1980) sowie der *Parsifal*-Inszenierung Stefan Herheims (2008–2012) erkennbar waren. Sie gingen der Geschichte nicht aus dem Weg, sondern tauchten in sie ein, um die vielfältige Verstrickung von Wagners Werk mit der deutschen Geschichte, einschließlich ihrer Wirkungsgeschichte, zu sondieren und darzustellen. Die Gefahr ist hier, dass an die Stelle eines klar fokussierten Engagements mit einem relevanten Aspekt des Werkes eine ausufernde Bebilderung der Bühne im Sinne eines postdramatischen Begriffs von Theater tritt, wie einige Produktionen der jüngsten Festspielgeschichte gezeigt haben. Sie landeten in der Sackgasse der

Beliebigkeit und Unverbindlichkeit. Nicht verwunderlich, denn die Begriffe »postdramatisch« und Theater stehen, recht besehen, in einem antagonistischen Verhältnis; sie bilden ein Oxymoron. Wenn Wagner im 21. Jahrhundert eine Zukunft haben soll, dann vermutlich in einer Form, die für Drama und Geschichte einen neuen Modus der wechselseitigen Erhellung findet.

Thomas Manns Wagner

The »greatest Wagnerian«: Thomas Mann und Nietzsche

Susan Sontag – über vier Jahrzehnte hin die aufregendste Stimme auf der amerikanischen Kulturszene – sprach von Thomas Mann sinngemäß als dem »greatest Wagnerian«. Sie tat es eher beiläufig, in einem Essay über Syberbergs Hitler-Film, und ohne ihr Urteil näher zu begründen.[1] Es war gleichwohl keine aus der Luft gegriffene Charakterisierung des *Zauberberg*-Autors, denn – wie sie in ihrer Frankfurter Rede von 2003 aus Anlass der Verleihung des Friedenspreises des Deutschen Buchhandels bekannte – Thomas Mann war für sie seit ihren Teenagerjahren eine feste Größe an ihrem geistigen Horizont.[2]

Das Etikett »greatest Wagnerian« scheint heute außerhalb Deutschlands in höherem Maße konsensfähig zu sein als in Deutschland, wo Thomas Manns Wagner-Bild, wie wir gesehen haben, umstritten war und es zum Teil noch heute ist und wo selbst heute noch seine fachliche Kompetenz als Interpret Wagners in Zweifel gezogen wird.[3] Gleichwohl ist eine gewichtige Stimme zu verbuchen, die dem Urteil der amerikanischen Autorin vorbehaltlos zustimmen würde, nämlich die Franz W. Beidlers, des abtrünnigen Wagner-Enkels. In seinem Entwurf vom 31. Dezember 1946 zu einer Neuorganisation der Bayreuther Festspiele – zu einem gründlich entnazifizierten Neuanfang – verwies Beidler nachdrücklich auf den von ihm verehrten Thomas Mann, der als »Ehrenpräsident« des neuzuschaffenden Stiftungsrats gleichsam die Schirmherrschaft der Wagner-Festspiele innehaben sollte: »Er muß heute mit Fug und Recht als der erste und tiefste Wagnerianer im positiven Sinne dieses Begriffs bezeichnet werden.«[4]

Aus Beidlers Entwurf spricht das sichere Wissen nicht nur um die Zuständigkeit des *Doktor-Faustus*-Autors in Sachen Wagner und Wagner-Erbe, sondern auch ein Sinn für die herausragende historische Stellung dieses exilierten Kombattanten im Kampf um das Wagner-Erbe. Für den am frühesten aus der Reihe tanzenden Wagner-Nachfahren war das Projekt eines »Wagners nach Hitler« und damit einer

Fortsetzung und Neuauflage der Wagner-Festspiele ohne den Verfasser von *Leiden und Größe Richard Wagners* schlechterdings nicht vorstellbar. Wenn es mit den Wagner-Festspielen in einer geistig und moralisch akzeptablen Art und Weise weitergehen sollte, so ohne die beiden anderen Wagner-Enkel, die auf Hitlers Schoß gesessen hatten, auch ohne Knappertsbusch, den »hundsföttischen« Denunzianten von Beidlers väterlichem Freund.[5] Selbstredend auch ohne die alte Kohorte der Protagonisten und intellektuellen Zuarbeiter, die vor nicht allzu langer Zeit die Vermählung Bayreuths mit Hitler rauschhaft begrüßt hatten. Doch gerade sie gaben der intellektuellen und ideologischen Physiognomie Neu-Bayreuths bis lange nach dem Neuanfang von 1951 ihr eigentümlich hybrides, zwischen Innovation und Kontinuität unsicher hin und her schwankendes Gepräge. Beidlers Vorstellungen, so aufschlussreich sie uns heute im Hinblick auf die Mentalität der Übergangszeit vom Ende des Hitler-Reichs bis zum Neuanfang erscheinen mögen, waren aus juristischen Gründen zum Scheitern verurteilt. Das »Gemeinschaftliche Testament Siegfried und Winifred Wagners« von 1929 bestimmte die »gemeinsamen Abkömmlinge der Ehegatten Wagner« zu den Erben.[6] Nicht ohne Sarkasmus und Bitterkeit nannte Beidler Neu-Bayreuth eine in hohem Maße geglückte »Spekulation auf die Vergeßlichkeit der Menschen unserer Zeit«.[7]

Will man verstehen, womit die herausragende Bedeutung Thomas Manns als einer Schlüsselfigur der Wirkungsgeschichte Richard Wagners zu begründen wäre, ist es notwendig, über den an früherer Stelle analysierten *Protest der Richard-Wagner-Stadt München* hinauszugehen und sich von der Geschichte, von der Breite und der intellektuellen Spannweite von Thomas Manns Auseinandersetzung mit Wagner Rechenschaft zu geben. Diese vollzog sich auf drei eng miteinander verzahnten Ebenen – einer, grob gesprochen, literarischen, einer kritischen und einer politischen.

Wir haben gesehen, wie Thomas Mann auf rüde Weise in den Kampf um das Wagner-Erbe hineingezogen wurde und wie er die von den Münchner Wagnerianern ausgesprochene nationale Exkommunikation zum Anlass nahm, als Exilant im Medium der Publizistik gegen das von einem Wagnerianer geführte Deutschland Krieg zu führen. Wir werden im Folgenden sehen, wie er auf der kritischen Ebene der Wagner-Interpretation sein früh erworbenes Wagner-Bild in wachsender

Opposition zu der intellektuell ärmlichen Bayreuther Orthodoxie, aus deren Dunstkreis weder Hitler noch Knappertsbusch oder Emil Preetorius je heraustraten, differenzierte und vertiefte. Zwar erklärte er seiner amerikanischen Verehrerin Agnes Meyer, seine »Redeweise über Wagner« habe »nichts mit Chronologie und Entwicklung zu tun. [Sie] ist und bleibt ›ambivalent‹, und ich kann heute so über ihn schreiben und morgen so.«[8] Aber diese Auskunft ist nur zum Teil korrekt und leicht misszuverstehen, als hätte er seine Meinung über Wagner nie differenziert und geändert. Richtig ist vielmehr, dass sein Nachdenken über Wagner in wachsendem Maße die politischen Implikationen des Wagner-Kults mitreflektierte und im Lichte dieser Erfahrung seinem Wagner-Bild neue Nuancen und Komplikationen einfügte. In dieser Hinsicht – wie auch in politischer Hinsicht insgesamt – verhielt sich Thomas Mann nicht ideologisch gebunden, sondern vernunftgeleitet und pragmatisch. Eine Verhaltensregel in diesem Geiste ist in der angloamerikanischen Kultur verbreiteter als in der deutschen, wo Treue zu einer einmal gewonnenen Überzeugung als Tugend gilt. Die bündigste Formulierung dieser Verhaltensregel auch für Intellektuelle wird dem Wirtschaftstheoretiker John Maynard Keynes zugeschrieben, der auf eine diesbezügliche Vorhaltung geantwortet haben soll: »When the facts change, I change my mind. What do *you* do, Sir?«

Grundlegend sowohl für das kritisch-analytische Wagner-Bild Thomas Manns als auch für die literarische Verarbeitung des Wagner-Phänomens ist Nietzsche als geistige Erscheinung, insbesondere seine glänzende Wagner-Kritik. Der junge Thomas Mann wurde noch zu Lebzeiten des Philosophen von der ersten Welle der Nietzsche-Rezeption erfasst. Sein Verhältnis zu ihm unterscheidet sich von der Nietzsche-Begeisterung der nachfolgenden Generationen grundsätzlich in zweierlei Hinsicht. Zum einen lernte er sogleich, Nietzsche gegen den Strich zu lesen, und zwar von diesem selbst; psychologisch gewieft schon in jungen Jahren, deutete er die leidenschaftliche Verurteilung Wagners durch seinen einstigen Jünger als eine Form der »Verherrlichung« mit umgekehrten Vorzeichen und damit als Ansporn zu produktiver Bewunderung.[9] Es spricht für das Einfühlungsvermögen des jungen Thomas Mann, dass er sich durch Nietzsches Abfall von Wagner nicht irremachen ließ in seinem instinktiven Wissen um die, trotz allem, rettungslose Verfallenheit Nietzsches an den *Tristan*-Schöpfer.

Mit *Der Fall Wagner* (1888) und *Nietzsche contra Wagner* (1889) war keineswegs das letzte Wort gesprochen. Noch in *Ecce Homo*, geschrieben nach dem Abfall von Wagner, sei die »heftigste Liebe« zu dessen Opus metaphysicum zu erkennen. Wie die Notate aus dem Nachlass zeigen, setzte sich die Auseinandersetzung mit Wagner bis zum Ende fort.[10] Thomas Mann verstand und würdigte in seiner enthusiasmierten Art, dass Wagner das »Zentrum von Nietzsches Denken« markierte; ihre »Sternen-Freundschaft« war ihm das bei weitem fesselndste und lehrreichste Kapitel der Kulturgeschichte des 19. Jahrhunderts.[11]

Zum anderen entwickelte er aus Nietzsches höhnisch gemeinter Aufforderung in *Der Fall Wagner*[12], man brauche Wagners Gestalten lediglich in zeitgenössische bürgerliche Verhältnisse zu transponieren, um ihre sehr moderne Dekadenz und Fragilität zu erkennen, ein prinzipiell intertextuelles Schreibverfahren.[13] Diesem Schreibverfahren verdankt sich der allgegenwärtige Wagnerismus seiner Romane und Novellen nicht nur auf thematischer, sondern auch auf erzähltechnischer Ebene.[14] Es ist somit von Anfang an ein durch Nietzsches Kritik gefilterter Wagner, dem wir im Werk Thomas Manns begegnen, in den Essays wie den Romanen und Erzählungen.[15]

Kein Wort trifft den Geist und den Charakter von Thomas Manns Verhältnis zu Wagner genauer als das Wort Passion. Er selbst hat in den *Betrachtungen eines Unpolitischen* und später immer wieder die Bezeichnung »Passion« gewählt, »weil schlichtere Wörter, wie ›Liebe‹ und ›Begeisterung‹, die Sache nicht wahrhaft nennen würden«.[16] Passion – das ist Liebe, die sich gegen alle schleichenden Zweifel behauptet, selbst gegen handfeste Beweise von Nicht-Liebenswürdigkeit. Es ist eine im genauen Wortsinn »hellsichtige Liebe«, denn sie braucht nichts zu beschönigen oder zu kaschieren, um vor sich selbst bestehen zu können. Eine solche unbeirrbare Liebe ist nicht zu verwechseln mit dem Fanatismus, der von keinem Zweifel angekränkelt ist, der Kritik als Verunglimpfung empfindet und keine Infragestellung des geliebten Gegenstands duldet. Fanatismus erfordert einen festen, unbeirrbaren Glauben. Den aber besaß Thomas Mann nicht, wie er in dem zentralen Text seiner Wagner-Krise, *Auseinandersetzung mit Wagner* von 1911, offen bekannte: »Meine Liebe zu ihm war eine Liebe ohne den Glauben – denn stets schien es mir pedantisch, nicht lieben zu können, ohne zu glauben.«[17] Nicht zuletzt darin also unterscheidet sich Thomas

Mann von Hitler und Knappertsbusch; deren Liebe zu Wagner beruhte auf einem felsenfesten, blinden Glauben, von dem es nur ein kurzer Schritt zum Fanatismus ist. Eine solche fanatische Liebe ist jedoch nicht als Passion zu bezeichnen, denn es fehlt ihr der Zweifel, der Vorbehalt.

Gewiss hatte der Autor des *Doktor Faustus* Richard Wagner im Sinn, als er an zentraler Stelle des Romans dem Teufel den Satz in den Mund legte: »Die höchste Passion gilt dem absolut Verdächtigen [...].«[18] Doch so fragwürdig und politisch verdächtig die Musik ihm gelegentlich auch erscheinen mochte, zumal die Musik Wagners, so unbeirrt hielt er an seiner Liebe fest, letztlich wohl aus produktionsökonomischen Gründen. Ins Bürgerliche transponierte Wagner-Parodien waren, wie wir sehen werden, eines seiner Markenzeichen. Nach langer, selbstkritischer Reflexion auf seine Wagner-Passion war er sich doch einer Sache völlig gewiss: »Es gibt Fälle, bei denen man alles mögliche zugeben mag, und es bleibt immer etwas Überwältigendes zurück.«[19]

In dem Ringen um das Erbe, zu dem sich die Wirkungsgeschichte Wagners im 20. Jahrhundert kristallisierte und das den Eklat des Münchner Wagner-Protests produzierte, erwies sich der Faktor Nietzsche als ausschlaggebend. An Nietzsches Wagner-Kritik schieden sich die Geister. Dies hatte Stefan Zweig richtig erkannt, als er zu den Münchner Wagnerianern bemerkte: »die Leute haben Nietzsche nicht gelesen«.[20] Das soll heißen: Sie ignorierten Nietzsches Wagner-Kritik oder wiesen sie zurück, denn sie stellte für Wagnerianer, die sich der Bayreuther Orthodoxie verpflichtet fühlten, eine Zumutung und Provokation dar. Indem sie Thomas Mann anprangerten, verwarfen sie gleichzeitig auch Nietzsches Wagner.

Zwar hat es Versuche gegeben, auch den Philosophen des *Willens zur Macht* als geistigen Vorläufer für den Nationalsozialismus zu reklamieren und die enorme intellektuelle Verführungskraft seiner Schriften den Zielen der Bewegung nutzbar zu machen. Doch die Anzahl der anschlussfähigen Aspekte von Nietzsches Werk war begrenzt – weit begrenzter als bei Wagner. Im Mittelpunkt des Interesses im nationalkonservativen Lager standen Nietzsches Vitalismus, d.h. heißt seine Verherrlichung des starken, aufsteigenden Lebens, sowie der pro domo zurechtgebogene Wille zur Macht. Für Nietzsches Wagner-Kritik, die im Brennpunkt von Thomas Manns Interesse stand, hatten weder Chamberlain noch Hitler eine Verwendung. Dasselbe gilt auch von der bayreuthhörigen Wagner-Gemeinde. Ein Autor, der sich rühmte, dass er »Wagnern den Krieg mache«, der den »Bayreuther Cretinismus« beim Namen nannte und zudem verlangte, »die antisemitischen Schreihälse des Landes zu verweisen«, konnte in diesen Kreisen auf nichts als entrüstete Ablehnung zählen.[21] In diesem geistigen Milieu waren inbesondere drei Positionen der Wagner-Schriften Nietzsches Anathema: seine Diagnose von Wagners Modernität, von Wagners Deutschheit und von seiner geschichtlichen Stellung.

Das aus Bayreuther Sicht anstößigste Merkmal von Nietzsches Wagner-Deutung war seine psychologisch tieflotende Diagnose als Décadence-Künstler. Für Nietzsche, wie für Paul Bourget, war der Begriff »décadence« letztlich wertneutral, die summarische Bezeichnung für bestimmte Phänomene der modernen Literatur und Kultur. Dem war bei Charles Baudelaire und Théophile Gautier eine Aufwertung des generell negativ konnotierten Begriffs vorausgegangen, der von da an eine umfassende ästhetische Sensibilisierung meinte – eine »délicatesse in allen fünf Kunstsinnen«.[22] Diese epochale Umwertung brach dem Ästhetizismus als geistige Lebensform Bahn. Nietzsche hatte in Bourgets *Essais de psychologie contemporaine*, die u.a. von Baudelaire, Hippolyte Taine, Ernest Renan und Gustave Flaubert handeln, eine Erklärung für manche seiner eigenen Ahnungen bezüglich Wagner gefunden. War Wagner im Grunde ein Schauspieler und Dilettant? Nun sah er: Es waren epochenspezifische Phänomene der Moderne, die in Wagner eine besonders charakteristische Artikulation gefunden hatten und die es legitim erscheinen ließen, an dem Fall Wagner eine »Diagnostik der modernen Seele« vorzunehmen – will sagen: der modernen Künstlerseele.[23] In Bayreuth jedoch und gewiss auch für Hitler hafteten dem Begriff der Décadence entschieden negative, herabsetzende Implikationen an. Dekadenz hieß Verfall, kultureller Niedergang und Entartung. Von all diesen Assoziationen war Wagner unbedingt freizuhalten, wenn seine Rolle als Erneuerer Deutschlands im Sinne des aufsteigenden Lebens nicht ad absurdum geführt werden sollte.

War die Diagnostik Wagners mit dem französischen Begriff der Décadence schon anstößig genug, so war es gänzlich inakzeptabel, wenn Wagners Deutschheit in Frage gestellt wurde. Thesen wie die, dass Wagner von seinem künstlerischen Temperament her eigentlich in die »französische Spät-Romantik der Vierziger Jahre« gehöre, dass man »als *Artist* […] keine Heimat in Europa [habe] ausser in Paris« und dass »Wagner das Gegengift gegen alles Deutsche par excellence« sei; oder provokative Fragen wie die, ob »Wagner überhaupt ein Deutscher« war, denn »sein Wesen selbst« widerspricht dem, »was bisher als deutsch empfunden wurde«, oder »ob es in der Wagnerischen Kunst etwas schlechthin Deutsches giebt« und ob sich seine Werke nicht eher dadurch auszeichnen, dass sie sich »aus *überdeutschen* Quellen und Antrieben« speisen: Diese und ähnliche Fragen zielten auf die Fundamente der Bayreuther Wagner-Orthodoxie.[24] In einer geistigen Sphäre, in der Wagners Deutschheit als unveräußerlich galt, in der Wagner, wie wir sahen, als der »deutscheste« Künstler gehandelt wurde, mussten Nietzsches irritierende Charakterisierungen auf blankes Unverständnis stoßen und somit auf totale Ablehnung.

Ein Gleiches gilt von dem ernüchternden Befund, mit dem Nietzsche seine Wagner-Festschrift von 1876 ausklingen ließ. Dort stellt er sich die Frage, was Wagner den Deutschen in Zukunft wohl bedeuten werde. Seine skeptische Voraussage, dass Wagner »nicht der Seher einer Zukunft« sein werde, »sondern der Deuter und Verklärer einer Vergangenheit«[25], musste aus der Perspektive von 1933 als widerlegt erscheinen. In dem Freudentaumel ob der von Bayreuth abgesegneten Rettergestalt, die nun die Zukunft Deutschlands gestalten würde, wähnte man, dass das neue Deutschland in der Tat das von Wagner erträumte sei. Nietzsches diesbezügliche Skepsis stand der inneren Logik der Indienstnahme Wagners durch Chamberlain, Hitler und die bayreuthhörige Wagner-Gemeinde diametral entgegen. Diese beruhte, wie wir sahen, auf der Prämisse, dass der *Meistersinger*-Schöpfer ein Seher war, wenn nicht gar der Prophet des neuen, von Hitler verwirklichten Deutschlands.

Der junge Thomas Mann, angezogen von Nietzsches bestechender Prosa und gefesselt von dessen tiefblickender Wagner-Diagnostik, bewegte sich somit von allem Anfang an auf einer Bahn, die aus Bayreuther Sicht ein Irrweg war. Es war nur eine Frage der Zeit und des politischen Klimas, bis ihn der Bannfluch treffen würde. Das geschah mit einer gewissen inneren Logik 1933, als eine Laune der Vorsehung dafür sorgte, dass das Wagner-Jubiläum mit der Übernahme der Macht durch einen fanatischen Wagnerianer zusammenfiel und so neue Voraussetzungen schuf für eine Säuberung der Wagner-Welt von Häresien.

Die Größe Thomas Manns als Wagnerianer erwies sich erst so recht, nachdem ihm die »nationale Exkommunikation« durch den Münchner Protest widerfahren war. Sie bestand darin, dass er über einen turbulenten Zeitraum hin, in dem die deutsche Kultur insgesamt einer nicht für möglich gehaltenen Verhunzung unterworfen wurde, gleichsam als Statthalter Nietzsches und Kustode des Erbes, ein Wagner-Bild lebendig erhalten half, das die modernen Reize des Werkes hervorkehrte und das europäisch verwurzelt war. Damit stand nach dem Ende der Hitler-Herrschaft ein ebenso erhellendes wie kritisches und, aufgrund seiner passionierten Ambivalenz, ein aufs neue anziehendes Wagner-Bild bereit, an dem sich das Interesse nachfolgender Generationen guten Gewissens entzünden konnte. Freilich geschah dies nicht im Handumdrehen sogleich nach dem Fall des Hitler-Reichs. Jahrzehnte deutscher Vergangenheitspolitik sorgten dafür, dass der Wagner Chamberlains und Hitlers eines quälend langsamen Todes starb. Noch 1964 musste Theodor W. Adorno konstatieren: »Das über Wagner Gedachte steht wie unter einem Bann. Der Geist hat ihm gegenüber die Freiheit noch nicht gewonnen.«[26]

Wagner in Lübeck

Die Hansestadt Lübeck, in der Thomas Mann die ersten neunzehn Jahre seines Lebens verbrachte, besaß eines jener Stadttheater, die für das kulturelle Leben in den deutschsprachigen Ländern typisch waren. Wenn Wagner auf dem Programm stand, so konnte man darauf zählen, dass, wie es im *Kleinen Herrn Friedemann* heißt, »alle gebildeten Leute« anwesend waren.[27] Das Lübecker Stadttheater war ein respektables Provinztheater, das sich jedoch mit dem viel größeren Hamburger Stadttheater oder auch mit dem viel besser finanzierten Hoftheater in Schwerin nicht messen konnte.

Wenn Thomas Mann im Abstand von vierzig Jahren gleichwohl die Lübecker Wagner-Aufführungen seiner Jugend als »ein künstlerisches Kapital-Ereignis« bezeichnete, so meinte er die schiere Macht der ästhetischen Verzauberung. Das Prädikat »Kapital-Ereignis« gilt jedoch nicht für das künstlerische Niveau jener Wagner-Abende seiner

Jugend, denn er gibt zu, dass jene Aufführungen unzulänglich waren. »Die Geigen des kleinen Orchesters«, schrieb er 1930 in seinen *Erinnerungen ans Lübecker Stadttheater,* »waren nicht edelsten Klanges, obgleich mein Violinlehrer Winkelmann mitspielte, der Schwan kam manchmal ein bißchen ruckweise herangeschwommen, und namentlich im Chor gab es sonderbare Gestalten: Ich erinnere mich an ein Mitglied der Brabanter Gentry, einen tenorsingenden Greis, der immer mit dem Zeigefinger taktierend im Vordergrunde stand und dessen Stimme bei dem ›Gar viel verheißet uns der Tag‹ im II. Akt als ein gequetschtes Falsett recht schauderhaft hervortrat.«[28] Es sind dies die jedem Theaterfreund vertrauten Unzulänglichkeiten und kleinen Pannen, die den Zuschauer nicht nur in kleinen Theatern überraschen und amüsieren.

Zur Erklärung des bescheidenen Niveaus jener Aufführungen sei lediglich erwähnt, dass dem Lübecker Stadttheater, damals unter der Direktion von Dr. Friedrich Erdmann-Jesnitzer, der oft auch Regie führte, ein Orchester von lediglich vierzig Musikern und ein Chor von vierzehn Damen und vierzehn Herren zur Verfügung stand.[29] Bei Wagner-Aufführungen wurde der Chor auf vierzig Stimmen aufgestockt. Der für Wagner ebenso notwendigen Vergrößerung des Orchesters waren durch den sehr beschränkten Raum des Orchestergrabens Grenzen gesetzt, was von den Musikkritikern der Stadt wiederholt lebhaft bedauert wurde. In der dankbar gestimmten Rückschau Thomas Manns von 1930 verloren solche Mängel jedoch ihr Gewicht. »Was tat es?«, so Thomas Mann weiter: »Die Abstraktionskräfte der Jugend sind mächtig. Ich war glücklich, ich war, wie der Franzose sagt, transporté […].«

Den Nährboden für seine aufblühende Musikliebe stellte das Elternhaus bereit. Julia Mann, die musikliebende Mutter, sang ihm zu eigener Begleitung Lieder von Schubert, Schumann und Brahms vor.[30] Sie sorgte dafür, dass der Knabe Thomas, wie in bildungsbürgerlichen Häusern üblich, in den Genuss eines privaten Musikunterrichts kam. Im Übrigen war sie eine Anhängerin der neuen Musik Richard Wagners. Der Violinlehrer des Siebenjährigen, Ludwig Winkelmann, war Konzertmeister im Orchester des Stadttheaters; dessen Bruder, Hermann Winkelmann, hatte in der Bayreuther Uraufführung des *Parsifal* die Titelpartie gesungen. Außerdem war da ein fabelhafter Klassenkamerad namens Franz Sucher, ein »deliziöser Thunichtgut«, dessen Eltern Franz und Rosa Sucher enge Beziehungen zu Wagner hatten.[31] Franz

Sucher war einer der Probendirigenten in Bayreuth; Rosa Sucher sang dort die Sieglinde und die Isolde; beide gehörten zu den herausragenden Kräften der Berliner Hofoper. Der junge Thomas Mann wuchs somit in einem mit Musik gesättigten Umfeld auf, in dem Wagner und Bayreuth in hohem Ansehen standen und in dem die in ganz Deutschland sich ausbreitende Begeisterung für Wagner leicht auch auf ihn übergreifen konnte, zumal nach dem frühen Tod des Vaters 1891. Dieser war, im Gegensatz zur Mutter, unmusikalisch und erwartete von seinem Sohn, der in der Schule wiederholt versagte, dass er in den väterlichen Getreidehandel eintreten werde. Die Musikliebe und erste literarische Versuche waren ihm das Vehikel, den väterlichen Erwartungsdruck zu unterlaufen. Es ist dies – der in die Kunst entlaufene Bürgersohn – ein verbreitetes Verhaltensmuster, das sich unzählige Male wiederholte. Es ist im Lebenslauf sowohl Thomas Manns als auch Hitlers zu erkennen – bei dem einen in kleinbürgerlichem, beim anderen in großbürgerlichem Milieu.

Die Spielzeit 1892/93, die erste nach dem Tod des Vaters, war die für die Wagner-Begeisterung des jungen Thomas Mann entscheidende. An fünfundzwanzig Abenden standen Wagner-Opern auf dem Spielplan: viermal *Tannhäuser*, neunmal *Lohengrin*, zwölfmal *Die Meistersinger von Nürnberg* – dies die wichtigste Novität jener Saison. Die musikalische Leitung lag in den Händen des ersten Kapellmeisters Hermann Jäger, des ersten der Lübecker Wagner-Dirigenten, dem mit Hermann Abendroth (1905–1911), Wilhelm Furtwängler (1911–1915) und Roman Brogli-Sacher (seit 2001) eine stattliche Reihe bedeutender Interpreten Wagners folgen sollte. Denkwürdig waren jene Aufführungen der Saison 1892/93 aber vor allem deshalb, weil mit dem vierundzwanzigjährigen Emil Gerhäuser ein außerordentlicher Sänger bereitstand, der offenbar alle großen Tenorpartien im Wagner-Fach sang. Gerhäuser, damals »in seiner Stimme Maienblüte«,[32] wurde für die nächste Saison an das Großherzogliche Hoftheater Karlsruhe verpflichtet, eine bedeutendere Bühne als Lübeck, gastierte aber am 19. Dezember 1893 noch einmal, zum Abschied, an seiner alten Wirkungsstätte. In den Jahren darauf machte Emil Gerhäuser in Bayreuth, Dresden, München und New York eine Weltkarriere. Noch 1912 schrieb er Theatergeschichte, als er in Stuttgart bei der Uraufführung der *Ariadne auf Naxos* von Richard Strauss und Hugo von Hofmannsthal Regie führte.[33] Wir ahnen etwas von der lebensgeschichtlichen Bedeutung der Spielzeit 1892/93 für Thomas Mann, wenn der Achtzehnjährige in der von ihm und von Otto Grautoff redigierten Schülerzeitschrift *Der Frühlingssturm* der »schweren Kunstgenüsse« der vergangenen Saison gedenkt und dabei namentlich die »Wagner–Gerhäuser-Abende« hervorhebt.[34] Offenbar hat er *Lohengrin* mehr als einmal besucht, denn er benutzt diesbezüglich stets den Plural.

Waren es wirklich die Abstraktionskräfte und die Gutwilligkeit der Jugend, die jene Wagner–Gerhäuser-Abende zu einem »künstlerischen Kapital-Ereignis« machten? Dass jene Lübecker Theaterabende sich als grundlegend erwiesen für Thomas Manns Schriftstellerschaft im Ganzen, ist schlechterdings undenkbar ohne das andere Kapitalereignis seiner Jugend: die Lektüre von Nietzsches Schriften. Offenbar begann er mit der Nietzsche-Lektüre schon in Lübeck, kurz nach seiner Wagner-Initiation durch eine Aufführung des *Lohengrin*. Unter den Schriften, die er in dieser ersten Etappe seiner Nietzsche-Rezeption las, waren zwei besonders inspirierende: *Der Fall Wagner* sowie *Zur Genealogie der Moral*, deren dritter Teil eine scharfsinnige psychologische Analyse der asketischen Ideale und der asketischen Lebensführung enthält.

Lohengrin war das Einstiegswerk in die Welt Wagners nicht nur für Thomas Mann. Diese romantische Oper war um die Jahrhundertwende Wagners populärstes Werk und übte seinen Zauber auf ungezählte junge Menschen aus. Wie wir aus *Mein Kampf* wissen, war *Lohengrin* das Initialerlebnis auch des Knaben Hitler.[35] Im Unterschied zu der Wagner-Initiation in Lübeck, wurde das Linzer Wagner-Erlebnis durch keine Nietzsche-Lektüre vertieft und auf fesselnde Art problematisiert, wie das auf so denkwürdige Art und Weise für Thomas Mann der Fall war.

Der erste Niederschlag der Lübecker Wagner-Erlebnisse, der theatralischen wie der intellektuellen, findet sich in der Novelle *Der kleine Herr Friedemann* von 1897. Es ist eine bittere, melancholische Geschichte, die uns das Scheitern eines auf Askese und Glücksverzicht gestellten Lebensentwurfs mit kühler Unbeteiligtheit – mit Flaubert'scher *impassibilité* – vorführt. Johannes Friedemann lebt seit einem Unfall schon im Säuglingsalter mit einem Handicap: Er trägt einen Buckel. Er hat seinen Frieden gemacht mit diesem grausamen Schicksal, hat sich in seinem »kleinen Glück« eingerichtet und auf das große Glück, an dem die Normalen und Wohlgestalteten teilhaben, verzichtet. Dieser Lebensplan wird über den Haufen geworfen, als er im Stadttheater eine Aufführung des *Lohengrin* besucht und sich zum ersten Mal der Gewalt der Wagner'schen Musik ausgesetzt sieht. Die verdrängte Sinnlichkeit bricht aus ihm hervor, und die vermeintlich beschwichtigten, nun aber neuerwachten »Hunde im Souterrain« treiben ihn in den Tod.[36] Wagners Musik wird für den stillen, liebenswürdigen Herrn Friedemann Schicksal. In gewissem Sinn wurde sie es auch für Thomas Mann selbst, jedoch in einem positiven, weil produktiven Sinn. *Der kleine Herr Friedemann* entpuppte sich als seine Durchbruchsgeschichte. Hier zum ersten Mal gestaltet er ein Grundmotiv seines Œuvres: »den Einbruch der Leidenschaft in dieses behütete Leben, die den ganzen Bau umstürzt und den stillen Helden selbst vernichtet«.[37]

Dieses Erzählmotiv: die überwältigende Wirkung der Wagner'schen Musik, wird in *Buddenbrooks* auf denkwürdige Weise weitergesponnen. Noch bevor Thomas Mann in der Novelle *Tristan* Wagner zum Thema einer eigenständigen Erzählung wählte, bereitete er Wagners Musik einen ominösen Auftritt in seinem erstaunlichen Erstlingsroman. Darin wird der langsame Verfall einer einst prosperierenden Handelsfamilie mit großer psychologischer Einfühlung Schritt für Schritt vor Augen geführt. Der psychologische Coup des Romans besteht darin, dass der Verfallsprozess einen entscheidenden Schub erfährt, als die Musik Wagners Einlass gewinnt in den ohnehin prekären seelischen Haushalt der Familie. Es ist Thomas Buddenbrook, der Firmenchef, der die Weichen auf Untergang stellt, indem er, aus der Familientradition ausscherend, eine Musikerin zur Frau wählt. Gerda ist eine tüchtige Geigerin, doch weit schwerer fällt ins Gewicht, dass sie »eine leidenschaftliche Verehrerin der neuen Musik« ist, also der Musik Wagners.[38] An dieser Stelle der Familienchronik könnte der Erzähler aus *Lohengrin* zitieren und anmerken: »So zieht das Unheil in dies Haus.«

Angesichts der Konsequenzen, die dieses Ereignis für die Familie Buddenbrook zeitigt, wäre ein solcher Kommentar sehr wohl gerechtfertigt. Dass es sich in der Tat um einen unheilvollen Schritt handelt, wird uns in dem glänzenden Kapitel bedeutet, das von Edmund Pfühl handelt, dem Organisten von Sankt Marien. Für Pfühl stellt Johann Sebastian Bach, der Meister der »Contrapunktik«, das Maß aller Dinge dar.[39] Als Gerda ihn dazu überredet, das *Tristan*-Vorspiel vom Blatt zu spielen, springt dieser ehrbare Musikus von altem Schrot und Korn »nach fünfundzwanzig Takten« auf und erklärt zutiefst verstört: »Ich spiele dies nicht, gnädige Frau [...]. Das ist keine Musik [...]. Dies ist das Chaos! [...] Dies ist das Ende aller Moral in der Kunst. Ich spiele es nicht!« Er redet, wie der Erzähler uns versichert, »mit allen Anzeichen des äußersten Ekels«.[40]

Pfühls Widerwille ist umso entschiedener, als er die Wirkung dieser Musik auf den kleinen Hanno ahnt, der sich ihnen gerne hinzugesellt. Hanno lauscht nicht nur ihrem Musizieren, sondern auch ihren Worten und wird dabei »der Musik als einer außerordentlich ernsten, wichtigen und tiefsinnigen Sache gewahr«. Pfühl fürchtet, dass Wagners Musik den Geist des Siebenjährigen »ganz und gar vergiften« könnte.[41] Diese Befürchtungen bewahrheiten sich, als Hanno an seinem achten Geburtstag mit einer kleinen Komposition aufwartet, seiner ersten, deren Schluss – »dieses entzückende und befreite Hineinsinken in H-dur« – unverkennbar dem symphonischen Schluss von *Tristan und Isolde* nachgebildet ist.[42] Hanno, der letzte Buddenbrook, ist dieser Musik verfallen. Ihre chromatisch ausgekostete Todessehnsucht lähmt den Lebenswillen Hannos, der sich nicht damit begnügt, »ein bißchen Musik« zu »naschen«, wie seine Mutter meint, sondern er nimmt sie in tiefen Zügen in sich auf. In seiner finalen Etappe vollzieht sich der Verfall der Familie Buddenbrook also im Zeichen Wagners. Die große Klavierfantasie, mit der sich der sechzehnjährige Hanno Buddenbrook gleichsam zu Tode singt, bestätigt diesen Befund; sie ist ganz und gar Wagner nachempfunden und bedient sich unverkennbar einiger musikalischer Gesten aus dem *Ring des Nibelungen* sowie aus *Tristan und Isolde*.

Dieses längste Kapitel des stark autobiographisch gefärbten Romans, das einen Tag im Leben des kleinen Hanno schildert, beginnt mit der Erinnerung an eine Aufführung des *Lohengrin* am Vortag. Es ist die »süße und verklärte Herrlichkeit« dieses Werkes, der Inbegriff von »Schönheit«, der Hannos »Mut und Tauglichkeit zum gemeinen Leben verzehrt« und ihn in eine »sehnsüchtige Verzweiflung« stürzt, in die offenbar auch das *Tristan*-Erlebnis des *Buddenbrooks*-Autors eingeflossen ist.[43] Denn wonach sich Hanno Buddenbrook sehnt, ist der Tod. Schon hier, bei der ersten großen Thematisierung Wagners, dominiert somit das psychologische Interesse an der Wirkung der Wagner'schen

Musik. Diese zuerst von Nietzsche beschriebene Wirkung auf die Nerven und die Seele, nicht ideologische Aspekte oder der patriotische Stolz auf einen großen, erfolgreichen Repräsentanten der deutschen Kultur, war für den jungen Thomas Mann die Quelle der außerordentlichen und lebenslangen Faszination.

Eine kurze Erinnerung an die Anfänge Hitlers lässt die entscheidenden Charakteristika der Thomas Mann'schen Wagner-Rezeption hervortreten. Während der Knabe Hitler *Lohengrin* und *Rienzi* in einem Umfeld begegnete, das von alldeutschem Gedankengut beherrscht war, betrat der junge Thomas Mann die Welt Wagners in einem historisch ganz anders gelagerten Kontext, der, wie es scheinen mochte, von politischen Frustrationen und Sehnsüchten unbelastet war. Infolgedessen war er lange Zeit des Glaubens, sein Zugang zu Wagner sei durchaus unpolitischer Natur.

Eine weitere, gravierende Differenz tut sich bereits in diesem frühen Stadium auf. Aus Hanno Buddenbrook, hätte Thomas Mann ihn länger leben lassen, wäre mit Sicherheit ein dekadenter Ästhet geworden, trunken von Musik und unfähig, im wirklichen Leben Fuß zu fassen. Ganz anders sein Freund Kai, der gleichfalls aus degenerierenden Familienverhältnissen stammt, doch Ansätze zu einer Lebenstüchtigkeit erkennen lässt, die vertrauenerweckende Aussichten eröffnet. Bezeichnenderweise ist Kai kein von Wagner ergriffener junger Mann, wie es der letzte Buddenbrook ist. Die Instanz, die Hanno Buddenbrook sein trostloses und trauriges Schicksal zuweist, ist die kritische Stimme der Moral und des Geistes, die aus den Wagner-Schriften Nietzsches zu dem *Buddenbrooks*-Autor sprach und die seinem vom Protestantismus geformten moralischen Temperament vertraut klingen musste. Im Roman spricht diese Stimme aus der prächtigen Gestalt des Domorganisten Edmund Pfühl.

Schon der junge Thomas Mann war somit, wie an anderen Beispielen seiner literarischen Verarbeitung Wagners zu zeigen sein wird, ein Anwalt der bürgerlichen Moral, die ihm eine größere Gewähr für künstlerisches Vollbringertum zu bieten schien als die Lockungen der Boheme und die Sirenengesänge des Ästhetizismus. Der junge Hitler, unberührt von der scharfen Luft, die in Nietzsches Wagner-Kritik weht, konnte gegenüber dem Ästhetizismus auf keinen haltgebenden inneren Wall bauen.

In der Hauptstadt des Wagner-Kults

Im März 1894 zog Thomas Mann von Lübeck nach München. Er folgte seiner verwitweten Mutter, die es im Jahr davor, nicht zuletzt aus Musikliebe, von der Trave an die Isar gezogen hatte. Bis zu seiner Austreibung 1933 verbrachte Thomas Mann insgesamt neununddreißig Jahre in München, der bayrischen Residenz- und Hauptstadt, die mit seiner Heimatstadt in der norddeutschen Provinz aufs lebhafteste kontrastierte. Dies betraf besonders die Lebensart ihrer sinnenfrohen, überwiegend katholischen Bevölkerung, die ihm »von Erwerbsgier nicht gerade gehetzt und verzehrt« zu sein schien.[44] Die aus hanseatischer Sicht humoristischen Aspekte dieses Kontrasts fanden in *Buddenbrooks* ihren ersten, sehr effektvollen Niederschlag – in der Ehe Tony Buddenbrooks mit dem Hopfenhändler Alois Permaneder, die aufgrund der schreienden Unverträglichkeit der Partner zum Scheitern verurteilt ist.

Das München der sogenannten Prinzregentenzeit (1886–1912) genoss den Ruf einer Stadt der Kunst, den König Ludwig der I. noch in der Goethe-Zeit begründet hatte und der unter der Regentschaft des Prinzregenten Luitpold internationale Ausmaße erreichte. Um die Jahrhundertwende war München neben Berlin, Wien und Dresden ein Zentrum der Moderne, besonders auf dem Gebiet der bildenden Kunst und Architektur. Das stolze Etikett »Isar-Athen«, das sich die Stadt zulegte, stellte keine allzu große Übertreibung dar und erwies sich als überaus werbewirksam zur Förderung des Fremdenverkehrs.

Es ist höchst aufschlussreich zu beobachten, wie – und aufgrund welcher Entscheidungen – der aus Lübeck Zugereiste sich in der lebensfrohen Stadt der Kunst zurechtfand und seinen Weg machte. Die Ausgangssituation war der, die Hitler vorfand, als er im Mai 1913 seinen Wohnsitz von Wien nach München verlegte, nicht unähnlich. Beide standen vor einem Neuanfang, der zunächst unter keinen guten Auspizien zu stehen schien, bevor sich ihre Laufbahn zu einer je auf ihre Art erstaunlichen Erfolgsgeschichte gestaltete. Hitler hatte den Nachteil, dass er nur ein gutes Jahr Zeit hatte, sich in der bayrischen Stadt der Kunst einzugewöhnen und einzurichten, bevor der Krieg ihn aus der Bahn warf. Eine berühmte Fotografie zeigt ihn auf dem Odeonsplatz vor der Feldherrnhalle in einer unübersehbaren Menge, die den

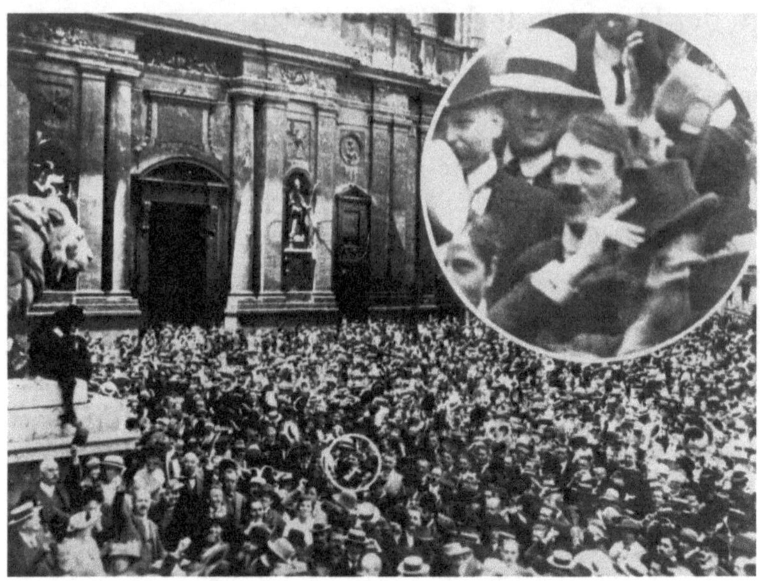

Abb. 36: Hitler 1914 in der Menschenmenge auf dem Odeonsplatz

Ausbruch des Krieges mit Jubel begrüßte. Als er nach dem Krieg nach München zurückkehrte, fand er die Stadt der Kunst in der Hand einer kommunistischen Räterepublik. Es folgte der denkwürdige, in der Hitler-Literatur intensiv diskutierte Sprung in die Politik und schließlich, im Alter von vierundvierzig Jahren, die Erlangung der Macht und Errichtung einer Diktatur.

Thomas Mann erlebte den Ausbruch des Krieges in seinem Landhaus in Bad Tölz. Ergriffen von dem »Ungeheuerlichen«, das sich anbahnte, begrüßte er den Krieg, den er sogleich als »Kulturkrieg« verstand, in einer Aufwallung patriotischer Solidarität: nicht anders als der anonyme Jubler auf dem Odeonsplatz.[45] Getragen von dem literarischen Erfolg seines großen Erstlingsromans und seiner Novellen, gesellschaftlich abgesichert durch die Einheiratung in eine wohlhabende jüdische Familie, die Pringsheims, war Thomas Mann auf dem besten Weg, den Nimbus des Nationalschriftstellers zu erwerben. München erwies sich für Thomas Mann wie für Hitler als die Wiege ihres Ruhms, zunächst auf lokaler und nationaler, schließlich auch auf internationaler Bühne.

Thomas Mann war – nicht anders als Hitler – ein Schulversager, einer der berühmtesten der deutschen Literatur. Unsicher seines Weges, doch angetrieben von einem unbeugsamen Ehrgeiz zur Größe, arbeitete er zunächst in einer Feuerversicherungsbank und gab verschiedentlich an, Journalist werden zu wollen. Das war nicht völlig aus der Luft gegriffen, denn in Lübeck hatte er seine ersten literarischen Gehversuche gemacht, die in *Der Frühlingssturm* erschienen waren, einer achtbaren Schülerzeitschrift. Diese Tätigkeit nahm er in seinem zweiten Münchner Sommer wieder auf. Sein Bruder Heinrich war im April 1895 der Herausgeber einer Zeitschrift geworden, von der er sich schon nach einem Jahr wieder distanzierte: *Das Zwanzigste Jahrhundert. Blätter für deutsche Art und Wohlfahrt.* Thomas Mann schrieb insgesamt acht kurze Texte für das Blatt seines Bruders, ohne aber in das deutschtümelnde und antisemitische Horn dieses Organs zu stoßen. Wenige Jahre später, noch bevor sein erster Roman ihn berühmt machte, arbeitete er zwei Jahre lang für das damals noch junge Satireblatt *Simplicissimus.* Gleichwohl war die Auskunft, Journalist werden zu wollen, eher eine Geste der Bescheidenheit und des vorsichtigen Selbstschutzes, um seinen Ehrgeiz zur Größe als Dichter und Schriftsteller keinem Spott auszusetzen.

So klar ihm das Ziel der freien Schriftstellerschaft vor Augen stand, so unklar war er sich des Weges zu diesem Ziel. Offenbar dämmerte ihm aber, dass sich seine unbefriedigende Gymnasialbildung als Manko und Hemmschuh erweisen könnte. Ein Brief an den Schulfreund Otto Grautoff lässt erkennen, was ihn beunruhigte und was ihn dazu bestimmte, etwas für seine Bildung zu tun. Die »Wortkunst«, so legte er Grautoff auseinander, ist die »intellectuellste der Künste«. Zu ihrer Ausübung gehörten »nicht nur Gefühl und Technik, sondern auch Wissen«. Hier spricht also einer, der sich den Dichter nicht als einen ephemeren Bohemien vorstellt, auch nicht als eine eigenbrötlerische Poetenexistenz à la Spitzweg, sondern als einen Intellektuellen auf der Höhe seiner Zeit. Gerade in dieser Hinsicht aber empfand der junge Thomas Mann einen akuten Nachholbedarf, wie er Grautoff gesteht, denn »wir haben ja eigentlich alle beide noch garnichts gelernt«. Er für seine Person habe deshalb beschlossen, »*etwas zu lernen*«.[46] Grautoff rät er, das Gleiche zu tun.

Im Oktober 1894 immatrikulierte sich Thomas Mann an der Königlich Bayerischen Technischen Hochschule (der heutigen Technischen

Universität), entrichtete die Gebühren in Höhe von 25 Mark und belegte fünf Vorlesungen, über die er in seinem *Collegheft* Buch führte.[47] Die darin enthaltenen Mitschriften stellen die Hauptquelle dar für unsere Kenntnis dieser höchst aufschlussreichen frühen Lebensetappe. Ohne Abitur stand die Universität ihm nicht offen; für die Technische Hochschule genügte das sogenannte Einjährige, das er mit Mühe geschafft hatte.

Kaufmannssohn, der er nun einmal war, entscheidet er sich für eine vierstündige Einführung in die »Nationalökonomie«, angeboten von Max Haushofer. Sodann eine vierstündige Vorlesung über »Allgemeine Kunstgeschichte« von Franz von Reber; eine dreistündige Überblicksvorlesung »Deutsche Literaturgeschichte« von Wilhelm Ritter von Hertz; dazu eine zweistündige Vorlesung über »Shakespeares Tragödien« von Privatdozent Karl von Reinhardstöttner sowie eine einstündige über »Grundzüge der Ästhetik«, wiederum von Franz von Reber. Vierzehn Stunden also, auf fünf Wochentage verteilt, jeweils am späten Nachmittag, nie vor drei Uhr nachmittags, wie es dem Lebensstil der Boheme entsprach. Im zweiten Semester, das vom 22. April bis Mitte August 1895 lief, war Thomas Manns Lerneifer schon merklich erschlafft. Er belegte nur noch drei Veranstaltungen: die Fortsetzung der beiden Überblicksvorlesungen zur Geschichte der deutschen Literatur von Hertz und zur Allgemeinen Kunstgeschichte von Rebers. Am 12. Juli brach er das Studium ab, setzte sich in den Zug nach Rom zu seinem ersten längeren Auslandsaufenthalt und damit zu der seine geistige Physiognomie nachhaltig prägenden ersten Berührung mit dem nicht-deutschen Europa.

Thomas Mann hat aus seiner kurzen Hospitantenrolle an der Technischen Hochschule bemerkenswerten Gewinn gezogen. So geht beispielsweise die Kenntnis der Gestalt des Heiligen Gregorius, der im *Doktor Faustus* Gegenstand einer Oper für die Puppenbühne ist und dessen Legende Thomas Mann in seinem letzten Roman, *Der Erwählte*, nacherzählt, auf die Vorlesungen zurück, die er bei Hertz gehört hatte.[48]

Wichtiger für seine Positionierung als angehender Autor und Intellektueller waren die Vorlesungen über Kunstgeschichte und Ästhetik. In Franz von Reber lernte er einen akademischen Lehrer kennen, zu dem er von Anfang an in stiller Opposition verharrte und an dem er sich, wie seine Mitschrift erkennen lässt, gerieben hat. In der Opposition zu den Lehrmeinungen dieses Ästhetikprofessors, den er meist nur den »alten Herrn« nennt, machte der angehende Autor einen entscheidenden Schritt zu seiner Selbstfindung. Für von Reber war im Reich der Kunst die griechische Plastik das Maß aller Dinge, woraus sich für ihn eine Rangfolge der künstlerischen Gegenstände und der verschiedenen Künste ergab. Dem hält der junge, in Fragen des Kunstgeschmacks schon recht selbstsichere Gasthörer entgegen, dass die Plastik, was den Ausdruck »seelischer Vorgänge betrifft«, eigentlich »ziemlich tief« stehe. Er wehrt sich gegen »Dogmen und Regeln« und hält von Rebers Ästhetik für nichts weiter als »das Banale ins System gebracht«. Dem jungen Thomas Mann stellt sich diese Ästhetik somit als ein absurdes Unterfangen dar, in dem »ein alter Herr unter fortwährenden Blamagen sich müht, die Kunst in das häßliche Foltersystem einer Eisernen Jungfrau zu zwängen«. Die eiserne Jungfrau ist ein Folterinstrument, das alle lebendige Schönheit tötet.

Wenige Jahre nach dem akademischen Intermezzo stellt uns Thomas Mann in *Buddenbrooks* den Knaben Kai als angehenden Künstler vor, der dem Foltersystem der Schule seine innere Freiheit und seinen überlegenen Sinn für Komik entgegenhält. Kai Graf Mölln verhält sich genauso wie der selbstbewusste Hospitant im Kolleg des Professors von Reber. Der junge Thomas Mann hörte sich die Ausführungen des Ästhetikprofessors »mit freundlicher Herablassung aber dennoch achselzuckend« an und hält ihm seine »lächelnde Souveränität als Künstler« entgegen. Gegen die »klassische Ästhetik«, wie von Reber sie vertrat, setzt der junge Thomas Mann die »Décadence-Ästhetik«, die modern sei, weil sie sich die Artikulation »seelischer Vorgänge« zur Aufgabe setzt.[49] Diese moderne Kunstauffassung hatte ihre Wurzeln in der neuesten französischen Literatur, die die differenzierten, kostbaren *états d'âme* für sich entdeckt hatte und die eben in den frühen neunziger Jahren Hermann Bahr als den *dernier cri* propagierte. In seiner Aufsässigkeit gegen die Ästhetik Franz von Rebers wird sich der literarische Anfänger somit vollends bewusst, wohin er gehören möchte: nämlich zur Décadence, d.h. zur Moderne, wie er sie in Nietzsches Wagner-Kritik kennengelernt hatte.

Als er sich in der bayrischen Metropole niederließ, war der junge Lübecker keineswegs allein von dem Bedürfnis motiviert, seine Bildungslücken zu schließen. Er brachte auch seine in Lübeck entfachte

Wagner-Leidenschaft mit nach München. An keinem anderen Ort hätte er dieser Passion ungehemmter frönen können als hier. Es war in München, am Königlichen Hof- und Nationaltheater, wo vier von Wagners Hauptwerken ihre Erstaufführung erlebt hatten: *Tristan und Isolde* (1865), *Die Meistersinger von Nürnberg* (1868), *Das Rheingold* (1869) und *Die Walküre* (1870). Geradezu atemberaubend war der Anstieg in der Anzahl der Wagner-Aufführungen im 19. Jahrhundert. In den fünfzehn Jahren der Ära Dingelstedt, von 1842 bis 1857, kam es zu insgesamt 164 Aufführungen. In den fünfzehn Jahren der Ära Perfall, von 1867 bis 1892, schnellte die Anzahl auf 742 und damit auf mehr als dreimal so viele Aufführungen wie von Werken Mozarts (240), gefolgt von Weber (223), Lortzing (213) und Verdi (170).[50] Wenn je ein deutscher Komponist eine bedeutende Musikstadt erobert und sich hörig gemacht hat, so war es hier der Fall.

An der Münchner Oper waren drei Dirigenten tätig, die in Bayreuth den authentischen Wagner-Stil erlernt hatten: Hermann Levi, Franz Fischer und Hermann Zumpe. Auch Levis Nachfolger im Amt des Operndirektors, Felix Mottl, war Assistent Wagners in Bayreuth gewesen und kam mit allen Weihen des Meisters und Cosima Wagners nach München. Hier entstand zudem in unverhohlener Konkurrenz zu Bayreuth ein ganz auf Wagner zugeschnittenes Theater – das Prinzregententheater, eine Dublette des Bayreuther Festspielhauses –, in dem seit dem Sommer 1901 Opernfestspiele stattfanden. In dieser Stadt dominierte Wagner das Musikleben wie sonst nirgends. Die Wagner-Pflege war eine Sache des lokalpatriotischen Stolzes. Die Beflissenheit der Stadt in Sachen Wagner sollte vergessen lassen, dass der *Tristan*-Schöpfer 1865 unter entwürdigenden Umständen gezwungen wurde, aus München zu verschwinden.

Der junge Thomas Mann fand sich somit in der Hauptstadt des deutschen Wagner-Kults wieder, dem er selbst, sooft er konnte, Tribut zollte. Es gab Jahre, in denen er »keine ›Tristan‹-Aufführung des Münchner Hoftheaters versäumte«.[51] Es lässt sich nicht mehr feststellen, welche Wagner-Aufführungen er erlebte und wie viele.[52] Es ist davon auszugehen, dass es ihn häufig ins Theater zog, zumal in den Jahren seiner Freundschaft mit den Brüdern Ehrenberg. Paul, ein musikliebender Maler, war die intensivste seiner gleichgeschlechtlichen Jugendlieben, Carl war Musiker und Dirigent, Korepetitor an der Hofoper. Mit beiden pflegte er zu musizieren. Carl sorgte offenbar auch dafür, dass sich der Thomas Mann'sche Wagner-Kult auf musikalisch fundierten Gleisen bewegte. Die drei befreundeten Wagnerianer musizierten und debattierten miteinander. Gelegentlich setzte sich Thomas Mann ans Klavier und, wie ein Zeitzeuge sich erinnert, »phantasierte aus ›Tristan und Isolde‹ mit außergewöhnlich starkem Ausdruck und fühlbarer Versunkenheit«.[53] Noch im Alter, zur *Doktor-Faustus*-Zeit, bekannte er, dass er gerne seiner Zärtlichkeit für chromatische Durchgangstöne fröne und »am Klavier des Tristan-Akkordes nicht satt« werde.[54] Wenn er sich ans Klavier setzte, so tat er es demnach, weil er die *Tristan*-Chromatik über alles liebte.[55]

Das München der Prinzregentenzeit war geradezu schwanger mit einem ebenso dumpfen wie unberechenbaren Wagner-Kult. Hier flanierten auf den Straßen, wie es in *Gladius Dei* heißt, »junge Leute, die das Nothung-Motiv pfeifen und abends die Hintergründe des modernen Schauspielhauses füllen«.[56] Die Stadt war auf dem besten Wege, jene »Richard-Wagner-Stadt« zu werden, in deren Namen Thomas Mann seinerseits vertrieben wurde, sobald der andere Wagner-Verehrer, sein fataler »Bruder«, Herrscher über Deutschland geworden war.

Die Vision am Odeonsplatz

Das Verhältnis des jungen Thomas Mann zum Ästhetizismus der Jahrhundertwende hatte, wie wir am Beispiel der Novelle *Tristan* sehen werden, im Wagner-Kult seine Basis. Was dieses Verhältnis auszeichnet, ist eine durch die Nietzsche-Lektüre erworbene intellektuelle Selbständigkeit, die seinem »Bruder« im Geiste des Wagner-Kults, dem sich selbst überlassenen Bohemien in seinem Wiener Männerheim, ermangelte. Er genoss, wie fragmentarisch auch immer, eine kritische Einführung in grundlegende Fragen der Ästhetik. Diese befähigte ihn, zwischen klassischer und moderner Denkweise in Sachen Kunst zu unterscheiden. Darüber hinaus eignete er sich von Nietzsche eine kritische Perspektive an, die ihn in den Stand setzte, den verbreiteten Schönheitskult literarisch zu gestalten und dessen moralische Bedenklichkeiten zu problematisieren.

Ebendies unternahm er 1901 in der Erzählung *Gladius Dei*, die mit dem vielzitierten Satz beginnt: »München leuchtete.«[57] Gewöhnlich wird diese Novelle als eine Hommage an die Stadt der Kunst missverstanden und verharmlost. Dem aus Norddeutschland Zugereisten ging es aber mitnichten um eine Hommage oder auch nur um Werbung für seine neue Wahlheimat. Im Gegenteil! Diese Erzählung ist die erste Manifestation in seinem Werk, die ein Bewusstsein der potentiellen Gefahren des Ästhetizismus an den Tag legt.

Als Emblem der leuchtenden Kunststadt figuriert das »Schönheitsgeschäft« des Herrn Blüthenzweig, das wir uns am Odeonsplatz vorzustellen haben. In einem Schaufenster ist das neue Werk eines zeitgenössischen Malers ausgestellt, das heißt eine große, geschmackvoll gerahmte Fotografie davon. Das Bild zeigt eine Madonna mit dem Jesuskind. Es ist eine »durchaus modern empfundene« Arbeit: die Muttergottes, eine Person »von berückender Weiblichkeit, entblößt und schön«. Zwei junge Männer mit Büchern unter dem Arm – gebildete Leute also, beschlagen in Kunst und Wissenschaft – bleiben vor dem Schaufenster stehen und ergehen sich in anzüglichen Bemerkungen über die durchaus unheilige »Putzmacherin«, die dem Maler Modell stand – vermutlich seine Geliebte. Diese mache doch eigentlich einen »ziemlich berührten Eindruck«, so dass man »ein wenig irre« werde »am Dogma der unbefleckten Empfängnis«.[58]

Neben den beiden jungen Männern steht unbemerkt ein anderer Jüngling mönchischen Aussehens und Gebarens, den eine wachsende innere Erregung, ja Empörung erfasst, sei es wegen der Bemerkungen der beiden anderen, sei es wegen der berückenden Weiblichkeit auf dem Bild. Das Bild der Madonna lässt ihn, seit er sie erblickt hat, nicht mehr los, kein Gebet vermag es »zu verscheuchen«. Nach drei Tagen geht ein Ruck durch ihn, und er entschließt sich, »gegen leichtherzige Ruchlosigkeit und frechen Schönheitsdünkel« einzuschreiten. Überzeugt, einen »Befehl und Ruf aus der Höhe« empfangen zu haben, macht er sich auf zu dem »Opfergang unter die lachenden Feinde«. Er begibt sich in das Schönheitsgeschäft des Herrn Blüthenzweig und verlangt, dass jene beunruhigende Madonna aus dem Schaufenster entfernt und »niemals wieder zur Schau« gestellt werde. Seine empörten Vorhaltungen und Appelle fruchten nichts. Herr Blüthenzweig ruft seinen Packer – Krauthuber mit Namen, »ein Sohn des Volkes von fürchterlicher Rüstigkeit« – und lässt den komischen Kauz zur Tür hinauswerfen.

Die Erzählung setzt den Zusammenprall zweier gegensätzlicher Welten in Szene: hier der bedenkenlose Schönheitskult Münchens, dort eine strenge Geistigkeit, die gebieterisch verlangt, dass etwas dagegen getan werde. Der Gegensatz kristallisiert sich in dem folgenden Austausch. Auf die Frage des Herrn Blüthenzweig, welche Befugnis er denn habe, ihm »Vorschriften zu machen«, antwortet der asketische Jüngling: »allein mein Gewissen«. Darauf der Inhaber des Schönheitsgeschäfts: »Ihr Gewissen« ist für uns eine »gänzlich belanglose Einrichtung«. Damit ist die Problematik des Ästhetizismus zielgenau auf den Punkt gebracht – zumindest aus der Sicht des jungen Thomas Mann. Der Schönheitskult ist gewissenlos – muss es sein, wenn er konsequent sein will. Wie wir gesehen haben, gilt dies in höchstem Maß von Hitler, dem schlechthin gewissenlosen Ästheten.

Man lasse sich von dem grotesken Auftreten dieses ressentimentgeladenen Schwabinger Sonderlings und seiner ungnädigen Behandlung in dem Schönheitsgeschäft nicht irremachen: In dieser grotesken, ans Lächerliche grenzenden Gestalt meldet sich ein Schriftsteller zu Wort, dem der Ästhetizismus suspekt geworden ist und der sich nicht zu gut dafür ist, den »Opfergang unter die lachenden Feinde« zu gehen, indem er gegen den Schönheitskult der Stadt Protest einlegt. Mit dieser mönchischen Figur hatte Thomas Mann eine jener »Masken« gefunden, die er suchte und brauchte, um, wie er in einem zum Verständnis seiner Schriftstellerschaft unentbehrlichen Brief an Grautoff schrieb, »mit meinen Erlebnissen unter die Leute gehen« zu können und sich »künstlerisch auszuleben«.[59]

Auf diese Maske war er in Florenz gestoßen, wo er im Frühjahr 1901 weilte, um Eindrücke und Anregungen zu sammeln für ein Drama über den Schönheitskult der Renaissance, verkörpert in der Gestalt des Lorenzo de' Medici, und über den Einspruch gegen diesen Schönheitskult, verkörpert in der Gestalt des Dominikanermönchs Girolamo Savonarola. Doch ohne die Ausarbeitung seines *Fiorenza*-Dramas abzuwarten, fühlte sich Thomas Mann gleich nach seiner Rückkehr aus Florenz gedrängt, gleichsam einen Probelauf der anspruchsvollen Thematik zu unternehmen und zunächst einmal den Schönheitskult Münchens kritisch ins Visier zu nehmen. Das war keine weit hergeholte

Idee, denn in der Stadt der Kunst an der Isar bewunderte man die Stadt der Kunst am Arno und ahmte sie nach. Das monumentale Zeichen dieser Imitation ist die »gewaltige Loggia« auf dem Odeonsplatz, die Feldherrnhalle, eine Nachbildung der Loggia dei Lanzi auf der Piazza della Signoria in Florenz.

Die Novelle markiert auch darin eine Neuerung, dass Thomas Mann hier zum ersten Mal ein Erzählprinzip praktiziert, das im Spätwerk, vornehmlich in *Joseph und seine Brüder*, grundlegend ist. Es ist das mythische »In-Spuren-Gehen« – in den Spuren einer bereits einmal »gelebten Vita«.[60] Thomas Mann expliziert diese Idee in seinem Vortrag über Sigmund Freud von 1936, doch hat sie offenbar Wurzeln in der Epoche der Jahrhundertwende. Eine Schwabinger Type, die zudem den Namen Hieronymus trägt, die deutsche Version von Girolamo, versetzt sich in Gedanken in die Rolle jenes Dominikanermönchs aus dem 15. Jahrhundert, angezogen offenbar von dessen radikaler Geistigkeit, deren eine im Schönheitskult gemächlich dahinlebende Stadt wie München seiner Überzeugung nach zu ihrer Gesundung bedarf. Man braucht darin keine Antizipation Freud'scher Ideen zu erblicken, denn das In-Spuren-Gehen in dieser Erzählung von 1901 lässt sich ohne Zwang auf das näher liegende Modell des modernen »dilettantisme« beziehen, von dem im Zusammenhang mit Hitlers Persönlichkeitsbildung ausführlich zu reden war. Was der Schwabinger Hieronymus praktiziert, darf als eine Variation des von Paul Bourget beschriebenen modernen Dilettantismus verstanden werden, als das imaginäre Sich-Hineinversetzen in andere Existenzen, reale und fiktive.

Im Übrigen war, was Thomas Mann an der Gestalt des Hieronymus vorführt, beileibe keine singuläre Erscheinung auf der Münchner Kulturszene. Im Hintergrund dieses glänzenden Porträts der Stadt der Kunst spukt der Geist Stefan Georges, der ikonischen Herrschergestalt im Reich des deutschen Ästhetizismus. George hatte einen Kreis devoter Ästheten um sich versammelt, vor denen er sich gelegentlich als Wiedergänger Dantes kostümierte und stilisierte. Was Thomas Mann in der Gestalt des Hieronymus zur Erscheinung und zu Bewusstsein brachte, war also lediglich eine besonders auffallende unter den Blüten, die aus dem Boden des Münchner Ästhetizismus hervorsprossen. Denn sosehr sich Hieronymus auch als Ikonoklast aufspielt, er kann seine eigene Anfälligkeit gegenüber dem Schönheitskult nicht völlig verbergen. Auch ihm eignen Sinnlichkeit und Empfänglichkeit für Schönheit, doch hat er sie – durch und durch ein asketischer Priester im Sinne Nietzsches – gewaltsam unterdrückt und sublimiert.

Thomas Mann ließ die Münchner Ästhetizismus-Szene nicht aus dem Blick. Zwei Jahre nach *Gladius Dei* lieferte er mit einer novellistischen Gelegenheitsarbeit, *Beim Propheten,* eine weitere Stellungnahme zum Ästhetizismus – eine deutlich distanziertere, denn hier wird die Affinität des aufgeregten Propheten zu »Verbrechen und Wahnsinn« ohne alle Bemäntelung beim Namen genannt.[61] Die Zielscheibe von Thomas Manns satirischer Milieuschilderung war Ludwig Derleth, ein militanter Eiferer aus der George-Sphäre. Ebendieser Typus von gewissenlosem Ästheten begegnet uns wieder im *Doktor Faustus,* Thomas Manns Summe seines Nachdenkens über Ästhetizismus und Musikidolatrie, dort in der bizarren Gestalt des – nomen est omen – Daniel zur Höhe.

Ein abschließender Blick auf das Ende von *Gladius Dei.* Thomas Mann gestaltet es als Vision einer Katastrophe von apokalyptischer Bedrohlichkeit. Unsanft vor die Türe gesetzt, findet sich Hieronymus auf dem Odeonsplatz wieder, die spöttischen Blicke der Vorübergehenden auf ihn gerichtet. Der Hass auf das Schönheitsgeschäft nicht nur des Herrn Blüthenzweig, sondern auf die ganze Stadt München kocht empor in ihm und mobilisiert seine nun ekstatische Savonarola-Phantasie zu ihrer äußersten Feindseligkeit: Er will die Stadt bestraft sehen. Nun vollends in den Spuren seines Florentiner Modells wandelnd, beschwört er auf dem Mosaikboden vor der Feldherrnhalle eine Neuauflage des Scheiterhaufens herauf, in dessen Flammen alle »Eitelkeiten der Welt« aufgehen sollen. Und als er ein Gewitter heraufziehen sieht, lässt sein Hass ihn in der gelblichen Wolkenwand über der Theatinerstraße ein breites Feuerschwert erblicken, von dem er sich wünscht, dass es möglichst bald und schnell auf die Stadt herabfahre und sie vernichte: »Gladius Dei super terram [...]. Cito et velociter!«[62]

Die Versuchung ist groß, zumal angesichts der historischen Assoziationen, die mit dem Erinnerungsort Feldherrnhalle wie mit der Stadt Hitlers insgesamt verbunden sind, mehr ahnungsvolle Antizipation und strafende Prophezeiung in diesen Text hineinzulesen, als ihm realistischerweise zuzumuten ist. Was man jedoch unterstellen darf, ist der bemerkenswert eigensinnige Wunsch des noch jungen,

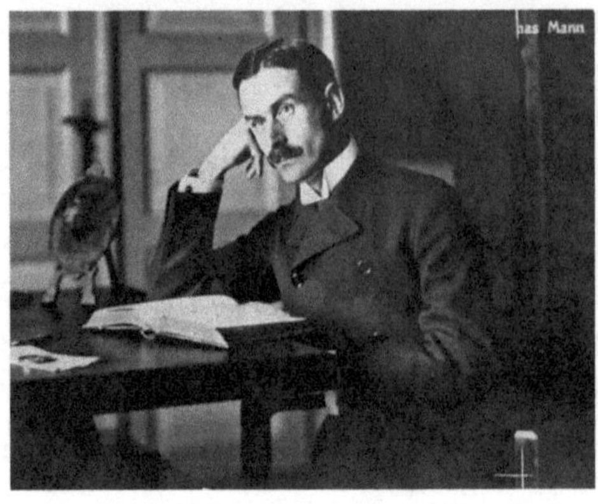

Abb. 37: Thomas Mann 1905 an seinem Schreibtisch mit dem ovalen Porträt Savonarolas

doch hohe Ziele ins Auge fassenden Autors, sich gegenüber dem die Szene beherrschenden Ästhetizismus so zu positionieren, dass ihm die Freiheit, das Phänomen zu kritisieren und literarisch damit zu spielen, erhalten blieb. Das erforderte, dass der grotesken Konzeption der Figur des Hieronymus etwas mitgegeben wird, was ihm Würde und Ernst attestiert: Aus ihm spricht die Stimme des Gewissens sowie die Stimme des Geistes, die Kritikfähigkeit meint, und letztlich der Sinn für Verantwortung, der sich über die Konsequenzen des Schönheitskults Gedanken macht. Dass der *Buddenbrooks*-Autor hier subkutan Partei nimmt für den mönchischen Jüngling aus der Schellingstraße, mag man aus einem scheinbar belanglosen biographischen Detail ersehen. Thomas Mann erwarb ein kleines, ovales Bildnis des kompromisslosen Dominikanerpriors, die Kopie eines Porträts von Fra Bartolomeo, nach dem Hieronymus gezeichnet ist, und räumte ihm auf seinem Schreibtisch – dem Sanctissimum seiner Existenz – einen festen Platz ein. Dort blieb es über alle Ortswechsel der Exilzeit hinaus bis zum Ende.[63]

Tristan im Sanatorium: »welterobernde Todestrunkenheit«

Hätte Hanno Buddenbrook nicht schon im Alter von sechzehn Jahren sterben müssen, wie die Logik der als Familienroman drapierten Verfallsgeschichte es gebot, so wäre aus ihm mit großer Wahrscheinlichkeit ein Ästhet wie Detlev Spinell geworden. Der Held der Novelle *Tristan* (1903) ist ein wagnertrunkener Jünger des Schönheitskults.[64] Ästheten seines Schlags füllten, wie es in *Gladius Dei* heißt, die »Hintergründe« der Opernhäuser, dort, wo im Stehparterre die Wiederholungstäter des Wagner-Kults ihren Stammplatz hatten – darunter der junge Hitler in Linz und Wien. Mit Spinell führt uns Thomas Mann einen Wagnerianer in höchst fragwürdiger Gestalt vor, und Wagners gewaltiges Musikdrama erscheint hier in ein ebenso fragwürdiges Licht getaucht. Kein Text ist geeigneter als diese Novelle, die Physiognomie von Thomas Manns Wagner in dieser frühen Lebensetappe zu erhellen.

Thomas Mann führte mit dieser Novelle seine kritische Reflexion auf Wagner und seine problematische Wirkung fort, die er in *Buddenbrooks* eigentlich bloß gestreift hatte. Das Kapitel, das von Edmund Pfühl handelt, gewährt uns einen lediglich flüchtigen Blick in das Seelendrama, das die Begegnung mit der Musik Wagners auszulösen imstande ist. Welche selbstzerstörerischen Konsequenzen die Wagner'sche Musik in einem scheinbar geordneten und friedlichen Leben loszutreten vermag, ist an dem traurigen Schicksal des bescheidenen, liebenswürdigen Herrn Friedemann zu sehen. Von allen Werken Wagners eignet der *Tristan*-Musik mit ihrer scheinbar nie enden wollenden Chromatik die stärkste Verführungskraft. Dies musste insofern bedenklich erscheinen, als die Musik dieses Opus metaphysicum, wie Nietzsche es nannte, in letzter Konsequenz die Sehnsucht nach dem Tod verherrlicht.[65] Thomas Mann prägte dafür anlässlich einer kritischen, doch höchst ehrerbietigen Wiederberührung mit dem Werk im Jahr 1925 den Begriff der »Todestrunkenheit«.[66]

In den Augen eines Autors, der in *Gladius Dei* und in *Fiorenza* dem radikalen Moralismus eines Savonarola das Wort redet, verdient Edmund Pfühls instinktiv abwehrende Reaktion – »das Ende aller Moral in der Kunst!« – ernst genommen zu werden. Der seelische Vorgang, den die *Tristan*-Musik auszulösen vermag, wollte also noch einmal bedacht sein – nicht zuletzt im Hinblick auf die Zukunft seiner eigenen Schriftstellerschaft. Mochte auf sie der Schatten Wagners fallen, wie er in einem Brief von 1920 an Ernst Bertram gestand,[67] dieser Schatten durfte seiner Unabhängigkeit als Künstler – Unabhängigkeit nicht zuletzt von Bayreuth und seiner Orthodoxie – keinen Abbruch tun.

Die Konzeption dieser Erzählung – eines frühen Glanzstücks der Thomas Mann'schen Novellistik – lässt sich in allen ihren wesentlichen Zügen von Nietzsches Wagner-Kritik herleiten. Ihr entnahm Thomas Mann Fingerzeige und Stichworte, wie man der Verlockung zur Nachahmung Wagners, die junge Literaten in ganz Europa verspürten, nachgeben und wie ein moderner Wagnerismus literarisch ins Werk zu setzen wäre.[68] Nietzsche hatte darauf aufmerksam gemacht, dass Wagners Heroinen, unerachtet ihrer altertümlichen und mythologischen Kostümierung, im Grunde genommen zeitgenössische Frauentypen repräsentieren; bei Lichte besehen seien es Schwestern Emma Bovarys. In diesem Sinne betrachtet sei »Nichts unterhaltender, Nichts für Spaziergänge mehr zu empfehlen als sich Wagnern in *verjüngten* Proportionen zu erzählen«. Denn ins »Grosse gerechnet, scheint Wagner sich für keine anderen Probleme interessirt zu haben, als die, welche heute die kleinen Pariser décadents interessiren. Immer fünf Schritte weit vom Hospital!«[69]

Nietzsches Ratschlag für junge Autoren geht also dahin, Wagners Gestalten zu verjüngen, d.h. zu modernisieren und zu verkleinern und in die zeitgenössische Lebenswirklichkeit zu transponieren. Er nennt als Beispiel Parsifal, den man sich unschwer als einen Kandidaten der Theologie vorstellen könne. Die Beispiele ließen sich leicht vermehren. Thomas Mann nahm Nietzsches Anregungen auf, machte mit *Tristan und Isolde* die Probe aufs Exempel und ließ seine Phantasie spielen. Warum nicht anstelle des Königs von Cornwall etwa und seiner irischen Prinzessin ein deutscher Handelsherr und seine bürgerliche Frau? Wenn Wagners Gestalten etwas Morbides, ja Moribundes an sich haben, »immer fünf Schritte weit vom Hospital«, warum nicht gleich ein Sanatorium zum Schauplatz nehmen und es »Einfried« nennen, was sinniger- und witzigerweise an Wagners Bayreuther Residenz Wahnfried denken lässt? Es ist leicht nachzuvollziehen, dass sich der junge Autor von solchen und ähnlichen Stellen bei Nietzsche inspiriert fühlte und sich daraus die Legitimation holte, Wagner auf seine Art zu bearbeiten. Vermutlich am meisten animiert fühlte er sich durch Nietzsches Versicherung, dass die Transponierung Wagners in ein zeitgenössisches Milieu etwas Unterhaltsames und Ergötzliches sei, denn auf die Ergötzung seiner Leser war sein Sinn bereits in *Buddenbrooks* gerichtet und blieb es bis zum Ende.

Aus dieser Perspektive wird es verständlich, dass Thomas Mann den Charakter der Novelle *Tristan* als eine »Burleske« bestimmte. Es ist eine unerwartete, dem Geist des Opus metaphysicum gänzlich unangemessene Bezeichnung. Sie hat den Interpreten Kopfzerbrechen bereitet; gelegentlich wird der burleske Charakter der Erzählung sogar schlankweg in Abrede gestellt.[70] Von einer Tristan-Burleske hören wir zum ersten Mal in einem Brief von 1901 an seinen Bruder Heinrich, in dem er hervorhebt: »*Das* ist echt! Eine Burleske, die ›Tristan‹ heißt!«[71]

Auf den ersten Blick hat diese Charakterisierung etwas Irritierendes an sich, denn es sind gerade diese Jahre um 1900, der »Maienblüte« seiner Wagner-Verehrung, von der er später sagte, dass er keine *Tristan*-Aufführung in München ausgelassen habe. Wie alle Wagnerianer war er offenbar süchtig nach dieser Musik; doch gleichzeitig muss er auch das Bedürfnis gehabt haben, von ihr Abstand zu gewinnen und seine Wagner-Sucht unter Kontrolle zu bekommen. Eine groteske Verulkung des Opus metaphysicum mochte ihm als das probate Mittel dazu erscheinen. Und doch kann kein Zweifel bestehen, dass er für Wagners Liebesdrama eine entschiedene Hochachtung hegte. Noch in *Süßer Schlaf*, einer autobiographischen Skizze von 1909, bekennt er, dass *Tristan und Isolde* das Werk Wagners sei, das er »am meisten« liebe.[72]

Der zitierte Brief an Heinrich Mann zeigt in aller Klarheit, dass er sich der Inkongruenz seines Novellenplans und Wagners Musikdrama vollkommen bewusst war und dass gerade von der scheinbaren Unvereinbarkeit des Hehren und des Burlesken der größte Reiz ausging. Wenn *Tristan und Isolde*, wie Nietzsche erklärte, Wagners Opus metaphysicum war, so ging davon ein weiterer Anreiz aus, den Tristan-Stoff aus seiner auratischen Höhe herunterzuholen und ihn, mit einer kräftigen Dosis *Simplicissimus*-Geist, auf den festen Boden der zeitgenössischen Gesellschaft zu stellen, um deutlich zu machen, welche Extreme der Gewissenlosigkeit die Verfallenheit an diese Musik birgt.

Abgesehen von der Entscheidung für den burlesken Ton der Novelle war eine andere Vorentscheidung zu treffen, wenn das Experiment einer Tristan-Novelle gelingen sollte. Schon Wagner hatte das Personal des mittelalterlichen *Tristan*-Epos Gottfrieds von Straßburg drastisch reduziert. Für eine novellistische Behandlung im Sinne von Nietzsches Empfehlung, Wagner zu »verjüngen«, musste das Personal Wagners noch einmal reduziert werden. Diesem Schlankheitsgebot der Novellenform fielen Brangäne und Kurwenal zum Opfer, die beiden Begleitfiguren der Liebenden. Auch für den eifersüchtigen und ruchlosen Rivalen Melot war keine Verwendung, zu schweigen von den anderen Nebenfiguren bei Wagner. Nur so konnte die Erzählung auf die zentrale Dreiecksgeschichte um Tristan, Isolde und Marke konzentriert werden.

Von diesen drei Figuren hat König Marke die gründlichste Umkrempelung erfahren: Er wurde zu einem wohlhabenden Handelsherrn degradiert, vor allem aber wurde er ins Komische gewendet. Keine Spur hier von der noblen, bewegenden Klage über Tristans Verrat, die die Essenz König Markes bei Wagner ausmacht. Der bürgerliche »Marke« klagt nicht voller Wehmut, er poltert frisch von der Leber weg. Er wirft dem komischen Kauz, der sich an seine kranke Frau herangemacht hat, geharnischte Verbalinjurien an den Kopf, nennt ihn einen »hinterlistigen Idioten«, »hergelaufenen Bummler« oder »heimtückischen Patron«. Er haut ihn regelrecht in die Pfanne. Herr Klöterjahn ist der gelungenste der drei Protagonisten und erinnert in seiner prallen Lebendigkeit an eine Figur bei Fontane, den Kommerzienrat van der Straaten in *L'Adultera.* Klöterjahn spricht unumwunden, wie es einem Menschen, der das Herz auf dem rechten Fleck hat, in den Sinn kommt. Er kann Platt reden, und er garniert seine Rede gern mit englischen Vokabeln. Er ist ein Kenner von Küche und Keller; sein Appetit erstreckt sich aber auch auf junge Weiblichkeit. Sein Name hat zudem eine drastische sexuelle Nebenbedeutung: Die Betonung der Klöten (Hoden) insinuiert, dass er auch im sexuellen Sinn gut ausgestattet ist. Kein Wunder, dass Spinell – ein linkischer Intellektueller mit Füßen »von seltenem Umfange« – den bloßen Namen Klöterjahn hasst. Schon der Name signalisiert also den derb burlesken, *Simplicissimus*-reifen Geist der Novelle.

Gleichwohl ist Herr Klöterjahn ein Mann, der seine Frau liebt und durchaus fähig ist, Rührung und Mitleid zu empfinden. Im Vergleich zu ihm ist seine junge Gattin Gabriele eine flache Figur. Außer ihrer Musikliebe und ihrer konventionellen Unterwürfigkeit hat sie wenig zu bieten. Wir hören zwar, dass sie aus Bremen stammt und vor ihrer Verheiratung gern mit ihrem Vater musiziert hat, doch erfahren wir nichts über ihr Innenleben, das interessant und der Rede wert wäre. Verglichen mit der akkurat rekonstruierten und dramatisch vergegenwärtigten Vorgeschichte der irischen Prinzessin bei Wagner haftet dieser blassen Gestalt etwas Papierenes an. Man tritt dem jungen Thomas Mann nicht zu nahe, wenn man feststellt, dass er kein Frauenkenner war, weshalb er sich bei der Konzeption seiner modernen Isolde einer einschlägigen literarischen Vorlage bediente, nämlich der Sängerin Antonia in E.T.A. Hoffmanns Novelle *Rat Krespel.*[73] Antonia darf aus gesundheitlichen Gründen nicht singen. Als sie es doch tut, verführt durch die Liebe, stirbt sie. Gabriele Klöterjahn ergeht es ebenso. Ihr wurde das Klavierspielen verboten; sobald sie das Verbot missachtet, verführt von einem gewissenlosen Ästheten, stirbt auch sie.

Die zentrale Figur der Erzählung ist jedoch Detlev Spinell, der als Travestie seines Wagner'schen Vorbilds angelegt ist. Was bei Wagner lediglich angedeutet wird, ist im mittelalterlichen Epos von zentraler Bedeutung: Tristan ist Künstler. Thomas Mann verabsolutiert diese Dimension der Figur und treibt sie auf die Spitze: Spinell ist Schriftsteller, und zwar einer von der modischen Art, wie sie um 1900 in Europa überall aus dem Boden schossen. Vom Typ her ein moderner Dilettant, ein haltlos von Sanatorium zu Sanatorium ziehender Neurastheniker, kennt Spinell keinen anderen Lebensinhalt als den Kult der Schönheit.

Diesen sehr zeittypischen Künstler zeichnet vor allem eine selbsttätige schöpferische Phantasie aus, die ihn Schönheit wahrnehmen lässt, wo andere nichts als ordinäre Wirklichkeit registrieren. »Wie schön!« ist seine stereotype Reaktion. Spinell wertet den Mädchennamen Gabrieles – Eckhof – als ein ästhetisches Adelsprädikat, nur weil vormals ein großer Schauspieler so hieß. Spinell spricht den Namen »Bremen« so aus, als sei es »eine Stadt voller unnennbarer Abenteuer und verschwiegener Schönheiten, in der geboren zu sein, eine geheimnisvolle Hoheit verleihe«. Und während Gabriele von ihren Mädchenjahren erzählt, zaubert er ihr »eine kleine goldene Krone« ins Haar. Dies ist das Kabinettstück seines kompulsiven Schönheitskults. Es ist auch die Lockspeise, die Gabriele dazu bringt, von dem tödlichen Trank der *Tristan*-Musik bis zur Neige zu trinken. Im Übrigen gibt es keinen triftigen Grund, warum sich Spinell in einem Sanatorium aufhält. Er tut es, wie er sich einredet, aus ästhetischen Gründen und aus Gründen der seelischen Hygiene; er bildet sich ein, dass die geradlinige Strenge des Empirestils, der die Inneneinrichtung von Haus »Einfried« ziert, seiner ruhelosen Lebensweise guttue und ihm einen inneren Halt gebe. Es ist die eitle Ausrede eines hochneurotischen Ästheten.

Im Zenit von Spinells ästhetischem Firmament steht – wie könnt es anders sein – *Tristan und Isolde*. Die Intensität der ästhetischen Erfahrung geht selbst für einen Schriftsteller wie ihn über alle Worte, so dass die performative Reaktion an die Stelle der diskursiven treten muss. Anstatt seiner Erschütterung in schalen Worten Ausdruck zu geben, lässt Thomas Mann Spinells körperliche Reaktion sprechen. Wenn sein Blick zuerst auf den Klavierauszug fällt, verstummt er vor Ergriffenheit und vermag lediglich ein »Nicht möglich!« zu stammeln. Sobald Gabriele ihr Spiel mit Wagners mystischem Liebestod beendet hat, sinkt er wortlos auf beide Knie, während seine Schultern, mitgenommen von der ästhetischen Erfahrung, unkontrollierbar zucken. Dies eröffnet einen Blick in das Heiligtum dieser Künstlerexistenz und auf den Abgott, der darin thront: Es ist Richard Wagner, der Schöpfer des *Tristan*.

Diese Vergötterung Wagners hat Spinell mit dem Verfasser der *Tristan*-Burleske gemeinsam. Dass mit der satirischen Verulkung Spinells in der Tat der Autor selbst gemeint ist, lässt sich an einigen unscheinbaren Details erkennen. Spinell ist Langschläfer – wie Thomas Mann selbst, der, wie wir sahen, in seiner kurzen Studienzeit an der Technischen Hochschule keine Vorlesung vor drei Uhr am Nachmittag belegte. Spinell hat wie Thomas und Hanno Buddenbrook, ebenso wie deren Schöpfer, kariöse Zähne. Spinell mag den Süden nicht, den ewig sonnigen – wie der junge Thomas Mann und sein fiktives Double Tonio Kröger; sie alle halten dafür, dass der Mensch ohne Sonne »innerlicher« wird und damit tiefer. Spinell hat auch einen Roman geschrieben – wie Thomas Mann –, allerdings einen sehr kurzen, »von mäßigem Umfange«, und damit das kümmerliche und lächerliche Spiegelbild von *Buddenbrooks*. Und doch sind sich beide einig, dass paradoxerweise der »Schriftsteller ein Mann ist, dem das Schreiben schwerer fällt als allen anderen Leuten«, weil er an die Wortkunst höhere Ansprüche stellt als die anderen. Völlige Übereinstimmung herrscht vor allem in Hinsicht auf die Wagner-Idolatrie; sie ist das stärkste Band zwischen den beiden Schriftstellern, dem wirklichen und dem fiktiven.

Damit verdichtet sich die Vermutung, dass der *Buddenbrooks*-Autor mit dieser epischen Etüde gegen den Wagner-Schwärmer in sich selbst vorgeht, ja ihn auszutreiben versucht, indem er ihn der Lächerlichkeit preisgibt. Der noch junge Autor, verzehrt von dem Ehrgeiz zu

Größe und Repräsentanz, hält hier also Gerichtstag über seine Wagner-Idolatrie, auf dass er dieser gefährlichen Kunst fortan nicht mehr so wehrlos ausgeliefert sei, wie es ihm gelegentlich scheinen mochte. Den Gedanken, dass Dichten ein einziges »Gerichtstag Halten« ist über sich, übernahm Thomas Mann von Ibsen und stellte es seinem Novellenband als Motto voran.[74] Auf keine der in diesem Band versammelten Novellen passt dieses Motto präziser als auf *Tristan*. In der zwei Jahre später verfassten ästhetischen Bekenntnisschrift *Bilse und ich* wird der Geist des durchgängigen *tua res agitur* noch einmal unterstrichen. Dort wehrt sich Thomas Mann gegen die Unterstellung, er schreibe Schlüsselromane à la Fritz Oswald Bilse, und weist insbesondere den Vorwurf zurück, er habe in Detlev Spinell seinen Kollegen Arthur Holitscher karikiert. Weit gefehlt, versichert Thomas Mann: »Ich züchtigte mich selbst in dieser Gestalt«, will sagen: den wagnertrunkenen Ästheten in sich.[75] Freilich ist dazu zu bemerken, dass Selbstzüchtigung und Karikatur sich keineswegs gegenseitig ausschließen.

Thomas Manns *Tristan* ist nicht zuletzt auch in dem technischen Sinn eine Burleske, dass sich hier ein junger, doch schon sehr versierter Autor ersichtlich einen Erzählspaß macht, indem er einen Ton anschlägt, der überaus aufgeräumt klingt und zu dem ernsten Sujet einen eher grotesken und beunruhigenden Gegensatz bildet. Man würde nicht erwarten, dass eine Erzählung, die vom Tod einer jungen, an Tuberkulose erkrankten Frau handelt, so locker und frohgemut beginnt wie diese: »Hier ist ›Einfried‹, das Sanatorium!« Oder dass der Erzähler sich an den Leser wendet und gegen alle Konvention fragt: »Waren wir schon so weit, daß Herr Klöterjahn in die Heimat zurückgekehrt war?« Oder dass ein Arzt für »überhaupt nicht der Rede wert« erklärt wird, weil er den gewöhnlichen Namen Müller trägt. Oder dass Spinell, trotz seines italienisch klingenden Namens, »kein Italiener« ist, sondern »bloß aus Lemberg gebürtig« sei. Dieser Erzähler agiert umsichtig wie ein Jahrmarktsunterhalter, der seine Zuhörer fest im Auge behält. Und wie jeder auf Beifall schielende Unterhaltungskünstler gebart er sich übertrieben lebhaft.

Zudem verfolgt dieser Erzähler aber auch erzähltechnisch anspruchsvollere Ziele. Der Umstand, dass Wagner verulkt wird, hält ihn keineswegs davon ab, Wagner auch nachzuahmen. Das geschieht am augenfälligsten durch eine rudimentäre Leitmotivik – Stichwort »blaßblaue

Äderchen« und »ein bißchen Blut« –, die hier auf eine noch wenig subtile Art praktiziert wird. Subtiler ist hingegen der Versuch, das bahnbrechende Merkmal der *Tristan*-Musik, gleichsam Tribut spendend, wenigstens im Kleinen nachzuahmen: die durchgängige Chromatik, welche die zu erwartende harmonische Auflösung immer wieder verweigert, auf dass sie am Ende umso überwältigender herbeigeführt werden kann. Man vergleiche damit, wie Thomas Mann den Helden seiner Burleske einführt und vorstellt. Im ersten Kapitel wird auf dessen Existenz mit gleichsam wegwerfender Gebärde hingewiesen; gleichzeitig aber erregt eine solche Einführung auch Neugierde. »Was für Existenzen hat ›Einfried‹ nicht schon beherbergt! Sogar ein Schriftsteller ist da, ein excentrischer Mensch, der den Namen irgend eines Minerals oder Edelsteins führt und hier dem Herrgott die Tage stiehlt …« Im zweiten Kapitel sodann wird das Versteckspiel zunächst fortgesetzt. Nun ist dieser Schriftsteller »ein befremdender Kauz, dessen Name wie der eines Edelsteins lautete«. Erst bei seiner nächsten Erwähnung, in Kapitel vier, erfahren wir seinen Namen und hören von seiner wunderlichen äußeren Erscheinung und seinem affektierten Wesen. In den Kapiteln sechs und sieben, in den Gesprächen mit Gabriele, lernen wir ihn als einen Mann von Geist, aber auch von aufdringlicher Zuwendung kennen, der die todkranke Frau dazu bringt, sich für ihre eigene Person und Situation zu interessieren. So wird sie gewahr, was sie in ihrem Eheleben verloren hat – Schönheit, Zauber, Kunst.

In dem zentralen achten Kapitel agiert Spinell gleichsam als Gabrieles Seelenführer in das Wagner'sche Totenreich. Doch erst in Kapitel zehn, nahe dem Ende, lernen wir den schriftstellernden Kauz in seinem innersten Wesen kennen, nämlich als einen Anwalt der Literatur, der selbst beim Briefeschreiben sich den höchsten Ansprüchen der Wortkunst verpflichtet fühlt und so seine Selbständigkeit gegenüber der Macht der Musik behauptet. Auch in dieser Hinsicht erweist sich Spinell mit seinem Erzeuger identisch. Gegenüber dem banausischen Klöterjahn und seiner »komisch gesunden Brutalität« vertritt Spinell »mit seinem skurrilen Schönheitssinn doch schließlich das höhere Prinzip«.[76]

Wie lässt sich abschließend das Verhältnis der Thomas Mann'schen Burleske zu dem mystischen Liebesdrama Wagners bestimmen? Um von Parodie sprechen zu können, müsste die Handlung der Novelle in einer deutlicher erkennbaren Nähe zur Vorlage stehen. Doch wesentliche Elemente von Wagners *Tristan und Isolde* sind hier ausgespart, um den Fokus auf die todbringende Schönheit – den Kern der Kritik des Ästhetizismus – desto klarer hervortreten zu lassen. In Thomas Manns Erzählung kommt es zu keinem Ehebruch; weder Gabriele noch Spinell empfinden für einander, was auch nur im entferntesten mit der Macht des Begehrens bei Wagner zu vergleichen wäre. Es gibt denn auch keinen Liebes- beziehungsweise Todestrank, der die Dämme der Sitte und Konvention hinwegschwemmt. Der bürgerlich aktualisierte »Tristan« macht auch keine Anstalten, seiner Isolde im Tode vorauszugehen. Spinell lebt weiter; er verlässt die Szene im Haus Einfried unter lächerlichen Begleitumständen und lebt durchaus im Frieden damit, dass er Gabriele zielstrebig dazu gebracht hat, die *Tristan*-Musik zu spielen und so seinem todbringenden Ästhetizismus Genüge zu tun.

Auf diese fatale Verkettung von Musik und Tod im Leben Gabriele Klöterjahns verweist die beiläufige, doch erhellende Mitteilung des Erzählers, dass Gabriele im Sterben »ein Stückchen Musik vor sich hin« summte. Auch Spinell summt auf seinem Spaziergang im letzten Kapitel dasselbe »Stückchen Musik«: »eine bang und klagend aufwärtssteigende Figur, das Sehnsuchtsmotiv«. Er hat ihr zurückgegeben, was sie nach seiner Überzeugung in ihrem Eheleben vermisste: die ästhetische Erfahrung in ihrem bedenklichsten Modus – die Erfahrung der todbringenden Schönheit. Was in der Handlung des Musikdramas der doppeldeutige Trank bewirkt, das strömt im Nachvollzug am Flügel die Musik selbst aus: die Sehnsucht nach Vergessen und Auslöschung und – schopenhauerisch gesprochen – das Ende des Leidens an der Individuation.

Die in diesem Zusammenhang wohl aufschlussreichste Äußerung Thomas Manns stammt aus einem Brief von 1902 an seinen befreundeten Kollegen Kurt Martens, der gerade die Festspiele in Bayreuth besucht hatte. Dazu Thomas Mann: »Hat Sie übrigens Bayreuth nicht [...] Ihrer eigenen Sache entfremdet? Mir wäre es unfehlbar so ergangen. Ich bin gerade der Kunst Wagners gegenüber vollständig wehrlos und könnte sicher vierzehn Tage nach dem ›Parsifal‹ keinen Strich thun.«[77] An der Oberfläche scheint diese Äußerung nichts anderes zu bezeugen als die übermächtige Wirkung der Wagner'schen Bühnenwerke. Doch darunter regt sich auch ein starkes Gefühl, dass es hier etwas abzuwehren gilt, weil es ihn der eigenen Kunst zu entfremden droht. In der Tat, dem Künstler des Worts musste eine Kunstauffassung fragwürdig erscheinen, die in der »Addition von Malerei, Musik, Wort und Gebärde« das Nonplusultra erblickte und der zufolge Wagners *Siegfried* künstlerisch höher einzuschätzen wäre als etwa Goethes *Torquato Tasso*.[78]

Hat die *Tristan*-Burleske ihren werkökonomischen Zweck erfüllt und Thomas Mann in den Stand gesetzt, sich der bedrohlichen Wirkung der Wagner'schen Musik erfolgreich zu erwehren? Hat er sich mit dieser Novelle von dem Bann des Wagnerismus freigeschrieben? Die Frage kann guten Gewissens bejaht werden, denn abgesehen von der wenig später entstandenen Novelle *Wälsungenblut*, die gesondert zu betrachten sein wird, hat Thomas Mann kein weiteres Werk Wagners als Sujet einer Erzählung gewählt.

Mit wachsendem Abstand zu dem Wagner-Kult seiner frühen Jahre, als er sich gegenüber der Musik Wagners wehrlos fühlte, begannen mehr und mehr politische Gesichtspunkte sein Nachdenken über Wagner zu bestimmen, zumal nach seinem öffentlichen Bekenntnis zur Republik im Oktober 1922. Der *Zauberberg*-Autor hörte nie auf, darüber zu staunen, dass Wagners mystischem Liebesdrama ein weltweiter Erfolg beschieden war. Die »Todestrunkenheit« dieses Musikdramas erwies sich in der Tat als »welterobernd« – ein Erfolg, den Wagner, typisch für den Geist des »Imperialismus«, selbst angestrebt habe. Thomas Mann verweist dazu auf jene dunkle Stelle im zweiten Akt, die schon Gabriele Klöterjahn unverständlich fand. Es ist Tristans Zeile: »Selbst dann bin ich die Welt.« Gabriele bittet Spinell um eine Erläuterung, worauf dieser es ihr erklärt, »leise und kurz«, aber ohne dass uns mitgeteilt wird, wie diese Stelle zu verstehen sei. In den *Betrachtungen eines Unpolitischen* wird die Erklärung nachgeliefert; dort bemerkt er, dass zu Tristans Worten »Selbst dann bin ich die Welt« das Sehnsuchtsmotiv erklingt – Beweis genug, dass Wagner eine Art »Welt-Erotik« pflegte und den globalen Erfolg wollte und anstrebte.[79]

Unabhängig von der Frage, ob es Wagners Absicht war, mit seinem todestrunkenen Liebesdrama die Welt zu erobern, war doch eines nicht zu übersehen: Wagner hatte in politisch und gesellschaftlich signifikantem Ausmaß die Köpfe und Gemüter der Deutschen erobert, wie sich an dem Gebaren der Wagnerianer und den politischen Begleitumständen der Wagner-Festspiele von 1924, den ersten in der Weimarer Republik, mit alarmierender Deutlichkeit zeigte.

In den *Betrachtungen eines Unpolitischen* hatte Thomas Mann der deutschen Romantik überschwänglich gehuldigt; er war sich bewusst, dass die gewaltige Wirkung des Wagner'schen Liebesdramas nicht allein von dem harmonischen und architektonischen Raffinement der Musik herrührte, sondern dass dahinter eine zauberhafte Geistesverfassung und kollektive poetische Gestimmtheit standen, die wir mit der historischen Romantik assoziieren. Er war zu der Überzeugung gekommen, dass *Tristan und Isolde* gerade deswegen einen unwiderstehlichen Seelenzauber ausübte, weil es »der Gipfel und die Erfüllung der Romantik« ist, »ihre äusserste künstlerische Expansion«.[80] Diesem stets von neuem lockenden Zauber stellt Thomas Mann nun die Ethik des politisch verantwortlichen Schriftstellers entgegen. Mit dem Gestus eines Seelsorgers für seine Orientierung suchenden Landsleute erklärt er, dass es heute »von Gewissens wegen verboten« sei, die Welt der deutschen Romantik allzu sehr zu lieben. Diese Liebe sei dem Leben und der Zukunft nicht zuträglich, denn auch ihr innerstes Wesen sei »Todestrunkenheit«. Der Vernunftrepublikaner Thomas Mann aber erachtete es als das dringlichste Gebot der historischen Stunde, dieser Liebe zur Romantik und zu Wagner zu widerstehen und sie im Geiste Nietzsches zu überwinden. Nietzsche war ihm nun ein »Seher höheren Menschentums«, weil er »ein Lehrer der Überwindung« war – »der Überwindung all dessen in uns, was dem Leben und der Zukunft entgegensteht, das heißt dem Romantischen. Denn das Romantische ist das Lied des Heimwehs nach dem Vergangenen, das Zauberlied des Todes.«[81]

Die Gründe für dieses Entsagungsgebot gerade gegenüber dem einst am heißesten Geliebten sind entschieden politischer Natur. Der Wagner-Kult sowie die Idolisierung der Romantik gehörten zum Programm diverser Restaurationsversuche, deren Ziel die Abschaffung der Weimarer Republik und der Demokratie war. Die Bayreuther Festspiele von 1924 waren, wie wir gesehen haben, in gewisser Weise die Speerspitze dieser gegen Republik und Demokratie verschworenen Kräfte. Restauration jedoch, so schrieb Thomas Mann in einem zeitkritischen Essay von 1925 mit unüberhörbarer Anspielung auf die Todesmystik Wagners, sei »das Schlimmste und Falscheste«, denn »es gibt kein Zurück.

[…] Es ist eine falsche, dem Tode zugewandte […] Frömmigkeit, denn sie glaubt nicht an das Leben und seine unerschöpflichen Heiligungskräfte.«[82]

Der *Zauberberg*-Autor erblickte in der tristanesken Todestrunkenheit entschieden eine Gefahr für das Deutschland der Weimarer Republik. Dieser Ende 1924 erschienene große Zeitroman berührt ein weites Feld von Themen und kann nicht auf ein, zwei Kernsätze reduziert werden. Doch ist es in unserem Zusammenhang besonders erhellend, dass zwei der wichtigsten sogenannten Erkenntnissätze des Romans aus Thomas Manns Wagner-Krise herzuleiten sind. »*Der Mensch soll um der Güte und Liebe willen dem Tode keine Herrschaft einräumen über seine Gedanken*«, so heißt es an berühmter Stelle in dem Kapitel *Schnee*.[83] Es wird nicht ausdrücklich gesagt, wer so selbstvergessen sein könnte, dem Tod Herrschaft einzuräumen über das eigene Denken. Im Kontext von Thomas Manns lebenslanger Auseinandersetzung mit Wagners *Tristan* lässt sich diese Frage jedoch ohne Umstände beantworten. Es sind die ungezählten Bewunderer eines so todestrunkenen Werkes wie *Tristan und Isolde*, die in ihrer kritiklosen Verfallenheit an dessen ästhetischen Zauber die Todestrunkenheit verinnerlichen, so dass der Tod in der Tat ihr Denken beherrscht, auch das politische.

Ein weiterer Erkenntnissatz lässt sich aus dem großen Musikkapitel des Romans destillieren. Darin wird der Musik überhaupt, in besonderem Maße jedoch der Musik der deutschen Romantik ein unvergleichlicher »Seelenzauber« attestiert. Stellvertretend dafür steht das Lied vom Lindenbaum aus Schuberts Zyklus *Die Winterreise* – ein Werk, das Thomas Mann in der Phase der *Betrachtungen* neben Wagners *Ring des Nibelungen* stellte und als exemplarische und emblematische Manifestation der deutschen »Nationalkunst« feierte.[84] Das Lied vom Lindenbaum ist Hans Castorp, dem Helden des Romans, ans Herz gewachsen, so dass er es vor sich hin summt, wenn er auf einem Schlachtfeld in Flandern seinem Tod entgegenstolpert. Es ist das gleiche Symptom einer Verfallenheit an die Musik, wie sie an Gabriele Klöterjahn abzulesen ist. Auch sie summt ein »Stückchen Musik«, bevor sie, wie Wagners Isolde, ins Reich der Nacht eintaucht. In Thomas Manns Sicht entstammt Schuberts *Lindenbaum* derselben »Gemütssphäre« wie Wagners *Tristan*, der deutschen Romantik also, dem eigentlichen Mutterboden der »welterobernden Todestrunkenheit«.

Nach dem Zweiten Weltkrieg musste ihm die Todestrunkenheit des Wagner'schen Opus metaphysicum als noch unpassender erscheinen als zur Zeit des *Zauberberg*. Das zweite »Weltfest des Todes« hatte an Grauen und Zerstörung das von 1914/18 noch übertroffen.[85] Als Thomas Mann bei einem seiner Schallplattenkonzerte einmal mehr den dritten Akt des *Tristan* auflegte – er besaß über fünfzig Platten mit Ausschnitten[86] –, sinnierte er im Tagebuch: »Nicht mehr recht zu ertragen. Wann wird die noch immer dafür begeisterte Welt es satthaben? Wahrscheinlich doch wird es zusammen mit der bürgerlich-kapitalistischen Welt untergehen.«[87]

Wälsungenblut: Tiergarten mit echter Kultur

Im Februar 1905 heiratete Thomas Mann auf dem Standesamt in München Katia Pringsheim, Tochter einer assimilierten jüdischen Familie von großbürgerlichem Lebensstil und hoher Kultiviertheit. Mit der Verehelichung gab er sich, wie er seinem Bruder Heinrich schrieb, eine »Verfassung«[88], d.h. eine großbürgerliche Verfassung, die seinem von gleichgeschlechtlichen Neigungen geprägten Junggesellendasein ein Ende setzte und ihm fortan gewisse Rücksichten familiärer Art auferlegte. Ohne diese eheliche Befestigung seiner Existenz konnte er sich nicht vorstellen, als Schriftsteller Repräsentanz und Größe zu erzielen. Gleichzeitig jedoch fand er sich zum Judentum in ein neues Verhältnis gesetzt. Dadurch änderte sich zunächst wenig an seiner keineswegs vorurteilsfreien Einstellung, aber die Einheirat in eine jüdische Familie färbte unweigerlich auf seine Wahrnehmung durch die Mitwelt ab. Der *Buddenbrooks*-Autor war nun, wie es im Sprachgebrauch der Antisemiten hieß, »jüdisch versippt«. Dieser Makel sollte im Dritten Reich sinistre, lebenbedrohliche Konsequenzen zeitigen.

Die Verheiratung des dreißigjährigen Autors war somit eine in mehrerer Hinsicht einschneidende Lebensentscheidung, die intellektuell und literarisch verarbeitet werden wollte. Den ersten Niederschlag davon finden wir in zwei Texten, die in Reaktion auf seine neue bürgerliche Verfasstheit entstanden: die Novelle *Wälsungenblut* sowie eine kurze essayistische Stellungnahme zu der sogenannten *Lösung der Judenfrage*.[89] Zu klären ist also, was diese beiden Texte miteinander zu tun haben und was Thomas Mann dazu bewogen haben mochte, für seine erste Novelle als verheirateter Mann ein Wagner-Sujet zu wählen. Es ist in der Tat merkwürdig, dass er so kurz nach seiner Verheiratung eine Novelle konzipierte, die im Milieu seiner neuen Verwandten angesiedelt ist, und dafür ausgerechnet *Die Walküre* als Folie wählte, das Werk eines weithin bekannten Antisemiten.

Der kurze Aufsatz über die »Judenfrage« entstand im Sommer 1907, also gut zwei Jahre nach seiner Verheiratung und knapp zwei Jahre nach *Wälsungenblut*, und wirft rückwirkend ein Licht sowohl auf die Novelle als auch auf seine Ehe. Thomas Mann schrieb den Aufsatz in Erwiderung auf ein Rundschreiben von Julius Moses, einem Berliner Arzt und Publizisten. Moses plante ein Buch zum Thema »Judenfrage« und schrieb zu diesem Ende an zahlreiche Persönlichkeiten in Deutschland und Europa. Seine Initiative wie auch die internationale Beteiligung sind dem großen Echo zuzurechnen, das Houston Stewart Chamberlain mit seinem Buch *Die Grundlagen des neunzehnten Jahrhunderts* von 1899 ausgelöst hatte.[90] Das Buch, ein Bestseller, war umstritten und wurde kontrovers diskutiert. Von den eingegangenen Stellungnahmen veröffentlichte Julius Moses über einhundert in einem Sammelband, der Ende 1907 in Leipzig erschien. Zuvor schon, am 14. September 1907, überließ Thomas Mann den Aufsatz den *Münchner Neuesten Nachrichten* zur Veröffentlichung. In den antisemitischen Kreisen Münchens dürfte die Bekanntmachung seines Philosemitentums mit der gebührenden Aufmerksamkeit registriert worden sein.

In dem Aufsatz erklärt der frisch mit einer jüdischen Frau verheiratete Autor, dass er ein »überzeugter und zweifelfreier ›Philosemit‹« sei und dass er für die »außerordentlichen Daseinsformen« der Juden Sympathie empfinde, da die Benachteiligung und Diskriminierung sich oft genug als die »Veranlassung […] zu ungewöhnlichen Leistungen« erweise – ein Gedanke, den Thomas Mann auch dem jüdischen Arzt Dr. Sammet in *Königliche Hoheit* in den Mund legt.[91] Abschließend argumentiert er, dass er die Assimilation für die aussichtsreichste und beste Lösung halte. Die Lösung der »Judenfrage« werde sich von selbst einstellen, und zwar im Zuge der »allgemeinen kulturellen Entwicklung«. Diese werde die »*Europäisierung* des Judentums« zur Folge haben, d.h. die »Hebung und Nobilisierung […] des chassidischen Ghetto-Juden zum europäischen Menschen«. Taufe und Mischehe werden als Teil dieser breiten Zeittendenz zur Assimilation angesehen. Diese Denkweise erhellt blitzartig eine Bemerkung in einem Brief an Heinrich, in dem er seine ersten Eindrücke von den Pringsheims zusammenfasst: »Kein Gedanke an Judenthum kommt auf, diesen Leuten gegenüber; man spürt nichts als Kultur.«[92]

Die Lektüre dieses Aufsatzes verursacht heute sehr gemischte Gefühle, weil die zweifellos aufrichtig gemeinte Beteuerung der Judenfreundschaft einhergeht mit einem ganzen Bündel von Voreingenommenheiten. Der Text zeugt zudem von einem unzulänglichen Verständnis des Problems. Schon hier und noch lange danach lassen Thomas Manns Äußerungen zu dem gesellschaftlich aktuellen und gewichtigen Problem der Assimilation ein gewisses Nicht-wahrhaben-Wollen des Antisemitismus erkennen. Es ist eine für die Epoche typische Unterschätzung dieses entscheidenden Faktors in dem Schicksal der Juden. Er spricht zwar von »zweitausend Jahren schimpflicher Abgeschlossenheit«, lässt aber die Gründe ihrer Abgeschlossenheit und Benachteiligung offen, was auch bedeuten kann, dass die Abgeschlossenheit zum Teil selbstverschuldet ist. Für Thomas Mann sind die Juden »fremdartig« und bleiben es, wie es scheint, auch nachdem sie das »physisch antipathische« Erscheinungsbild des Ghetto-Juden abgelegt und über mehrere Generationen hin einen gewissen »Grad von Wohlgeratenheit, Eleganz und Appetitlichkeit und Körperkultur« erzielt haben.

Viele Klischees dieses Textes und so manche Wortwahl Thomas Manns könnten ebenso gut von einem überzeugten Antisemiten stammen. Seine Stellungnahme enthält aber auch Elemente, die ihn in den Augen der wahren Antisemiten der Wagner'schen Observanz als einen nicht ernstzunehmenden Antisemiten ausweisen, weil er, jüdisch versippt, wie er nun war, hinsichtlich bestimmter unveräußerlicher Glaubensartikel der Bayreuther Orthodoxie völlig konträrer Auffassung war. Wenn er im Geiste von Nietzsches »gutem Europäertum« erklärt, er sehe im Judentum einen »unentbehrlichen europäischen Kultur-Stimulus«, so stellt er sich damit in einen schreienden Gegensatz zu der Auffassung Wagners und Chamberlains, die von der verderblichen Wirkung des Judentums auf die deutsche Kultur und eigentlich auf alle Kulturen, in denen sie als »Parasiten« hospitieren, ausgehen und von daher ihre Judenfeindschaft begründen. Es geht ihnen stets um die Reinerhaltung der Kultur; dies ist die Ultima Ratio ihres Rassismus. Und wenn Thomas Mann statuiert, dass gerade Deutschland den jüdischen Kulturstimulus »bitter nötig« habe und dass ein »Exodus« der Juden, wie die Antisemiten ihn forderten und die Zionisten damals in Erwägung zu ziehen begannen, »ungefähr das größte Unglück bedeuten würde, das unserem Europa zustoßen könnte«, so ist das aus Bayreuther Sicht, in der schon die Idee »Philosemit« als anstößig empfunden wurde, schlicht indiskutabel.

Wir haben es also mit einem in sich widersprüchlichen Text zu tun, der den Autor in den Augen von Juden als einen zwar wohlgesinnten, aber voreingenommenen Antisemiten erscheinen lässt, in den Augen der verbohrten Antisemiten wie Chamberlain oder der in Thomas Manns Aufsatz genannte Adolf Bartels hingegen als einen Judenfreund, der in ihren Kreisen nichts zu suchen hat. Von demselben Zwiespalt ist auch *Wälsungenblut* durchdrungen, was dieser Erzählung eine anhaltende Faszination verleiht.

Wälsungenblut[93] ist als das ostentativste Beispiel des Thomas Mann'schen Wagnerismus anzusehen, seiner von Nietzsche inspirierten Methode also, Erzählungen zu schreiben, die sich nach Thematik und Machart an Wagner orientieren. Den epischen Kern seines Wagnerismus bildet auch hier, wie schon in der Novelle *Tristan*, die Vergegenwärtigung des theatralen und musikalischen Geschehens, gefolgt von der Transponierung der ästhetischen Erfahrung in die zeitgenössische Lebenswelt. In diesem Fall ist es der erste Akt der *Walküre*, der mit dem titelgebenden Schlüsselwort »Wälsungenblut« endet und die Schleusen öffnet zu Siegmunds und Sieglindes inzestuöser Vereinigung: »So blühe denn Wälsungen-Blut!« Drei Jahre nach *Tristan*, dank seiner neuen Lebensumstände, bot sich ihm unerwartet eine Gelegenheit zur Verfeinerung seiner epischen Methode. Es war eine Versuchung, der er als Künstler nicht widerstehen konnte. Die Erzählung ist selbstredend für eine wagnerfeste Leserschaft geschrieben, die damals ohne weiteres vorausgesetzt werden konnte; sie kann deshalb nicht adäquat begriffen und gewürdigt werden, wo die Wagner'sche Codierung dieses Textes nicht berücksichtigt wird.

Im Gegensatz zu Thomas Manns leiblichem Vater war sein Schwiegervater hoch musikalisch und ein ausgewiesener Wagnerianer. Alfred

Pringsheim, Professor der Mathematik an der Universität München, war ein früher Förderer und Bewunderer Richard Wagners. Seine musikalische Bildung ging weit über das Niveau eines Liebhabers hinaus; er war, wie Egon Voss urteilt, »Musiker von Profession«.[94] Von ihm stammen insgesamt vierundvierzig Bearbeitungen für unterschiedliche Besetzungen von Stücken aus Wagners Opern und Musikdramen. In einem Lebenslauf von 1915 schreibt er mit gelassenem Stolz: »In musikalischen Kreisen kennt man mich als langjährigen und eifrigen Vorkämpfer Richard Wagners, auch habe ich eine Anzahl von Bearbeitungen Wagner'scher Musikwerke veröffentlicht.«[95]

Obgleich Pringsheims Interessen sich auch auf die Kunstwissenschaften erstreckten – er erwarb über die Jahre die größte Privatsammlung italienischer Majoliken –, stand für ihn Wagners Musik im Zentrum. Die Atmosphäre in seinem Stadtpalais in der Arcisstraße war in gewissem Sinne wagnergesättigt, selbst wenn man außer Acht lässt, dass die zeitweilige Mätresse des Hausherrn, Milka Ternina, eine Wagner-Sängerin an der Münchner Hofoper war. In seinem Haus gingen Musiker ein und aus, darunter Richard Strauss und Max von Schillings. Katia Manns Zwillingsbruder, Klaus Pringsheim, lernte an der Wiener Hofoper unter Gustav Mahler sein Handwerk als Kapellmeister. Der Umstand, dass aus diesem Haus ein Zwillingspärchen hervorgegangen war, konnte bei dem *Buddenbrooks*-Autor nicht verfehlen gewisse Assoziationen in Gang zu setzen, die im Geiste Nietzsches zur Übersetzung ins Zeitgemäß-Bürgerliche reizten. Der Gedanke lag nicht fern, dass der Herr des Hauses sein Zwillingspaar, anstatt Klaus und Katia, sehr wohl auch Siegmund und Sieglinde hätte nennen können. Vermutlich dieses oder ein ähnliches Gedankenspiel stand an der Wiege von *Wälsungenblut*.

Trotz dieser Pringsheim'schen Ausgangssituation ist jedoch zu beachten, dass *Wälsungenblut* nicht München zum Schauplatz hat, sondern Berlin. Man ist versucht, diesen Ortswechsel als Camouflage der eigentlich gemeinten Münchner Verhältnisse zu deuten. Doch liegen die Dinge nicht so einfach. Der Schauplatz Berlin ist ein einmaliges Vorkommnis im Werk dieses Autors. Die Entscheidung für Berlin ist denn auch sachlich, d.h. vom Thema her, wohlbegründet.

Thomas Manns Bekanntschaft mit Berlin war allerjüngsten Datums. Auf dem Weg in die Sommerferien im August 1905 ins Ostseebad

Zoppot, wohin er die in München begonnene Novelle mitgenommen hatte, und auf dem Weg zurück wurde in Berlin bei den Rosenbergs, den Verwandten Katia Manns, Station gemacht. Hermann Rosenberg, ein Bankier, führte im Tiergartenviertel und in dem Villenviertel um den Großen Wannsee, wie Thomas Mann sich persönlich überzeugen konnte, ein großes Haus. Er muss sich dabei auch davon überzeugt haben, dass die erfolgreichen und assimilierten jüdischen Familien in Berlin eine weit größere gesellschaftliche Präsenz hatten als in München und dass die Problematik der Assimilation hier dringlicher war als dort. Nirgends sonst in Deutschland traten die gesellschaftlichen Spannungen der Akkulturation und Integration deutlicher zutage als in Berlin; nirgendwo sonst war so glaubhaft zu zeigen, dass es sich bei dem Thema Assimilation um ein fundamentales Problem der Wilhelminischen Gesellschaft handelte.

Der Schauplatz Berlin erklärt sich also weniger aus dem Wunsch nach Diskretion als aus den Erfordernissen der Thematik der Assimilation. Gleichwohl präsentiert uns Thomas Mann ein Vexierbild, in dem schon bei der geringsten Blickverschiebung ein zweites Bild erkennbar wird. Unmittelbar nachdem er bei den Pringsheims eingeführt war, beschreibt er in dem bereits zitierten Brief an Heinrich Mann vom 27. Februar 1904 das »Erlebnis, das mich ausfüllt«, und fasst es in die Formel »Tiergarten mit echter Kultur«. In der Novelle hat er dem Manko seiner neuen Berliner Verwandtschaft, ihrem vergleichsweise banausischen Lebensstil, dadurch abgeholfen, dass er die Kultiviertheit des Pringsheim'schen Stadtpalais in der Münchner Arcisstraße auf die Rosenberg'sche Villa im Berliner Tiergarten-Bezirk übertrug. Im Übrigen verweist auch der Familienname Aarenhold auf Berlin. Es ist die bloß gering verfremdete Version von Arnhold, d.h. Eduard Arnhold, einem prominenten Berliner Bankier.[96] Die Arnholds besaßen unweit der Rosenberg-Villa in Berlin-Wannsee ein großes Anwesen.[97]

In der Entscheidung für Berlin und für die Thematisierung des gesellschaftlichen Problems der Assimilation konnte sich Thomas Mann, wie so oft in seinem Frühwerk, an einem Roman Theodor Fontanes orientieren. *Die Poggenpuhls* (1896) handeln von einer verarmten Adelsfamilie. Wenn sich ihre desperate wirtschaftliche Situation je zum Besseren wenden sollte, müsste Leo von Poggenpuhl Flora Bartenstein heiraten, die Tochter eines jüdischen Bankiers, der im Tiergarten-Bezirk wohnt und Gemälde sammelt. Leos Ehrgeiz geht denn auch »entschieden nach der Adelsseite hin«. In dieser Fontane'schen Konstellation ist die Grundsituation von Thomas Manns »Judengeschichte« vorgezeichnet:[98] eine jüdische Familie, die sich von dem guten Namen des christlichen Schwiegersohns einen entscheidenden Schub in Richtung gesellschaftlicher Akzeptanz verspricht, und eine vom Abstieg bedrohte Adelsfamilie, die auf das Geld des reichen Juden spekuliert.[99]

Es ist nun sehr erhellend, zu sehen, wie Thomas Mann diesen Grundriss verändert. Er vertauscht die Erzählperspektive; während Fontane das Problem gleichsam aus der Perspektive Beckeraths entfaltet, lässt es Thomas Mann uns aus der Perspektive der Bartensteins sehen. Er tut es auf eine direktere, tiefer blickende und auch einfühlsamere Art als Fontane. Assimilation wird in *Wälsungenblut* aus jüdischer Perspektive erlebt und dargestellt. In Fontanes Roman wird mit dem Gedanken einer Allianz der beiden Familien lediglich gespielt. In *Wälsungenblut* dagegen sehen wir, welche psychologischen Reaktionen und was für eine Assimilationsdynamik eine solche Verbindung freizusetzen vermag. Die heftigste Reaktion kommt von den Aarenhold-Zwillingen, die auf dem Weg der Assimilation schon am weitesten fortgeschritten sind, gleichsam als *backlash*. So betrachtet stellt sich ihr Inzest, in Nachahmung der tabubrechenden Wälsungenliebe, als eine hochmütige Geste des Widerstands dar, in der sich aufgestaute Rachegelüste entladen. Was aus den Wälsungen-Geschwistern mit eruptiver Gewalt hervorbricht, findet in den Aarenhold-Geschwistern eine kühl berechnete Entsprechung: »Rache sollte nun ihre geschwisterliche Liebe sein!« Rache an Beckerath, der »trivialste[n] Existenz«, die Siegmund Aarenhold je vorgekommen; Rache aber auch an den verachteten Eltern, die den gesellschaftlichen Assimilationsdruck noch vermehren und ihre Tochter auf dem Altar der gesellschaftlichen Integration zu opfern bereit sind.

Wer *Wälsungenblut* heute liest, wird nicht umhinkönnen festzustellen, dass dieser Text diskret, aber konsequent und obsessiv mit stereotypen Vorstellungen operiert, die dem Arsenal des Antisemitismus entstammen. Hier wird jedoch keineswegs Neuland in Thomas Manns Schaffen betreten; die judenfeindlichen Stereotype sind ein nicht zu bagatellisierendes Merkmal des Mann'schen Frühwerks, wie etwa an den Hagenströms in *Buddenbrooks* oder an Herrn Blüthenzweig, dem Inhaber des Schönheitsgeschäfts in *Gladius Dei*, zu erkennen ist.[100] In

Wälsungenblut nun werden die antisemitischen Stereotype auf eine geradezu flächendeckende Weise eingesetzt, wobei sich drei Kategorien unterscheiden lassen: körperliche Eigenschaften, geistige Eigenschaften und Sozialcharakter.

Die Aarenholds tragen die Merkzeichen ihrer Herkunft im Gesicht. Die physiognomische Markierung beginnt bezeichnenderweise bei der Mutter, die unumwunden als »häßlich« bezeichnet wird – »früh gealtert und wie unter einer fremden, heißeren Sonne verdorrt«. Kunz, der ältere Sohn, ist zwar ein wohlgefälliger Menschentyp, zeigt aber die stereotypisch »aufgeworfenen Lippen.« Märit hingegen, die ältere Tochter, besitzt bedauerlicherweise eine »Hakennase« und »Raubvogelaugen«. Siegmund und Sieglinde, die Zwillinge, haben »dieselbe ein wenig niedergedrückte Nase, dieselben voll und weich aufeinander ruhenden Lippen« und »hervortretenden Wangenknochen«. Siegmund ist zudem außerordentlich geruchsempfindlich und spürt ein »fortwährendes Bedürfnis nach Reinigung« – Indizien, dass er sich halb bewusst ist, aus einem Milieu zu stammen, an dem, einem verbreiteten Vorurteil zufolge, Schmutz und Gestank haften. Sein Bartwuchs ist ungewöhnlich stark, so dass er sich zweimal am Tag rasieren muss. Beim Toilettemachen enthüllt er jedoch einen schwächlichen Ephebenkörper von gelblicher Haut und schwarzer Behaarung, die geradezu »zottig« wirkt.

Das damit angedeutete tierische Element ist Teil einer Motivkette, von der der ganze Text durchwirkt ist. So erinnern die Liebkosungen der Zwillinge den Erzähler an zwei »kleine Hunde, die sich mit den Lippen beißen«. »Kleine Hunde« ist die Diminutivform von »Wölflingen«, als die die beiden Wälsungen-Zwillinge in Wagners Oper auftreten. Weniger ergötzlich ist es, wenn der Vater mit Selbstverachtung an sein früheres Leben denkt: »Er war ein Wurm gewesen, eine Laus.« Das nicht völlig zu kaschierende Animalische an den Aarenholds blickt vor allem aus ihren Augen. Wenn Kunz Aarenhold soldatische Forschheit zeigen will oder wenn die jungen Aarenholds ihre geschliffene Redeweise ausspielen, verengen sich ihre schwarzen Augen zu »blitzenden Ritzen«. Und wenn der »glänzend ernste Blick« von einem Zwilling zum anderen wandert, »begrifflos [...] wie der eines Tieres«, fühlt sich der Außenstehende ausgeschlossen, ganz so wie Hunding bei Wagner, wenn er in den Augen der beiden Wälsungen denselben »gleißenden

Wurm« bemerkt. Thomas Mann stützt sich hier auf eine Tiermotivik, deren dehumanisierende Wirkung sich in dem judenfeindlichen Diskurs seit dem Mittelalter in Bild und Wort niedergeschlagen hat.

Bereits der erste Absatz der Erzählung schlägt präludierend einen ominösen Ton an. Das Tamtam nämlich, das Wendelin, der Butler des Hauses, zum Auftakt rührt, macht einen »erzene[n] Lärm«, der etwas Wildes, ja Kannibalisches an sich hat. Mögen also diese Menschen noch so sehr im Luxus schwelgen und sich in einem vornehmen Wohnviertel Berlins niedergelassen haben, die körperlichen Indizien ihrer Fremdheit sind für alle, die genau hinschauen, deutlich zu erkennen. Hierher gehört auch der altersblasse »Gebetsteppich«, den wir gleich eingangs in der Vorhalle der Aarenhold-Villa platziert finden als stummes Zeichen der eigentlich morgenländischen Wurzeln dieser Menschen.

Die geistigen Eigenheiten der Aarenholds manifestieren sich vor allem in ihrer Sprache, denn sie lässt den unterschiedlichen Grad ihrer Akkulturation erkennen. Die Redeweise der Mutter fällt durch ihre vielen »Kehllaute« auf, die ein Verhaftetsein im Jiddischen suggeriert, der Sprache, in der sie offenbar aufgewachsen ist, oder gar in dem noch fremderen Hebräisch.[101] Mit der deutschen Syntax hat sie sich, wie jedermann hören kann, noch nicht recht befreunden können.

Die Zwillinge hingegen sprechen ein sehr gewähltes, gelegentlich gekünsteltes Deutsch. Die jungen Aarenholds überkompensieren den sprachlichen Makel ihrer Mutter mit einer Gewähltheit des Ausdrucks, der sie stets zu dem treffendsten Wort greifen lässt. Ihr Wort ist »ein tödlich bezeichnendes, das schwirrte, traf und bebend im Schwarzen saß«. Die Sprache der jungen Aarenholds signalisiert zudem einen Scharfsinn, mit dem sie ihre intellektuelle Überlegenheit demonstrieren: nicht nur über ihre Eltern, sondern vor allem über Sieglindes Verlobten, ihren in jeder Hinsicht überforderten Zukünftigen. Beckerath bleibt nichts anderes übrig angesichts der »lustigen Übermacht« ihrer Rede, als »beim Sprechen das Gesicht« zu verzerren, »wie jemand, den die Sonne blendet«. Der Erzähler attestiert den jungen Aarenholds schließlich eine kalte Intelligenz, die die Form einer »stählernen und abstrakten Dialektik« annimmt und auf das gängige Klischee von der zersetzenden Qualität der jüdischen Intelligenz abhebt.

Somit erhält Siegmunds atavistischer Rückgriff auf das Jiddische am Schluss der Novelle seine eigentliche Pointe. Denn so wie unter dem gepflegten Äußeren des akkulturierten Juden ein animalisches Element erkennbar ist, so vermag sein Bildungsdeutsch nicht vergessen zu machen, dass ihm eine fremde Sondersprache jederzeit zur Verfügung steht. Die beiden jiddischen Ausdrücke in dem ursprünglichen Schlusssatz – »Beganeft haben wir ihn, – den Goy« – sind somit unverzichtbar; sie sind der Schlussstein, der die innere Kohärenz des ganzen Kunstbaus garantiert. Nach vollbrachtem Akt »traten die Merkzeichen seiner Art sehr scharf auf seinem Gesichte hervor«, wie um die Mobilisierungskraft seines Blutes zu unterstreichen. Thomas Mann bat in dieser heiklen Sache seinen Bruder um ein Urteil und war erleichtert, dass Heinrich mit »guten Worten« die »innere Berechtigung« der jiddischen Schlusspointe bestätigte.[102]

Was den Sozialcharakter betrifft, so heißt es von Frau Aarenhold gleich eingangs, dass sie einfach »unmöglich« sei. Der weitere Verlauf der Erzählung ist so angelegt, dass auch die weniger eklatante gesellschaftliche Unmöglichkeit des Vaters und der Kinder bis hin zum Inzest der Zwillinge schrittweise enthüllt wird. Den alten Aarenhold, im »Osten an entlegener Stätte geboren«, haben wir uns als einen strebsamen, erfolgreichen Ostjuden vorzustellen, der es verstanden hat, »einen gewaltigen und unversieglichen Goldstrom in seine Kasse« zu lenken, und der es sich nun leisten kann, in Berlin einen herrschaftlichen Lebensstil zur Schau zu tragen. Wie er das geschafft hat, bleibt im Dunkel. Der Erzähler verweist zwar auf die vorteilhafte Heirat mit »eines begüterten Händlers Tochter« und den Erwerb einer ergiebigen Kohlenzeche, aber entscheidend für seinen Reichtum waren offenbar die »kühne und kluge Unternehmung«, von der nur andeutungsweise die Rede ist. Vermutlich ist dies auf Aarenholds geschickte Aktivitäten an der Börse zu beziehen, wo er sich durch »großartige Machenschaften« einen unermesslichen Reichtum erwarb. Spätestens mit dem Wort »Machenschaften« klingt eine distinkt negative Note an, in der ein im Mittelalter entstandenes und bis in unsere Tage lebendiges Vorurteil mitschwingt – der Verdacht, dass reiche Juden mit unredlichen, d.h. unchristlichen, Mitteln zu ihrem Reichtum gekommen sind.

Es versteht sich, dass angesichts dieser bilderbuchreifen Vorgeschichte der alte Aarenhold als Parvenü gezeichnet ist, der auf eine in guter preußischer Gesellschaft unmögliche Art mit seinem Reichtum protzt. Er legt eine vulgäre, neureiche Taktlosigkeit gegenüber

Beckerath an den Tag, die sogar die jungen Aarenholds in Verlegenheit bringt. Dem vielfach gedemütigten »Germanen« Beckerath gegenüber betont er mehrmals, was diesem sattsam bekannt sein dürfte, nämlich dass er, Aarenhold, sich in der glücklichen Lage befinde, sich »einige Annehmlichkeiten des Lebens zu gönnen«. Und völlig unmöglich ist es schließlich, wenn er seinen künftigen Schwiegersohn daran erinnert, dass sich das »Niveau« seines »Daseins« demnächst »nicht unwesentlich erhöhen« werde. Beckerath ist in der Tat ein verarmter Adeliger, denn er muss als »Verwaltungsbeamter« für seinen Lebensunterhalt arbeiten.

Dies berührt den springenden Punkt von Aarenholds gesellschaftlicher Stellung, die aus der Sicht des Erzählers eine höchst prekäre ist und die Thomas Mann dazu nutzt, die gesellschaftlichen und vor allem psychologischen Aspekte der Assimilation auszuleuchten. *Wälsungenblut* ist eine novellistische Studie zu der großen, zeittypischen Problematik der Assimilation, die hier einlässlicher betrachtet wird, d.h. mit größerer psychologischer Einfühlung und ohne die falschen philosemitischen Töne, die den Aufsatz über die »Judenfrage« kennzeichnen.

Im Übrigen ist auch der Wagnerismus der jungen Aarenholds ein Indiz ihrer hochgradigen Assimilation. Man ist Wagnerianer, denn Wagner war im Berlin der Jahrhundertwende, wie selbst die Romane des Wagner-Skeptikers Fontane belegen, das Idol der jungen Generation.[103] Der Wagner-Kult der jungen Aarenholds gehört zu den Phänomenen der Hyperakkulturation, d.h. der übertriebenen Identifikation mit den kulturellen Ikonen der Mehrheit.[104] In einem solchen wagnergesättigten Milieu fällt es nicht weiter auf, dass bei der Erwähnung der *Walküre* sogleich jemand das Hunding-Motiv rhythmisch korrekt auf den Tisch klopft.

Die alten Aarenholds hingegen sind noch recht unvollständig assimiliert. Ihr Los ist es, dass ihnen, trotz finanzieller Potenz und Assimilationsbereitschaft, die gesellschaftliche Integration verweigert wird; sie verkehren offenbar nur mit ihresgleichen – den Erlangers beispielsweise. Unter diesen Voraussetzungen muss ihnen die eheliche Verbindung ihrer jüngsten Tochter mit einem Adeligen als ein dringendes Desiderat erscheinen; aus ihrer Perspektive markiert diese Heirat einen Quantensprung in Richtung Integration.

Wälsungenblut präsentiert somit das kennerhaft nuancierte Gruppenbild einer jüdischen Aufsteigerfamilie in dem prägnanten Moment, in dem sie im Begriff steht, den vermeintlich entscheidenden Schritt zu ihrer gesellschaftlichen Integration zu machen. Als Deutsche mosaischen Glaubens erstreben sie die ihnen vorenthaltene gesellschaftliche Akzeptanz auf dem Wege der Einheirat in eine Familie von Adel einschließlich der unumgänglichen Konversion. Gegen ebendiese familienpolitische Instrumentalisierung Sieglindes und gegen den dahinterstehenden gesellschaftlichen Assimilationsdruck lehnen sich die Zwillinge auf, und sie tun es kühl und gezielt mit dem Wagner nachempfundenen Tabubruch ihres Inzests.

Alle bisher betrachteten Aspekte der Novelle sind verankert in der Vorstellung einer fundamentalen Fremdheit der Aarenholds, die letztlich rassisch begründet ist. Sie sind »von fremder, von hoffnungslos anderer Art, als die andern«. Nicht umsonst apostrophiert der Titel der Erzählung das Blut der Wälsungen. Es ist der letzte, von der Musik mächtig akzentuierte Gedanke, in dem die Handlung des ersten *Walküre*-Akts kulminiert. Was die musikalisch verschwenderisch ausgemalte Überlegenheit der Wälsungen-Zwillinge über Hunding und die Seinen ausmacht; was die durch ein grausames Schicksal voneinander getrennten Geschwister unfehlbar zusammenführt und was ihre gottgewollte Auserwähltheit bezeugt, ist das Wälsungenblut. Thomas Mann übernimmt zwar dieses zentrale Element von Wagner, aber er relativiert sein Gewicht, indem er es einer übergreifenden Erzählstrategie ein- und unterordnet.

Die Mehrzahl der Kommentatoren scheint überzeugt davon, dass *Wälsungenblut* als ein antisemitischer Text zu lesen sei.[105] Eine solche Deutung der Novelle ist jedoch, wie leicht zu zeigen ist, letztlich nicht haltbar. Der Eindruck, wir hätten es mit einem antisemitischen Text zu tun, kann nur dort entstehen, wo die Bedeutung des Wagner'schen Subtexts ignoriert und die raffinierte intertextuelle Erzählweise nicht gebührend in Rechnung gestellt wird. Thomas Mann spiegelt die Aarenholds sehr bewusst und in kritischer Absicht in der mythischen Welt von Wagners *Ring des Nibelungen*. Dies ist der entscheidende modernistische Kunstgriff dieser Novelle. Ein antisemitischer Autor hätte die Aarenholds selbstverständlich und in plumper Weise mit den Nibelungen und Neidingen assoziiert, den gold- und machtbesessenen Finsterlingen der *Ring*-Welt, wie andererseits antisemitische Leser die

Assoziation der Juden mit Wagners Wälsungen als völlig unpassend zurückgewiesen hätten. Thomas Mann hingegen hat sehr mit Bedacht die Aarenholds zu dem Schicksal der Wälsungen in Beziehung gesetzt, also des heroischen, gotterwählten Geschlechts, das bestimmt ist, »den hehrsten Helden der Welt« hervorzubringen. Das bedeutet nichts weniger, als dass das ganze Spektrum der an der Oberfläche bewusst eingesetzten antisemitischen Stereotype durch den Wagner'schen Subtext neutralisiert wird. Dieser Subtext designiert die beiden Judenkinder, ihrer scheinbaren Lebensuntüchtigkeit zum Trotz, als Menschen, die zu einem heroischen Schicksal auserwählt sind.

Thomas Mann greift in dieser Erzählung zu subtilen Mitteln, um die gängige Judenfeindschaft zu problematisieren. Dass es ihm in der Tat um eine Unterminierung der Klischeevorstellungen von den Juden ging, lässt sich einem Selbstkommentar von 1921 in dem Essay *Zur jüdischen Frage* entnehmen. Dort erklärt er, dass die »anspielungsreiche Beschreibung« von Wagners *Walküre* darauf angelegt sei, den Leser zu verwirren, so dass er nie genau wissen könne, »von welchem Geschlechte denn eigentlich die Rede ist«, den Wälsungen oder den Aarenholds, denn gotterwählt sind sie beide und nicht zuletzt deswegen auch verhasst.[106] Jede unvoreingenommene Lektüre wird diesen Befund bestätigen. Dass diese Erzählweise in kritischer Absicht gewählt wurde, ist nicht ernsthaft zu bezweifeln. Wer die entsprechenden Signale im Text beachtet, wird sehen, dass sie sich zu einer kleinen Genealogie des antijüdischen Affekts summieren.

In diesem Sinn bietet der Text selbst eine Reihe von Antworten auf Fragen, die sich angesichts des Handlungsverlaufs stellen. Woher zum Beispiel stammt Hundings Hass auf Siegmund? Bei Wagner findet sich dazu kein wirklich erklärendes Wort. In Thomas Manns Nacherzählung suppliert der Erzähler den Grund – offensichtlich mit Bezug auf die Juden und alle Hundings dieser Welt: Hunding hasst die »außerordentliche Art« der Wälsungen, weil er sich ihnen »nicht gewachsen« fühlt. Hier wird somit in der Tat eine »psychologische[n] Entlarvung des Judenhasses« suggeriert.[107] Und weiter: Warum erinnert Siegmunds Verhalten an die »Art von Leuten, die ein wenig vorsichtig sein müssen«? Weil er verfolgt wird und sich geächtet fühlt. Warum drängt es den Wälsung zu »Männern und Frauen«, warum sucht er ihre Gesellschaft? Aus »Sehnsucht« und unendlicher »Einsamkeit«, aus tiefer Leiderfahrung und dem Verlangen nach Akzeptanz. Was den Wälsungen angetan wurde: blutige Gewalt und Verfolgung, das hat auch das fremde, »wilde Geschlecht« geprägt, dem die Aarenholds entstammen.

In einer weiteren Charakterisierung, die so nicht bei Wagner steht, heißt es von Siegmund: »Seine Sprache sei nicht die der anderen gewesen und ihre nicht seine.« Dies ist offensichtlich mit Bezug auf die jungen Aarenholds gesagt, deren Sprache, wie wir gesehen haben, als »stählern« und von tödlicher Präzision gekennzeichnet ist. Auch dazu liefert der Erzähler einen erklärenden Hinweis: Es ist die Sprache eines Volkes, das verfolgt worden ist und sich ständig in Situationen zu bewähren hat, in denen »Helligkeit, Härte und Notwehr und wachsamer Witz zum Leben geboten sind«. Die aggressive Redeweise der Aarenholds, ihre »Wehr des Witzes«, wird somit als Umkehrung und Reaktion auf die Feindschaft gedeutet, die ihnen in ihrer langen Geschichte widerfahren ist. Nicht anders ist Siegmund Aarenholds übertriebenes »Bedürfnis nach Reinigung« zu verstehen: als Kompensation der stereotypen Redensart von den »dreckigen Juden«. Am pointiertesten ist dieses Prinzip der Umkehrung auf die Vorstellung vom Judengestank angewandt, dem sogenannten *foetor judaicus*. Die Aarenhold-Zwillinge zeigen eine außerordentliche Empfindlichkeit gegenüber der »übelriechende[n] Welt«, die bei Siegmund so weit geht, dass er sein Studium abbricht, weil die anderen Studenten in seinem Kolleg »dem Urteil seiner Geruchsnerven nach bei weitem nicht genug badeten«.

Durch solche Andeutungen von historischen und kulturellen Faktoren wird die scheinbar bloß biologisch konzipierte Andersartigkeit der Aarenholds kompliziert und in Frage gestellt. Dies entspricht durchaus Thomas Manns prinzipieller Skepsis gegenüber der verbreiteten »Devotion vor der bindenden Macht des Blutes«, die er 1911 in seinem Essay über Adelbert von Chamisso zum Ausdruck bringt. Der Glaube an »Rasse und Blut« sei heute zum »Aberglauben« verkommen, heißt es dort.[108] Thomas Mann hat also dafür Sorge getragen, dass sich antisemitische Klischees und Sympathie für das Wälsungenschicksal der Aarenholds die Waage halten. Statt mit einer antisemitischen Erzählung haben wir es also mit einer tiefblickenden, um Sympathie werbenden Analyse der Assimilationsproblematik zu tun.

Wälsungenblut: Skandal in Fortsetzungen

Thomas Mann war sich der Gewagtheit und Bedenklichkeit seiner Judengeschichte von Anfang an bewusst. Er war aber auch von dem künstlerischen Wert der Novelle überzeugt, insbesondere der Milieuschilderung und der Musikbeschreibung, so dass es einer massiven Druckwelle vonseiten der Pringsheims bedurfte, um ihn dazu zu bewegen, *Wälsungenblut* zurückzuziehen. Diese Episode markiert das turbulenteste und für ihn ärgerlichste Kapitel in seiner lebenslangen Verwicklung mit Richard Wagner und dessen Erbe vor dem großen Eklat des Wagner-Protests von 1933.

Seit die Tagebücher Hedwig Pringsheims vorliegen, sind wir genötigt, an der gängigen Version dieser Münchner Skandalgeschichte, wonach der antisemitische Charakter der Novelle bei seinen Schwiegereltern Anstoß erregt habe, beträchtliche Abstriche zu machen. Katias Mutter, Tochter der streitbaren Frauenrechtlerin Hedwig Dohm, war vor ihrer Ehe Schauspielerin. Eine intelligente, attraktive und weltgewandte Frau, war Hedwig Pringsheim auch eine scharfe Beobachterin der Münchner Gesellschaft und eine gewissenhafte Tagebuchschreiberin: sachlich, unaufgeregt, ironisch. Von der auf neun Bände geplanten Edition ihrer Tagebücher liegen die ersten vier vor. Der vierte Band, der die Jahre 1905 bis 1910 umfasst, wirft ein neues Licht auf die Gründe für die Stornierung der Novelle und macht vieles, was über diesen Skandal gemutmaßt und geschrieben worden ist, zu Makulatur.

Die bisher in Umlauf befindliche Version des in letzter Minute verhinderten Skandals stützt sich in der Hauptsache auf einen Bericht, den Klaus Pringsheim 1961 in der *Neuen Zürcher Zeitung* veröffentlichen ließ.[109] Nach seiner Darstellung war er es, der den Autor auf das Gerücht von der antisemitischen Novelle aufmerksam machte. Besorgt um den Schaden, den die Novelle anrichten könnte, habe er den Schwager, der von einer Lesereise zurückkehrte, am Bahnhof erwartet: »Kopfschüttelnd hörte er zu, ließ mich aber kaum ausreden: ›Selbstverständlich, ich telegraphiere sofort an [Samuel] Fischer, daß ich die Novelle zurückziehe.‹«[110] Die Herausgeberin der Tagebücher, Cristina Herbst, bemerkt dazu: »Im Tagebuch stellt sich der Hergang allerdings völlig anders dar.«[111] Es ist zunächst schwer zu glauben, dass Thomas Mann auf ein Gerücht hin sogleich und bereitwillig seine Novelle preisgegeben hätte.

Die Pringsheims, protestantisch getauft, hielten ihre jüdische Abkunft lange Zeit vor ihren eigenen Kindern geheim und waren deshalb wenig geneigt, von etwaigen antisemitischen Spitzen in einer Novelle des Schwiegersohns viel Aufhebens zu machen. Gravierend ist zudem die Entdeckung, dass Klaus Pringsheim, der zu jener Zeit ein unstetes Leben als Komponist und angehender Dirigent führte, dem Tagebuch der Mutter zufolge bei den von ihm geschilderten Beratungen im Hause Pringsheim gar nicht anwesend war. Dies gibt den Zweifeln an dem über ein halbes Jahrhundert post festum verfassten Artikel neue Nahrung.

Um Licht in diese Vorgänge zu bringen, ist vor allem ihre Chronologie zu beachten. Das Manuskript von *Wälsungenblut* ging Anfang November 1905 nach Berlin an die Redaktion der *Neuen Rundschau*. Thomas Manns neue Novelle sollte die für Januar geplante Jubiläumsnummer der Zeitschrift zieren. Es erfolgte eine prompte Rückmeldung aus Berlin, in der Oskar Bie, Redakteur der *Neuen Rundschau*, Bedenken gegen die beiden jiddischen Ausdrücke am Ende der Erzählung anmeldete. Er empfand sie als roh und plump; offenbar wünschte er, dass die im Verlauf der Erzählung bewahrte Diskretion bezüglich des Judentums der Aarenholds am Ende nicht dadurch fallengelassen werde, dass mit »beganeft« und »Goy« unnötigerweise die Katze aus dem Sack gelassen wird. Bies Bedenken waren allem Anschein nach rein künstlerischer Natur. Von einer antisemitischen Tendenz der Erzählung war keine Rede, sonst hätte Thomas Mann dies im Brief vom 20. November an den Bruder, der durch Bies nicht erhaltenes Schreiben veranlasst war, gewiss zur Sprache gebracht.

Thomas Mann war zunächst verunsichert. Er wandte sich an Heinrich Mann um Rat und war, wie schon gezeigt, beruhigt, dass der Bruder den Schluss der Erzählung für künstlerisch gerechtfertigt hielt. Inzwischen hatte er sich aber, wie es seine gute bürgerliche Art war, zu einem Kompromiss entschlossen. Der ursprüngliche Schluss sollte für die geplante Buchausgabe (zusammen mit *Königliche Hoheit*, damals noch als Novelle geplant) beibehalten werden. Für die Publikation in der *Neuen Rundschau* schlug er – »Bie zu gefallen«[112] – eine alternative Fassung vor: »Und Beckerath?« – »Nun, […] er wird ein minder triviales Dasein führen, von nun an.« Thomas Mann war also bereit, eine genau kalkulierte und ihm unverkennbar teure Pointe dem Ansehen der *Neuen Rundschau* zuliebe preiszugeben.

Er hatte die »Zwillingsnovelle« auch seiner Schwiegermutter zu lesen gegeben. Hedwig Pringsheim las die Novelle »mit sehr geteilten Gefühlen« und sprach darüber auch »mit Tommy«.[113] Der Jungverheiratete hatte wegen ihres teilweise herablassenden Verhaltens ein schwieriges Verhältnis zu seiner selbstbewussten Schwiegermutter. Deren Bedenken, die sie im Tagebuch nicht näher benennt, fruchteten jedoch nichts. Die Sache ließ ihr aber keine Ruhe, denn sie beriet sich darüber vier Wochen später mit einer engen Freundin, Eugenie Schaeuffelen. Diese nun »veranlaßte« sie, die ganze Sache unverzüglich dem Hausherrn zur Kenntnis zu bringen. Das Ergebnis: »die erwartete Katastrophe«.[114]

Es gibt in Hedwig Pringsheims Tagebuch keine Anzeichen, dass die Bedenklichkeit der »Zwillingsnovelle« in ihrer antisemitischen Tendenz zu erblicken sei. Aus ihrer zwiespältigen Reaktion spricht vermutlich die Befürchtung, dass man in den Aarenhold-Zwillingen ein unschmeichelhaftes Konterfei ihrer eigenen Zwillinge erblicken könnte. Dann nämlich träte ein, was der Familie schon einmal Ärger und Skandal bereitet hatte, als von ihrer Mutter, Hedwig Dohm, ein Schlüsselroman erschien, *Sibilla Dalmar* (1896), in dem sich die Münchner Gesellschaft wiedererkannte und bloßgestellt sah. Es blieb offenbar auch kein Geheimnis, dass Hedwig Dohms Roman weitgehend auf den Briefen basierte, die ihre Tochter ihr geschrieben hatte. Es sind die Zeugnisse einer in ihrer Ehe unerfüllt lebenden und in ihrer Entwicklung aufgehaltenen Frau. In ihrer Selbstanzeige des Romans in *Die Zukunft* bezeichnet Hedwig Dohm die Protagonistin des Romans als »ein tristes Übergangsgeschöpf« und zitiert aus dem Roman: »Wir sind der ewigen Liebeleien müde, auch der Heucheleien, als ob Kindererziehung und Gattinnenpflicht unser Dasein ausfüll[t]en. Wir verschmachten nach vollem, ernstem Dasein.«[115] Es ist leicht zu sehen, dass Hedwig Pringsheim sich keine andere Reaktion ihres Mannes auf *Wälsungenblut* vorstellen konnte als die »erwartete Katastrophe«. Die Erinnerung an jenen Skandal vor zehn Jahren war noch allzu frisch.

Eine Wiederholung jenes Skandals war auch aus einem anderen Grund unbedingt zu verhindern. Erik Pringsheim, der älteste Sohn, bereitete der Familie schon seit Jahren schweren Kummer. Er war ein Spieler, stürzte sich immer wieder in Schulden und war gerade erst, im Sommer 1905, in die Verbannung nach Argentinien geschickt worden.

Auch dort gewann er keine Kontrolle über seinen Lebenswandel und schied vier Jahre später freiwillig aus dem Leben.

Für das Haupt der Familie Pringsheim gab es also einen zwingenden Grund, einzuschreiten und die Veröffentlichung von *Wälsungenblut* zu verhindern. Für ihn ging es offenbar nicht um die beiden problematischen Vokabeln am Ende, sondern um die Erzählung als Ganzes, da darin die Leser geradezu mit der Nase auf die Zwillinge im Hause Pringsheim gestoßen wurden. Indiskretion, nicht Antisemitismus war das Problem. Sobald der Schwiegersohn von einer Lesereise am 15. Dezember zurückgekehrt war, ging Alfred Pringsheim zu Werke. Es kam zu wiederholten Szenen in der Arcisstraße. Die beiden Kontrahenten legten ihre Standpunkte zudem in zwei geharnischten Briefen dar. Bis zum Jahresende herrschte Krieg zwischen Thomas Mann und Professor Pringsheim. Da besagte Briefe bedauerlicherweise verloren sind, lässt sich nicht mehr feststellen, was den Autor von *Wälsungenblut* mehr empörte: dass seine anspruchsvolle Novelle mit dem Schlüsselroman der Hedwig Dohm in einen Topf geworfen wurde oder dass man, wie Klaus Pringsheim ihm gesteckt haben will, darin eine antisemitische Tendenz bemerkt haben wollte.

Da es in den Aufzeichnungen der Mutter keinen Hinweis auf ein Antisemitismus-Problem in der Novelle des Schwiegersohns gibt, stellt sich die Frage, worauf sich Klaus Pringsheims diesbezügliche Warnung stützte. Wie wollte er in Erfahrung gebracht haben, dass ein solches Gerücht in der Stadt kursierte? Die Mitteilung des Gerüchts war ihm offensichtlich so wichtig, dass er sich zum Bahnhof begab, um den Schwager abzufangen. Um das Gerücht zu untermauern, erzählte er von dem Malheur mit dem Packpapier. Eine jüngst eingegangene Büchersendung des Verlags an die Buchhandlung Jaffe in der Briennerstraße sei in den Druckbögen der bereits gedruckten Novelle verpackt gewesen. Ein geistesgegenwärtiger Buchhändlerlehrling habe erkannt, um was es sich handelte, und den Text der Novelle lückenlos rekonstituiert und sodann unter die Leute gebracht. Eine physische Evidenz, die diese Geschichte von dem brisanten Packpapier beglaubigen könnte, ist jedoch nie aufgetaucht. Das belastet auch den Bericht, den besagter Buchhandelslehrling, Rudolf Brettschneider, fünfzehn Jahre später nachgeliefert hat.[116]

Eine plausiblere Erklärung ist vermutlich in Klaus Pringsheims eigener familiärer Situation zu suchen. Er war von der »Zwillingsnovelle« unmittelbar betroffen. Der Kollateralschaden des zu erwartenden Skandals – Inzest im Hause Pringsheim! – würde ihm klettenartig ein Leben lang anhangen, wenn das Gerücht nicht im Keim erstickt würde. Gut möglich, dass er von den Bedenken Oskar Bies gehört hatte oder dass Eugenie Schaeuffelen, die Vertraute der Mutter, die Kenntnis von der Sache hatte, sich eingemischt oder dass die Mutter selbst ihn von der Szene mit dem Vater am Vorabend seines Treffens mit dem schwierigen Schwager am Münchner Hauptbahnhof in Kenntnis gesetzt hatte. Was immer der Grund gewesen sein mag, Klaus Pringsheim beschloss, sich als vorgeblich selbstloser Warner einzuschalten und auf das Getuschel von einer »heftig antisemitischen« Novelle hinzuweisen, in der verständlichen prophylaktischen Absicht, Schaden von dem guten Ruf der Familie abzuwenden.

In einem weiteren Brief Thomas Manns an den Bruder, vom 17. Januar 1906, berichtet er, er habe nun »ein paar herrische Telegramme nach Berlin« gesandt und erreicht, »daß die Januar-Nummer der ›Rundschau‹, die schon fix und fertig gewesen war, *ohne* ›Wälsungenblut‹ erschien«.[117] Als Grund gibt er an, er habe einsehen müssen, dass die Novelle »in ihrer Unschuld und Unabhängigkeit nicht gerade geeignet sei, das Gerücht niederzuschlagen«. Er gibt also zu, dass man seine Novelle unter Umständen auch als Zeugnis einer die Familie bloßstellenden Rücksichtslosigkeit auffassen könne.

Aus dem Tagebuch Hedwig Pringsheims ist zu ersehen, dass die Sache etwas anders gelaufen sein muss. Keine Spur von Thomas Manns unkomplizierter Bereitschaft, er werde die Novelle selbstverständlich sofort zurückziehen, als ihm Klaus Pringsheim von dem Gerücht erzählte. Ganz im Gegenteil. Ausgerechnet zur Weihnachtszeit muss es in der Arcisstraße einen zünftigen Krach gegeben haben, der bis zum Jahresende dauerte. Da lesen wir in Hedwigs Tagebuch: »aufgeregt-deprimirte Stimmung, der Alfr.[red] mit erneuter Scene mit Tommy nachhalf.« Wir lesen von einem Brief von Tommy an Alfred, den Hedwig »ebenso dumm wie ungehörig« fand und der bei allen eine »unangenehme Erregung« hinterlassen habe. Dann erfahren wir von einem scharfen und guten Brief, an dem Alfred »die halbe Nacht« gearbeitet habe. Der Heilige Abend musste in gespannter Atmosphäre bestanden werden. Man verbrachte ihn gemeinsam – auch Milka Ternina, die

Freundin des Hausherrn, ist zugegen – »bei Champagner u. Fresserei; bis 12 Ur.« Es half nichts; die Fronten blieben unverändert. In den folgenden Tagen heißt es: »fruchtlose Unterredung mit Tommy«; dann »Tommy sehr gespannt und eisig«; schließlich, an Silvester, Tommy »ganz niedergebrochen u. verzweifelt, dabei trotzig und einsichtslos wie ein Kind«.[118] Noch eine Woche nach der Jahreswende ist das Eis nicht gebrochen. Als Nächstes bittet Alfred Pringsheim am 7. Januar seine Tochter um eine Unterredung, es wurde »eine sehr ernste, leidenschaftliche Auseinandersetzung«.[119] Es war nun offenbar Katia, die auf den Vater ihrer neugeborenen Tochter Erika erfolgreich einwirkte und ihn zum Nachgeben bewog. Am Tag darauf kommt ein »versöhnlicher Brief von Tommy an Alfred«. Schon beim nächsten gemeinsamen Essen gibt sich Tommy »herzlicher denn je«.[120] Der Friede war wiederhergestellt.

Nun bleibt aber noch die Frage zu klären, wieso Samuel Fischer und Oskar Bie sich umstandslos bereit erklärten, das schon gedruckte Heft der *Neuen Rundschau* einzustampfen. Die Beanstandung der Novelle betraf ja nur zwei umstrittene Vokabeln, die Thomas Mann bereit war durch weniger verräterische zu ersetzen. Seine Erklärung gegenüber dem Bruder, ein paar »herrische Telegramme« seinerseits an den Verlag hätten die Zurücknahme seiner Novelle durchgesetzt, ja mehr noch, dass Fischer bereit sei, die nicht geringfügigen Kosten der umständlichen Operation selbst zu tragen, strapaziert die Glaubwürdigkeit dieser Geschichte. Näherliegend ist die Vermutung, dass eines der herrischen Telegramme im Namen Alfred Pringsheims erfolgte und die Zusage enthielt, dem Verlag die Kosten zu erstatten. Motivation dazu hatte er genug. Als Familienoberhaupt war er in erster Instanz dafür verantwortlich, der Familie einen weiteren Skandal zu ersparen. Als getaufter Jude in einem antisemitischen Umfeld musste seine oberste Sorge dem tadellosen Ruf der Pringsheims gelten. Und da er wie Wagners Veit Pogner von sich sagen durfte: »Nun schuf mich Gott zum reichen Mann«, waren die anfallenden Kosten für jemanden wie ihn nicht mehr als ein Klacks.

Der pekuniäre Aspekt der peinlichen Geschichte wird in den persönlichen Aufzeichnungen weder der Manns noch der Pringsheims erwähnt. Es gibt jedoch ein glaubwürdiges Zeugnis, das von einem Autor des S. Fischer Verlags stammt, Arthur Schnitzler, der zudem über gute Kontakte nach München verfügte. Unter Berufung auf eine vertrauliche Quelle (Georg Hirschfeld und Frau) hält Schnitzler zwei Wochen nach der Einigung der Kontrahenten in seinem Tagebuch fest, dass »der Schwiegervater Manns 6000 Mark zum Einstampfen der Auflage« bereitgestellt habe.[121]

Die Geschichte des Skandals, vielmehr die seiner Verhinderung, verdient nicht zuletzt deshalb rekonstruiert zu werden, weil sie ein helles Licht wirft auf den Schriftsteller Thomas Mann in einer krisenhaften und wegweisenden Etappe seiner Laufbahn. Der Name für diese Krise ist »Bilse«. Das damit bezeichnete Problem jedoch wird seiner Produktion bis zum *Doktor Faustus* anhaften.

Als man *Buddenbrooks* mit dem Roman eines gewissen Fritz Oswald Bilse verglich – unvorteilhaft verglich –, nahm Thomas Mann die Gelegenheit wahr, ein für alle Mal zu erklären, worin sich sein Roman von einem Schlüsselroman à la Bilse unterscheidet. In dieser ästhetischen Grundsatzerklärung, der er den ebenso selbstbewussten wie lapidaren Titel *Bilse und ich* gab, entlud sich der ganze Ärger, den er sich mit *Wälsungenblut* eingehandelt hatte. Der Brief, in dem er Heinrich Mann sein Einlenken in dem Streit mit dem Schwiegervater mitteilt, bebt geradezu vor Erbitterung. Darin hält er fest: »Ein Gefühl von Unfreiheit, das in hypochondrischen Stunden sehr drückend wird, werde ich freilich seither nicht los […].«[122] Hier nun, auf der Ebene der ästhetischen Reflexion, zahlt er gleichsam zurück, was er mit Rücksicht auf die Familie und weil er sich eine bürgerliche »Verfassung« gegeben hatte, preisgeben musste: seine Freiheit als Künstler.

Dass diese Schrift, abgesehen von *Buddenbrooks*, auch durch *Wälsungenblut* veranlasst war, verrät ein einprägsames Selbstzitat. Was Thomas Manns Begriff von Wortkunst und moderner Literatur auszeichnet und von den Bilses dieser Welt unterscheidet, ist der treffende Ausdruck, der ein Phänomen gleichsam aufzuspießen und zu fixieren vermag. Ihm gilt als Ideal die »kalte, unerbittliche Genauigkeit der Bezeichnung, […] das scharfe, gefiederte Wort, das schwirrt und trifft und bebend im Schwarzen sitzt«.[123] Es ist dasselbe Bild von den treffsicheren, gegebenenfalls auch gehässigen und verletzenden Wortpfeilen, das er auch zur Kennzeichnung der geschliffenen Redeweise der Aarenhold-Zwillinge verwendet hatte. Um ja richtig verstanden zu werden, beschloss er, aus dem Bilse-Essay »einen Artikel für die ›Münchner

Neuesten Nachrichten‹« zu machen, »damit recht viele Leute es lesen. Denn, wenn recht viele Leute es lesen, so hat es gute Chancen, auch von denen gelesen zu werden, die es angeht.«[124] Dies ging offensichtlich an die Adresse der Pringsheims. Der Artikel erschien am 15. und 16. Februar 1906, kaum einen Monat nach der Wiederherstellung des Friedens mit den Schwiegereltern.

Im Kern geht es bei dem Bilse-Problem um die Frage, ob es ein Recht des Schriftstellers gibt, »lebende Personen seiner Bekanntschaft« zu porträtieren.[125] Ein solches Recht sei nirgends »nachweisbar« oder verbürgt. Doch beweise dies nichts, denn »Dichter zu allen Zeiten« haben dieses Recht für sich in Anspruch genommen, nicht aus Rücksichtslosigkeit, sondern weil die künstlerische Verarbeitung aus dem Modell etwas ganz anderes macht, »etwas Absolutes und bürgerlich Indiskutables«. Es sei folglich schlicht ein Irrtum, »eine Wirklichkeit mit einem künstlerischen Nachbilde derselben praktisch zu identifizieren«.[126] Für diese Differenz zwischen der Wirklichkeit und ihrer künstlerischen Nachbildung wählt Thomas Mann die Bezeichnung »Beseelung«. Nicht die Erfindung – d.h. jene den Geniegläubigen teure »creatio ex nihilo« –, sondern die »Beseelung ist es, welche den Dichter macht«.[127] Ein Dichter wird nicht dadurch Dichter, dass er frei erfindet, sondern dadurch, dass er, was er findet, beseelt. Voller Selbstgewissheit fügte er hinzu: Was je hätten Shakespeare, Schiller oder Wagner im naiven Sinn erfunden?

In dem Begriff der Beseelung schwingt etwas mit von der sakralen Vorstellung des »Odem«-Einhauchens, der die leblose Materie zum Leben erweckt. Was bedeutet dies für die Praxis der Dichter? Beseelung heißt »die Durchdringung und Erfüllung des Stoffes mit dem, was des Dichters ist«. Recht besehen konstituiert die Beseelung einer Figur also eine Aneignung, und es sei deshalb sehr die Frage, ob ein aus der Wirklichkeit herausgegriffenes Modell, wenn der Dichter es in seinem Geiste zum Typus erhebt, »überhaupt noch Wirklichkeit bleibt«.[128]

Thomas Mann erinnert in diesem Zusammenhang an seine *Tristan*-Novelle. Er gibt unter der Hand zu, dass zu deren Protagonisten Detlev Spinell ein zeitgenössischer Literat (Arthur Holitscher) Modell gestanden habe, doch sei dies lediglich etwas Äußeres, eine Maske. Denn in allem Wesentlichen handle diese Erzählung von ihm selbst, d.h. der Verkettung von »Schönheitsfanatismus« und »menschliche[r] Verarmtheit«.[129] Sie gehört damit zu einer Serie von Autopsien der eigenen Künstlerschaft und fügt sich ein in die lebenslangen Reflexionen auf die Voraussetzungen seines Schaffens. Seit den letzten Ortsbestimmungen in *Tristan* und in *Tonio Kröger* waren zwei bedenkenswerte Veränderungen eingetreten, deren Konsequenzen für sein Schaffen nicht abzusehen waren. Er hatte seine Künstlerschaft auf das Fundament der Ehe und Familie gestellt. Und er hatte nach dem Erfolg von *Buddenbrooks* und *Tonio Kröger* viel Ruhm geerntet. In dieser oberflächlich betrachtet glänzenden Lebenssituation taucht aus der Tiefe seines Artistengewissens mit der Figur des Siegmund Aarenhold das vermeintlich gebannte Schreckbild des Dilettanten auf und steht als eine in Luxus und Isolation versinkende Verkörperung von Sterilität vor seinem inneren Auge.

Dass ihn während der Entstehung von *Wälsungenblut* in der Tat solche Gedanken bewegten, geht aus einem Brief an seine Kollegin und mütterliche Freundin Ida Boy-Ed hervor. Ihr schreibt er aus der »Villa Rosenberg« in Berlin-Wannsee, wo man auf der Rückreise von Zoppot nach München Station machte, dass er Reichtum für »eine gute Sache« halte, denn er sei als Künstler »corruptibel genug, um mich davon bezaubern zu lassen«. Das Alternieren von »Askese« und »Üppigkeit« müsse »wohl der modernen Seele überhaupt zugehörig sein: Man sehe sie in großem Style bei Richard Wagner.«[130] Die Scherzhaftigkeit dieser Bemerkung kann nicht darüber hinwegtäuschen, dass er sich ob seiner eigenen Korruptibilität durch Reichtum und Luxus Sorgen machte.

Diese Sorgen, wenn nicht gar Ängste haben in Siegmund Aarenhold, einem Geschöpf des Luxus, einem zu jedem ernsthaften Schaffen unfähigen Dilettanten, Gestalt angenommen. Die auktoriale Beseelung Siegmund Aarenholds macht ihn vollends zu einem Geschöpf Thomas Manns, meilenweit entfernt von der Wirklichkeit seines Vorbilds. Die entscheidende Verschmelzung des Autors mit seinem Geschöpf erfolgt mit Hilfe Wagners. Die einlässliche Beschreibung des theatralen und musikalischen Geschehens im ersten Akt der *Walküre* vermengt auf sehr amüsante und effektvolle Art Satire und Huldigung. Während das Geschehen auf der Bühne mit all seinen Unzulänglichkeiten der Lächerlichkeit preisgegeben wird, ist von der Musik – »dem singenden, sagenden, kündenden Fluß der Musik, die zu den Füßen der Ereignisse ihre Flut dahinwälzte« – im Ton der kultischen Verehrung die Rede.

Zu Beginn des zweiten Akts jedoch setzt eine Reflexion auf die

Bedingungen von Wagners enormem Schöpfertum ein, die in gewissem Sinn die Weichen stellt für Thomas Manns weitere Laufbahn als Schriftsteller. »Siegmund sah ins Orchester.« Das heißt, er blickt auf das pulsierende Herz der Wagner'schen Kunst mit spürbar gemischten Gefühlen: voll blasierter Bewunderung, doch auch ein wenig neidvoll. Es ist der Neid des im Reich der Kreativität Bemühten auf ein souveränes Vollbringertum von fast erdrückender Schöpferkraft. Die schmerzliche Erkenntnis, zu der Siegmund Aarenhold an dieser Stelle geführt wird, nämlich dass große Werke aus der Leidenschaft und dem Leiden hervorgehen, ist angesichts der in *Bilse und ich* exponierten Ästhetik der Selbstprüfung und Selbstkasteiung zu therapeutischen Zwecken in der Maske einer von der eigenen Identität möglichst weit entfernten, fiktiven Person – ohne Zweifel als eine Selbstaussage zu werten.

Am Anfang einer neuen Lebensetappe, nach einschneidenden Veränderungen seiner Lebensverhältnisse, sehen wir, wie Thomas Mann in der Maske Siegmund Aarenholds und im Spiegel Wagners sich einer fundamentalen Einsicht vergewissert. Um des großen Lebenswerkes willen wird er auch in seinem künftigen Leben im Zeichen bürgerlicher Wohlhabenheit der Leidenschaft und dem Leid Raum geben müssen. Das bedeutet, dass er, trotz Ehestand, seinen gleichgeschlechtlichen Neigungen treu bleiben muss, weil das darin gründende Leiden sich als die tiefste Quelle seiner prekären, von Normalität bedrohten Kreativität bewährt hatte und auch weiterhin als Kraftquelle seiner Kreativität zu bewähren haben wird. Wie wir heute wissen, ist er diesen Neigungen und sich selbst als einem ambivalenten Geschlechtswesen bis an sein Lebensende treu geblieben.

Thomas Mann hat sich eigentlich nie mit der erzwungenen Zurücknahme seiner Novelle abgefunden. *Bilse und ich* ist sowohl eine Selbstrechtfertigung als auch ein Protest gegen das Missverständnis, dass er eine antisemitische Novelle geschrieben habe. Er hatte deshalb auch nichts dagegen, dass *Wälsungenblut* unter der Hand herumgereicht wurde. Als Arthur Schnitzler, dem mit *Der Weg ins Freie* ähnliche Probleme ins Haus standen, zwei Jahre später um Einsicht in die Erzählung bat, hatte er keine Bedenken und war sogar einverstanden, dass auch Jakob Wassermann Einsicht nahm.[131] Er hatte auch keine Bedenken gegen einen wohldotierten bibliophilen Privatdruck der Novelle in limitierter Auflage von 530 Exemplaren mit insgesamt 30 Steindrucken von Thomas Theodor Heine. Diese Luxusedition erschien 1921, fünfzehn Jahre nach dem ursprünglich vorgesehenen Erscheinungsdatum. Sie erschien mit dem bereinigten Text, was den Autor verstimmte, weshalb er veranlasste, dass in dreißig Sonderexemplaren auf einem losen Blatt die originale Form mit den beiden jiddischen Vokabeln beigelegt wurde.[132]

Thomas Manns Tagebuch zufolge setzte sich Alfred Pringsheim diesmal »nicht zur Wehr«.[133] Katia Mann jedoch, die ihn damals zum Einlenken bewogen hatte, muss Einspruch erhoben haben, denn das Tagebuch hält fest: »Abends Nervenkrise in der Auseinandersetzung mit K.[atia] über ›Wälsungenblut‹.«[134] Auch bei dieser Gelegenheit zieht die »Judengeschichte« eine Stellungnahme *Zur jüdischen Frage* nach sich.[135] In letzter Minute vor der Veröffentlichung in der Zeitschrift *Neuer Merkur* zieht Thomas Mann den Text jedoch zurück. Es ist ein Anti-Antisemitismus-Text, der, wenn er erschienen wäre, ihm gewiss Ärger eingebracht hätte, der aber auch seine Gegnerschaft zu den alten Weggefährten, die alle im Lager der Republikgegner landeten, schon um ein Jahr früher publik gemacht hätte – vor seiner großen Rede zur Verteidigung der Republik am 13. Oktober 1922, *Von deutscher Republik.*

Als die Skandalnovelle das nächste Mal von sich reden machte, hatte Thomas Mann dafür gesorgt, dass der Text mit dem originalen Schluss erschien – allerdings in französischer Sprache, in der der zynisch schockierende Effekt des Originals unvermeidlich etwas abgeschwächt ist: »Et bien crois-tu que nous l'avons roulé, le Goy!«[136] Hatte der Privatdruck von 1921 keine nennenswerte Diskussion ausgelöst, so trat die bizarre Rezeptionsgeschichte dieser Novelle zehn Jahre später in ein neues, nun offen politisches Stadium. Eine Reihe von Faktoren, die die Wahrnehmung des *Zauberberg*-Autors als öffentlichem Intellektuellen einschneidend verändert hatte, trug zur Erhitzung der Atmosphäre bei. Neben der dramatischen und äußerst zwiespältig aufgenommenen Verteidigung der Weimarer Republik 1922 war es Thomas Manns barsche Absage an Bayreuth 1924, die in den Augen der Republikgegner ein Feindbild entstehen ließ: »Aber Bayreuth, wie es sich heute darstellt, interessiert mich gar nicht, und ich muß glauben, auch die Welt wird es nie wieder interessieren.«[137] So erklärt es sich, dass ein alltägliches, marginales Vorkommnis des literarischen Lebens: das Erscheinen der

Wagner-Novelle eines deutschen Autors in Frankreich, einen kleinen Sturm im Blätterwald auslöste, in dem sich die Konturen eines Störenfrieds abzuzeichnen begannen – eines Störenfrieds, der in dem heraufkommenden neuen Deutschland nichts mehr zu sagen haben sollte.

Der Sturm begann mit einem Lüftchen in der Form eines Artikels von Pierre Lagarde, der die seltsame Schamhaftigkeit (»l'etrange pudeur«) des *Wälsungenblut*-Autors anprangerte.[138] Thomas Mann scheue sich nicht, den Franzosen vorzusetzen, was er zu Hause aus gutem Grund unter Verschluss gehalten habe. Wenig später erschien in den *Nouvelles littéraires* ein Artikel von Jacques Lobstein, der dem französischen Publikum den Münchner Klatsch bezüglich *Wälsungenblut* und der Familie Pringsheim lieferte. Daraufhin schaltete sich Thomas Mann mit einem Leserbrief aus Nidden ein, in dem er auf die Artikel von Lagarde und Lobstein reagierte und versicherte, dass seine Beziehungen zur Familie Pringsheim ungetrübt seien.[139] Der Autor überließ den Leserbrief an die *Nouvelles littéraires* auch der *Literarischen Welt*, um die Wogen zu glätten, die Friedrich Hussong deutscherseits in Bewegung gesetzt hatte.[140] Hussong attestierte dem Autor eine »fatale intellektuelle Unreinlichkeit« gegenüber dem deutschen Publikum, vor dem er zu verleugnen gewillt sei, »was er für marktgängig in Frankreich hält«, und stellt dessen nationale Zuverlässigkeit in Frage, indem er die »Geschäftsverbindungen« mit dem »Erzfeind« geißelt. Ohne sich um seine eigene Glaubwürdigkeit zu scheren, lässt Hussong durchblicken, dass er die Novelle gar nicht gelesen habe. Es genüge zu wissen, dass sie von Inzest handle, was er mit dem nicht ungefährlichen Reizwort »Blutschande« brandmarkt.

Hussong war ein alter Bekannter aus der Phalanx der deutschen Thomas-Mann-Gegner; er hatte schon Manns republikanische Wende angeprangert und verurteilt.[141] Hussong war Leitartikler für die flächendeckende Hugenberg-Presse, seine Attacke auf den Nobelpreisträger fand weite Verbreitung in den Zeitungen dieses Konzerns. Dies rief eine Reihe von Verteidigern Thomas Manns auf den Plan, darunter Kurt Tucholsky, der die »Niedrigkeit« und »Dummheit« der deutschen und französischen Kritiker tadelte und sich lustig machte über die »völkischen Esel«, die den Angriffen des »Erbfeindes« auf den »Juden Thomas Mann« Beifall spendeten. Abschließend bemerkt er zu dem Streit: »So zum Beispiel werden Kriege vorbereitet.«[142] Zwei von Manns Verteidigern, Kurt Reinhold und Heinz Stroh, forderten die Aufnahme von *Wälsungenblut* in die offizielle Werkausgabe, denn, so Reinhold, »das ist ersten Ranges und bester Thomas Mann […]«.[143] Von den weiteren Stimmen von deutscher und französischer Seite sei lediglich Alfred Meyer erwähnt, der in der *Revue d'Allemagne* eine gewisse Unaufrichtigkeit auf deutscher Seite bemerkt, da das jüdische Milieu und das Judentum der Aarenholds unterschlagen werde, als wäre das eine Nebensache.[144] Es ist eine Bemerkung, die sich, wie wir sehen werden, noch lange danach als zutreffend erweisen sollte.

Im Jahr 1931 fand Thomas Mann gegen die Angriffe aus dem völkischen und rechten Lager noch beherzte Verteidiger. Wie wir sahen, war dies 1933, als die Münchner Wagnerianer ihren Protest inszenierten, nicht mehr möglich. Dabei erwies sich der kleinliche und chauvinistische Streit von 1931 als eine Art Vorlauf zu der Aktion von 1933. Knappertsbuschs Denunziation Thomas Manns als eines Verunglimpfers des höchsten deutschen Kulturguts durfte auf eine *Prima-facie*-Plausibilität zählen, weil in den Akten der Wagnerianer gegen den Autor von *Wälsungenblut* schon etwas Belastendes vorlag. *Sang réservé* lieferte den Gegnern Thomas Manns den Vorwand, ihn als einen Autor anzuprangern, der aus Opportunismus mit einer anstößigen Wagner-Novelle im Land des Erzfeinds Geschäfte machte und es dabei an nationaler Gesinnung fehlen ließ. Dieser Punkt wird in dem Wagner-Protest direkt angesprochen, wenn von dem »Unglück« die Rede ist, das Thomas Mann erlitten habe, als er »seine früher nationale Gesinnung […] mit einer kosmopolitisch-demokratischen Auffassung« vertauschte.

Neben der republikanischen Wende 1922 und dem publizistisch hochgespielten Frankreichbesuch im Januar 1926 war es die französische Veröffentlichung von *Wälsungenblut* 1931, die einen weiteren schlagenden Beweis für Thomas Manns frankophilen Kosmopolitismus lieferte. Diese undeutsche Denkungsart disqualifizierte ihn in den Augen seiner Gegner von jeglicher geistigen Führungsrolle in dem kommenden, an Wagners Vision von Deutschtum orientierten Deutschland. Was der Wagner-Protest indirekt zu verstehen gab, nämlich dass Existenzen wie Thomas Mann dem »großen Aufräumen«, das mit der Machtübernahme Hitlers begann, weichen müssten, das drückten die *Münchner Neuesten Nachrichten* als Nachhall ihres Wagner-Protests in unverblümter Deutlichkeit aus. Nach der Denunziation als Verunglimpfer Wagners und nach seiner Bloßstellung als Feind des neuen Deutschlands galt es nun, auch seine geistige Präsenz zu eliminieren. Das Blatt bedauerte, dass *Wälsungenblut* bei den feierlichen Bücherverbrennungen bisher übersehen worden sei.[145]

Hier ist daran zu erinnern, dass die 1933 im ganzen Reich praktizierten Rituale der Bücherverbrennung, von der Thomas Mann im Gegensatz zu seinem Bruder nicht betroffen war, Teil einer umfassenden Säuberungskampagne waren, die sich auf alle Lebensbereiche erstrecken sollte. Dabei kam der Säuberung an der Spitze des Kulturlebens eine besonders signalhafte Bedeutung zu. Hier, in der Sektion für Dichtkunst der Preußischen Akademie, wurde sogleich im Frühjahr 1933 exemplarisch vorgeführt, wie die Spreu der undeutschen Kosmopoliten von dem Weizen der verlässlich national gesinnten »Denker und Dichter« zu trennen war. Insbesondere für die Säuberung Thomas Manns gab es gute Gründe, wie eines der aus dem Boden schießenden Nazi-Organe erklärte. Der Nobelpreisträger sei schon lange kein national denkender »Denker und Dichter« mehr; vielmehr gehöre er zu den Feinden des neuen Deutschlands, die die »deutsche Seele verkennen und beleidigen«. Zum Beleg dient einmal mehr *Wälsungenblut*. Die Novelle stelle »eine der übelsten Lästerungen germanischen Sagenguts« dar, und zwar »durch die lüsterne Schilderung der blutschänderischen Neigung jüdischer Zwillinge zueinander«.[146]

Thomas Manns Einstellung zu seiner »Judengeschichte«, an der er trotz allem Ärger doch sehr hing, änderte sich erst viel später im Exil, aber sie änderte sich. Inzwischen war 1936 eine englische Übersetzung erschienen, die im Gegensatz zu der 1931 publizierten französischen Fassung den abgeschwächten Schlusssatz brachte. Wenige Jahre später, nun schon im amerikanischen Exil, als ihm die Konsequenzen des von ihm lange unterschätzten oder ignorierten Antisemitismus klarzuwerden begannen, sah er sich veranlasst, ausdrücklich zu versichern, dass seine Novelle keinen absichtlichen Angriff auf das Judentum bedeute – »no deliberate impugning«.[147] Als dann das ganze Ausmaß der Judenverfolgung offenbar geworden war, konzedierte er in einem Brief von 1948, dass *Wälsungenblut* »heutzutage auch Mißverständnisse hervorrufen könnte«.[148] Noch deutlicher äußerte er sich drei Jahre später. Nun war er bereit einzuräumen, »daß die Geschichte leicht in einem antisemitischen Sinn mißverstanden und mißbraucht werden könnte, ein Einwand, der in unseren Tagen schwerer ins Gewicht fällt als zur Zeit ihrer Entstehung«.[149] Konsequenterweise untersagte er die weitere Reproduktion der Novelle. Thomas Manns »Judengeschichte« wurde erst posthum wieder zugänglich.

Obwohl *Wälsungenblut* im deutschen Sprachbereich nicht im Umlauf war – es existierte ja nur die limitierte und teure Luxusausgabe von 1921 –, spielte die Novelle eine gewisse Rolle in der sehr gespaltenen, doch überwiegend ablehnenden Reaktion auf *Doktor Faustus*. Werner Milchs eindringliche Besprechung des Romans in *Die Sammlung*, einer bedeutenden Zeitschrift der Nachkriegsjahre, ist ein solches überwiegend ablehnendes Zeugnis. Milch, ein Germanist, stößt sich an verschiedenen Aspekten von Thomas Manns »anfechtbarer Methode«, wozu er die Neigung zur Karikatur zählt. Auch die angeblich fragwürdige Geschlechtlichkeit behagte ihm nicht, wofür er die eigentlich nicht zur Sache gehörige »pornographische« Novelle *Wälsungenblut* anführt.[150] Noch abwegiger ist die Behauptung eines anderen vehementen Thomas-Mann-Gegners, Ulrich Sonnemann, dem *Doktor Faustus* eine heuchlerische und irreführende Zumutung war. Sonnemann, ein Psychologe und Politologe, hielt Thomas Mann für mitschuldig am Aufkommen des Nationalsozialismus. Als Beleg verweist er u.a. auf *Wälsungenblut*, eine Novelle, aus der der »sublimste Nazigeist« spreche.[151] Milch und Sonnemann waren beide jüdische Emigranten.

Thomas Manns »Judengeschichte« war lange Zeit nur gerüchteweise bekannt. Als sie 1958, nach seinem Tod, in die Gesammelten Erzählungen aufgenommen wurde, traf sie auf ein betretenes Schweigen. Eine kritische Diskussion fand nicht statt, was offenbar weniger mit Wagner als mit dem jüdischen Milieu der Novelle zu tun hatte. Das Beschweigen der Vergangenheit, insbesondere des Völkermords an den Juden Europas, generierte eine innere Barriere, die sich für eine Auseinandersetzung mit diesem Werk noch lange als zu hoch erwies.

Den Beweis für die Existenz eines psychologischen Hemmnisses liefert die Verfilmung der Novelle, die 1965 in die Kinos kam. Die Regie hatte Rolf Thiele, ein Spezialist für Erotikfilme, der mit *Das Mädchen Rosemarie* (1958) berühmt geworden war und zuvor bereits *Tonio Kröger* (1964) auf die Leinwand gebracht hatte. Der Clou dieses Machwerks ist die – im Sprachgebrauch der Hitler-Jahre – Arisierung von Thomas Manns Judengeschichte. Das beginnt schon bei den Namen. Den Aarenholds wird, um beim nachkriegsdeutschen Publikum keinen irritierenden Verdacht aufkommen zu lassen, ein neuer Name verpasst. Sie sind jetzt die Arnstatts. Dieselbe Arisierung wird den Erlangers zuteil, der mit den Aarenholds befreundeten Familie; sie heißen im Film Donnersmarck. Mit dieser konsequenten Arisierung wird gleichzeitig die gesellschaftliche Dynamik der Novelle entschärft. Nun sind die Arnstatts von Adel, während dem armen Beckerath sein Adelsprädikat entzogen wird; er heißt nun schlicht bürgerlich Justus Beckerath. Die Folge davon ist gravierend. Das Herzstück der Thomas Mann'schen Judengeschichte – die Problematik der Assimilation – wird völlig verdeckt, denn sie wird nicht nur überschrieben, sondern bis zur Unleserlichkeit geschwärzt.

Zweifellos gehört die Arisierung von *Wälsungenblut* zum marktorientierten Kalkül dieser Produktion. Das Kinovergnügen an der gewagten, tabubrechenden Erotik sollte durch keine Nebengedanken an die jüdische Identität der Protagonisten getrübt oder problematisiert werden. Ausschlaggebend war jedoch vermutlich etwas anderes. Fünfzehn Jahre bevor ein Holocaust-Diskurs von einiger Resonanz in Gang kam, war dem Publikum offenbar kein Film mit moralisch fragwürdigen jüdischen Figuren zuzumuten. Damit stellt sich diese Verfilmung aber als ein unfreiwilliges Psychogramm dar nicht nur des Produktionsteams, sondern auch des Publikums, auf das der Film zielte. Das Produktionsteam ging davon aus, dass die völlige Umkodierung von Thomas Manns Judengeschichte als akzeptabel und unanstößig empfunden werden würde. In der Tat, der Film wurde überwiegend positiv aufgenommen; in keiner Rezension wurde an der Arisierung des Stoffes Anstoß genommen.[152]

Rolf Thieles *Wälsungenblut* ist beileibe kein Einzelfall. Dieser Film erwuchs letztlich aus einem Verhaltensmuster, das sich nach dem Krieg gegenüber Thomas Mann, dem nicht nach Deutschland heimgekehrten Emigranten, herausgebildet hatte.[153] Als Motivation lag diesem Verhaltensmuster das Bedürfnis der Abwehr zugrunde – der Abwehr eines unbequemen Mahners und Deutschlandkritikers. Im Übrigen ist dieser Film, wie Yahya Elsaghe aufgezeigt hat, lediglich das schamloseste Beispiel der Verfilmungsgeschichte Thomas Manns in Deutschland.[154] Darin ist derselbe Geist einer kompromisslerischen und vertuschenden Vergangenheitspolitik am Werk wie in der bundesrepublikanischen Gesellschaft im Ganzen.

In dieser Hinsicht steht nun aber das bundesrepublikanische Kino der fünfziger und sechziger Jahre, mentalitätsgeschichtlich betrachtet, auf demselben sumpfigen Boden der offiziellen Vergangenheitspolitik wie die Wagner-Festspiele in ihrer Neu-Bayreuther Aufbereitung. Im Kern zielte diese Vergangenheitspolitik, in Bayreuth wie in Bonn, auf Beschönigung, Exkulpation und Vergessen. In der bewegten Rezeptionsgeschichte der Thomas Mann'schen Judengeschichte markiert ihre Verfilmung von 1965 den vorläufig letzten Skandal. Das aber macht sie heute umso lesenswerter. Die Thematisierung Wagners erweist sich als ein unvermuteter Bonus, der dank der anhaltenden Problematisierung Richard Wagners auch der Judengeschichte Thomas Manns zugutekommt.

Etwas absolut Zauberhaftes: Thomas Manns *Lohengrin*

Wagners populärstes Werk im Kaiserreich war die »große romantische Oper« *Lohengrin*. Warum gerade diese Oper, die im Kontext des Vormärz konzipiert worden war, eine Sonderstellung in der Wilhelminischen Epoche erlangte, lässt sich im historischen Rückblick leicht nachvollziehen. Wagner präsentiert einen Gralsritter, der, aus »fernem Land« kommend, aus einer Sphäre von »Glanz und Wonne«, herniedersteigt und sich in einem Nachen, gezogen von einem Schwan, nach Brabant begibt, um einer bedrängten Prinzessin und Thronanwärterin, die sich einen Retter regelrecht erträumt, zu ihrem Recht zu verhelfen. Ausgestattet mit überirdischer Macht, greift er in die Geschicke des deutschen Reiches ein, bringt die Erbfolge des Herzogtums Brabant auf die rechte Bahn und prophezeit dem Kaiser bei seinem herzbewegenden Abschied einen großen Sieg. Das 1871 neugegründete Deutsche Reich war der Parvenü unter den großen europäischen Mächten, ein Spätkommer, verunsichert durch Anfechtungen von innen und außen. Aus diesem Grund war das Wilhelminische Reich höchst empfänglich für eine Sakralisierung der Reichsidee und eine Auratisierung der eigenen, prekären Existenz, die Wagners romantische Oper zu verleihen schien.

Wie eine Münchner Ausstellung zum Thema »Wagners Welten« vor einigen Jahren eindrücklich vor Augen führte, waren Lohengrin-Motive besonders beliebt für die Gestaltung von Nippes aller Art.[155] Eine Gipfelleistung dieser Kitschproduktion und eine besonders einprägsame Blüte des Wagner-Kults war der sogenannte Schwanenhelm, das von *Lohengrin* inspirierte sentimentale Pendant zu dem allgegenwärtigen Adlerhelm, dem mit dem Wappentier des regierenden Hauses Hohenzollern gekrönte Helm, der vornehmlich militärische Assoziationen weckte. Kaiser Wilhelm der II., ein kostümfreudiger Regent, ließ sich gerne mit dem Schwanenhelm fotografieren. Es ist somit durchaus gerechtfertigt, in Wagners Schwanenritter eine geheime Identifikationsfigur des Wilhelminismus zu erblicken, Symbolfigur für den Traum von einem Retter und Schützer von überirdischer Macht.

Gemäß seinem Kultstatus im Wilhelminismus avancierte Wagners *Lohengrin* für ungezählte junge Deutsche zum Einstiegswerk in die Welt Wagners, darunter in Lübeck für den Knaben Thomas Mann. *Lohengrin* war, wie wir sahen, auch das Einstiegswerk für die Jugend Österreichs, darunter in Linz der Knabe Adolf Hitler. Die Anhänglichkeit, die beide an ihre früheste ästhetische Erfahrung zeitlebens bewahrten, ist keineswegs ungewöhnlich, sondern geradezu die Regel.

Die Bedeutung von Thomas Manns Wagnerismus beschränkt sich nun aber keineswegs auf die im engeren Sinn literarischen Bedürfnisse seiner Schriftstellerschaft, sosehr diese auch von Anfang an auf Größe und Repräsentanz im Maßstab eines Richard Wagner oder eines Goethe zielten. Früh schon, in *Buddenbrooks*, in dem Kapitel, das von dem Organisten Edmund Pfühl handelt und von den gefährlichen Klängen des Wagner'schen *Tristan*, erkannte er in der Empfänglichkeit für Wagner ein Phänomen von herausragender mentalitätsgeschichtlicher Signifikanz und ein verlässliches Merkmal der nationalen Identität. Dies lässt sich besonders deutlich an den *Betrachtungen eines Unpolitischen* zeigen, einer Schrift, die ihn in einen schmerzhaften politischen Lernprozess verwickelte, in dem Wagner ein Faktor war und blieb und der sich bis zum Ende fortsetzte.

Mit den *Betrachtungen* versuchte Thomas Mann der Welt und sich selbst zu erklären, was in dem großen Krieg auf dem Spiel stand, nämlich das Recht Deutschlands auf eine eigenständige, von der Norm des Westens abweichende Kultur.[156] Dem riesigen Essay liegt eine bipolare Argumentation zugrunde, in der Wagner und *Lohengrin* innerhalb der übergeordneten Gegensatzpaare Kultur und Zivilisation, Musik und Politik einen festen Platz haben. So heißt es etwa in dem Kapitel *Einkehr*, in einer der verblüffendsten Formulierungen dieses Buches, dass Krieg herrsche zwischen dem »Geist des Lohengrin-Vorspiels und der internationalen Eleganz«.[157] Das *Lohengrin*-Vorspiel soll also für die deutsche Sache stehen. Wagner ist ihm »die Heimat seiner Seele«, und Thomas Mann war entschlossen, die seelische Heimat genauso aggressiv zu verteidigen wie die geographische. Was aber mag man sich auf der Gegenseite unter »internationaler Eleganz« vorzustellen haben? Das Rätsel löst sich, wenn wir an anderer Stelle lesen, dass der »Zivilisationsliterat« Paris als seine seelische Heimat betrachte. In dem Krieg, der ganz Europa völlig umkrempelte, stehen sich also nach Thomas Manns musikbesessener Auffassung Paris und *Lohengrin* gegenüber – eine einigermaßen verwegene Behauptung, wenn man sich in Erinnerung ruft, dass Charles Baudelaire der erste Verkünder von Wagners Bedeutung für die Moderne war und dass der Poet der *Fleurs du mal* insbesondere das Vorspiel zu *Lohengrin* über alles liebte.

Lassen wir die fragile Logik von Thomas Manns Argumentation an dieser heiklen Stelle auf sich beruhen und fragen stattdessen, was er denn in dem *Lohengrin*-Vorspiel erblickte und welches Licht die Liebe gerade zu dieser Oper auf seine künstlerische Physiognomie wirft. Die bündigste Antwort bezüglich des Vorspiels gab er 1927 in einem Beitrag zum Programmheft des Stadttheaters Würzburg anlässlich einer Neueinstudierung der Oper. Das Vorspiel, schrieb er, sei »etwas absolut Zauberhaftes, der Gipfel der Romantik«.[158] Diese Formel blieb bis zum Ende gültig. In einem Interview von 1954, als er ein Radiowunschkonzert zusammenstellen durfte, klingt es fast gleichlautend: »ein herrliches Stück, der Gipfel der Romantik«.[159]

Verständlich, dass ihm das *Lohengrin*-Vorspiel als musikalisches Vademecum durch alle Fährnisse seines Lebens diente. Am 20. Juni 1940 in Princeton, als seine Verzweiflung über die militärischen Triumphe Hitlers ihrem Tiefpunkt nahe war, legte er das geliebte Vorspiel auf. Bedrückt von Untergangsahnungen, war er zu Tränen gerührt, denn, wie er im Tagebuch festhielt, »mir schien, ich hörte das in der Jugend Geliebteste wieder im Untergang«.[160] Zahlreich sind denn auch die Indizien, dass es im geistig-seelischen Haushalt Thomas Manns kein Stück Musik gab, das ihm zum Überleben unentbehrlicher gewesen wäre als dieses. Deshalb ist es auch verständlich, dass er den *Lohengrin* »unzählige Male gehört« hat und, wie er 1927 schreibt, »nach Wort und Musik noch heute fast auswendig« wusste.[161] Mit seiner Liebe zu *Lohengrin*, so scheint es, schuf er sich ein Reservat, in dem seine unersättliche, heimliche Liebe zur Romantik, die er nach seiner republikanischen Wende sich selbst und den Deutschen geradezu untersagte und auszureden versuchte, überleben und subkutan florieren konnte.[162] Offenbar brauchte er diese Nabelschnur zur Romantik; sie war eine stete Quelle seiner enormen Kreativität.

Selbstverständlich stand dieses Stück auch auf dem Programm jenes schon erwähnten Wunschkonzerts des Süddeutschen Rundfunks von 1954. Noch größer war wohl die lebensgeschichtliche Resonanz, als man drei Monate vor seinem Tod den Besuch in seiner Heimatstadt, wo ihm im Rathaus die Ehrenbürgerschaft verliehen wurde und wo er im Stadttheater anderthalb Stunden lang aus *Tonio Kröger*, dem *Joseph* und *Felix Krull* vorlas, mit dem *Lohengrin*-Vorspiel ausklingen ließ.[163] Damit rundete sich sein Leben mit *Lohengrin*, d.h. aber auch sein Leben mit Wagner, genau an der Stelle, wo es vor über sechzig Jahren begonnen hatte.

Was Thomas Mann über den musikalischen Charakter des *Lohengrin*-Vorspiels zu sagen hatte, zeugt denn auch von einer tiefen Vertrautheit mit diesem Stück. In dem schon erwähnten Radio-Interview von 1954 bemerkte er darüber: »Das Vorspiel lebt ja ganz von dem Grals-Motiv, diesem A-Dur-Motiv, das dann das ganze Werk durchzieht, […] es ist eine Vorwegnahme der Erzählung des Lohengrin im dritten Akt; man hört, als das Motiv aus den Geigen in tiefere Instrumental-Färbungen übergeht, ganz deutlich seine Worte: ›Wer nun dem Gral zu dienen ist erkoren.‹ Sie werden das wiedererkennen. Es ist rein musikalisch gesehen in diesem Vorspiel, in diesem in sich ganz geschlossenen Musikstück, eine Steigerung vollbracht, von der Richard Strauss gesagt hat, sie sei nie übertroffen worden und sei wahrscheinlich unübertrefflich, unüberbietbar, und es ist interessant festzustellen, wie diese Steigerung zum Höhepunkt, zu dem, was ich die Ankunft und Verwirklichung des Heiligen nannte, bewerkstelligt ist mit Tönen, die vorkommen in dem ersten Gespräch Lohengrins mit Elsa, nämlich dort, wo er sie fragt: ›Willst du wohl ohne Furcht und Grauen dich meinem Schutze anvertrauen?‹ Sie werden sehen, daß die Töne dieses

›dich meinem Schutze anvertrauen‹ das Mittel ist, um das Grals-Motiv dann in seiner vollen Herrlichkeit mit den beiden Beckenschlägen heraufzuführen.«[164]

Wie zu sehen, war er kein Musikwissenschaftler; er versuchte aber auch gar nicht so zu tun, als wäre er einer. Er besaß nicht das technische Wissen, um die Wirkung dieser Musik aus ihrer ungewöhnlichen und innovativen Beschaffenheit überzeugend herzuleiten. Vermutlich wäre ihm aber eine technische Beschreibung wie die folgende aus der Feder eines Musikwissenschaftlers zur Erklärung seiner eigenen Verzauberung willkommen gewesen: »Vierfach geteilte Violinen heben an, unmerklich fast, aus der Stille heraus; baßlos in hoher Lage schwebt der A-Dur-Akkord, der nach oben hin lichter wird; vom leisesten Pianissimo schwellen die Violinen leicht an zum mittleren piano. Unter dem lauter gewordenen Klang treten hohe Holzbläser hinzu: zwei Oboen und zwei Flöten, wiederum pianissimo einsetzend, den Violinakkord verdoppelnd und leicht umfärbend; charakteristisch erscheint die Flöte zum höchsten Ton, wo sie sich den leuchtenden Violinen besonders gut amalgamiert. Und dann, zum Ende des kleinen crescendo, am Beginn von Takt 2, wird der Klang erneut aufgehellt: vier Soloviolinen oktavieren ihn, jetzt im Flageolett atmosphärisch dünn, mit leichter Schärfe, ihr Einsatz im piano ist unter den sanft crescendierenden Violinchören und Solobläsern als solcher gar nicht wahrnehmbar. Einen Augenblick lang überlappen sich die Solo- mit den Tutti-Violinen und dem Holz, dann scheiden die Tutti-Violinen aus, einen Halbtakt später auch die bereits wieder diminuierenden Flöten und Oboen – der solistische Flageolett-Klang bleibt allein zurück, wächst hinter den verklingenden Bläsern hervor. Intendiert ist ein Höreindruck, in welchem Elemente der Akkord-, der Instrumental- und der Zeitdisposition nicht mehr rational zu bestimmen, zu messen sind. Vielmehr wird die Illusion einer von den sie erzeugenden Instrumenten freigesetzten Farbe vermittelt. [...] Dieser Klangsatz am Beginn der Ouvertüre, der an dramaturgisch entscheidender Stelle wiederkehren wird (und nur dort!), mit der Gralserzählung nämlich, [...] enthält ein Programm, in Tönen die Essenz des Dramas. Er gilt dem Versuch, durch Musik allein einen Eindruck des Außerordentlichen, des Niedagewesenen voranzustellen: Unerhörtes, Unbegreifliches soll, wird sich ereignen. Musik erklingt so losgelöst von allem Alltäglichen, daß ihre Herstellung, ihre ›Herkunft‹ verborgen bleibt: ›Aus Glanz und Wonne komm ich her […]. Das Aug vergeht vor solchem Glanz.‹ Aus diesem Klangwunder in A-Dur kommt der Wundertäter Lohengrin. Er erscheint […] als Lichtheld, als blendende Figur: Allegorie des Absoluten und von unbefragter Legitimität.«[165]

Thomas Manns Liebe zu Wagners *Lohengrin*, die vielleicht größte seines Lebens, war nicht vor gewissen Befleckungen geschützt. Die erste dieser Befleckungen geschah ihm durch den eigenen Bruder, der besser als jeder andere wusste, dass er mit einer Satire auf *Lohengrin* gleichsam das Sanctissimum des *Buddenbrooks*-Autors treffen würde. Im *Untertan*, Heinrich Manns politischstem Roman, setzt die Szene, in der Diederich Heßling und Guste Daimchen im Netziger Stadttheater den *Lohengrin* erleben, einen erzählerischen Höhe- und Glanzpunkt.[166] Es ist zugleich eine der hellsichtigsten Wagner-Satiren überhaupt.

Die Wucht dieser Satire verdankt sich dem Kunstgriff, Wagners romantische Oper aus der Perspektive Heßlings darzustellen und gleichsam ein Protokoll seiner grotesk banausischen Reaktionen zu liefern. Es sind die Reaktionen eines von Untertanengeist berstenden und alldeutsch bramarbasierenden Papierfabrikanten, der bezeichnenderweise Klopapier der Marke »Weltmacht« produziert. Ein genialer Schnappschuss der Wagner-Rezeption im Wilhelminischen Deutschland! Heßling registriert »Schilde und Schwerter, viel rasselndes Blech, kaisertreue Gesinnung, Ha und Heil und hochgehaltene Banner und die deutsche Eiche«.[167] Kein Wunder, dass er sich »sogleich wie zu Hause fühlt« und Lust empfindet mitzuspielen. Damit wird dem Leser suggeriert, dass in dem Deutschland Wilhelms des II. dieselbe politische Misere und Zurückgebliebenheit herrscht wie in Wagners Oper über den tragisch-glücklosen Gralsritter.

Es ist bezeichnend für Heinrich Manns satirischen Blick auf den einfältigen und chauvinistischen Wagner-Kult des Wilhelminischen Deutschlands, dass sein Untertan Diederich Heßling von dem Bühnengeschehen nur wenig und von der Musik praktisch gar nichts mitbekommt. Die Handlung der Oper nimmt er nur fragmentarisch wahr; ihr komplizierter psychologischer Motivationszusammenhang liegt außerhalb seines geistigen Horizonts. Immerhin registriert er mit Befriedigung das berühmte Frageverbot Lohengrins gegenüber Elsa: »Nie sollst du mich befragen, / noch Wissens Sorge tragen, / woher ich kam der Fahrt, / noch wie mein Nam' und Art.« Wie so vielem in dieser Oper stimmt Diederich auch dieser Bedingung der frag- und bedingungslosen Akzeptanz des Mannes durch die Frau zu: »So soll es sein!« Für die Frau ziemt es sich demnach nicht, ihren Mann »nach seinen politischen Geheimnissen« auszufragen.

Die Musik schließlich berührt Diederich Heßling überhaupt nicht, ja sie wird geradezu heruntergemacht, was jedoch keineswegs allein auf das Konto von Heßlings Banausentum zu setzen ist, sondern wohl auch Heinrich Manns eigener Einschätzung Wagners entspricht. Das berühmte Vorspiel, eine von Wagners auratischsten Schöpfungen, die sogar Hector Berlioz neidlos als ein Meisterwerk anerkannte und die Tschaikowsky als »das gelungenste, inspirierteste Stück Musik aus Wagners Feder« bezeichnete[168] – von dieser himmlischen Musik heißt es bei Heinrich Mann mit gleichsam wegwerfender Gebärde: »Im Orchester war großer Betrieb.« Ist dies schon schlimm genug, so wird der auf Thomas Mann zielenden Satire mit der Bemerkung, Heßling lege auf »Ouvertüren« keinen Wert, noch die Krone aufgesetzt.

Thomas Mann nahm an der Entstehung des *Untertan* lebhaften Anteil. »Ich freue mich mehr auf Deine Werke, als auf meine«, schrieb er Heinrich Ende 1913 und prophezeite dem Roman einen großen Erfolg, womit er, wie man weiß, recht behielt.[169] Er las den Roman in Fortsetzungen in einer illustrierten Wochenzeitschrift, *Zeit im Bild*. Dieser Vorabdruck musste im August 1914 wegen des Kriegsausbruchs abgebrochen werden. Zu diesem Zeitpunkt lagen neun Zehntel des Textes vor, einschließlich der *Lohengrin*-Szene. Als Thomas Mann im Mai 1914 dem Bruder seine Bewunderung über das bis dahin Gelesene ausdrückte, kannte er aber gerade dieses Kapitel noch nicht.[170] Umso tiefer und nachhaltiger war dann die Verstimmung, als er schließlich die *Lohengrin*-Stelle gelesen hatte. Er empfand sie als eine »Verulkung« seiner Lieblingsoper, und noch 1919 und 1920 vertraute er dem Tagebuch seine »Haßempfindungen« an bei dem Gedanken an jene Verulkung und an Heinrichs »liederliches politisches Geschwätz gegen Wagner«.[171]

Im Juni 1919 besucht Thomas Mann mit Katia und Tochter Erika im Münchner Prinzregententheater eine *Lohengrin*-Aufführung, »den wieder zu hören [ihn] sehr beglückte«. Es war offenbar eine sehr gute Aufführung unter Otto Heß, denn er »genoß innig die langgeliebten

Klänge«. Es folgen einige weitere Sätze über die Aufführung und zum Abschluss der Satz, der seine anhaltende Verstimmung und Erbitterung erkennen lässt: »Heinrichs civilisatorische Verulkung im ›Untertan‹ ist häßlich.«[172] Es ist nicht zu verkennen: Mit Heinrich Manns Attacke auf *Lohengrin* war sowohl eine persönliche als auch eine politische Schmerzgrenze überschritten, was er dem Bruder eigentlich nie verzieh. Zwar widmete er ihm 1946 zum fünfundsiebzigsten Geburtstag großzügige und versöhnliche Worte der Anerkennung – Anerkennung, dass Heinrich mit dem *Untertan* »politisch viel früher auf dem Plan« war als er selbst[173] – aber er versagte sich jede Bemerkung über die sicher unvergessene *Lohengrin*-Satire, die ja das Politisch-früher-auf-dem-Plan-Sein Heinrichs besonders drastisch demonstriert. Wir können deshalb annehmen, dass er das Kapitel *Lohengrin* stillschweigend von der Geburtstagshuldigung ausgenommen hat. Im Übrigen legt Thomas Manns große Reizbarkeit bezüglich Wagners *Lohengrin* den Verdacht nahe, dass die Verulkung seiner Herzensoper im *Untertan* ein nicht unbeträchtlicher Stachel bereits in ihrem denkwürdigen, auf rhetorisch höchstem Niveau öffentlich ausgetragenen Bruderzwist war, der in Heinrich Manns Essay *Zola* und in Thomas Manns Monsteressay *Betrachtungen eines Unpolitischen* seinen Niederschlag fand.

Thomas Manns außerordentliche Empfindlichkeit in Sachen *Lohengrin* hat ihr Pendant in seinem Entzücken, wenn jemand ihm ein neues Licht über sein Lieblingswerk aufzustecken vermochte. Ein solcher Jemand war niemand anderer als Theodor W. Adorno. Zu Beginn ihrer Beziehung, im Sommer 1943, bevor Thomas Mann Adorno bat, mit ihm darüber nachzudenken, wie im *Doktor Faustus* »Leverkühns Werk – ungefähr ins Werk zu setzen wäre«, war es ja keineswegs ausgemacht, dass er mit dem formidablen Philosophen in ein produktives Verhältnis treten würde.[174] Nach ihrer ersten Bekanntschaft machte er sich an die Lektüre von Adornos Schriften und war sichtlich erfreut, in dem Kapitel *Phantasmagorie* des im Entstehen begriffenen *Versuchs über Wagner* die folgende subtile Beobachtung zu Elsas Traumerzählung im ersten Akt zu lesen: »[Elsas] Beschreibung des Ritters ähnelt dem Bilde Oberons: der inwendige Lohengrin ist ein winziger Elfenfürst« mit einem »golden Horn zu Hüften, gelehnet auf ein Schwert […]. Für das Horn des Textes wird in der Musik als Verkleinerung die Pianissimotrompete eingesetzt.«[175] Dies war dem *Lohengrin*-Liebhaber neu und entzückte ihn; dies fand er einfach »wundervoll«, weil es ihm eine neue, bisher nicht bemerkte kompositorische Feinheit Wagners erhellte. Nichts hätte eine bessere Vertrauensbasis zu Adorno schaffen können als ein gescheites Wort über den *Lohengrin*. Damit war sogleich eine psychologische Barriere und ein intellektueller Vorbehalt gegenüber dem Vertreter der ihm innerlich fremden Musik der Schönberg-Schule überwunden und die Bereitschaft zu ihrer einzigartigen Zusammenarbeit besiegelt. Gut möglich, dass erst Adornos geistreiches Wort über Elsa und ihren Schwanenritter dem *Faustus*-Autor vollends das Vertrauen einflößte, einen Anwalt Arnold Schönbergs und Alban Bergs zur Ausarbeitung des Spätwerks von Adrian Leverkühn, dem fiktiven Komponisten und problematischen Helden seines großen Deutschlandromans, heranzuziehen.

Eine zweite, in Thomas Manns Augen weit schlimmere Befleckung erfuhr seine Lieblingsoper durch Adolf Hitler. Der deutsche Diktator verband, nicht anders als der *Buddenbrooks*-Autor, teure Kindheitserinnerungen mit *Lohengrin*, den er zuerst im Linzer Landestheater erlebt hatte. Als faktischer Oberherr der Bayreuther Festspiele veranlasste er für 1936, wie gezeigt, eine aufwendige Neuinszenierung unter der musikalischen Leitung eines seiner Lieblingsdirigenten, Wilhelm Furtwänglers.[176] Jener Bayreuther *Lohengrin* von 1936, für den ein alter Münchner Bekannter, Emil Preetorius, die opulente Ausstattung besorgt hatte und in dem Franz Völker und Maria Müller die Hauptrollen sangen, genießt noch heute einen legendären Ruf, wovon man sich leicht anhand der reich illustrierten Darstellung in Oswald Georg Bauers Chronik der Bayreuther Festspiele überzeugen kann.

Sosehr dem *Joseph*-Autor der deutsche Diktator zuwider war, so wenig war er gewillt, deswegen auf die Rundfunkübertragung seines Lieblingswerks zu verzichten. Wie aus dem Tagebuch zu entnehmen, waren in seinem Haus in Küsnacht am Zürichsee gerade seine Schwiegereltern zu Gast, Hedwig und Alfred Pringsheim, der unbestreitbar oberste Wagnerianer des Mann–Pringsheim-Clans.[177] Selbstverständlich wurde der ganze Tagesablauf auf die Übertragung aus Bayreuth abgestimmt. Um vier Uhr am Nachmittag versammelte man sich vor dem Radio; in der ersten langen Pause nahm man den Tee, in der zweiten das Abendbrot – fast so, als wäre man in Bayreuth dabei. Ihr Verhalten bezeugt den gleichsam ferngesteuerten Mitvollzug eines elementaren Rituals des Wagner-Kults, was um so erstaunlicher ist, als es sich bei den Beteiligten um Exilanten und rassisch Verfolgte handelt – also um Opfer Hitlers. Offenbar überwogen die vertrauten Rituale des Wagner-Kults die persönlichen und politischen Einwände gegen Hitler, den Politiker, wie auch gegen Hitler, den Hohepriester des Kults.

Thomas Mann jedoch lauschte mit schlechtem Gewissen, wie er im Tagebuch bekannte: »Man hätte nicht zuhören sollen, dem Schwindel nicht sein Ohr leihen.« Am meisten peinigte ihn die Vorstellung, dass Hitler, »dieser idiotische Schurke […] da süß-heldische Romantik ›genießt‹, während sozialistische Arbeiter gefoltert« und »zum Tode verurteilt« werden. Dass dieser Mensch Wagners *Lohengrin* genießen konnte, war ihm »über die Maßen ekelhaft« – als hätte der Teufel auf seine Lieblingsspeise gespuckt. Die Erkenntnis, dass Hitler eine Art Bruder war, verknüpft durch eine große Empfänglichkeit für die Musik Wagners und durch die Verwandtschaft ihrer Wirkungsmittel, hatte sich noch nicht herauskristallisiert, aber sie kündigte sich an dieser Stelle schon an.

Für diese ungewollte Verwandtschaft gibt es ein weiteres kleines Indiz. Ein Clou der Bayreuther Neu-Inszenierung bestand darin, dass man beschlossen hatte, einen von Wagner selbst sanktionierten Strich, nämlich die Fortsetzung von Lohengrins Gralserzählung im dritten Akt, wieder aufzumachen. Augenzeugen berichten, dass Hitler in der Premiere, als Franz Völker die Gralserzählung über das erwartete Ende hinaus fortsetzte, »zuerst erschrocken« und dann sichtlich überrascht reagiert habe, ganz so, als habe er nichts gewusst von dieser Entscheidung.[178] Schauspieler, der er war, reagierte er etwas übertrieben und demonstrativ, damit seine intime Kennerschaft des Werks von seiner Umgebung auch bemerkt und für die Nachwelt festgehalten werden konnte. Thomas Mann war gleichfalls überrascht und reagierte, einem unheimlichen Echoeffekt vergleichbar, ganz ähnlich. Im Tagebuch notierte er »als völliges Novum die Fortsetzung der Gralserzählung«. Dieses Detail belegt einmal mehr beider Vertrautheit mit Wagner; es belegt aber auch, dass Hitlers Wagnerismus – sosehr wir uns gegen eine solche Erkenntnis auch sträuben mögen – keineswegs exzentrisch war, sondern dem Thomas Manns durchaus vergleichbar. Freilich waren Hitler und Thomas Mann von ganz unterschiedlichen Aspekten des *Lohengrin* gefesselt. War es für den Diktator die historische Rahmenhandlung mit ihrem dick aufgetragenen Reichs- und Wehrgedanken, so zeigte sich der *Buddenbrooks*-Autor gerade daran durchaus uninteressiert. Was ihn verzauberte, waren die psychologischen und ästhetischen Reize der Märchenhandlung von Elsa und ihrem Schwanenritter.

Dies bringt uns zu der schwierigsten, aber auch der interessantesten Frage, die Thomas Manns Passion gerade für dieses Werk uns heute stellt: Worauf gründete, konkret gesprochen, seine Liebe zu *Lohengrin*? Was war für ihn das »absolut Zauberhafte« daran? Und welches Licht wirft die Verfallenheit an dieses Werk auf einen Schriftsteller, der sich als Chronist der deutschen Seelen- und Mentalitätsgeschichte verstand?[179]

Im Lichte der zeitgeschichtlichen Erfahrungen, insbesondere durch den ins Lager der Hitler-Bewegung abdriftenden Wagner-Kult, machte sich Thomas Mann mehr und mehr ein Gewissen aus seiner Verfallenheit an Wagners Musik. Darauf beruht in nicht geringem Maß die historische Bedeutung dieses Schriftstellers. Immer wieder stellte er auch die Zuträglichkeit der Wagner'schen Gipfelwerke für seine Zeitgenossen in Zweifel. Solche Zweifel betrafen gelegentlich den *Ring des Nibelungen, Tristan und Isolde, Die Meistersinger* und *Parsifal*. Auffallenderweise blieb jedoch *Lohengrin* von solchen Zweifeln ausgenommen. Weder Nietzsches lustvolle Entlarvungen Wagners noch Heinrich Manns treffliche Satire oder gar Hitlers anmaßende und selbstgefällige Selbstbespiegelung konnten der Liebe zu diesem Werk etwas anhaben. Worin bestand das Exzeptionelle gerade dieser Oper?

Hier ist zunächst zu konzedieren, dass unser Verständnis von Thomas Manns Anhänglichkeit an *Lohengrin* dadurch behindert ist, dass Wagners letzte romantische Oper heute in keinem sehr hohen Ansehen steht. An diesem Werk entzünden sich keine Diskussionen, wie sie von den *Meistersingern*, dem *Ring des Nibelungen* oder von *Parsifal* immer wieder ausgelöst werden. Nike Wagner spricht deshalb nicht ganz zu Unrecht von der »obwaltenden Inaktualität« dieser Märchenoper, die heute als »abgesunkenes Kulturgut« gehandelt werde.[180] Der Musikwissenschaftler Dietmar Holland stellt einigermaßen entmutigt fest, dass der »Weg zum Verständnis« von Wagners »messianischem Wundermann […] uns heute eigentümlich versperrt« sei, wofür er eine Reihe von Gründen namhaft macht.[181] Und Udo Bermbach führt die Inaktualität des *Lohengrin* unter einem politologischen Gesichtspunkt darauf zurück, dass in dieser Oper eine Art Pattsituation herrsche zwischen zwei »antagonistischen Prinzipien von politischer Herrschaft und ›ästhetischer Weltordnung‹« und der Gralsritter versage, »weil er sich nicht entschieden genug als Revolutionär begreift und entsprechend handelt«.[182]

Thomas Mann hat nirgends deutlich und einlässlich erklärt, was ihn an *Lohengrin* fesselte und warum er diesem Werk die Treue hielt. Wir sind deshalb auf Mutmaßungen angewiesen. Auf der Grundlage der hier betrachteten Zeugnisse und Zusammenhänge lassen sich zum Abschluss vier diesbezügliche Mutmaßungen aussprechen.

Zum ersten, Thomas Mann bewahrte sich bis zum Ende, vermutlich aus produktionsökonomischen Gründen, die ihm in seiner Kindheit eingepflanzte Liebe zum Märchen und zum Mythos. Man denke an seine tiefe Vertrautheit mit den Märchen Hans Christian Andersens und mit der griechischen Mythologie. Von allen Werken Wagners ist nun aber *Lohengrin* – nach Carl Dahlhaus der »unausrottbare Traum von der Rettung durch ein Wunder«[183] – das bei weitem märchenhafteste. So konnte diese romantische Oper ihm immer wieder dazu dienen, seine künstlerisch wohl produktivste Fähigkeit jung und am Leben zu erhalten – die Fähigkeit, sich verzaubern zu lassen.

Lohengrin ist jedoch zweitens, wie ebenfalls Carl Dahlhaus bemerkte, nicht nur eine Märchenoper, sondern auch ein Historiendrama. Als solches verkörpert diese Oper in der Tat, wie Udo Bermbach argumentiert, zwei antagonistische Prinzipien politischer Herrschaft. Lohengrin kommt als charismatische Autorität aus »Glanz und Wonne« der Gralswelt nach Brabant, um am Ende, mit der Inthronisation Gottfrieds als »Führer« von Brabant, als eine Art legitimistischer Reformer zu scheiden. Dieser Antagonismus von gefühlsmäßig charismatischer beziehungsweise ästhetischer Herrschaft und einer rational begründeten politischen Ordnung prägte auch Thomas Manns politisches Denken bis zum Ende. Wie Diederich Heßling, wenn auch in einem ganz anderen Sinn, hätte eigentlich auch er von sich sagen können, dass er sich in Wagners *Lohengrin* »wie zu Hause« fühle.

Drittens ist Wagners *Lohengrin* in einer Sphäre romantischer Kunstreligion angesiedelt, die in *Parsifal* auf eine extreme Höhe geführt wurde. Wie *Doktor Faustus* und *Der Erwählte* eindrucksvoll bezeugen, entwickelte Thomas Mann im Alter ein lebhaftes Interesse an dem religiösen Problem der Gnade. Man darf vermuten, dass eine rudimentäre religiöse Prädisposition seit der Kindheit latent vorhanden war und dass sie durch Werke der Kunst, nicht zuletzt durch die Werke Wagners, als eine Art von metaphysischem Lebenserhaltungssystem lebendig blieb. In Wagners letzter romantischer Oper und in seinem abschließenden Bühnenweihfestspiel, die durch den Rekurs auf den Gralsmythos miteinander verbunden sind, vollbringt ein Retter und Heilsbringer an einem der Heilung bedürftigen Menschen eine Heilstat, die als ein säkularer Gnadenakt gedeutet werden kann.

Schließlich darf der Gralsritter Lohengrin als Symbolgestalt für eine kindliche Erwartung gewertet werden, die wohl jeder Künstler hegt und die Wagner im *Lohengrin* selbst auch bewusst zu gestalten versuchte – nämlich die Hoffnung und Erwartung, fraglos angenommen und rückhaltlos geliebt zu werden. Bei aller Kritik an Deutschland, zu der ihn die Zeitläufte aus Gewissensgründen trieben, war auch dies die verborgene Hoffnung des Schriftstellers Thomas Mann: von den Deutschen fraglos angenommen und rückhaltlos geliebt zu werden – so wie Lohengrin es von Elsa und den Männern und Frauen von Brabant erhofft.

Leiden und Größe: die Rettung Wagners aus seiner völkischen Bemächtigung

Leiden und Größe Richard Wagners ist ein Glanzstück der Thomas Mann'schen Essayistik und zugleich ein Schlüsseldokument in der Wirkungsgeschichte Richard Wagners. Der Essay verdankt sein Entstehen einer Einladung der Wagner-Vereinigung Amsterdam. Der Nobelpreisträger sollte in dem ehrwürdigen Concertgebouw, in einer musikalischen Feier zu Wagners fünfzigstem Todestag, die Festrede halten. Für die musikalische Umrahmung sorgte das Concertgebouw-Orchester unter Willem Mengelberg mit dem sogenannten Trauermarsch aus *Götterdämmerung* und dem *Lohengrin*-Vorspiel. Eine Prestigeveranstaltung also, die man schlecht ausschlagen konnte. In unverkennbarer Vorfreude auf die ehrenvolle Aufgabe schreibt er dem damals eng befreundeten Hans Reisiger: »Da heißt es sich zusammennehmen.«[184]

Im Lichte der folgenreichen Münchner Protestaktion, zu der Thomas Manns Wagner-Rede den Anlass lieferte, ist es notwendig, an den Ursprung von *Leiden und Größe* zu erinnern und damit an den konkreten Erwartungshorizont, auf den er bei der Konzeption der Rede sich einzustellen hatte. Die Perspektive, unter der Thomas Mann seinen großen Gegenstand bei dieser Gelegenheit betrachtete, war somit zu einem guten Teil von einem außerdeutschen Erwartungshorizont bestimmt. Wie bei einer Festrede erwartet, lieferte er eine kritische Würdigung, die zwar dem aktuellen Stand des Nachdenkens über Wagner Rechnung trägt, aber unbezweifelbar eine Huldigung darstellt. Jeder Gedanke auch nur an die mindeste Herabsetzung wäre völlig unangebracht gewesen. Angesichts dieser Ausgangssituation hat jede Behauptung, Thomas Mann habe Wagner verunglimpft, a priori etwas Absurdes und Böswilliges an sich. Vor einem nicht-deutschen Publikum war es zudem angebracht, die seit Nietzsche umstrittene Frage aufzugreifen, was denn an Wagner deutsch ist und was über das Deutsche hinausweist ins Europäische, zumal der Einladung aus Amsterdam bald weitere aus Brüssel und Paris folgten. Mit seiner Wagner-Rede wandte sich Thomas Mann also an einen Kulturkreis, der sich für die Reize der Wagner'schen Kunst früher empfänglich zeigte als jeder andere, und dies in den oberen Rängen der französischen Literatur und Musik von Baudelaire bis Proust und von Chabrier bis Debussy.[185] Im Übrigen wird man die halb scherzhafte Bemerkung, er werde sich zusammennehmen müssen, dahingehend verstehen dürfen, dass ihm in Sachen Wagner etwas auf den Nägeln brannte. Jedenfalls bot es sich an, die Gelegenheit des Amsterdamer Redetermins zu nutzen, das deutsche Wagner-Bild seiner verengenden, nationalistischen Drapierung zu entkleiden.

Die Einladung aus Amsterdam erreichte den *Joseph*-Autor relativ spät, Ende Oktober 1932. Bis zu dem ersten Redetermin am 13. Februar blieben nur drei Monate zur Ausarbeitung des Vortrags. Thomas Mann legte den epischen Teppich, an dem er schon seit sechs Jahren webte – *Joseph und seine Brüder* – beiseite, um sich ganz der Arbeit an der Wagner-Rede zu widmen. Offenbar erst Ende Dezember erfolgte die Einladung der Münchner Goethe-Gesellschaft zu einem Wagner-Vortrag. Dies hatte zur Folge, dass *Leiden und Größe Richard Wagners* bereits am Tag vor der Abreise nach Amsterdam in der Universität München Premiere hatte. Dass die Reise zu den Wagner-Feiern in Amsterdam, Brüssel und Paris eine Fahrt ins Exil werden und die Trennung von

Deutschland in die Wege leiten würde, konnten Thomas und Katia Mann damals nicht ahnen.

Wie nicht anders zu erwarten, gestaltete sich der Vortrag zu einem Resümee unter Berücksichtigung der jüngsten Erfahrung – einer in wachsendem Maße beunruhigenden Erfahrung. Der Text gedieh weit über die normale Redezeit hinaus zu einem über sechzig Druckseiten umfassenden Essay, der für den Vortrag stark gekürzt werden musste. Selbstverständlich stützte er sich bei der Ausarbeitung auf frühere Stellungnahmen zu dem ihn endlos faszinierenden Gegenstand. Der neue Text nahm folglich den Charakter eines »Sammelbeckens« an, »in dem zusammenfloß, was ich durch viele Jahre hin über Wagner gedacht, empfunden und formuliert, schon öffentlich formuliert hatte«.[186] Es wäre jedoch verfehlt, aus dieser Charakterisierung den Schluss zu ziehen, dass er sich mit einem bequemen Recycling überholter Ideen beholfen hätte und wir es lediglich mit einer geschickten Collage zu tun hätten. Im Gegenteil! *Leiden und Größe* hat, wie zu zeigen, sehr wohl aktuelle Bezugspunkte. Diese treten umso deutlicher hervor, je klarer wir sehen, gegen was und gegen wen diese Schrift Front macht.

Der Umstand, dass die Machtübernahme durch Hitler mit dem Wagner-Jubiläum zusammenfiel und dass sich die für Thomas Mann dramatischen Folgen der Wagner-Rede nach der »nationalen Erhebung« unter dem neuen Regime entfalteten, verleitet leicht zu der Annahme, dass sein Wagner-Essay gegen Hitler und dessen Wagner-Kult gerichtet sei. Dies trifft jedoch nur in zweiter Linie zu. Schon die Chronologie spricht gegen eine primäre Anti-Hitler-Lesart. Einer rätselhaften Laune der deutschen Geschichte entspringend, brachte Thomas Mann die letzten Sätze von *Leiden und Größe* just an dem Tag zu Papier, an dem in Berlin Hitler die Kanzlerschaft übertragen wurde – am 30. Januar.[187] Es ist somit davon auszugehen, dass er bei der Konzeption im Oktober und November 1932 andere Zielscheiben als Hitler ins Visier nahm. Denn solange die Machtübernahme kein *fait accompli* war, gab sich Thomas Mann, wie so viele, der trügerischen Hoffnung hin, dass der »Gipfel des Wahnsinns […] überschritten« sei.[188] Während der Arbeit an *Leiden und Größe* rechnete er offenbar nicht damit, dass der demagogische Wagnerianer aus Österreich Kanzler werden würde. Und wenn das Schreckliche doch eintreten sollte, so hoffte er, dass der ganze Spuk nicht von langer Dauer sein würde. Auch konnte er sich offenbar nicht vorstellen, dass Hitler den Wagner-Kult offiziell zur Staatssache machen würde.

Hingegen hatte er eine sehr konkrete Vorstellung von der Wagner-Orthodoxie Bayreuther Provenienz und von dem wagnerfrommen Schrifttum. Wie an früherer Stelle bereits dargelegt, entzündete sich der Münchner Wagner-Protest an drei Punkten, die Knappertsbusch und seine Mitverschwörer aus Thomas Manns Wagner-Vortrag beziehungsweise Wagner-Essay herausgelesen haben wollten. Man hielt dem Nobelpreisträger vor, dass er Wagner einen Dilettanten geheißen, dass er Wagners Werke als Fundgrube für die »artfremde« Psychoanalyse ausgegeben und dass er Wagners Deutschheit in Frage gestellt habe. Wie Knappertsbuschs Rundbrief sowie der Text des Protests erkennen lassen, wog für den Urheber der Thomas-Mann-Aktion der Vorwurf des Dilettantismus am schwersten, obwohl er – oder gerade weil er – von dem Bedeutungswandel dieses Begriffs offenbar keine Kenntnis hatte. Bei Thomas Mann steht die Erörterung von Wagners Genialität und Dilettantismus in einem eigentlich unverfänglichen Zusammenhang, dem nichts Verunglimpfendes anhaftet. Freilich fasste er den im Fall Wagners komplizierten Sachverhalt in ein Paradox, das sich als eine zu große Herausforderung an das Fassungsvermögen der Wagner-Gläubigen erwies. Thomas Mann schrieb, dass sich das Genie Wagners aus lauter »Dilettantismen« in den Einzelkünsten zusammensetze. In den Augen der Gläubigen war dies eine Provokation, ja ein Sakrileg. Um Missverständnissen vorzubeugen, verwies er auf die Liebe, die aus der Sicht der Psychoanalyse sich »aus lauter Perversitäten« zusammensetze und dabei dennoch »das göttlichste Phänomen der Welt« sei.[189] Den von Thomas Mann Angesprochenen stand aber offenbar nicht der Sinn nach solchen geistreichen Vergleichen.

Für Thomas Mann stellte sich das Problem gegenüber Wagner fünfzig Jahre nach dem Tod des Komponisten ganz anders dar. Es galt zuvörderst, der »Versimpelung« eines Künstlers von riesigem Format durch die »patriotischen Ausleger« entgegenzutreten.[190] Einem Nietzsche-Adepten wie ihm mussten vor allem die gebetsmühlenhaft vorgetragenen Glaubenssätze von Wagners exemplarischer Deutschheit eine Provokation sein. Der Kronzeuge für diese Redeweise über den *Tristan*-Schöpfer war Chamberlain. Dessen hypertrophe Bestimmung des Deutschtums zum heiligsten Gedanken Gottes, der das Land, das einen

Wagner hervorgebracht hat, zur Weltherrschaft ermächtige, durchzieht die Verlautbarungen der Jünger des Bayreuther Gedankens von Hans von Wolzogen und Karl Grunsky bis zu Paul Bülow, Alfred Lorenz und Joseph Goebbels. Den bündigsten Ausdruck dieser Denkweise markiert Otto Strobels Ineinssetzung Wagners und Hitlers als der beiden »deutschesten der Deutschen« im Festspielführer 1933.[191]

Der *Zauberberg*-Autor verfolgte die Vereinnahmung Wagners für die Ziele der politischen Reaktion mit wachsendem Abscheu, seit die Bayreuther Festspiele von 1924 sich als Mekka der Republikgegner von rechts neu definiert hatten.[192] Seit seiner Rede *Von deutscher Republik* (1922) galt Thomas Mann unter den deutschen Intellektuellen als der prominenteste Verteidiger der Republik. Darüber hinaus trat er als Anwalt eines europäischen Kosmopolitismus auf, engagierte sich für die deutsch-französische Verständigung und plädierte für ein vereintes Europa. Im Namen des Kosmopolitismus wandte er sich denn auch direkt an »meine Herren Völkischen« und erhob Einspruch gegen die »ethnische Verdummung« und insbesondere den Missbrauch Wagners als »Schutzherr[n] einer höhlenbärenmäßigen Deutschtümelei«.[193]

Diese bereits 1925 bezogene Frontstellung gegen die von Bayreuth betriebene ethnische Versimpelung und die damit einhergehende Mystifizierung des Künstlers Wagner bestimmt die große Linie von Thomas Manns Essay zum fünfzigsten Todestag des Komponisten. Der implizite, nur einmal genannte, gleichwohl omnipräsente Adressat sind die »wagneroffiziellen« Schriften und ihre bayreuthhörigen Autoren und somit die ganze unabsehbare Wagner-Gemeinde.[194] Deren Wagner-Bild stellt er Zug um Zug verleugnete und unterdrückte Aspekte des *Tristan*-Schöpfers und des *Ring*-Architekten gegenüber. Der durchgehenden Versimpelung entzieht er den Anschein von Legitimität, indem er Beispiele »für das Kontradiktorische und Verschränkte seiner Natur« ausbreitet.[195] Diese Argumentationsstrategie entspringt einem antagonistischen Grundimpuls, der keinen Zweifel erlaubt, dass wir es hier mit einem beherzten Waffengang in dem Kampf um Wagners Erbe zu tun haben.

Es ist nicht nötig, das ganze Band der offenen und verdeckten Entgegensetzungen aufzurollen. Einige Beispiele genügen. Wie aus seiner ästhetischen Hauptschrift *Bilse und ich* zu ersehen, hatte Thomas Mann keine Verwendung für den Begriff des Originalgenies. Bei aller

Bewunderung für Wagners schiere künstlerische Leistung lehnte er den Begriff des Originalgenies auch für Wagner ab. Im Widerspruch zu den hagiographischen Legenden, wonach z. B. *Tristan und Isolde* von Schopenhauer »unbeeinflusst« sei und Wagner alles aus eigener kreativer Kraft hervorgebracht habe, erinnert er mit Nachdruck an die Bedeutung des Frankfurter Philosophen für den *Tristan*-Schöpfer.[196] Wider das Dogma von der unbewussten »mythischen Herkunft« von Wagners stupender Produktion erinnert er an Wagners eigene Überzeugung, dass das Kunstwerk »der höchsten Bildungsperiode« – also sein eigenes – »nicht anders als im Bewußtsein« entstehen könne und dabei die »Kraft der Reflexion« unentbehrlich sei.[197] Wagners Musik *scheint* lediglich »wie ein Geysir aus vorkulturellen Tiefen des Mythos hervorzuschießen«; in Wirklichkeit sei diese Musik »gedacht, berechnet, hochintelligent, von ausgepichter Klugheit, so literarisch konzipiert, wie ihre Texte musikalisch konzipiert sind«. Dies verleihe der »Wunderwelt« der Wagner'schen Musik eine einzigartige »intellektuelle Magie«.[198]

Der *Joseph*-Autor, ein Kenner und Könner des Mythos, distanziert sich auch von der vorherrschenden Privilegierung des Mythos im Wagner-Schrifttum, wenn dieser nicht durch Psychologie erhellt werde. Ebendiese Kombination von Mythos und Psychologie sei bezeichnend für jene von der offiziellen Wagner-Literatur geleugnete »Verschränktheit« kontradiktorischer Impulse. Was den im Mythos gründenden *Ring des Nibelungen* betrifft, der von völkischen Deutern als »die gewaltigste künstlerische Gestaltung des Rassegedankens« ausgegeben wurde,[199] so schraubt Thomas Mann den Ton sarkastisch herunter, lenkt den Blick auf Wagner, den Theatromanen, und spricht von »dieser idealen Volksbelustigung mit ihrem unbedenklichen Helden«.[200]

Ebenso wenig akzeptiert Thomas Mann die Stilisierung Wagners zu einem Künstler-Heroen von unbeschränkter Kraft. Er erinnert an die endlosen Erkrankungen und »Nervenleiden« Wagners, der sein »gigantisches Lebenswerk« in kleinen, geduldig aneinandergereihten »Tagwerken« schuf, »jeden Augenblick am Rande der Erschöpfung«. Der Dichter und Komponist des *Ring des Nibelungen* habe »eine gesunde Art« gehabt, »krank zu sein«, und eine »morbide Art, heroisch zu sein«. Der, auf dessen Schultern diese »Schöpfungslast« gelegen habe, sei somit »keineswegs [...] ein Christopherus« gewesen.[201] Man merkt auf bei diesem überraschenden, scheinbar weit hergeholten Gedanken.

Ersichtlich legte er Wert darauf, gerade diesen Vergleich mit dem legendären Träger des Christuskindes als abwegig erscheinen zu lassen, ohne ein Wort der Erklärung, warum an dieser Stelle von Christophorus die Rede ist.

Es scheint, dass hier auf die Stilisierung und Mythisierung Wagners auf einem Ölgemälde Richard Guhrs Bezug genommen wird. Wir haben keinen einwandfreien Beleg dafür, dass Thomas Mann diese frömmelnde Blüte des Wagner-Kults kannte, doch lässt seine sehr gezielte Erwähnung vermuten, dass er eine Abbildung dieses Gemäldes in einer Zeitschrift oder Zeitung gesehen hat. Das Bild ist *Der neue Christophorus* betitelt und zeigt aus aufblickender Perspektive einen riesenhaften Richard Wagner, mit der rechten Hand einen mächtigen Wanderstab umfassend, mit der linken einen Säugling auf seiner Schulter stützend. Das Kind ist von einer Lichtgloriole eingerahmt, allerdings fehlen die Insignien des Jesuskinds der christlichen Legende. Hier ist das Kind blond und blauäugig, von unverkennbar germanisch-arischer Art. Was dieser Christophorus alias Richard Wagner über den Fluss der Zeit in die Gegenwart trägt oder getragen hat, ist schlicht der sogenannte Rassengedanke, wobei zur Ergänzung die Antwort des Christuskindes in der Legende zu supplieren wäre. Gefragt, warum die Bürde des kleinen Kindes so schwer gewesen sei, antwortet es seinem erschöpften Diener: Weil du die ganze Welt auf deinen Schultern trugst und den, der sie geschaffen hat.

Thomas Manns wegwerfende Anspielung auf den neuen Christophorus ist offenbar in einem doppelten Sinn zu verstehen. Richard Wagner besaß mitnichten die physische und psychische Konstitution, um die Lasten tragen zu können, die man ihm rückwirkend aufgebürdet hat. Er überquert auch kein Gewässer, das seine Zeit von der unsrigen trennt. Richard Wagner ist durch und durch 19. Jahrhundert, und seine im völkischen Lager so beliebte Stilisierung zum Propheten und Heilsträger für die heutige Zeit ist unerlaubt. Sehr mit Bedacht stellt er diesen Gedanken an den Anfang seiner Ausführungen und eröffnet sie in der Art eines mächtigen, formgebenden Akkords: »Leidend und groß, wie das Jahrhundert, dessen vollkommener Ausdruck sie ist, das neunzehnte, steht die geistige Gestalt Richard Wagners mir vor Augen.«

Die in Richard Guhrs Gemälde auf besonders kitschige Art manifeste Sakralisierung Wagners war keine Erfindung des völkischen Wagner-Kults. Die Heiligsprechung Wagners reicht zurück bis in Wagners Lebenszeit. Die Knospen, die sich in seinen letzten Lebensjahren landauf, landab gebildet hatten, gingen unmittelbar nach seinem Tod und dem pompösen Leichenzug in Bayreuth auf. Am hemmungslosesten geschah dies in dem mit »Richard Wagners Himmelfahrt« betitelten Gemälde von Paul von Joukowsky, dem deutsch-russischen Maler, der für das Bühnenbild und die Kostüme der originalen *Parsifal*-Inszenierung von 1882 verantwortlich zeichnete. Das Bild befindet sich im Besitz des Richard-Wagner-Museums, wurde jedoch nicht unter die Exponate des neuen, erweiterten Museums aufgenommen – aus Geschmacksgründen, möchte man meinen. Auf dem unteren Bildrand sehen wir, wie ein Engel mit seiner Linken dem Entrückten stützend hinter seine Schultern greift und mit der Rechten nach oben in eine lichtdurchflutete Sphäre von Glanz und Wonne weist, aus der ihm zwei weitere Engel entgegenschweben. Der eine trägt den heiligen Speer, der andere das heilige Gralsgefäß. Den Sinn der Bildkomposition erschließt der auf dem Rahmen umlaufende Text. Es ist ein Zitat aus Gurnemanz' Erzählung des Gründungsmythos der Gralsgemeinschaft, dem zufolge zwei Engel den heiligen Speer und die edle Schale, die des Heilands Blut aufgenommen hatte, dem ersten Gralskönig, Titurel, in Obhut gaben: »Ihm neigten sich, in heilig ernster Nacht, dereinst des Heilands selige Boten. Parsifal. Bayreuth 1882, 1883.« Der Schöpfer des *Parsifal* fährt in den Himmel und wird ewig leben zum Lohn für sein Bühnenweihfestspiel – zum Zeichen auch, dass Wagners auratischem Vermächtniswerk selbst auch ewiges Leben beschieden ist.

Mit besonderer Delikatesse und Unbestechlichkeit erörtert Thomas Mann die Frage der Deutschheit, die in Verbindung mit der Idee der Rasse das wichtigste Ideologem in der völkischen Aneignung Wagners war. Gegenüber der monotonen Hervorkehrung des Deutschen bei Wagner unterstreicht Thomas Mann die Bedeutung der europäischen Kultur, vornehmlich, unter Berufung auf Nietzsche, der französischen. Das beginnt bereits mit dem Motto: »Il y a là mes blâmes, mes éloges et tout ce que j'ai dit.« Er übernahm es von Maurice Barrès, einem herausragenden Vertreter des Ästhetizismus der Jahrhundertwende, der in Deutschland, aufgrund seiner Schrift *Le Génie du Rhin* (1921), als Feind galt.[202] Bereits das Motto signalisiert somit, dass *Leiden und Größe* eine Summe seiner Auseinandersetzung mit Wagner bietet und dass darin

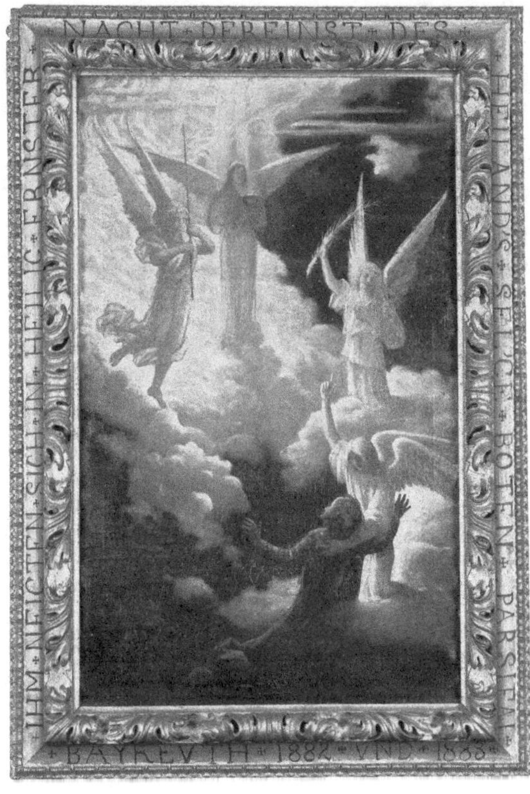

Abb. 38: Paul von Joukowsky, Richard Wagners Himmelfahrt

Lobpreisung und Vorbehalt Hand in Hand gehen. Der Hauptzeuge für Wagners europäische Wirkung ist jedoch Baudelaire, »der erste Wagnerianer von Paris und einer der ersten wirklichen, tiefergriffenen und künstlerisch verständnisvollen Wagnerianer überhaupt«.[203] Auch hier folgt Thomas Mann seiner großen Leitfigur; seine diesbezüglichen Anmerkungen sind im Grunde genommen Amplifikationen der lapidaren Feststellung Nietzsches: »Es ist viel Wagner in Baudelaire.«[204] Thomas Mann übernimmt diesen Satz Nietzsches, ohne ihn jedoch als Zitat auszuweisen.

Was nun Wagners Deutschtum betrifft, so unterhöhlt Thomas Mann es auf eine Art und Weise, die für jeden Anhänger des Bayreuther Gedankens und jene »patriotischen Ausleger« Anathema war. Es sei zwar nicht zu bezweifeln, konzediert er, dass Wagners Werk »eine eruptive Offenbarung deutschen Wesens« sei, aber diesem dürfe man nicht den heutigen Sinn eines auftrumpfenden Nationalismus unterstellen. Wagners Deutschheit sei »modern gebrochen und zersetzt, dekorativ, analytisch, intellektuell«. Es handle sich bei Wagners Deutschheit – und hier argumentiert er offenbar im Rückgriff auf den modernen Begriff des Dilettantismus – eine »schauspielerische Darstellung« des deutschen Wesens. Gerade diese moderne Gebrochenheit mache seine »eingeborene Fähigkeit zu kosmopolitischer, zu planetarischer Wirkung« aus. Wagners »Nationalismus« sei »in einem Maße mit europäischer Artistik durchtränkt, das ihn zu irgendwelcher Simplifizierung, auf deutsch: Versimpelung, im tiefsten untauglich macht«.[205]

Zum Abschluss versucht Thomas Mann, den Schöpfer des *Tristan* dem Zugriff der patriotischen Ausleger endgültig zu entziehen. Er greift zu einem zweifellos autobiographisch gefärbten Argument und erklärt, dass man Wagner, lebte er heute, »ganz sicher einen Kulturbolschewisten nennen würde«.[206] Es ist die letzte und, wie er hoffen mochte, entscheidende Parade in diesem Waffengang mit den Völkischen um das geistige Erbe Richard Wagners.

Erkenntnisreich, vieles unterdrückend: Wagner am Zürichsee

Viereinhalb Jahre nach der lebensgeschichtlich so folgenreichen Wagner-Rede in München meldete sich Thomas Mann aus Zürich mit einem zweiten großen Wagner-Text zu Wort. Der Anlass war eine zyklische Aufführung des *Ring des Nibelungen* in dem am Zürichsee gelegenen Stadttheater (heute »Opernhaus«) im November 1937. Sein Vortrag *Richard Wagner und Der Ring des Nibelungen* fand am 16. November statt, vier Tage vor der Eröffnung des Zyklus mit *Das Rheingold*.

Die Einladung zu diesem ehrenvollen Auftritt war von dem Buchhändler Emil Oprecht erwirkt worden, dem Begründer des für deutsche Autoren im Exil so wichtigen Europa-Verlags. Oprecht nutzte seine Position im Verwaltungsrat des Stadttheaters dazu, seinem berühmten Autor einen repräsentativen und wohldotierten Redetermin in Zürich zu verschaffen. Das sonntagskindliche Glück, das dem *Joseph*-Autor schon an so vielen Stationen seines Lebens beigestanden hatte, schien sich einmal mehr zu bewähren. Doch der Schein täuscht. Hinter den Kulissen der Schweizer Neutralität löste der deutsche Emigrant auch in Zürich Kontroversen aus, die nicht ohne Auswirkungen blieben auf seinen Vortrag über Wagners *Ring des Nibelungen*. Thomas Mann scheint von den Intrigen um seine Person am Stadttheater keinen Wind bekommen zu haben. Hätte er davon Kenntnis gehabt, wäre ihm wohl ein Lakonismus im Stil Nietzsches aus der Feder geflossen: Es ist viel Schilda in Zürich.

Emil Oprecht (1895–1952) war schweizerischer Sozialdemokrat und sympathisierte schon aus diesem Grund mit dem Nobelpreisträger, der sich in den finalen Jahren der Weimarer Republik als bekennender Sozialdemokrat politisch engagiert hatte.[207] Oprechts Gegenspieler im Verwaltungsrat war, wie eine archivalische Studie von Ursula Amrein ans Licht gebracht hat, Karl Schmid-Bloss, der Direktor und Dramaturg des Stadttheaters.[208] Schmid-Bloss musste daran gelegen sein, gute Beziehungen zu Berlin zu pflegen, denn er brauchte erstklassige reichsdeutsche Künstler für das Wagner-Repertoire, wie zum Beispiel den teuren Tenor Max Lorenz, den er sich nur über »kaschierte Zuschüsse« aus deutschen Quellen leisten konnte.[209] Um das Wohlwollen seiner reichsdeutschen Partner nicht übermäßig zu strapazieren, durfte er nicht als Freund und Förderer Thomas Manns erscheinen, denn dieser hatte sich im Vorjahr zum ersten Mal öffentlich und unmissverständlich zum Exil und somit zum Kampf gegen Hitler-Deutschland bekannt.

Vorausgegangen war ein Artikel in der *Neuen Zürcher Zeitung* von Eduard Korrodi, dem Feuilletonchef, der einen Graben aufzureißen versuchte zwischen der für minderwertig erachteten »Romanindustrie« der Exilanten und einem wirklich bedeutenden Autor wie Thomas Mann, der bis dahin, seinem deutschen Verleger und seiner deutschen Leserschaft zuliebe, keine öffentliche Kritik am Naziregime geäußert hatte.[210] Korrodi war ein Bewunderer Thomas Manns, dem er die Seiten des Feuilletons der *Neuen Zürcher Zeitung* offenhielt.[211] Offenbar hatte er nicht mit den Wellen gerechnet, die seine Stellungnahme schlagen würde. Thomas Mann hatte nun keine andere ehrenhafte Wahl, als gegen die Unterscheidung Einspruch zu erheben und sich unmissverständlich zum Exil gehörig zu erklären, nicht zuletzt weil von Korrodis abfälliger Polemik auch sein eigener Bruder und seine schriftstellernden Kinder betroffen waren. Die Sache drohte sich zu

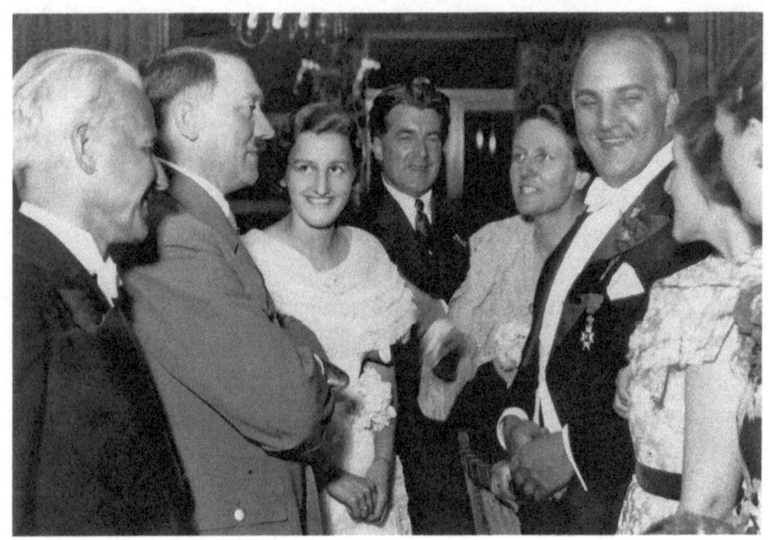

Abb. 39: Empfang im Haus Wahnfried 1936: Hitler bewundert den Tenor Max Lorenz, dahinter Verena (links) und Winifred Wagner

einem unerquicklichen, ohnehin schon schwelenden Familienzwist auszuweiten.[212] Thomas Manns Replik in einem offenen Brief *An Eduard Korrodi* war das klärende, unmissverständliche Wort, das Erika, Klaus und Golo Mann von ihm erwarteten. Es war zugleich das Signal, das ihn de facto zum inoffiziellen Haupt des »anderen Deutschland« machte.[213] Der offene Brief endet mit den Platen-Versen, die er bereits 1933, im Anschluss an den Wagner-Protest, seinem ins Nazilager eingeschwenkten Freund Ernst Bertram vorgehalten hatte: »Weit klüger ist's, dem Vaterland entsagen, / Als unter einem kindischen Geschlechte / Das Joch des blinden Pöbelhasses tragen.«

Thomas Manns Zürcher Erklärung zog in einer Kettenreaktion nicht nur in Deutschland, sondern auch in der Schweiz schwerwiegende Konsequenzen nach sich. Sein Bekenntnis zum Exil und zum »anderen Deutschland« rief Ernst von Weizsäcker auf den Plan, den deutschen Botschafter in Bern, der seinen Dienstherren im Auswärtigen Amt mit Schreiben vom 6. Mai 1936 empfahl, ein Verfahren zur Ausbürgerung Thomas Manns einzuleiten. Diese vom Innenministerium schon seit langem ins Auge gefasste Maßnahme war bisher stets vom Auswärtigen Amt aus der Sorge um Rufschädigung abgeblockt worden. Nun aber habe Thomas Mann mit seiner jüngsten Verlautbarung den Tatbestand der »feindseligen Propaganda gegen das Reich im Ausland« erfüllt.[214] Was Weizsäcker offenbar am meisten erbitterte, war Thomas Manns Argument in dem offenen Brief an Korrodi, dass der »deutsche Judenhaß [...] geistig gesehen« nicht allein den Juden gelte, sondern »Europa und jedem höheren Deutschtum selbst; er gilt, wie sich immer deutlicher erweist, den christlich-antiken Fundamenten der abendländischen Gesittung« und drohe »eine unheilschwangere Entfremdung zwischen dem Lande Goethe's und der übrigen Welt zu bewirken«.[215] Die Aberkennung der deutschen Staatsbürgerschaft erfolgte, damit der positive Propagandawert der Olympischen Spiele durch keine ausländische Pressekampagne unterminiert werde, erst nach den Spielen, im Dezember 1936. Die Aberkennung der Ehrendoktorwürde der Universität Bonn, die ihm 1919 verliehen worden war, folgte ihr auf dem Fuß und erreichte Thomas Mann zu Weihnachten.[216]

Die barsche Mitteilung aus Bonn, der zufolge die Philosophische Fakultät sich »genötigt« sehe, »Sie aus der Liste der Ehrendoktoren zu streichen«, nahm Thomas Mann zum Anlass einer prinzipiellen und weit ausholenden Erklärung. Dieser Brief nach Bonn ist in höherem Maße und expliziter als der offene Brief an Korrodi eine Kampfansage an Hitler-Deutschland – eine Anprangerung des »unsühnbar Schlechten«, das im Lande geschieht und das keinen anderen Sinn habe als die »Ertüchtigung zum Kriege«.[217] Es geht in diesem Manifest nicht zuletzt um die Legitimität des Alleinvertretungsanspruchs des Naziregimes die deutsche Kultur betreffend; es geht um das Erbe der deutschen Kultur, also auch das Erbe Wagners. Hatte er in dem Brief an Korrodi erklärt: »Man ist nicht deutsch, indem man völkisch ist«, so spricht er hier den Machthabern in Deutschland das Recht ab, für das wahre Deutschland zu stehen oder ihm sein Deutschtum zu nehmen: »Sie haben die unglaubwürdige Kühnheit, sich mit Deutschland zu verwechseln! Wo doch vielleicht der Augenblick nicht fern ist, da dem deutschen Volke das Letzte daran gelegen sein wird, nicht mit ihnen verwechselt zu werden.«[218]

Die Erklärung Thomas Manns erschien Anfang 1937 bei Oprecht als Broschüre unter dem schlichten Titel *Ein Briefwechsel* und brachte dem Verleger einen großen Erfolg. Das internationale Presseecho war enorm. Darüber hinaus zirkulierte der Briefwechsel mit Bonn in Tarn-

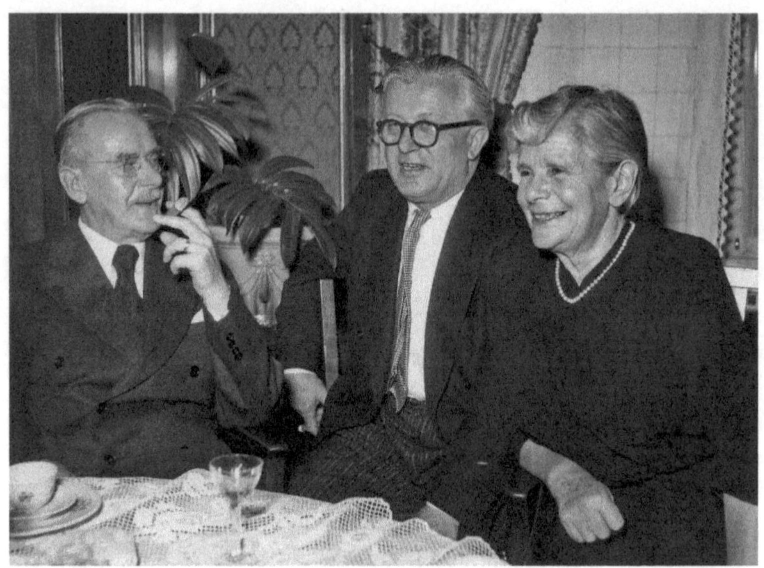

Abb. 40: Katia und Thomas Mann mit Emil Oprecht in Zürich 1947

ausgaben auch in Deutschland. Mit diesem publizistischen Wind im Rücken begann im Oktober 1937 die Exilzeitschrift *Maß und Wert* zu erscheinen, wiederum bei Oprecht. Als Herausgeber zeichneten Konrad Falke und Thomas Mann verantwortlich, der im Vorwort zum ersten Heft erklärte, dass hiermit eine »Plattform« geschaffen werde für den humanen und kosmopolitischen deutschen Geist, dessen Tradition in seiner Heimat »von unberufenen Wortführern« verleugnet werde.[219] Auch diese Kampfansage rief eine Reaktion der deutschen Botschaft in Bern hervor, die nun auf eine Ausweisung Thomas Manns aus der Schweiz drängte.[220] Das zuständige eidgenössische Departement prüfte den Fall, verhielt sich jedoch hinhaltend.

Angesichts der zunehmend umstrittenen und belastenden Präsenz des deutschen Nobelpreisträgers steckte der Direktor des Stadttheaters gewissermaßen in der Klemme. Die Abhängigkeit von den Berliner Zuschüssen hätte es ihm geboten, den Vortrag Thomas Manns zu verhindern. Dies war jedoch nicht länger möglich, da Schmid-Bloss im Verwaltungsrat von Oprecht ausmanövriert worden war und eine Zurücknahme der Einladung dem Ansehen des Theaters Schaden zugefügt hätte. Als Hausherr hatte Schmid-Bloss jedoch die Mittel, dem umstrittenen Redner das Theater als Bühne zu verweigern. So setzte er durch, dass Thomas Mann seinen Vortrag in der Aula der Universität Zürich halten musste. Als weitere Geste des Entgegenkommens, die ihm das Wohlwollen seiner deutschen Freunde sichern sollte, setzte Schmid-Bloss eine Konkurrenzveranstaltung im Stadttheater an. Er ließ einen Zürcher Wagner-Experten einen Einführungsvortrag halten – einen gewissen Curt Zimmermann, der offenbar Wagner in einem völkischen Sinne verstand. Von diesem Wagner-Experten aber wissen die Annalen der Wagner-Forschung nichts Nennenswertes zu berichten. Willi Schuh in seiner Besprechung in der *Neuen Zürcher Zeitung* bemerkte lakonisch, dass Thomas Mann mit seinem Vortrag an der Universität den »peinlichen Eindruck« der Konkurrenzveranstaltung im Stadttheater völlig »auslöschen« konnte.

Eine ähnlich zwielichtige Position wie Schmid-Bloss nahm im Übrigen auch der Dirigent des Zürcher *Rings* ein. Robert F. Denzler (1892–1972), der Musikalische Oberleiter des Stadttheaters, war von 1927 bis 1934 Kapellmeister an der Städtischen Oper Berlin gewesen. Dort war er als Schweizer 1932 der NSDAP beigetreten, offenbar aus Karrieregründen.[221] Dies hinderte ihn jedoch nicht, sich in Zürich für die Musik der vom Naziregime verfolgten Moderne einzusetzen. Denzler war der Uraufführungsdirigent zweier herausragender Werke der Moderne: Alban Bergs *Lulu* am 2. Juni 1937 und Paul Hindemiths *Mathis der Maler* am 28. Mai 1938. Die Berg-Premiere hatte auch Thomas Mann miterlebt.[222]

Die geschilderten Verhältnisse lassen uns sehen, dass die Wellen, die der Kampf um das Erbe Wagners und der deutschen Kultur insgesamt in Deutschland schlug, bis an die Ufer des Zürichsees plätscherten. So wenig Thomas Mann von den Intrigen am Stadttheater ahnte, so deutlich bewusst war ihm jedoch, wie prekär seine Position als Emigrant in der Schweiz eigentlich war, denn er hatte seit seiner, streng genommen, provisorischen Niederlassung am Zürichsee im Oktober 1933 mit allerlei »ausländerrechtlichen Problemen« zu tun.[223] Hinzu kamen nun die offenen Briefe an Korrodi und an die Universität Bonn, die die Beziehungen der Schweiz zum Dritten Reich zweifellos belasteten. Die Frage ist jedoch, ob und inwieweit die Rücksichtnahme auf seine Stellung in der Schweiz ihm Zügel anlegte und er sich deshalb zurückhaltender äußerte, als er es ursprünglich im Sinn hatte.

Die Frage stellt sich umso mehr, als sich aus dem Tagebuch ersehen lässt, mit welchen inneren Vorbehalten er an die Aufgabe heranging. Als Oprecht ihn anrief, um ihm die Einladung mitzuteilen, versicherte er ihm, dass es im Stadttheater »keine Opposition« gegen die Einladung gegeben habe, was, wie wir sahen, keineswegs der Wahrheit entsprach. Thomas Mann hatte Bedenken, nahm dann jedoch an »um Deutschlands, um Zürichs willen«.[224] Offenbar wollte er in Fortführung der beiden politisch bedeutsamen offenen Briefe eine neue Stellungnahme publik machen. Dies schien angebracht, nun, da der Wagner-Kult in Deutschland schon seit fünf Jahren Staatssache war. Er legte daraufhin den gerade begonnenen politischen Vortrag beiseite, um sich ein weiteres Mal in den Kampf um das Wagner-Erbe einzuschalten.

Doch der politische Vortrag warf seine Schatten voraus. Diese Rede, mit der er im Frühjahr 1938 seine erste transkontinentale Vortragsreise durch die Vereinigten Staaten bestreiten sollte, konnte nicht umhin, ihm neue Perspektiven auf sein Exil und für den Kampf gegen Hitler-Deutschland zu eröffnen. Er hatte auf seiner dritten Amerikareise im April 1937 Agnes Meyer kennengelernt, eine gut vernetzte und hilfswillige Verehrerin, die bereit war, ihm in Amerika alle Steine aus dem Weg zu räumen. Der unterbrochene Vortrag für Amerika handelt *Vom kommenden Sieg der Demokratie*. Diese Rede mündet in einen Aufruf zu einem militanten Humanismus und sagt in dem sich abzeichnenden Krieg den Sieg der Demokratien über den Faschismus voraus, noch bevor dieser Krieg begonnen hatte. Die Vermutung liegt nahe, dass er, als er den neuen Wagner-Vortrag ausarbeitete, in Gedanken schon in Amerika war.

Zur Vorbereitung auf den neuen Vortrag hörte sich Thomas Mann, wie gewohnt und geübt, eine Auswahl seiner Wagner-Schallplatten an. Mit »Text und Bleistift« zur Hand zählte er z.B. die Motive in der Trauermusik für Siegfried. Von diesem Paradebeispiel des Wagner'schen »Beziehungszaubers«[225] gedachte er eingehend zu handeln, nicht zuletzt weil Wagners Technik auf seine eigene epische Praxis ein erhellendes Licht wirft. Oder anders gewendet, weil es ihm gefiel, sich in den Gipfelwerken des großen Vollbringers zu spiegeln.

Neue Anregungen zum Thema Wagner kamen im Übrigen von Wagners Enkelsohn Franz W. Beidler, mit dem die Manns in Zürich gesellschaftlichen Umgang pflegten – auch dies auf seine Art ein Kampf ums

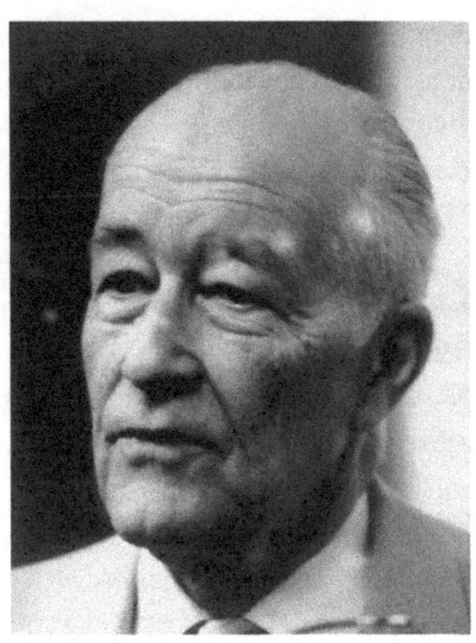

Abb. 41: Franz W. Beidler, ca. 1972

Wagner-Erbe. Beidler war ebenfalls Sozialist; er hatte von 1927 bis 1933 als Sekretär Leo Kestenbergs, des Reformators der Musikerziehung, im Preußischen Ministerium für Wissenschaft, Kunst und Volksbildung gearbeitet. In seinen Studien zu Richard und Cosima Wagner stellte Beidler dem politisch völlig verwässerten Wagner-Bild der Bayreuther Orthodoxie einen dem revolutionären Fortschritt zugewandten Wagner entgegen, ohne dabei die auf den Nationalsozialismus vorausweisenden Züge zu verwischen. Beidler las ihm aus seiner großangelegten, im Entstehen begriffenen Biographie Cosima Wagners vor. Der Verehrte fand Beidlers Arbeit »fesselnd und tüchtig. Ein Buch von entschiedenem Interesse.«[226]

Und natürlich las er Nietzsche. Einmal mehr vertiefte er sich in dessen Propagangaschrift *Richard Wagner in Bayreuth.* Thomas Mann musste sich in dieser Lebensetappe dem vom Propagandisten zum Überwinder und Kritiker sich wandelnden Nietzsche besonders nahe gefühlt haben. Vor wenigen Wochen hatte man dem Wagner-Museum in Tribschen am Vierwaldstättersee einen Besuch abgestattet. Die Eindrücke, die er von den Exponaten mitnahm, waren überwiegend peinlich: »Elemente der Furchtbarkeit und des Hitlertums deutlich hervortretend, wenn auch eben nur latent und vorgebildet, vom pathetischen Kitsch bis zur deutschen Knabenliebe.«[227] Tribschen war andererseits aber auch der Ort, an dem Nietzsche seine glücklichsten Stunden mit dem *Tristan*-Schöpfer verbracht hatte. So ließ Thomas Mann es sich denn auch nicht nehmen, den »Gang im Garten an den See« zu machen, »wo Nietzsche mit ihm gewandelt«. Hier sehen wir den *Joseph*-Autor im wörtlichen Sinn vollziehen, was wir im geistigen Sinn ihn so oft tun sahen: Er wandelt in den Fußstapfen Nietzsches.

Die Re-Lektüre der Propagandaschrift Nietzsches unter den historischen und politischen Vorzeichen vom Herbst 1937 ließ ihn Dinge bemerken, die er bisher offenbar übersehen hatte. Nun sah er, dass Nietzsche schon 1876 Wagner distanzierter gegenüberstand, als er in seiner Schrift durchblicken ließ. Er sah auch, dass Nietzsche bemüht war, seine Bedenken zu verbergen. Ihm wurde klar, dass dieser Text im Hinblick auf seine spätere Wagner-Kritik »schon sehr erkenntnisreich« war, doch auch »vieles unterdrückend«.[228] Und er fügte hinzu: »Darüber schreibt niemand, ohne sich heimlich vor Leiden zu winden.« Offenbar hat sich angesichts der aktuellen Wagner-Problematik auch Thomas Mann vor Leiden heimlich gewunden, denn er fährt fort: »Wie kommt es, daß auch ich noch Pietät halten muß? Auch wieder aus Zartheit und Dankbarkeit.«

Somit stand auch Thomas Mann mit seiner Zürcher Wagner-Rede vor einem Dilemma. Einerseits erkannte er, dass seine erneute öffentliche Äußerung zu Wagner eine Gelegenheit war – »um Deutschlands, um Zürichs willen« –, ein klärendes Wort zum »Mißbrauch« Wagners in Hitler-Deutschland vorzutragen. Andererseits fühlte er sich aus Pietät und Dankbarkeit dazu angehalten, Wagner nicht preiszugeben und den Bayreuthianern und den Nazis kampflos zur Verhunzung zu überlassen. Dankbarkeit empfand er für die zahllosen Anregungen, die er dieser einzigartigen ästhetischen Sphäre als Künstler und Intellektueller abgewonnen hatte. Ein solcher Zwiespalt konnte dem Gelingen der Wagner-Rede schwerlich zuträglich sein.

Thomas Manns Zürcher Wagner-Vortrag macht auf den ersten Blick einen geschlossenen Eindruck. Und da er auf ein Werk fokussiert ist und sich darauf beschränkt, dessen erstaunliche Entstehungsgeschichte und ästhetischen Charakter voller Bewunderung zu beschreiben, ist dieser Text auch leichter zu würdigen als *Leiden und Größe Richard Wagners*. Er lässt andererseits aber auch manche Wünsche offen. Vor allem als politische Aussage mutet die Zürcher Rede merkwürdig zurückhaltend an.

Der Vortrag[229] beginnt mit einem Lob der Bewunderung, die das stärkste Stimulans zur künstlerischen Produktion darstelle: sie sei »die Wurzel alles Talentes«. Wagner habe die Fähigkeit, zu bewundern, die er sehr glücklich als »Kraft des Empfängnisvermögens« definierte, in hohem Maße besessen. Zu den beiden großen Vorbildern Wagners: Beethoven und Shakespeare, fügt Thomas Mann hier ein drittes hinzu: Goethe. Er verweist auf Wagners späten Kommentar zur Behandlung des Mythos in der Klassischen Walpurgisnacht und bekennt, es tue »wohl, den Wagnerschen Genius sich hier [...] vor dem Goethe's neigen zu sehen«. Auf dieser fragilen Brücke schreitet der Vortrag weiter und präsentiert zwei überraschende Aperçus. Zum einen seien Goethe und Wagner zwei »gewaltige und kontradiktorische Ausformungen des vielumfassenden Deutschtums«, weshalb man sagen könne, »Goethe und Wagner, beides ist Deutschland«. Zum anderen lenkt Thomas Mann die Aufmerksamkeit auf die Botschaft, die am Ende sowohl von Goethes *Faust* als auch von Wagners *Ring* steht. Die »himmlische Melodie, die am Schluß der ›Götterdämmerung‹ aus der brennenden Trutzburg der Erdherrschaft emporsteigt«, verkünde dasselbe wie der Chorus Mysticus in Goethes Werk: »Das Ewig-Weibliche / Zieht uns hinan.«

In dieser Argumentation konkurrieren zwei unterschiedliche Interessen miteinander. Einerseits soll der gierige, völkische Zugriff auf Wagners Monumentalwerk dadurch pariert werden, dass es in die anziehende Beleuchtung des Goethe'schen Humanismus gestellt wird: Erlösung durch Liebe als dem gemeinsamen Nenner. Andererseits frönt Thomas Mann hier, wie schon angedeutet, seiner bekannten Neigung, sich selbst in dem Gegenstand seiner Bewunderung zu spiegeln. Es ist Thomas Manns eigene Bewunderung Goethes, die er auf Wagner projiziert. Und was er Wagner an Goethes Manier, »den Mythus zu traktieren«, bewundern lässt: die »geistvolle Anmut«, die den Mythos nicht »zelebriert«, sondern mit ihm spielt und mit ihm scherzt »mit liebevoll-vertraulicher Neckerei«, ist im Grunde die geistvolle Art, in der der *Joseph*-Autor selbst bestrebt war, den Mythos zu traktieren.

Am Ende erst kommt er auf den »Mißbrauch« zu sprechen, der »mit Wagners großer Erscheinung getrieben« werde. Er weiß: es ist unmöglich, »heute von Wagner zu sprechen und sich der Verwahrung gegen solchen Mißbrauch dabei zu entschlagen«. Das klingt entschiedener und kämpferischer als das, was darauf folgt, denn er lässt die entscheidenden Fragen, wie und wo dieser Missbrauch ins Werk gesetzt wird und inwiefern der Missbrauch von den Vorgaben im Werk selbst ermöglicht wird, auf sich beruhen. Dies hätte seiner Bewunderung für Wagners Werk Abbruch getan und, wie er im Tagebuch meint, den Charakter der Festrede beeinträchtigt.[230] Kennzeichnend für seine Zurückhaltung ist die kleine Änderung, die er im Manuskript der Rede offenbar ganz zuletzt vornahm. Es sei »nicht schwer«, heißt es gegen Ende der Rede, im Dritten Reich ein aus Wagner destilliertes »mythisches Surrogat« zu erkennen. Anstatt aber zu sagen »im Nationalsozialismus«, wie er ursprünglich formuliert hatte, schreibt er nun abschwächend »im heutigen deutschen Staats- und Gesellschaftsexperiment«.[231] Es ist eine jener symptomatischen »Milderungen«, die er dem Tagebuch zufolge vornahm. Dies alles erinnert stark an das Notat im Anschluss an die Wiederlektüre von *Richard Wagner in Bayreuth*: »erkenntnisreich«, doch »vieles unterdrückend«.

Wie schon in *Leiden und Größe Richard Wagners* flicht Thomas Mann gegen Ende eine provozierende These ein, die nach seiner damaligen Überzeugung einen unüberbrückbaren Graben zwischen Wagner und dem Dritten Reich markieren sollte. Hatte er 1933 behauptet, dass man Wagner heute als einen Kulturbolschewisten brandmarken würde, so führt er diesen Gedanken 1937 weiter und behauptet, dass Wagner, lebte er heute, das Exil wählen würde. Diejenigen, die Wagner als den Propheten der »politischen Gegenwart« reklamieren, sollten wissen, dass »mehr als ein Prophet […] sich von der Verwirklichung seiner Verkündigung mit Schaudern abgewandt und lieber in der Fremde sein Grab gesucht, als daß er an der Stätte solcher Verwirklichungen auch nur hätte begraben sein mögen«.[232] Thomas Mann durfte darauf zählen, dass die Anspielung auf einen prominenten Fall von Abwendung in Schaudern in Zürich ohne weiteres verstanden würde, denn ein solcher Prophet war Stefan George, der 1928 Gedichte unter dem Titel *Das neue Reich* veröffentlicht hatte, 1933 in die Schweiz ging und im Dezember desselben Jahres dort starb. Die politische Gegenwart, die Thomas Mann meinte, war ihm »eine geistmörderische Staatstotalität«, im Gegensatz zu Wagners wahrem Wesen, von dem er meinte sagen zu können: »Deutscher Geist war ihm alles, deutscher Staat nichts.«

Der Verdacht, dass der *Joseph*-Autor manches unterdrückte und in der Erkenntnis des Hitler–Wagner-Problems schon weiter vorgedrungen war, als seiner Rede zu entnehmen ist, wird zur Gewissheit, wenn wir lesen, was er auf diesbezüglichen Vorhaltungen Kuno Fiedlers erwiderte. Fiedler, ein streitbarer Theologe, war ein Freund des Hauses, seit er die Taufe Elisabeths, der jüngsten Mann-Tochter, vorgenommen hatte.[233] Er war verhaftet worden, weil er Thomas Mann mit Nachrichten aus dem Reich versorgte. Erstaunlicherweise gelang ihm die Flucht aus dem Gestapo-Gefängnis in die Schweiz, wo er in Graubünden eine Stelle als Seelsorger fand. Wir wissen nicht genau, was Fiedler ihm über den Wagner-Kult in Hitler-Deutschland geschrieben hatte, weil der betreffende Brief nicht erhalten ist, doch lässt sich der kritische Tenor seiner Stellungnahme zum Thema Wagner in etwa erahnen.

Thomas Mann schreibt: »Wagner – – ach, alles, was Sie sagen und noch sagen könnten, habe ich auch hinunterzuschlucken gehabt, als ich jetzt wieder, wohl zum letzten Mal, über ihn schrieb. Ich weiß Bescheid.«[234] Und weiter: »Auch mit dem Mythos haben Sie recht. Eine gefährliche Sache und mißbraucht heute, daß einem übel wird.« Um seine Zurückhaltung wenn nicht zu entschuldigen, so doch zu erklären, bringt er vor: »Nur ist es mit Wagner sehr ähnlich wie mit Schopenhauer: auch er bringt Schreckliches […]. Aber welches Niveau, welche Kunst, welche Humanität immer noch! Es ist eben doch noch das alte, große Deutschland, wenn auch schon auf der Kippe – und schließlich, was wollen Sie, das ist meine Heimat, ich werde gerührt, wenn ich darauf komme […].« Dies ist die Stimme eines an die deutsche Kultur des 19. Jahrhunderts Verfallenen, der im vierten Jahr seines Exils, trotz allem, was geschehen, seine Zugehörigkeit und Anhänglichkeit an das »alte, große Deutschland«, aus dem Wagner hervorgegangen war, in unverminderter Stärke empfand. Worüber er Bescheid zu wissen glaubte, es aber unterdrückte, wird im nächsten Kapitel aufgedeckt werden.

Eines ist jedoch nicht zu übersehen. Wenn seine Erkenntnis in Sachen Wagner bereits hier so weit fortgeschritten war und er sich als Gast der Schweiz angehalten fühlte, sich Zügel anzulegen, so steht zu vermuten, dass er sich zur rechten Zeit am rechten Ort ein Wort dazu vorbehielt. Denn dass er in seiner Zürcher Rede »wohl zum letzten Mal« das Wort zu Wagner ergriffen habe, klingt aus seinem Munde höchst unglaubwürdig. Es war denn auch keineswegs seine letzte Stellungnahme zu Wagner.

Was schließlich den Zürcher *Ring* betrifft, so war Thomas Mann weder von der Regie (Karl Schmid-Bloss) noch von dem Dirigat (Robert Denzler) besonders beeindruckt: »Keine große Aufführung«, vermerkt das Tagebuch nach der *Walküre*. Gleichwohl war er von der Schlussszene – ein bewegendes Beweisstück des alten großen Deutschlands, wie er es wohl empfinden mochte – wieder einmal »zu Tränen bewegt«. Doch fügte er hinzu: »Das ganze in diese Zeit nicht mehr passend. Durch und durch 19tes Jahrhundert.«[235] So wenig passte Wagner zu seiner damaligen Stimmung, dass er darauf verzichtete, sich den dritten und vierten Teil des *Ring*-Zyklus anzusehen. Selbst das Gastspiel von Max Lorenz, dem vom Reich mitfinanzierten Heldentenor in der Rolle des Siegfried, vermochte ihn nicht umzustimmen.

Eine reichlich peinliche Verwandtschaft

Als Thomas Mann Ende 1939 ein weiteres Mal sich veranlasst sah, zu Wagner öffentlich Stellung zu beziehen, hatten sich gegenüber seinem Zürcher Vortrag zwei Grundbedingungen seines Wagner-Diskurses verändert. Nun konnte nicht mehr, wie noch 1933 und kurz danach, die Rede davon sein, dass der böse Spuk von kurzer Dauer sein würde. Hitler eilte von Erfolg zu Erfolg, er stand im Zenit seines Ansehens. Etwas von dem welterobernden Erfolg Wagners, den Thomas Mann neidvoll zur Kenntnis nahm, schien sich auf den obersten Wagnerianer des Dritten Reichs übertragen zu haben. Dessen innenpolitische und außenpolitische Erfolge, von dem Exilanten angewidert registriert, wurden auch im Ausland bewundert, nicht zuletzt in der amerikanischen Presse. Das Nachrichtenmagazin *Time* kürte Hitler – zähneknirschend, doch unverdrossen – zum »Man of the Year 1938«. Nun war es nicht mehr damit getan, den deutschen Diktator zu beschimpfen und zu vermaledeien. Anspruchsvollere Deutungskategorien waren in Anschlag zu bringen, sogar ein vergleichender Seitenblick auf Napoleon. Dies mag erklären, warum sich Thomas Manns Hass, wenigstens vorübergehend, in Interesse verwandelte. Das aufschlussreichste Dokument seines Interesses ist ein knapp achtseitiges Porträt des politischen Wundertäters mit dem überraschenden Titel *Bruder Hitler*, der jeden aufmerksamen Zeitgenossen aufhorchen lassen musste, besonders aber alle, die mit dem Verfasser das Los der Exils teilten und schon deshalb gegenüber dem deutschen Diktator absolut keine Verwandtschaft empfanden.

Seinem frischen Interesse an Hitler kam zweifellos zugute, dass er in Amerika – sei es in Princeton, sei es in Los Angeles – weitab vom Schuss war. Dies ist der zweite Faktor in der Verschiebung seiner Perspektive sowohl auf Hitler als auch auf Wagner. Auf der vierten Amerikareise im Frühjahr 1938, zum ersten Mal »from coast to coast«, fassten die Manns den Entschluss, das Exil in der Schweiz mit dem Exil in den USA zu vertauschen. Seit September 1938 war Princeton ihr neues Domizil; dort hatte Agnes Meyer für den Nobelpreisträger eine befristete Gastdozentur erwirkt. Die Sicherheit verschaffende räumliche Distanz zu Deutschland, zu München und zu Zürich eröffnete ihm neue Ansichten des Problems. Vor allem aber gab es jetzt keinen guten Grund mehr, Rücksicht auf lokalpatriotische Empfindlichkeiten zu nehmen und bestimmte Ahnungen und Erkenntnisse bezüglich Hitlers und Wagners zu unterdrücken. Dass er »weit weg« war, erachtete er nun als einen Vorzug, weil es ihn auf das Wesentliche seiner Schriftstellerexistenz zurückverwies: »Unser Zentrum ist in uns. […] Wo wir sind, sind wir ›bei uns‹. Was ist Heimatlosigkeit? In den Arbeiten, die ich mit mir führe, ist meine Heimat. Vertieft in sie, erfahre ich alle Traulichkeit des Zuhauseseins. Sie sind Sprache, deutsche Sprache und Gedankenform, persönlich entwickeltes Überlieferungsgut meines Landes und Volkes. Wo ich bin, ist Deutschland.«[236] Dies die berühmte Formel (»Where I am, there is Germany«), die er bei seiner Ankunft New York am 21. Februar 1938 den Journalisten in ihre Stenoblöcke diktiert hatte.[237]

Bruder Hitler, nach Rüdiger Görner Thomas Manns »gewagtestes Stück Essaykunst«, ist zuvörderst ein Psychogramm, das den auf merkwürdige Weise verkrachten Künstler Adolf Hitler kritisch in den Blick nimmt.[238] Wie bei allen Porträts aus Thomas Manns Feder – sei es Heine, Schiller, Fontane, Chamisso, Goethe, Lessing, Platen, Storm, aber auch Tolstoi, Dostojewski, Tschechow und Michelangelo – dient der Porträtierte ihm zur Selbstreflexion, zur Bespiegelung einiger Aspekte seiner eigenen Konstitution als Künstler und Intellektueller. In diesem Fall zeitigte seine Selbstbespiegelung überraschend brisante Erkenntnisse. Dieser Text hat darüber hinaus auch als ein Markstein in der Wirkungsgeschichte Wagners zu gelten. Er führt zu der nachdenklich stimmenden Erkenntnis, dass ein und demselben Baum höchst unterschiedliche Blüten entsprießen können. Oder umgekehrt: dass zwei sehr unterschiedliche Gewächse demselben Boden entstammen können.

Der aus heutiger Sicht erhellendste Aspekt von *Bruder Hitler* sind jedoch die Verstehenskategorien, die Thomas Mann auf Hitler anwendet. Es sind kulturwissenschaftliche Kategorien avant la lettre. Sie sind geeignet, wie die Bücher von Frederic Spotts und Wolfram Pyta haben erkennen lassen – der Hitler-Forschung, die lange Zeit mit militärischen, administrativen und generell strukturellen Fragestellungen präokkupiert war –, neue und erhellende Perspektiven zu eröffnen.

Betrachtet man seine Entstehung, so mutet der Hitler-Essay wie eine Improvisation aus dem Stegreif an. Er entstand im April 1938 in Los Angeles, gleichsam in der Halbzeit der zwar gut honorierten, aber auch strapaziösen Vortragstournee, auf der er das kriegsunwillige Amerika von der Notwendigkeit eines Showdowns mit den faschistischen Mächten zu überzeugen versuchte.[239] Für die knapp vierwöchige Erholungspause mietete man einen zu dem Beverly Wilshire Hotel gehörenden Bungalow; dazu ein Auto, das Erika und Katia Mann zu Ausfahrten und Erkundungen diente.

Erleichtert und froh, endlich wieder Zeit und Ruhe zum Schreiben zu haben, begann er einen Artikel mit dem Arbeitstitel *Tagebuchblätter*. Dieser Text war lange unbekannt.[240] Seine Bedeutung liegt darin, dass er uns sehen lässt, auf welchen Wegen Thomas Mann zu seiner Hitler-Deutung gelangt ist. Er hatte unterwegs in Reaktion auf Hitlers Erfolge in Europa beschlossen, der gut zahlenden Illustrierten *Cosmopolitan* einen Artikel anzubieten. Geplant war offenbar nichts weiter als ein Kommentar zu den aktuellen Ereignissen. Nichts deutet darauf hin, dass er eine psychologische Studie zu Hitler im Sinn hatte; diese ergab sich erst aus dem Duktus seines Nachdenkens über das jüngst Geschehene. Der Artikel beginnt wie folgt: »Es ist gut, wieder zu schreiben, die introvertierte Lebensform literarischer Sammlung wieder zu kosten nach tumultuösen, überfüllten Wochen einer ganz nach außen gerichteten Anspannung und Aktivität, […] Wochen, die viel von der dankbaren Heiterkeit eines Erntefestes hätten haben können, wenn sie nicht von den grauenvollen Ereignissen der heimatlichen Ferne so tief beschattet gewesen wären.« Zu den grauenvollen Ereignissen in der heimatlichen

Ferne zählte in erster Linie der sogenannte Anschluss Österreichs samt Hitlers umjubeltem Triumph auf dem Heldenplatz in Wien.

Thomas Manns Aufzeichnungen bewegen sich zunächst in den Bahnen einer Meditation über die deutsche Geschichte, die unverkennbar schon der Deutschlandthematik des *Doktor Faustus* und der Washingtoner Rede über *Deutschland und die Deutschen* präludiert. Der Nationalsozialismus wird als die jüngste Manifestation eines charakteristischen historischen Verhaltensmusters der Deutschen interpretiert. Thomas Mann bezeichnet dieses Verhaltensmuster als »ewige Halsstarrigkeit« gegen die lateinische Zivilisation und die Demokratie, also gegen den Westen. Dieses Verhalten ist an den wiederholten Ausbrüchen von gewaltiger Halsstarrigkeit zu beobachten, wie es sich in der Schlacht im Teutoburger Wald manifestierte, in Luthers Reformation, in dem »Aufstand« gegen Napoleon sowie in dem Krieg von 1914. Hitler und seine Bewegung sind die »moderne Erscheinungsform« dieser »Ur-Renitenz […], deren Wüstheit und kulturelle Niedertracht freilich alles Dagewesene weit in den Schatten stellt«.[241] Also kein Gedanke daran, dass Hitler ein »Zufall« sei, eine historische »Entgleisung«.[242]

Was später in der Washingtoner Rede offen eingestanden wird, nämlich seine eigene Teilhabe an dem, was er nun der Kritik unterzieht, bleibt hier noch ungesagt. Denn er selbst war es, der in den *Betrachtungen eines Unpolitischen* die deutsche Renitenz gegen den Westen wortreich rechtfertigte. Angesichts der unheimlichen Familienähnlichkeit, die er in Hitler aufdeckt, ist jedoch davon auszugehen, dass er sich seiner eigenen Involviertheit auch hier schon bewusst war.

Als ihn auf der Vortragsreise in Philadelphia die Nachricht vom Anschluss Österreichs erreichte, war seine unmittelbare Reaktion tiefer, kompromissloser Hass. Dies blieb die dominante Emotion während der langen Reise westwärts: »Fortwährende quälende Spannung, heiße Wünsche für die Vernichtung des Übels.«[243] Nun aber, in dem Versuch, seine Emotionen zu kontrollieren und seine Gedanken zu ordnen, gewinnt eine neue Betrachtungsweise die Oberhand. Er fühle, »daß es nicht meine besten Stunden sind, in denen ich den Mann Hitler hasse«. Hass macht blind; er aber sucht Erkenntnis. So führen seine Überlegungen zu dem Eingeständnis, »daß man das Lebensphänomen des Burschen fesselnd findet«.[244] Damit ist, ungeachtet aller moralischen Bedenken, ob Neugier und Interesse in diesem horrenden Fall die angemessene Einstellung seien, dem psychologischen Erkenntnisdrang die Tür geöffnet.

Der Text der Tagebuchblätter endet an dieser Stelle. Was in den ursprünglichen Aufzeichnungen folgte, die Beschreibung und Deutung von Hitlers »fatalem Seelenleben«, wurde herausgenommen und zu einem eigenständigen Essay verarbeitet. Zu diesem Schritt entschloss sich Thomas Mann, weil er bei der Prüfung der englischen Übersetzung die Einsicht gewann, dass sein Artikel für eine Publikation in einer Zeitschrift wie *Cosmopolitan* »zu schwer« sei.[245] Der um die Hälfte gekürzte Text erschien zuerst auf Englisch unter dem Titel *That Man is My Brother* in dem Herrenmagazin *Esquire* Anfang März 1939. Drei Wochen später brachte das in Paris publizierte *Neue Tage-Buch* die deutsche Fassung unter dem redaktionellen Titel *Bruder Hitler*, der von Leopold Schwarzschild, dem Herausgeber, stammt. Obgleich Thomas Mann *Bruder Hitler* gelegentlich einen »schlechten Titel« nannte (war er ihm zu salopp?), ist damit zweifellos der Kern der Sache getroffen.[246] In Thomas Manns Tagebuch heißt der Essay einfach »Der Bruder«.[247] In dem Band mit den englischen Essays erscheint er unter dem Titel *A Brother*, womit der Sinn des Textes am besten getroffen ist.[248]

Bei der Betrachtung dieser erstaunlichen Improvisation über Hitler ist zunächst zu klären, worauf Thomas Manns Hitler-Kenntnis konkret beruhte. Wir wissen, dass er von Konrad Heidens Hitler-Biographie, die in Emil Oprechts Europa-Verlag erschienen war, Kenntnis nahm.[249] Wir wissen jedoch nicht, wie weit er darin las. Eine Kenntnis von *Mein Kampf* hatte er wohl nicht. Diesbezügliche Spekulationen lassen sich nicht glaubhaft belegen.[250] Hätte er Hitlers Buch gelesen, so hätte er sich gewiss wiederholt und deutlicher dazu geäußert. Hingegen äußerte er sich sehr deutlich, als er eine Kulturrede Hitlers eher zufällig zu lesen bekam. Jemand hatte ihm – »sonderbarer Weise«, wie er fand – eine »fränkische Nazi-Zeitung« geschickt. Bei der darin abgedruckten Kulturrede muss es sich um Hitlers Rede vom 1. September 1933 auf dem Nürnberger Parteitag handeln.[251] Seine Reaktion im Tagebuch: »Erstaunlich. Dieser Mensch, Exponent der kleinen Mittelklasse mit Volksschulbildung, die ins Philosophieren geraten ist, ist wahrhaftig eine kuriose Erscheinung. Gar kein Zweifel, daß es ihm, im Gegensatz zu Typen wie Göhring [sic] und Röhm, nicht um den Krieg, sondern um ›die deutsche Kultur‹ zu tun ist. Die Gedanken, die er darüber, hilflos, sich immer wiederholend, unter beständigen Entgleisungen und in einem erbarmungswürdigen Stil, aneinander reiht, sind die eines hülflos bemühten Klippschülers.«[252] Es folgen weitere Tadel. Besonders charakteristisch seine abschließende Bemerkung, die die Verachtung des gebildeten Bürgers für den ungebildeten Emporkömmling besonders darüber ausdrückt, dass Hitler »es ohne Skrupel und Zweifel unternimmt, einem Volk von der geistigen Vergangenheit des deutschen seine stümperhaften Meinungen aufzudrängen«. Es scheint, er hat es danach verschmäht, je wieder etwas von Hitler zu lesen.

Es ist somit davon auszugehen, dass er als wacher Zeitgenosse den Weg und Aufstieg der Hitler-Bewegung, die praktisch vor seiner Haustür Gestalt angenommen hatte, in den Medien verfolgte, in der Hauptsache in den Zeitungen. In seiner Publizistik taucht der Name Hitler bereits im Sommer 1923 auf, also schon vor dem Hitler-Putsch. In einem für amerikanische Leser geschriebenen Kulturbrief nennt er München »die Stadt Hitlers« und »die Stadt des Hakenkreuzes«.[253] Undenkbar, dass er in der Folgezeit diesen »Burschen« aus den Augen gelassen hätte.

Zeugnis des anhaltenden Ein-Auge-auf-ihn-Habens ist nicht zuletzt die Novelle *Mario und der Zauberer* (1930), eine meisterhafte Beschreibung der im Faschismus veränderten politischen Atmosphäre Italiens. Was ihn dazu trieb, im Jahr 1929 die drei Jahre zurückliegenden Ferienerlebnisse seinem deutschen Publikum zu vergegenwärtigen, war zweifellos das Erstarken der Hitler-Bewegung im eigenen Land.

Der entscheidende Antrieb zu seinem Versuch, Hitler zu begreifen, kam jedoch aus seinem Innern; er erwuchs aus dem schleichenden Verdacht – oder war es vielmehr das tunlichst verborgene Wissen? –, dass der mutige Verteidiger der Weimarer Republik und bekennende Sozialdemokrat, zu dem er sich schrittweise und nicht ohne Vorbehalte gewandelt hatte, nicht so unberührt war von den »Hängen und Ambitionen«, die die Hitler-Bewegung mobilisierten, wie er selbst gerne geglaubt hätte.[254] In diesem Gemenge widerstreitender Emotionen gründet das Interesse an Hitler, das eo ipso einen starken »Trieb« zum »Wiedererkennen« des Eigenen im Anderen in sich birgt und eine »angewiderte Bewunderung« zeitigt. Ein solches Interesse sei dem Hass und dem Abscheu »moralisch überlegen«, weil es den Mut erfordert und die Aufrichtigkeit, die Berührungspunkte mit dem Hassenswerten wahrzunehmen und anzuerkennen.[255] Moralisch motiviert ist zudem der Entschluss, vor dem Hassenswerten, anstatt es pauschal von sich zu weisen, nicht die Augen zu verschließen, zumal wenn es gebietet, sich das eigene Mitbetroffensein einzugestehen.

Die bedeutendste Einsicht des Hitler-Essays besteht in der Erkenntnis der gemeinsamen Abkunft aus ein und demselben mentalen Milieu, das sich unschwer als das des Ästhetizismus und dessen Ablegers, des Wagner-Kults, identifizieren lässt. Nicht ohne leisen Stolz bemerkt er: »Ich war nicht ohne Kontakt mit den Hängen und Ambitionen der Zeit, mit dem, was kommen wollte und sollte [...].« Zur Beglaubigung verweist er auf die Gestalt des Geist-Terroristen Savonarola in *Fiorenza* (und damit auf dessen deutschen Nachahmer in *Gladius Dei*) und auf Gustav von Aschenbach im *Tod in Venedig*. Was sie verbindet, ist die Sehnsucht nach einer »neuen Unbefangenheit«, mit der sie den lähmenden »Psychologismus« der Zeit, will sagen: das Alles-verstehen-Wollen und das Alles-verzeihen-Wollen und damit die soziale Verantwortung hinter sich lassen, um sich mit »einer neuen Entschlossenheit und Vereinfachung der Seele« dem Dienst an der Schönheit widmen zu können. Diese wörtlich verstandene Rücksichtslosigkeit im Namen eines ästhetisch begründeten Ideals verspricht einen Ausweg aus der Lähmung der Zeit, die in der Epoche um die Jahrhundertwende vielfach als Neurasthenie, Nervosität oder schlicht als Dekadenz empfunden wurde.[256]

In dem Maß, in dem *Der Tod in Venedig* von des Autors eigenen Versuchungen und Möglichkeiten handelt, in dem Maß zudem, in dem Thomas Mann sich als Repräsentant der deutschen Kultur verstand, musste sich eine beunruhigende Erkenntnis aufdrängen. Es ist die Erkenntnis, dass die deutsche Kultur, wie sie sich um 1900 gestaltete, den Nationalsozialismus keimhaft als eine latente Möglichkeit in sich barg. Mit anderen Worten: Deutschland ging mit »Hitler« schwanger, lange vor seiner leiblichen Epiphanie in München.

Wir kommen dem Kern von Thomas Manns Faszination näher, sobald wir erfassen, was an Hitlers Erscheinung ihm »eine gewisse angewiderte Bewunderung« abnötigte. Es ist die unwahrscheinliche, märchenhafte Erfolgsgeschichte Hitlers, der es verstand, die Erniedrigung Deutschlands nach dem Krieg und das »nationale Gemütsleiden« zum »Vehikel seiner Größe, seines Aufstiegs zu traumhaften Höhen, zu unumschränkter Macht« zu machen. Es ist eine Geschichte von finsterer Faszinationskraft, die nicht verfehlen konnte, auf einen Schriftsteller, der selbst seit zwölf Jahren mit der Komposition einer märchenhaften Erfolgsgeschichte befasst war – der Geschichte Josephs, Jakobs Sohn –, Eindruck zu machen. Dass die *success story*, die er schrieb, dem finsteren Zauber des deutschen Faschisten den hellen Zauber eines von aufgeklärter Lebensfreundlichkeit erfüllten Menschheitsepos entgegenstellte, konnte das ambivalente Interesse an Hitler kaum mindern. Hitlers Erfolgsgeschichte musste ihm umso erstaunlicher erscheinen, als der Protagonist dieses Märchens eigentlich dem Typus des Bohemiens zuzurechnen war, der sich, wie es ihm schien, nur deshalb auf die Bühne der Politik begab, weil er zu nichts anderem taugte.

Thomas Mann benennt vier Märchenmotive, die für die Karriere Hitlers kennzeichnend seien, darunter zwei distinkt Wagner'sche. Die Parole »Deutschland erwache!« erinnert ihn einerseits an Dornröschen, das von einem Prinzen wachgeküsst wird, andererseits auch an Siegfried, den heldischen »Wecker«, der die in Schlaf gebannte Brünnhilde wachküsst: »Es ist abscheulich, aber es stimmt.« Als ein weiteres Beispiel nennt er das Grimm'sche Märchen vom *Juden im Dorn*, in dem ein Jude, der als Feind der Musik gekennzeichnet ist, zu seiner Qual in einer Dornenhecke nach den Klängen einer magischen Fiedel zu tanzen gezwungen wird, bevor er am Ende den Tod am Galgen erleidet. Thomas Mann belässt es bei dieser Andeutung und geht nicht weiter auf die Relevanz dieses Märchens im Hinblick auf Wagner ein. Widerwillig muss er eingestehen, das alles sei »Wagnerisch, auf der Stufe der Verhunzung«. Deshalb sei die »Verehrung, die der politische Wundermann dem künstlerischen Bezauberer Europas widmet«, so begründet sie sein mag, auch eine »ein bißchen unerlaubte« Verehrung.

Damit ist das Verhältnis zu Hitler in zweifacher Hinsicht bestimmt. Der politische Wundermann ist im Kern ein Künstler und als solcher ein Bruder, auch wenn es »eine reichlich peinliche Verwandtschaft« ist. Davon abgesehen besteht aber ein gravierender Unterschied im geistigen Rang. Was von Wagner allenfalls auf Hitler abgefärbt haben mag, bewegt sich auf der Ebene der Verhunzung, ist gesunkenes Kulturgut. In dem implizit geführten Kampf um Wagners Erbe soll, wenn es nach ihm ginge, denn doch das geistige Niveau und der Rang den Ausschlag geben.

Die »Heruntergekommenheit«, die für Hitlers Wagnerismus kennzeichnend ist, erstreckt sich auch auf die Idee des großen Mannes, die Heinrich Mann in seiner Faschismustheorie in den Vordergrund rückte.[257] Gerade unter diesem Aspekt jedoch verbietet sich für Thomas Mann jeglicher Vergleich mit Napoleon: »Es ist als absurd abzulehnen, daß man sie in einem Atem nennt.« Wie so vieles, das auf der Stufe des Heruntergekommenseins angelangt ist – das Nationale, der Sozialismus, der Mythos, die Lebensphilosophie, das Irrationale, der Glaube, die Jugend, die Revolution »und was nicht noch alles« –, verkörpert Hitler die Idee des großen Mannes im Zustand ihrer Verhunzung. Es gehört durchaus zum Charakter dieses improvisierten Porträts, dass darin manche Züge besser getroffen sind als andere. *Bruder Hitler* weist aus heutiger Sicht einige bemerkenswerte Fehlurteile und Irrtümer auf. Überzogen und kapriziös wirkt zum Beispiel seine Vermutung, der Marsch des deutschen Diktators auf Wien habe insgeheim und eigentlich Sigmund Freud gegolten, dem großen »Entlarver« und »Bescheidwisser«; denn Hitler habe die Analyse gehasst, weil er sie in stiller Wut fürchtete. Unangemessen mutet auch die Bemerkung an, im Vergleich mit Napoleon sei Hitler ein »Feigling […], dessen Rolle am ersten Tage eines wirklichen Krieges ausgespielt wäre«. Hier war offenbar der Wunsch der Vater des Gedankens – der Wunsch eines Intellektuellen, der, im Unterschied zu Hitler, seinen Kriegsdienst am Schreibtisch geleistet hatte. Wie denn überhaupt seine Verwahrung gegen jeden Vergleich Hitlers mit dem Kaiser der Franzosen im Lichte von Wolfram Pytas Entdeckungen voreilig erscheint. Pyta kann zeigen, dass die sehr bewusste Stilisierung Hitlers zum »Feldherrngenie« in der Größenordnung Napoleons durchaus zum Herrschaftsstil während des Krieges gehörte.[258] Es wirkt sodann ein wenig grotesk oder gar lachhaft, wenn Thomas Mann, der selbst nie auf einem Pferd gesessen oder ein Automobil gesteuert hat, gegen den katastrophalen »Burschen« ins Feld führt, dass er nicht könne, »was Männer können«, nämlich reiten und Auto fahren. Und schließlich kann man sich nicht eines leisen Lächelns erwehren, wenn er Hitler als einen Faulenzer hinstellt, wo er doch selbst einmal mit übermütiger Selbstgefälligkeit den Dichter als einen »auf allen Gebieten ernsthafter Tätigkeit unbedingt unbrauchbaren […] Kumpan« definiert hatte.[259] Selbst die Züge Hitlers, die er dem Spott preisgeben will, rücken ihn näher an ihn selbst heran.

Gewichtiger als diese, wenn man so will, Nebenbemerkungen scheint seine Fehleinschätzung ausgerechnet der Fähigkeit Hitlers, der dieser in erster Linie seinen Erfolg verdankte, seiner Rednergabe. Der Meister des Worts bezeichnet Hitlers »massenwirksame Beredsamkeit« als eine »unsäglich inferiore«, offenbar nicht bedenkend, dass eine Redeweise, die massenwirksam sein will, nicht auf die stilistischen Höhen des *Zauberberg*-Autors zielen kann. Bemerkenswert – auch typisch für diesen Autor und seine Scheu, dem Antisemitismus ins Auge zu schauen – ist sein Versäumnis sowohl im Fall Wagners als auch im Fall Hitlers, dem Antisemitismus eine angemessene Bedeutung zuzuerkennen. Offenbar war ihm diese aber sehr wohl bewusst, denn sonst hätte er nicht ausdrücklich auf den *Juden im Dorn* hingewiesen.

Diese Fehleinschätzungen sind erklärlich einerseits aus der in Thomas Manns Persönlichkeit beschlossenen Beschränktheit seiner Sicht auf Hitler und andererseits aus dem improvisierten Charakter der spontanen Niederschrift all dessen, einschließlich des Unausgegorenen, was sich in ihm zum Thema Hitler aufgestaut hatte. Sie sind leicht zu verschmerzen, denn sie beeinträchtigen nicht die wegweisenden Erkenntnisse, die sich aus diesem Hitler-Porträt ergeben. Was auf den ersten Blick als ein unaufwiegbares Manko erscheint: sein verengter Blick auf Hitler, stellt sich heute im Rückblick als seine eigentliche Stärke heraus. Anstatt auf die schon damals üblichen Verdächtigen zurückzugreifen: die militärische Niederlage der Achsenmächte, die Versailler Verträge, die Weltwirtschaftskrise, die Arbeitslosigkeit, stößt er in seinem Nachdenken über den politischen Wundermann auf eine Tiefenschicht, in der er sich auskannte: der Künstlerpsychologie. Der Nietzsche-Adept und lebenslange Bewunderer der Wagner-Kritik Nietzsches vermochte in Hitler ohne weiteres den Bruder zu erkennen – eine bedenkliche und eigentlich beschämende Verwandtschaft, die zwar verlegen macht, aber die Erkenntnis fördert.

Denn sobald diese Verwandtschaft anerkannt ist, öffnen sich historische Perspektiven auf Fragen, zu denen die Hitler-Forschung noch keine konsensfähigen Antworten gefunden hat. Das betrifft vornehmlich die wichtige Frage, wann und wo der Jahrhundertverbrecher seine geistige und charakterliche Prägung erfahren hat – vor dem Krieg oder erst danach? Im Lichte von *Bruder Hitler* muss die Antwort lauten: in demselben geistigen Milieu der Jahrhundertwende wie der Schreiber des Essays: dem Ästhetizismus. Da aber für den Verfasser der *Betrach-*

tungen eine Unpolitischen eine Vergleichbarkeit des sprachlichen und intellektuellen Niveaus nicht in Betracht kommt, von moralischen Gesichtspunkten ganz zu schweigen, konkretisiert sich das brüderliche Verwandtschaftsverhältnis in der Beziehung zu Wagner. Sie weist, wie wir gesehen haben, im Fall Thomas Manns wie im Fall Hitlers kultische Züge auf. Beide sind auf ihre besondere Art und Weise Opfer einer säkularen Faszination durch einen wirkungsmächtigen, in seinem komplexen geistigen Profil widersprüchlichen Ausnahmekünstler.

Das »kecke Werkchen« – so kennzeichnet Hermann Kurzke das improvisierte Hitler-Psychogramm.[260] *Bruder Hitler* besticht uns Nachgeborene vor allem durch die Aufrichtigkeit und Unerschrockenheit, mit der der große Hitler- und Wagner-Geschädigte sich zu seiner Verwandtschaft mit dem Hassenswerten bekennt. Es ist ein Text mit manchen zeitbedingten Irrtümern und Unzulänglichkeiten, die jedoch letztlich nicht ins Gewicht fallen, weil sie aufgewogen werden durch den frischen Blick auf die Dimension, die der deutsche Diktator stets als die für ihn zentrale aufgefasst hat: sein Künstlertum. Sein durch die Nietzsche-Lektüre verfeinertes Sensorium für die abgründigen Seiten der Künstlerexistenz gab ihm von vorneherein die Gewissheit, dass es mit politischer, ökonomischer und soziologischer Analyse nicht getan sein würde. Nicht zuletzt darum ist Kurzke zuzustimmen, wenn er bemerkt, dass Thomas Manns in diesem Essay greifbare Faschismustheorie »die besserwisserische Verachtung nicht [verdient], die ihr von soziologischen und politikwissenschaftlichen Faschismustheorien entgegengebracht wird«.[261] Es war immerhin ein Hitler-Verständnis, das seine Bereitschaft zum Kampf um das Erbe Wagners mobilisierte und ihm die Kraft verlieh zu einem aggressiven Widerstand gegen Hitler-Deutschland.

Wagner aus deutsch-amerikanischer Sicht: der Fall Peter Viereck

Mit *Bruder Hitler* war das Hitler–Wagner-Problem keineswegs erledigt. Wichtige Fragen blieben ungestellt; andere wurden lediglich angeschnitten. Ist zum Beispiel die Erwähnung des judenfeindlichen Märchens in dem Hitler-Porträt auf die Person Richard Wagner zu beziehen oder auf seine Werke? Wie hat Hitler den Antisemitismus seines künstlerischen Idols wahrgenommen? Führt ein direkter Weg von Wagner zu Hitler? In den folgenden Jahren, zumal nach Beginn des Krieges, rückten solche Fragen in den Brennpunkt seines Nachdenkens über Wagner. Es mündete in die ebenso lapidare wie interpretationsbedürftige Feststellung: »gewiß, es ist viel ›Hitler‹ in Wagner«. So steht es in dem wichtigen Brief an Emil Preetorius vom 6. Dezember 1949, den dieser im Jahr darauf, mit Einwilligung des Senders, in der *Süddeutschen Zeitung* (6./7.4.1950) unter dem Titel *Richard Wagner und kein Ende* veröffentlichte.[262] Dem Verfasser von *Leiden und Größe Richard Wagners* lag der Gedanke, dass viel Hitler in Wagner sei, noch fern. Dem Zürcher Festredner vier Jahre später mochte eine Ahnung davon gekommen sein, doch fand er es unpassend, bei dieser Gelegenheit darüber zu sprechen. Der entscheidende Gedankenschritt zu dem Satz von 1949 zeichnet sich in aller Klarheit in einem Essay von 1939 ab, seiner ersten Stellungnahme zu Wagner aus den Jahren des amerikanischen Exils.

Mit diesem Text hat es eine sonderbar verquere Bewandtnis: Er wird in seiner Bedeutung weithin verkannt. Dies liegt wohl zum großen Teil daran, dass er einen nicht autorisierten Titel trägt: *Zu Wagners Verteidigung*.[263] Gestützt auf diese irreführende Überschrift hat sich eine Fehleinschätzung dieses kurzen Essays eingebürgert, der zufolge Thomas Mann hier, unter Berufung auf die Notwendigkeit der Nuancierung, Wagner in Schutz nahm gegen eine allzu eilfertige Herleitung Hitlers von Wagner, wie sie in der »revanchistischen Exilpublizistik« und in den meisten »Antifaschismusdebatten der angloamerikanischen Couleur« üblich gewesen seien.[264]

Auf derselben Fehleinschätzung basiert die Rede von Wagners angeblicher »Erlösung vom Faschismus durch die Emigration«, die der Historiker Joachim Radkau in die Debatte geworfen hat.[265] Radkau nimmt die Wirkungsgeschichte Wagners im Dritten Reich und in Neu-Bayreuth in den Blick und argumentiert, es sei zu einem beträchtlichen Teil das Werk – Verdienst wäre im Sinne Radkaus unzutreffend – der »zurückgekehrten Emigranten« gewesen, dass Wieland und Wolfgang Wagner den Wagner-Festspielen »auf international überzeugende Art [...] ein neues Profil von geistiger Tragweite« zu geben verstanden. Denn die geistigen »Leitsterne« Neu-Bayreuths seien Ernst Bloch, Theodor W. Adorno und Hans Mayer gewesen, drei jüdische Remigranten. In den im Exil entstandenen Arbeiten aber werde Wagners Faschismus avant la lettre, zumal der Antisemitismus, bagatellisiert, so dass nach dem Krieg eine beschönigende, durch die Exilerfahrung nobilitierte Sicht auf Wagner der Fortsetzung eines unkritischen Wagner-Kults Vorschub geleistet habe. Diese Nachsicht gegenüber Hitlers Idol rühre zum Teil aus der unwillkürlichen »Solidarität« her, die die Exilanten für Wagner empfanden, weil dieser einst selbst auch ein politisch Verfolgter und Exilant war.[266]

Diese These Radkaus steht allein schon aus Gründen der Chronologie auf tönernen Füßen.[267] Die Wiederaufnahme der Festspiele 1951 markierte keineswegs, wie schon an früheren Stellen bemerkt, einen Neuanfang im Sinne einer Stunde null. Adorno, Bloch und Mayer spielten bei der intellektuellen und ideologischen Neuausrichtung der Festspiele keine Rolle, denn sie wurden erst ab Ende der fünfziger Jahre herangezogen, wobei Wagner-Deutung und Marketing der Festspiele Hand in Hand gingen. Die Rede von den »Leitsternen« Neu-Bayreuths hat jedoch im Hinblick auf Adorno, Bloch und Mayer eine zeitlich begrenzte Berechtigung. Diese drei Wagnerianer wurden von Wieland Wagner hofiert und dienten den Festspielen in demokratisch-fortschrittlichen Kreisen als Aushängeschild. Ihre intellektuelle Dominanz im zweiten Jahrzehnt Neu-Bayreuths wurde mit Ernst Blochs berühmtem Essay *Paradoxa und Pastorale in Wagners Musik* in den Programmheften von 1960 eingeläutet, dort immer noch in ungemütlicher Nachbarschaft zu Beiträgen von alten Kameraden aus der Nazizeit wie Hans Grunsky und Harald Kaufmann.[268] Was jedoch Thomas Mann betrifft, so gab es keine konkreten Pläne, ihn nach Bayreuth einzuladen oder für die Programmhefte schreiben zu lassen, was angesichts seiner Freundschaft mit dem Schweizer Kronprätendenten und angesichts seines übel aufgenommenen Strafgerichts über die Innere Emigration nur allzu verständlich erscheint.

Unter den Exilautoren (Erich Kahler, Ferdinand Lion, Ludwig Marcuse, Annette Kolb, Alfred Einstein, Willi Reich, Hanns Eisler, Veit Valentin, Hans Kohn, Georg Mosse, Fritz Stern, Konrad Heiden, Hermann Rauschning), denen Radkau eine exkulpatorische Intention unterstellt wenn nicht zur Erlösung vom Faschismus, so doch zur

Apologie für Wagner, nimmt Thomas Mann verständlicherweise eine Sonderstellung ein. Fatalerweise lässt Radkau den nicht unwichtigen Umstand unerwähnt, dass der Titel dieses Essays, *Zu Wagners Verteidigung,* gar nicht von Thomas Mann stammt, sondern vom Herausgeber der Wochenzeitung *Common Sense,* Alfred M. Bingham, der ihn gebeten hatte, zu einem Artikel über »Hitler and Richard Wagner« Stellung zu nehmen.[269] Bei diesem Artikel handelt es sich um das Kondensat der Harvard-Magisterarbeit des damals dreiundzwanzigjährigen Peter Viereck (1916–2006). Zwei Jahre später – inzwischen war seine Arbeit zu einer Dissertation gediehen – machte Viereck daraus ein Buch, das in Thomas Manns Verlag, bei Alfred A. Knopf, erschien. Der Titel: *Metapolitics,* war gut gewählt; Viereck übernahm ihn von dem von Wagner bewunderten Publizisten Constantin Frantz. Das Buch war ein Bestseller und diente Generationen von jungen Amerikanern als Lehrbuch über die kulturellen Wurzeln des Nationalsozialismus. Bezeichnend für das Erkenntnisinteresse Vierecks an den imaginären Wurzeln von Politik sind die verschiedenen Untertitel von *Metapolitics.* Der erste lautete: *From the Romantics to Hitler;* später wurde daraus *The Roots of the Nazi Mind;* die jüngste Auflage von 2009 hat den Untertitel: *From Wagner and the German Romantics to Hitler.* Für die Erstausgabe schrieb Thomas Mann einen Waschzettel, in dem er *Metapolitics* als eines der besten politischen Bücher der letzten Jahre bezeichnete und weit über Hermann Rauschnings *Die Revolution des Nihilismus* stellte.[270]

Peter Viereck hatte als Student den Nobelpreisträger in New York über *Richard Wagner and »The Ring«* vortragen hören und zählte seither zu dessen amerikanischen Bewunderern. Sein Initialartikel über Hitler und Wagner in *Common Sense* breitet zwei Thesen aus, die damals Aufsehen erregten. Erstens: Richard Wagner ist der politisch einflussreichste Künstler der Moderne, und zweitens: Wagner ist der ideologische Urquell des Nationalsozialismus. Viereck bekundet seinen ehrlichen Respekt vor Thomas Mann, dem »noblest and greatest of anti-Hitler Germans«, merkt aber kritisch an, dass es für einen Gegner Hitlers in Anbetracht von dessen Wagner-Kult eigentlich inkonsequent sei, neben Wagner, dem Komponisten, auch Wagner, den Denker, zu bewundern. Offenbar war es dieses Argument, das Alfred Bingham auf den Gedanken brachte, Thomas Mann zu einem Beitrag aufzufordern, um diesen dann als Verteidigung Wagners gegen die Pauschalanschuldigung des Jungakademikers auszugeben. So kam Thomas Manns unbetitelter Briefessay im Erstdruck zu dem eigentlich irreführenden Titel: *In Defense of Wagner. A Letter on the German Culture that Produced both Wagner and Hitler*. Die Frage ist also, ob Thomas Mann Wagner wirklich verteidigt und so zu seiner »Erlösung vom Faschismus« beigetragen hat.

Meister der Mehrfachverwertung, der er war, zumal beim Thema Wagner, greift er auf eine Reihe von Beobachtungen aus *Leiden und Größe*, aus dem Zürcher Vortrag über den *Ring* sowie aus *Auseinandersetzung mit Wagner* zurück – Zeugnisse seiner zwischen Bewunderung und Zweifel hin und her gerissenen Passion. Es wäre jedoch falsch, daraus den Schluss zu ziehen, dass er zu diesem Gegenstand nichts Neues zu sagen hatte, in der irrigen, gelegentlich auch von ihm selbst bestärkten Annahme, dass seine Urteile über Wagner »nichts mit Chronologie und Entwicklung zu tun« hätten.[271] Das Gegenteil ist der Fall, wie gerade seine Stellungnahme zu Virecks Thesen zeigt.

Offenbar war sich Thomas Mann nicht bewusst, dass es sich bei dem jungen Mann von der Harvard University um den Sohn von George Sylvester Viereck (1884–1962) handelte, einem Poeten und Publizisten von zweifelhafter Reputation, mit dem er von 1919 bis 1932 in einem sporadischen Briefwechsel gestanden hatte. Der ältere Viereck hatte den Kontakt zum Verfasser der *Betrachtungen eines Unpolitischen* gesucht und sandte ihm fortan seine Bücher, die jedoch offenbar ungelesen blieben. Sylvester Viereck präsentierte sich als von Kaiser Wilhelm dem I. abstammend. Sein Vater Louis Viereck, der nach Amerika auswanderte, war der Spross einer Liaison Wilhelms des I. mit der Schauspielerin Edwina Viereck.[272] In Amerika gelangte Sylvester Viereck schon im Ersten Weltkrieg in den Ruf eines fanatischen Germanophilen. In den folgenden Jahren entpuppte er sich als Nazisympathisant und Bewunderer Hitlers, den er bereits 1923 interviewte. 1941 wurde er wegen Geldwäsche im Auftrag der deutschen Botschaft zugunsten nazifreundlicher Organisationen in den Vereinigten Staaten zu vier Jahren Gefängnis verurteilt, wodurch er vollends zur Unperson wurde.

Die Thesen des jungen Viereck zu Hitler und Wagner sind ohne Kenntnis des historischen Gepäcks seiner Familiengeschichte nicht angemessen zu verstehen. Sein Studium der deutschen Geschichte an der Harvard University ist zweifellos als Teil seiner intellektuellen Emanzipation von seinem Vater zu deuten, dessen notorische pro-deutsche Propaganda und dessen Verurteilung als gewaltiges Stigma auf ihm lasteten. Indem der junge Viereck die deutsche Romantik und Wagner zu Vorläufern Hitlers erklärte – ein zu jenem Zeitpunkt verblüffender Beitrag zu der hitzigen Deutschlanddebatte in Amerika –, unterzog er, unter Berücksichtigung der jüngsten historischen Erfahrung, alles, wofür sein Vater mit blindem Eifer eingetreten war, einer radikalen Kritik. Dies machte aus Peter Viereck, dem eine distinguierte Karriere als Poet und politischer Philosoph beschieden war, mitnichten einen Deutschenfeind. Auch sein Kriegsdienst in Italien, wo er dem Psychological Warfare Branch zugeteilt war und wo er Kontakt mit Klaus Mann hatte, war eher dazu angetan, sein Interesse an deutscher Geschichte zu vertiefen.[273] Sein Interesse an deutscher Literatur hat sich am eindrucksvollsten in vorzüglichen Übersetzungen von Gedichten Georg Heyms, Stefan Georges und anderer deutscher Dichter niedergeschlagen. Entscheidend für sein hohes Ansehen in Amerika war jedoch sein Buch von 1949: *Conservatism Revisited*, ein Plädoyer für Edmund Burke und Fürst Metternich, mit dem er der im Amerika Franklin Roosevelts stark in Verruf geratenen politischen Philosophie des Konservatismus neues Leben einhauchte.[274] Peter Vierecks historisches Verdienst ist es, den Konservatismus in Amerika intellektuell wieder salonfähig gemacht zu haben. Er gilt als einer der ersten *Neo-Conservatives*, ein halbes Jahrhundert bevor es in der Ära George W. Bush den *Neo-Conservatives* gelang, ihre politische Philosophie wieder in Verruf zu bringen.

Radkau spricht zu Recht von Vierecks »Kampf gegen das Wagnerianertum« und bemängelt, dass Thomas Mann sich zwar »behutsam«, aber im Grunde doch entschieden von Viereck distanziere – im Endeffekt also Wagner verteidige. Der Sachverhalt ist jedoch um einiges komplizierter. Thomas Mann erklärt zunächst, dass er den Artikel Vierecks »mit fast unausgesetzter Zustimmung« gelesen habe, weshalb er die Erwartung des Herausgebers, dass er viel dagegen einzuwenden hätte, enttäuschen müsse. Übereinstimmend mit Viereck erklärt er, dass »zwischen der Wagner'schen Sphäre und dem nationalsozialistischen Unheil […] unbestreitbar« Beziehungen bestehen.[275] Damit weist er Vierecks Bemerkung zurück, er gehöre zu denen, die die politischen Nachwirkungen der Schriften Wagners verkennen.

Thomas Mann geht nun noch einen entscheidenden Schritt weiter. Wagners Werk im Ganzen, nicht nur seine Schriften, sondern auch die Musik hätten dem Nationalsozialismus vorgearbeitet: »Ich finde das nazistische Element nicht nur in Wagners fragwürdiger ›Literatur‹, ich finde es auch in seiner ›Musik‹, in seinem ebenso, wenn auch in einem erhabeneren Sinne, fragwürdigen *Werk* [...].«[276]

Solche Bemerkungen lassen sich beim besten Willen nicht als Verteidigung Wagners konstruieren. Ebenso wenig haltbar ist die These, dass der Austausch mit Viereck »nichts Neues« in seinem Verhältnis zu Wagner erbracht habe.[277] Richtig ist vielmehr, dass hier eine Radikalisierung von Thomas Manns Wagner-Deutung zu konstatieren ist. Zwei Monate nach Beginn des Krieges musste es ihm geboten erscheinen, Wagner nicht nur, wie gewohnt, als ästhetisches und psychologisches Faszinosum zu charakterisieren, sondern jene unheimlichen Beziehungen zwischen der heutigen Erscheinungsform Deutschlands und der Welt Wagners offen zu benennen. Thomas Mann erspart sich den Nachweis, worin denn im Einzelnen die faschistischen Elemente bei Wagner zu erblicken seien; konkretere Hinweise wird er in dem Austausch mit Preetorius geben. Offenbar ist ihm zu diesem Zeitpunkt, nachdem das deutsche Weltmachtstreben ein zweites Mal einen Krieg ausgelöst hatte, eine andere Frage dringlicher und aktueller – die Frage, die junge Amerikaner wie Peter Viereck beschäftigte, ob und inwiefern das gegenwärtige, nationalsozialistische Deutschland aus der großen, bewunderungswürdigen Geschichte des deutschen Geistes hervorgegangen sei.

Wie so oft, wenn Thomas Mann in Erklärungsnot ist, stützt er sich auf Nietzsches Wagner-Kritik, insbesondere dessen Aperçu, *Die Meistersinger* seien eigentlich als »Gegensatz zur Civilisation« aufzufassen.[278] Dieser Gedanke scheint ihm nun auf das »Werk« Wagners insgesamt anwendbar, weil es »gegen die ganze Kultur und Bildung gerichtet und gedichtet ist, wie sie seit der Renaissance herrschend gewesen war«. Dieses Werk mit »seinem Wagelaweia und seiner Stabreimerei, seiner Mischung aus Urtümlichkeit und Zukünftigkeit, seinem Appell an eine klassenlose Volklichkeit, seinem mythisch-reaktionären Revolutionarismus« sei auf dieselbe Art und Weise aus der »bürgerlich-humanistischen Epoche« herausgetreten, will sagen: ausgeschert, »wie der Hitlerismus«. Damit sei dieses Werk aber »die genaue geistige

Vorform der ›metapolitischen‹ Bewegung, die heute den Schrecken der Welt bildet«.[279]

Das bei Wagner zu konstatierende Ausscheren Deutschlands aus der westlichen Zivilisation bereitete dem *Faustus*-Autor in den Kriegsjahren und auch danach noch die größte Sorge. Damit verbunden war die Frage, wie und unter welchen Bedingungen Deutschland den Weg zurück in die Familie der zivilisierten Völker finden könne. Dies sind die Anliegen der späten Kriegsschriften und seines großen Deutschlandromans. Es ist überaus bezeichnend für den »politischen« Thomas Mann, dass diese großen Fragen die jüngste deutsche Geschichte betreffend aus seiner erneuten Auseinandersetzung mit Wagner »im Lichte unserer Erfahrung« entsprungen sind. Hier schon zeichnet sich eine intellektuelle und moralische Pflichtübung ab, der sich Thomas Mann expressis verbis in seinem Zürcher Nietzsche-Vortrag von 1947 unterziehen sollte: »Nietzsche im Lichte unserer Erfahrung.«

Über das Verhältnis von Wagner und Deutschtum hatte sich Thomas Mann bereits in den *Betrachtungen eines Unpolitischen* intensiv Gedanken gemacht. Zu Beginn des Zweiten Weltkriegs trat dieses Nachdenken in ein neues Stadium und führte ihn zu Erkenntnissen, die für die Deutschlandthematik des *Doktor Faustus* grundlegend wurden. Der Wagner-Essay von 1939 arbeitet denn auch weniger den Aspekt des Protofaschismus heraus als den einer profunden, unauflöslichen Ambivalenz. Bezeichnenderweise erinnert er gegen Viereck, dass er in dessen Artikel die Nuance der Liebe und des Betroffenseins vermisse. Was er an Vierecks Essay moniert, ist angesichts der breiten Übereinstimmung in ihrem Gesamtbefund der Naziaffinität Wagners im Grunde genommen eine quantité négligeable. Doch ebendieser Doppelaspekt des zugleich Bewundernswerten und Verwerflichen, den Wagner aufs schlagendste exemplifiziere, wird ihm nun zum Angelpunkt seiner auf den *Doktor Faustus* vorausweisenden Interpretation Deutschlands als des zugleich bösen und guten. Der Grundgedanke seiner Rede in der Amerikanischen Nationalbibliothek vom Mai 1945 über *Deutschland und die Deutschen* ist bereits hier fixiert: »Denn es gibt nur *ein* Deutschland, nicht zwei, nicht ein böses und ein gutes, und Hitler, in all seiner Elendigkeit, ist kein Zufall: nie wäre er möglich geworden ohne psychologische Vorbedingungen, die tiefer zu suchen sind, als in Inflation, Arbeitslosigkeit, kapitalistischer Spekulation und politischer Intrige.«[280]

Die Berechtigung zu diesem spekulativen Gedankenschritt von Wagner zur deutschen Geschichte bezieht Thomas Mann aus seiner persönlichen Erfahrung und seiner Zeitzeugenschaft. Er erinnert daran, dass es seine missliebige Wagner-Rede von 1933 war, die seine »Nicht-Rückkehr nach Deutschland« verursachte.[281] Und er bestätigt, dass Wagner in vielerlei Hinsicht als eine »Vorform« Hitlers zu betrachten sei – ein Begriff, der anstelle von Viercks schlichtem Modell eines direkten Einflusses das mentalitätsgeschichtlich differenziertere Modell der Antizipation setzt. Ebendieses Modell der Antizipation ist eine fundamentale Prämisse des *Doktor Faustus*, in dem die politische Geschichte Deutschlands als von der deutschen Musikgeschichte antizipiert vorgestellt wird.[282] Daraus folgt nun aber: So wie es nur den einen Wagner gibt, gibt es auch nur ein Deutschland, und in dem gegenwärtigen historischen Moment sei es nicht möglich, zwischen einem guten und einem bösen Deutschland zu unterscheiden: »Deutschland nimmt sich heute fürchterlich aus. Es ist die Qual der Welt, – nicht weil es ›böse‹, sondern gerade weil es auch ›gut‹ ist […].«[283]

Als Fazit aus Thomas Manns erneuter Beschäftigung mit Wagner unmittelbar nach Beginn des Zweiten Weltkriegs drängen sich drei Erkenntnisse auf. Zum einen muss die These, der zufolge die Exilanten im Allgemeinen und Thomas Mann im Besonderen der Weißwaschung Wagners vom Faschismus vorgearbeitet haben sollen, als unhaltbar und irreführend bezeichnet werden. Zum anderen zeigt der Essay von 1939, dass es das Nachdenken über Wagner war, das die charakteristisch Thomas Mann'sche Deutschlandkonzeption als des zugleich guten und bösen hervorbrachte – Deutschland als Jekyll and Hyde.[284]

Den dritten Gedanken dieses Wagner-Essays – es ist der bemerkenswerteste und auf den ersten Blick auch der anstößigste – stellt Thomas Mann ans Ende, wohl wissend, dass er zum gegenwärtigen Zeitpunkt auf Unverständnis und Ablehnung stoßen würde. Es ist die Vorhersage, dass dieser Krieg »zu Deutschlands Gunsten« geführt wird, obgleich oder gerade weil er mit der nie in Zweifel gezogenen Niederlage enden werde: »Machen wir uns nichts vor. Der Nationalsozialismus muß geschlagen werden, das heißt praktisch heute leider: Deutschland muß geschlagen werden.«[285] Denn erst die militärische Niederlage Hitler-Deutschlands werde einen »Zustand« herbeiführen, in dem es seinen eigenen »Traditionsfundus […] an gesellschaftsfreundlichen Elementen […] reaktivieren« könne, »um fähig zu sein, sich in die europäische Konföderation, die Staatengesellschaft einzufügen, für die Europa reif ist«. In dieser Vorstellung von Deutschland nach Hitler schwingen jedoch unverkennbar – man ist geneigt zu sagen: unvermeidlich – Wagner-Reminiszenzen mit. Denn so wie am Ende von *Götterdämmerung* der von Alberich verfluchte Ring, der »maßlose Macht« verleiht, und damit der »Welt Erbe« dem Rhein zurückgegeben wird – so wie damit der Menschheit ein Neuanfang ermöglicht wird –, so werde auch das »vom Fluche der Machtpolitik« befreite Deutschland in Zukunft »groß und glücklich« sein.«[286]

Eine Wagner-Reminiszenz steckt wahrscheinlich auch in dem Titel eines Artikels vom Februar 1945 über den nahen Zusammenbruch Hitler-Deutschlands: *Das Ende*. Es ist eine Anspielung auf die hochdramatische Stelle in Wotans großem Monolog in *Die Walküre*: »Nur Eines will ich noch: das Ende – das Ende!« Doch an die Stelle von Wotans Verzweiflung tritt hier das »Erbarmen mit soviel Fehlgeschichte, Unberatenheit, soviel Einsatz für tote Ideale, soviel blindem Trotz gegen die wahren Forderungen der Weltstunde«. Sein »Mit-Leiden« sei »keineswegs nur altruistischer Art […], denn alles Deutschtum ist betroffen und tief in Frage gestellt, auch der deutsche Geist, der deutsche Gedanke, das deutsche Wort« – also die Grundlagen seiner eigenen Bildung und seiner eigenen Existenz als deutscher Schriftsteller.[287] Und zu diesen Grundlagen gehört in einem eminenten Sinn das Werk Wagners.

Dass der prominente Emigrant nach dem langersehnten Ende der nationalsozialistischen Herrschaft dem besiegten, erniedrigten und moralisch kompromittierten Land seiner Herkunft eine letztlich versöhnliche und hoffnungsvolle Prognose stellte, wurde in den ersten Nachkriegsjahren kaum wahrgenommen. Er war überzeugt, dass selbst nach dem schmählichen Ende der Hitler-Diktatur die Heilung Deutschlands von der geistig-seelischen Krankheit des Nationalsozialismus durchaus möglich war. Sie war jedoch an die Erfüllung zweier Grundbedingungen gebunden: den Verzicht auf Machtpolitik und Weltmachtstreben sowie die »volle und rückhaltlose Kenntnisnahme entsetzlicher Verbrechen«, die im Namen Deutschlands begangen worden waren. Letztere Forderung ist enthalten in zwei Radiokommentaren an *Deutsche Hörer* vom Januar 1945, unmittelbar nach der Befreiung von

Auschwitz durch die Rote Armee. Dem Nichts-davon-wissen-Wollen vieler Deutscher begegnet er mit einer ernsten Mahnung: »ein gewaltiges Aufklärungswerk, das ihr nicht als Propaganda mißachten dürft, wird nötig sein, um euch zu Wissenden zu machen.«[288]

Damit ist nichts weniger als die Notwendigkeit einer Holocaust-Forschung statuiert, lange bevor der Begriff »Holocaust« in Umlauf kam und lange bevor in Deutschland eine angemessene Holocaust-Diskussion in Gang kam. Freilich ist ein ebenso gravierendes wie bezeichnendes Manko nicht zu übersehen. Thomas Mann versagt es sich, die entscheidende Wurzel jener entsetzlichen Verbrechen, die mit dem Wort Auschwitz gemeint sind, zu nennen: den Antisemitismus, und er unterdrückt den naheliegenden Verdacht, dass der Antisemitismus Wagners auf wie verschlungenen Wegen auch immer etwas damit zu tun haben könnte. Wie wir sehen werden, war er sich dieser schlimmen Zusammenhänge sehr wohl bewusst.

Wie viel »Hitler« ist in Wagner? Der Fall Emil Preetorius

In den ersten Nachkriegsjahren galt Thomas Mann vielen Deutschen, insbesondere den selbstgerechten Vertretern der Inneren Emigration, als ein kaltherziger Richter über Deutschland, der kein Verständnis aufbringe für die Leiden der Deutschen unter Hitler und in den Kriegsjahren, da er es vergleichsweise gut hatte und – so die berüchtigte Formulierung von Frank Thiess – der deutschen »Tragödie« aus den »Logen und Parterreplätzen des Auslandes« zuschauen konnte, ohne sie selbst am eigenen Leib erleben zu müssen.[289] Noch schwerer wog die sogenannte Kollektivschuldthese, die besagt, dass alle Deutschen an den Verbrechen des nationalsozialistischen Deutschlands mitschuldig seien – ein Gedanke, den man entrüstet zurückwies. Thomas Mann sprach jedoch von der Verantwortung der Deutschen für das, was das Naziregime in ihrem Namen ins Werk gesetzt hatte. Was die Schuld betrifft, so war er sich bewusst, dass es ein sehr »prekärer« Begriff sei.[290] Es handelt sich hierbei, wie Norbert Frei überzeugend dargelegt hat, um ein vertrautes sozialpsychologisches Phänomen, eine unwillkürliche

Geste der Abwehr: Moralisch bedrängt und verunsichert, wehrt man sich entschieden gegen eine Anschuldigung, die eigentlich niemand erhoben hat, und signalisiert damit, dass man ungerecht behandelt werde, wodurch man sich dem Eingeständnis der Betroffenheit enthoben wähnt und sich berechtigt fühlt, alle unangenehmen Wahrheiten, an die Thomas Mann erinnerte, von sich weisen zu können, wie z. B. die, dass das gegenwärtige Unglück der Deutschen selbstverschuldet sei.[291]

Die Schuldfrage lastete besonders schwer auf Emil Preetorius (1883–1973), dem sehr gezielten Empfänger jener umstrittenen und interpretationsbedürftigen Grundsatzerklärung zu Hitler und Wagner: »Gewiß, es ist viel ›Hitler‹ in Wagner.« Preetorius hatte sogleich nach Kriegsende den Kontakt mit dem aus München Vertriebenen aufgenommen, um das alte freundschaftliche Verhältnis neu zu beleben und um zu verhindern, dass der alte Freund aus der eigenen prominenten Rolle in Bayreuth keine falschen Schlüsse zieht. Auf diese schillernde Persönlichkeit trifft sehr genau zu, was Hermann Kurzke zu Thomas Manns Einstellung gegenüber Nachkriegsdeutschland angemerkt hat: Bei aller verbitterten Unversöhnlichkeit gegenüber Hitler-Deutschland im Ganzen war er »gütig und entgegenkommend im Einzelfall«.[292]

Preetorius – allgemein »Pree« genannt – war eine der bedeutendsten Gestalten in Thomas Manns Münchner Freundeskreis.[293] Von Hause aus Graphiker und Illustrator, erlangte er als Bühnenbildner Weltruhm. Als Künstler, Sammler asiatischer Kunst, Professor an der Akademie der Bildenden Künste, als Autor und schließlich, von 1953 bis 1968, als Präsident der Bayerischen Akademie der Schönen Künste spielte der aus Mainz zugewanderte Ästhet über eine erstaunlich lange Zeitspanne, von der Prinzregentenzeit bis in die Jahre der Bonner Republik, eine hervorragende Rolle im kulturellen Leben Münchens. Sein Fall ist in mehrerer Hinsicht symptomatisch und verdient an dieser Stelle, näher betrachtet zu werden.

Preetorius hatte vielfache Veranlassung, dem *Buddenbrooks*-Autor Dankbarkeit zu erweisen, denn dieser hatte seine Karriere nicht unwesentlich gefördert. Thomas Mann hatte in einer einlässlichen Besprechung der bibliophilen, 1907 erschienenen Ausgabe von Adelbert von Chamissos Novelle *Peter Schlemihl* mit Nachdruck die »geistreichen, echt romantisch konzipierten Vollbilder und Vignetten« hervorgehoben, »mit denen Emil Preetorius das Buch geschmückt hat«.[294] Dieses

Lob auf den noch jungen Buchkünstler sollte sich als Karriereschub erweisen, denn Preetorius war nun als Buchillustrator gefragt. Er lieferte auch den Buchschmuck zu Büchern von Thomas Mann, darunter die anmutige Hundenovelle *Herr und Hund*.

Noch nachhaltiger war offenbar der Anstoß, den Prees Karriere als Bühnenbildner durch Thomas Mann erhalten hatte. Preetorius berichtet darüber in seinen *Münchener Erinnerungen*.[295] Bruno Walter, Generalmusikdirektor der Bayerischen Staatsoper, Nachbar und Freund Thomas Manns, plante für die Spielzeit 1920/21 eine Neueinstudierung von Christoph Willibald Glucks *Iphigenie in Aulis*. Unzufrieden mit seinen Optionen für die Bühnenausstattung, habe sich der Dirigent an seinen Freund Thomas Mann gewandt, der, so Preetorius, »ohne langes Besinnen mit Nachdruck auf mich als den einzig Geeigneten« verwiesen habe. Die Produktion, für die Preetorius die Bühnenbilder und Kostüme entwarf und in der die von Bruno Walter und Thomas Mann hochgeschätzte Delia Reinhardt die Titelrolle sang, war ein bedeutender Erfolg und für Pree der entscheidende Karriereschub. Nicht auszuschließen ist allerdings, dass Preetorius in seinen Erinnerungen flunkert, um sich und seine Karriere mit dem illustren Namen Thomas Manns zu schmücken. Bruno Walter kannte Glucks Werk aus seiner ersten Wiener Zeit. Es war die neben *Tristan* bedeutendste Produktion der Ära Mahler–Roller. In seiner Autobiographie handelt Bruno Walter ausführlich von der Münchener *Iphigenie*-Produktion, erwähnt jedoch nichts von einer Preetorius betreffenden Unterredung mit Thomas Mann.[296]

Als Bruno Walter 1925 an die Städtische Oper Berlin ging, wo Heinz Tietjen Intendant war, beauftragte er Preetorius mit einigen Inszenierungen, u.a. von Wagners *Lohengrin* (1929). Auch diese Produktion war ein großer Erfolg; sie imponierte vor allem Siegfried Wagner, der aufgrund dieser Inszenierung Tietjen und Preetorius für Bayreuth in Aussicht nahm.[297] Von da an bildeten Tietjen und Preetorius ein Gespann, zunächst in Berlin an der Staatsoper, wohin Tietjen als Intendant berufen wurde, und sodann in Bayreuth. Dort stieg Preetorius zum »Szenischen Leiter der Bayreuther Festspiele« auf, eine Position, die er von 1931 bis 1939 innehatte. Er verlor diese Position nicht etwa aus politischen Gründen, sondern in der Hauptsache, weil Wieland Wagner, der ungeduldige und ehrgeizige Thronfolger, ihn auf unschöne Weise verdrängte.[298] In seinen Bayreuther Jahren erwies sich Preetorius kaum weniger als der dafür berühmte Heinz Tietjen als ein opportunistischer Überlebenskünstler in finsteren Zeiten. Gebannt von dem, was sie als ihre Lebensaufgabe ansahen, und geprägt von einer ästhetizistischen Weltanschauung jenseits von Gut und Böse, waren sie immun gegenüber allen etwaigen ethischen Anfechtungen.

Es fällt nicht leicht, die Bedeutung Prees in der Geschichte der Bayreuther Festspiele fair und korrekt einzuschätzen, da die Assoziation mit Hitler jedem Betrachter mit geradezu Pawlow'scher Zwangsläufigkeit das Urteil trübt. Es spricht jedoch einiges für die These Patrick Carnegys – Thomas-Mann-Kenner, Musikkritiker und langjähriger Dramaturg am Royal Opera House Covent Garden –, der in seiner vorzüglichen, nicht auf Bayreuth beschränkten Geschichte der Wagner-Inszenierung die landläufige Beurteilung von Preetorius mit guten Gründen in Frage stellt. Weithin akzeptiert ist die vor allem von Wieland Wagner und seinen intellektuellen Gewährsmännern verbreitete Auffassung, wonach die entscheidende, epochemachende Wende in der Wagner-Regie erst in Neu-Bayreuth mit der Hinwendung der Wagner-Enkel zu den bis dahin verpönten beziehungsweise verschmähten Ideen Adolphe Appias vollzogen worden sei. Gegen diese communis opinio macht Carnegy eine entschiedene Aufwertung der historischen Leistung des Gespanns Tietjen–Preetorius geltend und argumentiert, der künstlerische Traditionsbruch von der Ära Cosima und Siegfried Wagner zu der Ära Tietjen und Preetorius sei ebenso einschneidend gewesen wie der von den Hitler-Jahren zu Neu-Bayreuth.[299] Nicht erst Wieland Wagner, sondern schon Preetorius sei ein Jungianer gewesen, der beispielsweise den *Ring des Nibelungen* von den zugrundeliegenden Archetypen her verstand. Für Preetorius waren dies »Urbilder der ewigen Lebensmächte«.[300] Zur Empörung der Alt-Wagnerianer konzipierte Preetorius, der sich selbst weniger als Bühnenbildner denn als »Szeniker« verstand, das traumhafte Geschehen auf der Wagner-Bühne »jenseits aller Gebundenheit in Zeit und Raum«.[301] Entscheidend und irreversibel sei die von Winifred und Hitler gestützte Abkehr von dem Aberglauben gewesen, Wagners Bühnenanweisungen seien für alle Zeit gültig und damit unantastbar. Erst aus diesem Bruch ergaben sich alle weiteren Freiheiten der Wagner-Regie in Bayreuth. Dass schon Preetorius sich von Appia inspirieren ließ, ist ohne weiteres zu erkennen, wenn man die Entwürfe Appias und Prees für den sogenannten

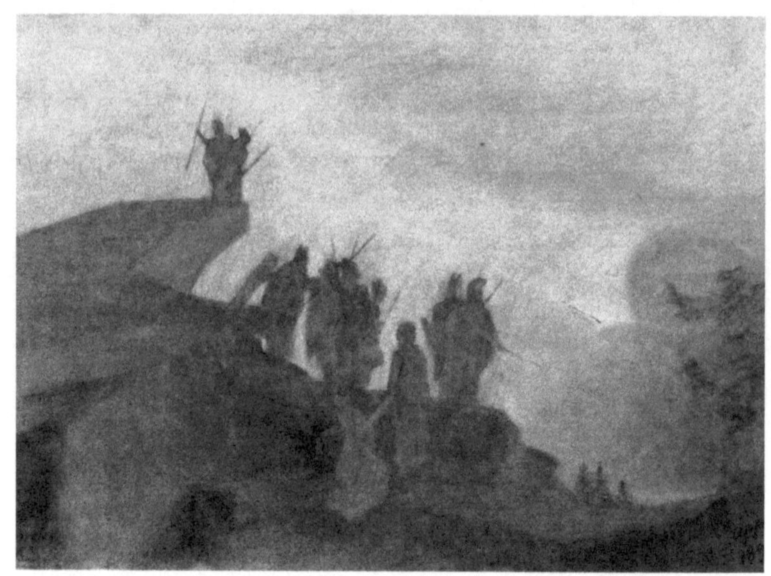

Abb. 42: Der Entwurf für den Walküre-Felsen von Adolphe Appia, 1892

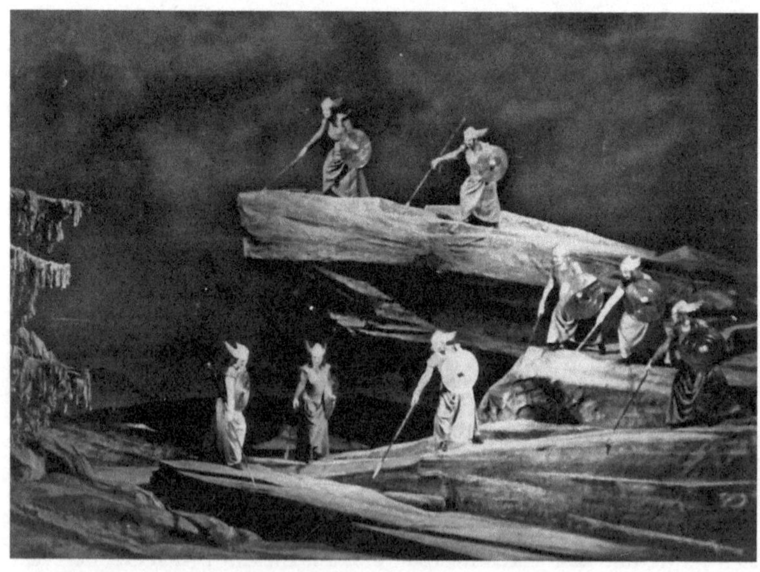

Abb. 43: Preetorius' Darstellung des Walküre-Felsens, 1936

Walküre-Felsen nebeneinander hält.[302] Der Walküre-Felsen für die im Vergleich zu der Ära Siegfried Wagner völlige Neugestaltung des *Rings* – Pree konzipierte ihn als »Schicksalsfels«, als die »steingewordene, gewaltig anschwingende Woge« – gilt heute als eine der herausragenden Ikonen der Bayreuther Festspiele in den Hitler-Jahren.

Im Übrigen bestätigt Hitlers Verhalten gegenüber Tietjen und Preetorius den Befund, der, wie gezeigt, auch an seiner Einstellung zu der Neueinstudierung des *Parsifal* mit Bühnenbildern von Alfred Roller abzulesen ist. So wie er sich im Fall des vermeintlich unantastbaren Vermächtniswerks auf die Seite der Neuerer stellte und Winifred Wagner gegen die sturen Traditionalisten in ihrer Verwandtschaft den Rücken stärkte, so hielt er auch seine Hand über das bewährte Team Tietjen–Preetorius und schützte es so gegen die Querschüsse eines Rosenberg oder die Intrigen eines Goebbels, der Tietjen misstraute und dem die faktische Reichsunmittelbarkeit Bayreuths von Anfang an ein Dorn im Auge war. Anders als aus den Hitler-Biographien zu entnehmen ist, anders auch als gemeinhin angenommen, ist Hitlers Stellung in der deutschen Wagner-Rezeption als die eines moderaten Neuerers zu kennzeichnen. Prees geschickte Verbindung von symbolischer und realistischer Raumgestaltung entsprach auch seinem Geschmack. Auf dem Feld der Raumgestaltung, seinem Steckenpferd, zählte er Preetorius, wie aus einem Tischgespräch von 1942 zu entnehmen ist, zu den drei wichtigsten lebenden Künstlern, neben Benno von Arent und Ludwig Sievert.[303]

Kein Zweifel also, Preetorius gehörte zu den »gottbegnadeten« Vorzeigekünstlern des Dritten Reichs, auch wenn er gegenüber Thomas Mann sich selbst als einen politisch Verfolgten darzustellen versuchte. Angeblich sei er »durch Gauleiter und Gestapo« wegen »freundschaftliche[r] Korrespondenz mit Juden in Holland« zum »Staatsfeind« erklärt worden.[304] Doch ändert dies, wenn es der Wahrheit entspricht, nichts an der Tatsache, dass er dem Hitler-Regime gedient und geholfen hatte, in dem staatstragenden Wagner-Kult künstlerische Glanzlichter zu setzen. Dem *Faustus*-Autor musste sich der hochgebildete, von ihm geförderte und geschätzte Bühnenkünstler als Schranze an »Hitlers Hoftheater« darstellen.[305]

Als der *Protest der Richard-Wagner-Stadt München* erschein, fiel Thomas Mann auf, dass der Name Preetorius auf der Liste der Unterzeichner fehlte.[306] Hatte er erwartet, dass Pree sich einer solchen Aktion anschließen würde? Als Professor der Akademie der Bildenden Künste gehörte Pree vermutlich zu den Adressaten des Rundschreibens, mit dem Knappertsbusch die Aktion startete. Im Unterschied zur Universität war die Akademie unter den Unterzeichnern besonders stark vertreten. Es lässt sich nicht feststellen, ob Pree das Ansinnen Knappertsbuschs zurückwies oder ob Knappertsbusch mit Rücksicht auf dessen allgemein bekannte Freundschaft mit Thomas Mann darauf verzichtete, ihn in dieser Sache zu belästigen.

Andererseits war Pree auch Mitglied des Münchner Rotary Clubs. Als Thomas Mann auf rüde Weise aus diesem Club ausgestoßen wurde, schwieg Preetorius; es kam kein Wort des Bedauerns oder der Solidarität. Das beschäftigte ihn. Als Preetorius im September 1934 ihm in Zürich überraschend einen Besuch abstattete, stellte er ihn zur Rede und fragte ihn, warum er aus Protest nicht ausgetreten sei.[307] Pree erklärte, er sei selbst auch gefährdet gewesen und habe deshalb nichts riskieren können, was Thomas Mann im Tagebuch mit einem vielsagenden »nun ja« quittierte. Als die Rede auf Hitler kam, mit dem Pree inzwischen bei zwei Festspielen in Bayreuth zu tun gehabt hatte, erklärte er, sein persönlicher Eindruck sei der »eines ordinären und schlechtrassigen aber ›guten‹ Menschen, der ›aus dem Gefühle‹« lebe. Thomas Manns Kommentar im Tagebuch: »Ich danke.« Wie aus den Notaten im Tagebuch ersichtlich, nahm Prees Besuch einen peinlichen Verlauf. Thomas Mann hatte es mit einem Ästheten zu tun, der längst schon im Banne des Ästheten an der Spitze des Staates stand. Hier hatte er jemanden vor sich, der dem Oberpriester des Wagner-Kults mit Hingabe diente. Als zwei Jahre später Preetorius mit der umjubelten Inszenierung des *Lohengrin* seine Hand dazu lieh, dass »dieser idiotische Schurke Hitler« sich ausgerechnet im Glanze von Thomas Manns Lieblingswerk mit seiner »süß-heldische[n] Romantik« sonnen durfte, war ihm dieses Highlight der Wagner-Pflege des Dritten Reichs »über die Maßen ekelhaft«.[308]

Nach dem Krieg rechtfertigte Pree sein Mitmachen gegenüber Thomas Mann mit dem Argument, dass er das 1931 begonnene Werk der Modernisierung der Wagner-Bühne 1933 nicht einfach »im Stiche« lassen konnte: »Ich war eingefangen in meine Arbeit, stand in ihrem Bann.«[309] Mit ganz ähnlichen Argumenten verteidigte auch Furtwäng-

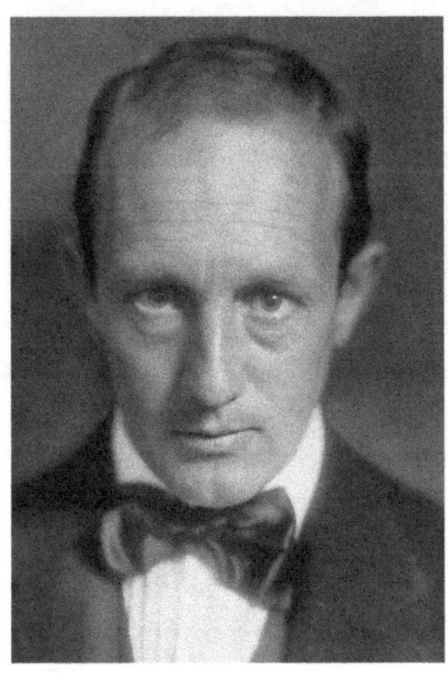

Abb. 44: Emil Preetorius

ler sein Verbleiben in Hitler-Deutschland.[310] Es war eine Standard-Erklärung der Inneren Emigration. Hofiert von Hitler, trauten sowohl Furtwängler wie auch Preetorius den Verlautbarungen des kunstbeflissenen Führers und versprachen sich von der neuen Ära eine einzigartige Möglichkeit, an einem großen Projekt mitzuwirken: das Erbe der großen, deutschen Musikkultur auf höchster Ebene in verantwortungsvoller Position zu pflegen und mitzugestalten. Es ist leicht nachzuvollziehen: für Thomas Mann hatte der Fall Preetorius etwas Quälendes, doch auch etwas Schlüsselhaftes – nicht zuletzt im Hinblick auf den noch lange nicht abgeschlossenen *Doktor Faustus.*

Die Schuldfrage erwies sich in diesem illustren Fall als besonders prekär. Sie stand aber, seit Thomas Mann in dem offenem Brief an Walter von Molo vom September 1945 die Gründe für seine Nicht-Rückkehr erklärt hatte, für alle leicht zu erkennen im Raum. Die folgenden Sätze zielten auf Preetorius und mussten diesen schwer treffen: »Zu den Qualen, die wir litten, gehörte der Anblick, wie deutscher Geist, deutsche Kunst sich beständig zum Schild und Vorspann des absolut Scheusäligen hergaben. Daß eine ehrbarere Beschäftigung denkbar war, als für Hitler-Bayreuth Wagner-Dekorationen zu entwerfen, – sonderbar, es scheint dafür an jedem Gefühl zu fehlen. Mit Goebbels'scher

Permission nach Ungarn oder sonst einem deutsch-europäischen Land zu fahren und mit gescheiten Vorträgen Kulturpropaganda zu machen fürs Dritte Reich, – ich sage nicht, daß es schimpflich war, ich sage nur, daß ich es nicht verstehe, und daß ich Scheu trage vor manchem Wiedersehen.«[311]

Als Preetorius diese kaum verhüllte Anklage zu Gesicht bekam, musste er den Eindruck gewinnen, dass damit die alte Freundschaft aufgekündigt war, umso mehr, als auf die Briefe, die er bald nach Kriegsende in scheinbar unveränderter Anhänglichkeit im Juni und August 1945 an Thomas Mann gerichtet hatte, noch keine Antwort vorlag. So setzte er sich denn hin, um seinerseits einen offenen Brief zu seiner Verteidigung zu schreiben. Bevor er ihn zur Veröffentlichung abschickte, traf jedoch aus Pacific Palisades ein überraschend freundschaftlicher Brief von dem nach wie vor Verehrten ein. Prees Briefe waren falsch addressiert und hatten den Empfänger verspätet erreicht. Daraufhin hielt er seine Apologie zurück, schickte aber in vertrauensvoller Anhänglichkeit eine Kopie an seinen Ankläger, dem er u.a. vorhielt: »Ihr Herz ist hart geworden, und Ihre Perspektive aus allzu weiter Ferne notwendig verzerrt.«[312] Thomas Manns Replik ist bedauerlicherweise verloren.

Nach der scharfen Spitze gegen den »Szeniker« des Hitler'schen Hoftheaters und den für Goebbels in Sachen Kulturpropaganda Reisenden musste Preetorius von Thomas Manns Brief überrascht und erleichtert sein. Die alte Freundschaft schien wiederbelebbar. Er konnte nicht wissen, dass es Thomas Mann eine gewisse Überwindung gekostet haben muss, in relativ gelassenem und verbindlichem Ton die Verbindung mit Pree wiederaufzunehmen. Ihm lag ein ausführlicher Bericht Klaus Manns vom 16. Mai 1945 vor, also unmittelbar nach Kriegsende, in dem dieser weiterreicht, was er in München aus dem Mund von »Hörschl« – Rolf von Hörschelmann, dem Illustrator u.a. von *Mario und der Zauberer* – über Pree gehört hatte: »ein Schwein von oben bis unten.« Klaus Mann fügt hinzu: »Er muss einer der schamlosesten Opportunisten gewesen sein, auf vertrautem Fuß mit Goebbels etc.«[313]

Aus dieser Perspektive mutet der im Vergleich zu dem Molo-Brief heitere und versöhnliche Ton in Thomas Manns Schreiben an Preetorius in der Tat ein wenig gespielt an. Die Erklärung ist jedoch nicht weit zu suchen. An die Stelle der Freundschaft war etwas Stärkeres getreten:

Interesse; mehr noch: kaltes, werkbezogenes Interesse – das stärkste von allen. Emil Preetorius war ein Künstler und Intellektueller, mit dem ihn vieles verband, der aber auch auf vertrautem Fuß mit Hitler und Goebbels verkehrte. Prees schlechtes Gewissen und seine Bemühung um Verständnis und Apologie halfen, ein Problem zu erhellen und zu vertiefen, von dem auf eine schmerzlich bohrende Art und Weise sein derzeitiges Hauptgeschäft handelte, die Verbindung von Ästhetizismus und Barbarei. Gut möglich, dass dem *Faustus*-Autor dabei die Zeilen des Hans Sachs in den *Meistersingern* durch den Kopf gingen: »Dass hier Herr Beckmesser ward zum Dieb, ist mir für meinen Plan gar lieb.« Pree war nicht gerade zum Dieb geworden, sondern zu etwas Interessanterem: ein hochgebildeter Ästhet, der sich aber nicht zu gut dafür war, sich als Helfer des absolut »Scheusäligen« herzugeben.

Im Herbst 1945, als die beiden Briefe seines alten Freundes ihn erreichten, war Thomas Manns großer Deutschlandroman bis zum 29. Kapitel gediehen. Das Kapitel 34, das er am 14. Januar 1946 in Angriff nahm, fällt insofern aus dem Rahmen, als es eigentlich drei Kapitel in einem sind. Es ist neben dem zentralen Teufelsgespräch in Kapitel 25 das für die Gesamtaussage des Romans gewichtigste. Das erste Teilkapitel präsentiert eine erstaunlich detaillierte und konkrete Beschreibung von Leverkühns erstem atonalen Hauptwerk, dem von Dürers Holzschnitten inspirierten und wie im Rausch und unter Hochspannung entstandenen Oratorium *Apocalipsis cum figuris*. Das zweite Teilkapitel beschreibt »diskursive Herrenabende« in der Martiusstraße in München-Schwabing.[314] Es macht uns mit den bizarren Geistern bekannt, die an diesen zwanglosen Diskussionsrunden des Kridwiß-Kreises teilnehmen, und gibt uns Kostproben ihrer intellektuellen Steckenpferde und Obsessionen. Im dritten Teil dieses Kapitels reflektiert der Erzähler über die Korrespondenzen zwischen Leverkühns Musik und dem antihumanistischen Geist jenes Kridwiß-Kreises.

Unbekümmert um die Gefühle und Reaktionen der Betroffenen, porträtierte Thomas Mann auch in *Doktor Faustus* lebende Zeitgenossen aus seinem Münchener Bekanntenkreis, auch nahestehende. Das erforderte jeweils angestrengte Beschwichtigungen, in denen er jedoch Übung besaß. Die Skandale oder zumindest Verstimmungen, die diese in Thomas Manns Bilse-Ästhetik gründende Verfahrensweise in den allermeisten Fällen verursachte, waren der Dauerbrenner unter den

Kontroversen, die ihm, wie wir sahen, seit *Buddenbrooks* und *Tristan* wie eine Klette anhingen. Die Reihe der davon Betroffenen summiert sich zu einer eindrucksvollen und bunten Galerie von Weg- und Zeitgenossen, die sich von Arthur Holitscher und Theodor Lessing über Georg Lukács und Gerhart Hauptmann bis zu Agnes Meyer und Theodor W. Adorno erstreckt.

Was nun *Doktor Faustus* betrifft, so häufen sich die literarischen »Morde«, wie er selbst die Opfer seines literarischen Verfahrens mit bemerkenswertem Gleichmut bezeichnete, zu einem veritablen Leichenberg.[315] Das beginnt mit den eigenen Familienmitgliedern: die Mutter, die beiden Schwestern sowie Frido Mann, der geliebte Enkelsohn, werden kaltblütig geopfert. Auch nahestehende Freunde des Hauses werden nicht geschont: Ida Herz, Annette Kolb und Hans Reisiger. Die Zahl der in Kapitel 34 anfallenden »Leichen« ist besonders hoch, denn für jeden Teilnehmer jener diskursiven Herrenabende lassen sich reale Vorbilder aus der Münchner Szene benennen: Dr. Chaim Breisacher (Oskar Goldberg, Religionsphilosoph, und Oswald Spengler, Kulturphilosoph), Dr. Egon Unruhe (Edgar Dacqué, Paläontologe), Professor Georg Vogler (Josef Nadler, Germanist), Professor Gilgen Holzschuher (Wilhelm Waetzoldt, Kunsthistoriker), Daniel Zur Höhe (Ludwig Derleth, Dichter).

Für einen Autor, der sich als Chronist der Seelengeschichte des deutschen Bürgertums verstand und der den Geist »dieser kulturkritischen Avantgarde«[316] einzufangen bestrebt war, waren diese »Morde« ästhetisch gerechtfertigte Zwangshandlungen, bei denen persönliche Rücksichten hinter die Erfordernisse des Romans zurückzutreten hatten. Diese nach des Autors eigener Auffassung notgedrungene Rücksichtslosigkeit ist nicht zuletzt auch ein handfester Beleg für den unbestreitbaren Charakter dieses Romans als radikale Autobiographie.[317] Ein Schriftsteller, der sich in seiner Selbsterforschung und Selbstentäußerung keine Zügel anlegte, beanspruchte auch das Recht des epischen Chronisten, seine Zeitgenossen zu porträtieren. In dieser Hinsicht blieb Thomas Mann selbst, aller zunehmenden Kritik des Ästhetizismus zum Trotz, bis zuletzt Ästhet.

Von Thomas Manns Schaffensmaxime, die lebensgeschichtliche Exaktheit diktierte, war der Fall Preetorius auf eine besonders erhellende Weise betroffen. Die in Kapitel 34 geschilderten Zusammenkünfte des Kridwiß-Kreises entsprechen recht genau den regelmäßigen Zusammenkünften gleichgesinnter Intellektueller, für die Pree in der in München besonders turbulenten Nachkriegszeit sein Atelier in der Schwabinger Ohmstraße zur Verfügung stellte. Preetorius selbst, in seinem Buch *Über die Kunst und ihr Schicksal in dieser Zeit* (1953), beschreibt sie als »wöchentliche Diskussionen über die dringlichsten Fragen, die eine Auslese sehr besonderer Menschen jeweils in meinem Atelier versammelte«.[318]

Zu diesen sehr besonderen Menschen – allesamt Intellektuelle und Ästheten, die man heute grosso modo der Konservativen Revolution zurechnen würde – zählte auch der Verfasser der *Betrachtungen eines Unpolitischen*. Thomas Mann besuchte jene Herrenabende in Prees Atelier häufig genug, um sie anhand seiner Tagebuchnotizen ein Vierteljahrhundert später im Roman beschreiben zu können. Doch ist es jetzt ein politisch gereifter und gefestigter Thomas Mann, der in der Maske des Erzählers Serenus Zeitblom, eines altmodischen Humanisten, dem ganzen Kridwiß-Kreis, also auch seinem eigenen früheren Selbst, eine äußerst kritische Diagnose stellt. Nun erblickt er in diesen »sehr besonderen Menschen« Vordenker des »Scheusäligen«, Wegbereiter des Faschismus. Dieser republikfeindliche und antidemokratische Kreis fürchtet die »intentionelle Re-Barbarisierung«[319] keineswegs, sondern heißt sie willkommen, auch wenn sie Terror, Glaubensdiktatur, Euthanasie und Rassenhygiene einschließt.

Gegenüber dem Ästhetizismus nahm Thomas Mann bereits im Frühwerk eine kritische und selbstkritische Position ein. Wie etwa an der Figur des Schriftstellers Detlev Spinell in der Novelle *Tristan* zu erkennen ist, einem total wagnerisierten Ästheten, stellte die völlige Gleichgültigkeit gegenüber ethischen und moralischen Rücksichten den gewichtigsten Einwand gegen den Schönheitskult dar. Seither jedoch hatte die Geschichte ihm die Augen für die politischen Konsequenzen des Ästhetizismus geöffnet – für die »Nachbarschaft von Ästhetizismus und Barbarei« – und ihn gelehrt, im Ästhetizismus einen »Wegbereiter der Barbarei« zu erkennen«.[320] Adolf Hitler bot einen beunruhigenden Anschauungsunterricht zu dieser die europäische Moderne kennzeichnenden Problematik. War demnach Emil Preetorius, der selbst nie wie vergleichbare Repräsentanten des kulturellen Lebens vom Nazi-Regime mit Auszeichnungen verwöhnt wurde –, war dieser zartsinnige

Ästhet vom Scheitel bis zur Sohle wirklich in einem ernstzunehmenden Sinn als ein Wegbereiter der Barbarei zu betrachten?

Sixtus Kridwiß selbst, also die literarische Verkleidung Prees, ist kein Wortführer in dieser radikalkonservativen Gesprächsrunde. Seine gewöhnliche Reaktion auf die in seinem Atelier vorgetragenen Ideen und Hirngespinste: das alles sei »scho enorm wischtisch«, auf jeden Fall »schön«, lässt ihn eher als einen Sympathisanten denn als Vorreiter erscheinen. Kridwiß ist ein Kunstfreund, der zwar selbst keinen »steilsten ästhetischen Unfug« verbreitet, diesem aber auch nicht entgegentritt, wenn seine Gäste sich kaltschnäuzig einen Spaß aus der Provokation um der Provokation willen machen.[321] Kridwiß lebt allein für die Kunst und die Kunsterkenntnis, hat aber »neugierigerweise« den Finger am Puls der Zeit, ohne dass ihm eine »feststellbarc gesinnungsmäßige Bindung« anzumerken wäre.[322] Er gehört also zu den vermeintlich unpolitischen Ästheten, die jedoch eine Achillesferse haben: Sie sind leicht mit einer ästhetischen Lockspeise zu ködern und bekennen ebendadurch politisch Farbe.

So offenbar stellte sich dem *Faustus*-Autor der Fall Preetorius dar: ein Ästhet, der der Verlockung, an Hitlers Hoftheater an der Modernisierung der Wagner-Bühne mitzuwirken, nicht zu widerstehen vermochte. Für den *Faustus*-Autor war Preetorius also ein Faszinosum von höchster Symptomatik, nicht zuletzt weil der kulturelle Mutterboden seiner eigenen Existenz derselbe war, aus dem nicht nur Preetorius hervorgegangen war, sondern auch die ganze Korona der kaltschnäuzigen Propheten der Katastrophe aus der Martiusstraße.

Wie schwer sich Preetorius von Kapitel 34 des *Doktor Faustus* getroffen fühlte, ist schwer zu ermessen. Gewiss wird er die beschwichtigenden Erklärungen des *Faustus*-Autors nicht für bare Münze genommen haben. In diesem besonders heiklen Fall wartete Thomas Mann nicht, bis ihm die Reaktionen der Betroffenen zugetragen wurden, sondern er ergriff eine prophylaktische Maßnahme, um Pree jeden Gedanken an eine Entsprechung zwischen Sixtus Kridwiß und ihm selbst auszureden, noch bevor dieser die Gelegenheit hatte, den Roman zu lesen. Thomas Mann schreibt ihm also – und man fragt sich, ob er selbst seine gewundenen Erklärungen für glaubwürdig hielt –, es müsse ihn der Teufel geritten haben, als er bei der Schilderung eines Münchner Debattier-Klubs »an gewisse, mit geistreichen Herren in Ihrem Heim in der Ohmstraße verbrachte Abende« dachte und dann das dort Gehörte »meiner Schilderung vom Wachstum des Bösen« unterlegte. Und schon gar nicht möge er sich darüber entsetzen oder gar zürnen, dass der Veranstalter und Gastgeber jener diskursiven Herrenabende »mit Ihrer Person 2 ½ Äußerlichkeiten gemeinsam hat«. Die gespielte Unschuld sodann auf die Spitze treibend versichert er: »Noch einmal, *muß ich Sie bitten*, sich mit mir zusammen über die Dummheit und Bosheit, auch die Entrüstung derer hinwegzusetzen, die da sagen werden, das seien Sie? Absurd!«[323]

Wie dem auch sei, Pree ließ sich in seiner Anhänglichkeit an den Verehrten, die diesem wohl nicht recht geheuer war, durch nichts beirren. Man tauschte sich weiterhin aus und korrespondierte miteinander im Ton ausgesuchter Höflichkeit und gegenseitiger Wertschätzung. Als sich 1949 der erste Deutschlandbesuch des in Amerika gefeierten Schriftstellers anbahnte – ein Ereignis, das diesseits und jenseits des Atlantiks Wellen schlug –, erbot sich Preetorius, über die jüngst ins Leben gerufene Bayerische Akademie der Schönen Künste für einen würdigen Rahmen für Thomas Manns Rückkehr nach München nach sechzehn Jahren zu sorgen. Das sollte, wie offenbar Pree dachte, über die Schaffung einer Ehrenstellung in der Akademie geschehen. Doch darüber kam es in der Akademie selbst zum Streit, so dass der Besuch, wie Albert von Schirnding in ernüchterndem Detail gezeigt hat, einen mehr schlechten als rechten Verlauf nahm.[324] Es wurde eine leidige Sache, die dermaßen schieflief, dass Preetorius selbst dem offiziellen Empfang der Akademie in dem von Bomben verschonten Prinz-Carl-Palais fernblieb.

Hier könnte man die Betrachtung des Falles Preetorius enden lassen, wäre da nicht noch ein zentraler Streitpunkt, dem zum Abschluss unseres Streifzugs auf dem weiten Feld der Wirkungsgeschichte Richard Wagners unsere Aufmerksamkeit zu gelten hat. Es betrifft die Gretchenfrage, die zwischen den einstigen Weggefährten im Raum stand und die aufzugreifen sich Thomas Mann schließlich die Mühe gab, um die durch Hitler und das Dritte Reich entstandene Distanz zwischen den Emigranten und den Daheimgebliebenen in aller Deutlichkeit zu markieren. Die Frage Gretchens: »Nun sag, wie hast du's mit der Religion?« lautete in diesem Falle: Wie hast du's mit Wagner und dem Wagner-Kult? Und wie mit dem peinlichen Umstand, dass der Wagner-Kult dem »Scheusäligen« zur Herrschaft verhalf, so dass sich Hitler, zur grenzenlosen Erbitterung der nicht-nazistischen Wagner-Verehrer, in dem Glanz der welterobernden Wunderwerke sonnen durfte? Damit stehen wir vor einem weißen Fleck auf unserem Triptychon, den es zum Abschluss zu füllen gilt.

Der Anstoß zu der Auseinandersetzung der beiden unterschiedlichen Wagnerianer war von Preetorius ausgegangen. Thomas Mann ließ die Sache jedoch vier Jahre lang auf sich beruhen, um dann nach dem wenig erfreulichen Besuch in München im Sommer 1949 und anlässlich von Preetorius' problematischer, zuerst 1941 und 1949 in überarbeiteter Fassung erschienenen Wagner-Schrift, die dieser ihm am 18. September geschickt hatte, einen deutlichen Trennungsstrich zwischen »seinem« Wagner und dem des Bayreuther Szenikers zu ziehen.

Unmittelbar nach dem Krieg, im Mai 1945, hatte Preetorius einen Geburtstagsgruß an den fernen Verehrten gesandt. Es war der Vorbote zu einem längeren Schreiben vom 8. September 1945, in dem er Thomas Mann drei Gegenstände ans Herz legte, die seiner Meinung nach dringend der Klärung bedurften: »Erstens wäre eine Apologie Wagners zu verfassen, die der irrigen und irreführenden Meinung entgegentritt, Wagner sei eine Art Nazi« gewesen. Auch über Nietzsche wäre eine aufklärende Abhandlung oder ein Buch zu verfassen, nicht jedoch zu seiner Apologie, sondern zur Relativierung »seiner Erkenntnisse und Lehren«. Und drittens sei es wünschenswert, eine »Theorie des Deutschen« zu entwickeln, in der die von anderen Völkern mit Abscheu betrachtete »grundsätzliche Andersheit der deutschen Wesensart« aus ihrer »Gewordenheit« erklärt wird. Über Wagner hinausgehend, verdient nach Prees Überzeugung auch das Deutschtum eine Apologie – sprich: Rechtfertigung.[325] Es war die Hochzeit der Selbstexkulpation, in der politische und ideologische Unbedenklichkeitserklärungen – im Jargon der Zeit: Persilscheine – Konjunktur hatten.

Preetorius hatte zuletzt *Lotte in Weimar* gelesen, ein Buch, zu dem die Deutschen während der Hitler-Jahre keinen Zugang hatten, und dieser Goethe-Roman hatte ihn in der Überzeugung bestärkt, sein Verfasser sei ein »einzigartiger Wahrer echter Humanität« und die geistige Führergestalt, die imstande sei, den Deutschen den »Weg zur Umkehr und Läuterung« zu weisen. Was ihn zu seinen Vorschlägen bewegt habe, sei die »Not« Deutschlands und die »namenlose allgemeine Verwirrung« sowie »der quälend fragwürdige Anblick all' unsres Seins und Tuns«. Mit seiner Wahrnehmung des einst aus München Vertriebenen stand der zartsinnige Ästhet nicht allein. Auch die Aufforderung Walter von Molos, Thomas Mann möge nach Deutschland zurückkehren, war in demselben nach Verständnis, Verzeihen und Entlastung dürstenden Geist der Inneren Emigration verfasst. Preetorius wie Walter von Molo und seine Gesinnungsfreunde blickten auf Thomas Mann als den guten Arzt, der ihre Wunden wenn nicht heilen, so doch lindern sollte. In durchaus geistesverwandtem Sinne hatte auch der Historiker Friedrich Meinecke 1946 in seinem Buch *Die deutsche Katastrophe* sich bemüht, sich auf die in der humanistischen Tradition der deutschen Kultur vorhandenen Heilmittel zu besinnen.

Was von Thomas Manns Seite zum Deutschtum zu sagen war, hatte er in seinem Washingtoner Vortrag *Deutschland und die Deutschen* unmittelbar nach Kriegsende gesagt, eine Rede, die im Nachkriegsdeutschland ungnädig aufgenommen wurde. Manfred Hausmann verstieg sich zu der irrsinnigen Bemerkung, einige Stellen darin könnten »von Goebbels gesagt sein«.[326] Und was Nietzsche betraf, so sollte er sich nach Fertigstellung des *Doktor Faustus* auf dem Zürcher Kongress des Internationalen PEN-Clubs im Juni 1947 eigens mit dem von Pree vorgeschlagenen Thema befassen. Der Titel dieser Rede: *Nietzsches Philosophie im Lichte unserer Erfahrung*, signalisiert denselben Charakter der kritischen Rechenschaftsablegung über das Nietzsche-Erbe im Dritten Reich und ist möglicherweise von Prees etwas verworrenen und hilflosen Ausführungen in seinem Brief vom 8. September 1945 angeregt.

Im Übrigen handelt der ganze Deutschland- und Musikroman von den Themen, über die Preetorius ins Reine zu kommen wünschte: von dem Wagner-Erbe und seiner Bedeutung für die deutsche Musikkultur, vom Erbe Nietzsches und von der quälenden Frage nach dem »deutschen Charakter in der Geschichte Europas«. Dies der Titel eines 1937 in Emil Oprechts Europa-Verlag erschienenen Buches von Erich von Kahler, der wichtigsten Quelle des dem Roman zugrundeliegenden Geschichtsbildes.[327] Kahler, ein mit dem George-Kreis verbundener Privatgelehrter, hatte gleichfalls die »diskursiven Herrenabende« bei Preetorius in der Ohmstraße besucht, war aber seit der gemeinsamen Exilzeit ein Freund und Vertrauter des *Faustus*-Autors geworden, so dass er gegen die retrospektive Animosität des Kapitels 34 gefeit war.[328] So wie Richard Wagner in seinem Essay *Was ist deutsch?* mit dieser Frage nicht zurande kam und seine Antwort mit gewohntem Aplomb in den *Meistersingern von Nürnberg* gab, so ist auch Thomas Manns Roman als die gültigste Antwort auf ebendiese Frage zu nehmen. Das Deutschlandbild des *Doktor Faustus* ist bei aller Schonungslosigkeit gegenüber dem Faustischen Hochmut und dem Suprematiestreben der Deutschen, ein in Trauer und Liebe errichtetes Denkmal der in der Musik kulminierenden deutschen Kultur. Kein heiteres Denkmal allerdings wie *Die Meistersinger* – statt C-Dur: d-moll.

Worüber zwischen Thomas Mann und Preetorius Klarheit zu schaffen war – und damit zwischen der Inneren und der wirklichen Emigration –, war das auf viele andere Bereiche ausstrahlende Problem Wagner. Wie er Pree am Ende des Briefes wissen ließ, hatte er sich einige Mühe gegeben mit der Stellungnahme zu dem überarbeiteten Wagner-Essay aus der Nazizeit und dem Ansinnen von 1945, eine Apologie Wagners zu verfassen: »So lange Briefe, mein Herr, schreibe ich sonst *nie* mehr. Ich werde eben wieder jung, wenn es mit Wagner anfängt.«[329] Nach Abschluss des Briefes an Preetorius, für den er sich drei Tage Zeit nahm, notierte er aber: »Verdient ihn nicht«[330] – ein Zeichen, dass er an Prees Essay mehr auszusetzen hatte, als er durchblicken ließ.

Versöhnlich und verbindlich, wie er sich gegenüber den Daheimgebliebenen in der Regel gab, verpackte er seine scharfe Zurechtweisung in die Watte schmeichelhafter Komplimente und gemeinsamer Erinnerungen. Er habe das »Büchlein«, das von einer »klug und liebevoll eindringenden, aus tiefer Beschäftigung kommenden Darstellung« zeuge, »in einem Zuge« gelesen. »Ach, diese Sache! Ich wollte, wir könnten bei Tee und Zigaretten *drei Stunden* darüber mündlich dischkurieren [sic]. Wir würden uns gut verstehen in unserem Enthusiasmus, – und in seinen skeptischen Brechungen.« Dazu die Erinnerung an »unsere« Delia Reinhardt, die in Prees erster Arbeit für die Bayerische Staatsoper unter Bruno Walter die Iphigenie sang. Von Delia Reinhardt habe er noch eine »alte Platte« mit Elsas *Einsam in trüben Tagen,* die ihn »jedesmal in helles Entzücken« versetze: »der Gipfel der Romantik«. Wie gerne würde er doch den *Lohengrin* »in Ihrer Ausstattung sehen« – also Prees Meisterstück für Hitlers Hoftheater! Ob er denn je den *Parsifal* gemacht habe? Denn dieses Alterswerk sei »doch eigentlich das Aller-Interessanteste«. So hohl können Thomas Manns Komplimente klingen, wenn sie nicht ernst gemeint sind.

Dass er Prees hochproblematischen Wagner-Essay »in einem Zug« gelesen habe und sie sich bei Tee und Zigaretten gut verstehen würden, ist nicht sehr glaubhaft. Dafür steckt in *Wagner. Bild und Vision* bei allem ernsten Bemühen, der Größe Wagners in der Bühnengestaltung gerecht zu werden, zu viel Alt-Bayreuther Schwulst und Chamberlain'scher Obskurantismus – zu viel »stehengebliebene Wagnerei«[331] –, als dass daraus Impulse für die Zukunft kommen könnten oder sollten. Der *Faustus*-Autor spießt lediglich eine solche Stelle auf, wo Preetorius von der Sehnsucht redet, »zurückzutauchen in den wiedervereinenden Abgrund und die heilige Nacht«.[332] Eine solche Redeweise war ihm schon seit langem ungenießbar. Einen substantielleren Vorbehalt gegen Preetorius verschweigt er jedoch: dessen Unfähigkeit, Nietzsches Wagner-Kritik zu würdigen. An einer Stelle mokiert sich Pree über Interpreten, die »sich auf Nietzsche [...] berufen, um Wagner anzugreifen«.[333] Dieser Satz aus dem in der Hitler-Zeit verfassten Essay, der in der dritten Auflage von 1949 beibehalten wurde, ist unschwer auf *Leiden und Größe Richard Wagners* zu beziehen. Die geistige Haltung von Prees Wagner-Schrift, die dem Irrationalismus das Wort redet und jegliche Kritik an Wagner der Oberflächlichkeit zeiht, musste Thomas Mann zutiefst zuwider sein. Unbeirrt – »gar unbelehrt« – stimmt Preetorius die alten Töne an, wenn er pathetisch der »selbstquälerischen Wachheit des Bewusstseins« misstraut; wenn er von den »frevelhaft verleugneten dunklen Mächten« munkelt und das »Widervernünftige« verteidigt »gegen die allzu anmaßliche Vernunft mit ihrem lauen Allverstehen, ihrem entseelenden Allvermögen«. Wie hätte angesichts solcher Formulierungen der *Faustus*-Autor den guten Pree nicht zu jenen »schrecklichen Wagner-Schriftstellern« zählen können, über die er wenig später seufzte und stöhnte. Er tat dies nicht für sich in seinem Tagebuch, sondern öffentlich in seiner ausführlichen Besprechung der Briefe Wagners aus Mary Burrells berühmter Sammlung von Wagneriana.[334]

Trotz der ausgesprochenen und vielen unausgesprochenen Gravamina im Einzelnen verliert Thomas Mann den Kern des Problems und seine aktuelle Bedeutung nicht aus dem Auge. Es geht um nichts weniger als die Zukunft Wagners nach Hitler. Er zitiert Preetorius, der in seiner Schrift die Frage nach der »überzeitliche[n] Geltung des Wagnerwerkes« aufwirft, nach dessen »weiter dauernden Wirkung«, und erklärt diese Frage zum »Zentralsatz des Ganzen«. Mit anderen Worten: Welches Wagner-Bild würde in dem Kampf ums Erbe die Oberhand behalten? Das in der Wolle nationalistisch und völkisch gefärbte und jeder Kritik entrückte Wagner-Verständnis Bayreuther Provenienz? Oder das kosmopolitische, an Baudelaire und Nietzsche orientierte kritische Wagner-Bild Thomas Manns? Sollte Wagner weiterhin der zeitenthobenen, von allen Schlacken der Geschichte gereinigten Sphäre des Mythos, sei er germanisch oder griechisch, angesiedelt werden? Oder sollte Wagner als Kind des 19. Jahrhunderts – leidend und groß wie dieses – verstanden werden, mit all den Vorbehalten gegen die Stilisierung ins Zeitlose, die eine solche Kontextualisierung mit sich bringt? Diese Alternativen verlangten zu ihrer Klärung an dieser bedeutungsvollen Wegmarke der deutschen Geschichte zuvörderst eine unzweideutige Entscheidung bezüglich des leidigen, aber nicht zu bagatellisierenden Hitler–Wagner-Problems. Weitermachen, als sei nichts geschehen? Oder Kenntnisnahme der Beschädigung des Wagner-Erbes und Anerkennung der Folgen?

Bedenkt man den historischen Kontext, in dem die Auseinandersetzung mit Preetorius steht, so wird verständlich, warum Thomas Mann den Nachdruck gerade auf diese Frage legt. Das Land, in dem der Wagner-Kult zur Staatssache erhoben wurde, war jüngst in zwei ideologisch antagonistische Staaten aufgeteilt worden. Die Frage war, was für ein Wagner-Bild »Westdeutschland« und »Ostdeutschland« ihrem kulturellen Erbe zuschlagen würden. Noch dringlicher war die Frage im Hinblick auf die Wiederaufnahme der Bayreuther Festspiele, deren Vorbereitung zu diesem Zeitpunkt bereits im Gange war. Sollte der Wagner Thomas Manns den Bayreuther Festspielen zum Leitbild dienen? Oder sollte die von Preetorius und so manchen anderen vertretene Wagner-Auffassung wieder zu Amt und Ehren kommen? Würden die Jubler von 1933 wieder zum Zuge kommen? Oder würde auf dem Grünen Hügel ein frischer Wind wehen? Dies müsste damit beginnen, wie er Franz Beidler 1946 schrieb, dass das Wahnfried-Archiv »wirklich geöffnet und der Forschung zugänglich« gemacht werde. Der Zeitpunkt dafür sei »jetzt oder nie«, nur solange Deutschland von den Siegermächten besetzt sei, bestehe Hoffnung. Später nicht mehr, denn – und hier sollte sich die Skepsis des *Faustus*-Autor als prophetisch erweisen – »ich bin überzeugt, daß unter den Deutschen wieder aus falscher Pietät und sentimentalem Mangel an Wahrheitsliebe alles versteckt und der Kenntnis entzogen werden würde«.[335]

Thomas Manns entschiedenster Einwand gegen Preetorius gilt denn auch dem, wovon dieser nicht spricht, nämlich Hitler. Er verstehe zwar, dass Pree das Hitler-Problem auslassen musste, denn »wie sollten Sie das Werk, dem Sie dienen, mit Hitler in Verbindung bringen!« Er selbst hingegen konnte und wollte Hitler und seine Folgen für das Nachleben Wagners nicht ignorieren, so wie er schon in *Bruder Hitler* vor dieser peinlichen Verwandtschaft die Augen nicht verschloss. Er war zu der Überzeugung gekommen: »Es ist viel ›Hitler‹ in Wagner.« Dies ist, Nietzsches Aperçu »Es ist viel Wagner in Baudelaire« paraphrasierend, die formelhaft verkürzte Benennung des zentralen und folgenreichsten Vorkommnisses in der Wirkungsgeschichte Richard Wagners. So und nicht anders musste es sich dem Emigranten darstellen, der gelernt hatte, Wagner und Deutschland von außen zu sehen, aus der Perspektive der Opfer des von einem Wagnerianer geführten Deutschlands.

Wie aus dem Kontext zu ersehen, ist die anstößige Formulierung nicht nur auf Wagner als Person zu beziehen, sondern, wie schon in der Replik auf Peter Viereck, auch auf das Werk. Was an Hitler schon bei Wagner vorgebildet sei, ist die »namenlose Unbescheidenheit«, die aus »Wagners Bramarbasieren, ewigem Perorieren, Allein-reden-Wollen, über alles Mitreden-Wollen« spreche. Diesen Zug, der sowohl Wagner als auch Hitler eigen sei, nennt er schlicht »gräßlich«. Er konnte davon ausgehen, dass ein Ästhet wie Preetorius ihm darin zustimmen würde. Eine willkommene Bestätigung der Verwandtschaft, die seiner Überzeugung nach zwischen den geistigen Physiognomien Wagners und Hitlers zu erkennen sei, war ihm von Adorno gekommen, will sagen: aus dessen Besprechung des abschließenden Bandes von Ernest Newmans *The Life of Richard Wagner*.[336] Nach der Lektüre der Rezension notierte er: »Wie W.[agner] als Person Hitler anticipiert, ist schauerlich.«[337]

Dass Pree auch die Inkriminierung der Werke akzeptiert hätte, ist jedoch eher unwahrscheinlich. In dem Viereck-Text hatte Thomas Mann offenbar in erster Linie den *Ring des Nibelungen* im Sinn, wenn er Wagners »mythisch-reaktionären Revolutionismus« mit dem

»Hitlerismus« in Verbindung brachte. In dem Schreiben an Preetorius sind es in der Hauptsache *Die Meistersinger*, die ihm zum Beleg der Hitler-Affinität dienen. Er findet keinen Gefallen mehr an der »Theatersinnigkeit« des Wagner'schen Schuster-Poeten. Gemeint ist vermutlich Sachsens in Biederkeit gehüllte Demagogie. Dass ihm nun Eva Pogner eine »Gans« ist, fällt nicht sehr ins Gewicht. Von sehr großem Gewicht ist hingegen die Charakterisierung des Sixtus Beckmesser als »Jude im Dorn«, wodurch dem, wie Adorno befand, »größte[n] Zeugnis des Wagnerschen Bewußtseins von sich selbst«[338] ein antisemitischer Gehalt attestiert wird. An diesem Urteil hält er fest. Nach einem häuslichen Plattenkonzert in Zürich – man lauschte dem dritten Akt *Meistersinger* – notierte er: »Prachtvoll. Aber die Beckmesser-Szene unleidlich. Er ist doch schließlich ein Meistersinger [...]. Immer wieder muß man doch bei Beckmesser an den ›Juden im Dorn‹ denken. Sachsens anti-welsche Redereien gräßlich. Die ungeheuere Biederkeit eines sehr großen Spitzbuben.«[339] Auf welchem Wege Thomas Mann zu diesem Urteil gekommen ist, lässt sich, wie wir sehen werden, aus seinen Leseerfahrungen seit dem Beginn der Emigration rekonstruieren.

Abgesehen vom Antisemitismus der *Meistersinger* erblickt Thomas Mann ein Element des »Hitlerismus« auch in Wagners Hang gerade in diesem Werk zur »Selbstverherrlichung und mystagogischen Selbstinszenierung«.[340] Hier wäre vermutlich an das Zitat des Tristan-Akkords im dritten Akt zu denken – eine stolze musikalische Geste, die von Wagners nicht zu überbietendem Selbstbewusstsein als einem bahnbrechenden Komponisten und als fleischgewordene Verkörperung der »heil'gen deutschen Kunst« zeugt. Bei so viel Selbstverherrlichung und Künstler-Eitelkeit sei es ihm schleierhaft, wie ausgerechnet dieses Werk als »volkschaffend« und »welterlösend« im völkischen Sinne ausgegeben werden konnte.

Im Übrigen findet er nun manches andere an den seit seinen Anfängen leidenschaftlich geliebten Werken auszusetzen. Bei Gelegenheit eines seiner häuslichen Schallplattenkonzerte in Pacific Palisades zeigte er sich einmal mehr angetan vom ersten Akt *Walküre*: »Wirklich poetisch das Sich erkennen der Geschwister.« Andererseits schaudert es ihn angesichts Siegfrieds, der Wagner'schen Lichtgestalt: »Siegfried unter der Linde nach den Totschlägen [Mimes und Fafners] penetrant nazihaft. Die ›Dunklen‹ lauter Juden und er der sonnige Totschlageheld.«[341]

Auch die »Pariser Venusbergmusik«, geschrieben für die Pariser Inszenierung des *Tannhäuser*, mit ihrem allzu deutlichen »Erotizismus« findet er nun schwer genießbar: »Es ist ja wirklich zuweilen unappetitlich.« Und was das »metaphysische Wonneweben« im zweiten Akt *Tristan* betrifft, so ödet es ihn jetzt ein wenig an: das sei doch »mehr etwas für junge Leute, die mit ihrer Sexualität nicht wo ein und aus wissen«. Und doch ist er andererseits wieder völlig begeistert von Isoldes Rückschau im ersten Akt (»Von einem Kahn«) auf ihre schwerbelastete Beziehung zu Tristan: »es schlägt an Ausdruckskraft schlechthin *alles*«.[342]

Zu klären bleibt, was Thomas Mann dazu gebracht hat, die Frage des Antisemitismus bei Wagner zu thematisieren – ein Problem, dem er noch in *Leiden und Größe Richard Wagners* aus dem Weg gegangen war. Von dem antisemitischen Märchen *Der Jude im Dorn* als Folie für die Gestalt des Beckmesser spricht er zum ersten Mal, wie wir sahen, in dem Hitler-Psychogramm von 1938. Vermutlich aber gehörte der Antisemitismus Wagners schon zu den Dingen, die er in seiner Zürcher Rede über den *Ring des Nibelungen* mit Rücksicht auf seinen Status als Gast der Schweiz unterdrückte, um Berlin keinen Vorwand für Repressalien gegen Bern zu liefern. Diese Vermutung wird zur Gewissheit angesichts seiner Reaktion nach der Lektüre im Februar 1935 eines zwei Jahre davor erschienenen Buches zum Thema *Antisemitentum in der Musik*. Es handelt sich dabei um eine kenntnisreiche und temperamentvolle Verteidigung Giacomo Meyerbeers gegen die Anfeindungen durch Wagner und die Wagnerianer.[343]

Der Verfasser war Josef Engel de Sinoja (1851–1939), ein Wiener Autor Namens Josef Engel de Jánosi (zu »Sinoja« anagrammatisiert), Musikschriftsteller und Dramenautor, der aus einer nobilitierten jüdischen Familie stammte und sich schon als Achtzehnjähriger zu einer Streitschrift gegen Wagners *Das Judentum in der Musik* ermannt hatte.[344] In seinem Buch von 1933 zeichnet er von Wagner das schonungslose Bild eines menschlich fragwürdigen Künstlers, an dem er die Anmaßung, den Größenwahn, die Undankbarkeit gegenüber Wohltätern wie z. B. Meyerbeer sowie die Lust am Ausüben von Terror, wie z. B. gegenüber Hermann Levi, den jüdischen *Parsifal*-Dirigenten, schonungslos herausstellt. Wagners alles beherrschende Obsession jedoch sei sein »Antisemitentum« gewesen, das auch im Werk zu finden sei.

Nach der Lektüre dieses Buches notiert Thomas Mann in seinem Diarium: »Grausiges Gefühl davon, wieviel dieser als Charakter abscheuliche Kleinbürger tatsächlich vom Nationalsozialismus antizipiert.«[345] Dieses Bild von Wagner als einem protofaschistischen Kleinbürger tritt nun in seinem Nachdenken über Hitlers Idol in den Vordergrund, wie insbesondere *Bruder Hitler* sowie der Brief an Emil Preetorius zeigen. Weitere Denkanstöße von nahestehenden Freunden kamen hinzu. Schon vor Erscheinen der Schrift las er Erich von Kahlers *Israel unter den Völkern* in den Druckbögen, die der Autor ihm zum Lesen gab.[346] Diese Lektüre folgte der von Engel de Sinojas Buch praktisch auf dem Fuß. Thomas Mann beanstandete an Kahlers historischer Skizze lediglich »gewisse hochherzige Beschönigungen in der Beurteilung des Deutschtums«, war aber von dieser Schrift fasziniert, wie an ihren Spuren in *Lotte in Weimar* und *Doktor Faustus* zu zeigen wäre.[347]

Das angewiderte Achthaben auf den Wagner-Kult Hitlers – man denke an seine Reaktion auf den Bayreuther *Lohengrin* von 1936 – tat ein Übriges, Thomas Manns Wagner-Kritik auf den Hitler–Wagner-Komplex zu fokussieren, dessen »Bewältigung« in den Jahren unmittelbar nach dem Ende des Hitler-Reiches als immer dringlicher erscheinen musste. Zu der Fokussierung auf den Hitler–Wagner-Komplex hat in den ersten Zürcher Jahren offenbar auch der Umgang und Austausch mit Franz W. Beidler beigetragen, dem mit einer großen Biographie Cosima Wagners befassten Wagner-Enkel. Thomas Mann las Beidlers Vorträge und Artikel und ließ sich aus der im Entstehen begriffenen Biographie vorlesen. Nach einer solchen beifällig aufgenommenen Lesung schrieb er dem Autor: »Es ist unglaublich, wieviel Nationalsozialismus im Bayreuthianismus schon steckt […]. Unseres Adolf Schwäche für ›Wagner‹ hat schon ihre gute und schöne Berechtigung […], denn ich fürchte, gegen Ende seines Lebens war Wagner selbst wie Chamberlain, kein Wagnerianer, sondern ein Bayreuthianer.«[348] Kein Zweifel, das stärkste Band zwischen dem Bayreuthianismus und dem Nationalsozialismus war, wie auch Thomas Mann schließlich anerkennen musste, der Antisemitismus.

Nach alldem könnte man annehmen, dass selbst einem so treuen Bewunderer, wie er es war, die Wagner'schen »Wunderwerke« verleidet sein mussten. Hat der unversöhnliche Hitler-Antagonist, nachdem ihm die schlimmen Zusammenhänge der Wagner-Sphäre mit Hitler aufgegangen waren, sich von dessen Idol abgewandt? Hat er im Alter seiner Wagner-Passion Einhalt geboten und Enthaltsamkeit geübt? Mitnichten! An *Parsifal* bleibt er weiterhin »mächtig interessiert«; wenn er noch einmal einen Wagner-Vortrag auszuarbeiten hätte, dann »am liebsten über dieses Alterswerk«.[349] Was seine unauslöschliche Liebe zu *Lohengrin* betrifft, so konnte ihr, wie wir gesehen haben, nichts etwas anhaben – weder die Verulkung durch Heinrich Mann noch die Befleckung durch die schmutzigen Hände Hitlers. Für das Wunschkonzert des Süddeutschen Rundfunks von 1954 wählte er, wie nicht anders zu erwarten, das zeleste *Lohengrin*-Vorspiel als pièce de résistance.[350] Und als er 1951 zu einer Neuinszenierung der *Meistersinger* am Stadttheater Basel um einen Beitrag gebeten wurde, legte er seiner Begeisterungsfähigkeit keine Zügel an und schrieb: »Ihre Wahl ist gut und herrlich, denn die ›Meistersinger‹ sind ein herrliches Werk, ein Festspiel, wenn es je eins gab, ein Gedicht, worin Weisheit und Kühnheit, das Würdige und das Revolutionäre, Tradition und Zukunft sich auf eine großartig heitere, Begeisterung für das Leben und für die Kunst tief aufweckende Weise vermählen. In persönlich trüben und drangvollen, ja hoffnungslosen Tagen ist es aus innerem Jubel der Kraft und des Glaubens geboren, und Jubel wird es immer erregen, auch jetzt, selbst jetzt, gerade jetzt […].[351]

Muss man sich nicht wundern, wie sich diese begeisterten, aus tiefer Bewunderung ungezwungen hervorquellenden Formulierungen mit dem Brief an Preetorius zusammenreimen? Wozu der Lärm über den Hitler in Wagner und den Juden im Dorn, wenn diese Inkriminierungen als Ausdruck einer ewig gleichbleibenden »enthusiastischen Ambivalenz« zu verrechnen sind? Thomas Mann ist sich des Widerspruchs sehr wohl bewusst, denn in dem Schreiben für das Basler Stadttheater erinnert er selbst an den inzwischen veröffentlichten Brief an Preetorius und nennt die Donnerworte über Hitler und Wagner und über Beckmesser, den Juden im Dorn, leicht beschwichtigend doch keineswegs zurücknehmend, »Anzüglichkeiten«.

Die Rückbeziehung auf Preetorius vermag jedoch zu erklären, unter welchen Voraussetzungen ein Leben mit Wagner nach der Katastrophe vorstellbar ist, wie »die Möglichkeit seiner weiter dauernden Wirkung« zu denken wäre, und unter welchen Bedingungen die »enthusiastische Ambivalenz« oder der ambivalente Enthusiasmus diesem problematischsten Künstler der deutschen Kulturgeschichte gegenüber als legitim zu betrachten wäre. Das Vergehen des Emil Preetorius bestand darin, von Hitler zu schweigen und den Juden im Dorn nicht wahrzunehmen. Darin vor allem zeigt sich seine Zugehörigkeit zu der im *Doktor Faustus* gegeißelten »stehengebliebenen Wagnerei«.

Damit erweist sich schließlich die Frage nach dem angemessenen Umgang mit Wagner als ein zugespitzter Aspekt der gewichtigeren Frage nach dem richtigen Umgang mit der deutschen Vergangenheit, insbesondere mit dem Völkermord an den Juden Europas. Auf beiden Ebenen hat Thomas Mann Verbotstafeln errichtet gegen das Nichts-wissen-Wollen von Hitler und Wagner und die Apperzeptionsverweigerung in der Sache des Antisemitismus. Denn so wie nach Thomas Manns Überzeugung die Rückkehr Deutschlands in die Gemeinschaft der zivilisierten Völker erst möglich sein werde nach der rückhaltlosen Kenntnisnahme entsetzlicher Verbrechen, so kann ein Leben mit Wagner dem deutschen Geist erst dann gedeihlich und bekömmlich sein, wenn weder Hitler noch der Jude im Dorn aus der Wirkungsgeschichte Richard Wagners in Deutschland ausgeklammert bleiben.

Nachwort

»Das müssen Sie machen!« Mit diesen Worten verabschiedete mich Karl Robert Mandelkow nach einem besonders lebhaften Gespräch in seinem Arbeitszimmer in Hamburg. Wir hatten uns über den neuesten Klatsch auf der deutschen und amerikanischen Szene der Goethe-Forschung ausgetauscht, als die Rede auf den Goethe-Kult kam und auf die Wirkungsgeschichte Goethes – Gegenstand von Mandelkows zweibändigem Opus magnum *Goethe in Deutschland. Rezeptionsgeschichte eines Klassikers*. Ich gab zu bedenken, dass im 20. Jahrhundert die historische Bedeutung des Goethe-Kults von der des Wagner-Kults abgelöst und überholt wurde, was ihn zunächst skeptisch reagieren ließ. Nach einigen Hinweisen auf Thomas Mann und auf Hitler – die zwei herausragenden und antagonistischen Repräsentanten des deutschen Wagner-Kults – schien sich die Skepsis zu legen. Im Hinausgehen dann die freundschaftliche Ermahnung des aufrichtig Bewunderten: »Das müssen Sie machen!« Dies war der Keim, aus dem das vorliegende Buch hervorgegangen ist.

Seither sind mehr als dreißig Jahre vergangen. Vieles musste zusammenkommen, bevor der Entschluss reifte, das Thema Wagner-Kult aufzugreifen. Die Wirkungsgeschichte Wagners ist enorm und in ihrer Tiefe und Breite unvergleichlich; sie reicht weit über die Musik und das Theater hinaus. Einzigartig in der deutschen Kulturgeschichte ist vor allem der immer noch erklärungsbedürftige Umstand, dass der Wagner-Kult sich als ein unvermutet wirkungsmächtiger politischer Faktor erwiesen hat. Was man gewöhnlich dem sogenannten Einfluss Wagners und dem seiner offiziellen Erbeverwalter zuschreibt, erwies sich als ein toxisches Ingrediens der deutschen Geistesgeschichte, dessen politische Reichweite unabsehbar ist. Es übersteigt die Kräfte eines Einzelnen, den ganzen Subkontinent der deutschen Kultur, den die Wirkungsgeschichte Wagners markiert, zu überblicken oder gar zu vermessen. Erst als sich der Gesichtspunkt herauskristallisierte, unter dem sich die charakteristischen Konturen dieses Phänomens in der gewünschten Deutlichkeit abzeichnen, war es möglich, in der unabsehbaren Masse der Zeugnisse zu Wagners Nachleben das Wesentliche vom Nebensächlichen zu scheiden und die Koordinaten zum besseren Überblick kenntlich zu machen. Einen solchen Gesichtspunkt liefert der Gedanke des Erbes. An ihren entscheidenden Wegscheiden – am sichtbarsten in dem 1933 inszenierten *Protest der Richard-Wagner-Stadt München* gegen Thomas Mann – entfaltete sich die Wirkungsgeschichte Richard Wagners als ein Kampf ums Erbe. Es war ein Kampf, der in dem Halbjahrhundert nach Wagners Tod die deutsche Geschichte im Guten wie im Bösen in höherem Maße geprägt hat als irgendein anderes kulturelles Erbe.

Auf einem wild wuchernden Feld wie dem der Wagner-Literatur ergibt es wenig Sinn, Vollständigkeit anzustreben. Es konnte nur darum gehen, die meines Erachtens markantesten Stationen der Wirkungsgeschichte und die Bedeutung einiger Wortführer des Wagner-Kults zu erhellen. So wenig wie das Ziel der Vollständigkeit schien auch das gewöhnlich praktizierte Verfahren einer chronologisch fortschreitenden Erzählung von des Meisters Tod bis zum Ende des Dritten Reichs wenig erkenntnisfördernd. Stattdessen empfahl es sich, drei herausragende Protagonisten in dem Ringen um das Wagner-Erbe – Adolf Hitler, Hans Knappertsbusch und Thomas Mann – separat zu betrachten und ihren Werdegang als Wagnerianer auch separat zu rekonstruieren. Daher die Entscheidung für die Form eines Triptychons, dessen einzelne Teile miteinander kommunizieren und sich wechselseitig erhellen. Denn bei aller Eigenständigkeit der drei Tafeln sprechen die vielfachen Berührungspunkte, Parallelen und Kontraste für sich und machen die Zusammengehörigkeit der drei Fälle und ihr Ineinandergreifen evident.

Bei einem umstrittenen Gegenstand wie der Wirkungsgeschichte Richard Wagners scheint es unvermeidlich, dass des Verfassers eigener Weg und Zugang zu dem Schöpfer des *Tristan* und der *Meistersinger* seine Darstellung mehr oder weniger unbemerkt steuert. Statt die Spuren solchen Einwirkens zu verwischen, seien sie zum besseren Verständnis des Ganzen offengelegt.

Die Wiege der Passion für Wagners endlos faszinierendes Werk stand in meinem Fall in Stuttgart. Dort hatte der Gymnasiast das Glück, zwei Jahre lang als Statist an der Staatsoper Theaterluft schnuppern zu dürfen. Stuttgart genoss damals den Ruf, das »Winter-Bayreuth« zu sein. Es waren Jahre, in denen Wolfgang Windgassen und Gustav Neidlinger im Zenit ihrer Laufbahn standen; es war zugleich jene Glanzperiode des Hauses, in der Wieland Wagner dort inszenierte – keineswegs nur Werke Wagners. Die ersten Studienjahre in München waren theater- und musikgesättigte Lehrjahre, in denen Knappertsbusch-Dirigate unvergessene Glanzpunkte setzten. In diese Zeit, 1959, fiel auch der erste Besuch der Bayreuther Festspiele, als Wieland und Wolfgang Wagner dort ein neues Kapitel in dem Kampf um das Wagner-Erbe schrieben. Nach der Übersiedlung nach New York 1964 rückte die ehrwürdige »Met« ins Zentrum der anhaltenden Aufmerksamkeit auf alles, was mit Wagner zu tun hat. Es stellte sich alsbald heraus, dass Richard Wagner außerhalb Deutschlands noch um einiges umstrittener war als in Deutschland selbst. Für einen akademischen Lehrer, der mit der Vermittlung deutscher Kultur von Berufs wegen befasst ist, ergaben sich daraus verlockende Herausforderungen. Sie fanden ihren Niederschlag, nun am Smith College, in gemeinsamen Lehrveranstaltungen mit ausgewiesenen Kollegen: zu Wagner mit dem Musikwissenschaftler Peter Bloom, zu »Hitler and German Culture« mit dem Historiker Peter Borowsky. Die Ernennung zum Advisory Board der New Yorker Wagner Society führte zu einer regen Vortragstätigkeit, die mich mit zahlreichen anderen Wagner Societies von Seattle und San Francisco bis Auckland und Adelaide in Berührung brachte. Diese Begegnungen fernab von Bayreuth ließen mich einen nicht-deutschen Wagner-Kult kennenlernen, der unbeschwert ist von allem, was das Wagner-Erbe im deutschsprachigen Bereich zu einem so wehvollen Erbe machte.

Eine neue Etappe in der wissenschaftlichen Beschäftigung mit dem Wagner-Erbe begann für mich, als sich 2004 ältere, von deutschen Kollegen gehegte Pläne zur Begründung einer unabhängigen Zeitschrift für Wagner-Studien konkretisierten, so dass 2005, dank der Weitsicht und des Vertrauens vonseiten Thomas Neumanns, des Verlegers, das *wagnerspectrum* sein Erscheinen aufnehmen konnte. Die Jahre, in denen ich als Mitglied des Herausgebergremiums am Gelingen dieses Unternehmens mitwirken durfte, erbrachten vielfachen wissenschaftlichen und menschlichen Gewinn. Die in dieser Tätigkeit empfangenen Anregungen, die daraus resultierende Horizonterweiterung sowie die kollegiale, den freundschaftlichen Dissens nicht nur duldende, sondern fördernde Atmosphäre summierten sich schließlich zu dem Entschluss, die lange Zeit in den Hintergrund gedrängte Aufforderung Karl Robert Mandelkows ernsthaft ins Auge zu fassen.

Ein nicht unwesentlicher Anstoß zu diesem Projekt kam im Übrigen von den Hitler-Biographien, den englischen wie den deutschen. Sie haben das Eine gemeinsam, dass sie den Wagnerianer Hitler nicht überzeugend in den Griff bekommen und dem Wagner-Kult nichts wirklich Erkenntnisförderndes abzugewinnen vermögen. Dieser Aspekt des Hitler-Phänomens ist jedoch mitnichten eine quantité négligeable. Der Wagner-Kult war Hitlers Nabelschnur zur deutschen Kultur, die ihn hervorgebracht hat. Wer diese Nabelschnur ignoriert, begibt sich einer unersetzlichen Quelle der historischen Erkenntnis sowohl im Hinblick auf Hitlers Persönlichkeit als auch im Hinblick auf das Wagner-Erbe.

Dass das Thema Hitler und die Kunst noch keineswegs erschöpft oder gar erledigt ist, demonstrierte jüngst Wolfram Pyta mit seiner bahnbrechenden Studie *Hitler. Der Künstler als Politiker und Feldherr* (2015). Pyta blickt durch eine kulturwissenschaftlich geschliffene Brille auf Hitler und entdeckt einen Politiker, der in seinem innersten Kern ein Ästhet war und blieb, ausgestattet mit einer essentiell baumeisterlichen und bühnenbildnerischen Imagination. Im Folgenden wird dem Befund Pytas zur notwendigen Ergänzung Hitler, der Wagnerianer, an die Seite gestellt.

Bei der Ausarbeitung des vorliegenden Buches konnte ich mich auf Vorträge und Aufsätze stützen, die, wie aus dem Literaturverzeichnis zu ersehen, über einen Zeitraum von vier Jahrzehnten entstanden sind. Keiner davon ist in toto in das Buch eingegangen; es handelt sich durchaus um einen neuen, die älteren Arbeiten summierenden, zum Teil auch korrigierenden Text.

Lang ist die Liste derer, denen ich Dank schulde für direkte wie für indirekte Förderung, sei es durch Zuspruch, sei es durch Widerspruch, interessierte Anteilnahme oder bereitwillig gelieferte Auskünfte. An erster Stelle zu nennen sind David C. Large und Michael H. Kater, Deutschland- und Musikkenner von hohen Graden, die freundlicherweise die Mühe auf sich nahmen, den ersten und zweiten Teil meines Triptychons zu lesen und kritisch zu kommentieren. Als einen besonderen Glücksfall empfinde ich es, in Peter Bloom, meinem Kollegen am Smith College, einen »Wirklichen Geheimen Rat« in musicis in meiner Nähe zu haben. Seine stetige Gesprächsbereitschaft ist diesem Buch auf mannigfaltige Weise zugutegekommen. Dies gilt auch für drei herausragende Wagnerianer der amerikanischen Szene: Speight Jenkins, den langjährigen General Manager der Seattle Opera, sowie die Musikkritiker Joseph Horowitz (New York) und Alex Ross (New York). Dass sich meine Kenntnisse des aktuellen Wagner-Kults bis nach Down under erstrecken, verdanke ich in erster Linie Brian Coghlan (Adelaide) und Heath Lees (Auckland).

Neben den Mitstreitern, die in der Widmung dieses Buches genannt sind, haben auf deutscher Seite mehrere Freunde und Kollegen in geduldigen Gesprächen oder als Informanten auf ihre je eigene Art dazu beigetragen, meinem Schreibvorhaben neue Impulse zu geben und es auf Kurs zu halten: Jens Malte Fischer, Richard Klein, Gisbert Lehmhaus, Felix Mayer, Volker Mertens, Albrecht Riethmüller, Klaus Schultz, Benedikt Stampfli und Nike Wagner. Nicht zu vergessen die langjährigen Weggenossen aus der Thomas-Mann-Forschung: Manfred Dierks, Dirk Heißerer, Irmela von der Lühe, Ute Olliges-Wieczorek, Thomas Sprecher und Frank Weiher.

Wie schon bei früheren Gelegenheiten hat auch diesmal Roland Spahr das Projekt auf Verlagsseite von der ersten Planung bis zur Drucklegung betreut: sachkundig, entgegenkommend und geduldig. Auch ihm und seinen Kolleginnen Waltraud John und Karin Flörchinger (Register) mein aufrichtiger Dank. Der Dank, den ich Ann Leone schulde, meiner Frau, ist unermesslich.

Northampton, Massachusetts,
Januar 2017

Anmerkungen

Einleitung

1 Vgl. dazu: Wagnerism in European Culture and Politics, hrsg. von David Large und William Weber, Ithaca (NY) 1984.
2 Frederic Spotts: Bayreuth. A History of the Wagner Festival, New Haven (CT) und London 1994, S. vii.
3 Laurence Dreyfus: Wagner and the Erotic Impulse, Cambridge (MA) 2010, S. 1.
4 Siehe Joachim Fest: Um einen Wagner von außen bittend, in ders.: Fremdheit und Nähe, Stuttgart 1996, S. 275–298.
5 Udo Bermbach: Richard Wagner in Deutschland, Stuttgart und Weimar 2011.
6 Sven Oliver Müller: Richard Wagner und die Deutschen, München 2013, S. 285–292.
7 Oswald Georg Bauer: Die Geschichte der Bayreuther Festspiele, Bd. 2, Berlin und München 2016, S. 534–535.
8 Vgl. dazu das Paul-Bekker-Heft von *Musik und Ästhetik* (Januar 2016), mit Beiträgen von Hans-Joachim Hinrichsen, Tobias Janz, Richard Klein, Bernd Sponheuer, Konstantin Eckert und Andreas Eichhorn.
9 Paul Bekker: Richard Wagner. Das Leben im Werke, Stuttgart, Berlin, Leipzig 1924. Siehe Thomas Mann: Briefe III; GKFA 23.1, S. 187; 23.2, S. 174 f. Vgl. besonders Tim Loerke: Ideenmusik – Thomas Mann, Paul Bekker und ein politisierter Wagner, in: wagnerspectrum 2/2011, S. 65–94.
10 Paul Bekker: Wagner heute. Wiederabdruck in: Betroffensein der Nachwelt, S. 107–112, 107.
11 Aus den Vorarbeiten zu *Richard Wagner in Bayreuth*, Sommer 1875, KSA 8, S. 213.
12 Carl von Ossietzky: Richard Wagner, in: Betroffensein der Nachwelt, S. 163–168, 163.
13 Anthony Tommasini: The Greatest. My Top 10 List of Composers (Starting with Bach was the Easy Part), in: The New York Times, 23. Januar 2011.
14 Vgl. dazu ausführlich Peter Conrad: Verdi and / or Wagner, New York 2011.
15 Thomas Mann an Agnes Meyer, 5. 5. 1942, TM/AM, S. 395.
16 Michael A. Bernstein: Foregone Conclusions, Berkeley (CA) 1994.
17 Vgl. dazu Pamela M. Potter: Most German of the Arts, New Haven (CT) 1998; Jens Malte Fischer: Antisemitismus, in ders.: Richard Wagner und seine Wirkung, Wien 2013, S. 113–167.
18 Bauer 2016.
19 Vgl. dazu besonders Thorsten Valk: Literarische Musikästhetik, Frankfurt a. M. 2008.
20 Vgl. Verf.: Wagner in Amerika, in: wagnerspectrum 2/2013, S. 81–100.
21 Vgl. dazu Annette Hein: »Es ist viel Hitler in Wagner«, Tübingen 1996; sowie Bermbach 2011, S. 67–177.

22 Es gab ein Richard-Wagner-Jahrbuch, das unregelmäßig, in stotternden Abständen erschien (1886, 1906–1908, 1912–1913) und nach sechs Publikationen einging. Nachhaltige Impulse der Wagner-Forschung gingen nicht davon aus.

23 Vgl. Lydia Mayne: Artikel »Wagnerism«, in: Cambridge Wagner Encyclopedia (CWE), S. 696–699; Yvonne Nilges: Artikel »Wagner in Literature«, ebd., S. 650–654; Erwin Koppen: Dekadenter Wagnerismus, Berlin 1973; Raymond Furness: Wagner and Literature, Manchester 1982.

24 Vgl. dazu Theodor Lessing: Gralfahrt. Bayreuther Eindrücke, in: Großmann-Vendrey, Bd. 3:2, S. 41–48; Julius Bab: Von der Feindschaft gegen Wagner, in: Betroffensein der Nachwelt, S. 55–65; Leopold Ziegler: Die Tyrannis des Gesamtkunstwerks, ebd., S. 41–51; Paul Bekker: Richard Wagner. Zum hundertsten Geburtstag, in: Über Wagner, hrsg. von Nike Wagner, Stuttgart 1995, S. 47–55; Christian von Ehrenfels: Richard Wagner und seine Apostaten, Wien und Leipzig 1913; Paul Stefan: Die Feindschaft gegen Wagner. Eine geschichtliche und psychologische Untersuchung, Regensburg 1919 (1914 abgeschlossen), S. 7.

25 GKFA 10.1, S. 541.

26 Alfred Rosenberg: Die Tagebücher von 1934 bis 1944, Frankfurt a. M. 2015, S. 228.

27 Vgl. dazu das Kapitel »Rituale des Heldenkults« in Sabine Behrenbeck: Der Kult um die toten Helden, Vierow bei Greifswald 1996, S. 276–343.

28 Vgl. dazu Edgar Wolfrum: Die geglückte Demokratie, Stuttgart 2006.

29 Gustav Brecher: Wagner heute, in: Betroffensein der Nachwelt, S. 115–120, 115.

30 Vgl. dazu das Kapitel »The Master of Bayreuth« in Simon Williams: Richard Wagner and Festival Theatre, Westport (CT) und London 1994, S. 11–131.

31 Vgl. dazu besonders Johanna Dombois: Das Auge, das sich wechselnd öffnet und schließt. Zur Szenographie des Wagner-Vorhangs, in: Johanna Dombois / Richard Klein: Richard Wagner und seine Medien, Stuttgart 2012, S. 87–110.

32 Paul Bekker, Frankfurter Zeitung, 11.8.1912; Wiederabdruck in: Michael Karbaum: Studien zur Geschichte der Bayreuther Festspiele, Regensburg 1976, Teil II, S. 52.

33 Nicholas Vazsonyi: Richard Wagner. Self-Promotion and the Making of a Brand, Cambridge 2010; dt.: Richard Wagner. Die Entstehung einer Marke, Würzburg 2012.

34 Ebd., S. 161.

35 Die Informationen nach Bauer 2016, Bd. 1, S. 152.

36 Ebd., Bd. 1, S. 88.

37 Ebd., Bd. 1, S. 134.

38 Ebd.

39 Ebd.; auch Großmann-Vendrey, Bd. 1, S. 203.

40 Siehe Charles Baudelaire: Richard Wagner et Tannhauser à Paris, in ders.: L'art romantique. Littérature et Musique, Paris 1968, S. 267–300, 292.

41 Ecce Homo, KSA 6, S. 325.

42 GKFA 14.1, S. 73–75; Im Schatten Wagners, S. 18 f.

43 Zitiert nach Bernd W. Wessling: Wieland Wagner, Köln 1997, S. 177.

44 Friedrich Nietzsche an Hans von Bülow, 10.8.1888, KSA, Sämtliche Briefe, Bd. 8, S. 385.

45 Siehe das Kapitel »Das nationale Kunstwerk« bei Bauer 2016, Bd. 1, S. 130–133; dort weitere Belege.

46 So Wilhelm Mohr, ein Bayreuther Patronatsherr, in der Kölnischen Zeitung, in: Großmann-Vendrey, Bd. 1, S. 109; Bauer 2016, Bd. 1, S. 131.

47 Franz Gehring in der Deutschen Zeitung (Wien), in: Großmann-Vendrey, Bd. 1, S. 82 f.; Bauer 2016, Bd. 1, S. 131.

48 Siehe das Kapitel »Kulturimperialismus« in Dirk van Laak: Über alles in der Welt. Deutscher Imperialismus im 19. und 20. Jahrhundert, München 2005, S. 89–92.

49 Vgl. Anja Lobenstein-Reichmann: Kulturchauvinismus. Germanisches Christentum, Austilgungsrassismus. Houston Stewart Chamberlain als Leitfigur des deutsch-nationalen Bürgertums und Stichwortgebers Adolf Hitlers, in: »Weltanschauung en marche«. Die Bayreuther Festspiele und die »Juden« 1876 bis 1945, hrsg. von Hannes Heer und Sven Fritz, Würzburg 2013, S. 169–192.

50 Siehe »Goethe oder Schiller?«, in: Karl Robert Mandelkow: Goethe in Deutschland. Rezeptionsgeschichte eines Klassikers, Bd. 1, 1773–1918, München 1980, S. 126–136. Zu den Anfängen des Goethe-Kults vgl. den Abschnitt »Development of a Goethe Cult«, in: Michael H. Kater: Weimar, New Haven (CT) 2014, S. 84–90.

51 Zum Beethoven-Kult des jungen Wagner vgl. Vazsonyi 2012, S. 47–51.

52 Hermann Grimm: Goethe, 2 Bde., Berlin 1877, 12. Aufl. Stuttgart 1922. Vgl. dazu Mandelkow 1980, Bd. 1, S. 206–209.

53 Bernhard Diebold: Wagnerismus, in: Frankfurter Zeitung, 21. 8. 1932. Wiederabdruck in: Betroffensein der Nachwelt, S. 102–103.

54 Richard Wagner in Bayreuth, KSA 1, S. 434.

55 Ebd., S. 433.

56 Der Fall Wagner, KSA 6, S. 12.

57 Vgl. Herfried Münkler: Richard Wagner, in: Deutsche Erinnerungsorte, hrsg. von Étienne François und Hagen Schulze, Bd. III, München 2001, S. 549–566.

58 Dazu vor allem Udo Bermbach: Der Bayreuther Gedanke, in: Bermbach 2011, S. 179–230.

59 Vgl. Saul Friedländer: Bayreuth und der Erlösungsantisemitismus, in: Richard Wagner und die Juden, hrsg. von Dieter Borchmeyer u. a., Stuttgart und Weimar 2000, S. 8–19; David Clay Large: Ein Spiegelbild des Meisters? Zur Rassenlehre Houston Stewart Chamberlains, ebd., S. 144–159.

60 Houston Stewart Chamberlain: Goethe, München 1912, S. 18; ders.: Deutschland, in: Kriegsaufsätze, München 1914, S. 91. Vgl. Mandelkow 1980, Bd. 1, S. 267–280; Udo Bermbach: Goethe – der Weise, in ders.: Houston Stewart Chamberlain, Wagners Schwiegersohn – Hitlers Vordenker, Stuttgart und Weimar 2015, S. 345–386.

61 Die Geburt der Tragödie, KSA 1, S. 127.

62 Vgl. Anselm Gerhard: Kanon in der Musikgeschichtsschreibung. Nationalistische Gewohnheiten nach der nationalistischen Epoche, in: Archiv für Musikwissenschaft 57 (2000), S. 18–30; Albrecht Riethmüller: »Is That Not Something for *Simplicissimus?*« The Belief in Musical Superiority, in: Music and German National Identity, hrsg. von Celia Applegate und Pamela Potter, Chicago (IL) und London 2002, S. 288–304.

63 Wilhelm Heinrich Riehl: Kulturgeschichtliche Charakterköpfe, Stuttgart 1892, S. 472.

64 Ebd., S. 474.

65 Ebd., S. 475.

66 Vgl. dazu die klassische Studie von E. Butler: The Tyranny of Greece over Germany, New York 1935, S. 311–313.

67 Joachim Kaiser: Leben mit Wagner, München 1990.

68 Christian Thielemann: Mein Leben mit Wagner, München 2012.

69 Winfried Gebhard und Arnold Zingerle: Pilgerfahrt ins Ich, Konstanz 1998, S. 87.

70 Ebd., S. 86.

71 Vgl. das Interview von Stephen Moss mit Christian Thielemann: »What has c-sharp minor got to do with fascism?«, in: The Guardian, 3.1.2001.

72 Der Zauberberg, GKFA 5.1, S. 175.

73 Ein frühes Beispiel dieser Argumentationsstrategie ist George G. Windell: Hitler, National Socialism, and Richard Wagner, in: Journal of Central European Affairs 22 (1963), S. 479–499.

74 Vgl. dazu jetzt die Beiträge in: Richard Wagner in München, hrsg. von Sebastian Bolz und Hartmut Schick, München 2015.

75 Vgl. besonders das Kapitel »Die Geburtsstätte des Nationalsozialismus« in David C. Large: Hitlers München, München 1998, S. 162–204; Peter-Klaus Schuster: »Das Verhängnis einer Kunststadt«, in: Die »Kunststadt« München 1937, hrsg. von Peter-Klaus Schuster, 5. Aufl., München 1998, S. 12–36.

76 In einem Interview im NDR; zitiert bei Wessling 1997, S. 21.

77 Vgl. dazu das Kapitel »Cosima Wagner und die Institutionalisierung der Bayreuther Festspiele im nationalen Geist« in Gebhard / Zingerle 1998, S. 56–60; das Kapitel »Herrin von Bayreuth« in Oliver Hilmes: Herrin des Hügels, Berlin 2007, S. 227–314; das Kapitel »Cosimas Bayreuth« in Stefan Mösch: Weihe, Werkstatt, Wirklichkeit. Parsifal in Bayreuth 1882–1933, Kassel 2009, S. 159–181.

78 Siehe das Kapitel »Wagners Tod und die Frage der Festspielnachfolge« bei Bauer 2016, Bd. 1, S. 182–184.

79 Vgl. dazu Dieter Borchmeyer in: Franz W. Beidler: Cosima Wagner-Liszt, Bielefeld 1997, S. 367–384; Heinz Holzhauer: Der »Beidler-Prozess« des Jahres 1914 – Isolde Beidler gegen ihre Mutter Cosima Wagner, in: wagnerspectrum 2/2012, S. 181–199; Verena Naegele / Sibylle Ehrismann: Die Beidlers. Im Schatten des Wagner-Clans, Zürich 2013, S. 103–107; Dagny Beidler: Steadfast and Upstanding: Franz Wilhelm Beidler, Richard Wagner's Eldest Grandson, in: The Wagner Journal, Vol. 10, Nr. 2 (2016), S. 36–46.

80 Auszüge des Testaments bei Karbaum 1976, Tl. II, S. 59–60.

81 Frankfurter Zeitung, 11.8.1912; ebd., S. 52.

82 Nike Wagner: Wagner Theater, Frankfurt a. M. 1998, S. 243–425; Gottfried Wagner: Wer nicht mit dem Wolf heult, Köln 1997.

83 Vgl. dazu jetzt Eva Rieger: Friedelind Wagner. Richard Wagner's rebellious granddaughter, translated by Chris Walton, New York 2013.

84 Vgl. das Kapitel »Der enterbte Thronfolger: Franz Wilhelm Beidler – Wagners verlorener Sohn. Ein Nachspiel« in Dieter Borchmeyer: Richard Wagner. Ahasvers Wandlungen, Frankfurt a. M. 2002, S. 523–534; das Kapitel »Bayreuth« in Hans Rudolf Vaget: Seelenzauber. Thomas Mann und die Musik, Frankfurt a. M. 2006, S. 303–322.

85 Zur Bedeutung des Ritualcharakters vgl. das Kapitel »›Parsifal‹ als konnektives Ritual« in Mösch 2009, S. 23–27.

86 Stefan Breuer: Richard Wagners Fundamentalismus, in: Deutsche Vierteljahrsschrift für Literaturwissenschaft und Geistesgeschichte 73 (1999), S. 643–664.

87 Walter Benjamin: Das Kunstwerk im Zeitalter seiner technischen Reproduzierbarkeit, in: Gesammelte Schriften, Frankfurt a. M. 1980, Bd. 2, S. 467.

88 Dazu grundsätzlich Peter Reichel: Der schöne Schein des Dritten Reiches. Faszination und Gewalt des Faschismus, Frankfurt a. M. 1993.

89 Siehe die Ausführungen in dem Kapitel »Hitler als Künstler: Geniewahn und Dilettantismus«, S. 88–98 in diesem Band.

90 Reden zur Kunst- und Kulturpolitik, S. 52.

91 Zu Chamberlains Rasse-Verständnis vgl. Geoffrey G. Field: Evangelist of Race. The Germanic Vision of Houston Stewart Chamberlain, New York 1981, S. 169–224, sowie die umsichtige Analyse bei Bermbach 2015, S. 210–266.

92 Reden zur Kunst- und Kulturpolitik, S. 51–52.

93 Ebd., S. 75.

94 Ebd., S. 75 f.

95 Boris Groys: Das Kunstwerk Rasse, in: Reden zur Kunst- und Kulturpolitik, S. 25–39, 28.

96 Frederic Spotts: Hitler and the Power of Aesthetics, Woodstock und New York, 2003.

97 Groys 2004, S. 26 f.

98 Spotts 2003, S. 9.

99 Friedrich Meinecke: Die deutsche Katastrophe. Betrachtungen und Erinnerungen, Wiesbaden 1946.

100 Vgl. dazu Dirk Bavendamm, der die Bedeutung der deutschen »Hochkultur« in Hitlers Bildungsgang betont. Als Politiker personifiziere Hitler »den Kampf gegen eine Weltkultur, welche die historisch gewachsene Identität der Deutschen damals wie heute massiv bedroht«, in: Der junge Hitler. Korrekturen einer Biographie, 1889–1914, Graz 2009, S. 561.

101 Jochen Schmidt: Die Geschichte des Genie-Gedankens, 2 Bde., Darmstadt 1985.

102 Wolfram Pyta: Hitler. Der Künstler als Politiker und Feldherr, München 2015, S. 24.

103 Hans Robert Jauß: Literaturgeschichte als Provokation, Frankfurt a. M. 1970, S. 234.

104 Vgl. dazu jetzt die ausgewogene Darstellung der Problematik durch Ottmar Ette: Der Fall Jauß. Wege des Verstehens in eine Zukunft der Philologie, Berlin 2016.

105 Hans Robert Jauß: Rückschau auf die Rezeptionstheorie. Ad usum Musicae Scientiae, in: Rezeptionsästhetik und Rezeptionsgeschichte in der Musikwissenschaft, hrsg. von Hermann Danuser und Friedhelm Krummacher, Laaber 1991, S. 13.

106 Vgl. Bermbach 2011, S. 60.

Hitlers Wagner

1 Vgl. dazu die kommentierte Edition der beiden Fassungen des Judentum-Artikels von Jens Malte Fischer: Richard Wagners »Das Judentum in der Musik«, Frankfurt a. M. 2000.

2 Brief an Liszt, 18. 4. 1851, in: Sämtliche Briefe, Bd. 3, S. 544.

3 Zu dieser Thematik ausführlich Verf. (2003): »Du warst mein Feind von je«: The Beckmesser Controversy Revisited, in: Wagner's »Meistersinger«: Perform-

ance, History, Representation, hrsg. von Nicholas Vazsonyi, Rochester (NY) 2003, S. 190–208; ders.: Artikel »Anti-Semitism«, in: CWE, S. 16–20.

4 Siehe Na'ama Sheffi: Der Ring der Mythen. Die Wagner-Kontroverse in Israel, Göttingen 2002.

5 Saul Friedländer: Nazi Germany and the Jews. Vol. I: The Years of Persecution, 1933–1938, New York 1997, S. 1.

6 Thomas Mann an Emil Preetorius, 6.12.1949, in: Im Schatten Wagners, S. 206.

7 Vgl. dazu das Kapitel »Hitler als Wagnerianer« in Hubert Kiesewetter: Von Richard Wagner zu Adolf Hitler, Berlin 2015, S. 183–208.

8 Heinz Tietjen, Ansprache zum Betriebsappell der Preußischen Staatstheater am 30.1.1936, in: Karbaum 1976, Tl. II, S. 111–112.

9 Siehe die tabellarische Aufstellung bei Erik Levi: Music in the Third Reich, New York 1994, S. 192, der zufolge die Anzahl der Wagner-Aufführungen in Deutschland um mehr als ein Drittel zurückging, von 1837 in der Spielzeit 1932/33 auf 1154 in der Spielzeit 1939/40. Einen ergänzenden Überblick liefert Jens Malte Fischer: Wagner-Interpretationen im Dritten Reich, in: Richard Wagner im Dritten Reich, S. 142–164.

10 Bayreuth im Dritten Reich, hrsg. von Bernd W. Wessling, Weinheim und Basel 1983, S. 83.

11 Siehe Wilfried Daim: Der Mann, der Hitler die Ideen gab, München 1958.

12 Fest 1996, S. 280.

13 GW XII, S. 845–852, 846. Siehe die Analyse dieses Textes, S. 432–442.

14 Hitler, Mein Kampf. Eine kritische Edition, hrsg. von Christian Hartmann, Thomas Vordermayer, Othmar Plöckinger, Roman Töppel, 2 Bde., München, Berlin 2016.

15 Volker Ullrich: Adolf Hitler. Biographie. Bd. 1: Die Jahre des Aufstiegs 1889–1939, Frankfurt a. M. 2013.

16 Pyta 2015.

17 Peter Longerich: Hitler. Biographie, Berlin 2015.

18 Ebd., S. 10.

19 Milton Himmelfarb: No Hitler, No Holocaust, in: Commentary 76 (1984), S. 37–43.

20 Joachim Köhler: Wagners Hitler: Der Prophet und sein Vollstrecker, München 1999. In einer Miszelle von 2014 lässt Köhler wissen, dass er im Verlauf seiner Arbeit an seiner umfangreichen Biographie Der Letzte der Titanen, München 2001, zu einer revidierten Auffassung von der Bedeutung des Antisemitismus für Wagner gekommen sei. Siehe Joachim Köhler: Wagner's Acquittal. Bayreuth's great composer was an anti-Semite – but mastermind of the Holocaust he was not, in: The Wagner Journal 8 (2014), S. 43–51.

21 Vgl. dazu umfassend Sheffi 2002. Ein starkes Plädoyer für die Aufhebung des Wagner-Banns liefert Leon Botstein: German Jews and Wagner, in seinem Beitrag zu: Richard Wagner and His World, hrsg. von Thomas S. Grey, Princeton 2009, S. 151–197.

22 Dies die ultima ratio in dem Buch von Paul Lawrence Rose: Wagner. Race and Revolution, New Haven 1992.

23 Konrad Heiden: Adolf Hitler. Das Zeitalter der Verantwortungslosigkeit, 2 Bde., Zürich 1936, 1937.

24 John Toland: Adolf Hitler, Bd. 1, New York 1976, S. 16.

25 Joseph Peter Stern: Hitler: The Führer and the People, Hassocks 1975, S. 41.

26 Vgl. z. B. Rainer Zitelmann: Adolf Hitler. Eine politische Biographie, Stuttgart 1989; Ralf Georg Reuth: Hitler. Eine Biographie, München, Zürich 2003.
27 Ian Kershaw: Der Hitler-Mythos. Volksmeinung und Propaganda im Dritten Reich, Stuttgart 1980.
28 Martin Broszat: Zur Einführung: Probleme der Hitler-Forschung, ebd., S. 7.
29 Ian Kershaw: Hitler. 1889–1936: Hubris [Vol. 1], New York 1999, S. 43. Kershaw steuerte eine ausgewogene, kritische Einleitung bei zu der Neuauflage von Kubizeks Erinnerungen, der ersten vollständigen Fassung auf Englisch. Seine Bemerkungen zu dem Kapitel über das Rienzi-Erlebnis enthalten keine neuen Einsichten, die über seine Biographie hinausweisen. August Kubizek: The Young Hitler I Knew. Introduction by Ian Kershaw, London 2006, S. 9–15.
30 Kershaw, Hitler, Vol. 1, S. 43.
31 Bewusst außer Acht gelassen sind hier die höchst umstrittenen, ungeniert apologetischen Arbeiten David Irvings.
32 Joachim Fest: Hitler, Berlin 1973, S. 86–102; Fest 1996.
33 Vgl. Dina Porat: Zum Raum wird hier die Zeit, in: Borchmeyer u. a. 2000, S. 207–220; Saul Friedländer: Hitler und Wagner, in: Richard Wagner im Dritten Reich, S. 165–178.
34 Pyta 2015.
35 Andreas Wirsching: Hitlers Authentizität, in: Vierteljahrshefte für Zeitgeschichte, Jg. 64 (2016), S. 387–417.
36 Ebd., S. 403.
37 Ebd., S. 403, 417.
38 Die Geburt der Tragödie, KSA 1, S. 47.
39 Siehe den Artikel von Viktor Žmegač »Ästhetizismus«, in: Moderne Literatur in Grundbegriffen, hrsg. von Dieter Borchmeyer / Viktor Žmegač, Frankfurt a. M. 1987, S. 20–24. Das Zitat aus Wildes Essay »The Critic as Artist«.
40 Heiden 1936.
41 Metzler Literatur Lexikon. Stichwörter zur Weltliteratur, Stuttgart 1984.
42 GKFA 13.1, S. 616.
43 Ebd., S. 593.
44 Der Tod in Venedig, GKFA 2.1, S. 513.
45 Ebd., S. 513 f.
46 Bruder Hitler, GW XII, S. 850.
47 Vgl. dazu Bermbach 2015, S. 58–61, 92.
48 Nach Ernst Hanisch: Ein Wagnerianer namens Hitler, in: Richard Wagner 1883–1983. Die Rezeption im 19. und 20. Jahrhundert. Gesammelte Beiträge des Salzburger Symposions, Stuttgart 1984, S. 66. Vgl. Michael Wladika: Hitlers Vätergeneration: die Ursprünge des Nationalsozialismus in der k. u. k. Monarchie, Wien 2005, S. 158–162.
49 Mein Kampf, Bd. 1, S. 129–231.
50 Ebd., S. 365.
51 Ebd., S. 363.
52 Theodor W. Adorno: Selbstanzeige des Essaybuches »Versuch über Wagner«, in: Gesammelte Schriften, Bd. 13, S. 504.
53 Siehe Fritz Fischer: Hitler war kein Betriebsunfall, in der Aufsatzsammlung gleichen Titels, München 1992, S. 174–181.
54 Eberhard Jäckel: Hitlers Weltanschauung, Stuttgart 1981.

55 Als »Befindlichkeitschaos« charakterisiert Ralf Georg Reuth die emotionale Verfassung, aus der heraus Hitler zum Politiker und Antisemiten mutierte; Reuth 2003, S. 642.

56 Fest 1973, S. 29, 37, 724.

57 Kershaw: Hitler, Vol. 1, S. XXIV. Alan Bullock: Hitler. A Study in Tyranny, London 1952.

58 Ullrich 2013, S. 421–457.

59 Siehe das Kapitel »Claude Lanzmann and the War Against the Question Why« in Ron Rosenbaum: Explaining Hitler, New York 1998, S. 250–255.

60 Vgl. dazu das Kapitel »Die ästhetische Anziehungskraft des Faschismus« in Wolf Lepenies: Kultur und Politik, München 2006, S. 88–105.

61 Mein Kampf, Bd. 1, S. 367.

62 Pyta 2015, S. 573.

63 Mein Kampf, Bd. 1, S. 761.

64 Sebastian Haffner: Anmerkungen zu Hitler, München 1978, S. 29–30.

65 Mein Kampf, Bd. 1, S. 761–763.

66 Ebd., S. 763.

67 Siehe Anton Joachimsthaler: Korrektur einer Biographie: Adolf Hitler 1908–1920, München 1989; Bavendamm 2009.

68 Brigitte Hamann: Hitlers Wien, München, Zürich 1996, S. 8.

69 Longerich 2015, S. 14.

70 Thomas Weber: Wie Adolf Hitler zum Nazi wurde, Berlin 2016, S. 292; vgl. dazu umfassend Carolin D. Lange: Genies im Reichstag, Hannover 2012.

71 Hitler, Sämtliche Aufzeichnungen, S. 127.

72 Vgl. dazu vor allem Rosenbaum 1998, passim; sowie das Kapitel »Dämon und Sündenbock« in Rolf Rietzler: Mensch Adolf, München 2016, S. 33–127.

73 Kershaw: Hitler, Vol. 1, S. XXV.

74 Weber 2016; die Zitate S. 137, 140, 164, 253, 387, 400.

75 Ebd., S. 229, 251.

76 Ebd., S. 117.

77 Siehe den Bericht unter der Überschrift »NB«, in: Times Literary Supplement, 13.12.2002, S. 16.

78 Vgl. dazu Michael H. Kater: Hitler in a Social Context, in: Central European History 14 (1981), S. 243–272; Otto K. Werckmeister: Hitler the Artist, in: Critical Inquiry 23 (1997), S. 270–297.

79 August Kubizek: Adolf Hitler, mein Jugendfreund, Graz und Göttingen 1953, S. 97–99.

80 Die statistischen Angaben nach William A. Jenks: Vienna and the Young Hitler, New York 1960, S. 202. Vgl. auch Roswitha Vera Karpf: Beiträge zur österreichischen Wagner-Rezeption im 19. Jahrhundert, in: Richard Wagner 1883–1983. Die Rezeption im 19. und 20. Jahrhundert. Gesammelte Beiträge des Salzburger Symposions, Stuttgart 1984, S. 229–248.

81 Vgl. Hamann 1996, S. 95–97. Siehe auch Kubizeks Bericht in Kapitel 19 seiner Erinnerungen (Kubizek 1953).

82 Pyta 2015, S. 393.

83 Birgit Schwarz: Geniewahn: Hitler und die Kunst, Wien, Köln, Weimar 2009. Die-

selbe exklusive Privilegierung der bildenden Kunst vor der Musik auch bei Henry Grosshans: Hitler and the Artists, New York 1983; Jonathan Petropoulos: Art as Politics in the Third Reich, Chapel Hill 1996.

84 Alfred Lorenz: Die Tonkunst grüßt den Führer!, in: Zeitschrift für Musik (1933). Wiederabgedruckt bei Hartmut Zelinsky: Richard Wagner – ein deutsches Thema, Frankfurt a. M. 1976, S. 236.

85 Dazu ausführlich Verf.: Dilettantismus und Meisterschaft. Zum Problem des Dilettantismus bei Goethe, München 1971.

86 Vgl. Verf.: Goethe the Novelist. On the Coherence of His Fiction, in: Goethe's Narrative Fiction, hrsg. von William J. Lillyman, Berlin 1983, S. 1–20; ders.: The »Augenmensch« and the Failure of Vision. Goethe and the Trauma of Dilettantism, in: Deutsche Vierteljahrsschrift für Literaturwissenschaft und Geistesgeschichte 75 (2001), S. 1–22.

87 Siehe Arthur Schopenhauer: Sämtliche Werke, Bd. 6, Leipzig 1939, S. 511–514.

88 Siehe Houston Stewart Chamberlain: Über Dilettantismus, in ders.: Rasse und Persönlichkeit, München 1925, S. 98–102; zuvor als Vorwort zur 4. Aufl von Die Grundlagen des neunzehnten Jahrhunderts, München 1912, S. XI-XV.

89 Rudolf Kassner: Der Dilettantismus, Frankfurt a. M. 1910.

90 Vgl. Jens Malte Fischer: Fin de Siècle. Kommentar zu einer Epoche, München 1978, S. 32 f., 69.

91 Vgl. dazu Gotthard Wunberg: Hermann Bahr – ein Fall für die Kulturwissenschaften?, in ders.: Jahrhundertwende, Tübingen 2001, S. 342–349.

92 Hugo von Hofmannsthal: Gabriele D'Annunzio, in: Sämtliche Werke, Kritische Ausgabe Bd. XXXII, Reden und Aufsätze I, hrsg. von Hans-Georg Dewitz u. a., Frankfurt a. M. 2015, S. 99–107, 100 f.

93 Vgl. Michael Wieler: Dilettantismus. Wesen und Geschichte. Am Beispiel von Heinrich und Thomas Mann, Würzburg 1996.

94 Der locus classicus für den modernen Dilettantismus-Begriff ist der Abschnitt »Du dilettantisme« in dem Essay über Ernest Renan von Paul Bourget in dessen »Essais de psychologie contemporaine«, Paris 1883, S. 59: »Il est plus aisé d'entendre le sens du mot *dilettantisme* que de le définir avec précision. C'est beaucoup moins une doctrine qu'une disposition de l'esprit, très intelligente à la fois et très voluptueuse, qui nous incline tour à tour vers les formes diverses de la vie et nous conduit à nous prêter à toutes ces formes sans nous donner à aucune.«

95 Kubizek 1953, S. 107 f.

96 So Goethe in seinen Notaten zu dem mit Schiller geplanten zeitkritischen Dilettantismus-Projekt: [Über den Dilettantismus], Frankfurter Ausgabe, Bd. 18, S. 779.

97 Schwarz 2009, S. 13. Die Verfasserin erklärt ihre Absicht, mit einer »kritisch befragte[n] Genievorstellung im umfassenden Sinne« (S. 14) zu operieren, doch umfasst ihre kritische Befragung nicht den hier künstlertypologisch einschlägigen Begriff des Dilettanten.

98 Ludolf Herbst: Hitlers Charisma: die Erfindung eines deutschen Messias, Frankfurt a. M. 2010, S. 267. Skeptisch hinsichtlich des Begriffs des Charismas als Verstehenskategorie zeigt sich auch die Biographie von Longerich 2015, S. 12.

99 Dirk van Laak: Adolf Hitler, in: Charismatische Führer der deutschen Nation, hrsg. von Frank Möller, München 2004, S. 149–170, 149. Vgl. dazu den Artikel »Charisma«

von Wilhelm E. Mühlmann in: Historisches Wörterbuch der Philosophie, Basel 1971, Bd. 1, S. 996–999, sowie Rainer M. Lepsius: Das Modell der charismatischen Herrschaft und seine Anwendbarkeit auf den ›Führerstaat‹ Adolf Hitlers, in ders.: Demokratie in Deutschland, Göttingen 1993, S. 95–118.

100 Wissenschaft als Beruf; Politik als Beruf, in: Max Weber Gesamtausgabe. Abteilung I, Bd. 17, Tübingen 1992, S. 160–162.

101 van Laak 2004, S. 156.

102 Herbst 2010, S. 109, 147.

103 Ebd., S. 14.

104 Ebd., S. 49, 267.

105 Zu dem Phänomen der politischen Heilserwartung vgl. Klaus Schreiner: »Wann kommt der Retter Deutschlands?«, in: Saeculum 49 (1998), S. 107–160.

106 Vgl. das Kapitel »Zwei Charismatiker: Adolf Hitler begegnet Richard Wagner« in Müller 2013, S. 143–162.

107 Vgl. dazu die Deutung bei William Kinderman: Wagner's Parsifal, New York 2013, S. 23–24.

108 Kubizek 1953, S. 34.

109 Sebastian Werr: Heroische Weltsicht. Hitler und die Musik, Köln, Weimar, Wien 2014, S. 225.

110 Kershaw: Hitler, Vol. 1, Abbildung 29. Vgl. dazu Rudolf Herz: Hoffmann und Hitler, München 1994.

111 J. L. Schwerin-Krosigk: Es geschah in Deutschland, Tübingen 1952, S. 220; nach Werr 2014, S. 222.

112 André François-Poncet: Goethes Wahlverwandtschaften. Versuch eines kritischen Kommentars, Mainz 1951. Französische Originalausgabe 1909.

113 André François-Poncet: Souvenirs d'une ambassade à Berlin, Septembre 1931–Octobre 1938, Paris 1946, S. 352, 354.

114 Vgl. dazu Werr 2014, S. 223.

115 Bullock 1952, S. 377.

116 Menschliches, Allzumenschliches I, KSA 2, S. 72–73.

117 Vgl. dazu die Ausführungen Rosenbaums 1998, S. 63–96.

118 Der Fall Wagner, KSA 6, 37.

119 Siehe den Brief vom 30. 9. 1934 an Adelheid Klein: »Ich glaube mein Leben ist der größte Roman der Weltgeschichte.« Der handschriftliche Brief ist im Faksimile abgedruckt bei Ullrich 2013, S. 434.

120 Siehe Wirsching 2016, S. 388 f.

121 Franz Gräflinger: Rienzi, in: Linzer Zeitung, 5. 1. 1905.

122 Die Aufführungsdaten: 3., 5., 10., 19. Januar und 19. Februar 1905. Auskunft von Dr. Ulrich Scherzer, Dramaturg am Landestheater Linz, in einem Brief vom 7. 6. 1993 an den Verfasser.

123 Vgl. dazu John Deathridge: Wagner's »Rienzi«, Oxford 1977, S. 8f.; siehe das Kapitel »Rienzi. Aufstieg und Fall eines Revolutionärs« in Udo Bermbach: »Blühendes Leid«. Politik und Gesellschaft in Richard Wagners Musikdramen, Stuttgart, Weimar 2003, S. 47–68.

124 Zum politischen Milieu der Stadt vgl. das kenntnisreiche Kapitel »Linz« in Werr 2014, S. 21–86.

125 William J. McGrath: Dionysian Art and Populist Politics in Austria, New Haven 1974, S. 165–181; Hamann 1996, S. 337–363; Werr 2014, S. 21–30; das Kapitel »Das Linzer Programm« in Wladika 2005, S. 146–158.
126 Siehe Kubizek 1953, S. 6.
127 Werr 2014, S. 53.
128 Kubizek 1953, S. 133–142.
129 Siehe Spotts 2003, S. 225–227, sowie J. Karlsson: »In that hour it began?« Hitler, »Rienzi«, and the Trustworthiness of August Kubizek's »The Young Hitler I Knew«, in: The Wagner Journal 6,2 (2012), S. 33–47.
130 Siehe Hamann 1996, S. 82: »Aber alles in allem ist Kubizek glaubwürdig.« Pyta 2015, S. 53: »Die Erinnerungen Kubizeks besitzen einen hohen Quellenwert.«
131 Kubizek 1953, S. 140.
132 Ebd.
133 Franz Gräflinger: Rienzi, in: Linzer Zeitung, 5.1.1905.
134 Kubizek 1953, S. 97–98.
135 Hamann 1996, S. 40.
136 Kubizek 1953, S. 136.
137 Sven Friedrich: »In jener Stunde begann es …« – Wagner und Hitler, in ders.: Richard Wagner. Deutung und Wirkung, Würzburg 2004, S. 159–198, 172.
138 Bermbach 2003, S. 56.
139 Mein Kampf, Bd. 1, S. 70: »Unter der Herrschaft eines wahrhaft genialen Bürgermeisters erwachte die ehrwürdige Residenz der Kaiser des alten Reiches noch einmal zu einem wundersamen jungen Leben.«
140 Ebd.
141 Carl E. Schorske: Fin-de-Siècle Vienna. Politics and Culture, New York 1981, S. 119.
142 GKFA 14.1, S. 79–81, 80 f. Vgl. dazu Manfred Dierks: Typologisches Denken bei Thomas Mann, in: Thomas-Mann-Jahrbuch 9 (1996), S. 127–153.
143 Mein Kampf, Bd. 2, S. 557.
144 Siehe die Darstellung und Dokumentation von Ernst Deuerlein: Hitlers Eintritt in die Politik und die Reichswehr, in: Vierteljahrshefte für Zeitgeschichte 7 (1959), Heft 2, S. 177–227. Vgl. auch Albrecht Tyrell: Vom »Trommler« zum »Führer«, München 1975; das Kapitel »Sprung in die Politik« in Ullrich 2013, S. 90–109.
145 Nach Bermbach 2011, S. 442.
146 Siehe Ullrich 2013, S. 147, 190, 239, 242.
147 Goebbels Tagebücher, 12.9.1925.
148 Otto Wagener: Hitler aus nächster Nähe, hrsg. von Henry Ashby Turner, Frankfurt a. M. 1978, S. 352. Vgl. Verf.: »Den liebe ich besonders«: Hitlers Rienzi, in: wagnerspectrum 1/2009, S. 129–149.
149 So z. B. Hanisch 1984, S. 71.
150 Vgl. David Huckvale: Rienzi's Reich. Bulwer-Lytton, Wagner and the Great Dictators, in: Wagner 19 (1998), S. 103–116.
151 Franz Neumann: Behemoth: The Structure and Practice of National Socialism, New York 1942, S. 465.
152 Theodor W. Adorno: Selbstanzeige des Essaybuches »Versuch über Wagner«, in: Gesammelte Schriften, Bd. 13, S. 504.

153 Hamann 1996, S. 365.
154 Albert Speer: Spandauer Tagebücher, Frankfurt a. M. 1975, S. 136.
155 Vgl. Reginald H. Phelps: »Before Hitler Came«. Thule Society and Germanen Order, in: Journal of Modern History 35 (1963), S. 245–261.
156 Siehe Friedrich Geiger / Tobias Reichard: »Psychologie der Volksseele«. Rienzi und die Inszenierung der Masse, in: wagnerspectrum 2/2015, S. 115–136, 119. Die folgenden Details nach Geiger / Reichard.
157 Anonym, Münchner Neueste Nachrichten, 12. 5. 1936. Zitiert nach Geiger / Reichard 2015, S. 133.
158 Haffner 1978, S. 27.
159 Siehe das Buch zum Film, Hans Jürgen Syberberg: Hitler, ein Film aus Deutschland, Reinbek 1978.
160 Vgl. Verf.: Die Auferstehung Richard Wagners. Wagnerismus und Verfremdung in Syberbergs Hitler-Film, in: Film und Literatur, hrsg. von Sigrid Bauschinger, Susan L. Cocalis und Henry A. Lea, Bern und München 1984, S. 124–155.
161 Zitiert nach Anton Joachimsthaler: Hitlers Ende, München, Berlin 1995, S. 191.
162 Hitler am 27. November 1941; zitiert nach Haffner 1978, S. 198.
163 Albert Speer: Erinnerungen, Frankfurt a. M. 1993, S. 412.
164 Holger R. Stunz: Richard Wagners Partituren als Spielball der Zeitgeschichte. Eine Spurensuche, in: wagnerspectrum 2/2008, S. 175–207.
165 Dass die Idee, Hitler zum Fünfzigsten Wagner-Autographen zu schenken, von Winifred Wagner angeregt wurde, vermutet Spotts 2003, S. 256.
166 Ebd., S. 198.
167 Egon Voss: Rienzi, der Letzte der Tribunen, in ders.: »Wagner und kein Ende«. Betrachtungen und Studien, Zürich, Mainz 1996, S. 59–76, 68. Zu den außerordentlichen editorischen Problemen des *Rienzi* vgl. jetzt Tobias Janz: »Rienzi«-Philologie II – Zur diskontinuierlichen Biographie eines Hauptwerks, in: wagnerspectrum 2/2015, S. 35–62.
168 Voss 1996, S. 68.
169 Ebd., S. 60–61.
170 Vgl. dazu Geiger / Reichard 2015, S. 134–135.
171 Voss 1996, S. 60.
172 Stephen Greenblatt: Renaissance Self-Fashioning: From More to Shakespeare, Chicago 1980.
173 Die fröhliche Wissenschaft, KSA 3, S. 523 f.
174 Marlis Steinert, Hitler, München 1994, S. 15.
175 Siehe Verf.: Wagnerian Self-Fashioning: The Case of Adolf Hitler, in: New German Critique, Nr. 101 (Sommer 2007), S. 95–114.
176 Pyta 2015, S. 222.
177 Michael Rißmann: Hitlers Gott, Zürich, München 2001, S. 190.
178 Ebd., S. 175.
179 GKFA 14.1, S. 75; Im Schatten Wagners, S. 19.
180 Domarus, Bd. I.2, S. 824.
181 Vom Nutzen und Nachtheil der Historie für das Leben, KSA 1, S. 258, 259.
182 Ebd., S. 260.
183 Vgl. Franz Jetzinger: Hitlers Jugend, Wien 1956. In diesem Sinne auch Hamann 1996,

S. 502; Bavendamm 2009, S. 502–539; Ralf Georg Reuth: Hitlers Judenhaß, München 2009, S. 21–49.

184 Pyta 2015, S. 148 f.

185 Wirsching 2016, S. 400.

186 Mein Kampf, Bd. 1, S. 209.

187 Vgl. Hamann 1996, S. 337–363; Wladika 2005, passim.

188 Steinert 1994, S. 50.

189 Hitler, Sämtliche Aufzeichnungen, S. 89 f.

190 Wirsching 2016, S. 398.

191 Cosima Wagner an Hohenlohe-Langenburg, 11. 10. 1920, in: Briefwechsel zwischen Cosima Wagner und Fürst Ernst zu Hohenlohe-Langenburg, Stuttgart 1937, S. 387. Vgl. dazu Hannes Heer: Geschichte der Festspiele 1924, in: Verstummte Stimmen. Eine Ausstellung von Hannes Heer u. a., Berlin 2012, S. 133–163, 138.

192 Vgl. dazu die Schilderungen bei Karbaum 1976, Tl. I, S. 67–70; Brigitte Hamann: Winifred Wagner oder Hitlers Bayreuth, München 2002, S. 83–86; Oliver Hilmes: Cosimas Kinder, Berlin 2009, S. 184–194, sowie Bermbach 2015, S. 556–565; Bauer 2016, Bd. 1, S. 403–404.

193 Der Brief bei Field 1981, S. 421.

194 Houston Stewart Chamberlain: Richard Wagner, München 1896.

195 Anja Lobenstein-Reichmann: Houston Stewart Chamberlain, Berlin 2008, S. 613.

196 Wolfgang Martynkewicz: Salon Deutschland. Geist und Macht 1900–1945, Berlin 2009. Vgl. auch Hellmuth Auerbach: Hitlers politische Lehrjahre und die Münchener Gesellschaft 1919–1923, in: Vierteljahrshefte für Zeitgeschichte 25 (1977), S. 1–45.

197 Der offene Brief Chamberlains in Zelinsky 1976, S. 169.

198 Houston Stewart Chamberlain. Briefe 1882–1924 und Briefwechsel mit Kaiser Wilhelm II., 2 Bde., hrsg. von Paul Pretzsch, München 1926; vgl. dazu Bermbach 2015, S. 200–209.

199 Zelinsky 1976, S. 169; gleichfalls Bermbach 2015, S. 560–561.

200 Zelinsky 1976, S. 170.

201 Houston Stewart Chamberlain an Adolf Hitler, 30. 4. 1924; zitiert nach Hamann 2002, S. 119.

202 Faksimile des Nachrufs bei Bermbach 2015, S. 510.

203 Hitler Monologe, S. 224 f.

204 Siehe Peter Longerich: Der ungeschriebene Befehl: Hitler und der Weg zur »Endlösung«, München 2001. Vgl. auch Reuth 2009.

205 Bermbach 2015, S. 563.

206 Zitiert nach Kinderman 2013, S. 24.

207 Siehe Zelinsky 1976, S. 236.

208 Ebd., S. 564.

209 Reinhold Brinkmann: Wagners Aktualität für den Nationalsozialismus. Fragmente einer Bestandsaufnahme, in: Richard Wagner im Dritten Reich, S. 109–141, 124.

210 Houston Stewart Chamberlain: Die Zuversicht, München 1915, S. 21.

211 Houston Stewart Chamberlain: Deutschland – England. Aus den Schriften zum Weltkrieg, München 1939, S. 176–179; vgl. Bermbach 2015, S. 565–566.

212 Vgl. dazu die Einleitung von Jochen Thies: Architekt der Weltherrschaft. Die »Endziele« Hitlers, Düsseldorf 1976, S. 3–18.

213 Siehe die Mitschrift der Rede in: Hitler, Reden 1925–1933, S. 90–106.
214 Reden zur Kunst- und Kulturpolitik, S. 132.
215 Hitler, Reden 1925–1933, S. 103.
216 Vgl. Bermbach 2015, S. 563–565.
217 Vgl. dazu besonders Saul Friedländer: Bayreuth und der Erlösungsantisemitismus, in: Richard Wagner und die Juden, hrsg. von Dieter Borchmeyer u. a., Stuttgart, Weimar 2000, S. 8–19.
218 Schwarz 2009, S. 120.
219 Dies die Vermutung von Hilmes 2009, S. 188.
220 Zitat nach Heer 2012, S. 145.
221 Zelinsky 1976, S. 169.
222 Siehe Heer 2012, S. 159.
223 Siehe Bauer 2016, Bd. 1, S. 410.
224 Hans Conrad: Der Führer und Bayreuth, in: Bayerische Ostmark, Sonderbeilage, 25./27. 7. 1936; teilweiser Wiederabdruck in Karbaum 1976, Tl. II, S. 68.
225 Vgl. das Kapitel »Hyperacculturation« in Ritchie Robertson: The ›Jewish Question‹ in German Literature, 1780–1929, Oxford 1999, S. 345–378.
226 Zur Herkunft Winifreds vgl. Hamann 2002, S. 9–17; zur Herkunft Chamberlains vgl. Bermbach 2015, S. 13–21.
227 Siegfried Wagner an Alexander Spring, 9. 11. 1923; an Rosa Eidam, Weihnachten 1923; Karbaum 1976, Tl. II, S. 65.
228 Hermann Rauschning: Gespräche mit Hitler, Zürich 1940; Hans Frank: Im Angesicht des Galgens, Neuhaus 1955.
229 Vgl. das Kapitel »Der heldische Gedanke im ›Parsifal‹ und Hitlers Konstruktion des ›reinen Blutes‹« in Bauer 2016, Bd. 1, S. 546–548.
230 Siehe Ullrich 2013, S. 160.
231 Ebd., S. 438
232 Hamann 2002, S. 146.
233 Bullock 1952, S. 90.
234 Text bei Karbaum 1976, Tl. II, S. 66; Hitler, Sämtliche Aufzeichnungen, S. 1230.
235 Rede auf einer NSDAP-Versammlung in Nürnberg, 14. Oktober 1923, Hitler, Sämtliche Aufzeichnungen, S. 1032.
236 Mein Kampf, Bd. 1, S. 947. Die dort im Kommentar gegebene Erklärung, es handle sich um eine Anspielung auf die »Nibelungensage« und die Dolchstoßlegende, scheint angesichts der vielen Wagner-Anspielungen in den frühen Reden abwegig.
237 Hans Wegener: »Ein Schwert verhieß mir der Vater, ich fänd' es in höchster Not«, in: Zelinsky 1976, S. 175–176; auch in: Nike Wagner 1995, S. 268–269.
238 Vgl. Werr 2014, S. 215–216.
239 Spotts 2003, S. 239.
240 Werr 2014, S. 218.
241 Hitler, Sämtliche Aufzeichnungen, S. 924.
242 Goebbels Tagebücher, Tl. I, Bd. 2/III, S. 273.
243 Zitat nach Karbaum 1976, Tl. 1, S. 86.
244 Hans Alfred Grunsky: Wagner und Hitler, in: Deutsches Wesen. Nationalsozialistische Monatsschrift mit Bildern, Jg. 1933, Juli-Heft, S. 8.

245 Vgl. dazu Der Tag von Potsdam. Der 21. März 1933 und die Errichtung der nationalsozialistischen Diktatur, hrsg. von Christoph Kopke und Werner Treß, Berlin 2013.

246 Vgl. Wolfram Pyta: Geteiltes Charisma, in: Das Jahr 1933, hrsg. von Andreas Wirsching, Göttingen 2009, S. 47–69.

247 Hugo Rasch: Die Festvorstellung in der Staatsoper, in: Völkischer Beobachter, 23.3.1933.

248 So z. B. Longerich 2015, S. 309.

249 Curt von Westernhagen: Richard Wagners Kampf gegen seelische Fremdherrschaft, in: Wessling 1983, S. 240.

250 GKFA 10.1, S. 404.

251 Vgl. Ernest Gellner: Nationalismus – Kultur und Macht, Berlin 1999.

252 Theodor W. Adorno: Versuch über Wagner, in: Gesammelte Schriften, Bd. 13, S. 21.

253 Vgl. Vaget 2003a.

254 Im Schatten Wagners, S. 179, 205; vgl. Verf.: Sixtus Beckmesser – A »Jew in the Brambles«?, in: Opera Quarterly 12 (1995), S. 35–46.

255 Siehe David Dennis: »The Most German of All German Operas«: »Die Meistersinger« Through the Lens of the Third Reich, in: Vazsonyi 2003, S. 98–119, 103: »The investigation has uncovered no evidence that Nazi cultural politicians, or their volkish forbears and associates, referred in public discourse to the character of Sixtus Beckmesser as Jewish, or to his fate in Die Meistersinger as foreshadowing National Socialist policies against Jews.«

256 Siehe Adolf Rapp: Wagner als Führer zu deutscher Art, in: Wessling 1983, S. 147–152.

257 Bekker 1924, S. 535 f. Vgl. dazu Richard Klein: Der negative Körper und die Rückseite des Spiegels. Versuch mit Paul Bekker über Antisemitismus in Wagners Werk, in: Musik & Ästhetik, Jg. 20, Heft 77 (Januar 2016), S. 42–58.

258 Richard Wilhelm Stock: Vorwort zu Richard Wagner und die Stadt der Meistersinger, in: Richard Wagner: Die Meistersinger von Nürnberg, hrsg. von Attila Csampai und Dietmar Holland, Reinbek 1981, S. 202; vgl. auch Bermbach 2011, S. 432.

259 Max Weber 1992, S. 160 ff.

260 Notizen zu »Geist und Kunst«, in: Im Schatten Wagners, S. 35.

261 Reden zur Kunst- und Kulturpolitik, S. 139.

262 Hitler, Reden 1925–1933, S. 163.

263 Reden zur Kunst- und Kulturpolitik, S. 139.

264 Kershaw: Hitler, Vol. 1, S. 529 f.

265 Fritz Stern: National Socialism as Temptation, in ders.: Dreams and Delusions, New York 1987, S. 147–191.

266 Dennis 2003, S. 107: »Once in power, Nazis treated themselves to a Meistersinger binge.«

267 Hans-Peter Schwarz: Adolf Hitler: Vergleichbarkeit, Unvergleichbarkeit, in: ders.: Das Gesicht des Jahrhunderts, Berlin 1998, S. 293–325, 297.

268 Houston Stewart Chamberlain: Deutsches Wesen, München 1916, S. 185.

269 Bayreuther Festspielführer 1933, hrsg. von Otto Strobel, Bayreuth 1933, S. 4.

270 Hitler, Sämtliche Aufzeichnungen, S. 1210.

271 Domarus, Bd. I. 1., S. 368–369.

272 Ebd., S. 369.

273 Friedrich 2004, S. 196.
274 Vgl. dazu Richard Wagner gepfändet. Ein Leipziger Denkmal in Dokumenten 1931–1955, ausgewählt und begleitet von Grit Hartmann, Leipzig 2003.
275 Siehe Karl Ernst Lange: Ein Denkmal für Richard Wagner. Ein Wort an den geistigen Adel der Nation, mit Hinweis auf eine vorbildliche Denkmalslösung, in: Zelinsky 1976, S. 228–229.
276 Siehe Csampai / Holland 1981, S. 199 f.
277 Richard Wagner und das Kunstempfinden unserer Zeit, in: Joseph Goebbels: Signale der neuen Zeit, München 1934, S. 191–194.
278 GKFA 10.1, S. 438.
279 Zitat nach Karbaum 1976, Tl. II, S. 92–93.
280 Siegfried Scheffler: Bayreuth im Dritten Reich, Hamburg 1933, S. 33; nach Werr 2014, S. 195.
281 Siehe Bauer 2016, Bd. 1, S. 429.
282 Hamann 2002, S. 139.
283 Hitler Monologe, S. 224f., 259.
284 Nach Heer 2012, S. 160.
285 Nach Hamann 2002, S. 160.
286 Mein Kampf, Bd. 2, S. 851.
287 Siehe Walter Legges Artikel in Wessling 1983, S. 189–192.
288 Hitler Monologe, S. 287 f. (20./21. 2. 1942).
289 Ebd.
290 Zum Folgenden vgl. Oliver Rathkolb: Führertreu und gottbegnadet. Künstlereliten im Dritten Reich, Wien 1991, S. 176, 179.
291 Reden zur Kunst- und Kulturpolitik, S. 48.
292 GKFA 13.1, S. 85; Im Schatten Wagners, S. 52.
293 Diese Geschichte hat Holger R. Stunz aus den vorhandenen Akten rekonstruiert: Hitler und die »Gleichschaltung« der Bayreuther Festspiele, in: Vierteljahrshefte für Zeitgeschichte 2/2007, S. 237–268. Die folgenden Einzelheiten und Zitate nach Stunz. Vgl. dazu auch das Kapitel »Rettung der Bayreuther Festspiele« in Werr 2014, S. 187–193; Bauer 2016, Bd. 1, S. 493–494.
294 Vgl die Aufstellung der Finanzhilfen durch das Reich bei Karbaum 1976, Tl. II, S. 152–153.
295 Stunz 2007, S. 255.
296 Heinz Tietjen: Die Wahrheit über Bayreuth, in: Karbaum 1976, Tl. II, S. 100, 112.
297 Vgl. dazu Hannes Heer: »Wir wollen doch die Juden außen lassen.« Antisemitische Besetzungspolitik bei den Bayreuther Festspielen 1876 bis 1945, in: Heer 2012, S. 218–317.
298 Goebbels Tagebücher, Tl. I, Bd. 2/III, S. 216.
299 Stunz 2007, S. 252.
300 Nach Werr 2014, S. 188.
301 Anderswo gab es einige wenige Ausnahmen; das prominenteste Beispiel ist Leo Blech, ein populärer Dirigent an der Preußischen Staatsoper, der sich dank Tietjen und der Protektion Görings bis 1938 in Berlin halten konnte. Siehe Michael H. Kater: The Twisted Muse, New York 1997, S. 89–90.
302 Karbaum 1976, Tl. I, S. 87.

303 Winifred Wagner an Richard Strauss, 9.6.1933. Nach Kater 1997, S. 38.
304 Vgl. Hamann 2002, S. 305; Werr 2014, S. 215–218.
305 Spotts 2003, S. 240.
306 Csampai / Holland 1981, S. 201.
307 Hamann 2002, S. 305; Spotts 2003, S. 258.
308 Hamann 2002, S. 271; Bauer 2016, Bd. 1, S. 527–528.
309 Karbaum 1976, Tl. II, S. 101.
310 Ebd., S. 284.
311 Ebd.
312 Siehe Wieland Wagners Entwürfe und Bühnenfotos in Bauer 2016, Bd. 1, S. 577–580; vgl. Patrick Carnegy: Wagner and the Art of the Theatre, New Haven, London 2006, S. 280–281.
313 Goebbels Tagebücher, Tl. II, Bd. 2, S. 344 (22.11.1941).
314 Karbaum 1976, Tl. I, S. 89.
315 Einen weiteren Anlass macht Friedrich 2004, S. 194, geltend: der fünfzigste Todestag Franz Liszts, der die Uraufführung des *Lohengrin* in Weimar geleitet hatte.
316 Wolfgang Golthers offizieller Einführungsvortrag, zitiert bei Hamann 2002, S. 319.
317 Siehe Dietrich Mack: Der Bayreuther Inszenierungsstil, München 1976, S. 36; Bauer 2016, Bd. 1, S. 564.
318 Hamann 2002, S. 318.
319 Siehe die Abbildungen der Kostüme bei: Richard Wagner. Lohengrin, hrsg. von Attila Csampai und Dietmar Holland, Reinbek 1989, S. 287 ff.; Bauer 2016, Bd. 1, S. 558.
320 Spotts 1984, S. 179.
321 Vgl. dazu ausführlich David C. Large: Nazi Games: The Olympics of 1936, New York 2007.
322 Siehe Friedrich 2004, S. 194. Weder Hitler noch Gandhi wurde der Preis zuerkannt; er ging an eine Organisation des Völkerbunds, das Nansen International Office for Refugees.
323 Thomas Mann, Tagebuch, 19.7.1936. Vgl. dazu Vaget 2006, S. 270–272.
324 B. Sponheuer: Artikel »Nationalsozialismus«, in: Die Musik in Geschichte und Gegenwart, hrsg. von Ludwig Finscher, Bd. 7, Kassel 1997, Sp. 25–43.
325 Zu den Kriegsfestspielen vgl. Spotts 1984, S. 189–195; Hamann 2002, S. 400–449; Müller 2013, S. 174–179; Bauer 2016, Bd. 1, S. 611–645.
326 Winifred in ihrer Denkschrift von 1946 für die Spruchkammer in ihrem Entnazifizierungsgprozess; Karbaum 1976, Tl. II, S. 116.
327 Karbaum 1976, Tl. II, S. 153.
328 Vgl. dazu ausführlich Verf.: Nazi Cinema and Wagner, in: The Wagner Journal 9,2 (2015), S. 35–54.
329 Winifred Wagners im Faksimile gedruckte handschriftliche Botschaft in Richard Wilhelm Stock: Richard Wagner und seine Meistersinger. Eine Erinnerungsgabe zu den Bayreuther Kriegsfestspielen 1943. Nürnberg 1943, S. 11. Nach Fischer 2000b, S. 146 f.
330 Nach Müller 2013, S. 176–177.
331 Text des Führererlasses bei Karbaum 1976, Tl. II, S. 121.
332 Vgl. die vorzügliche, aus den Akten erarbeitete Studie von Stephen McClatchie: Wagner Research as »Service to the People«, in: Music and Nazism, hrsg. von

Michael H. Kater und Albrecht Riethmüller, Laaber 2003, S. 150–169; ders.: Artikel »Strobel, Otto«, in: CWE, S. 565–566.

333 Vgl. dazu das Kapitel »Wagner-Pflege und Wagner-Feindschaft im ›Dritten Reich‹« in Werr 2014, S. 193–204.

334 Traudl Junge, eine von Hitlers Sekretärinnen, zitiert ebd., S. 196.

335 Vgl. dazu den Abschnitt »Wagner-Gegner im Nationalsozialismus« bei Brinkmann 2000, S. 121–124; Michael H. Kater: Bürgerliche Jugendbewegung und Hitlerjugend in Deutschland von 1926 bis 1939, in: Archiv für Sozialgeschichte 17 (1977), S. 127–174; ders.: Hitler-Jugend, Darmstadt 2005.

336 Christian von Ehrenfels hatte bereits zum Wagner-Jubiläum 1913 ein Buch über die Wagner-Apostaten veröffentlicht: Richard Wagner und seine Apostaten, Wien und Leipzig 1913. Das Etikett »die neuen Apostaten« bezieht sich auf die jüngsten Erscheinungen, einschließlich der Hitler-Jugend; ders.: Wagner und seine neuen Apostaten, in: Der Auftakt 10 (1931), S. 5–12. Vgl. Werr 2014, S. 199–200.

337 Von Ehrenfels 1931, S. 5.

338 Zitat nach Werr 2014, S. 198.

339 Cosimas Mutter, Marie d'Agoult, entstammte der Bethmann-Dynastie, einer Frankfurter Bankiers-Familie, was offenbar den Verdacht einer jüdischen Verwandtschaft nährte – ein Verdacht, der in der Wagner-Literatur hier und da geäußert wurde, aber gegenstandslos ist. Vgl. dazu Jonathan Carr: Der Wagner-Clan, Hamburg 2008, S. 126.

340 Nach Werr 2014, S. 202.

341 Karbaum 1976, Tl. II, S. 119.

342 Ebd., S. 118.

343 Ebd., S. 121.

344 Werr 2014, S. 204.

345 Joseph Goebbels an Hans Heinrich Lammers, 19.11.1943, in: Karbaum 1976, Tl. II, S. 122–123.

346 Otto Strobel: Richard Wagner über sein Schaffen: Ein Beitrag zur »Künstlerästhetik«, München 1924.

347 Vgl. z. B. Robert Bailey: Wagner's Musical Sketches for »Siegfrieds Tod«, in: Studies in Music History: Essays for Oliver Strunk, Princeton (NJ) 1968, S. 459–495; Deathridge 1977; William Kinderman: The Creative Process in Music from Mozart to Kurtág, Urbana (IL) 2012.

348 Karbaum 1976, Tl. II, S. 119.

349 Otto Strobel: Wagners Leben, Persönlichkeit und Werk als Ziele neuzeitlicher Forschung, in: Zeitschrift für Musik, Jg. 106 (1939), S. 832–835, 835.

350 Vgl. dazu Werr 2014, S. 198–199.

351 Nach McClatchie 2003, S. 157–158.

352 Siehe das Kapitel »Incentives to Explore the Race Problem and the Jewish Question in Musicology« in Pamela M. Potter: Most German of the Arts, New Haven und London 1998, S. 182–196.

353 Karbaum 1976, Tl. II, S. 120.

354 Richard Wagner: Das braune Buch. Tagebuchaufzeichnungen 1865 bis 1882, hrsg. von Joachim Bergfeld, Zürich 1975, S. 86.

355 Karbaum 1976, Tl. II, S. 119.

356 Ebd., S. 120.

357 Ernest Newman: The Life of Richard Wagner, 4 Bde., London, New York 1933, 1937, 1940, 1947.

358 Winifred Wagner an Otto Strobel, 26.3.1937; zitiert nach McClatchie 2003, S. 152.

359 Vgl. dazu das Kapitel »Wider die ›stehengebliebene Wagnerei‹: Ernest Newman, Thomas Mann, Adorno« in Vaget 2006, S. 358–378, 362 f.; ders: The Importance of Ernest Newman, in: The Wagner Journal 1 (2007), S. 19–34.

360 Newman 1940, Bd. III, S. viii.

361 Nach McClatchie 2003, S. 162–163.

362 Nike Wagner: Winifred feiern?, in dies. 1998, S. 426–433; dies.: »Für uns war er überhaupt nicht der Führer«, in: Richard Wagner im Dritten Reich, S. 179–193.

363 Theodor W. Adorno: Gesammelte Schriften, Bd. 18, Frankfurt a. M. 1971, S. 214.

364 Strobel 1939b, S. 832–835.

365 Karbaum 1976, Tl. II, S. 120.

366 Strobel 1939b, S. 835.

367 Ebd., S. 834.

368 König Ludwig II. und Richard Wagner: Briefwechsel. Mit vielen anderen Urkunden in vier Bänden herausgegeben vom Wittelsbacher Ausgleichsfonds und von Winifred Wagner. Bearbeitet von Otto Strobel, Karlsruhe 1936. Bd. V: Neue Urkunden zur Lebensgeschichte Richard Wagners 1864–1882, Karlsruhe 1939.

369 Siehe Hamann 2002, S. 360.

370 McClatchie 2003, S. 158.

371 Zu Strobels Entnazifizierung vgl. ebd., S. 161.

372 Siehe das Kapitel »Galt's hier der Kunst? Kontinuität und Neuanfang in den Bayreuther Programmheften ab 1951« in Bermbach 2011, S. 471–496.

373 Dieter Borchmeyer: Wagner-Literatur – eine deutsche Misere. Neue Ansichten zum »Fall Wagner«, in: Internationales Archiv für Sozialgeschichte der deutschen Literatur, 3. Sonderheft, Forschungsreferate, 2. Folge, Tübingen 1993, S. 1–62.

374 Otto Strobel: Richard Wagner: Leben und Schaffen: eine Zeittafel, Bayreuth 1952.

375 Karbaum 1976, Tl. II, S. 120. Vgl. dazu den Bericht von Ulrich Konrad: Richard Wagner Schriften (RWS). Historisch-kritische Gesamtausgabe. Dimensionen und Perspektiven eines Editionsvorhabens, in: wagnerspectrum 1/2014, S. 205–236.

376 Richard Wagner. Sämtliche Briefe, Leipzig 1975 ff.

377 McClatchie 2003, S. 155.

378 Neue Wagner-Forschungen, Karlsruhe 1943.

379 Bermbach 2011, S. 478.

380 Hamann 2002, S. 256.

381 Siehe Bauer 2016, Bd. 1, S. 428.

382 Tagebuch Lieselotte Schmidts; nach Hamann 2002, S. 281.

383 Vgl. Ian Kershaw: Hitler. 1936–1945: Nemesis [Vol. 2], New York 2000, S. 15–17; Hamann 2002, S. 320–322; Bauer 2016, Bd. 1, S. 568.

384 Carl Schmitt: Der Führer schützt das Recht, in: Deutsche Juristen-Zeitung, 1.8.1934, S. 945–950.

385 Hamann 2002, S. 342, nennt 2600; Bauer 2016, Bd. 1, S. 588–589, nennt 1500.

386 Zitiert nach Hamann 2002, S. 342.

387 Vgl. dazu vor allem die schon ältere, doch immer noch erhellende Darstellung von

Rosenbaum 1998; des Weiteren Gerhard Schreiber: Hitler-Interpretationen 1923–1983, Darmstadt 1984; John Lukacs: The Hitler of History, New York 1998; Rietzler 2016.

388 Müller-Blattau in der Zeitschrift Deutsche Musikkultur, 1937/38, zitiert nach Brinkmann 2000, S. 126.

389 Vgl. dazu besonders Eric Rentschler: The Ministry of Illusion. Nazi Cinema and its Afterlife, Cambridge (MA) 1996; Linda Schulte-Sasse: Entertaining the Third Reich: Illusions of Wholeness in Nazi Cinema, Durham (NC) 1996.

390 Domarus, Bd. I. 1, S. 228, 232.

391 Vgl. Alexander Bein: »Der jüdische Parasit«. Bemerkungen zur Semantik der Judenfrage, in: Vierteljahrshefte für Zeitgeschichte 18 (1965), S. 121–149.

392 Zitat bei Rosenbaum 1998, S. 282.

393 GKFA 19.1, S. 225.

394 Hans Mommsen: Artikel »Nationalsozialismus«, in: Sowjetsystem und demokratische Gesellschaft, Bd. IV, Freiburg, Basel, Wien 1971, Sp. 695–713, 702.

395 Karl Richard Ganzer: Richard Wagner der Revolutionär gegen das 19. Jahrhundert, München 1934. Vgl. dazu Bermbach 2011, S. 31–37.

396 Vgl. dazu Verf.: »Goethe oder Wagner«, in: Thomas Mann. Studien zu Fragen der Rezeption, hrsg. von Hans Rudolf Vaget und Dagmar Barnow, Frankfurt a. M. 1975, S. 1–81; Steven Paul Scher: Kreativität als Selbstüberwindung: Thomas Manns permanente »Wagner-Krise«, in: Essays on Literature and Music, hrsg. von Walter Bernhart und Werner Wolf, Amsterdam, New York 2004, S. 95–112.

397 Zur ästhetischen Utopie Wagners und den Gründen ihres Scheiterns vgl. Udo Bermbach: »Ästhetische Weltordnung«. Zum Verständnis von Politik, Kunst und Kunstreligion bei Richard Wagner, in ders.: Kultur, Kunst und Politik, Würzburg 2016, S. 241–259.

Knappertsbusch – eine deutsche Karriere

1 Siehe z. B. Paul Dawson-Bowling: Hans Knappertsbusch – A Celebration, in: Wagner News (London), Nr. 221 (April 2016), S. 11–20.

2 Vgl. dazu den Bericht über die Geschichte dieser sensationellen, mit *sound effects* angereicherten *Ring*-Aufzeichnung von John Culshaw: Ring Resounding, New York 1972, S. 66–67; Georg Solti: Memoirs, with assistance from Harvey Sachs, New York 1997, S. 108–109.

3 Knappertsbuschs Götz-Zitat nach einer mündlichen Mitteilung (1992) von Otto Strasser, dem ehemaligen Vorstand der Wiener Philharmoniker. Vgl auch den Abschnitt »Hitler kann mich am Arsch lecken«, in: Andreas Novak: Salzburg hört Hitler atmen, München 2005, S. 223–228.

4 Einen ebenso geringen Aussagewert hat das von Fred K. Prieberg: Musik im NS-Staat, Frankfurt a. M. 1982, S. 52, wiedergegebene Dokument vom 25. Januar 1935. Es handelt sich um die in denunziatorischer Absicht geschriebene Wiedergabe eines Gesprächs des Gesandtschaftsattachés Faber mit Knappertsbusch auf einem Empfang der deutschen Botschaft in Den Haag. Faber gewann den Eindruck, dass der Dirigent »kein Freund des neuen Deutschland« sei, weil dieser der Meinung war,

dass in Bayern der »reine Nationalbolschewismus« herrsche; daraufhin warnt er das Propagandaministerium, dass Knappertsbusch »zweifellos Ausländern gegenüber noch weniger Hehl aus seiner Einstellung machen würde als mir gegenüber«.

5 Nach Klaus Bäumler: Thomas Mann und der »Protest der Richard-Wagner-Stadt München«, in: Thomas Mann in München II, hrsg. von Dirk Heißerer, München 2004, S. 227–297, 250.

6 Zum Thema Entsorgung in Neu-Bayreuth vgl. das Kapitel »›Uns bliebe gleich die abendländ'sche Kunst‹, Entsorgungsanlage Neubayreuth« in Nike Wagner 1998, S. 164–189.

7 Siehe die Abbildung bei Hamann 2002, S. 471.

8 Siehe den Bericht von Hans Conrad: Der Führer und Bayreuth. Die Jahre 1923–1925, in: Karbaum, Teil II, S. 68–69.

9 Wolfgang Seifert: Die Stunde Null von Neubayreuth, in: Neue Zeitschrift für Musik 132 (1971), S. 3–13.

10 Siehe Der Nationalsozialismus – die zweite Geschichte, hrsg. von Peter Reichel u. a., München 2009.

11 Während Katharina Wagner 2008 erklärte, die Privatarchive öffnen und der Forschung zugänglich machen zu wollen, stellte sich alsbald heraus, dass die Archive zurzeit lediglich für »Historiker ihres Vertrauens« zugänglich sind. Vgl. dazu Udo Bermbach: Hier gilt's der Kunst?, in: Opernwelt, 9./10. September 2012, S. 22–25.

12 Hermann Lübbe: Der Nationalsozialismus im politischen Bewusstsein der Gegenwart, in: Deutschlands Weg in die Diktatur, hrsg. von Martin Broszat, Berlin 1983, S. 329–349, 334.

13 Norbert Frei: Vergangenheitspolitik, München 1996, S. 14 f., sowie das Kapitel »Das Straffreiheitsgesetz von 1954«, S. 100–131.

14 Vgl. dazu das Kapitel »Galt's hier der Kunst? Kontinuität und Neuanfang in den Bayreuther Programmheften ab 1951« in Bermbach 2011, S. 471–496.

15 Siehe Adolphe Appia: Die Musik und die Inscenierung. Vgl. dazu vor allem das Kapitel »Adolphe Appia: The opened eye of the score« in Carnegy 2006 S. 175–207, sowie Bermbach 2015, S. 34.

16 Spotts 1984, S. 245.

17 Der betreffende Brief vom 30. 8. 1951 ist abgedruckt in Ingrid Knapsamer: Wieland Wagner, Wien 2010, S. 156.

18 Spotts 1984, S. 208, 245.

19 Der Artikel Beidlers erschien am 20. August 1951 in: Das literarische Deutschland. Zeitung der deutschen Akademie für Sprache und Dichtung. Jetzt in: Cosima Wagner-Liszt, hrsg. von Dieter Borchmeyer, Bielefeld 1997, S. 298–302. Zu Beidler vgl. Naegele / Ehrismann 2013.

20 Siehe die beiden Abbildungen in Csampai / Holland 1981, S. 170 und 171. Vgl. Patrick Carnegy: Stage History, in: Richard Wagner. Die Meistersinger von Nürnberg, hrsg. von John Warrack, Cambridge 1994, S. 135–152; Bauer 2016, Bd. 1, S. 636–641; Bd. 2, S. 46–48.

21 Nike Wagner 1998, S. 175 f.

22 Egon Voss: Die Dirigenten der Bayreuther Festspiele, Regensburg 1976, S. 108.

23 Siehe das Kapitel »Ein ›tödliches Thema‹« in Köhler 1999, S. 189–204, 190, 191.

24 Emil Preetorius an Heinz Tietjen, 15. 5. 1949, zitiert nach Hamann 2002, S. 570.

25 Frei 1996, S. 15.
26 Zur Ideologie des Bayreuther Kreises vgl. besonders Bermbach 2011, S. 84–87; Mösch 2009, passim; Kinderman 2013, S. 3–43.
27 Text des Briefes in: Im Schatten Wagners, S. 233. Zuerst veröffentlicht von Hiltrud Haentzschel: Die Rache der Wagnerianer. Vor 60 Jahren: Münchner Honoratioren unterzeichnen ein Pamphlet gegen Thomas Mann, in: Süddeutsche Zeitung, 17./18. April 1993.
28 Vgl. Renate Schostack: Aprilsonne, Apfelblüte. Verfolgte Bilder: Das Malerehepaar Caspar in München, in: Frankfurter Allgemeine Zeitung, 4. März 1994. Den Hinweis auf dieses buchenswerte historische Detail verdanke ich einer brieflichen Mitteilung von Eberhard Münz (Ottobeuren).
29 Bäumler 2004, S. 249 f.
30 Dieser Präzedenzfall wurde ausgegraben von Werr 2014, S. 139–140. Die folgenden Einzelheiten nach Werr.
31 Siehe Bäumler 2004, S. 228.
32 Paul Egon Hübinger: Thomas Mann, die Universität Bonn und die Zeitgeschichte, München 1974, S. 135.
33 Vgl. Eckhard John: Musikbolschewismus. Die Politisierung der Musik in Deutschland 1918–1938, Stuttgart, Weimar 1994.
34 Vgl. dazu das Kapitel »Der Bayreuther Gedanke. Kulturmission und Regeneration der Menschheit« in Bermbach 2011, S. 179–230.
35 Text des »Protests« in: Im Schatten Wagners, S. 234–236.
36 Vgl. dazu Hübinger 1974, S. 127; Bäumler 2004, S. 292; Hedwig Pringsheim an Katia Mann, 19.4.1933, in: Hedwig Pringsheim: Mein Nachrichtendienst, hrsg. von Dirk Heißerer, Bd. 1, Göttingen 2013, S. 21, sowie den Kommentar von Dirk Heißerer, S. 357.
37 Leiden und Größe Richard Wagners, GW IX, S. 421.
38 Nietzsche contra Wagner, KSA 6, S. 427 f.
39 Leiden und Größe Richard Wagners, GW IX, S. 370 und 368 f.
40 Nach George L. Mosse: Nazi Culture. Intellectual, Cultural, and Social Life in the Third Reich, Madison (WI), 2. Aufl. 2003, S. 217. Bei dem genannten Lehrbuch handelt es sich um Politische Medizin: Grundriss einer deutschen Psychotherapie, Hamburg 1934.
41 Leiden und Größe Richard Wagners, GW IX, S. 375 f.
42 Pringsheim 2013a, S. 20.
43 Im Schatten Wagners, S. 233.
44 Zur Bedeutung des Geniekults vgl. die klassische Untersuchung von Schmidt 1985, besonders die Kapitel »Der ›Führer‹ als Genie« und »Die kollektive Genialität der Rasse«, Bd. 2, S. 194–237, sowie darauf fußend Verf.: Dilettantismus als Politikum: Wagner, Hitler, Thomas Mann, in: Dilettantismus um 1800, hrsg. von Stefan Blechschmidt und Andrea Heinz, Heidelberg 2007, S. 369–385; Pyta 2015, S. 241–260.
45 Theodor W. Adorno: Versuch über Wagner, in: Gesammelte Schriften, Bd. 13, S. 26.
46 Leiden und Größe Richard Wagners, GW IX, S. 381.
47 Zitiert nach Wessling 1983, S. 203.
48 Siehe Wilhelm Raupp: Max von Schillings. Der Kampf eines deutschen Künstlers, Hamburg 1935, S. 28.

49 Regesten, 33/49. Siehe Inge Jens: Dichter zwischen rechts und links, München 1971, S. 197.

50 Nach Wessling 1983, S. 203.

51 Raupp 1935, S. 302.

52 Ebd., S. 304.

53 Ebd. Zu von Schillings vgl. Ulrich Drüner / Georg Günther: Musik und »Drittes Reich«, Wien u.a. 2012, S. 67–68. Die beiden Autoren berichten, dass die Witwe des Komponisten »gegen dieses abstoßende Zeugnis der Musikgeschichtsschreibung [die Biographie von W. Raupp] Protest einlegte«. Ob diese nicht näher belegte Geste zu »Schillings Ehrenrettung« taugt, darf, von allen Fragen der Chronologie abgesehen, angesichts der angeführten Zeugnisse bezweifelt werden.

54 Thomas Mann, Tagebuch, 20.4.1933.

55 Im Schatten Wagners, S. 238.

56 Ebd., S. 239–243.

57 Ebd., S. 243.

58 GKFA 10.1, S. 606.

59 Thomas Mann an Eleonore Wiegand, 12.3.1934, Ida-Herz-Sammlung, Thomas-Mann-Archiv (Regesten, 34/65).

60 Heinrich Wiegand: Thomas Mann und Richard Wagner, in: Der Bund (Bern), 20.5.1933.

61 Bernhard Diebold: Olympia des Geistes, in: Frankfurter Zeitung, 16.5.1933.

62 Bernhard Diebold an Thomas Mann, 20.5.1933, Ida-Herz-Sammlung, Thomas-Mann-Archiv.

63 Gustav Brecher an Thomas Mann, 3.4.1933; Thomas-Mann-Archiv.

64 Drüner / Günther 2012, S. 206.

65 Thomas Mann, Tagebuch, 9.4.1933.

66 Gustav Brecher: Wagner heute. Frage und Antwort, in: Anbruch. Monatsschrift für Musik, 15.1.1933, S. 1–27. Wiederabdruck in: Betroffensein der Nachwelt, S. 115–120.

67 Gustav Brecher an Thomas Mann, 13.4.1933; Thomas-Mann-Archiv.

68 Bruno Walter an Thomas Mann, 18.6.1933, in: Hans Wysling (Hrsg.): Thomas Mann – Bruno Walter. Briefwechsel, in: Blätter der Thomas-Mann-Gesellschaft Zürich, Nr. 9 (1969), S. 15.

69 Zu der durch den Holocaust auf die Probe gestellten Freundschaft Bruno Walters zu Hans Pfitzner vgl. Vaget 2006, S. 211–215.

70 Zu der Beziehung Thomas Manns zu dem Dirigenten siehe das Kapitel »Bruno Walter« in Vaget 2006, S. 241–269.

71 Stefan Zweig an Thomas Mann, 18.4.1933, in: Mann / Zweig, S. 63.

72 Julius Bab an Thomas Mann, 24.4.1933; Thomas-Mann-Archiv.

73 Wilhelm Kiefer an Thomas Mann, 25.4.1933; Thomas-Mann-Archiv.

74 Gustav Witt an Thomas Mann, 19.7.1933; Thomas-Mann-Archiv.

75 Vgl. dazu das Kapitel »Musik fürs Volk in Berlin« in Naegele / Ehrismann 2013, S. 117–139.

76 Franz W. Beidler an Thomas Mann, 6.6.1933, in: Borchmeyer 1997, S. 304–305.

77 Thomas Mann an Franz W. Beidler, 10.6.1933, ebd., S. 307–308.

78 Siehe Dieter Borchmeyers »Nachwort«, ebd., S. 363–424, 402.

79 Thomas Mann, Tagebuch, 16. und 19.4.1933; Im Schatten Wagners, S. 234, 236.
80 Bäumler 2004, S. 247.
81 Thomas Mann, Tagebuch, 8.4.1933.
82 GKFA 13.1, S. 442–463.
83 Brief an Julius Bab, 27.4.1933; Regesten, 33/81.
84 Hedwig Pringsheim an Katia Mann, 20.3.1933, in: Pringsheim 2013a, S. 11, 336.
85 Thomas Mann an Bruno Walter, 10.6.1933; Regesten 33/104.
86 Siehe den Brief Pfitzners an Walther Abendroth, 11.4.1934, in: Im Schatten Wagners, S. 263.
87 Ebd., S. 245
88 Ebd., S. 262.
89 Ebd.
90 Peter Suhrkamp an Thomas Mann, 20.7.1933; Thomas-Mann-Archiv.
91 GW XII, S. 789.
92 Tagebuchblätter, Essays, Bd. 4, S. 440.
93 GKFA 19.1, S. 73.
94 Ebd., S. 77.
95 GKFA 10.1, S. 296.
96 Von einer »traurigen Eselei« spricht Thomas Mann in seinem Brief an Willi Schuh, den Schweizer Musikkritiker, vom 21.4.1933, in: Im Schatten Wagners, S. 243.
97 Vgl. Hübinger 1974, S. 131; Bäumler 2004, S. 263–264.
98 Brief an Ida Herz, 10.3.1933; Regesten, 33/47.
99 Briefwechsel mit Bonn, GW XII, S. 787.
100 Leiden an Deutschland, GW XII, S. 688 und 703.
101 GKFA 13.1, S. 88.
102 Brief an Ernst Bertram, 19.11.1933, in: Mann / Bertram, S. 179.
103 Vgl. dazu Verf.: Der Unerwünschte, in: Thomas-Mann-Jahrbuch 27 (2014), S. 17–31.
104 Siehe Rudolf Betz / Walter Panofsky: Knappertsbusch, Ingolstadt 1958, S. 7. Vgl. Spotts 1984, S. 212. Eine einfühlsam nachzeichnende Beschreibung von Knappertsbuschs erstem Bayreuther *Parsifal*-Dirigat liefert in einem Privatdruck Franz Braun, Präsident der Hans-Knappertsbusch-Gesellschaft, in ders.: »Ehrfurcht hielt mich in Acht…!« Hans Knappertsbusch zur Erinnerung, München 1988.
105 Richard Wagner in Bayreuth, KSA 1, S. 434.
106 Siehe Joseph M. Jurinek: Der neue Münchner Operndirektor. Eine Unterhaltung mit Generalmusikdirektor Hans Knappertsbusch, in: Augsburger Abendzeitung vom 21. Mai 1922. Ebenfalls in Neueste Münchner Nachrichten und Wiener Journal.
107 Nach Dawson-Bowling 2016, S. 19.
108 Knappertsbusch an Karl Zeiss, 29.3.1922, Bayerisches Hauptstaatsarchiv, Abteilung Staatstheater, Akte Knappertsbusch.
109 Karl Zeiss an Staatsministerium für Unterricht und Kultus, 10.5.1922; ebd.
110 Alfred Einstein, Münchner Post, 12.5.1922 (Zeitungsausschnitt in der Akte Knappertsbusch).
111 Siehe Anm. 106: Jurinek: Der neue Münchner Operndirektor.
112 Siehe Voss 1976, S. 91.
113 Vgl. dazu das Kapitel »Die Rezeption Thomas Manns im nationalsozialistisch regier-

ten Deutschland« in Hans Goll: Die Deutschen und Thomas Mann, Baden-Baden 2000, S. 239–267.

114 Völkischer Beobachter, 16.1.1932, zitiert nach Irmela von der Lühe: Erika Mann, 2. Aufl., Frankfurt a. M., New York 1994, S. 67.

115 Siehe besonders die folgenden Texte: »München als Kulturzentrum« von 1926 (GW X, S. 220–226), »Kultur und Sozialismus« von 1928 (GW XII, S. 639–649) sowie »Die Flieger, Cossmann, ich« von 1928 (GW XIII, S. 609–613). Vgl. dazu vor allem das Kapitel »›Die eigentlich dumme Stadt‹« in Jürgen Kolbe: Heller Zauber. Thomas Mann in München, 1894–1933, Berlin 1987, S. 369–405; sowie Albert von Schirnding: Konflikt in München. Thomas Mann und die treudeutschen Männer der »Süddeutschen Monatshefte«, in: Thomas Mann in München III, hrsg. von Dirk Heißerer, München 2005, S. 261–288.

116 Kosmopolitismus, GKFA 15.1, S. 1022.

117 Anonym: Skandal um Thomas Mann in Brüssel, in: Völkischer Beobachter, 17.2.1933.

118 Siehe neben dem genannten Artikel von Jurinek (Anm. 106): Der neue Münchner Operndirektor; A. B. [Alexander Berrsché]: Ein Gedenktag unserer Oper, in: Münchner Zeitung, 8. September 1932; Oskar Geller: Musikfragen der Gegenwart. Von Generalmusikdirektor Hans Knappertsbusch. Aus einem Gespräch, in: Münchner Neueste Nachrichten, Weihnachten 1932; die im Bayerischen Hauptstaatsarchiv vorhandene Korrespondenz mit dem Münchener Generalintendanten Karl Zeiss (MK 45179) sowie Knappertsbuschs Brief vom 3. April 1933, in: Im Schatten Wagners, S. 233.

119 Hans Knappertsbusch: Opernfragen der Gegenwart, in: Die Musik, XXV/7 (April 1933), S. 550–551. Der Artikel war im Jahr zuvor im Neuen Wiener Journal erschienen.

120 Karl Heinz Ruppel: Der Großsiegelbewahrer. Zum siebzigsten Geburtstag Hans Knappertsbuschs am 12. März 1958, in: Neue Zeitschrift für Musik 1958, S. 142–144, 144. Vgl. Barbara Zuber: »Meine Herren, wenn's beliebt, fangen wir an«. Das Bayerische Hof- und Staatsorchester und seine Dirigenten, in: Nationaltheater. Die Bayerische Staatsoper, hrsg. von Hans Zehetmair und Jürgen Schläder, München 1992, S. 191–206, 200.

121 Claudia Irion: »Der Charakter des Spielplans bestimmt das Wesen des Theaters.« Die Bayerische Staatsoper in München zwischen 1918 und 1943, Frankfurt a. M. 2014, S. 63.

122 Vgl. dazu das Kapitel »Bruno Walter« in Vaget 2006, S. 241–269.

123 Max Neuhaus: Süddeutsche Künstlerköpfe: Hans Knappertsbusch, in: Völkischer Beobachter, 6.5.1934.

124 Alexander Berrsche: Ein Gedenktag unserer Oper, in: Münchner Zeitung, 8.9.1932.

125 Dies geht aus dem Tagebuch Gertrud Strobels hervor, einer Vertrauten Winifred Wagners; siehe Hamann 2002, S. 126.

126 Siehe den quasi offiziösen »Lebenslauf« der Website ›hansknappertsbusch.de‹, für die augenscheinlich die Münchner »Hans-Knappertsbusch-Gesellschaft« verantwortlich zeichnet.

127 Bayerisches Hauptstaatsarchiv, Kultusministerium, Personalakte Knappertsbusch MK 45179.

128 Nach Kater 1997, S. 45.

129 Hitlers Tischgespräche, S. 396.

130 Spotts 1984, S. 287.

131 Vgl. das Kapitel »Wilhelm Furtwängler« in Vaget 2006, S. 270–300.

132 Programmhefte der Bayreuther Festspiele 1958, Parsifal. Vgl. dazu Knapsamer 2010, S. 155–156.

133 Wieland Wagner: Denkmalschutz für Wagner?, in: Richard Wagner und das neue Bayreuth, hrsg. von Wieland Wagner, München 1962, S. 231–235, 231.

134 Bäumler 2004, S. 282.

135 Michael H. Kater: Composers of the Nazi Era, New York 2000, S. 180; Irion 2014, S. 92.

136 Zitat bei Ernst Klee: Das Kulturlexikon zum Dritten Reich, Frankfurt a. M. 2007, S. 316.

137 Spotts 1984, S. 208.

138 Dazu ausführlich Kater 1997, S. 44–46.

139 Dazu haben sich eine fünfseitige Darstellung Knappertsbuschs vom 6. Dezember 1935 und eine elfseitige Gegendarstellung Wallecks vom 7. Dezember 1935 erhalten; Bayerisches Hauptstaatsarchiv MK 45179b.

140 Vgl. Irion 2014, S. 90–106, 98.

141 Vgl. dazu Rasmus Cromme: Auf »Führerwunsch«, mit Sonderausstattung. Die Karriere des Clemens Krauss an der Bayerischen Staatsoper 1937–1944, in: Bayerische Staatsoper, Heft 1 (2015/16), S. 18–31.

142 Irion 2014, S. 82.

143 Erwin Kerber an Reinhard Schlösser, Präsident der Reichstheaterkammer, 6. 3. 1937; zitiert nach Drüner / Günther 2012, S. 207.

144 Dazu ausführlich Novak 2005.

145 Vgl. dazu Rathkolb 1991, passim.

146 Anonym (H. R.): Das Festkonzert der S. S. München, in: Münchner Neueste Nachrichten, 6. 12. 1933.

147 Betz / Panofsky 1958, S. 23.

148 Hans Knappertsbusch an Dr. Leer, 28. 12. 1947, zitiert bei Kater 2000, S. 180.

149 Siehe Bäumler 2004, S. 249.

150 Vgl. Kolbe 1987, S. 402; GKFA 10.1, S. 296.

151 Dieter Borchmeyer: Als die Musik zum Teufel ging, in: Süddeutsche Zeitung, 2. 3. 2008; Leserbriefe, 7. 3. 2008.

152 Die beiden Gutachten stammen von Ministerialrat Richard Mezger und Amtsrätin Buchberger, einer langjährigen Mitarbeiterin des Dirigenten; Bayerisches Hauptstaatsarchiv, MK 45179, Beiakt zum Personalakt Knappertsbusch.

153 Max Neuhaus: Süddeutsche Künstlerköpfe: Hans Knappertsbusch, in: Völkischer Beobachter, 6. 5. 1934.

154 Ruppel 1958, S. 144.

155 Thomas Mann, Tagebuch, 2. 7. 1947.

156 Thomas Mann an Agnes Meyer, 27. 6. 1947, TM/AM, S. 680.

157 Vgl. dazu das Kapitel »Richard Strauss oder Zeitgenossenschaft ohne Brüderlichkeit« in Vaget 2006, S. 168–202, bes. 190 ff.

158 Deutsche Hörer, 30. Dezember 1945, GW XIII, S. 744; Thomas Mann, Tagebuch, 2. 5. 1934.

159 Leiden an Deutschland, GW XII, S. 699.

160 Brief nach Deutschland, GKFA 19.1, S. 73 f.

161 Vgl. dazu Tully Potter: Adolf Busch. The Life of an Honest Musician, London 2010, besonders das Kapitel »The Break«, S. 483–566.

162 Pablo Casals, GW X, S. 826.

163 Der Text Hubermanns bei Berta Geismar: Musik im Schatten der Politik, Zürich 1985, S. 88. Vgl. Kater 1997, S. 80.

164 Drüner / Günther 2012, S. 204.

165 Thomas Mann, Tagebuch, 2. 2. 1934.

166 Siehe Bäumler 2004, S. 259–261.

167 Vgl. Adrian Daub: »Ein allzu geheim gebliebener Wagner.« Ernst Bloch als Wagnerianer, in: wagnerspectrum 1/2013, S. 159–176.

168 Siehe Nike Wagner 1995, S. 346.

169 Vgl. Verf.: Hans Mayer in Bayreuth, in: wagnerspectrum 1/2013, S. 177–202.

170 Der Essay erschien zuerst in Merkur 13 (1959), S. 405–435.

171 Hans Knappertsbusch an Hans Schnoor, 15. 6. 1961; Hans Schnoor an Hans Knappertsbusch, 18. 6. 1961. Vgl. dazu Klaus Schultz, »Hirnloses Lynchgericht« im Namen Wagners, in: Richard Wagner. Persönlichkeit, Werk und Wirkung, hrsg. von Helmut Loos, Markkleeberg 2013, S. 287–290. Für die Mitteilung der zitierten Dokumente habe ich Klaus Schultz zu danken.

172 Bernard Shaw: The perfect Wagnerite: A Commentary on the Niblung's Ring, London 1972, zuerst 1898.

173 Sven Friedrich (Hrsg.): »Das Kunstwerk der Zukunft.« Perspektiven der Wagnerrezeption im 21. Jahrhundert, Würzburg 2014.

174 Siehe die reich illustrierten Darstellungen bei Bauer 2016, Bd. II, S. 83–95. Vgl. auch Spotts 1984, S. 218–221; Mack 1976, S. 27–29, 109–110, 437–438.

175 Vgl. Bauer 2016, Bd. II, S. 113–118.

Thomas Manns Wagner

1 Susan Sontag: Under the Sign of Saturn, New York 1980, S. 155: »Syberberg is a great Wagnerian, the greatest since Thomas Mann […]«; dt. Im Zeichen des Saturn, Frankfurt a. M. 1983, S. 166.

2 Vgl. dazu Kai Sina: Reading The Magic Mountain in Arizona: Susan Sontag's Reflections on Thomas Mann, in: Naharaim, Jg. 9, 1–2 (2015), S. 89–107.

3 Siehe Jörg Krämer: »Ich weiß Bescheid.« Thomas Mann über Richard Wagner, in: wagnerspectrum 2/2011, S. 37–64. Vgl. dagegen Klaus Kropfinger: Thomas Manns Musik-Kenntnisse, in: Thomas-Mann-Jahrbuch 8 (1955), S. 241–279.

4 Karbaum 1976, Tl. II, S. 133; Im Schatten Wagners, S. 313.

5 So die Anrede in dem Brief Beidlers an Thomas Mann, 28. 8. 1949: »Geliebter, großer, väterlicher Freund Thomas Mann«, in: Beidler / Borchmeyer 1997, S. 357.

6 Karbaum 1976, Tl. II, S. 59.

7 Ebd., S. 127; Beidler / Borchmeyer 1997, S. 298.

8 Thomas Mann an Agnes E. Meyer, 18. 2. 1942, TM/AM, S. 372.

9 Betrachtungen eines Unpolitischen, GKFA 13.1, S. 82.

10 Friedrich Nietzsche. Der Fall Wagner, hrsg. von Dieter Borchmeyer, Frankfurt a. M.

1983. Vgl. auch die Zusammenfassung von Borchmeyers vielfachen Arbeiten zu der Nietzsche–Wagner-Beziehung in dem Kapitel »Doppelgesichtige Passion: Nietzsches Wagner-Kritik« in Borchmeyer 2002, S. 445–473.

11 Borchmeyer 2002, S. 472. Von einer »Sternen-Freundschaft« spricht Nietzsche zuerst in Die fröhliche Wissenschaft, KSA 3, S. 523–524.

12 Der Fall Wagner, KSA 6, S. 34.

13 Vgl. Verf.: Vom »höheren Abschreiben«. Thomas Mann, der Erzähler, in: Liebe und Tod in Venedig und anderswo, hrsg. von Thomas Sprecher, Frankfurt a. M. 2005, S. 15–31.

14 Vgl. dazu zwei eindringliche Studien, die die vielfältigen Wagner-Spuren in *Joseph und seine Brüder* gesichert haben. Eckhard Heftrich: Geträumte Taten: Joseph und seine Brüder, Frankfurt a. M. 1993; Dorothea Kirschbaum: Erzählen nach Wagner. Erzählstrategien in Richard Wagners »Der Ring des Nibelungen« und Thomas Manns »Joseph und seine Brüder«, Hildesheim 2010. Weiterhin Verf.: »Politically Suspect«. Music on the Magic Mountain, in: The Magic Mountain. A Casebook, New York 2008, S. 123–141; Dieter Borchmeyer: »Kulissengeschiebe«. Thomas Manns *Joseph und seine Brüder* und Richard Wagners *Der Ring des Nibelungen*: eine Kontrafaktur, in wagnerspectrum 2/2011, S. 95–113.

15 Vgl. Thomas Sprecher: Kreative Aneignung. Thomas Manns Wagner-Kritik, in: Liebe ohne Glauben, S. 107–122.

16 GKFA 13.1, S. 81; Im Schatten Wagners, S. 49.

17 GKFA 14.1, S. 302; Im Schatten Wagners, S. 44.

18 GKFA 10.1, S. 353.

19 Zu Wagners Verteidigung, GW XIII, S. 356; Im Schatten Wagners, S. 185 f.

20 Stefan Zweig an Thomas Mann, 18. 4. 1933, in: Mann / Zweig, S. 63.

21 Der Fall Wagner, KSA 6, S. 46; Jenseits von Gut und Böse, KSA 5, S. 194.

22 Ecce Homo, KSA 6, S. 288.

23 Der Fall Wagner, KSA 6, S. 53.

24 Jenseits von Gut und Böse, KSA 5, S. 202–203; Der Fall Wagner, KSA 6, S. 41; Ecce Homo, KSA 6, S. 288–289.

25 Richard Wagner in Bayreuth, KSA 1, S. 510.

26 Theodor W. Adorno: Selbstanzeige des Essaybuches »Versuch über Wagner«, in: Gesammelte Schriften, Bd. 13, S. 504.

27 GKFA 2.1, S. 99.

28 GW XI, S. 418 f.

29 Diese Informationen entnehme ich der vorzüglichen Magisterarbeit von Anne Müller: Zu Lübecker Theaterverhältnissen, insbesondere Wagneraufführungen in Thomas Manns Jugend, Bamberg 1998, S. 44–48.

30 Vgl. dazu Julia Mann: »Erinnerungen aus Dodos Kindheit«, in dies.: Ich spreche so gern mit meinen Kindern, hrsg. von Rosemarie Eggert, Berlin und Weimar 1991, S. 7–49; vgl auch Thomas Mann: Das Bild der Mutter, GW XI, S. 420–423.

31 Thomas Mann an Ferdinand Gregori, 13. 6. 1917, GKFA 22, S. 195.

32 Erinnerungen ans Lübecker Stadttheater, GW XI, S. 418.

33 Vgl. den Artikel »Gerhäuser« in Wilhelm Kosch: Deutsches Theaterlexikon, Klagenfurt und Wien 1953.

34 GKFA 14.1, S. 24.

35 Mein Kampf, Bd. 1, S. 121.
36 Das Bild von den »Hunden im Souterrain« in dem Brief an Otto Grautoff, 17. 2. 1896, GKFA 21, S. 72.
37 On Myself, GW XIII, S. 135.
38 Buddenbrooks, GKFA 1.1, S. 547.
39 Ebd., S. 544.
40 Ebd., S. 547 f.
41 Ebd., S. 548 f.
42 Ebd., S. 557 f.
43 Ebd., S. 774.
44 Gladius Dei, GKFA 2.1, S. 223.
45 Zu Thomas Manns Reaktion auf den Ausbruch des Krieges vgl. die eindringliche Studie von Sebastian Hansen: Betrachtungen eines Politischen, Düsseldorf 2013, S. 23–33.
46 An Otto Grautoff, 27. 9. 1894, in: Thomas Mann: Briefe an Otto Grautoff, 1894–1901 und Ida Boy-Ed 1903–1928, hrsg. von Peter de Mendelssohn, Frankfurt a. M. 1975, S. 14.
47 Siehe Thomas Mann in München. Ein schwieriger Weg in die Moderne, hrsg. von Peter J. Brenner, Thalhofen 2013, bes. S. 29–45.
48 Collegheft, S. 103–109.
49 Collegheft, S. 162, 135.
50 Nach Dieter Borchmeyer: »Barrikadenmann und Zukunftsmusikus«, in: Nationaltheater. Die Bayerische Staatsoper, hrsg. von Hans Zehetmair und Jürgen Schläder, München 1992, S. 48–73.
51 Auseinandersetzung mit Wagner, GKFA 14.1, S. 302.
52 Nach Auskunft Benedikt Stampflis (23. 9. 2016), Dramaturg an der Bayerischen Staatsoper, sind die Aufführungsprotokolle vor 1906 verloren. Zwischen der Uraufführung 1865 und 1906 wurde *Tristan und Isolde* 125 Mal aufgeführt.
53 Notizbücher, Bd. I, S. 187. Die Quelle: der Kritiker Eugen Kalkschmidt.
54 Die Entstehung des Doktor Faustus, GKFA 19.1, S. 478.
55 Vgl. dazu Volker Scherliess: Thomas Manns Tristan-Parodie, in: Liebe ohne Glauben, S. 56–57.
56 GKFA 2.1, S. 222.
57 Gladius Dei, GKFA 2.1, S. 222–242.
58 Die Gebildetheit der beiden jungen Männer erstreckt sich jedoch nicht auf das katholische Dogma, denn die »unbefleckte Empfängnis« ist nicht auf die Empfängnis des Jesuskindes zu beziehen, sondern kraft eines einmaligen Gnadenakts Gottes auf die Empfängnis Marias selbst.
59 Thomas Mann an Otto Grautoff, 6. 4. 1897, GKFA 21, S. 89.
60 Freud und die Zukunft, GW IX, S. 492.
61 Beim Propheten, GKFA 2.1, S. 417.
62 Thomas Manns Quelle: Pasquale Villaris Biographie Savonarolas (1868); vgl. den Kommentar von Terence J. Reed zu *Gladius Dei*, GKFA 2.2, S. 106–125, sowie von Elisabeth Galvan zu *Fiorenza* in GKFA 3.2.
63 Siehe die Abbildung Nr. 39 in: Im Geiste der Genauigkeit. Das Thomas-Mann-Archiv der ETH Zürich 1956–2006, hrsg. von Thomas Sprecher, Frankfurt a. M. 2006, S. 529. Vgl. Inge Jens: Am Schreibtisch: Thomas Mann und seine Welt, Reinbek 2013.

64 GKFA 3.1, S. 319–371.
65 Richard Wagner in Bayreuth, KSA 1, S. 479.
66 Briefe aus Deutschland [VI], GKFA 15.1, S. 1011; Im Schatten Wagners, S. 74.
67 Thomas Mann an Ernst Bertram, 4. 6. 1920, GKFA 22, S. 344.
68 Vgl. dazu die Standüberblicke von Erwin Koppen und Raymond Furness. Dass der literarische Wagnerismus auch in Amerika Fuß fasste, ist am Werk Willa Cathers abzulesen; vgl. Verf.: Wagner in Amerika. Stationen einer alternativen Wirkungsgeschichte, in: wagnerspectrum 2/2013, S. 81–100.
69 Der Fall Wagner, KSA 6, S. 34.
70 So zum Beispiel Peter Wapnewski: Tristan, keine Burleske. Zu Thomas Manns Novelle, in ders.: Tristan der Held Richard Wagners, Berlin 1981, S. 150–170; Scherliess 2011, S. 62.
71 Thomas Mann an Heinrich Mann, 13. 2. 1901, GKFA 21, S. 155.
72 GKFA 14.1, S. 209.
73 Vgl. Verf.: Thomas Mann. Kommentar zu sämtlichen Erzählungen, München 1984, S. 89 f.
74 GKFA 2.2, S. 530. Das Verspaar in Ibsens Gedichtband (Berlin: S. Fischer 1907) lautet wie folgt: »Leben heißt – dunkler Gewalten / Spuk bekämpfen in sich. / Dichten – Gerichtstag halten / Über sein eigenes Ich.«
75 Bilse und ich, GKFA 14.1, S. 103.
76 Bilse und ich, GKFA 14.1, S. 103; Thomas Mann an Norbert Jobst, 24. 3. 1953, DüD I, S. 173 f.
77 Thomas Mann an Kurt Martens, 16. 10. 1902, GKFA 21, S. 213.
78 Auseinandersetzung mit Wagner, GKFA 14.1, S. 303; Im Schatten Wagners, S. 45.
79 GKFA 13.1, S. 120.
80 Brief aus Deutschland [VI], GKFA 15.1, S. 1011; Im Schatten Wagners, S. 74.
81 Rede zur Feier des achtzigsten Geburtstages Friedrich Nietzsches, GKFA 15.1, S. 790. Vgl. Verf.: »Schicksalsgeist«. Zu Thomas Manns Nietzsche-Rezeption in der Weimarer Republik, in: Friedrich Nietzsche und die Literatur der klassischen Moderne, hrsg. von Thorsten Valk, Berlin 2009, S. 147–162.
82 Die Ehe im Übergang, GKFA 15.1, S. 1043 f.
83 Der Zauberberg, GKFA 5.1, S. 748.
84 Musik in München, GKFA 15.1, S. 197–199.
85 Der Zauberberg, GKFA 5.1, S. 1085.
86 Vgl. Markus Schmeer: Thomas Manns Wagner-Platten im deutschen Musikarchiv und deutschen Rundfunkarchiv, in: Liebe ohne Glauben, S. 221–240.
87 Thomas Mann, Tagebuch, 25 6. 1946; Im Schatten Wagners, S. 196.
88 Thomas Mann an Heinrich Mann, 17. 1. 1906, GKFA 21, S. 340.
89 GKFA 14.1, S. 174–178.
90 Vgl. das Kapitel »Kritik und Rezeption der Grundlagen des 19. Jahrhunderts« in Bermbach 2015, S. 171–217.
91 GKFA 4.1, S. 34.
92 Thomas Mann an Heinrich Mann, 27. 2. 1904, GKFA 21, S. 271. Dazu Irmela von der Lühe: »Universitätsprofessor mit goldener Cigarettendose« oder »Man spürt nichts als Kultur«. Alfred Pringsheim (1850–1941), in: wagnerspectrum 1/2013, S. 97–119.
93 GKFA 2.1, S. 429–463.

94 Vgl. Egon Voss: Alfred Pringsheim, der kritische Wagnerianer. Eine Dokumentation, Würzburg 2013, S. 13–61, 13. Mit Pringsheims »Wagner«-Verzeichnis, S. 179–196.

95 Alfred Pringsheim: Lebenslauf [1915], ebd., S. 222.

96 Auf die Gestalt des Eduard Arnhold als möglichem Vorbild für den »Herrn Aarenhold« der Novelle hat Peter Gay aufmerksam gemacht: »It is Better to Give than to Receive.« German Jews in German High Culture, in: LBI News, published by the Leo Baeck Institute New York, Nr. 65 (Winter 1997), S. 3–7.

97 Dies geht aus dem Bebauungsplan für Berlin-Wannsee hervor, den mir Manfred Flügge freundlicherweise zur Verfügung gestellt hat.

98 Der Ausdruck »Judengeschichte« zuerst in dem Brief an Heinrich Mann, 20.11.1905; GKFA 21, S. 333.

99 Offenbar hat Thomas Mann auch in diesem Fall, wie schon in *Buddenbrooks* (Buddenbrook) und *Tonio Kröger* (Knaak), einen Namen von Fontane übernommen. In den *Poggenpuhls* heißt der älteste Sohn, ein Offizier, Wendelin; Thomas Mann macht ihn mit feiner Ironie zum Majordomus des Hauses Aarenhold.

100 Vgl. dazu Yahya Elsaghe: Die imaginäre Nation, München 2000, S. 124–135 (Herr Blüthenzweig); S. 188–205 (Hagenströms).

101 Vgl. dazu das Kapitel »A People Apart. A New Language« in Ruth Gay: The Jews of Germany, New Haven und London 1992, S. 12–17.

102 Thomas Mann an Heinrich Mann, 5.12.1905, GKFA 21, S. 335.

103 Vgl. dazu Verf.: Fontane, Wagner, Thomas Mann: Zu den Anfängen des modernen Romans in Deutschland, in: Theodor Fontane und Thomas Mann, hrsg. von Eckhard Heftrich u.a., Frankfurt a.M. 1998, S. 249–274.

104 Vgl. dazu das Kapitel »Hyperacculturation« in Robertson 1999, S. 345–378.

105 Vgl. z.B. Ruth Klüger: Thomas Manns jüdische Gestalten, in dies.: Katastrophen, Göttingen 1994, S. 39–58; Mark Anderson: »Jewish« Mimesis? Imitation and Assimilation in Thomas Mann's *Wälsungenblut* and Ludwig Jakubowsky's *Werther, der Jude*, in: German Life and Letters 49 (1996), S. 193–204.

106 GKFA 15.1, S. 434.

107 So Dieter Borchmeyer: Das Theater Richard Wagners, Stuttgart 1982, S. 325.

108 GKFA 14.1, S. 313.

109 Klaus Pringsheim: Ein Nachtrag zu »Wälsungenblut«, in: Neue Zürcher Zeitung, 17.12.1961.

110 Klaus Pringsheims Artikel ist wiederabgedruckt in der Einleitung zu Hedwig Pringsheim: Tagebücher. Bd. 4: 1905–1910, hrsg. und kommentiert von Cristina Herbst, Göttingen 2015, S. 39–42, 41.

111 Ebd., S. 42.

112 Thomas Mann an Heinrich Mann, 5.12.1905, GKFA 21, S. 335.

113 12. und 13.11.1905; Hedwig Pringsheim, Tagebücher, Bd. 4, S. 136.

114 14.12.1905; ebd., S. 141.

115 Die Selbstanzeige ist abgedruckt im Anhang zu Hedwig Pringsheim: Tagebücher, Bd. 2: 1892–1897, hrsg. und kommentiert von Cristina Herbst, Göttingen 2013, S. 590–591.

116 Rudolf Brettschneider: Die Entdeckung des »Wälsungenblut«, in: Die Bücherstube, Jg. 1 (Oktober 1920), S. 110–112.

117 GKFA 21, S. 340.

118 Hedwig Pringsheim: Tagebücher, Bd. 4: 1905–1910, S. 143–144 (16., 20., 21., 24., 27., 30.12.1905).
119 Ebd., S. 145–146 (7.1.1906).
120 14.1.1906; ebd., S. 147.
121 Arthur Schnitzler: Tagebuch 1903–1908, hrsg. von Werner Welzig, Wien 1991, S. 181 (25.1.1906).
122 Thomas Mann an Heinrich Mann, 17.1.1906, GKFA 21, S. 340.
123 GKFA 14.1, S. 108; vgl. GKFA 2.1, S. 439.
124 GKFA 14.1, S. 98.
125 Ebd.
126 Vorwort [zur vierten Auflage der Buchausgabe von ›Bilse und ich‹], GKFA 14.1, S. 290.
127 Bilse und ich, GKFA 14.1, S. 100.
128 Ebd., S. 100 f.
129 Ebd., S. 103.
130 Thomas Mann an Ida Boy-Ed, 3.9.1905, GKFA 21, S. 323.
131 Thomas Mann an Arthur Schnitzler, 7.8.1908; Regesten 08/33.
132 Siehe Thomas Mann, Tagebuch, 13.4.1921. Das Faksimile der handschriftlichen Fassung der Beigabe in GKFA 2.1, S. 341.
133 Thomas Mann, Tagebuch, 25.1.1920.
134 Ebd., 2.5.1921.
135 GKFA 15.1, S. 427–438.
136 Thomas Mann: *Sang réservé*, Paris 1931. Die anonyme Übersetzerin war Denise Van Moppès.
137 Die Zukunft Bayreuths, GKFA 15.1, S. 787; Im Schatten Wagners, S. 72.
138 Pierre Lagarde: »L'étrange pudeur des Thomas Mann va doter Paris d'un livre scandaleux«, in: Comedia, Jg. 25, 19.7.1931, S. 1. Zum Verlauf des Streits vgl. Verf.: »Sang réservé« in Deutschland, in: German Quarterly 57 (1984), S. 367–376; Goll 2000, S. 234–237.
139 Noch einmal »Wälsungenblut«, GW XI, S. 557–560.
140 Friedrich Hussong: Der Mann mit doppeltem Boden, in: Der Morgen (Berlin), 10.8.1931.
141 Friedrich Hussong: Saulus Mann, in: Der Tag, 15.10.1922; auch in: TMUSZ, Nr. 42, S. 99–102.
142 Peter Panter [Pseudonym für Kurt Tucholsky]: Europäische Kinderstube, in: Die Weltbühne, 18.8.1931, S. 266.
143 Kurt Reinhold: »Wälsungenblut«, in: Das Tagebuch, 15.8.1931, S. 1299–1302; Heinz Stroh: »Sang réservé«, in: Berliner Börsen-Zeitung, 1.9.1931.
144 Alfred Meyer: »A propos d'une nouvelle des Thomas Mann«, in: Revue d'Allemagne, Jg. 5 (1931), S. 1139–1142.
145 Anonym: Das große Aufräumen, in: Münchner Neueste Nachrichten, 8.5.1933, nach Goll 2000, S. 240.
146 Anonym: Ein Wort zum Reinemachen in der Preußischen Dichterakademie, in: Wille und Macht, Jg. 1, Nr. 5, S. 1, in: Goll 2000, S. 241 f.
147 Thomas Mann an Lulla Adler, 25.10.1940; DüD I, S. 230.
148 Thomas Mann an Martin Schlappner, 19.3.1948; ebd.

149 Thomas Mann an Anders Oesterling, 27.4.1951; ebd., S.231.

150 Werner Milch: Thomas Manns Doktor Faustus, in: Die Sammlung, Jg.3 (1948), S.351–360, 358.

151 Ulrich Sonnemann: Thomas Mann oder Maß und Anspruch, in: Frankfurter Hefte, Jg.3 (1948), S.624–640, 631.

152 Vgl. Gabriele Seitz: Film als Rezeptionsform von Literatur. Zum Problem der Verfilmung von Thomas Manns Erzählungen »Tonio Kröger«, »Wälsungenblut« und »Der Tod in Venedig«, München 1992, S.463–497.

153 Vgl. dazu Vaget 2014.

154 Yahya Elsaghe: Vergangenheitspolitik im Kino, in: Thomas-Mann-Jahrbuch 27 (2014), S.47–59.

155 Wagners Welten, hrsg. im Auftrag des Münchner Stadtmuseums von Jürgen Kolbe, München 2004, S.113–129.

156 Vgl. Verf.: Thomas Mann und die deutsche Musik, in: Vaget 2006, S.21–47.

157 GKFA 13.1, S.88.

158 Wie stehen wir heute zu Richard Wagner?, GW X, S.893–896, 895; Im Schatten Wagners, S.79.

159 Im Schatten Wagners, S.230.

160 Thomas Mann, Tagebuch, 20.6.1940; Im Schatten Wagners, S.189.

161 Wie stehen wir heute zu Richard Wagner?, GW X, S.895; Im Schatten Wagners, S.79.

162 Vgl. Verf., »Schicksalsgeist«. Zu Thomas Manns Nietzsche-Rezeption in der Weimarer Republik, in: Valk 2009, S.147–162.

163 Siehe Thomas-Mann-Chronik, S.544.

164 Im Schatten Wagners, S.230.

165 Reinhold Brinkmann: Lohengrin, Sachs und Mime oder Nationales Pathos und die Pervertierung der Kunst bei Richard Wagner, in: Deutsche Meister – Böse Geister? Nationale Selbstfindung in der Musik, hrsg. von Hermann Danuser und Herfried Münkler, Berlin 2001, S.206–221, 207f.

166 Dazu ausführlicher Verf.: Wagner im Spiegel Heinrich und Thomas Manns, in: wagnerspectrum 2/2011, S.113–135.

167 Heinrich Mann: Der Untertan, Studienausgabe in Einzelbänden, hrsg. von Peter-Paul Schneider, Frankfurt a.M. 1991, S.346–353.

168 Vgl. die zwei Glossen zum *Lohengrin*-Vorspiel von Hector Berlioz und Peter Tschaikowsky in Csampai / Holland 1989, S.178–179, 180.

169 Thomas Mann an Heinrich Mann, 8.11.1913, GKFA 21, S.535.

170 Thomas Mann an Heinrich Mann, 30.7.1914, GKFA 22, S.36.

171 Thomas Mann, Tagebuch, 29.4.1920; Im Schatten Wagners, S.68.

172 Thomas Mann, Tagebuch, 29.6.1919; Im Schatten Wagners, S.67.

173 Bericht über meinen Bruder, GKFA 19.1, S.144.

174 Thomas Mann an Theodor W. Adorno, 30.12.1945, in: Adorno / Mann, S.21. Vgl. Verf.: Thomas Mann, in: Adorno-Handbuch.

175 Theodor W. Adorno: Versuch über Wagner, in: Gesammelte Schriften, Bd.13, S.83. Vgl. Thomas Mann an Theodor W. Adorno, 27.9.1944, in: Adorno / Mann, S.12.

176 Vgl. das Kapitel »›Lohengrin‹ und das ›Tausendjährige Reich‹ (1936–1938)« in Hamann 2002, S.317–330; sowie Bauer 2016, Bd. I, S.558–566.

177 Thomas Mann, Tagebuch, 19.7.1936; Im Schatten Wagners, S.150.

178 Siehe Hamann 2002, S. 320.
179 Thomas Mann, Lübeck als geistige Lebensform, GW XI, S. 383.
180 Nike Wagner 1998, S. 61, 64.
181 Dietmar Holland: Schwierigkeiten mit Wagners »Lohengrin« heute [1987], in: Csampai / Holland 1989, S. 284.
182 Bermbach 2003, S. 138.
183 Carl Dahlhaus, »Lohengrin«, in: Csampai / Holland 1989, S. 233–248, 233.
184 Thomas Mann an Hans Reisiger, 30.10.1932, GKFA 23.1, S. 661; DüD II, S. 396.
185 Vgl. Michael Maar: Proust, Wagner, Mann, in: Thomas-Mann-Jahrbuch 27 (2014), S. 127–134.
186 Antwort an Hans Pfitzner, GW XIII, S. 85. Neben den *Betrachtungen eines Unpolitischen* zog Thomas Mann diverse andere Texte zu Wagner heran: *Versuch über das Theater; Der alte Fontane; Auseinandersetzung mit Wagner; Wie stehen wir heute zu Wagner?; Ibsen und Wagner.*
187 Dies geht aus einem Brief Katia Manns an Felix Bertaux hervor, den französischen Übersetzer des Wagner-Essays; DüD II, S. 399.
188 Thomas Mann an Hermann Hesse, 22.12.1932, GKFA 23.1, S. 673.
189 Leiden und Größe Richard Wagners, GW IX, S. 381; Im Schatten Wagners, S. 103.
190 Leiden und Größe Richard Wagners, GW IX, S. 423, 424; Im Schatten Wagners, S. 140, 141.
191 Siehe den Wiederabdruck des Geleitworts von Otto Strobel bei Zelinsky 1976, S. 215.
192 Vgl. Heer 2012; Bauer 2016, Bd. I, S. 406–410.
193 Kosmopolitismus, GKFA 15.1, S. 1016–1023, 1018, 1022; Im Schatten Wagners, S. 75.
194 Leiden und Größe Richard Wagners, GW IX, S. 399; Im Schatten Wagners, S. 119.
195 GW IX, S. 403; Im Schatten Wagners, S. 123.
196 GW IX, S. 399; Im Schatten Wagners, S. 119.
197 GW IX, S. 407; Im Schatten Wagners, S. 126 f.
198 GW IX, S. 380–381; Im Schatten Wagners, S. 102–103.
199 Hans Alfred Grunsky: Wagner und Hitler, in: Deutsches Wesen, Jg. 1933, S. 8.
200 GW IX, S. 407; Im Schatten Wagners, S. 126.
201 GW IX, S. 387, 388, 403; Im Schatten Wagners, S. 108 f., 123.
202 Das Zitat stammt aus Barrès' *Cahiers*; vgl. den Kommentar in Essays, Bd. 4: 1933–1938, S. 320. Siehe auch Thomas Manns Polemik *Der »autonome« Rheinstaat des Herrn Barrès*, GKFA 15.1, S. 576–578.
203 Leiden und Größe Richard Wagners, GW IX, S. 423; Im Schatten Wagners, S. 141.
204 Ebd.; siehe KSA 11, S. 601.
205 GW IX, S. 422 f.; Im Schatten Wagners, S. 140.
206 GW IX, S. 425; Im Schatten Wagners, S. 143.
207 Zu Oprecht siehe Thomas Sprecher: Thomas Mann in Zürich, Zürich 1992, S. 103–107; Armbrust / Heine, S. 213. Vgl. auch Thomas Manns Nachruf *Abschied von Emil Oprecht*, GW X, S. 526–528.
208 Ursula Amrein: Angeblich keine Opposition, in: Thomas-Mann-Jahrbuch 27 (2014), S. 109–125.
209 Ebd., S. 114.
210 Eduard Korrodi: Deutsche Literatur im Emigrantenspiegel. Wiederabdruck in: TMUSZ, S. 266–267.

211 Vgl. Sprecher 1992, S. 97–103, sowie den einschlägigen Artikel in: Armbrust / Heine, S. 144–145.
212 Vgl. das Kapitel »Familienzwist um Bermann« in von der Lühe 1994, S. 149–164.
213 An Eduard Korrodi, GW XI, S. 788–793.
214 Siehe die Rekonstruktion dieses Vorgangs in: Das Amt und die Vergangenheit, hrsg. von Eckart Conze u. a., München 2010, S. 84–87.
215 An Eduard Korrodi, GW XI, S. 792 f.
216 Vgl. dazu die erschöpfende Darstellung von Hübinger 1974.
217 Briefwechsel mit Bonn, GW XII, S. 789–790.
218 An Eduard Korrodi, GW XI, S. 792; Briefwechsel mit Bonn, GW XII, S. 789.
219 Maß und Wert. Vorwort zum ersten Jahrgang, GW XII, S. 812.
220 Amrein 2014, S. 121. Die folgenden Details nach Amrein.
221 Ebd., S. 115.
222 Thomas Mann, Tagebuch, 2. 6. 1937; Im Schatten Wagners, S. 151.
223 Diese Probleme sind im Detail beschrieben bei Thomas Sprecher: Deutscher, Tschechoslowake, Amerikaner, in: Thomas-Mann-Jahrbuch 9 (1996), S. 303–338, 307 ff.
224 Thomas Mann, Tagebuch, 26. 10. 1937; Im Schatten Wagners, S. 152.
225 Thomas Mann, Tagebuch, 29. 10. 1937; Im Schatten Wagners, S. 152. Vgl. dazu den Kommentar von Claudius Reinke: Musik als Schicksal, Osnabrück 2002, S. 370–374.
226 Thomas Mann, Tagebuch, 2. 11. 1937; Im Schatten Wagners, S. 153.
227 Ebd., 13. 10. 1937; Im Schatten Wagners, S. 152.
228 Ebd., 5. 11. 1937; Im Schatten Wagners, S. 153.
229 Richard Wagner und der »Ring des Nibelungen«, GW IX, S. 502–527; Im Schatten Wagners, S. 153–176.
230 Thomas Mann, Tagebuch, 14. 11. 1937.
231 Nach Amrein 2014, S. 124; GW IX, S. 526.
232 GW IX, S. 527; Im Schatten Wagners, S. 175.
233 Siehe den Artikel »Fiedler« in: Armbrust / Heine, S. 70.
234 Thomas Mann an Kuno Fiedler, 21. 12. 1937. Aus dem Briefwechsel Thomas Mann – Kuno Fiedler, hrsg. von Hans Wysling, in: Blätter der Thomas-Mann-Gesellschaft Zürich, Nummer 11 (1971), S. 5–42, 21; Im Schatten Wagners, S. 177.
235 Thomas Mann, Tagebuch, 21. 11. 1937; Im Schatten Wagners, S. 176 f.
236 Tagebuchblätter, Essays, Bd. 4, S. 440.
237 Vgl. dazu Volkmar Hansen: »Where I am, there is Germany«, in: Textkonstitution bei mündlicher und schriftlicher Überlieferung, hrsg. von Martin Stern, Tübingen 1991, S. 176–188.
238 Rüdiger Görner: Das Letzte? Satan als »Bruder« – eine peinliche Verwandtschaft, in ders.: Thomas Mann, Düsseldorf, Zürich 2005, S. 77–90.
239 Vgl. die Rekonstruktion dieser Tournee in Verf.: Thomas Mann, der Amerikaner, Frankfurt a. M. 2011, S. 219–247.
240 Tagebuchblätter, Essays, Bd. 4, S. 439–445.
241 Ebd., S. 442.
242 Thomas Mann, Tagebuch, 19. 10. 1937.
243 Ebd., 18. 3. 1938.
244 Tagebuchblätter, Essays, Bd. 4, S. 444 f.
245 Thomas Mann, Tagebuch, 11. 5. 1938.

246 Thomas Mann an Gerard W. Speyer, 3.9.1945, DüD II, S. 563.

247 Thomas Mann, Tagebuch, 10.9.; 26.10.1938 u.a.m.

248 Thomas Mann: Order of the Day. Political Essays and Speeches of Two Decades, New York 1942, S. 153–161.

249 Thomas Mann, Tagebuch, 21.10.1935: »Lektüre in dem Hitler-Buch, – grausig und widerlich.«

250 Vgl. Lothar Pikulik: Thomas Mann und der Faschismus, Hildesheim u.a. 2013, S. 100. Pikulik interpretiert die Bemerkung »Lektüre in dem deutschen Buch« (Tagebuch, 16.5.1936) als Hitlers Buch: »Gemeint sein kann nur *Mein Kampf* […].«

251 Reden zur Kunst- und Kulturpolitik, S. 43–55; vgl. Domarus, Bd. I. 1, S. 298.

252 Thomas Mann, Tagebuch, 8.9.1933.

253 Briefe aus Deutschland (III), GKFA 15.1, S. 694.

254 Zu der Problematik von Thomas Manns politischer Umorientierung prinzipiell vgl. Herbert Lehnert / Eva Wessel: Nihilismus der Menschenfreundlichkeit, Frankfurt a.M. 1991, sowie T. Lörke: Thomas Manns republikanische Wende?, in: Thomas-Mann-Jahrbuch 29 (2016), S. 84–99.

255 Bruder Hitler, GW XII, S. 845–852; Essays, Bd. 4, S. 305–312.

256 Vgl. Joachim Radkau: Das Zeitalter der Nervosität, München 1998.

257 Vgl. dazu das Kapitel »Hitler-Porträts. Thomas Manns ›Bruder Hitler‹ und Heinrich Manns ›Der große Mann‹« in Helmut Koopmann: Thomas Mann – Heinrich Mann, München 2005, S. 175–188.

258 Vgl. Pyta 2015, S. 321–324, passim.

259 Thomas Mann: Im Spiegel, GKFA 14.1, S. 184. Vgl. dazu U. Karthaus: Hitlers »Bruder« und die Deutschen, in: Thomas-Mann-Jahrbuch 13 (2001), S. 75–91.

260 Hermann Kurzke: Thomas Mann, München 1999, S. 451.

261 Hermann Kurzke: »Bruder« Hitler, in: Schopenhauer-Jahrbuch 71 (1990), S. 125–135, 133.

262 Essays, Bd. 6, S. 144–146; Im Schatten Wagners, S. 204–207.

263 GW XIII, S. 351–359; Im Schatten Wagners, S. 181–188.

264 Siehe Reinke 2002, S. 377.

265 Joachim Radkau: Richard Wagners Erlösung vom Faschismus durch die Emigration, in: Exilforschung 3 (1985), S. 71–105.

266 Ebd., S. 73, 96, 101.

267 Zu einer einlässlichen Analyse der Radkau'schen These vgl. Verf.: Wagner in der deutschen Geschichte des zwanzigsten Jahrhunderts, in: Thomas-Mann-Jahrbuch 21 (2008), S. 27–39.

268 Vgl. dazu Bauer 2016, Bd. II, S. 131.

269 Peter Viereck: Hitler and Richard Wagner, in: Common Sense, Jg. 8, November 1939, S. 3–6.

270 Brief an J.R. de la Torre-Bueno, 7.9.1941; Regesten 41/362. Der vollständige Brief bei Peter Viereck: Metapolitics, New Brunswick (NJ) und London 2009, S. lx-lxi.

271 Vgl. den Brief an Agnes Meyer, 18.2.1942, TM/AM, S. 372; Im Schatten Wagners, S. 190.

272 Vgl. Tom Reiss: The First Conservative. How Peter Viereck inspired – and lost – a movement, in: The New Yorker, 25.10.2005, S. 38–47, 40. Die folgenden biographischen Details zu Peter und Sylvester Viereck nach Tom Reiss.

273 Vgl. Vierecks Einleitung zu Metapolitics (2009), S. xxxvii-xlv.

274 Vgl. dazu den einführenden Essay von Claes G. Ryn zu der Neuauflage von Peter Viereck: Conservatism Revisited. The Revolt Against Ideology, New Brunswick (NJ) 2005, S. 3–49.

275 Zu Wagners Verteidigung, GW XIII, S. 351; Im Schatten Wagners, S. 181 f.

276 Zu Wagners Verteidigung, GW XIII, S. 357; Im Schatten Wagners, S. 187.

277 So Klaus Harpprecht: Thomas Mann, Reinbek 1995, S. 1121.

278 Nachgelassene Fragmente 1875, KSA 8, S. 267.

279 Zu Wagners Verteidigung, GW XIII, S. 358; Im Schatten Wagners, S. 187.

280 Zu Wagners Verteidigung, GW XIII, S. 358; Im Schatten Wagners, S. 188.

281 Zu Wagners Verteidigung, GW XIII, S. 354; Im Schatten Wagners, S. 184.

282 Dazu ausführlich Verf.: »German« Music and German Catastrophe. A Re-reading of *Doctor Faustus*, in: A Companion to the Works of Thomas Mann, hrsg. von Herbert Lehnert und Eva Wessel, Rochester (NY) 2004, S. 221–244.

283 Zu Wagners Verteidigung, GW XIII, S. 358; Im Schatten Wagners, S. 188.

284 Zur Bedeutung von R. L. Stevensons klassischer Schauergeschichte und Sebastian Haffners Buch *Germany: Jekyll and Hyde* (1940) vgl. Verf.: Thomas Mann, der Amerikaner, S. 459–470.

285 Zu Wagners Verteidigung, GW XIII, S. 358; Im Schatten Wagners, S. 187 f.

286 Zu Wagners Verteidigung, GW XIII, S. 359; Im Schatten Wagners, S. 188.

287 Das Ende, GW XII, S. 944–950, 949.

288 Deutsche Hörer, 14. 1. 1945, GW XI, S. 1106 f.

289 Vgl. dazu das Kapitel »Die Mutter aller Deutschlanddebatten« in Verf.: Thomas Mann, der Amerikaner, S. 484–491; sowie Norbert Frei: Von deutscher Erfindungskraft, in: Rechtshistorisches Journal 16 (1997), S. 621–634.

290 Das Ende, GW XII, S. 946.

291 Ausführlicheres dazu in dem Kapitel »Vergangenheitspolitik und Kollektivschuldthese« in Verf.: Thomas Mann, der Amerikaner, S. 479–483.

292 Kurzke 1999, S. 534.

293 Vgl. Armbrust / Heine, S. 225 f.

294 Peter Schlemihl, GKFA 14.1, S. 277. Zu der lebensgeschichtlich verwickelten Bedeutung dieser Erzählung für Thomas Mann vgl. Heinrich Detering: Das Meer meiner Kindheit. Thomas Manns Lübecker Dämonen, Heide 2016, S. 88–112; dort auch Abbildung einer Illustration von Preetorius.

295 Der betreffende Abschnitt der *Erinnerungen* ist unter der Überschrift *Thomas Mann und Glucks Iphigenie. Der Dichter macht mich zum Bühnenbildner* abgedruckt in: Aus dem Briefwechsel Thomas Mann – Emil Preetorius, eingeführt und erläutert von Hans Wysling. Blätter der Thomas Mann Gesellschaft Zürich, Nr. 4 (1963), S. 4–6.

296 Bruno Walter: Thema und Variationen, Frankfurt a. M. 1973, S. 202–205, 279–280.

297 Siehe Hamann 2002, S. 174.

298 So Albert von Schirnding: Die Propheten von der Martiusstraße, Stuttgart 2003, S. 8.

299 Carnegy 2006, S. 272–275.

300 Emil Preetorius: Wagner. Bild und Vision, 3. erweiterte Aufl., Leipzig 1949, S. 19.

301 Ebd., S. 18–19.

302 Carnegy 2006, S. 191.

303 Hitlers Tischgespräche, S. 380.

304 Preetorius an Thomas Mann, 10.6.1946, in: Blätter der Thomas Mann Gesellschaft Zürich, Nr. 4 (1963), S. 14f.

305 Die berühmte Charakterisierung der Wagner-Festspiele als »Hitlers Hoftheater« in: Briefe Richard Wagners, GW X, S. 793; Im Schatten Wagners, S. 211.

306 Thomas Mann, Tagebuch, 20.4.1933.

307 Ebd., 4.9.1934.

308 Thomas Mann, Tagebuch, 19.7.1936.

309 Preetorius an Thomas Mann, 10.6.1946, in: Blätter der Thomas Mann Gesellschaft Zürich, Nr. 4 (1963), S. 14.

310 Vgl. das Kapitel »Wilhelm Furtwängler« in Vaget 2006, S. 270–300.

311 Brief nach Deutschland, GKFA 19.1, S. 77.

312 Preetorius' offener Brief in: Die große Kontroverse. Ein Briefwechsel um Deutschland, hrsg. und bearbeitet von J. F. G. Grosser, Hamburg, Genf, Paris 1963, S. 60.

313 Klaus Mann an Thomas Mann, 16.5.1945, in: Die Briefe der Manns, hrsg. von Tilmann Lahme u. a., Frankfurt a. M. 2016, S. 312f.

314 GKFA 10.1, S. 526. Dazu ausführlich von Schirnding 2003.

315 Thomas Mann, Tagebuch, 18.7.1947.

316 GKFA 10.1, S. 531.

317 Vgl. dazu besonders Eckhard Heftrich: »Doktor Faustus«: Die radikale Autobiographie, in: Thomas Mann 1875–1975, hrsg. von Beatrix Bludau, Eckhard Heftrich, Helmut Koopmann, Zürich u. a. 1977, S. 135–154.

318 Zitat nach von Schirnding 2003, S. 11.

319 Doktor Faustus, GKFA 10.1, S. 537.

320 GKFA 10.1, S. 541.

321 Ebd., S. 528, 539, 715.

322 Ebd., S. 526, 539.

323 Thomas Mann an Emil Preetorius, 12.12.1947, in: Blätter der Thomas Mann Gesellschaft Zürich, Nr. 4 (1963), S. 18f.

324 Albert von Schirnding: Rückkehr eines Ausgewiesenen. Thomas Mann und die Bayerische Akademie der Schönen Künste, Göttingen 2011, S. 42–58.

325 Blätter der Thomas Mann Gesellschaft Zürich, Nr. 4 (1963), S. 9f.

326 Zitiert nach Goll 2000, S. 283.

327 Vgl. dazu Verf.: Kaisersaschern als geistige Lebensform, in: Der deutsche Roman und seine historischen und politischen Bedingungen, hrsg. von Wolfgang Paulsen, Bern 1977, S. 200–235; ders.: Deutschtum und Judentum, in: Deutsche Vierteljahrsschrift für Literaturwissenschaft und Geistesgeschichte 86 (2012), S. 145–164.

328 Vgl. Ulrich Raulff: Kreis ohne Meister, München 2009, S. 305.

329 Richard Wagner und kein Ende, GW X, S. 925–927; Im Schatten Wagners, S. 204–207.

330 Thomas Mann, Tagebuch, 7.12.1949.

331 Doktor Faustus, GKFA 10.1, S. 296.

332 Preetorius 1949, S. 35.

333 Ebd., S. 38.

334 Briefe Richard Wagners, GW X, S. 791–801, 801; Im Schatten Wagners, S. 208–218.

335 Thomas Mann an Franz W. Beidler, 24.6.1946, in: Im Schatten Wagners, S. 195.

336 Zu der Dreiecksbeziehung Newman – Adorno – Thomas Mann ausführlich Vaget 2006, S. 358–378.
337 Thomas Mann, Tagebuch, 5.4.1947; Im Schatten Wagners, S. 198.
338 Gesammelte Schriften, Bd. 13, S. 38.
339 Thomas Mann, Tagebuch, 26.5.1954; Im Schatten Wagners, S. 228.
340 Wagner und kein Ende, GW X, S. 926; Im Schatten Wagners, S. 206.
341 Ebd., 30.8.1946; Im Schatten Wagners, S. 196.
342 Wagner und kein Ende, GW X, S. 926 f.; Im Schatten Wagners, S. 205 f.
343 Josef Engel de Sinoja: Das Antisemitentum in der Musik, Zürich, Leipzig, Wien 1933.
344 Josef Engel de Sinoja: Richard Wagners »Das Judenthum in der Musik«. Eine Abwehr, Leipzig 1869.
345 Thomas Mann, Tagebuch, 13.2.1935.
346 Erich von Kahler: Israel unter den Völkern, Zürich 1936.
347 Thomas Mann an Erich von Kahler, 19.3.1935, TM/EK, S. 10. Vgl. Vaget 2012, S. 159 ff.
348 Thomas Mann an Franz W. Beidler, 26.11.1935; Im Schatten Wagners, S. 147.
349 Thomas Mann, Tagebuch, 8.4.1950, 7.1.1954.
350 Im Schatten Wagners, S. 229 f.
351 Meistersinger, GW X, S. 928 f.; ebd., S. 219 f.

Siglen

Adorno/Mann
Theodor W. Adorno/Thomas Mann: Briefwechsel 1943–1955, hrsg. von Christoph Gödde und Thomas Sprecher, Frankfurt a. M. 2002

Armbrust/Heine
Heinz J. Armbrust/Gert Heine: Wer ist wer im Leben von Thomas Mann? Ein Personenlexikon, Frankfurt a. M. 2008

Betroffensein der Nachwelt
Richard Wagner. Das Betroffensein der Nachwelt. Beiträge zur Wirkungsgeschichte, hrsg. von Dietrich Mack, Darmstadt 1984

Cambridge Wagner Encyclopedia (CWE)
The Cambridge Wagner Encyclopedia, edited by Nicholas Vazsonyi. Cambridge 2013

Collegheft
Thomas Mann: Collegheft 1894–1895, hrsg. von Yvonne Schmidlin und Thomas Sprecher, Frankfurt a. M. 2001

Domarus
Max Domarus: Hitler. Reden und Proklamationen, 1932–1945. Kommentiert von einem deutschen Zeitgenossen, 2 Bde., je 2 Halbbände, München 1965

DüD
Dichter über ihre Dichtungen. Thomas Mann, hrsg. von Hans Wysling unter Mitwirkung von Marianne Fischer, 3 Bde., München und Frankfurt a. M. 1975, 1979, 1981

Essays
Thomas Mann: Essays, hrsg. von Hermann Kurzke und Stefan Stachorski, 6 Bde., Frankfurt a. M. 1993–1997

GKFA
Thomas Mann: Große kommentierte Frankfurter Ausgabe. Werke, Briefe, Tagebücher, Frankfurt a. M. 2002 ff.

Goebbels Tagebücher
Die Tagebücher von Joseph Goebbels, hrsg. von Elke Fröhlich, München, New York 1998 ff.

Großmann-Vendrey
Susanna Großmann-Vendrey: Bayreuth in der deutschen Presse. Beiträge zur Rezeptionsgeschichte Richard Wagners und seiner Festspiele, 3 Bde., Regensburg 1977–1983

GW
Thomas Mann: Gesammelte Werke in dreizehn Bänden. Frankfurt a. M. 1974

Hitler Monologe
Adolf Hitler. Monologe im Führerhauptquartier, 1941–1944. Die Aufzeichnungen Heinrich Heims, hrsg. von Werner Jochmann, München 1980

Hitler, Reden 1925–1933
Hitler. Reden, Schriften, Anordnungen, Februar 1925 bis Januar 1933, hrsg. vom Institut für Zeitgeschichte, München 1994

Hitler, Sämtliche Aufzeichnungen
Hitler, Sämtliche Aufzeichnungen 1905–1924, hrsg. von Eberhard Jäckel zusammen mit Axel Kuhn, Stuttgart 1980

Hitlers Tischgespräche
Henry Picker: Hitlers Tischgespräche im Führerhauptquartier 1941–1942, Bonn 1951

Im Schatten Wagners
Im Schatten Wagners. Thomas Mann über Richard Wagner. Texte und Zeugnisse 1895–1955. Ausgewählt, kommentiert und mit einem Essay von Hans Rudolf Vaget, Frankfurt a. M. 1999, 3. Aufl. 2005

KSA
Friedrich Nietzsche: Sämtliche Werke. Kritische Studienausgabe in 15 Bänden, hrsg. von Giorgio Colli und Mazzino Montinari, Berlin und New York 1980

Liebe ohne Glauben
Liebe ohne Glauben. Thomas Mann und Richard Wagner, hrsg. von Holger Pils und Christina Ulrich, Göttingen 2011

Mann/Bertram
Briefe aus den Jahren 1910–1955, hrsg., kommentiert und mit einem Nachwort versehen von Inge Jens, Pfullingen 1960

Mann/Zweig
Thomas Mann – Stefan Zweig Briefwechsel. Dokumente und Schnittpunkte, hrsg. von Katrin Bedenig und Franz Zeder, Frankfurt a.M. 2016 (= Thomas-Mann-Studien, 51)

Mein Kampf
Hitler. Mein Kampf. Eine kritische Edition. Hrsg. von Christian Hartmann, Thomas Vordermayer, Othmar Plöckinger, Roman Töppel. Im Auftrag des Instituts für Zeitgeschichte, 2 Bde., München, Berlin 2016

Notizbücher
Thomas Mann: Notizbücher. Edition in zwei Bänden. Hrsg. von Hans Wysling und Yvonne Schmidlin, Frankfurt a.M. 1991

Reden zur Kunst- und Kulturpolitik
Adolf Hitler: Reden zur Kunst- und Kulturpolitik, hrsg. und kommentiert von Robert Eikmeyer mit einer Einführung von Boris Groys, Frankfurt a.M. 2004

Regesten
Die Briefe Thomas Manns, Regesten und Register, hrsg. von Hans Bürgin und Hans-Otto Mayer, unter Mitarbeit von Gert Heine und Yvonne Schmidlin, 5 Bde., Frankfurt a.M. 1976–1987

Richard Wagner im Dritten Reich
Richard Wagner im Dritten Reich. Ein Schloss-Elmau-Symposium, hrsg. von Saul Friedländer und Jörn Rüsen, München 2000

Sämtliche Briefe
Richard Wagner. Sämtliche Briefe, hrsg. im Auftrag des Richard-Wagner-Familien-Archivs von Gertrud Strobel und Werner Wolf, Leipzig 1975 ff.

Thomas Mann Chronik
Gert Heine / Paul Schommer: Thomas Mann Chronik, Frankfurt a. M. 2004

Thomas Mann, Tagebuch
Thomas Mann: Tagebücher, 1918–1921; 1933–1955. Bd. 1–5, hrsg. von Peter de Mendelssohn; Bd. 6–10, hrsg. von Inge Jens, Frankfurt a. M. 1977–1995

TM/AM
Thomas Mann / Agnes E. Meyer: Briefwechsel 1937–1947, hrsg. von Hans Rudolf Vaget, Frankfurt a. M. 1992

TM/EK
Thomas Mann – Erich von Kahler. Briefwechsel 1931–1955, hrsg. und kommentiert von Michael Assmann, Hamburg 1993

TMUSZ
Thomas Mann im Urteil seiner Zeit. Dokumente 1891–1955, hrsg. mit einem Nachwort und Erläuterungen von Klaus Schröter, Frankfurt a. M. 2. Aufl. 2000

Literatur

Adorno, Theodor W.: Gesammelte Schriften, hrsg. von Rolf Tiedemann, Bd. 13, Frankfurt a. M. 1971

Amrein, Ursula: Angeblich keine Opposition. Thomas Mann spricht in Zürich über »Richard Wagner und der Ring des Nibelungen (1937)«, in: Thomas-Mann-Jahrbuch 27 (2014), S. 109–125

Anderson, Mark: »Jewish« Mimesis? Imitation and Assimilation in Thomas Mann's *Wälsungenblut* and Ludwig Jakubowsky's *Werther, der Jude*, in: German Life and Letters 49 (1996), S. 193–204

Auerbach, Hellmuth: Hitlers politische Lehrjahre und die Münchener Gesellschaft 1919–1923. Versuch einer Bilanz der neueren Forschung, in: Vierteljahrshefte für Zeitgeschichte 25 (1977), S. 1–45

Bailey, Robert: Wagner's Musical Sketches for »Siegfrieds Tod«, in: Studies in Music History: Essays for Oliver Strunk, Princeton (NJ) 1968, S. 459–495

Baudelaire, Charles: Richard Wagner et Tannhauser à Paris, in ders.: L'art romantique. Littérature et Musique, Paris 1968, S. 267–300

Bauer, Oswald Georg: Die Geschichte der Bayreuther Festspiele. Band I: 1850–1950; Bd. II: 1951–2008, Berlin 2016

Bäumler, Klaus: Thomas Mann und der »Protest der Richard-Wagner-Stadt München« (1933). Mit dem unbekannten Briefwechsel zwischen Thomas Mann und Oberbürgermeister Karl Scharnagl sowie einem biographischen Anhang der Unterzeichner, in: Heißerer, Dirk (Hrsg.): Thomas Mann in München II. Vortragsreihe im Sommer 2004, München 2004, S. 227–297

Bavendamm, Dirk: Der junge Hitler. Korrekturen einer Biographie, 1889–1914, Graz 2009

Bayerische Staatsoper: Ergebnisse des Forschungsprojekts »Bayerische Staatsoper 1933–1963«, Heft 1–4, München o. J. (2015/16)

Behrenbeck, Sabine: Der Kult um die toten Helden. Nationalsozialistische Mythen, Riten und Symbole 1923 bis 1945, Vierow bei Greifswald 1996

Beidler, Dagny: Steadfast and Upstanding: Franz Wilhelm Beidler, Richard Wagner's Eldest Grandson, in: The Wagner Journal, Vol. 10, Nr. 2 (2016), S. 36–46

Beidler, Franz W.: Cosima Wagner-Liszt. Der Weg zum Wagner-Mythos. Ausgewählte Schriften des ersten Wagner-Enkels und sein Briefwechsel mit Thomas Mann, hrsg. und mit einem Vorwort versehen von Dieter Borchmeyer, Bielefeld 1997

Bein, Alexander: »Der jüdische Parasit«. Bemerkungen zur Semantik der Judenfrage, in: Vierteljahrshefte für Zeitgeschichte 18 (1965), S. 121–149

Bekker, Paul: Richard Wagner. Das Leben im Werke, Stuttgart, Berlin, Leipzig 1924

Benjamin. Walter: Das Kunstwerk im Zeitalter seiner technischen Reproduzierbarkeit, in ders.: Gesammelte Schriften, unter Mitwirkung von Theodor W. Adorno und Gershom Scholem, hrsg. von Rolf Tiedemann und Hermann Schweppenhäuser, Bd. 2, Frankfurt a. M. 1980

Bermbach, Udo: »Blühendes Leid.« Politik und Gesellschaft in Richard Wagners Musikdramen, Stuttgart, Weimar 2003

–: Richard Wagner in Deutschland. Rezeption – Verfälschungen, Stuttgart, Weimar 2011

–: Hier gilt's der Kunst? Die Bayreuther Festspielleitung zeigt sich in vielerlei Hinsicht unsensibel, in: Opernwelt, 9./10. September 2012, S. 22–25

–: Houston Stewart Chamberlain. Wagners Schwiegersohn – Hitlers Vordenker, Stuttgart, Weimar 2015

–: »Ästhetische Weltordnung«. Zum Verständnis von Politik, Kunst und Kunstreligion bei Richard Wagner, in ders.: Kultur, Kunst und Politik, Würzburg 2016, S. 241–259

–: Kultur, Kunst und Politik. Aufsätze, Essays, Würzburg 2016

Bernstein, Michael A.: Foregone Conclusions: Against Apocalyptic History, Berkeley (CA) 1994

Betz, Rudolf / Panofsky, Walter: Knappertsbusch, Ingolstadt 1958

Bludau, Beatrix / Heftrich, Eckhard / Koopmann, Helmut (Hrsg.): Thomas Mann 1875–1975. Vorträge in München, Zürich, Lübeck, Frankfurt a. M. 1977

Börnchen, Stefan / Mein, Georg / Strowick, Elisabeth (Hrsg.): Jenseits von Bayreuth. Richard Wagner heute: Neue kulturwissenschaftliche Perspektiven, München 2014

Bolz, Sebastian / Schick, Hartmut (Hrsg.): Richard Wagner in München. Bericht über das interdisziplinäre Symposium München 2013, München 2015

Borchmeyer, Dieter: Das Theater Richard Wagners. Idee – Dichtung – Wirkung, Stuttgart 1982

– (Hrsg.): Friedrich Nietzsche. Der Fall Wagner. Schriften und Aufzeichnungen über Richard Wagner, mit einem Nachwort versehen von Dieter Borchmeyer, Frankfurt a. M. 1983

–: »Barrikadenmann und Zukunftsmusikus«. Richard Wagner erobert das königliche Hof- und Nationaltheater, in: Zehetmair, Hans / Schläder, Jürgen (Hrsg.): Nationaltheater. Die Bayerische Staatsoper, München 1992, S. 48–73

–: Wagner-Literatur – eine deutsche Misere. Neue Ansichten zum »Fall Wagner«, in: Internationales Archiv für Sozialgeschichte der deutschen Literatur, 3. Sonderheft, Forschungsreferate, 2. Folge, Tübingen 1993, S. 1–62

– (Hrsg.): Cosima Wagner-Liszt. Der Weg zum Wagner-Mythos. Ausgewählte Schriften des ersten Wagner-Enkels und sein unveröffentlichter Briefwechsel mit Thomas Mann, mit einem Nachwort versehen von Dieter Borchmeyer, Bielefeld 1997

–: Richard Wagner. Ahasvers Wandlungen, Frankfurt a. M. 2002

–: »Kulissengeschiebe«. Thomas Manns *Joseph und seine Brüder* und Richard Wagners *Ring des Nibelungen*: eine Kontrafaktur, in: wagnerspectrum 2/2011, S. 95–113

Borchmeyer, Dieter / Maayani, Ami / Vill, Susanne (Hrsg.): Richard Wagner und die Juden, Stuttgart und Weimar 2000

Borchmeyer, Dieter/Žmegač, Viktor (Hrsg.): Moderne Literatur in Grundbegriffen, Frankfurt a. M. 1987

Botstein, Leon: German Jews and Wagner, in: Grey, Thomas S. (Hrsg.): Richard Wagner and His World, Princeton (NJ) 2009, S. 151–197

Bourget, Paul: Essais de psychologie contemporaine, 2 Bde., Paris 1883
Braun, Franz: »Ehrfurcht hielt mich in Acht…!« Hans Knappertsbusch zur Erinnerung. Zum 100. Geburtstag des berühmten Dirigenten am 12.3.1988, München 1988
Brenner, Peter J.: Thomas Mann in München. Ein schwieriger Weg in die Moderne, Thalhofen 2013
Brettschneider, Rudolf: Die Entdeckung des »Wälsungenblut«, in: Die Bücherstube, Jg. 1, Oktober 1920, S. 110–112
Breuer, Stefan: Richard Wagners Fundamentalismus, in: Deutsche Vierteljahrsschrift für Literaturwissenschaft und Geistesgeschichte 73 (1999), S. 643–664
Brinkmann, Reinhold: Wagners Aktualität für den Nationalsozialismus. Fragmente einer Bestandsaufnahme, in: Richard Wagner im Dritten Reich, S. 109–141
–: Lohengrin, Sachs und Mime oder Nationales Pathos und die Pervertierung der Kunst bei Richard Wagner, in: Deutsche Meister – Böse Geister? Nationale Selbstfindung in der Musik, in Zusammenarbeit mit der Staatsoper Unter den Linden hrsg. von Hermann Danuser und Herfried Münkler, Berlin 2001, S. 206–221
Buddeberg, Michael (Hrsg.): Emil Preetorius, ein Leben für die Kunst (1883–1973), München 2015
Bullock, Alan: Hitler. A Study in Tyranny, London 1952, revidierte Ausgabe 1962
Butler, Eliza: The Tyranny of Greece over Germany, New York 1935

Carnegy, Patrick: Stage History, in: Warrack, John (Hrsg.): Richard Wagner. Die Meistersinger von Nürnberg, Cambridge 1994, S. 135–152
–: Wagner and the Art of the Theatre, New Haven, London 2006
Carr, Jonathan: Der Wagner-Clan. Geschichte einer deutschen Familie. Aus dem Englischen von Hermann Kusterer, Hamburg 2008
Chamberlain, Houston Stewart: Richard Wagner, München 1896
–: Die Grundlagen des neunzehnten Jahrhunderts, 2 Bde., München 1899
–: Goethe, München 1912
–: Kriegsaufsätze, München 1914
–: Die Zuversicht, München 1915
–: Deutsches Wesen. Ausgewählte Aufsätze, München 1916
–: Über Dilettantismus, in ders.: Rasse und Persönlichkeit, München 1925, S. 98–102
–: Briefe 1882–1924 und Briefwechsel mit Kaiser Wilhelm II., 2 Bde., hrsg. von Paul Pretzsch, München 1926
–: Deutschland – England. Aus den Schriften zum Weltkrieg. München 1939
Conrad, Peter: Verdi and / or Wagner: Two men, two worlds, two centuries, New York 2011
Conze, Eckart / Frei, Norbert / Hayes, Peter / Zimmermann, Moshe: Das Amt und die Vergangenheit. Deutsche Diplomaten im Dritten Reich und in der Bundesrepublik, München 2010
Crescenzi, Luca: Abschied vom Ästhetizismus. Deutschlands ethische Wende und die musikalische Symbolik des *Doktor Faustus*, in: Thomas-Mann-Jahrbuch 27 (2014), S. 95–107
Cromme, Rasmus: Auf »Führerwunsch«, mit Sonderausstattung. Die Karriere des Clemens Krauss an der Bayerischen Staatsoper 1937–1944, in: Bayerische Staatsoper. Ergebnisse des Forschungsprojekts »Bayerische Staatsoper 1933–1963«, Heft 1 (2015/16), S. 18–31

Csampai, Attila / Holland, Dietmar (Hrsg.): Richard Wagner, Die Meistersinger von Nürnberg. Texte, Materialien, Kommentare, Reinbek 1981
– (Hrsg.): Richard Wagner. Lohengrin. Texte, Materialien, Kommentare. Mit einem Essay von Ulrich Schreiber, Reinbek 1989
Culshaw, John: Ring Resounding, New York 1972

Dahlhaus, Carl: Lohengrin, in: Csampai, Attila / Holland, Dietmar (Hrsg.): Richard Wagner. Lohengrin, S. 233–248
Daim, Wilfried: Der Mann, der Hitler die Ideen gab, München 1958
Danuser, Hermann: Verheißung und Erlösung im Bühnenweihfestspiel *Parsifal*, in ders.: Weltanschauungsmusik, Schliengen 2009, S. 217–250
Daub, Adrian: »Ein allzu geheim gebliebener Wagner«. Ernst Bloch als Wagnerianer, in: wagnerspectrum 1/2013, S. 159–176
Dawson-Bowling, Paul: Hans Knappertsbusch – A Celebration, in: Wagner News (London), Nr. 221 (April 2016), S. 11–20
Deathridge, John: Wagner's »Rienzi«. A reappraisal based on a study of the sketches and drafts, Oxford 1977
–: Wagner Beyond Good and Evil, Berkeley (CA) 2008
Dennis, David: »The Most German of All German Operas«: Die *Meistersinger* Through the Lens of the Third Reich, in: Vazsonyi, Nicholas (Hrsg.): Wagner's Meistersinger, S. 98–119
Detering, Heinrich: Das Meer meiner Kindheit. Thomas Manns Lübecker Dämonen, Heide 2016
Deuerlein, Ernst: Hitlers Eintritt in die Politik und die Reichswehr, in: Vierteljahrshefte für Zeitgeschichte 7 (1959), Heft 2, S. 177–227
Dierks, Manfred: Typologisches Denken bei Thomas Mann – mit einem Blick auf C. G. Jung und Max Weber, in: Thomas-Mann-Jahrbuch 9 (1996), S. 127–153
–: Thomas Mann's Late Politics, in: Lehnert, Herbert / Wessell, Eva (Hrsg.): A Companion to the Works of Thomas Mann, S. 203–219
Dombois, Johanna / Klein, Richard: Richard Wagner und seine Medien. Für eine kritische Praxis des Musiktheaters, Stuttgart 2012
Dreyfus, Lawrence: Wagner and the Erotic Impulse, Cambridge (MA) 2010
Drüner, Ulrich / Günther, Georg: Musik und »Drittes Reich«. Fallbeispiele 1910 bis 1960 zu Herkunft, Höhepunkt und Nachwirkungen des Nationalsozialismus in der Musik, Wien, Köln, Weimar 2012

Ehrenfels, Christian von: Richard Wagner und seine Apostaten. Ein Beitrag zur Jahrhundertfeier, Wien und Leipzig 1913
–: Wagner und seine neuen Apostaten, in: Der Auftakt 10 (1931), S. 5–12
Elsaghe, Yahya: Die imaginäre Nation. Thomas Mann und das »Deutsche«, München 2000
–: Vergangenheitspolitik im Kino. Zur bundesrepublikanischen Verfilmungsgeschichte Thomas Manns, in: Thomas-Mann-Jahrbuch 27 (2014), S. 47–59
Ette, Ottmar: Der Fall Jauß. Wege des Verstehens in eine Zukunft der Philologie, Berlin 2016

Fest, Joachim: Hitler. Eine Biographie, Berlin 1973; Neuausgabe 1998
–: Um einen Wagner von außen bittend. Zur ausstehenden Wirkungsgeschichte eines Großideologen, in ders.: Fremdheit und Nähe. Von der Gegenwart des Gewesenen, Stuttgart 1996, S. 275–298
Field, Geoffrey G.: Evangelist of Race. The Germanic Vision of Houston Stewart Chamberlain, New York 1981
Fischer, Fritz: Hitler war kein Betriebsunfall. Aufsätze, München 1992
Fischer, Jens Malte: Fin de Siècle. Kommentar zu einer Epoche, München 1978
– (2000a): Richard Wagners »Das Judentum in der Musik«. Eine kritische Dokumentation als Beitrag zur Geschichte des Antisemitismus, Frankfurt a. M. 2000
– (2000b): Wagner-Interpretationen im Dritten Reich. Musik und Szene zwischen Politisierung und Kunstanspruch, in: Richard Wagner im Dritten Reich, S. 142–164.
–: Richard Wagner und seine Wirkung, Wien 2013
François-Poncet, André: Souvenirs d'une ambassade à Berlin, Septembre 1931 – Octobre 1938, Paris 1946
–: Goethes Wahlverwandtschaften. Versuch eines kritischen Kommentars, Mainz 1951
Frank, Hans: Im Angesicht des Galgens. Deutung Hitlers und seiner Zeit auf Grund eigener Erlebnisse und Erkenntnisse, Neuhaus 1955
Frei, Norbert: Vergangenheitspolitik. Die Anfänge der Bundesrepublik und die NS-Vergangenheit, München 1996
–: Von deutscher Erfindungskraft oder: Die Kollektivschuldthese in der Nachkriegszeit, in: Rechtshistorisches Journal 16 (1997), S. 621–634
Friedländer, Saul: Nazi Germany and the Jews. Vol. I: The Years of Persecution, 1933–1938, New York 1997
– Bayreuth und der Erlösungsantisemitismus, in: Richard Wagner und die Juden, hrsg. von Dieter Borchmeyer u. a., S. 8–19
–: Hitler und Wagner, in: Richard Wagner im Dritten Reich, S. 165–178
Friedrich, Sven: Richard Wagner. Deutung und Wirkung, Würzburg 2004
– (Hrsg.): Beiträge zum Aufsatzwettbewerb »Das Kunstwerk der Zukunft«. Perspektiven der Wagnerrezeption im 21. Jahrhundert. Hrsg. im Auftrag der BF Medien, Würzburg 2014
Furness, Raymond: Wagner and Literature, Manchester 1982

Ganzer, Karl Richard: Richard Wagner, der Revolutionär gegen das 19. Jahrhundert, München 1934
Gay, Peter: »It is Better to Give than to Receive«. German Jews in German High Culture, in: LBI News, published by the Leo Baeck Institute New York, Nr. 65 (1997), S. 3–7
Gay, Ruth: The Jews of Germany. A Historical Portrait. With an Introduction by Peter Gay, New Haven und London 1992, S. 12–17
Gebhard, Winfried / Zingerle, Arnold: Pilgerfahrt ins Ich. Die Bayreuther Festspiele und ihr Publikum. Eine kultursoziologische Studie, Konstanz 1998
Geiger, Friedrich / Reichard, Tobias: »Psychologie der Volksseele«. Rienzi und die Inszenierung der Masse, in: wagnerspectrum 2/2015, S. 115–136
Geismar, Berta: Musik im Schatten der Politik, Zürich 1985
Gellner, Ernest: Nationalismus – Kultur und Macht, Berlin 1999
Gerhard, Anselm: Kanon in der Musikgeschichtsschreibung. Nationalistische Gewohn-

heiten nach der nationalistischen Epoche, in: Archiv für Musikwissenschaft 57 (2000), S. 18–30
Goebbels, Joseph: Signale der neuen Zeit, 25 ausgewählte Reden, München 1934
Goll, Thomas: Die Deutschen und Thomas Mann. Die Rezeption des Dichters in Abhängigkeit von der Politischen Kultur Deutschlands 1898–1955, Baden-Baden 2000
Görner, Rüdiger: Thomas Mann. Der Zauber des Letzten, Düsseldorf, Zürich 2005
Görtemaker, Manfred: Thomas Mann und die Politik, Frankfurt a. M. 2005
Greenblatt, Stephen: Renaissance Self-Fashioning: From More to Shakespeare, Chicago 1980
Grey, Thomas S. (Hrsg.): Richard Wagner and His World, Princeton (NJ) 2009
Grey, Thomas / Paige, Kirsten: The Owl, the Nightingale and the Jew in the Thorn-bush. Relocating Anti-Semitism in *Die Meistersinger*, in: Cambridge Opera Journal 28 (2016), S. 1–35
Grosser, J. F. G. (Hrsg.): Die große Kontroverse. Ein Briefwechsel um Deutschland, Hamburg 1963
Grosshans, Henry: Hitler and the Artists, New York 1983
Groys, Boris: Das Kunstwerk Rasse, in: Reden zur Kunst- und Kulturpolitik, S. 25–39
Gut, Philipp: Thomas Manns Idee einer deutschen Kultur, Frankfurt a. M. 2008

Haffner, Sebastian: Anmerkungen zu Hitler, München 1978
Hamann, Brigitte: Hitlers Wien. Lehrjahre eines Diktators, München, Zürich 1996
–: Winifred Wagner oder Hitlers Bayreuth, München 2002
Hanisch, Ernst: Ein Wagnerianer namens Hitler, in: Richard Wagner 1883–1983. Die Rezeption im 19. und 20. Jahrhundert. Gesammelte Beiträge des Salzburger Symposions, Stuttgart 1984, S. 65–75
Hansen, Sebastian: Betrachtungen eines Politischen. Thomas Mann und die deutsche Politik 1914–1933, Düsseldorf 2013
Hansen, Volkmar: »Where I am, there is Germany«. Thomas Manns Interview vom 21. Februar 1938 in New York, in: Stern, Martin (Hrsg.): Textkonstitution bei mündlicher und schriftlicher Überlieferung. Basler Editoren-Kolloquium 1990, Tübingen 1991, S. 176–188
Harpprecht, Klaus: Thomas Mann. Eine Biographie, Reinbek 1995
Hartmann, Grit: Richard Wagner gepfändet. Ein Leipziger Denkmal in Dokumenten 1931–1955, Leipzig 2003
Heer, Hannes: Geschichte der Festspiele 1924, in: Verstummte Stimmen. Die Bayreuther Festspiele und die »Juden« 1876–1945. Eine Ausstellung von Hannes Heer, Jürgen Kesting, Peter Schmidt, Berlin 2012, S. 133–163
Heer, Hannes / Fritz, Sven (Hrsg.): »Weltanschauung en marche«. Die Bayreuther Festspiele und die »Juden«, 1876 bis 1945, Würzburg 2013
Heftrich, Eckhard: »Doktor Faustus«: Die radikale Autobiographie, in: Bludau u. a. (Hrsg.): Thomas Mann 1875–1975, S. 135–154
–: Thomas Manns Verhältnis zum Deutschtum und Judentum, in: Thomas-Mann-Jahrbuch 1 (1988), S. 149–167
–: Geträumte Taten: Joseph und seine Brüder, Frankfurt a. M. 1993
Heiden, Konrad: Adolf Hitler. Das Zeitalter der Verantwortungslosigkeit. Eine Biographie, 2 Bde., Zürich 1936, 1937

Hein, Annette: »Es ist viel Hitler in Wagner«. Rassismus und antisemitische Deutschtumsideologie in den Bayreuther Blättern (1878–1938), mit einem Verfasser- und Schlagwortregister, Tübingen 1996

Herbst, Ludolf: Hitlers Charisma: die Erfindung eines deutschen Messias, Frankfurt a.M. 2010

Herz, Rudolf: Hoffmann und Hitler. Fotografie als Medium des Führer-Mythos, München 1994

Hilmes, Oliver: Herrin des Hügels. Das Leben der Cosima Wagner, Berlin 2007

–: Cosimas Kinder. Triumph und Tragödie der Wagner-Dynastie, Berlin 2009

Himmelfarb, Milton: No Hitler, No Holocaust, in: Commentary 76 (1984), S. 37–43

Hofmannsthal, Hugo von: Gabriele D'Annunzio, in: Sämtliche Werke, Kritische Ausgabe Bd. XXXII, Reden und Aufsätze I, hrsg. von Hans-Georg Dewitz u.a., Frankfurt a.M. 2015, S. 99–107

Holzhauer, Heinz: Der ›Beidler-Prozess‹ des Jahres 1914 – Isolde Beidler gegen ihre Mutter Cosima Wagner, in: wagnerspectrum 2/2012, S. 181–199

Horowitz, Joseph: Moral Fire. Musical Portraits from America's Fin de Siècle, Berkeley 2012

Hübinger, Paul Egon: Thomas Mann, die Universität Bonn und die Zeitgeschichte. Drei Kapitel deutscher Vergangenheit aus dem Leben des Dichters, 1905–1955, München 1974

Huckvale, David: Rienzi's Reich. Bulwer-Lytton, Wagner and the Great Dictators, in: Wagner [London] 19 (1998), S. 103–116

Irion, Claudia: »Der Charakter des Spielplans bestimmt das Wesen des Theaters«. Die Bayerische Staatsoper in München zwischen 1918 und 1943, Frankfurt a.M. 2014

Jäckel, Eberhard: Hitlers Weltanschauung. Entwurf einer Herrschaft. Erweiterte und überarbeitete Neuausgabe, Stuttgart 1981

Janz, Tobias: »Rienzi«-Philologie II – Zur diskontinuierlichen Biographie eines Hauptwerks, in: wagnerspectrum 2/2015, S. 35–62

Jauß, Hans Robert: Literaturgeschichte als Provokation, Frankfurt a.M. 1970

–: Rückschau auf die Rezeptionstheorie. Ad usum Musicae Scientiae, in: Danuser, Hermann / Krummacher, Friedhelm (Hrsg.): Rezeptionsästhetik und Rezeptionsgeschichte in der Musikwissenschaft, Laaber 1991, S. 13–36

Jenks, William A.: Vienna and the Young Hitler, New York 1960

Jens, Inge: Dichter zwischen rechts und links. Die Geschichte der Sektion für Dichtkunst der Preußischen Akademie der Künste, dargestellt nach den Dokumenten, München 1971

–: Am Schreibtisch: Thomas Mann und seine Welt, Reinbek 2013

Jetzinger, Franz: Hitlers Jugend. Phantasien, Lügen und die Wahrheit, Wien 1956

Joachimsthaler, Anton: Korrektur einer Biographie: Adolf Hitler 1908–1920, München 1989

–: Hitlers Ende. Legenden und Dokumente, München, Berlin 1995

John, Eckhard: Musikbolschewismus. Die Politisierung der Musik in Deutschland 1918–1938, Stuttgart, Weimar 1994

Kahler, Erich von: Israel unter den Völkern, Zürich 1936
–: Der deutsche Charakter in der Geschichte Europas, Zürich 1937
Kaiser, Joachim: Leben mit Wagner, München 1990
Karbaum, Michael: Studien zur Geschichte der Bayreuther Festspiele (1876–1976), Teil I und II, Regensburg 1976
Karlsson, Jonas: »In that hour it began«? Hitler, »Rienzi«, and the Trustworthiness of August Kubizek's »The Young Hitler I Knew«, in: The Wagner Journal 6, 2 (2012), S. 33–47
Karpf, Roswitha Vera: Beiträge zur österreichischen Wagner-Rezeption im 19. Jahrhundert, in: Richard Wagner 1883–1983. Die Rezeption im 19. und 20. Jahrhundert. Gesammelte Beiträge des Salzburger Symposions, Stuttgart 1984, S. 229–248
Karthaus, Ulrich: Hitlers »Bruder« und die Deutschen, in: Thomas-Mann-Jahrbuch 13 (2001), S. 75–91
Kassner, Rudolf: Der Dilettantismus, Frankfurt a. M. 1910
Kater, Michael H.: Bürgerliche Jugendbewegung und Hitlerjugend in Deutschland von 1926 bis 1939, in: Archiv für Sozialgeschichte 17 (1977), S. 127–174
–: Hitler in a Social Context, in: Central European History 14 (1981), S. 243–272
–: The Twisted Muse. Musicians and their Music in the Third Reich, New York 1997
–: Composers of the Nazi Era. Eight Portraits, New York 2000
–: Hitler-Jugend. Aus dem Englischen von Jürgen Peter Krause, Darmstadt 2005
–: Never Sang for Hitler. The Life and Times of Lotte Lehmann, 1888–1976, Cambridge 2008
–: Weimar. From the Enlightenment to the Present, New Haven (CT) und London 2014
Kater, Michael H./Riethmüller, Albrecht (Hrsg.): Music and Nazism. Art under Tyranny, 1933–1945, Laaber 2003
Kershaw, Ian: Der Hitler-Mythos. Volksmeinung und Propaganda im Dritten Reich, Stuttgart 1980
–: Hitler. 1889–1936: Hubris, New York 1998 (dt. Ausgabe Stuttgart 1998)
–: Hitler. 1936–1945: Nemesis, New York 2000 (dt. Ausgabe München 2000)
–: Introduction in: August Kubizek: The Young Hitler I Knew, London 2006, S. 9–15
Kiesewetter, Hubert: Von Richard Wagner zu Adolf Hitler. Varianten einer rassistischen Ideologie, Berlin 2015
Kinderman, William: The Creative Process in Music from Mozart to Kurtág, Urbana (IL) 2012
–: Wagner's Parsifal, New York 2013
Kirschbaum, Dorothea: Erzählen nach Wagner. Erzählstrategien in Richard Wagners »Der Ring des Nibelungen« und Thomas Manns »Joseph und seine Brüder«, Hildesheim 2010
Klee, Ernst: Das Kulturlexikon zum Dritten Reich. Wer war was vor und nach 1945, Frankfurt a. M. 2007
Klein, Richard (Hrsg. in Zusammenarbeit mit der Staatsoper Stuttgart): Narben des Gesamtkunstwerks. Wagners *Ring des Nibelungen*, München 2001
–: Der negative Körper und die Rückseite des Spiegels. Versuch mit Paul Bekker über Antisemitismus in Wagners Werk, in: Musik & Ästhetik, Jg. 20, Heft 77 (Januar 2016), S. 42–58

Klüger, Ruth: Thomas Manns jüdische Gestalten, in dies.: Katastrophen. Über deutsche Literatur, Göttingen 1994, S. 39–58

Knappertsbusch, Hans: Opernfragen der Gegenwart, in: Die Musik, Jg. XXV/7 (April 1933), S. 550–551

Knapsamer, Ingrid: Wieland Wagner. Wegbereiter und Weltwirkung. Mit einem Vorwort von Nike Wagner und einem Geleitwort von Wolfgang Greisenegger, Wien 2010

Köhler, Joachim: Wagners Hitler: Der Prophet und sein Vollstrecker, München 1999

–: Der Letzte der Titanen. Richard Wagners Leben und Werk, München 2001

–: Wagner's Acquittal. Bayreuth's great composer was an anti-Semite – but mastermind of the Holocaust he was not, in: The Wagner Journal 8 (2014), S. 43–51

Kolbe, Jürgen: Heller Zauber. Thomas Mann in München, 1894–1933, Berlin 1987

– (Hrsg.): Wagners Welten. Ausstellung des Münchner Stadtmuseums 2004, München 2004

Konrad, Ulrich: Richard Wagner Schriften (RWS). Historisch-kritische Gesamtausgabe. Dimensionen und Perspektiven eines Editionsvorhabens, in: wagnerspectrum 1/2014, S. 205–236

Koopmann, Helmut: Thomas Mann – Heinrich Mann. Die ungleichen Brüder, München 2005

Kopke, Christoph / Treß, Werner (Hrsg.): Der Tag von Potsdam. Der 21. März 1933 und die Errichtung der nationalsozialistischen Diktatur, Berlin 2013

Koppen, Erwin: Vom Décadent zum Proto-Hitler. Wagner-Bilder Thomas Manns, in: Pütz, Peter (Hrsg.): Thomas Mann und die Tradition, Frankfurt a. M. 1971, S. 201–224

–: Dekadenter Wagnerismus: Studien zur europäischen Literatur des Fin de siècle, Berlin 1973

Krämer, Jörg: »Ich weiß Bescheid«. Thomas Mann über Richard Wagner, vonseiten der Musik betrachtet, in: wagnerspectrum 2/2011, S. 37–64

Kropfinger, Klaus: Thomas Manns Musik-Kenntnisse, in: Thomas-Mann-Jahrbuch 8 (1995), S. 241–279

Kubizek, August: Adolf Hitler, mein Jugendfreund, Graz und Göttingen 1953

–: The Young Hitler I Knew. Introduction by Ian Kershaw, London 2006

Kurzke, Hermann: »Bruder« Hitler. Thomas Mann und das Dritte Reich, in: Schopenhauer-Jahrbuch 71 (1990), S. 125–135

–: Thomas Mann. Das Leben als Kunstwerk, München 1999

Laak, Dirk van: Adolf Hitler, in: Möller, Frank (Hrsg.): Charismatische Führer der deutschen Nation, S. 149–170

–: Über alles in der Welt. Deutscher Imperialismus im 19. und 20. Jahrhundert, München 2005

Lahme, Tilmann / Pils, Holger / Klein, Kerstin (Hrsg.): Die Briefe der Manns. Ein Familienporträt, Frankfurt a. M. 2016

Lange, Carolin Dorothée: Genies im Reichstag. Führerbilder des republikanischen Bürgertums in der Weimarer Republik, Hannover 2012

Large, David Clay: Hitlers München. Aufstieg und Fall der Hauptstadt der Bewegung. Aus dem Englischen von Karl Heinz Siber, München 1998

–: Nazi Games: The Olympics of 1936. New York 2007

Large, David/Weber, William (Hrsg.): Wagnerism in European Culture and Politics, Ithaca (NY) 1984

Lehnert, Herbert: Thomas Mann in Princeton, in: The Germanic Review 34 (1964), S. 15–32

Lehnert, Herbert/Eva Wessel: Nihilismus der Menschenfreundlichkeit. Thomas Manns »Wandlung« und sein Essay »Goethe und Tolstoi«, Frankfurt a. M. 1991

–: (Hrsg.): A Companion to the Works of Thomas Mann, Rochester (NY) 2004

Lepenies, Wolf: Kultur und Politik. Deutsche Geschichten, München 2006

Lepsius, Rainer: Demokratie in Deutschland. Soziologisch-historische Konstellationsanalysen. Ausgewählte Aufsätze, Göttingen 1993

Levi, Erik: Music in the Third Reich, New York 1994

Lobenstein-Reichmann, Anja: Houston Stewart Chamberlain. Zur textlichen Konstruktion einer Weltanschauung. Eine sprach-, diskurs- und ideologiekritische Analyse, Berlin 2008

Loerke, Tim: Ideenmusik – Thomas Mann, Paul Bekker und ein politisierter Wagner, in: wagnerspectrum 2/2011, S. 65–94

–: Thomas Manns republikanische Wende?, in: Thomas-Mann-Jahrbuch 29 (2016), S. 84–99

Longerich, Peter: Der ungeschriebene Befehl: Hitler und der Weg zur »Endlösung«, München 2001

–: Hitler. Biographie, Berlin 2015

Loos, Helmut (Hrsg.): Richard Wagner. Persönlichkeit, Werk und Wirkung, Markkleeberg 2013

Lübbe, Hermann: Der Nationalsozialismus im politischen Bewusstsein der Gegenwart, in: Broszat, Martin (Hrsg.): Deutschlands Weg in die Diktatur. Internationale Konferenz zur nationalsozialistischen Machtübernahme, Berlin 1983, S. 329–349

Lühe, Irmela von der: Erika Mann. Eine Biographie, Frankfurt und New York, 2. Aufl. 1994

–: »Universitätsprofessor mit goldener Cigarettendose« oder »Man spürt nichts als Kultur«. Alfred Pringsheim (1850–1941), in: wagnerspectrum 1/2013, S. 97–119

Lukacs, John: The Hitler of History, New York 1998

Maar, Michael: Proust, Wagner, Mann, in: Thomas-Mann-Jahrbuch 27 (2014), S. 127–134

Mack, Dietrich: Der Bayreuther Inszenierungsstil, München 1976

Mandelkow, Karl Robert: Goethe in Deutschland. Rezeptionsgeschichte eines Klassikers, 2 Bde., München 1980

Mann, Julia: Aus Dodos Kindheit, in dies.: Ich spreche so gern mit meinen Kindern. Erinnerungen, Skizzen, Briefwechsel mit Heinrich Mann, hrsg. von Rosemarie Eggert, Berlin und Weimar 1991

Mann, Thomas: Briefe an Otto Grautoff, 1894–1901 und Ida Boy-Ed 1903–1928, hrsg. von Peter de Mendelssohn, Frankfurt a. M. 1975

Martynkewicz, Wolfgang: Salon Deutschland. Geist und Macht 1900–1945, Berlin 2009

Matuschek, Stefan: Perspektivische Amerikanisierung. Thomas Mann, Peter Viereck und die deutsche Romantik, in: Ewen, Jens / Lörke, Tim / Zeller, Regine (Hrsg.): Im Schatten des Lindenbaums. Thomas Mann und die Romantik, Würzburg 2016, S. 197–218

Mayne, Lydia: Artikel »Wagnerism«, in: Cambridge Wagner Encyclopedia, S. 696–699

McClatchie, Stephen: Wagner Research as »Service to the People«: The Richard-Wagner-Forschungsstätte, 1938–1945, in: Kater / Riethmüller: Music and Nazism, S. 150–169

McGrath, William J.: Dionysian Art and Populist Politics in Austria, New Haven 1974

Meinecke, Friedrich: Die deutsche Katastrophe. Betrachtungen und Erinnerungen, Wiesbaden 1946

Mendelssohn, Peter de: Der Zauberer. Das Leben des deutschen Schriftstellers Thomas Mann in drei Bänden. Überarbeitete und erweiterte Neuausgabe, Frankfurt a. M. 1996

Mertens, Volker: Groß ist das Geheimnis. Thomas Mann und die Musik, Leipzig 2006

Möller, Frank (Hrsg.): Charismatische Führer der deutschen Nation, München 2004

Mommsen, Hans: Artikel »Nationalsozialismus«, in: Sowjetsystem und demokratische Gesellschaft. Eine vergleichende Enzyklopädie, Bd. IV, Freiburg, Basel, Wien 1971, Sp. 695–713

Mösch, Stefan: Weihe, Werkstatt, Wirklichkeit. Parsifal in Bayreuth 1882–1933, Kassel 2009

Mosse, George L.: Nazi Culture. Intellectual, Cultural, and Social Life in the Third Reich, Madison (WI), 2. Aufl. 2003

Müller, Anne: »… ein künstlerisches Kapital-Ereignis meines Lebens, die Begegnung mit der Kunst Richard Wagners, die das Theater meiner Heimatstadt mir vermittelte …« Zu Lübecker Theaterverhältnissen, insbesondere Wagneraufführungen in Thomas Manns Jugend (1884–1894), mit einem Ausblick auf die Wagnerrezeption in seinem Frühwerk, Magisterarbeit, Otto-Friedrich-Universität Bamberg, 1998

Müller, Sven Oliver: Richard Wagner und die Deutschen. Eine Geschichte von Hass und Hingabe, München 2013

Münkler, Herfried: Richard Wagner, in: François, Étienne / Schulze, Hagen (Hrsg.): Deutsche Erinnerungsorte, München 2001, Bd. III, S. 549–566

Naegele, Verena / Ehrismann, Sibylle: Die Beidlers. Im Schatten des Wagner-Clans, Zürich 2013

Neumann, Franz: Behemoth: The Structure and Practice of National Socialism, New York 1942

Newman, Ernest: The Life of Richard Wagner, 4 Bde., London, New York 1933, 1937, 1940, 1947

Nilges, Yvonne: Artikel »Wagner in Literature«, in: Cambridge Wagner Encyclopedia, S. 650–654

Novak, Andreas: Salzburg hört Hitler atmen. Die Salzburger Festspiele 1933–1944, München 2005

Petropoulos, Jonathan: Art as Politics in the Third Reich, Chapel Hill (NC) 1996

Phelps, Reginald H.: »Before Hitler Came«. Thule Society and Germanen Order, in: Journal of Modern History 35 (1963), S. 245–261

Pikulik, Lothar: Thomas Mann und der Faschismus. Wahrnehmung – Erkenntnisinteresse – Widerstand, Hildesheim, Zürich, New York 2013

Porat, Dina: Zum Raum wird hier die Zeit. Richard Wagners Bedeutung für Adolf Hitler und die nationalsozialistische Führung, in: Borchmeyer, Dieter u. a. (Hrsg.): Richard Wagner und die Juden, S. 207–220

Potter, Pamela M.: Most German of the Arts. Musicology and Society from the Weimar Republic to the end of Hitler's Reich, New Haven & London 1998
Potter, Tully: Adolf Busch. The Life of an Honest Musician, 2 Bde., London 2010
Preetorius, Emil: Wagner. Bild und Vision, Leipzig 1941, 3., erweiterte Aufl., Berlin 1949
–: Über die Kunst und ihr Schicksal in dieser Zeit. Reden und Aufsätze, Düsseldorf, München 1953
Prieberg, Fred K.: Musik im NS-Staat, Frankfurt a. M. 1982
Pringsheim, Hedwig (2013a): Mein Nachrichtendienst. Briefe an Katia Mann 1933–1941, hrsg. von Dirk Heißerer, 2 Bde., Göttingen 2013
–: Tagebücher, Bd. 2: 1892–1897, hrsg. von Cristina Herbst, Göttingen 2013
–: Tagebücher, Bd. 4: 1905–1910, hrsg. und kommentiert von Cristina Herbst, Göttingen 2015
Pyta, Wolfram: Geteiltes Charisma. Hindenburg, Hitler und die deutsche Gesellschaft im Jahre 1933, in: Wirsching, Andreas (Hrsg.): Das Jahr 1933. Die nationalsozialistische Machteroberung und die deutsche Gesellschaft, Göttingen 2009, S. 47–69
–: Hitler. Der Künstler als Politiker und Feldherr. Eine Herrschaftsanalyse, München 2015

Radkau, Joachim: Richard Wagners Erlösung vom Faschismus durch die Emigration, in: Exilforschung, hrsg. von Thomas Koebner, Wulf Köpke und Joachim Radkau, 3 (1985), S. 71–105
–: Das Zeitalter der Nervosität. Deutschland zwischen Bismarck und Hitler, München 1998
Rathkolb, Oliver: Führertreu und gottbegnadet. Künstlereliten im Dritten Reich, Wien 1991
Raulff, Ulrich: Kreis ohne Meister. Stefan Georges Nachleben, München 2009
Raupp, Wilhelm: Max von Schillings. Der Kampf eines deutschen Künstlers, Hamburg 1935
Rauschning, Hermann: Gespräche mit Hitler, Zürich 1940
Reed, T. R.: Thomas Mann. The Uses of Tradition, Oxford 1973, 2. Aufl. 1996
Reichel, Peter: Der schöne Schein des Dritten Reiches. Faszination und Gewalt des Faschismus, Frankfurt a. M. 1993
Reichel, Peter / Schmid, Harald / Steinbach, Peter (Hrsg.): Der Nationalsozialismus – die zweite Geschichte. Überwindung, Deutung, Erinnerung, München 2009
Reinke, Claudius: Musik als Schicksal. Zur Rezeptions- und Interpretationsproblematik der Wagnerbetrachtung Thomas Manns, Osnabrück 2002
Renner, Rolf Günter: Lebens-Werk. Zum inneren Zusammenhang der Texte von Thomas Mann, München 1985
Rentschler, Eric: The Ministry of Illusion. Nazi Cinema and its Afterlife, Cambridge (MA) 1996
Reuth, Ralf Georg: Hitler. Eine Biographie, München, Zürich 2003
–: Hitlers Judenhaß. Klischee und Wirklichkeit, München, Zürich 2009
Rieger, Eva: Friedelind Wagner. Richard Wagner's rebellious granddaughter, translated by Chris Walton, New York 2013
Riehl, Wilhelm Heinrich: Kulturgeschichtliche Charakterköpfe. Aus der Erinnerung gezeichnet, Stuttgart 2. Aufl. 1892

Riethmüller, Albrecht: »Is That Not Something for *Simplicissimus*?« The Belief in Musical Superiority, in: Applegate, Celia / Potter, Pamela M. (Hrsg.): Music and German National Identity, Chicago und London 2002, S. 288–304

Rietzler, Rolf: Mensch Adolf. Das Hitler-Bild der Deutschen seit 1945. Ansichten eines Zeitgenossen, München 2016

Rißmann, Michael: Hitlers Gott. Vorsehungsglaube und Sendungsbewusstsein des deutschen Diktators, Zürich, München 2001

Robertson, Ritchie: The ›Jewish Question‹ in German Literature, 1780–1929. Emancipation and its Discontents, Oxford 1999

Rose, Paul Lawrence: Wagner. Race and Revolution, New Haven 1992

Rosenbaum, Ron: Explaining Hitler. The Search for the Origins of his Evil, New York 1998

Rosenberg, Alfred: Die Tagebücher von 1934 bis 1944, hrsg. von Jürgen Matthäus und Frank Bajohr, Frankfurt a. M. 2015

Ruppel, Karl Heinz: Der Großsiegelbewahrer. Zum siebzigsten Geburtstag Hans Knappertsbuschs am 12. März 1958, in: Neue Zeitschrift für Musik 1958, S. 142–144

Scheffler, Siegfried: Bayreuth im Dritten Reich, Hamburg 1933

Scher, Steven Paul: Kreativität als Selbstüberwindung. Thomas Manns permanente »Wagner-Krise«, in: Bernhart, Walter / Wolf, Werner (Hrsg.): Essays on Literature and Music (1967–2004) by Steven Paul Scher, Amsterdam, New York 2004, S. 95–112

Scherliess, Volker: Thomas Manns *Tristan*-Parodie, in: Liebe ohne Glauben, S. 50–63

Schirnding, Albert von: Die Propheten von der Martiusstraße. Ein München-Kapitel in Thomas Manns Doktor Faustus. Akademie der Wissenschaften und der Literatur, Mainz. Abhandlungen der Klasse Literatur, Jg. 2003, Nr. 2, Stuttgart 2003

–: Konflikt in München. Thomas Mann und die treudeutschen Männer der »Süddeutschen Monatshefte«, in: Heißerer, Dirk (Hrsg.): Thomas Mann in München III. Vortragsreihe Sommer 2005, München 2005, S. 261–288

–: Rückkehr eines Ausgewiesenen. Thomas Mann und die Bayerische Akademie der Schönen Künste. Mit einem Geleitwort von Dieter Borchmeyer, Göttingen 2011 (= Kleine Bibliothek der Bayerischen Akademie der Schönen Künste, Bd. 5)

Schmeer, Markus: Thomas Manns Wagner-Platten im deutschen Musikarchiv und deutschen Rundfunkarchiv, in: Liebe ohne Glauben, S. 221–240

Schmidt, Jochen: Die Geschichte des Genie-Gedankens in der deutschen Literatur, Philosophie und Politik 1750–1945, 2 Bde., Darmstadt 1985

Schmitt, Carl: Der Führer schützt das Recht. Zur Reichstagsrede Adolf Hitlers vom 13. Juli 1934, in: Deutsche Juristen-Zeitung, 1. 8. 1934, S. 945–950

Schnitzler, Arthur: Tagebuch 1903–1908, hrsg. von Werner Welzig, Wien 1991

Scholdt, Günter: Autoren über Hitler. Deutschsprachige Schriftsteller 1919–1945 und ihr Bild vom »Führer«, Bonn 1991

Schopenhauer, Arthur: Sämtliche Werke, Bd. 6, Leipzig 1939

Schorske, Carl E.: Fin-de-Siècle Vienna. Politics and Culture, New York 1981

Schreiber, Gerhard: Hitler-Interpretationen 1923–1983. Ergebnisse, Methoden und Probleme der Forschung, Darmstadt 1984

Schreiner, Klaus: »Wann kommt der Retter Deutschlands?« Formen und Funktionen von politischem Messianismus in der Weimarer Republik, in: Saeculum 49 (1998), S. 107–160

Schulte-Sasse, Linda: Entertaining the Third Reich: Illusions of Wholeness in Nazi Cinema, Durham (NC) 1996

Schultz, Klaus: »Hirnloses Lynchgericht« im Namen Wagners. Anmerkungen zum »Protest der Richard-Wagner-Stadt München« gegen Thomas Manns Wagner-Vortrag 1933, in: Loos, Helmut (Hrsg.): Richard Wagner. Persönlichkeit, Werk und Wirkung, S. 287–290

Schuster, Peter-Klaus (Hrsg.): Die »Kunststadt« München 1937. Nationalsozialismus und »entartete Kunst«, München, 5. Aufl. 1998

Schwarz, Birgit: Geniewahn: Hitler und die Kunst, Wien, Köln, Weimar 2009

Schwarz, Hans-Peter: Adolf Hitler: Vergleichbarkeit, Unvergleichbarkeit, in ders.: Das Gesicht des Jahrhunderts. Monster, Retter und Mediokritäten, Berlin 1998, S. 293–325

Schweikle, Günther / Schweikle, Irmgard (Hrsg.): Metzler Literatur Lexikon. Stichwörter zur Weltliteratur, Stuttgart 1984

Schwerin-Krosigk, Lutz Graf von: Es geschah in Deutschland: Menschenbilder unseres Jahrhunderts, Tübingen 1952

Seifert, Wolfgang: Die Stunde Null von Neubayreuth. Dokumente und Interviews zur Vorgeschichte der Wiedereröffnung der Richard-Wagner-Festspiele im Jahre 1951, in: Neue Zeitschrift für Musik 132 (1971), S. 3–13

Seitz, Gabriele: Film als Rezeptionsform von Literatur. Zum Problem der Verfilmung von Thomas Manns Erzählungen »Tonio Kröger«, »Wälsungenblut« und »Der Tod in Venedig«, München 1992

Shaw, Bernard: The perfect Wagnerite: A Commentary on the Niblung's [sic] Ring, London 1898

Sheffi, Na'ama: Der Ring der Mythen. Die Wagner-Kontroverse in Israel, übersetzt aus dem Englischen von Liliane Granierer, Göttingen 2002

Sina, Kai: Reading The Magic Mountain in Arizona: Susan Sontag's Reflections on Thomas Mann, in: Naharaim. Journal of German-Jewish Literature and Culture History 9, 1–2 (2015), S. 89–107

Sinoja, Josef Engel de: Richard Wagners »Das Judenthum in der Musik«. Eine Abwehr, Leipzig 1869

–: Das Antisemitentum in der Musik, Zürich, Leipzig, Wien 1933

Solti, Georg: Memoirs, with assistance from Harvey Sachs, New York 1997

Sontag, Susan: Under the Sign of Saturn, New York 1980; dt.: Im Zeichen des Saturn, Frankfurt a. M. 1983

Speer, Albert: Spandauer Tagebücher, Frankfurt a. M. 1975

–: Erinnerungen. Mit einem Essay von Jochen Thies, Frankfurt a. M. 1993

Sponheuer, Bernd: Artikel »Nationalsozialismus«, in: Finscher, Ludwig (Hrsg.): Die Musik in Geschichte und Gegenwart, Kassel, 2. Aufl. 1997, Sachteil Bd. 7, Sp. 25–43

Spotts, Frederic: Bayreuth. A History of the Wagner Festival, New Haven (CT), London 1984

–: Hitler and the Power of Aesthetics, Woodstock und New York 2003

Sprecher, Thomas: Thomas Mann in Zürich, Zürich 1992

–: Deutscher, Tschechoslowake, Amerikaner, in: Thomas-Mann-Jahrbuch 9 (1996), S. 303–338

–: Kreative Aneignung. Thomas Manns Wagner-Kritik, in: Liebe ohne Glauben, S. 107–123

–: Im Geiste der Genauigkeit. Das Thomas-Mann-Archiv der ETH Zürich 1956–2006, Frankfurt a. M. 2006

Stefan, Paul: Die Feindschaft gegen Wagner. Eine geschichtliche und psychologische Untersuchung, Regensburg 1919 (1914 abgeschlossen)

Steinert, Marlis G.: Hitler. Aus dem Französischen von Guy Montag und Volker Wieland, München 1994

Stern, Fritz: Dreams and Delusions. The Drama of German History, New York 1987, S. 147–191

Stern, Joseph Peter: Hitler: The Führer and the People, Hassocks / Essex 1975

Strobel, Otto: Richard Wagner über sein Schaffen: Ein Beitrag zur »Künstlerästhetik«, München 1924

– (Hrsg.): Bayreuther Festspielführer 1933, Bayreuth 1933

– (1939a): König Ludwig II. und Richard Wagner: Briefwechsel. Mit vielen anderen Urkunden in vier Bänden herausgegeben vom Wittelsbacher Ausgleichsfonds und von Winifred Wagner. Bearbeitet von Otto Strobel, Karlsruhe 1936. Bd. V: Neue Urkunden zur Lebensgeschichte Richard Wagners 1864–1882, Karlsruhe 1939

– (1939b): Wagners Leben, Persönlichkeit und Werk als Ziele neuzeitlicher Forschung, in: Zeitschrift für Musik. Monatsschrift für eine geistige Erneuerung der deutschen Musik, Jg. 106 (1939), S. 832–835

–: Richard Wagner: Leben und Schaffen: eine Zeittafel, Bayreuth 1952

Stunz, Holger R.: Hitler und die »Gleichschaltung« der Bayreuther Festspiele, in: Vierteljahrshefte für Zeitgeschichte 2/2007, S. 237–268

–: Richard Wagners Partituren als Spielball der Zeitgeschichte. Eine Spurensuche, in: wagnerspectrum 2/2008, S. 175–207

Syberberg, Hans Jürgen: Hitler, ein Film aus Deutschland, Reinbek 1978

Temming, Tobias: »Bruder Hitler«? Zur Bedeutung des politischen Thomas Mann. Essays und Reden aus dem Exil, Berlin 2008

Thielemann, Christian: Mein Leben mit Wagner, München 2012

Thies, Jochen: Architekt der Weltherrschaft. Die »Endziele« Hitlers, Düsseldorf 1976

Toland, John: Adolf Hitler, 2 Bde., New York 1976

Tyrell, Albrecht: Vom ›Trommler‹ zum ›Führer‹. Der Wandel von Hitlers Selbstverständnis zwischen 1919 und 1924 und die Entwicklung der NSDAP, München 1975

Ullrich, Volker: Adolf Hitler. Biographie. Bd. 1: Die Jahre des Aufstiegs 1889–1939, Frankfurt a. M. 2013

Vaget, Hans Rudolf: Dilettantismus und Meisterschaft. Zum Problem des Dilettantismus bei Goethe: Praxis, Theorie, Zeitkritik, München 1971

–: »Goethe oder Wagner«. Studien zu Thomas Manns Goethe-Rezeption 1905–1912, in: Hans Rudolf Vaget / Dagmar Barnow: Thomas Mann. Studien zu Fragen der Rezeption, Frankfurt a. M. 1975, S. 1–81

–: Kaisersaschern als geistige Lebensform. Zur Konzeption der deutschen Geschichte in Thomas Manns *Doktor Faustus*, in: Paulsen, Wolfgang (Hrsg.): Der deutsche Roman und seine historischen und politischen Bedingungen, Bern 1977, S. 200–235

–: Germanistik und Wagner-Kritik. Anmerkungen zu den Wagner-Studien von Peter Wapnewski, in: Orbis Litterarum 17 (1982), S. 185–195
–: Goethe the Novelist. On the Coherence of His Fiction, in: Lillyman, William J. (Hrsg.): Goethe's Narrative Fiction, Berlin 1983, S. 1–20
–: Die Auferstehung Richard Wagners. Wagnerismus und Verfremdung in Syberbergs Hitler-Film, in: Bauschinger, Sigrid / Cocalis, Susan L./Lea, Henry A. (Hrsg.): Film und Literatur. Literarische Texte und der neue deutsche Film, Bern und München 1984, S. 124–155
–: »Sang réservé« in Deutschland. Zur Rezeption von Thomas Manns »Wälsungenblut«, in: German Quarterly 57 (1984), S. 367–376
–: Thomas Mann. Kommentar zu sämtlichen Erzählungen, München 1984
–: Erlösung durch Liebe. Wagners Ring und Goethes Faust, in: Programmhefte der Bayreuther Festspiele 1985, Programmheft VI: Götterdämmerung, S. 14–31
–: Sixtus Beckmesser – A »Jew in the Brambles?«, in: Opera Quarterly 12 (1995), S. 35–46
–: Fontane, Wagner, Thomas Mann: Zu den Anfängen des modernen Romans in Deutschland, in: Heftrich, Eckhard u. a. (Hrsg.): Theodor Fontane und Thomas Mann. Die Vorträge des internationalen Kolloquiums in Lübeck 1997, Frankfurt a. M. 1998, S. 249–274
–: Wagner-Kult und nationalsozialistische Herrschaft. Hitler, Wagner, Thomas Mann und die »nationale Erhebung«, in: Richard Wagner im Dritten Reich, S. 264–282
–: Wieviel »Hitler« ist in Wagner? Anmerkungen zu Hitler, Wagner und Thomas Mann, in: Borchmeyer, Dieter u. a. (Hrsg.): Richard Wagner und die Juden, S. 178–204
–: The ›Augenmensch‹ and the Failure of Vision. Goethe and the Trauma of Dilettantism, in: Deutsche Vierteljahrsschrift für Literaturwissenschaft und Geistesgeschichte 75 (2001), S. 1–22
–: »Du warst mein Feind von je«: The Beckmesser Controversy Revisited, in: Vazsonyi, Nicholas (Hrsg.): Wagner's »Meistersinger«, S. 190–208
–: Hitler's Wagner. Musical Discourse as Cultural Space, in: Kater, Michael H./Riethmüller, Albrecht (Hrsg.): Music and Nazism. Art under Tyranny, 1933–1945, S. 15–31
–: The Political Ramifications of Hitler's Cult of Wagner, in: Hering, Rainer / Nicolaysen, Rainer (Hrsg.): Zum Gedenken an Peter Borowsky, Hamburg 2003, S. 103–127
–: »German« Music and German Catastrophe. A Re-reading of *Doctor Faustus*, in: Lehnert, Herbert / Wessell, Eva (Hrsg.): A Companion to the Works of Thomas Mann, S. 221–244
–: Vom »höheren Abschreiben«. Thomas Mann, der Erzähler, in: Sprecher, Thomas (Hrsg.): Liebe und Tod in Venedig und anderswo. Die Davoser Literaturtage 2004, Frankfurt a. M. 2005, S. 15–31
–: Seelenzauber. Thomas Mann und die Musik, Frankfurt a. M. 2006
–: Dilettantismus als Politikum: Wagner, Hitler, Thomas Mann, in: Blechschmidt, Stefan / Huber, Andrea (Hrsg.): Dilettantismus um 1800, Heidelberg 2007, S. 369–385
–: »The Importance of Ernest Newman«, in: The Wagner Journal 1 (2007), S. 19–34
–: Wagnerian Self-Fashioning: The Case of Adolf Hitler, in: New German Critique, Nr. 101 (Sommer 2007), S. 95–114
– (Hrsg.): Thomas Mann's *The Magic Mountain*. A Casebook, New York 2008
–: Wagner in der deutschen Geschichte des zwanzigsten Jahrhunderts, in: Thomas-Mann-Jahrbuch 21 (2008), S. 27–39

–: »Den liebe ich besonders«: Hitlers Rienzi, in: wagnerspectrum 1/2009, S. 129–149
–: »Schicksalsgeist«. Zu Thomas Manns Nietzsche-Rezeption in der Weimarer Republik, in: Valk, Thorsten (Hrsg.): Friedrich Nietzsche und die Literatur der klassischen Moderne, S. 147–162
–: Thomas Mann, in: Klein, Richard / Kreuzer, Johann / Müller-Dohm, Stefan (Hrsg.): Adorno-Handbuch, Stuttgart, Weimar 2011, S. 218–222
–: Thomas Mann, der Amerikaner. Leben und Werk im amerikanischen Exil 1938–1952, Frankfurt a. M. 2011
–: Thomas Mann, Wagner und der Fall Knappertsbusch, in: wagnerspectrum 2/2011, S. 21–36
–: Wagner im Spiegel Heinrich und Thomas Manns, in: wagnerspectrum 2/2011, S. 113–135
–: Deutschtum und Judentum. Zu Erich Kahlers Bedeutung für Thomas Mann, in: Deutsche Vierteljahrsschrift für Literaturwissenschaft und Geistesgeschichte 86 (2012), S. 145–164
–: Anti-Semitism, in: Cambridge Wagner Encyclopedia, S. 16–20
–: Hans Mayer in Bayreuth, in: wagnerspectrum 1/2013, S. 177–202
–: Der »Siegelbewahrer«. Knappertsbusch und die deutsche Vergangenheitspolitik, in: Loos, Helmut (Hrsg.): Richard Wagner. Persönlichkeit, Werk, Wirkung, S. 291–296
–: Wagner in Amerika – Stationen einer alternativen Wirkungsgeschichte. Teil I: 1885–1917, in: wagnerspectrum 2/2013, S. 81–100
–: Der Unerwünschte. Thomas Mann in Nachkriegsdeutschland, in: Thomas-Mann-Jahrbuch 27 (2014), S. 17–31
–: The Beckmesser Problem, in: Kahn, Gary (Hrsg.): Die Meistersinger von Nürnberg. Overture Opera Guides in Association with English National Opera, Richmond, Surrey 2015, S. 47–54
–: Nazi Cinema and Wagner, in: The Wagner Journal 9, 2 (2015), S. 35–54
Valk, Thorsten: Literarische Musikästhetik. Eine Diskursgeschichte von 1800 bis 1950, Frankfurt a. M. 2008
– (Hrsg.): Friedrich Nietzsche und die klassische Literatur der Moderne, Berlin 2009
Vazsonyi, Nicholas (Hrsg.): Wagner's »Meistersinger«: Performance, History, Representation, Rochester (NY) 2003
–: Richard Wagner. Self-Promotion and the Making of a Brand, Cambridge 2010; dt. Ausgabe: Richard Wagner. Die Entstehung einer Marke, übersetzt von Michael Halfbrodt, Würzburg 2012
Viereck, Peter: Metapolitics. From Wagner and the German Romantics to Hitler. Expanded edition. With a new introduction by the author, New Brunswick (NJ) and London 2009
Voss, Egon: Die Dirigenten der Bayreuther Festspiele, Regensburg 1976
–: »Wagner und kein Ende«. Betrachtungen und Studien, Zürich, Mainz 1996
–: Alfred Pringsheim, der kritische Wagnerianer. Eine Dokumentation, Würzburg 2013

Wagener, Otto: Hitler aus nächster Nähe. Aufzeichnungen eines Vertrauten 1929–1932, hrsg. von Henry Ashby Turner, Frankfurt a. M. 1978
Wagner, Cosima: Briefwechsel zwischen Cosima Wagner und Fürst Ernst zu Hohenlohe-Langenburg, Stuttgart 1937

Wagner, Gottfried: Wer nicht mit dem Wolf heult, Köln 1997
Wagner, Nike (Hrsg): Über Wagner. Von Musikern, Dichtern und Liebhabern. Eine Anthologie, Stuttgart 1995
–: Wagner Theater, Frankfurt a. M. 1998
–: »Für uns war er überhaupt nicht der Führer«, in: Richard Wagner im Dritten Reich, S. 179–193
Wagner, Wieland (Hrsg.): Richard Wagner und das neue Bayreuth, München 1962
Walter, Bruno: Thema und Variationen. Erinnerungen und Gedanken, Frankfurt a. M. 1973
Wapnewski, Peter: Tristan, der Held Richard Wagners, Berlin 1981
Weber, Max: Wissenschaft als Beruf; Politik als Beruf. In: Max-Weber-Gesamtausgabe. Abteilung I, Bd. 17, hrsg. von Wolfgang J. Mommsen und Wolfgang Schluchter, in Zusammenarbeit mit Birgitt Morgenbrod, Tübingen 1992, S. 160–162
Weber, Thomas: Wie Adolf Hitler zum Nazi wurde. Vom unpolitischen Soldaten zum Autor von »Mein Kampf«. Aus dem Englischen von Heike Schlatterer und Karl Heinz Siber, Berlin 2016
Werckmeister, Otto K.: Hitler the Artist, in: Critical Inquiry 23 (1997), S. 270–297
Werr, Sebastian: Heroische Weltsicht. Hitler und die Musik, Köln, Weimar, Wien 2014
Wessling, Bernd W. (Hrsg.): Bayreuth im Dritten Reich. Richard Wagners politische Erben. Eine Dokumentation, Weinheim und Basel 1983
–: Wieland Wagner. Der Enkel. Eine Biographie, Köln 1997
Westernhagen, Curt von: Richard Wagners Kampf gegen seelische Fremdherrschaft, München 1933, in: Wessling, Bernd W. (Hrsg.): Bayreuth im Dritten Reich, S. 240
Wieler, Michael: Dilettantismus. Wesen und Geschichte. Am Beispiel von Heinrich und Thomas Mann, Würzburg 1996
Williams, Simon: Richard Wagner and Festival Theatre, Westport (CT) und London 1994
Windell, George G.: Hitler, National Socialism, and Richard Wagner, in: Journal of Central European Affairs 22 (1963), S. 479–499
Wirsching, Andreas: Hitlers Authentizität. Eine funktionalistische Deutung, in: Vierteljahrshefte für Zeitgeschichte, Jg. 64 (2016), S. 387–417
Wißkirchen, Hans: Thomas Manns »Fall Wagner«, in: Steiert, Thomas (Hrsg.): Der Fall Wagner, Laaber 1991, S. 293–322
–: Zweifelnde Liebe. Zu Thomas Manns Wagner-Essayistik zwischen 1933 und 1939, in: Linder, Jutta / Sprecher, Thomas (Hrsg.): Thomas Mann als Essayist. Internationales Forschungskolloquium, Messina 2012, Frankfurt a. M. 2014, S. 99–114
Wladika, Michael: Hitlers Vätergeneration: die Ursprünge des Nationalsozialismus in der k. u. k. Monarchie, Wien 2005
Wolfrum, Edgar: Die geglückte Demokratie. Geschichte der Bundesrepublik Deutschland von ihren Anfängen bis zur Gegenwart, Stuttgart 2006
Wunberg, Gotthard: Jahrhundertwende. Studien zur Literatur der Moderne, Tübingen 2001
Wysling, Hans (Hrsg.): Aus dem Briefwechsel Thomas Mann – Emil Preetorius, in: Blätter der Thomas Mann Gesellschaft Zürich, Nr. 4 (1963)
– (Hrsg.): Thomas Mann – Bruno Walter. Briefwechsel, in: Blätter der Thomas Mann Gesellschaft Zürich, Nr. 9 (1969)

– (Hrsg.): Aus dem Briefwechsel Thomas Mann – Kuno Fiedler, in: Blätter der Thomas Mann Gesellschaft Zürich, Nr. 11 (1971), S. 5–42

Zelinsky, Hartmut: Richard Wagner – ein deutsches Thema. Eine Dokumentation zur Wirkungsgeschichte Richard Wagners 1876–1976, Frankfurt a. M. 1976

Zitelmann, Rainer: Adolf Hitler. Eine politische Biographie, Stuttgart 1989

Žmegač, Viktor: Ästhetizismus, in: Borchmeyer/Žmegač (Hrsg.): Moderne Literatur in Grundbegriffen, Frankfurt a. M. 1987, S. 20–24

Zuber, Barbara: »Meine Herren, wenn's beliebt, fangen wir an.« Das Bayerische Hof- und Staatsorchester und seine Dirigenten, in: Zehetmair, Hans / Schläder, Jürgen (Hrsg.): Nationaltheater. Die Bayerische Staatsoper, München 1992, S. 191–206

Bildnachweise

1 Nationalarchiv der Richard-Wagner-Stiftung, Bayreuth
2 Bayerische Staatsbibliothek, München / Bildarchiv
3 ullstein bild – Walter Frentz
4 Nationalarchiv der Richard-Wagner-Stiftung, Bayreuth
5 ullstein bild – LEONE
6 Bundesarchiv / Heinrich Hoffmann
7 Bayerische Staatsbibliothek, München / Bildarchiv
8 ullstein bild – Pictures from history
9 Archiv der Stadt Linz, Österreich
10 Bundesarchiv
11 Archiv Hans-Jürgen Syberberg
12 Nationalarchiv der Richard-Wagner-Stiftung, Bayreuth
13 Bildarchiv der Bayreuther Festspiele
14 Bundesarchiv
15 ullstein bild – United Archives / World History Archive
16 Bayerisches Hauptstaatsarchiv, München (Presseausschnittsammlung 936)
17 Nationalarchiv der Richard-Wagner-Stiftung, Bayreuth
18 Bundesarchiv / Georg Pahl
19 Nationalarchiv der Richard-Wagner-Stiftung, Bayreuth
20 Nationalarchiv der Richard-Wagner-Stiftung, Bayreuth
21 Nationalarchiv der Richard-Wagner-Stiftung, Bayreuth
22 Stadtarchiv Bayreuth / Archiv Bernd Mayer
23 Nationalarchiv der Richard-Wagner-Stiftung, Bayreuth
24 Bayerische Staatsbibliothek, München / Bildarchiv
25 Deutsches Theatermuseum, München / Archiv Hanns Holdt
26 Nationalarchiv der Richard-Wagner-Stiftung, Bayreuth
27 Nationalarchiv der Richard-Wagner-Stiftung, Bayreuth
28 Nationalarchiv der Richard-Wagner-Stiftung, Bayreuth
29 Nationalarchiv der Richard-Wagner-Stiftung, Bayreuth
30 Deutsche Kinemathek, Berlin
31 Nationalarchiv der Richard-Wagner-Stiftung, Bayreuth
32 Privatarchiv Beidler

33 Nationalarchiv der Richard-Wagner-Stiftung, Bayreuth – Zustiftung Wolfgang Wagner
34 ullstein bild – Granger, NYC
35 Münchner Stadtmuseum, Sammlung Fotografie
36 ullstein bild
37 Münchner Stadtmuseum, Sammlung Fotografie, Archiv Kester
38 Nationalarchiv der Richard-Wagner-Stiftung, Bayreuth
39 Nationalarchiv der Richard-Wagner-Stiftung, Bayreuth
40 Keystone / Thomas-Mann-Archiv
41 Privatarchiv Beidler
42 Deutsches Theatermuseum München
43 Nationalarchiv der Richard-Wagner-Stiftung, Bayreuth
44 ullstein bild – Süddeutsche Zeitung Photo – Scherl

Register